二十四史

文白对照精华版·精选精译

《二十四史》编委会·编

十一册

辽史
金史
元史

线装书局

史记

汉书

后汉书

三国志

晋书

宋书

南齐书

梁书

陈书

魏书

北齐书

周书

隋书

南史

北史

旧唐书

新唐书

旧五代史

新五代史

宋史

☐ **辽史**

金史

元史

明史

辽史

列 传

辽史卷七十一

列传第一

太祖淳钦皇后述律氏

太祖淳钦皇后述律氏,讳平,小字月理朵。其先回鹘人糯思,生魏宁舍利,魏宁生慎思梅里,慎思生婆姑梅里,婆姑娶匀德恝王女,生后于契丹右大部。婆姑名月椀,仕遥辇氏为阿扎割只。

后简重果断,有雄略。尝至辽、土二河之会,有女子乘青牛车,仓卒避路,忽不见。未几,童谣曰:"青牛妪,曾避路。"盖谚谓地祇为青牛妪云。

太祖即位,群臣上尊号曰地皇后。神册元年,大册,加号应天大明地皇后。行兵御众,后尝与谋。太祖尝渡碛击党项,黄头、臭泊二室韦乘虚袭之;后知,勒兵以待,奋击,大破之,名震诸夷。

时晋王李存勖欲结援,以叔母事后。幽州刘守光遣韩延徽求援,不拜,太祖怒,留之,使牧马。后曰:"守节不屈,贤者也。宜礼用之。"太祖乃召延徽与语,大悦,以为谋主。吴主李昪献猛火油,以水沃之愈炽。太祖选三万骑以攻幽州。后曰:

"岂有试油而攻人国者？"指帐前树曰："无皮可以生乎？"太祖曰："不可。"后曰："幽州之有土有民，亦犹是耳。吾以三千骑掠其四野，不过数年，困而归我矣，何必为此？万一不胜，为中国笑，吾部落不亦解体乎！"其平渤海，后与有谋。

太祖崩，后称制，摄军国事。及葬，欲以身殉，亲戚百官力谏，因断右腕纳于柩。太宗即位，尊为皇太后。会同初，上尊号曰广德至仁昭烈崇简应天皇太后。

初，太祖尝谓太宗必与我家，后欲令皇太子倍避之，太祖册倍为东丹王。太祖崩，太宗立，东丹王避之唐。太后常属意于少子李胡。太宗崩，世宗即位于镇阳，太后怒，遣李胡以兵逆击。李胡败，太后亲率师遇于潢河之横渡。赖耶律屋质谏，罢兵。迁太后于祖州。

应历三年崩，年七十五，祔祖陵，谥曰贞烈。重熙二十一年，更今谥。

译文：

太祖淳钦皇后述律氏，名平，小名月理朵。她的先辈回鹘人糯思，生魏宁舍利，魏宁生慎思梅里，慎思生婆姑梅里，婆姑娶匀德恝王的女儿为妻，生皇后于契丹右大部。婆姑名叫月椀，在遥辇氏那里做官，任阿扎割只。

皇后简约、持重、果断，有雄才大略。有一次她到辽、土两河的交会处，有一女子乘青牛车，慌忙让路，突然不见。不久，童谣说："青牛妪，曾避路。"谚语是说土地神就是青牛女子。

太祖即位，群臣给皇后献上尊号叫地皇后。神册元年，举行大册，加号称应天大明地皇后。行军打仗，驾驭百姓，皇后都曾参与谋划。太祖曾渡急流去攻打党项，黄头、臭泊二室韦乘虚袭击她。皇后得知后，统领士兵严阵以待，奋力出击，大破了二室韦。她的名声震撼了其他各少数民族。

当时晋王李存勖想与辽结盟互为支援，以叔母侍奉皇后。幽州刘守光派遣韩延徽来求援，不跪拜，太祖气恼，扣留了他，让他牧马。皇后说："他守节不屈，是个有贤德的人啊。应该以礼起用他。"于是，太祖召韩延徽，与他交谈，太祖非常喜欢，就把韩延徽作为重要决策人。吴君主李昪献猛火油，这种油如果烧起来，用水浇它越烧得炽热。太祖选了三万骑兵想使用这种油攻打幽州。皇后说："哪里有因为试验油而攻打别人国家的？"她指着行帐前的树说："没有皮可以生存吗？"太祖回答："不可。"皇后说："幽州有土地有人民，也如同这树一样罢了。我用三千骑兵掠夺他的四野，不过几年，幽州就会困乏而归服我，何必为此一举？万一打不胜，受到中土人的嘲笑，我们的部落不也就涣散解体了吗？"于是，太祖取消了他的计划。辽平定渤海，皇后出了不少主意。

太祖去世后，皇后代行天子事，兼管军国大事。到了安葬太祖的时候，皇后想以身殉葬。亲戚、百官极力劝阻，皇后因而切下了右手腕放入柩中。太宗即位，尊奉她为皇太后。会同初年，又献上尊号称为广德至仁昭烈崇简应天皇太后。

当初，太祖曾经说太宗必能兴旺我家，因此，皇后想让皇太子倍避开他，太祖册封倍为东丹王。太祖去世，太宗即位，东丹王躲避到唐。太后常想让少子李胡继皇帝位。太宗去世，世宗即位于镇阳，太后发怒，派遣李胡率兵迎击。李胡打败，太后亲自率军队与世宗遭遇于潢河横渡。多亏耶律屋质劝说，双方才收了兵。世宗把太后迁到祖州居住。

太后于应历三年去世，享年七十五岁，合葬于祖陵，谥号贞烈。重熙二十一年，改为现在的谥号。

景宗睿智皇后萧氏

景宗睿智皇后萧氏。讳绰，小字燕燕，北府宰相思温女。早慧。思温尝观诸女扫地，惟后洁除，喜曰："此女必能成家！"帝即位，选为贵妃，寻册为皇后，生圣宗。

景宗崩，尊为皇太后，摄国政。后泣曰："母寡子弱，族属雄强，边防未靖，奈何？"耶律斜轸、韩德让进曰："信任臣等，何虑之有！"于是，后与斜轸、德让参决大政，委於越休哥以南边事。统和元年，上尊号曰承天皇太后。二十四年，加上尊号曰睿德神略应运启化承天皇太后。二十七年崩，谥曰圣神宣献皇后。重熙二十一年，更今谥。

后明达治道，闻善必从，故群臣咸竭其忠。习知军政，澶渊之役，亲御戎车，指麾三军，赏罚信明，将士用命。圣宗称辽盛主，后教训为多。

译文：

景宗睿智皇后萧氏，名绰，小名燕燕，是北府宰相思温的女儿。从小就很聪慧。思温曾观察自己的几个女儿扫地，只有皇后扫得干净，他高兴地说："这个女儿必能成家。"皇帝即位，她被选为贵妃。不久册立为皇后，生了圣宗。

景宗去世后，她被尊称为皇太后，代行国政。她哭泣着说："母亲守寡，儿子年纪小，宗族亲属雄健强大，边防还没有安定，怎么办呢？"耶律斜轸、韩德让进奏说："请信任臣等，还有什么可顾虑的呢！"于是，皇后与斜轸、德让参议决定重大的政事，把南边的事委托给於越休哥。统和元年，给她献尊号，称为承天皇太后。二十四年，又加献尊号为睿德神略应运启化承天皇太后。二十七年皇后去世，谥号叫圣神宣献皇后。重熙二十一年，改为现在的谥号。

皇后通达治理天下的道理，臣下有好的主意她必然听从，所以群臣都竭尽自己的忠诚。她熟习明了军政大事，澶渊之战，亲自驾驭战车，指挥三军，赏罚严明，因此，将士都肯效命。圣宗被称为辽代的兴盛之君，他受益于皇后的教诲是很多的。

辽史卷七十二

列传第二

义宗倍

义宗，名倍，小字图欲，太祖长子，母淳钦皇后萧氏。幼聪敏好学，外宽内挚。神册元年春，立为皇太子。

时太祖问侍臣曰："受命之君，当事天敬神。有大功德者，朕欲祀之，何先？"皆以佛对。太祖曰："佛非中国教。"倍曰："孔子大圣，万世所尊，宜先。"太祖大悦，即建孔子庙，诏皇太子春秋释奠。

尝从征乌古、党项，为先锋都统，及经略燕地。太祖西征，留倍守京师，因陈取渤海计。天显元年，从征渤海。拔扶余城，上欲括户口，倍谏曰："今始得地而料民，民必不安。若乘破竹之势，径造忽汗城，克之必矣。"太祖从之。倍与大元帅德光为前锋，夜围忽汗城，大諲撰穷蹙，请降。寻复叛，太祖破之。改其国曰东丹，名其城曰天福，以倍为人皇王主之。仍赐天子冠服，建元甘露，称制，置左右大次四相及百官，一用汉法。岁贡布十五万端，马千匹。上谕曰："此地濒海，非可久居，留汝抚治，以见朕爱民之心。"驾将还，倍作歌以献。陛辞,太祖曰:"得汝治东土,吾复何忧。"倍号泣而出。遂如仪坤州。

未几,诸部多叛,大元帅讨平之。太祖讣至,倍即日奔赴山陵。倍知皇太后意欲立德光,乃谓公卿曰:"大元帅功德及人神,中外攸属,宜主社稷。"乃与群臣请于太后而让位焉。于是大元帅即皇帝位,是为太宗。

太宗既立,见疑,以东平为南京,徙倍居之,尽迁其民。又置卫士阴伺动静。倍既归国,命王继远撰《建南京碑》,起书楼于西宫,作《乐田园诗》。唐明宗闻之,遣人跨海持书密召倍。倍因畋海上。使再至,倍谓左右曰:"我以天下让主上,今反见疑;不如适他国,以成吴太伯之名。"立木海上,刻诗曰:"小山压大山,大山全无力。羞见故乡人,从此投外国。"携高美人,载书浮海而去。

唐以天子仪卫迎倍,倍坐船殿,众官陪列上寿。至汴,见明宗,明宗以庄宗后夏氏妻之,赐姓东丹,名之曰慕华。改瑞州为怀化军,拜怀化军节度使、瑞慎等州观察使。复赐姓李,名赞华。移镇滑州,遥领虔州节度使。倍虽在异国,常思其亲,问安之使不绝。

后明宗养子从珂弑其君自立,倍密报太宗曰:"从珂弑君,盍讨之。"及太宗立石敬瑭为晋主,加兵于洛。从珂欲自焚,召倍与俱,倍不从,遣壮士李彦绅害之,时年三十八。有一僧为收瘗之。敬瑭入洛,丧服临哭,以王礼权厝。后太宗改葬于医巫闾山,谥曰文武元皇王。世宗即位,谥让国皇帝,陵曰显陵。统和中,更谥文献。重熙二十年,增谥文献钦义皇帝,庙号义宗,及谥二后曰端顺,曰柔贞。

倍初市书至万卷,藏于医巫闾绝顶之望海堂。通阴阳,知音律，精医药、砭焫之术。工辽、汉文章，尝译《阴符经》。善画本国人物，如《射骑》《猎雪骑》《千鹿图》，皆入宋秘府。然性刻急好杀，婢妾微过，常加刲灼。夏氏惧而求削发为尼。五子：长世宗，次娄国、稍、隆先、道隐，各有传。

论曰：自古新造之国，一传而太子让，岂易得哉？辽之义宗，可谓盛矣！然让而见疑，岂不兆于建元称制之际乎？斯则一时君臣昧于礼制之过也。

束书浮海，寄迹他国，思亲不忘，问安不绝，其心甚有足谅者焉。观其始慕泰伯之贤而为远适之谋，终疾陈恒之恶而有请讨之举。志趣之卓，盖已见于早岁先祀孔子之言欤。善不令终，天道难诘，得非性卞嗜杀之所致也！

虽然，终辽之代，贤圣继统，皆其子孙。至德之报，昭然在兹矣。

译文：

义宗名字叫倍，小字图欲，太祖的长子，母亲是淳钦皇后萧氏。从小聪明敏捷好学，外表宽厚实际上很勇敢。神册元年春天，被立为皇太子。

当时太祖询问臣僚："接受天命的皇帝，应当侍天敬神。我想祭祀有大功德的，应当先祭祀谁？"大家都说应是佛祖。太祖说："佛不是中国的宗教。"义宗倍说："孔子是大圣人，应受万世尊重，该先祭祀他。"太祖非常高兴，马上修建孔子庙，命皇太子分春秋两季设馔爵祭奠。

皇太子曾随从征讨乌古、党项，为先锋都统。等到经略燕地，太祖西征，留他镇守京师，因而陈说了夺取渤海国的大计。

天显元年，随从征讨渤海。攻下扶余城以后，皇上想整理户籍，义宗倍劝阻说："刚刚得到扶余就整治户籍，百姓一定会不安定。假若乘现在的破竹之势，直接挥军忽汗城，必然会攻克。"太祖听从了这一意见。义宗倍与大元帅德光为前锋，乘夜包围了忽汗城，大諲撰走投无路，请求投降。不久，又反叛，太祖打败了他，改其国称东丹，改忽汗城名为天福，封义宗倍为人皇王，主持东丹国事。太祖照旧赐给义宗倍天子的冠冕服饰，建立新年号称作甘露，让他代行天子事，置左右大次四相及百官，全部用汉人的制度和方法。每年向朝廷贡献布十五万端，马一千匹。皇上告谕说："这个地方濒临大海，不可长久居住，留下你安抚治理，以表示我的爱民之心。"太祖快要返回的时候，义宗倍作歌呈献。拜见太祖告别，太祖说："有你治理东土，我还有什么不放心呢！"倍哭叫着退出，于是进入仪坤州。

不久，各部多有反叛，大元帅讨伐平定了他们。太祖去世的消息传来，倍当天就起程奔丧。倍知道皇太后想立德光为帝，于是对公卿大臣们说："大元帅的功德遍及人神，朝廷内外一致注目，应当为天下之主。"于是与群臣一起请求太后，让出了本当由他继承的皇位。大元帅即皇帝位，他就是太宗。

太宗当了皇帝，对倍有疑心。以东平为南京，迁倍到那里居住。太宗全部迁走了那里的百姓，又安置了"卫士"暗中监视倍。倍既已到了南京，命王继远撰写《建南京碑》，在西宫修建书楼，作《乐田园诗》。唐明宗听说这些事后，就派遣专人渡海持信秘密地来召倍。倍因而到海上游猎。使臣第二次来的时候，倍告诉左右侍臣说："我把天下让给了当今皇上，今反而被疑，不如到国外去，以成全我吴太伯让贤的名声。"于是他在海上立了根大木，刻诗说："小山压大山，大山全无力，羞见故乡人，从此投外国。"他带着高美人，载着书籍渡海而去。

唐用天子的仪仗、兵卫迎接倍，倍坐在船殿上，众官员轮番列队祝他高寿。到汴京，会见明宗。明宗把庄宗皇后夏氏嫁给他为妻。赐倍姓东丹，名字叫慕华。改瑞州为怀化军，拜倍为怀化军节度使、瑞慎等州观察使。又赐姓李，名赞华，改镇守滑州，挂衔虔州节度使。倍虽在异国，常常思念他的亲人，派遣回去问安的使臣不绝于道路。

后来明宗的养子从珂杀了皇帝自立为帝，倍秘密报告太宗说："从珂杀君主，何不讨伐他！"等到太宗立石敬瑭为晋国君主，用兵洛阳，从珂想自焚，召倍与他一起死，倍不听从。从珂派壮士李彦绅把他杀了，当时他才三十八岁。有一个僧人收殓埋葬了他。石敬瑭进入洛阳，穿着丧服哀哭，以王的礼仪暂时迁葬。后来太宗将他改葬在医巫闾山，谥称文武元皇王。世宗即位，谥称让国皇帝，陵墓称为显陵。统和期间，改谥号称为文献。重熙二十年，增谥号为文献钦义皇帝，庙号义宗，并谥他的两个王后号为端顺、柔贞。

倍当初买书上万卷，藏在医巫闾山最高处的望海堂。他通晓阴阳，懂得音乐声律，精通医药和针灸技术。擅长用辽、汉字写文章。曾经翻译《阴符经》。善于画本国人物，如《射骑》《猎雪骑》《千鹿图》，都被宋收入秘府。然而他生性严刻急躁好杀人，婢妾略微有点过失，常用刀割火烧，他的妻子夏氏甚至害怕得请求削发为尼姑。他有五个儿子：长子世宗，次娄国、稍、隆先、道隐，都各有传记。

评论说：自古新立的国，一传位太子就礼让，难道容易多得吗？辽的义宗，可以说是突出的了！然而礼让却被怀疑，难道不是开始于改年号行天子之事的时候吗？这是一时君臣不明于礼制的过错。

捆起书渡海，寄形迹于他国，思念亲人不能忘怀，问安的使臣不绝，他的心是颇有足以让人体谅的啊。看他开始羡慕泰伯的贤德而作远走的打算，最终又痛恨陈恒杀君的罪恶而有请求征讨的举动，志趣的卓越，大概已体现在其早年要优先祭祀孔子的言论里了吧！他有好的行为但没有好的结果，天道难以诘问，要不就是性情卞急好杀所招致的！

虽然如此，总结辽朝这一代，继承大统的贤德的皇帝，都是他的子孙。高尚的道德所得到的报应，明明白白就在这里啊。

章肃皇帝李胡

章肃皇帝，小字李胡，一名洪古，字奚隐，太祖第三子，母淳钦皇后萧氏。

少勇悍多力，而性残酷，小怒辄黥人面，或投水火中。太祖尝观诸子寝，李胡缩项卧内，曰："是必在诸子下。"又尝大寒，命三子采薪。太宗不择而取，最先至；人皇王取其乾者束而归，后至；李胡取少而弃多，既至，袖手而立。太祖曰："长巧而次成，少不及矣。"而母笃爱李胡。

天显五年，遣徇地代北，攻寰州，多俘而还，遂立为皇太弟，兼天下兵马大元帅。太宗亲征，常留守京师。世宗即位镇阳，太后怒，遣李胡将兵击之，至泰德泉，为安端、留哥所败。太后与世宗隔潢河而阵，各言举兵意。耶律屋质入谏太后曰："主上已立，宜许之。"时李胡在侧，作色曰："我在，兀欲安得立？"屋质曰："奈公酷暴失人心何！"太后顾李胡曰："昔我与太祖爱汝异于诸子，谚云：'偏怜之子不保业，难得之妇不主家。'我非不欲立汝，汝自不能矣。"及会议，世宗使解剑而言。和约既定，趋上京。会有告李胡与太后谋废立者，徙李胡祖州，禁其出入。

穆宗时，其子喜隐谋反，辞逮李胡，囚之，死狱中，年五十，葬玉峰山西谷。统和中，追谥钦顺皇帝。重熙二十一年，更谥章肃，后曰和敬。二子：宋王喜隐、卫王宛。

论曰：李胡残酷骄盈，太祖知其不才而不能教，太后不知其恶而溺爱之。初以屋质之言定立世宗，而后谋废立。子孙继以逆诛，并及其身，可哀也已。

夫自太祖之世，剌葛、安端首倡祸乱，太祖既不之诛，又复用之，固为有君人之量。然惟太祖之才足以驾驭，庶乎其可也。李胡而下，宗王反侧，无代无之，辽之内难，与国始终。厥后嗣君，虽严法以绳之，卒不可止。乌虖，创业垂统之主，所以贻厥孙谋者，可不审欤！

译文：

章肃皇帝小名李胡，一名洪古，字奚隐，太祖的第三个儿子，母亲是淳钦皇后萧氏。

李胡从小勇猛力大，生性残暴，稍有不高兴就刺人面孔，或把人扔到水火中。太祖曾察看几个儿子睡觉，李胡缩着脖子躺在被内，说："他一定是在几个孩子中最差的。"有一次，天气特别冷，太祖命令三个儿子去打柴。太宗不加选择地采取，最先到家；人皇王取那些已经晒干的捆好，后到家；李胡取得少而扔得多，到了家，他把手放在衣袖中站立着，太祖说："老大灵巧，老二老成，老三不如他们啊！"但母亲特别爱李胡。

天显五年，派遣李胡巡行代北，攻打寰州，多有俘获而还，于是被立为皇太弟，兼任天下兵马大元帅。太宗亲自出征，他常留守京师。世宗即皇帝位于镇阳，太后发怒，派李胡率兵攻打，到达泰德泉，被安端、留哥打败。太后与世宗隔着潢河对阵，各自陈述征讨对方的理由。耶律屋质劝阻太后说："皇上已经登极了，应该认可。"其时李胡正在旁边，厉色说："我在，兀欲怎么能当皇帝？"屋质说："怎奈你残酷暴戾失人心呢！"太后回头看着李胡说："过去我和太祖爱你与别的儿子不同，谚语说：'偏怜之子不保业，难得之妇不主家。'我不是不想让你当皇帝，你自己不能当啊。"等到双方会同议和，世宗让李胡解除佩剑说话。和约定立之后，李胡奔赴上京。恰好有人告发李胡与太后谋划废立皇帝。世宗迁移李胡到祖州，禁止他随便出入。

穆宗的时候，他的儿子喜隐谋反，供词牵连到李胡，就拘禁了他，后死在狱中，年五十岁，埋葬在玉峰山西谷。统和年间，追谥为钦顺皇帝。重熙二十一年，改谥为章肃，王后称和敬。他有两个儿子：宋王喜隐和卫王宛。

评论说：李胡残酷、骄横自满，太祖知道他不成才而不能教导，太后不知道他行为恶劣而溺爱他。当初信用屋质的话定立世宗，而又阴谋废立皇帝。子孙相继反叛被杀，并且连及自身，可哀呀。

自太祖之世，剌葛、安端首次带头为祸作乱，太祖既不予以诛杀，又重新起用，固然是有主宰人的气度。然而唯有太祖的才能足以驾驭，差不多是可以的。自李胡而下，宗室诸王图谋不轨，没有一代没有。辽的内乱，与其国相始终。其后的继位君主，虽然用严格的律法加以制裁，终究未能禁止。啊！创大业传大统的君主，用以为子孙谋划的，可以不慎重吗？！

顺宗濬

顺宗，名濬，小字耶鲁斡，道宗长子，母宣懿皇后萧氏。幼而能言，好学知书。道宗尝曰："此子聪慧，殆天授欤！"

六岁，封梁王。明年，从上猎，矢连发三中。上顾左右曰："朕祖宗以来，骑射绝人，威震天下。是儿虽幼，不坠其风。"后遇十鹿，射获其九。帝喜，设宴。八岁，立为皇太子。大康元年，兼领北南枢密院事。

及母后被害，太子有忧色。耶律乙辛为北院枢密使，常不自安。会护卫萧忽古谋害乙辛，事觉，下狱。副点检萧十三谓乙辛曰："臣民心属太子，公非阀阅，一日若立，吾辈措身何地！"乃与同知北院宣徽事萧特里特谋构陷太子，阴令右护卫太保耶律查剌诬告都宫使耶律撒剌、知院萧速撒、护卫萧忽古谋废立。诏按无迹，不治。

乙辛复令牌印郎君萧讹都斡等言："查剌前告非妄，臣实与谋，欲杀耶律乙辛等，然后立太子。臣若不言，恐事发连坐。"帝信之，幽太子于别室，以耶律燕哥鞫按。太子具陈枉状曰："吾为储副，尚何所求，公当为我辨之。"燕哥乃乙辛之党，易其言为款伏。上大怒，废太子为庶人。将出，曰："我何罪至是！"十三叱登车，遣卫士阖其扉。徙于上京，囚圜堵中。乙辛寻遣达鲁古、撒八往害之，太子年方二十，上京留守萧挞得给以疾薨闻。上哀之，命有司葬龙门山。欲召其妃，乙辛阴遣人杀之。

帝后知其冤，悔恨无及，谥曰昭怀太子，以天子礼改葬玉峰山。乾统初，追尊大孝顺圣皇帝，庙号顺宗，妃萧氏贞顺皇后。一子，延禧，即天祚皇帝。

论曰：道宗知太子之贤，而不能辨乙辛之诈，竟绝父子之亲，为万世惜。乙辛知为一身之计，不知有君臣之义，岂复知有太子乎！奸邪之臣乱人家国如此，可不戒哉！可不戒哉！

译文：

顺宗名濬，小字耶鲁斡，道宗的长子，母亲是宣懿皇后萧氏。从小就会说话，好学，通晓文字。道宗曾说："这个孩子聪明伶俐，大概是天赐的吧！"

顺宗六岁的时候，封为梁王。第二年，跟从皇帝打猎，三箭连发皆命中。皇上对左右臣僚说："我的祖辈，骑马射箭超绝众人，威风震撼天下。这个孩子虽然年纪小，没有失掉祖宗的风格。"以后遇到十只鹿，被顺宗射中九只。皇帝高兴，设宴庆祝。八岁的时候，被立为皇太子。大康元年，兼任领北南枢密院事。

等到母亲萧后被杀，太子面有忧色。耶律乙辛担任北院枢密使，常感不自安。恰逢护卫萧忽古谋害乙辛，事情被发觉，被关入监狱。副点检萧十三对乙辛说："臣下百姓归心太子，你并非有功劳，一旦太子立为帝，我们这些人能有安身之地？"于是与同知北院宣徽事萧特里特阴谋制造罪过陷害太子，秘密指令右护卫太保耶律查剌无中生有地告发都官使耶律撒剌、知院萧速撒、护卫萧忽古阴谋废立皇帝。皇帝下令审查，没有证据，不予治罪。

乙辛又命令牌印郎君萧讹都斡等说："查剌前次所告发并非妄言，臣下实际参与了这一阴谋，想杀掉耶律乙辛等，然后立太子为帝。臣下若不说，恐事情被发觉而遭连坐。"皇帝相信了他的话，就把太子囚禁在另一房间，让耶律燕哥去审理考核。太子详细全面地陈述冤情，说："我为皇帝的继承人，还有什么所求的？你应当为我申辩。"燕哥是乙辛的同党，更改太子的话为诚恳服罪。皇上大怒，废太子为民。太子将出宫说："我有什么罪至于这样！"萧十三大声呵斥他上车，派卫兵关上了车门。太子被迁移到上京，囚禁在狱城之中。不久，乙辛派达鲁古、撒八前往上京把他杀了。那时太子刚刚二十岁。上京留守萧挞得谎称太子生病死了奏报上闻。皇帝哀悼他，命令有关部门把他葬在龙门山。皇帝想召见太子的妃子，乙辛又暗中派人把她杀了。

皇帝后来知道太子冤枉，悔恨不已，谥称昭怀太子，以天子的礼仪把他改葬到玉峰山。乾统初年，又追尊为大孝顺圣皇帝，庙号为顺宗，妃子萧氏为贞顺皇后。太子有一个儿子，叫延禧，就是天祚皇帝。

评论说："道宗知道太子的贤德，但是不能辨别乙辛的欺诈，竟然断绝父子之情，为万世所痛惜。乙辛只知道为自己打算，不知道有君臣大义，难道还知道有太子吗！奸邪的臣子祸乱人的家国成这个样子，能不引以为戒吗！

晋王敖卢斡

晋王，小字敖卢斡，天祚皇帝长子，母曰文妃萧氏。

甫髫龀，驰马善射。出为大丞相耶律隆运后，封晋王。性乐道人善，而矜人不能。时宫中见读书者辄斥。敖卢斡尝入寝殿，见小底茶剌阅书，因取观。会诸王至，阴袖而归之，曰："勿令他人见也。"一时号称长者。

及长，积有人望，内外归心。保大元年，南军都统耶律余睹与其母文妃密谋立之，事觉，余睹降金，文妃伏诛，敖卢斡实不与谋，免。二年，耶律撒八等复谋立，不克。上知敖卢斡得人心，不忍加诛，令缢杀之。或劝之亡，敖卢斡曰："安忍为蕞尔之躯，而失臣子之大节。"遂就死。闻者伤之。

论曰：天祚不君，臣下谋立其子，适以杀之。敖卢斡重君父之命，不亡而死，申生其恭矣乎！

译文：

晋王小字敖卢斡，天祚皇帝的长子，母亲是文妃萧氏。

晋王刚刚换牙，就能驱马奔驰，善于射箭。出继为大丞相耶律隆运的后人，封为晋王。他生性乐于谈论别人的好处，同情别人的不足。当时宫中见有读书的人总是斥责。敖卢斡曾入寝殿，看见听差茶刺在读书，就拿来看。恰好各王来到，晋王悄悄地把书放在袖中，（等诸王离开了）归还茶刺，说："不要让其他人看见。"一时号称长者。

等到晋王长大，因为久为众人所属望，宫廷内外莫不归心。保大元年，南军都统耶律余睹与他母亲文妃秘密谋划立他为皇帝，事情被发觉，余睹投降金国，文妃处斩，敖卢斡实际没有参与谋议，被免于处置。二年，耶律撒八等又阴谋立他为皇帝，没有得逞。皇上知道敖卢斡得人心，不忍斩杀，命令勒杀他。有人劝他逃跑，敖卢斡说："怎能忍受为了区区身体，而失掉臣子的大节！"于是就死。听到他的话的人都为他悲伤。

评论说：天祚为人君不称职，臣下谋立他的儿子，恰好便借口杀了他。敖卢斡重视君父的命令，不逃亡而就死，跟春秋时期晋献公的儿子申生一样恭顺啊！

辽史卷七十三

列传第三

耶律曷鲁

耶律曷鲁,字控温,一字洪隐,迭剌部人。祖匣马葛,简宪皇帝兄。父偶思,遥辇时为本部夷离堇,曷鲁其长子也。

性质厚。在髫髻,与太祖游,从父释鲁奇之曰:"兴我家者,必二儿也。"太祖既长,相与易裘马为好,然曷鲁事太祖弥谨。会滑哥弑其父释鲁,太祖顾曷鲁曰:"滑哥弑父,料我必不能容,将反噬我。今彼归罪台哂为解,我姑与之。是贼吾不忘也!"自是,曷鲁常佩刀从太祖,以备不虞。

居久之,曷鲁父偶思病,召曷鲁曰:"阿保机神略天授,汝率诸弟赤心事之。"已而太祖来问疾,偶思执其手曰:"尔命世奇才。吾儿曷鲁者,他日可委以事,吾已谕之矣。"既而以诸子属之。

太祖为挞马狘沙里,参预部族事,曷鲁领数骑召小黄室韦来附。太祖素有大志,而知曷鲁贤,军国事非曷鲁议不行。会讨越兀与乌古部,曷鲁为前锋,战有功。

及太祖为迭剌部夷离堇,讨奚部,其长术里逼险而垒,攻莫能下，命曷鲁持一笴往谕之。既入，为所执。乃说术曰："契丹与奚言语相通，实一国也。我夷离堇于奚岂有鞍轹之心哉？汉人杀我祖奚首，夷离堇怨次骨，日夜思报汉人。顾力单弱，使我求援于奚，传矢以示信耳。夷离堇受命于天，抚下以德，故能有此众也。今奚杀我，违天背德，不祥莫大焉。且兵连祸结，当自此始，岂尔国之利乎！"术里感其言，乃降。

太祖为於越，秉国政，欲命曷鲁为迭剌部夷离堇。辞曰："贼在君侧，未敢远去。"太祖讨黑车子室韦，幽州刘仁恭遣养子赵霸率众来救。曷鲁伏兵桃山，俟霸众过半而要之；与太祖合击，斩获甚众，遂降室韦。太祖会李克用于云州，时曷鲁侍，克用顾而壮之曰："伟男子为谁？"太祖曰："吾族曷鲁也。"

会遥辇痕德堇可汗殁，群臣奉遗命请立太祖。太祖辞曰："昔吾祖夷离堇雅里尝以不当立而辞，今若等复为是言，何欤？"曷鲁进曰："曩吾祖之辞，遗命弗及，符瑞未见，第为国人所推戴耳。今先君言犹在耳，天人所与，若合符契。天不可逆，人不可拂，而君命不可违也。"太祖曰："遗命固然，汝焉知天道？"曷鲁曰："闻於越之生也，神光属天，异香盈幄，梦受神诲，龙锡金佩。天道无私，必应有德。我国削弱，齮龁于邻部日久，以故生圣人以兴起之。可汗知天意，故有是命。且遥辇九营棋布，非无可立者；小大臣民属心於越，天也。昔者於越伯父释鲁尝曰：'吾犹蛇，儿犹龙也。'天时人事，几不可失。"太祖犹未许。是夜，独召曷鲁责曰："众以遗命迫我。汝不明吾心，而亦俯随耶？"曷鲁曰："在昔夷离堇雅里虽推戴者众，辞之，而立阻午为可汗。相传十余世，君臣之分乱，纪纲之统隳。委质他国，若缀旒然。羽檄蹴午，民疲奔命。兴王之运，实在今日。应天顺人，以答顾命，不可失也。"太祖乃许。明日，即皇帝位，命曷鲁总军国事。

时制度未讲，国用未充，扈从未备，而诸弟刺葛等往往觊非望。太祖宫行营始置腹心部，选诸部豪健二千余充之，以曷鲁及萧敌鲁总焉。已而诸弟之乱作，太祖命曷鲁总领军事，讨平之，以功为迭剌部夷离堇。时民更兵焚剽，日以抏敝，曷鲁抚辑有方，畜牧益滋，民用富庶。乃讨乌古部，破之。自是震慑，不敢复叛。乃请制朝仪、建元，率百官上尊号。太祖既备礼受册，拜曷鲁为阿鲁敦於越。"阿鲁敦"者，辽言盛名也。

后太祖伐西南诸夷，数为前锋。神册二年，从逼幽州，与唐节度使周德威拒战可汗州西，败其军，遂围幽州，未下。太祖以时暑班师，留曷鲁与卢国用守之。俄而救兵继至，曷鲁等以军少无援，退。

三年七月，皇都既成，燕群臣以落之。曷鲁是日得疾薨，年四十七。既葬，赐名其阡宴答，山曰於越峪，诏立石纪功。清宁间，命立祠上京。

初，曷鲁病革，太祖临视，问所欲言。曷鲁曰："陛下圣德宽仁，群生咸遂，帝业隆兴。臣既蒙宠遇，虽瞑目无憾。惟析迭刺部议未决，愿亟行之。"及死，太祖流涕曰："斯人若登三五载，吾谋蔑不济矣！"

后太祖二十一功臣，各有所拟，以曷鲁为心云。子惕剌、撒剌，俱不仕。

论曰：曷鲁以肺腑之亲，任帷幄之寄，言如蓍龟，谋成战胜，可谓算无遗策矣。其君臣相得之诚，庶吴汉之于光武欤？夫信其所可信，智也，太祖有焉。故曰，惟圣知圣，惟贤知贤，斯近之矣。

译文：

耶律曷鲁字控温，一字洪隐，迭剌部人。祖父匣马葛，是简宪皇帝的哥哥。父亲偶思，遥辇可汗的时候任本部夷离堇，曷鲁是他的长子。

曷鲁生性朴质憨厚，小时候和太祖在一起玩耍，叔叔释鲁惊奇地说："振兴我们家的，一定是这两个孩子。"太祖长大之后，与曷鲁互相交换皮衣、马匹表示友好，然而曷鲁侍奉太祖更加谨慎。正赶上滑哥杀了他的父亲释鲁，太祖看着曷鲁说："滑哥杀死自己的父亲，料想我一定不能见容于他，将要反咬我。今他归罪于台哂以为解脱，我姑且同意他。这个贼我不能忘掉他！"从此，曷鲁经常佩着刀跟从太祖，以防备不测。

过了很久，曷鲁的父亲偶思生病，召曷鲁说："阿保机神才大略由天所授，你率领弟弟们赤心侍奉他。"不一会儿太祖来问候疾病，偶思拉着他的手说："你是名高一世的奇才。我的儿子曷鲁，将来可以委任一差事，我已经晓谕过他了。"不久又把另外几个儿子委托给了太祖。

太祖任挞马狨沙里，参与部族的事情，曷鲁带领着几名骑兵召引小黄室韦来归服。太祖素来有大的志向，知道曷鲁有道德和才能，军国大事没有曷鲁参与谋议便不予施行。恰好征讨越兀与乌古部，曷鲁为前锋，作战有功。

等到太祖担任迭剌部的夷离堇，征讨奚部，其部长官术里紧逼着险要之地修建堡垒，攻打不下，就命令曷鲁拿着一根箭杆前往开谕他们。曷鲁进入奚部，被拘捕。他说服奚说："契丹与奚言语相通，实际是一国啊。我们的夷离堇对奚难道还有欺压之心吗？汉人杀我的祖先奚首，夷离堇怨恨切骨，日夜想向汉人报仇。不过力量单薄不强，派我来向你们请求援助，传递箭以表示信誉罢了。夷离堇接受天的委任,用恩德安抚下民,所以能有这么多百姓。如果今天奚把我杀了,违抗天意背离道义,没有比这更大的不祥了。况且兵事相连祸乱相结,从此开始,难道这是贵国的利益吗!"术里有感于他的话就投降了。

太祖为於越,掌握国政,想任命曷鲁为迭刺部夷离堇。曷鲁推辞说:"有贼在君主之侧,不敢远离。"太祖征讨黑车子室韦,幽州刘仁恭派他的养子赵霸率众兵来援救,曷鲁埋伏军队于桃山,等到赵霸的军队过了一半而半路拦截他们,与太祖合力相击,斩杀和抓获很多,于是降服了室韦。太祖会见李克用于云中,当时曷鲁陪侍,克用看着他,赞美说:"奇伟的男子是谁?"太祖说:"我的宗族曷鲁啊。"

正逢遥辇痕德堇可汗去世,诸大臣遵奉先帝的遗命请求立太祖为帝。太祖推辞说:"过去我的祖先夷离堇雅里曾以不当立而推辞,现今你等又说这个话,是什么意思呢?"曷鲁进言说:"过去我们祖先的推辞,是因为先帝的遗命没有提及,符命祥瑞没有出现,只是被国人所推戴罢了。当今先帝的话仍好像在耳边,天、人所赐吻合得有如符契。天不可违逆,人不可不从,而先君的命令不可不遵行。"太祖说:"遗命是肯定的,你怎么知道天道?"曷鲁说:"听说於越出生,神光连着天,异香充满帏幄,梦中受神的教导,龙赐给金的佩饰。天道没有私意,必然下应有德之人。我们国家细弱,被相邻的部落毁伤很久了,因此生圣人加以振兴。可汗知道天意,所以有这个命令。况且遥辇九营星罗棋布,不是没有可立为帝的人,小大臣民归心于於越,这是天意啊。过去於越的伯父释鲁曾说:'我好像蛇,儿子好像龙啊。'天时人事,机会不可丢失。"太祖仍然没有答应。这天夜里,太祖单独召见曷鲁责备说:"大家以遗命逼迫我,你不明白我的心,也俯首相随吗?"曷鲁说:"过去夷离堇雅里虽然推戴的人很多,结果他始终推辞,最后立了阻午为可汗。相传了十多代,君和臣的本分混乱,法纪与政纲的大统也破坏了。委身臣服于他国,好像缝在旗子上的缨子一样,征兵的檄书纷至,百姓疲于奔命。为王振兴国家的机运,确实就在今天。上应天下顺人,以报答可汗临终遗命,不可失去机遇啊。"太祖才应允。第二天,即皇帝位,任命曷鲁总掌军国事。

当时,制度尚未健全,国家用度尚不充足,侍从尚未齐备;诸位兄弟剌葛等往往怀有不应有的希望。太祖宫行营开始设置腹心部,挑选各部两千多豪强健壮的人充任,以曷鲁和萧敌鲁总领。不久诸兄弟叛乱,太祖命令曷鲁总领军事,进行讨伐平定。曷鲁立了功劳,被提升为迭剌部夷离堇,当时老百姓经过兵火焚烧剽掠,日益消挫衰败。因为曷鲁安抚组织有方,才逐渐使畜牧繁殖,百姓用度富庶。于是征讨乌古部,打败了他们。乌古部从此惊恐害怕,不敢再叛。曷鲁请求制订天子朝政礼仪,建立年号,率领百官上献尊号。太祖按照礼仪接受了册命,拜任曷鲁为阿鲁敦於越。所谓"阿鲁敦",辽语就是盛名的意思。

后来太祖讨伐西南各少数民族,曷鲁多次为前锋。神册二年,跟从太祖逼近幽州,与唐节度使周德威拒战于可汗州西,打败了他的军队,于是包围幽州,结果没有攻下。太祖因为当时天气正热,撤退了大军,只留下曷鲁与卢国用看守。救援幽州的唐军相继来到,曷鲁等因为自己兵少没有援助,退离了幽州。

三年七月,皇都已经建成,太祖宴请臣僚庆贺。曷鲁就在这一天得病去世,享年四十七岁。既已安葬,太祖赐他的墓前道路名叫宴答,山叫於越岭,并下诏立碑纪功。清宁年间,命立祠堂于上京。

当初,曷鲁病重,太祖亲临探视,问他还有什么话说。曷鲁说:"皇帝陛下圣德宽厚仁德,所有生灵都顺利地成长,帝王的事业隆盛勃兴。臣下承蒙宠任恩遇,虽死也没有遗憾。唯有分析迭刺部的议题没有结果,希望抓紧施行。"曷鲁去世之后,太祖流着眼泪说:"这个人若多活三五年,我的计划没有不成功的!"

后来太祖的二十一位功臣,各有所比拟,曷鲁被比为太祖的心。曷鲁的儿子惕刺、撒刺,都不做官。

评论说:曷鲁以皇室微末之亲,承任帷幄运筹之托,说话如占卜一样灵验,谋而成功、战而胜利,可以说考虑问题没有错失。他们君臣彼此契合真诚,差不多相当于吴汉对汉光武吧?信任可以信任的人,这是智慧,太祖是具备的。所以说,只有圣人了解圣人,只有贤人了解贤人,太祖与曷鲁的关系就比较符合这个道理。

辽史卷七十四

列传第四

韩延徽

韩延徽,字藏明,幽州安次人。父梦殷,累官蓟、儒、顺三州刺史。延徽少英,燕帅刘仁恭奇之,召为幽都府文学、平州录事参军,同冯道祗候院,授幽州观察度支使。

后守光为帅,延徽来聘,太祖怒其不屈,留之。述律后谏曰:"彼秉节弗挠,贤者也,奈何困辱之?"太祖召与语,合上意,立命参军事。攻党项、室韦,服诸部落,延徽之筹居多。乃请树城郭,分市里,以居汉人之降者。又为定配偶,教垦艺,以生养之。以故逃亡者少。

居久之,慨然怀其乡里,赋诗见意,遂亡归唐。已而与他将王缄有隙,惧及难,乃省亲幽州,匿故人王德明舍。德明问所适,延徽曰:"吾将复走契丹。"德明不以为然。延徽笑曰:"彼失我,如失左右手,其见我必喜。"既至,太祖问故。延徽曰:"忘亲非孝,弃君非忠。臣虽挺身逃,臣心在陛下。臣是以复来。"上大悦。赐名曰匿列。"匿列",辽言复来也。即命为守政事令、崇文馆大学士,中外事悉令参决。

天赞四年，从征渤海，大諲撰乞降。既而复叛，与诸将破其城，以功拜左仆射。又与康默记攻长岭府，拔之。师还。太祖崩，哀动左右。

太宗朝，封鲁国公，仍为政事令。使晋还，改南京三司使。

世宗朝，迁南府宰相，建政事省，设张理具，称尽力吏。天禄五年六月，河东使请行册礼，帝诏延徽定其制，延徽奏一遵太宗册晋帝礼，从之。

应历中，致仕。子德枢镇东平，诏许每岁东归省。九年卒，年七十八。上闻震悼，赠尚书令，葬幽州之鲁郭，世为崇文令公。

初，延徽南奔，太祖梦白鹤自帐中出；比还，复入帐中。诘旦，谓侍臣曰："延徽至矣。"已而果然。

太祖初元，庶事草创，凡营都邑，建宫殿，正君臣，定名分，法度井井，延徽力也。为佐命功臣之一。子德枢。

译文：

韩延徽字藏明，幽州安次人。父亲梦殷，相继为蓟州、儒州、顺州的刺史。延徽从小就超群出众，燕地的军帅刘仁恭惊异他的才能，召他为幽都府文学及平州录事参军，同冯道一起在祇候院，授为幽州观察度支使。

后来刘守光为燕地的军帅，派延徽来访，太祖恼怒他不屈服，扣留了他。述律后劝道："他作为使节而不屈服，是有贤德的人啊，怎么能羞辱他？"太祖召见韩延徽，与他交谈，皇上满意，立刻任命他参军事。在攻打党项、室韦，征服其他一些部落中，延徽多为筹谋。韩延徽请求建立城镇，划分市井乡里，让降服的汉人居住。又为降服的人指定配偶，教他们开荒种地，以休养生息。因此很少有逃亡的。

居住的时间一长,韩延徽深情地怀念自己的家乡,赋诗以表达这种心情。于是他偷偷地逃回了唐。不久,他与另一个将领王缄有矛盾,怕招来祸患,于是他到幽州看望亲友,躲藏在老朋友王德明家。德明问他打算去哪里,延徽回答:"我准备重新到契丹去。"王德明并不认为这样做妥当。延徽笑着说:"他们失去了我,就好像失去了左右手,所以他们见了我一定很高兴。"他回到契丹,太祖问他逃亡和回来的原因。延徽说:"忘掉亲人这不是孝,抛弃君主这不是忠。臣下我虽然脱身逃跑了,但臣下的心忠于皇帝陛下,所以又回来了。"太祖非常高兴,赐名叫匿列,"匿列",辽的语言就是"复来"的意思。随即任命他为守政事令、崇文馆大学士,宫廷内外的事全部让他参与决策。

天赞四年,延徽跟随太祖征讨渤海,渤海王大諲撰请求投降。不久又反叛,延徽与其他将领一起攻破他的城池,因为有功劳,拜为左仆射。又和康默记一起攻打长岭府,占领了这座城镇。大军回国,太祖去世,延徽哀恸不已,使左右从官都为之感动。

太宗时,延徽被封为鲁国公,继续担任政事令。出使晋朝回国之后,改任为南京三司使。

世宗时,又改任南府宰相,建立政事省,从设立到具体的管理,可说是尽了最大的努力。天禄五年六月,河东刘崇派来使臣,请求为他举行册封的大礼,皇上命令延徽拟定礼节仪式。延徽上奏:全部遵照太宗册晋帝礼的仪式。皇上同意他的意见。

应历中期,韩延徽退休。他的儿子德枢镇守东平,皇帝下令准许德枢每年东归探望父亲。应历九年,韩延徽去世,终年七十八岁。皇上听到这个消息非常悲痛,赠官为尚书令,把他埋葬在幽州的鲁郭,永世为崇文令公。

当初,延徽南归后唐,太祖梦见一只白鹤从帷帐中飞出;等到他回来，又梦见白鹤飞回了帐中。早晨起来，他便对臣僚说："延徽回来了。"不久，延徽果然回来了。

太祖初立，许多事情都刚刚开始，营建都城，建造宫殿，理正君臣之别，制定各种名义和应守的本分，使法度井井有条，这都是韩延徽出的力啊。韩延徽是佐命功臣之一。儿子叫德枢。

韩知古

韩知古，蓟州玉田人，善谋有识量。太祖平蓟时，知古六岁，为淳钦皇后兄欲稳所得。后来嫔，知古从焉，未得省见。久之，负其有，怏怏不得志，挺身逃庸保，以供资用。

其子匡嗣得亲近太祖，因间言。太祖召见与语，贤之，命参谋议。神册初，遥授彰武军节度使。久之，信任益笃，总知汉儿司事，兼主诸国礼仪。时仪法疏阔，知古援据故典，参酌国俗，与汉仪杂就之，使国人易知而行。

顷之，拜左仆射，与康默记将汉军征渤海有功，迁中书令。天显中卒，为佐命功臣之一。子匡嗣。

匡嗣以善医，直长乐宫，皇后视之犹子。应历十年，为太祖庙详稳。后宋王喜隐谋叛，辞引匡嗣，上置不问。

初，景宗在藩邸，善匡嗣。即位，拜上京留守。顷之，王燕，改南京留守。保宁末，以留守摄枢密使。

时耶律虎古使宋还，言宋人必取河东，合先事以为备。匡嗣诋之曰："宁有是！"已而宋人果取太原，乘胜逼燕。匡嗣与南府宰相沙、惕隐休哥侵宋，军于满城，方阵，宋人请降。匡嗣欲纳之，休哥曰："彼军气甚锐，疑诱我也。可整顿士卒以御。"匡嗣不听。俄而宋军鼓噪薄我，众蹙践，尘起涨天。匡嗣仓卒谕诸将，无当其锋。众既奔，遇伏兵扼要路，匡嗣弃旗鼓遁，其众走易州山，独休哥收所弃兵械，全军还。

帝怒匡嗣，数之曰："尔违众谋，深入敌境，尔罪一也；号令不肃，行伍不整，尔罪二也；弃我师旅，挺身鼠窜，尔罪三也；侦候失机，守御弗备，尔罪四也；捐弃旗鼓，损威辱国，尔罪五也。"促令诛之。皇后引诸内戚徐为开解，上重违其请。良久，威稍霁，乃杖而免之。

既而遥授晋昌军节度使。乾亨三年，改西南面招讨使，卒。睿智皇后闻之，遣使临吊，赙赠甚厚，后追赠尚书令。五子：德源，德让——后赐名隆运，德威、德崇，德凝。德源、德凝附传，余各有传。

德源，性愚而贪，早侍景宗邸。及即位，列近侍。保宁间，官崇义、兴国二军节度使，加检校太师。以赇名，德让贻书谏之，终不悛。以故论者少之。后加同政事门下平章事，遥摄保宁军节度使。乾亨初卒。

德凝，谦逊廉谨。保宁中，迁护军司徒。开泰中，累迁护卫太保、都宫使、崇义军节度使。移镇广德，秩满，部民请留，从之。改西南面招讨使，党项隆益答叛，平之。迁大同军节度使，卒于官。

子郭三，终天德军节度使。孙高家奴，终南院宣徽使；高十，终辽兴军节度使。

译文：

韩知古，蓟州玉田人。善于谋划，有见识和抱负。太祖平定蓟地时，知古六岁，被淳钦皇后的哥哥欲稳领养。皇后入选为嫔妃，知古跟从入宫，但没有得到机会晋见皇帝。日子长了，依仗自己有才能，不服气自己不得志，挺身而逃，为人当仆役度日。

他的儿子匡嗣有机会亲近太祖，因此得便谈到知古。太祖召见知古与他交谈，认为他有贤才，命其参与谋议。神册初年，挂衔彰武军节度使。日子长了，对他的信任越来越深，让他总知汉儿司事，兼主诸国礼仪。当时礼仪的规定草率粗疏，知古援据故典，参酌国朝的风俗，与汉人的礼节综合而成，使国人容易知晓而实行。

　　不久，知古被拜任左仆射，与康默记率领汉军征讨渤海国有功，又迁官为中书令。天显中期去世，是佐命功臣之一。儿子叫匡嗣。

　　匡嗣擅长医术，在长乐宫值勤，皇后看待他好像自己的儿子。应历十年，为太祖庙的详稳。后来宁王喜隐谋叛，供词牵连匡嗣，皇上置之不问。

　　当初，景宗没有登极，和匡嗣很好。即位之后，拜匡嗣为上京留守。不久，封燕王，改任南京留守。保宁末年，匡嗣以留守代行枢密使。

　　当时耶律虎古出使宋朝回来，说宋人一定要夺取河东，应该事先有所准备。匡嗣诋毁他说："岂有这个事！"不久宋人果然攻取太原，乘胜进逼燕地。匡嗣与南府宰相沙、惕隐休哥侵扰宋，列军于满城，刚刚摆好阵势，宋人请求投降。匡嗣想接受，休哥说："对方军队士气甚为高涨，我疑心这是引诱我们。可整顿士兵以便抵御。"匡嗣不听。不一会儿宋军大嚷大叫着进逼过来，大家窘迫，互相践踏，尘土飞扬，遮满天空。匡嗣慌忙告谕各将领，抵挡不了宋军的锋芒。大家在奔逃中，又遇到伏兵截断其重要通道，匡嗣丢掉了旗帜、战鼓逃跑，他的部众败走易州山。只有休哥收拾所丢弃的武器，全军退还。

　　皇帝大为震怒，数落匡嗣说："你违犯大家的计策，深入敌国境内，这是你的第一条罪过；号令不严，队伍没有秩序，这是你的第二条罪过；丢弃我军师旅，拔身逃窜，这是你的第三条罪过；侦察瞭望失去时机，守卫抵御不作准备，这是你的第四条罪过；丢弃旗帜战鼓，损害威严，辱没国家，这是你的第五条罪过。"急令杀掉他。皇后带领各嫔妃眷属慢慢地为匡嗣开脱解释，皇上断然拒绝了她们的请求。过了好一阵，怒气稍稍缓和，才对匡嗣改用杖刑，免他一死。

不久匡嗣挂衔晋昌军节度使。乾亨三年，改任西南面招讨使，卒于任上，睿智皇后听到这一消息，派遣使者前往吊唁，赠予特别丰厚的丧葬费用。后来又追赠为尚书令。他五个儿子：德源、德让——后赐名隆运，德威、德崇、德凝。德源、德凝附传记于此，其余的每个人都有传。

德源生性愚笨而贪婪，早年奉职于景宗王府，景宗即位时，列位于近侍之臣。保宁年间，官至崇义、兴国二军的节度使，加官检校太师。因为他有受贿赂的名声，德让写信规劝他，但他终究不能改悔。因此议论者都看不起他。后来加官同政事门下平章事，挂衔保宁军节度使。乾亨初年去世。

德凝谦虚廉洁。保宁中朝，迁官为护军司徒。开泰年间中期，积官至护卫太保、都宫使、崇义军节度使。改移镇守广德，任期届满，所部百姓请求留任，朝廷同意了这一请求。后又改任西南面招讨使，党项隆益答反叛，被他平定了。德凝迁官大同军节度使，死在任上。

德凝的儿子郭三，终官天德军节度使。孙子高家奴，终官南院宣徽使；高十，终官辽兴军节度使。

辽史卷七十七

列传第七

耶律屋质

耶律屋质,字敌辇,系出孟父房。姿简静,有器识,重然诺。遇事造次,处之从容,人莫能测。博学,知天文。

会同间,为惕隐。太宗崩,诸大臣立世宗,太后闻之,怒甚,遣皇子李胡以兵逆击,遇安端、刘哥等于泰德泉,败归。李胡尽执世宗臣僚家属,谓守者曰:"我战不克,先殪此曹!"人皆恟恟相谓曰:"若果战,则是父子兄弟相夷矣!"军次潢河横渡,隔岸相拒。

时屋质从太后,世宗以屋质善筹,欲行间,乃设事奉书,以试太后。太后得书,以示屋质。屋质读竟,言曰:"太后佐太祖定天下,故臣愿竭死力。若太后见疑,臣虽欲尽忠,得乎?为今之计,莫若以言和解,事必有成;否即宜速战,以决胜负。然人心一摇,国祸不浅,惟太后裁察。"太后曰:"我若疑卿,安肯以书示汝?"屋质对曰:"李胡、永康王皆太祖子孙,神器非移他族,何不可之有?太后宜思长策,与永康王和议。"太后曰:"谁可遣者?"对曰:"太后不疑臣,臣请往。万一永康王见听,庙社之福。"太后乃遣屋质授书于帝。

帝遣宣徽使耶律海思复书,辞多不逊。屋质谏曰:"书意如此,国家之忧未艾也。能释怨以安社稷,则臣以为莫若和好。"帝曰:"彼众乌合,安能敌我?"屋质曰:"即不敌,奈骨肉何!况未知孰胜?借曰幸胜,诸臣之族执于李胡者无噍类矣。以此计之,惟知为善。"左右闻者失色。帝良久,问曰:"若何而和?"屋质对曰:"与太后相见,各纾忿恚,和之不难;不然,决战非晚。"帝然之,遂遣海思诣太后约和。往返数日,议乃定。

始相见,怨言交让,殊无和意。太后谓屋质曰:"汝当为我画之。"屋质进曰:"太后与大王若能释怨,臣乃敢进说。"太后曰:"汝第言之。"屋质借谒者筹执之,谓太后曰:"昔人皇王在,何故立嗣圣?"太后曰:"立嗣圣者,太祖遗旨。"又曰:"大王何故擅立,不禀尊亲?"帝曰:"人皇王当立而不立,所以去之。"屋质正色曰:"人皇王舍父母之国而奔唐,子道当如是耶?大王见太后,不少逊谢,惟怨是寻。太后牵于偏爱,托先帝遗命,妄授神器。如此何敢望和,当速交战!"掷筹而退。太后泣曰:"向太祖遭诸弟乱,天下荼毒,疮痍未复,庸可再乎!"乃索筹一。帝曰:"父不为而子为,又谁咎也。"亦取筹而执。左右感激,大恸。

太后复谓屋质曰:"议既定,神器竟谁归?"屋质曰:"太后若授永康王,顺天合人,复何疑?"李胡厉声曰:"我在,兀欲安得立!"屋质曰:"礼有世嫡,不传诸弟。昔嗣圣之立,尚以为非,况公暴戾残忍,人多怨讟。万口一辞,愿立永康王,不可夺也。"太后顾李胡曰:"汝亦闻此言乎?汝实自为之!"乃许立永康。

帝谓屋质曰:"汝与朕属尤近,何反助太后?"屋质对曰:

"臣以社稷至重，不可轻付，故如是耳。"上喜其忠。

天禄二年，耶律天德、萧翰谋反下狱，惕隐刘哥及其弟盆都结天德等为乱。耶律石剌潜告屋质，屋质遽引入见，白其事。刘哥等不服，事遂寝。未几，刘哥邀驾观樗蒲，捧觞上寿，袖刃而进。帝觉，命执之，亲诘其事。刘哥自誓，帝复不问。屋质奏曰："当使刘哥与石剌对状，不可辄恕。"帝曰："卿为朕鞫之。"屋质率剑士往讯之，天德等伏罪，诛天德，杖翰迁刘哥，以盆都使辖戛斯国。

三年，表列泰宁王察割阴谋事，上不听。五年，为右皮室详稳。秋，上祭让国皇帝于行宫，与群臣皆醉，察割弑帝。屋质闻有言"衣紫者不可失"，乃易衣而出，亟遣人召诸王，及喻禁卫长皮室等同力讨贼。时寿安王归帐，屋质遣弟冲迎之。王至，尚犹豫。屋质曰："大王嗣圣子，贼若得之，必不容。群臣将谁事，社稷将谁赖？万一落贼手，悔将何及？"王始悟。诸将闻屋质出，相继而至。迟明整兵，出贼不意，围之，遂诛察割。

乱既平，穆宗即位，谓屋质曰："朕之性命，实出卿手。"命知国事，以逆党财产尽赐之，屋质固辞。应历五年，为北院大王，总山西事。

保宁初，宋围太原，以屋质率兵往援，至白马岭，遣劲卒夜出间道，疾驰驻太原西，鸣鼓举火。宋兵以为大军至，惧而宵遁。以功加於越。四年，汉刘继元遣使来贡，致币于屋质，屋质以闻，帝命受之。五年五月死，年五十七。帝痛悼，辍朝三日。后道宗诏上京立祠祭享，树碑以纪其功云。

译文：

耶律屋质字敌辇，族系出于孟父房。他诚实稳重，有器局识见，重视信誉。遇意外之事，他对待、处理都很从容，别人不能猜度。他学问广博，懂得天文。

会同年间，为惕隐。太宗去世，众大臣拥立世宗，太后听到后，特别生气，派遣皇子李胡率兵前去迎击，遭遇安端、刘哥等于泰德泉，大败而归。李胡拘捕了世宗全部的臣僚和家属，告诉看守的人说："我打仗不取胜，先射死这些人！"大家都喧嚷不安地互相说："若真打仗，则是父子兄弟相杀啊！"大军驻扎在潢河横渡，隔岸相对抗。

当时，屋质跟从太后，世宗因为屋质善于筹划，打算施行离间计，于是借故送了一封信，试试太后。太后得到了信，就给屋质看。屋质读完信，说："太后辅佐太祖安定天下，所以臣下愿意竭尽死力。若太后对我有怀疑，臣下虽想竭尽忠诚，可能吗？为今日着想，不如以谈判和解，事情一定能够成功。如果不这样就应该迅速交战，以决胜负。然而人心一旦有所动摇，给国家带来的祸患不浅，望太后裁决审核。"太后说："我若怀疑你，怎么肯拿这封信给你看？"屋质回答说："李胡、永康王都是太祖的子孙，帝位没有交给外族，有什么不可以呢？太后应该从长远考虑，与永康王和议。"太后说："谁可以派遣呢？"屋质回答说："太后如不怀疑臣下，臣下请求前往。万一永康王听允，就是国家的福气。"于是，太后派遣屋质授书信给皇帝。

皇帝叫宣徽使耶律海思复信，词句大都不谦恭。屋质劝阻说："信中有这样的意思，国家的忧患还没有完啊。能够解除怨恨使国家安定，则臣下以为不如和好。"皇帝说："他的人是仓促集合，怎能敌得过我？"屋质说："就算敌不过，对亲骨肉又能怎么样！况且并不知道究竟谁能取胜？假定说幸而胜了，被李胡扣留的各大臣的亲属就不会有一个活着的了。从这点考虑，唯有和解为最好。"左右臣僚听了大惊失色。皇帝过了好长一段时间才问："怎么才能和解？"屋质回答说："与太后相见，各自消解怒气和怨恨，和解是不难的。不然，决一死战也不晚。"皇帝同意这一看法，于是派遣海思拜诣太后商议和解。来回往返了好几天，协议才谈定。

  双方相见之初，互相埋怨指责，一点也没有和解的意向。太后告诉屋质说："你应当为我筹划一下。"屋质进奏说："太后与大王若能解除恩怨，臣下才敢陈说。"太后说："你只管说！"屋质拿着借用拜见者的筹具，问太后说："过去人皇王健在，是什么缘故而立嗣圣？"太后说："立嗣圣，是太祖生前留下的旨意。"又问皇帝："大王什么缘故擅自而立，不禀告至尊的亲人？"皇帝说："人皇王当立而不得立，所以我就不禀告了。"屋质严肃地说："人皇王舍弃父母之国投奔到后唐，当儿子的道理应当这样吗？大王见到太后，一点也不谦恭，一味寻找怨恨。太后由于偏爱，假托先皇帝生前留下的指令，胡乱传授帝位。这个样子怎么还敢期望和解？理当迅速交战！"扔下筹具就退出了。太后哭泣着说："过去太祖遭诸兄弟的扰乱，天下遭残害，创伤尚未平复，难道可再来一次扰乱吗！"于是要了一支筹具。皇帝说："父亲不做的事而儿子要做，又是谁的罪过呢？"也取了一支筹具拿在手中。左右臣僚为之感动，大哭。

  太后又告诉屋质说："协议既已确定，帝位究竟给谁呢？"屋质说："太后若授给永康王，顺天意合人心，还有什么可怀疑的呢？"李胡大声说："我在，兀欲怎能得立！"屋质说："礼规定，有继承父业的正室所生之子，不把帝位传给诸胞弟。过去，嗣圣得立为帝，尚且以为不对，况你凶恶不讲情理，残酷狠毒，人多怨恨谤讪，众口一词，愿立永康王，不可改变啊。"太后回头看着李胡说:"你也听到这话了吧?你实际是自己把自己弄到了这个田地!"于是答应立永康王。

皇帝对屋质说:"你与我族属最近,为何反而辅助太后?"屋质回答说:"臣下认为国家最为重要,不可轻率给人,所以这么做。"皇帝喜欢他的忠诚。

天禄二年,耶律天德、萧翰谋反被逮下狱,惕隐刘哥及其弟盆都勾结天德等作乱。耶律石剌秘密地告诉屋质,屋质马上带领他入见皇帝,说明这件事。刘哥等不服,这件事才搁置不提。不久,刘哥邀请皇帝观看博戏,捧着酒具为皇帝祝寿,袖子里藏着刀进献。皇帝觉察,命令拿下,亲自审问。刘哥发誓不承认,皇帝又不再追问。屋质上奏说:"应当让刘哥与石剌对质,不可总是饶恕。"皇帝说:"你为我审问他们。"屋质率领带剑的士兵前去审问,天德等服罪。最后斩杀天德,杖打萧翰,迁徙刘哥,让盆都出使辖戛斯国。

三年,屋质上表列举泰宁王察割搞阴谋之事,皇帝不听信。五年,调为右皮室详稳。秋季,皇帝在行宫祭奠让国皇帝,和群臣都喝醉了,察割杀了皇帝。屋质听人说"穿紫衣服的不可放过",于是换了衣服走出,急忙派人召集诸王,并且通知禁卫长皮室等同力讨伐叛乱分子。当时,寿安王已回行帐,屋质派弟弟耶律冲去迎接他。寿安王到后,对即位尚犹豫不决。屋质说:"大王,您是嗣圣皇帝的儿子,叛乱分子假如得到您,一定不会宽容,群臣将侍奉谁?国家将仰仗谁?您万一落到贼人之手,后悔又有什么用?"寿安王才开始明白。各将领听说屋质已走出,相继都跟着来到了。天将亮即调集军队,出叛乱分子不意,包围了他们,于是斩杀了察割。

叛乱平息之后,穆宗即位,告诉屋质说:"我的性命,实际是出于您一手相保。"任命他主持国事,把叛乱分子的财产全部赏赐给他,屋质坚决不接受。应历五年,调为北院大王,总管山西的事务。

保宁初年,宋军包围太原,让屋质率兵前往救援,行到白马岭,派遣精兵乘夜顺小路奔袭,飞快地驰驻太原以西,鸣鼓举火,宋兵以为大军开到,害怕得连夜逃跑了。屋质因功加官於越。四年,汉刘继元派使臣来进贡,送礼物给屋质,屋质把这事报告了皇帝,皇帝命令他接受这些礼物。屋质保宁五年五月去世,享年五十七岁。皇帝沉痛悼念,停止朝事三天。后来道宗下令在上京立庙祭祀,树碑记其功劳。

耶律吼

耶律吼,字曷鲁,六院部夷离堇蒲古只之后。端悫好施,不事生产。太宗特加倚任。

会同六年,为南院大王,莅事清简,人不敢以年少易之。时晋主石重贵表不称臣,辞多踞慢,吼言晋罪不可不伐。及帝亲征,以所部兵从。既入汴,诸将皆取内帑珍异,吼独取马铠,帝嘉之。

及帝崩于栾城,无遗诏,军中忧惧不知所为。吼诣北院大王耶律洼议曰:"天位不可一日旷。若请于太后,则必属李胡。李胡暴戾残忍,讵能子民。必欲厌人望,则当立永康王。"洼然之。会耶律安抟来,意与吼合,遂定议立永康王,是为世宗。

顷之,以功加采访使,赐以宝货,吼辞曰:"臣位已高,敢复求富!臣从弟的琭诸子坐事籍没,陛下哀而出之,则臣受赐多矣!"上曰:"吼舍重赏,以族人为请,其贤远甚。"许之,仍赐宫户五十。时有取当世名流作《七贤传》者,吼与其一。天禄三年卒，年三十九。子何鲁不。

耶律何鲁不，字斜宁，尝与耶律屋质平察割乱。穆宗以其父吼首议立世宗，故不显用。晚年为本族敞史。

及景宗即位，以平察割功，授昭德军节度使，为北院大王。时黄龙府军将燕颇杀守臣以叛，何鲁不讨之，破于鸭渌江。坐不亲追击，以至失贼，杖之。乾亨间卒。

译文：

耶律吼字曷鲁，六院部夷离堇蒲古只的后代。他端庄朴质好施舍，不干生息产业之事，太宗特别倚重他。

会同六年，为南院大王，处理事务清明简要，人们不敢因为他年纪小而轻视他。当时，晋主石重贵上奏表不称臣，言辞多傲慢，耶律吼说晋有罪不可不讨伐。等到皇帝亲自率兵征讨，耶律吼以自己所统领的军队跟从。攻入汴京，各将帅皆取内府所藏金币和奇珍异玩，耶律吼独取马匹铠甲，皇帝夸奖了他。

皇帝在栾城死的时候，没有遗诏，军队中忧虑害怕，不知怎么办好。耶律吼拜会北院大王耶律洼，议论说："皇位不可一天空缺。若请示太后，帝位必属于李胡。李胡凶恶无礼、残酷狠毒，怎么能抚育百姓？一定要满足老百姓的愿望，就应当立永康王。"洼同意这种看法。恰好耶律安抟来，意见与耶律吼相吻合，终于商定立永康王为帝，他就是世宗。

不久，耶律吼因功加官采访使，并赐给珍宝财物。他推辞说："臣下的官位已不低，还敢再追求财富！臣下的从弟的璟的孩子们因犯罪被官方收为奴隶，愿皇上可怜他们将其释放，那么臣下受的恩赐就相当多了。"皇帝说："耶律吼舍弃重赏而为族人求情，他的贤德超越一般人太多了。"于是，答应了他的请求，仍旧赏给了官户五十户。当时有名流作《七贤传》的，耶律吼是七贤之一。他天禄三年去世，享年三十九岁。儿子叫何鲁不。

何鲁不字斜宁，曾和耶律屋质平定察割叛乱。穆宗因为他父亲耶律吼第一个倡议立世宗，所以不予重用。晚年为本族的敞史。

到景宗即位，因何鲁不平定察割之功，授予昭德军节度使，为北院大王。当时黄龙府军将官燕颇杀守臣发动叛乱，何鲁不征讨他，破敌于鸭绿江。因为不亲自追击，以致放过贼人，被杖。乾亨年间去世。

耶律安抟

耶律安抟，曾祖岩木，玄祖之长子；祖楚不鲁，为本部夷离堇。父迭里，幼多疾，时太祖为挞马狨沙里，常加抚育。神册六年，为惕隐，从太祖将龙军讨阻卜、党项有功。天赞三年，为南院夷离堇，征渤海，攻忽汗城，俘斩甚众。太祖崩，淳钦皇后称制，欲以大元帅嗣位。迭里建言，帝位宜先嫡长；今东丹王赴朝，当立。由是忤旨。以党附东丹王，诏下狱，讯鞫，加以炮烙。不伏，杀之，籍其家。

安抟自幼若成人，居父丧，哀毁过礼，见者伤之。太宗屡加慰谕，尝曰："此儿必为令器。"既长，寡言笑，重然诺，动遵绳矩，事母至孝。以父死非罪，未葬，不预宴乐。世宗在藩邸，尤加怜恤，安抟密自结纳。

太宗伐晋还，至栾城崩，诸将欲立世宗，以李胡及寿安王在朝，犹豫未决。时安抟直宿卫，世宗密召问计。安抟曰："大王聪安宽恕，人皇王之嫡长；先帝虽有寿安，天下属意多在大王。

今若不断，后悔无及。"会有自京师来者，安抟诈以李胡死传报军中，皆以为信。于是安抟诣北、南二大王计之。北院大王洼闻而遽起曰："吾二人方议此事。先帝尝欲以永康王为储贰，今日之事有我辈在，孰敢不从！但恐不白太后而立，为国家启衅。"安抟对曰："大王既知先帝欲以永康王为储副，况永康王贤明，人心乐附。今天下甫定，稍缓则大事去矣。若白太后，必立李胡。且李胡残暴，行路共知，果嗣位，如社稷何？"南院大王吼曰："此言是也。吾计决矣！"乃整军，召诸将奉世宗即位于太宗柩前。

帝立，以安抟为腹心，总知宿卫。是岁，约和于潢河横渡。太后问安抟曰："吾与汝有何隙？"安抟以父死为对，太后默然。及置北院枢密使，上命安抟为之，赐奴婢百口，宠任无比，事皆取决焉。然性太宽，事循苟简，豪猾纵恣不能制。天禄末，察割兵犯御幄，又不能讨，由是中外短之。

穆宗即位，以立世宗之故，不复委用。应历三年，或诬安抟与齐王罨撒葛谋乱，系狱死。侄撒给，左皮室详稳。

译文：

耶律安抟，曾祖岩木，玄祖的长子；祖父楚不鲁，是本部的夷离堇。父亲迭里，从小多病，当时太祖为挞马狘沙里，经常给予照顾。神册六年，迭里升为惕隐，跟从太祖的大将龙军征讨阻卜、党项有功，天赞三年，任南院夷离堇。迭里征讨渤海国，攻打忽汗城，俘虏和斩杀的兵卒特别多。太祖去世，淳钦皇后代行国事，想以大元帅继皇帝位。迭里建议说："帝位应该先由正室之长子继承，现在东丹王奔赴朝廷，应当立为帝。"因此违忤了旨意，袒护追随东丹王，下诏关押入狱。审讯时，加炮烙之刑。

不服，斩杀，收其家为奴隶。

安抟从小就好像成年人，守父亲之丧，哀伤过度，看见的人都很可怜他。太宗多次加以安慰开导，曾说："这个孩子一定是好材料。"长大以后，少谈笑，重信誉，行为遵循礼法，侍奉母亲最孝。因为父亲死于非罪，没有安葬，不参加宴饮和娱乐之事。世宗居王位时，特别哀怜同情安抟。安抟暗自与他结交。

太宗讨伐晋国返回，行至栾城死去，诸将官想立世宗，因为李胡和寿安王在朝廷，犹豫不决。当时，安抟当班留宿警卫，世宗秘密召他问计。安抟说："大王聪明本分，待人宽厚，人皇王的正出长子；去世的皇帝虽有寿安王，但天下寄意则多在大王。今若不决断，后悔就来不及了。"正好有从京城来的人，安抟便诡称李胡已死传报军中，大家都认为是真的。于是安抟拜谒北、南二大王商讨。北院大王耶律洼听说后立刻站起来说："我们两人正议论这件事。去世的皇帝曾经想以永康王为继承人，今天这件事有我们这辈人在，谁敢不服从！只是怕不启禀太后而立皇帝，会给国家召至祸患。"安抟回答说："大王既然已经知道先帝想以永康王为继承人，况且永康王有道德才能、明达事理，人心乐于归顺。现在天下刚刚安定，稍微迟缓则大事告吹。倘若禀告太后，肯定立李胡。况且李胡残忍凶暴，路人皆知，果然让他继位，国家将会怎么样？"南院大王耶律吼说："这话对啊，我们的计议决定了！"于是整集军队，召各将领尊奉世宗即位于太宗的灵前。

皇帝既立，以安抟为心腹，总管宿卫。这一年，与太后约和于潢河横渡。太后问安抟说："我和你有什么芥蒂？"安抟以父亲的死回答，太后默然。等到设置北院枢密使，皇上命安抟出任，赐给奴婢一百口，宠爱信任无与伦比，朝廷的事都让他决断。然而安抟生性宽厚,处理事务因循苟且和简单化,不能制止豪强猾吏的不法行为。天禄末年,察割的兵进犯皇帝住的大帐,又不能讨伐,因此宫廷内外不满意他。

穆宗即位,因为安抟拥立世宗的原因,不再任用他。应历三年,有人诬告安抟与齐王罨撒葛谋划叛乱,被关押在监狱中死去。侄子撒给,为左皮室详稳。

耶律洼

耶律洼,字敌輦,隋国王释鲁孙,南院夷离堇绾思子。少有器识,人以公辅期之。

太祖时,虽未官,常任以事。太宗即位,为惕隐。天显末,帝援河东,洼为先锋,败张敬达军于太原北。会同中,迁北院大王。及伐晋,复为先锋,与梁汉璋战于瀛州,败之。

太宗崩于栾城,南方州郡多叛,士马困乏,军中不知所为。洼与耶律吼定策立世宗,乃令诸将曰:"大行上宾,神器无主,永康王人皇王之嫡长,天人所属,当立;有不从者,以军法从事。"诸将皆曰:"诺。"世宗即位,赐宫户五十,拜於越。卒,年五十四。

译文:

耶律洼字敌輦,隋国王释鲁的孙子,南院夷离堇绾思的儿子。少年即有器局识量,人以王公辅臣期待着他。

太祖时,耶律洼虽未为官,但常常让他负责一些事务。太宗即位,为官惕隐。天显末年,皇帝援助河东,耶律洼为先锋,在太原北打败了张敬达的军队。会同中期,迁升为北院大王。到讨伐晋国时,又为先锋,与梁汉璋战于瀛州,打败了他。

太宗死于栾城，南方的州郡大多反叛，士兵和马匹困乏，军队不知干什么好。耶律洼与耶律吼决定大计立世宗，命令各将领说："皇上归天，帝位无主，永康王是人皇王的正出长子，天意人心共所属意，应当立为帝。有不服从的，军法从事。"众将都说："是。"世宗即位以后，赏赐给耶律洼官户五十户，拜任为於越。去世，年五十四岁。

耶律颓昱

耶律颓昱，字团宁，孟父楚国王之后。父末掇，尝为夷离堇。

颓昱性端直。会同中，领九石烈部，政济宽猛。世宗即位，为惕隐。天禄三年，兼政事令，封漆水郡王。

及穆宗立，以匡赞功，尝许以本部大王。后将葬世宗，颓昱垦言于帝曰："臣蒙先帝厚恩，未能报，幸及大葬，臣请陪位。"帝由是不悦，寝其议。薨。

译文：

耶律颓昱，字团宁，孟父楚国王的后代。父亲末掇，曾当过夷离堇。

颓昱生性端正直爽。会同中期，率领九石烈部，为政宽猛相济。世宗即位，为官惕隐。天禄三年，兼政事令，封为漆水郡王。

等到穆宗立，因匡辅赞助之功，曾经答应让他做本部大王。后来将要安葬世宗的时候，颓昱诚恳地对皇帝说："臣下承蒙先帝的深厚恩德，未能报答，幸而赶上大葬，臣下请求奉陪天子的一个位置。"皇帝因此不高兴，取消了许官的拟议。不久他就去世了。

耶律挞烈

耶律挞烈，字涅鲁衮，六院部郎君裹古直之后。沉厚多智，有任重才。年四十未仕。

会同间，为边部令稳。应历初，升南院大王，均赋役，劝耕稼，部人化之，户口丰殖。时周人侵汉，以挞烈都统西南道军授之。周已下太原数城，汉人不敢战。及闻挞烈兵至，周主遣郭从义、尚钧等率精骑拒于忻口。挞烈击败之，获其将史彦超，周军遁归，复所陷城邑，汉主诣挞烈谢。及汉主殂，宋师来伐，上命挞烈为行军都统，发诸道兵救之。既出雁门，宋谍知而退。

保宁元年，加兼政事令，致政。乾亨初，召之。上见须发皓然，精力犹健，问以政事，厚礼之。以疾薨，年七十九。

挞烈凡用兵，赏罚信明，得士卒心。河东单弱，不为周、宋所并者，挞烈有力焉。在治所不修边幅，百姓无称，年谷屡稔。时耶律屋质居北院，挞烈居南院，俱有政迹，朝议以为"富民大王"云。

赞曰：立嗣以嫡，礼也。太宗崩，非安抟、吼、洼谋而克断，策立世宗，非屋质直而能谏，杜太后之私，折李胡之暴，以成横渡之约，则乱将谁定？四臣者，庶几《春秋》首止之功哉？

译文：

耶律挞烈字涅鲁衮，六院部郎君裹古直的后代。沉静厚重多智谋，有担负重任的才干。年四十尚未登仕途。

会同年间，耶律挞烈为边部令稳。应历初年，升为南院大王，均衡赋役，劝人耕种收割，部人被感化，户口大增。当时周人侵略后汉,用挞烈都统西南道的军队援救汉。周已攻下太原好几座城池,汉人不敢交战。等到听说挞烈率兵来到,周主派遣郭从义、尚钧等率领精锐的骑兵在忻口阻挡,挞烈打败了他们,俘获了其将领史彦超,周军逃归,收复了所失陷的城镇,汉主拜会挞烈致谢。

汉主去世之后,宋朝的军队来征伐,皇上任命挞烈为行军都统,征调各道的军队救汉。已出雁门,宋军探知而撤退。

保宁元年,耶律挞烈加官兼政事令,退休。乾亨初年,召他赴朝。皇上看见他胡子、头发都白了,但精力还充沛,询问他治国之事,深为尊礼他。耶律挞烈因病去世,享年七十九岁。

挞烈每次用兵,赏罚守信而严明,颇得士兵的心。河东势单力弱,不为周朝、宋朝所吞并,挞烈是出了不少力啊。在治所不修边幅,百姓无所称谓,年谷每每丰收。当时耶律屋质掌北院,挞烈掌南院,都有政绩,朝廷对他们有"富民大王"之类的议论。

评论:立皇位继承人必须正出之长子,这是礼所规定的。太宗去世,要不是安抟、耶律吼、耶律洼谋划又果断,策立世宗;要不是屋质忠心正直而又能劝谏,阻绝太后的偏私之心,摧折李胡的凶暴,成就了横渡的和约,则内乱将有谁来平定呢?这四位大臣,差不多就是《春秋》所载"首止"之功啊!

辽史卷七十九

列传第九

室 昉

室昉，字梦奇，南京人。幼谨厚笃学，不出外户者二十年，虽里人莫识。其精如此。

会同初，登进士第，为卢龙巡捕官。太宗入汴受册礼，诏昉知制诰，总礼仪事。天禄中，为南京留守判官。应历间，累迁翰林学士，出入禁闼十余年。保宁间，兼政事舍人，数延问古今治乱得失，奏对称旨。上多昉有理剧才，改南京副留守，决讼平允，人皆便之。迁工部尚书，寻改枢密副使，参知政事。顷之，拜枢密使，兼北府宰相，加同政事门下平章事。乾亨初，监修国史。

统和元年，告老，不许。进《尚书·无逸》篇以谏，太后闻而嘉奖。二年秋，诏修诸岭路，昉发民夫二十万，一日毕功。是时，昉与韩德让、耶律斜轸相友善，同心辅政，整析蠹弊，知无不言，务在息民薄赋，以故法度修明，朝无异议。

八年，复请致政。诏入朝免拜，赐几杖，太后遣阁门使李从训持诏劳问，令常居南京，封郑国公。初，晋国公主建佛寺于南京，上许赐额。昉奏曰："诏书悉罢无名寺院。今以主请赐额，不惟违前诏，恐此风愈炽。"上从之。表进所撰《实录》二十卷，手诏褒之，加政事令，赐帛六百匹。

九年，荐韩德让自代，不从。上以昉年老苦寒，赐貂皮衾褥，许乘辇入朝。病剧，遣翰林学士张干就第授中京留守，加尚父。卒，年七十五。上嗟悼，辍朝二日，赠尚书令。遗言戒厚葬。恐人誉过情，自志其墓。

译文：

室昉字梦奇，南京人。从小谨慎厚重、专心学习，二十年不出户外，虽是同乡人都不认识，他就是这样精诚。

会同初年，考中进士，任卢龙巡捕官。太宗去汴京接受册命，下令室昉为知制诰，总掌礼仪的事。天禄中期，为南京留守判官。应历年间，积官迁调为翰林学士，出入宫廷禁地十多年。保宁年间，兼政事舍人，多次迎来请教古今治乱得失之道，他的奏对使皇上满意。皇上称赞室昉有治理大事的才能，改任南京副留守，判决官司持平公允，人人都感觉安适。调迁为工部尚书，不久改为枢密副使、参知政事。不久，拜任为枢密使，兼北府宰相，加官同政事门下平章事。乾亨初年，监修国史。

统和元年，室昉告老，皇帝不允。进献《尚书·无逸》篇进谏，太后听到后给予嘉奖。二年秋天，皇帝下令修建各山的道路，室昉调发民夫二十万，一天便大功告成。这个时候，室昉与韩德让、耶律斜轸互相友善，同心辅佐政事，整顿条理，割除弊端，知无不言，致力于安定百姓，减少赋税，因此法度清明，朝廷没有不同的议论。

八年，室昉再次请求退休。皇帝下令入朝可以不要跪拜，赐给几案手杖，太后派阁门使李从训拿着诏书慰劳问安，让他平素住在南京，封为郑国公。当初，晋国公主在南京建立佛寺，皇上答应赐给匾额。室昉上奏："诏书对无名的寺院全部加罪。现在因为公主的请求而赐给匾额，不仅违逆了以前下的诏书，恐怕这种风气愈演愈烈。"皇上听从了这个意见。室昉上表奏进所编撰的《实录》二十卷，皇帝亲自写诏书赞美他，加官政事令，赏赐帛六百匹。

九年，室昉推荐韩德让替代自己，皇帝未采纳。皇上因为他年老苦于寒冷，赐给貂皮被褥，允许乘小车入朝。病加重，派翰林学士张幹前往他的宅第授予他中京留守，加尚父。去世，享年七十五岁。皇上嗟叹悼惜，停朝事两天，赠官尚书令。室昉生前留言不要厚葬。恐怕别人文过饰非，死前他就自己写好了墓志。

辽史卷八十

列传第十

张　俭

张俭，宛平人，性端悫，不事外饰。

统和十四年，举进士第一，调云州幕官。故事，车驾经行，长吏当有所献。圣宗猎云中，节度使进曰："臣境无他产，惟幕僚张俭，一代之宝，愿以为献。"先是，上梦四人侍侧，赐食人二口，至闻俭名，始悟。召见，容止朴野；访及世务，占奏三十余事。由此顾遇特异，践历清华，号称明干。

开泰中，累迁同知枢密院事。太平五年，出为武定军节度使，移镇大同。六年，入为南院枢密使。帝方眷倚，参知政事吴叔达与俭不相能，帝怒，出叔达为康州刺史，拜俭左丞相，封韩王。帝不豫，受遗诏辅立太子，是为兴宗，赐贞亮弘靖保义守节耆德功臣，拜太师、中书令，加尚父，徙王陈。

重熙五年，帝幸礼部贡院及亲试进士，皆俭发之。进见不名，赐诗褒美。俭衣唯紬帛，食不重味，月俸有余，赒给亲旧。方冬，奏事便殿，帝见衣袍弊恶，密令近侍以火夹穿孔记之，屡见不易。帝问其故，俭对曰："臣服此袍已三十年。"

时尚奢靡，故以此微讽喻之。上怜其清贫，令恣取内府物，俭奉诏持布三端而出，益见奖重。俭弟五人，上欲俱赐进士第，固辞。有司获盗八人，既戮之，乃获正贼。家人诉冤，俭三乞申理。上勃然曰："卿欲朕偿命耶！"俭曰："八家老稚无告，少加存恤，使得收葬，足慰存没矣。"乃从之。俭在相位二十余年，裨益为多。

致政归第，会宋书辞不如礼，上将亲征。幸俭第，尚食先往具馔，却之；进葵羹乾饭，帝食之美。徐问以策，俭极陈利害，且曰："第遣一使问之，何必远劳车驾？"上悦而止。复即其第赐宴，器玩悉与之。二十二年薨，年九十一，敕葬宛平县。

译文：

张俭，宛平人。生性正直诚实，不留意外表的修饰。

统和十四年，张俭考进士，获第一名，调为云州幕官。按照过去办事的成例，皇帝的车马经过之处，当地长官应当有所奉献。圣宗打猎到云中，节度使进奏说："臣下境内无其他出产，唯有幕僚张俭，一代之宝，愿作为奉献。"在这之前，皇上梦见四人侍奉在旁边，赏赐食物，每人二口，等到听到张俭的名字，才明白梦的意思。于是召见张俭，见他容貌行止朴质无华，又询问当世之务，张俭即口头奏说了三十多件事。从此，皇上对他照顾、礼遇特别优异，经历清荣华贵，号称明达干练。

开泰中期，积官至同知枢密院事。太平五年，调出京城为武定军节度使，改移镇守大同。六年，入朝为南院枢密使。这时，皇帝正宠爱倚重他。参知政事吴叔达与张俭不相和睦，皇帝发怒，贬吴叔达为康州刺史，拜任张俭为左丞相，封为韩王。皇帝有病，张俭接受遗命辅佐太子即位，这就是兴宗。兴宗赐张俭号贞亮弘靖保义守节耆德功臣，拜为太师、中书令，加号尚父，改封陈王。

重熙五年，皇帝亲临礼部贡院并亲自考试进士，都是张俭启发的。进宫朝见，皇帝不称其名，赐给诗作给予表扬赞美。张俭只穿粗布衣服，吃饭只吃一种饭菜，每月的俸禄有剩余，就周济给亲朋故旧。入冬，在便殿奏事，皇帝见他穿的袍子又破又难看，密令近侍用火夹在他衣服上穿了个洞作为记号，结果每次看见他都是穿的这件袍子而不换。皇帝问他什么原因，张俭回答说："臣下穿这件袍子已三十年了。"当时崇尚奢侈华贵，张俭所以用自己的这种行动加以暗示和讽喻。皇上怜悯他清贫，让他任意拿取内府中的物品，张俭领命，只拿了三端布就出来了，更加受到嘉奖和器重。张俭有胞弟五人，皇上拟全赐进士头衔，他坚决推辞。有关部门抓获了八名强盗，杀掉后，才抓到了真正的贼。被错杀的家人上诉申冤，张俭三次请求再行审理，皇上非常恼怒地说："你想让我偿命吗！"张俭说："八家的老幼无所投告，稍加抚恤，使得收尸埋葬，足以慰藉生者和死者了。"于是听从了他的意见。张俭做宰相有二十多年，对政事补益相当多。

张俭退休回家，恰遇宋朝的国书用词不守礼法，皇帝准备亲自讨伐。来到张俭的宅第，宫中的饭食已送到，皇帝不吃；对献上的葵菜汤和干饭，却吃得津津有味。皇上轻松舒缓地问张俭有何良策，张俭很认真地陈说利害，并且说："尽可派遣一位使臣前去诘问，何必远劳皇帝车马？"皇上高兴地放弃了亲征。马上又在张俭的宅第赏赐宴席，器具玩好都送给了张俭。二十二年去世，享年九十一岁，皇帝命令埋葬在宛平县。

邢抱朴

邢抱朴,应州人,刑部郎中简之子也。抱朴性颖悟,好学博古。

保宁初,为政事舍人、知制诰,累迁翰林学士,加礼部侍郎。统和四年,山西州县被兵,命抱朴镇抚之,民始安,加户部尚书。迁翰林学士承旨,与室昉同修《实录》。决南京滞狱还,优诏褒美。十年,拜参知政事。以枢密使韩德让荐,按察诸道守令能否而黜陟之,大协人望。寻以母忧去官,诏起视事。表乞终制,不从;宰相密谕上意,乃视事。人以孝称。及耶律休哥留守南京,又多滞狱,复诏抱朴平决之,人无冤者。改南院枢密使,卒,赠侍中。

初,抱朴与弟抱质受经于母陈氏,皆以儒术显,抱质亦官至侍中,时人荣之。

译文:

邢抱朴,应州人,刑部郎中邢简的儿子。他生性聪明,好学,博通古事。

保宁初年,为政事舍人,知制诰,积官升为翰林学士,又加官礼部郎。统和四年,阴山以西的州县遭到兵乱,命令抱朴前往镇守抚慰,百姓才得安定,加官户部尚书。迁升翰林学士承旨,与室窻共同修撰《实录》,他判决南京久而未决的官司,回来之后,皇上特别下令表扬赞美。十年,拜任参知政事,因枢密使韩德让的推荐,考核巡视诸道守令称职与否,或贬斥或提升,都非常符合人们的期望。不久因他母亲去世而辞职,皇帝下令他复职。他上表请求守完母丧后再复职,皇上不答应;宰相秘密地向他说明皇上的旨意,他才出来任职,人们以孝称赞他。等到耶律休哥留守南京的时候，又增加了久而不决的官司，又令抱朴前去审理，没有冤枉一个人。改南院枢密使，去世，赠官侍中。

当初，抱朴与弟弟抱质向母亲陈氏学习经书，都以儒学显达，抱质也官至侍中，当时的人认为很荣耀。

马得臣

马得臣，南京人，好学博古，善属文，尤长于诗。

保宁间，累迁政事舍人、翰林学士，常预朝议，以正直称。乾亨初，宋师屡犯边，命为南京副留守，复拜翰林学士承旨。

圣宗即位，皇太后称制，兼侍读学士。上阅唐高祖、太宗、玄宗三《纪》，得臣乃录其行事可法者进之。及扈从伐宋，进言降不可杀，亡不可追，二三其德者别议。诏从之。俄兼谏议大夫，知宣徽院事。

时上击鞠无度，上书谏曰：

臣窃观房玄龄、杜如晦，隋季书生，向不遇太宗，安能为一代名相？臣虽不才，陛下在东宫，幸列侍从，今又得侍圣读，未有裨补圣明。陛下尝问臣以贞观、开元之事，臣请略陈之。

臣闻唐太宗侍太上皇宴罢，则挽辇至内殿；玄宗与兄弟欢饮，尽家人礼。陛下嗣祖考之祚，躬侍太后，可谓至孝。臣更望定省之余，睦六亲，加爱敬，则陛下亲亲之道，比隆二帝矣。

臣又闻二帝耽玩经史，数引公卿讲学，至于日昃。故当时天下翕然向风，以隆文治。今陛下游心典籍，分解章句，臣愿研究经理，深造而笃行之，二帝之治不难致矣。

臣又闻太宗射豕，唐俭谏之，玄宗臂鹰，韩休言之，二帝莫不乐从。今陛下以毬马为乐，愚臣思之，有不宜者三，故不避斧钺言之。窃以君臣同戏，不免分争，君得臣愧，彼负此喜，一不宜。跃马挥杖，纵横驰骛，不顾上下之分，争先取胜，失人臣礼，二不宜。轻万乘之尊，图一时之乐，万一有衔勒之失，其如社稷、太后何？三不宜。傥陛下不以臣言为迂，少赐省览，天下之福，群臣之愿也。

书奏，帝嘉叹良久。未几卒，赠太子太保，诏有司给葬。

译文：

马得臣，南京人，好学，博通古代之事，擅长写文章，尤其擅长写诗。

保宁年间，积官升为政事舍人、翰林学士，常常参与朝廷的议事，以正直著称。乾亨初年，宋朝的军队多次侵犯边界，任命马得臣为南京副留守，又拜任为翰林学士承旨。

圣宗即位，皇太后代行国事，兼任侍读学士。皇上阅读唐高祖、太宗、玄宗三位皇帝的本纪，于是得臣抄录这三帝行为处事有可效法的记载进呈。等到护卫皇帝讨伐宋朝的时候，得臣奏言："投降的不可杀，逃亡的不可追，反复无常的另当别论。"皇帝下令遵从这些意见。不久得臣又兼任谏议大夫、知宣徽院事。

当时，皇帝打马球没有节制，得臣上书规劝说：

臣下一己之见，房玄龄、杜如晦和隋朝的书生，假使不遇见唐太宗，怎能成为一代有名宰相？臣下虽没有才干，皇帝陛下在东宫时，有幸列于侍从，今天又得以侍奉皇上读书，未能有助于补益皇上。皇上曾问臣下以贞观、开元之事，臣请略加陈述。

臣下听说唐太宗侍奉太上皇宴饮完毕，则拉着太上皇所乘的车子送至内殿；玄宗与兄弟们欢饮，全用家人之礼。皇帝陛下继承祖父的帝位，亲自侍奉太后，可说是最孝。臣下更期望按时省亲之余，和睦六亲，增进敬爱，则皇帝陛下的亲亲之道，比得上唐太宗、玄宗二帝了。

臣下又听说唐太宗、玄宗二帝乐于玩味经书和史书，多次召引公卿大臣讲学，一直讲到日落偏西。故当时天下很快地形成了读书的风气，文治兴盛。如今皇帝陛下用心于典籍，分析解释章句，臣下希望陛下探讨经典的义理，深刻钻研而坚定地施行它，唐太宗、玄宗二帝的政绩就不难达到了。

臣下又听说唐太宗射猪，唐俭劝阻；玄宗架鹰，韩休劝说，二帝没有谁不高兴听从的。如今皇帝陛下以骑马打球为欢乐，不才的臣下想来，有三点不相宜者，所以不躲避斧钺加身的可能而陈说如下：臣下认为君主和臣下共同游戏，不免要分别相争，君主得到了臣下惭愧，对方输了此方高兴，这是一不相宜。飞跃马匹挥动长杖，纵横上下飞奔，不顾君上和臣下的分别，争先取胜，有失人臣之礼，这是二不相宜。小看了皇帝的尊严，贪图一时的快乐，万一发生马嚼子或笼头的失手，这种情况对国家、太后又怎么样呢？这是三不相宜。倘若皇帝陛下不以臣的话为迂阔，稍加省览，这就是天下的福气，群臣的愿望啊。

书上奏之后，皇帝嘉奖赞扬了很久，得臣不久去世，赠官太子太保，命令有关衙署给予安葬。

萧朴

萧朴，字延宁，国舅少父房之族。父劳古，以善属文，为圣宗诗友。朴幼如老成人。及长，博学多智。

开泰初，补牌印郎君，为南院承旨，权知转运事，寻改南面林牙。帝问以政，朴具陈百姓疾苦，国用丰耗，帝悦曰："吾得人矣！"擢左夷离毕。时萧合卓为枢密使，朴知部署院事，以酒废事，出为兴国军节度使，俄召为南面林牙。太平三年，守太子太傅。明年，拜北府宰相，迁北院枢密使。时太平日久，帝留心翰墨，始画谱牒以别嫡庶，由是争讼纷起。朴有吏才，能知人主意，敷奏称旨，朝议多取决之。封兰陵郡王，进王恒，加中书令。及大延琳叛，诏安抚东京，以便宜从事。

兴宗即位，皇太后称制，国事一委弟孝先。方仁德皇后以冯家奴所诬被害，朴屡言其冤，不报。每念至此，为之呕血。重熙初，改王韩，拜东京留守。及迁太后于广州，朴徙王楚，升南院枢密使。四年，王魏，薨，年五十，赠齐王。子铎刺，国舅详稳。

论曰：张俭名符帝梦，遂结主知。服弊袍不易，志敦薄俗。功著两朝，世称贤相，非过也。邢抱朴甄别守令，大惬人望。两决滞狱，民无冤滥。马得臣引盛唐之治以谏其君。萧朴痛皇后之诬，至于呕血。四人者，皆以明经致位，忠盖若此，宜矣。圣宗得人，于斯为盛。

译文：

萧朴字延宁，国舅少父房之族。父亲劳古，因善写文章，是圣宗皇帝的诗友。萧朴幼年就老成，等到长大，博有学问，多有智略。

开泰初年，萧朴补官牌印郎君，为南院承旨，权知转运事，不久改任南面林牙。皇帝问他政事，萧朴一五一十地陈述老百姓的疾苦、国家用度的盈余和亏损，皇帝高兴地说："我得到人了。"提升他为左夷离毕。当时萧合卓为枢密使，萧朴知部署院事，因为饮酒废弃了公务，贬黜为兴国军节度使，不久召为南面林牙。太平三年，任守太子太傅。第二年，拜任北府宰相，调迁为北院枢密使。当时太平日久，皇帝用心于笔墨，开始绘制族谱和玉牒以区别嫡和庶，因此争论和诉讼纷纷而起。萧朴有官吏之才，能明了皇帝的意图，铺陈上奏合乎旨意，朝廷议论多采其说而作决定。封他为兰陵郡王，进封恒王，加官中书令。到大延琳反叛，命令他安抚东京，允许不禀告即可灵活处置公务。

兴宗即位，皇太后代行国事，国家大事全部委任给弟弟孝先。当仁德皇后因冯家奴所诬告而被杀害之时，萧朴多次奏言皇后冤枉，没有回音。每每思念到这种情况，萧朴为之吐血。重熙初年，改封韩王，拜任东京留守。等到迁移太后于庆州的时候，萧朴改为楚王，升任为南院枢密使。四年，封魏王。去世，享年五十岁，赠官齐王。儿子铎剌，为国舅详稳。

评论说：张俭的名字应了皇帝的梦，于是得到人主知遇。穿破袍子不换，志在敦厚浅薄的世俗。功劳著称于两朝，当世号为贤相，并不过分。邢抱朴考核守令，大大满足了众人的期望；两次审理判决长期未结的官司，使老百姓没有冤枉或处置失当。马得臣引用盛唐的政治以劝谏皇帝。萧朴痛心皇后的被诬告，竟至吐血。这四个人，都因为通明经术取得了辅臣的地位，忠进无己能够这样，也是很自然的。圣宗得人，到这时候最为繁盛。

辽史卷八十二

列传第十二

耶律隆运

耶律隆运，本姓韩，名德让，西南面招讨使匡嗣之子也。统和十九年，赐名德昌；二十二年，赐姓耶律；二十八年，复赐名隆运。重厚有智略，明治体，喜建功立事。

侍景宗，以谨饬闻，加东头承奉官，补枢密院通事，转上京皇城使，遥授彰德军节度使，代其父匡嗣为上京留守，权知京事，甚有声。寻复代父守南京，时人荣之。宋兵取河东，侵燕，五院糺详稳奚底、统军萧讨古等败归，宋兵围城，招胁甚急，人怀二心。隆运登城，日夜守御。援军至，围解。及战高梁河，宋兵败走，隆运邀击，又破之。以功拜辽兴军节度使，征为南院枢密使。

景宗疾大渐，与耶律斜轸俱受顾命，立梁王为帝，皇后为皇太后，称制，隆运总宿卫事，太后益宠任之。统和元年，加开府仪同三司，兼政事令。四年，宋遣曹彬、米信将十万众来侵，隆运从太后出师败之，加守司空，封楚国公。师还，与北府宰相室昉共执国政。上言山西四州数被兵，加以岁饥，宜轻税赋以来流民，从之。六年，太后观击鞠，胡里室突隆运坠马，命立斩之。诏率师伐宋、围沙堆，敌乘夜来袭，隆运严军以待，败走之，封楚王。九年，复言燕人挟奸，苟免赋役，贵族因为囊橐，可遣北院宣徽使赵智戒谕，从之。

十一年，丁母忧，诏强起之。明年，室昉致政，以隆运代为北府宰相，仍领枢密使，监修国史，赐兴化功臣。十二年六月，奏三京诸鞫狱官吏，多因请托，曲加宽贷，或妄行搒掠，乞行禁止。上可其奏。又表请任贤去邪，太后喜曰："进贤辅政，真大臣之职。"优加赐赍，服阕，加守太保、兼政事令。会北院枢密使耶律斜轸薨，诏隆运兼之。久之，拜大丞相，进王齐，总二枢府事。以南京、平州岁不登，奏免百姓农器钱，及请平诸郡商贾价，并从之。

二十二年，从太后南征，及河，许宋成而还。徙王晋，赐姓，出宫籍，隶横帐季父房后，乃改赐今名，位亲王上，赐田宅及陪葬地。

从伐高丽还，得末疾，帝与后临视医药。薨，年七十一。赠尚书令，谥文忠，官给葬具，建庙乾陵侧。无子。清宁三年，以魏王贴不子耶鲁为嗣。天祚立，以皇子敖卢斡继之。弟德威，侄制心。

耶律德威，性刚介，善驰射。保宁初，历上京皇城使，儒州防御使，改北院宣徽使。乾亨末，丁父丧，强起复职，权西南招讨使。统和初，党项寇边，一战却之。赐剑许便宜行事，领突吕不、迭剌二纠军。以讨平稍古葛功，真授招讨使。

夏州李继迁叛宋内附，德威请纳之。既得继迁，诸夷皆从，玺书褒奖。与惕隐耶律善补败宋将杨继业，加开府仪同三司、政事门下平章事。未几，以山西城邑多陷，夺兵柄。李继迁受赂，潜怀二心，奉诏率兵往谕，继迁托以西征不出，德威至灵州俘掠而还。

年五十五卒，赠兼侍中。子雰金，终彰国军节度使。二孙：谢十、涤鲁。谢十终惕隐。

涤鲁，字遵宁。幼养宫中，授小将军。

重熙初，历北院宣徽使、右林牙、副点检，拜惕隐，改西北路招讨使，封漆水郡王，请减军籍三千二百八十人。后以私取回鹘使者獭毛裘，及私取阻卜贡物，事觉，决大杖，削爵免官。俄起为北院宣徽使。十九年，改乌古敌烈部都详稳，寻为东北路详稳，封混同郡王。

清宁初，徙王邓，擢拜南府宰相。以年老乞骸骨，更王汉。大康中薨，年八十。

涤鲁神情秀彻，圣宗子视之，兴宗待以兄礼，虽贵愈谦。初为都点检，扈从猎黑岭，获熊。上因乐饮，谓涤鲁曰："汝有求乎？"对曰："臣富贵逾分，不敢他望。惟臣叔先朝优遇，身殁之后，不肖子坐罪籍没，四时之荐享，诸孙中得赦一人以主祭，臣愿毕矣。"诏免籍，复其产。子燕五，官至南京步军都指挥使。

耶律制心，小字可汗奴。父德崇，善医，视人形色，辄决其病，累官至武定军节度使。

制心善调鹰隼。统和中，为归化州刺史。开泰中，拜上京留守，进汉人行宫都部署，封漆水郡王。以皇后外弟，恩遇日隆。枢密副使萧合卓用事，制心奏合卓寡识度，无行检，上默然。每内宴欢洽，辄避之。皇后不悦曰："汝不乐耶？"制心对曰："宠贵鲜能长保，以是为忧耳！"

太平中，历中京留守、惕隐、南京留守，徙王燕，迁南院大王。或劝制心奉佛,对曰:"吾不知佛法,惟心无私,则近之矣。"一日,沐浴更衣而卧,家人闻丝竹之声,怪而入视,则已逝矣。年五十三。赠政事令,追封陈王。

守上京时,酒禁方严,有捕获私酝者,一饮而尽,笑而不诘。卒之日,部民若哀父母。

论曰:德让在统和间,位兼将相,其克敌制胜,进贤辅国,功业茂矣。至赐姓名,王齐、晋,抑有宠于太后而致然欤?宗族如德威平党项,涤鲁完宗祀,制心不苟合,家声益振,岂无所自哉!

译文:

耶律隆运本姓韩,名德让,西南面招讨使韩匡嗣的儿子。统和十九年,赐名为德昌;二十二年,赐姓耶律;二十八年,又赐名隆运。庄重厚道有智略,明了为政的根本,喜欢建树功名创立事业。

耶律隆运侍奉景宗,以谨慎小心闻名,加为东头承奉官,补为枢密院通事,转调为上京皇城使,挂衔彰德军节度使,代替他的父亲匡嗣为上京留守,权知京事,特别有名声。不久又代替父亲镇守南京,当时的人以为很荣耀。宋兵夺取河东,侵略燕地,五院糺详稳奚底、统军萧讨古等战败而归,宋兵包围燕城,招诱和威胁特别紧急,因此人们怀有二心。隆运登上城楼,日夜防守抵抗,援军开到,解除了包围。等到交战于高梁河,宋军败走,隆运半路拦截迎击,又打败了他们。以功劳拜任辽兴军节度使,征调为南院枢密使。

景宗病情加重之后,耶律隆运与耶律斜轸共同领受临终遗命，立梁王为皇帝，皇后为皇太后，代行国事，隆运总掌宿卫，太后更加宠爱信任他。统和元年，加官开府仪同三司，兼任政事令。四年，宋朝派遣曹彬、米信统兵十万前来侵扰，隆运跟从太后出兵，打败了宋军，加官守司空，封为楚国公。军队开回，与北府宰相室窻共同执掌国家大政。上奏说：阴山之西四州屡次遭到兵火，再加上年岁歉收，应该减轻税赋，招徕流散的百姓。朝廷听从了这一意见。六年，太后观看打马球，胡里室突然冲击隆运掉下马来，太后立即命令将胡里室斩首。下诏令隆运率领军队讨伐宋朝，包围沙堆。敌军乘夜来袭击，隆运早已严阵以待，打跑了他们，封为楚王。九年，又上奏说：燕地的百姓藏奸，假如免掉他们的赋役，贵族就会加以利用而饱私囊，可派遣北院宣徽使赵智前往告诫晓谕。皇帝听从这一意见。

十一年，耶律隆运遭逢母丧，诏令他节哀任职。第二年，室昉退休，以隆运为北府宰相，仍领衔枢密使、监修国史，赐为兴化功臣。十二年六月，上奏："三京地区不少审理监狱的官吏，多因为请托，或者曲解事实加以从宽处理，或者胡乱施加拷打，请求加以禁止。"皇上认可他的奏疏。又上表，请求委任贤能拔除奸臣。太后高兴地说："进贤才辅佐朝政，正是大臣职责所在。"优厚的予以赏赐。服丧期满，加官守太保，兼任政事令。恰逢北院枢密使耶律斜轸去世，命隆运兼任其职。过了很久，拜任大丞相，进封齐王，总掌南北二枢密院、南北二宰相府事。以南京、平州年岁歉收，上奏免去百姓的农器钱，并请求稳定各郡商人交易的价钱，他的意见都被朝廷采纳。

二十二年，跟从太后南征，到了黄河，准许与宋和解而还。徙封晋王，赐姓耶律，解除他在宫卫的户籍，隶属于横帐季父房后，于是改赐现在的名字，地位在亲王之上，赏赐给田宅和陪葬地。

耶律隆运跟从讨伐高丽回来，四肢得病，皇帝与皇后亲临看望。去世，享年七十一岁。赠官尚书令，谥号文忠，官方给予安葬用具，在乾陵旁建庙。耶律隆运没有儿子。清宁三年，以魏王贴不的儿子耶鲁为他的嗣子。天祚皇帝当政以后，以皇子敖卢斡接继耶鲁为嗣。弟弟名德威，侄子名制心。

德威生性刚毅耿介，善于骑马射箭。保宁初年，历任上京皇城使、儒州防御使，改任北院宣徽使。乾亨末年，遭逢父丧，勉强起而复职，代行西南招讨使职。统和初年，党项寇掠边疆，一战便打退了他们。皇帝赏赐宝剑，并允许不禀告就可灵活处置公务，统领突吕不、迭剌二糺军。因讨平稍古葛的功劳，被正式任命为招讨使。

夏州李继迁背叛宋朝向我臣服，德威请求接纳他。得到了李继迁之后，其他少数民族都表示服从。皇帝下诏赞扬和奖励了德威。与惕隐耶律善补打败宋将杨继业，加官开府仪同三司、政事门下平章事。不久，因为阴山以西的城邑多被敌人占领，德威被罢免了兵权。李继迁受到贿赂，暗怀二心，德威奉命率兵前往劝谕，继迁借口因为西征而不出来相见，德威到了灵州，俘获掳掠而还。

德威年五十五岁去世，赠官兼侍中。儿子叫蚨金，终官彰国年节度使。两个孙子：谢十和涤鲁。谢十终官惕隐。

涤鲁，字遵宁。幼年在宫中生活，授为小将军。

重熙初年，历任北院宣徽使、右林牙、副点检，拜任惕隐，改任西北路招讨使，封为漆水郡王，请求减去军籍三千二百八十人。后来因为私自拿取回鹘使者的水獭毛皮衣及私自拿取阻卜所贡献的方物，事被发觉，判受大杖之刑，削去爵位，免去官职。不久，起用为北院宣徽使。十九年，改任乌古敌烈部都详稳，不久又为东北路详稳,封为混同郡王。

清宁初年,涤鲁徙封邓王,升拜南府宰相。以年老请求还乡,改封汉王。大康年间去世,享年八十岁。

涤鲁神情清秀为人通达,圣宗以儿子看待他,兴宗则行兄长之礼,虽地位高贵但特别谦恭。当初任都点检,护从皇帝在黑岭打猎,捕获一只熊,皇上因此高兴地饮酒,询问涤鲁说:"你有什么要求吗?"回答说:"臣下富贵已经过分,不敢有其他奢望。唯有臣下的叔父前朝曾予优厚待遇,身死之后,不成器的儿子犯罪被籍没入官,一年四季对先人的进献供奉之礼,诸孙之中若得赦免一人以便主持祭祀,臣下的心愿便全部了却了。"皇帝下令免其籍没,还其家产。儿子燕五,官至南京步军都指挥使。

制心小名可汗奴。父亲德崇,擅长医术,看人的形容色泽,立刻就能断定他的病,积官至武定军节度使。

制心善于调理鹰隼。统和年间,为归化州刺史。开泰年间,拜任上京留守,晋升为汉人行宫都部署,封为漆水郡王。因为是皇后的外弟,恩惠和礼遇日益加盛。枢密副使萧合卓当权,制心奏称合卓少见识无度量,没有品行,皇上沉默不语。每逢内廷宴席欢乐和洽,制心总是回避。皇后不高兴地说:"你不高兴吗?"制心回答说:"宠遇和富贵很少能长久保持的,因此担忧罢了!"

太平年间,历任中京留守、惕隐、南京留守,徙封燕王,改迁为南院大王。有人劝制心信佛,回答说:"我不懂得佛法,只要心里无私欲,就接近了。"一天,他洗澡换衣躺下,家人听见有音乐之声,感到奇怪,进屋去看,制心已去世了。享年五十三岁。赠官政事令,追封为陈王。

镇守上京时,酒禁正严,有人抓获了私自酿酒的人,制心将酒一饮而尽,笑而不加责问。他死的那天,民众好像哀吊父母一样。

评论说:韩德让在统和间,地位兼任将相,他攻克敌人夺取胜利,推荐贤能辅佐国家,功业显赫啊。至于赐予姓名、封王于齐、晋,难道是有宠于太后才取得的吗?宗族如德威平定党项,涤鲁完善宗族的祭祀,制心不苟且合流,家声越发振作,难道没有所来源吗?

辽史卷八十五

列传第十五

萧挞凛

萧挞凛，字驼宁，思温之再从侄。父术鲁列，善相马，应历间为马群侍中。

挞凛幼敦厚，有才略，通天文。保宁初，为宿直官，累任蘩剧。统和四年，宋杨继业率兵由代州来侵，攻陷城邑。挞凛以诸军副部署，从枢密使耶律斜轸败之，擒继业于朔州。六年秋，改南院都监，从驾南征，攻沙堆，力战被创，太后尝亲临视。明年，加右监门卫上将军、检校太师，遥授彰德军节度使。

十一年，与东京留守萧恒德伐高丽，破之。高丽称臣奉贡。十二年，夏人梗边，皇太妃受命总乌古及永兴宫分军讨之，挞凛为阻卜都详稳。凡军中号令，太妃并委挞凛。师还，以功加兼侍中，封兰陵郡王。十五年，敌烈部人杀详稳而叛，遁于西北荒，挞凛将轻骑逐之，因讨阻卜之未服者，诸蕃岁贡方物充于国，自后往来若一家焉。上赐诗嘉奖，仍命林牙耶律昭作赋，以述其功。挞凛以诸部叛服不常，上表乞建三城以绝边患，从之。俄召为南京统军使。

二十年，复伐宋，擒其将王先知，破其军于遂城，下祁州，上手诏奖谕。进至澶渊，宋主军于城隍间，未接战，挞凛按视地形，取宋之羊观、盐堆、凫雁，中伏弩卒。明日，輤车至，太后哭之恸，辍朝五日，子慆古，南京统军使。

论曰：辽在统和间，数举兵伐宋，诸将如耶律谐理、奴瓜、萧柳等俱有降城擒将之功。最后，以萧挞凛为统军，直抵澶渊。将与宋战，挞凛中弩，我兵失倚，和议始定。或者天厌其乱，使南北之民休息者耶！

译文：

萧挞凛字驼宁，思温的再从侄。父亲术鲁列，善于相马，应历年间任马群侍中。

挞凛从小厚道，有才能谋略，懂得天文。保宁初年，为宿直官，积官至鞠剧。统和四年，宋朝杨继业率兵从代州来侵扰，攻拔城镇。挞凛以诸军副部署的官职，跟从枢密使耶律斜轸打败了他，在朔州抓获了继业。六年秋，改任南院都监，跟从皇上南征，攻打沙堆，竭力奋战受伤，太后曾亲临看视。第二年，加官右监门卫上将军、检校太师，挂衔彰德军节度使。

十一年，与东京留守萧恒德讨伐高丽，打败了他们，高丽称臣纳贡。十二年，夏人阻塞边界，皇太妃接受命令总掌乌古和永兴宫分军进讨，挞凛为阻卜都详稳。凡军队中发号施令，太妃全部委托给挞凛。回朝之后，以功劳加官兼侍中，封为兰陵郡王。十五年，敌烈部人杀死详稳叛乱，逃跑到西北边远的地方，挞凛率领轻骑追赶，趁机征讨阻卜尚未宾服的诸蕃部，使其臣服。各蕃落每年贡献地方产品充满京城，从此以后来来往往好像家人一样。皇上赐诗嘉奖，仍然命令林牙耶律昭作赋，表述他的功劳。挞凛因为各部叛乱、宾服反复无常，上表请求建立三座城池以杜绝边疆的祸患，皇帝听从这个意见。不久挞凛被召任为南京统军使。

二十年，再次讨伐宋朝，抓获他们的将领王先知，在遂城击败他的部队，攻下祁州，皇上亲自写诏书奖励表彰。进军至澶渊，宋皇帝驻军在城壕中间。尚未交战，挞凛考察巡视地形，夺取宋的羊观慑盐堆、凫雁，中伏箭而死。第二天，灵车到，太后哭得很伤心，罢朝五天。儿子慡古，为南京统军使。

评论说：辽在统和年间，几次举兵讨伐宋朝，各将领如耶律谐理、奴瓜、萧柳等都有降城擒将的功劳。最后，以萧挞凛为统军，直接进逼澶渊。将要与宋开战，挞凛中箭，我军失去倚仗，和议才开始谈定。或者是上天厌倦了混乱，使南北的百姓休养生息吧！

辽史卷一百二

列传第三十二

萧奉先

萧奉先,天祚元妃之兄也。外宽内忌。因元妃为上眷倚,累官枢密使,封兰陵郡王。

天庆二年,上幸混同江钩鱼。故事,生女直酋长在千里内者皆朝行在。适头鱼宴,上使诸酋次第歌舞为乐,至阿骨打,但端立直视,辞以不能。再三旨谕,不从。上密谓奉先曰:"阿骨打跋扈若此!可托以边事诛之。"奉先曰:"彼粗人,不知礼义,且无大过,杀之伤向化心。设有异志,蕞尔小国,亦何能为!"上乃止。

四年,阿骨打起兵犯宁江州,东北路统军使萧挞不也战失利。上命奉先弟嗣先为都统,将番、汉兵往讨,屯出河店。女直乃潜渡混同江,乘我师未备来袭。嗣先败绩,军将往往遁去。奉先惧弟被诛,乃奏"东征溃军逃罪,所至劫掠,若不肆赦,将啸聚为患"。从之。嗣先诣阙待罪,止免官而已。由是士无斗志,遇敌辄溃,郡县所失日多。

初,奉先诬耶律余睹结驸马萧昱谋立其甥晋王,事觉,杀昱。余睹在军中闻之惧,奔女直。保大二年,余睹为女直监军,引兵奄至,上忧甚。奉先曰:"余睹乃王子班之苗裔,此来实无亡辽心,欲立晋王耳。若以社稷计,不惜一子,诛之,可不战而退。"遂赐晋王死。中外莫不流涕,人心益解体。

当女直之兵未至也,奉先逢迎天祚,言:"女直虽能攻我上京,终不能远离巢穴。"而一旦越三千里直捣云中,计无所出,惟请播迁夹山。天祚方悟,顾谓奉先曰:"汝父子误我至此,杀之何益!汝去,毋从我行。恐军心忿怒,祸必及我。"奉先父子恸哭而去,为左右执送女直兵。女直兵斩其长子昂,送奉先及次子昱于其国主。道遇我兵,夺归,天祚并赐死。

译文:

萧奉先是天祚皇帝元妃的哥哥。外表宽和内心阴狠。因为元妃为皇上所偏爱,萧奉先积官至枢密使,封兰陵郡王。

天庆二年,皇上到混同江钩鱼。按照过去的惯例,生女真首领在一千里以内的都要在皇帝行在朝拜。恰适头鱼宴,皇上命各位酋长按次序歌舞取乐,轮到阿骨打,他只是端正站立,眼睛直视前方,推辞说自己不会跳舞。皇帝再三下令开导,他拒不听从。皇上秘密地对萧奉先说:"阿骨打如此跋扈,可借口边疆的事杀掉他。"奉先说:"他是个粗俗之人,不懂礼仪,况且没有大的过错,杀了有损向来感化的用心。假如真的有不轨的图谋,凭他那么个小国,能干什么!"于是皇上放弃了杀阿骨打的想法。

四年,阿骨打起兵进犯宁江州,东北路统军使萧挞不也作战失利,皇上命令奉先的弟弟嗣先为都统,率领番族和汉族的兵前往征讨,驻扎在出河店。女真悄悄地渡过混同江,乘我方军队未加戒备进行偷袭，嗣先被打败，军中将领悄悄逃走。奉先怕弟弟被杀，就上奏说："东征的败军为了逃避治罪，所到之处抢劫掠夺，若不大赦，将啸聚为患。"皇帝同意了这种意见。嗣先到朝廷等待治罪，最后仅仅免官而已。从此士兵没有斗志，遇到敌人总是溃败，郡县失陷的日益增多。

当初，萧奉先诬告耶律余睹联合驸马萧昱谋划立他的外甥晋王为帝，事被发觉，萧昱被杀。余睹在军队中听到了这件事，很害怕，投奔到女真。保大二年，余睹为女真监军，率兵突然到来，皇帝特别忧虑。奉先说："余睹是王子班的后代，这次来犯实际并没有灭亡辽朝的心，只是想立晋王为帝罢了。若从国家的大局考虑，不应当可惜一个儿子，杀了晋王，余睹就可以不战而退。"于是赐晋王死，宫廷内外没有不流泪涕哭的，这样人心越发涣散了。

当女真的兵还没到来时，奉先讨好天祚说："女真虽然能攻打我们的上京，终是不能远离他们的老窝。"当女真一旦跨越三千里直接攻打云中，奉先毫无对策，只是请求逃亡迁移到夹山。天祚开始醒悟，看着萧奉先说："你父子误我到这个地步，杀了你也无法补救！你离开我，不要跟我走，不然军心愤怒，祸害一定会牵累于我。"奉先父子恸哭着离开天祚，被左右兵将抓住送给了女真兵。女真兵杀了他的长子萧昂，把萧奉先和他的次子萧昱送往女真首领那儿，中途遇到我军，夺了回来，天祚一并赐他们父子死。

李处温

李处温，析津人。伯父俨，大康初为将作少监，累官参知政事，封漆水郡王，雅与北枢密使萧奉先友旧。执政十余年，善逢迎取媚，天祚又宠任之。俨卒，奉先荐处温为相，处温因奉先有援己力，倾心阿附，以固权位，而贪污尤甚，凡所接引，类多小人。

保大初，金人陷中京，诸将莫能支。天祚惧，奔夹山，兵势日迫。处温与族弟处能、子奭，外假怨军声援，结都统萧干谋立魏国王淳，召番、汉官属诣魏王府劝进。魏国王将出，奭乃持赭袍衣之，令百官拜舞称贺。魏王固辞不得，遂称天锡皇帝。以处温守太尉，处能直枢密院，奭为少府少监，左企弓以下及亲旧与其事者，赐官有差。

会魏国王病，自知不起，密授处温番、汉马步军都元帅，意将属以后事。及病亟，萧干等矫诏南面宰执入议，独处温称疾不至，阴聚勇士为备，绐云奉密旨防他变。魏国王卒，萧干拥契丹兵，宣言当立王妃萧氏为太后，权主军国事，众无敢异者。干以后命，召处温至，时方多难，未欲即诛，但追毁元帅劄子。处能惧及祸，落发为僧。

寻有永清人傅遵说随郭药师入燕，被擒，具言处温尝遗易州富民赵履仁书达宋将童贯，欲挟萧后纳土归宋。后执处温问之，处温曰："臣父子于宣宗有定策功，宜世蒙宥容，可使因逭获罪？"后曰："向使魏国王如周公，则终享亲贤之名于后世。误王者皆汝父子，何功之有！"并数其前罪恶。处温无以对，乃赐死，奭亦伏诛。

译文：

李处温，析津人。伯父俨，大康初年为将作少监，积官至参知政事，封为漆水郡王，平素与北院枢密使萧奉先有老交情。掌权十多年，善于逢迎讨好，天祚皇帝又宠幸任用他。俨死，奉先推荐处温为相,处温因为奉先有援助自己的力量,一心一意阿谀依附,以巩固权位,而贪污尤其厉害,凡所接触、引荐的人,大抵多是小人。

保大初年,金人攻陷中京,诸将领不能支撑。天祚害怕了,逃奔夹山,兵势日益紧迫。处温与族弟处能、儿子李奭,外借怨军为声援,联合都统萧干阴谋立魏国王耶律淳为帝,召集番、汉官属到魏王府去劝说魏国王登极。魏国王将要出来的时候,李奭手持赭色袍子给他穿上,命令百官跪拜、舞蹈称贺。魏王坚决推辞不得,于是称天锡皇帝。以处温守太尉,处能官直枢密院,奭为少府少监,左企弓以下和亲朋故旧参与拥戴魏王的人,大小都赐了官。

恰魏国王有病,自知不会好了,秘密地授予处温番汉马步军都元帅之职,意思是将死后之事托付他,魏王的病危急了,萧干等假传圣旨要南面宰执大臣入宫议会,只有处温借口有病不参加,暗中聚集了一批勇猛的士兵做准备,欺骗说奉皇帝密令以防有变。魏国王死后,萧干拥有契丹兵,宣称应当立王妃萧氏为太后,暂时主持军国大事,谁也没有敢提出异议的。萧干以太后的命令,召处温来,当时正是多难之时,不想马上杀掉他,但追索、销毁了任命他为元帅的札子。处能害怕卷入祸患,削发当了僧人。

不久,有永清人傅遵说随同郭药师来到燕地,被俘获,完整地叙述了处温曾给易州富人赵履仁一封信,送给宋将童贯,想要挟萧后上交国土归服宋朝。萧后拘捕处温问他,处温说:"臣下父子对宣宗有定策拥立之功,应该世世代代受到宽容,可以使我们因谗言而获罪吗?"萧后说:"假使魏国王如周公辅成王一样,就一定会在后世享有亲近贤能的名声。诖误王的人都是你父子,有什么功劳可言!"并列举他以前的罪恶。处温无言以对,被赐死,李奭亦服罪被杀。

张　琳

张琳,涿州人。幼有大志。寿隆末,为秘书中允。天祚即位,累迁户部使。顷之,擢南府宰相。

初,天祚之败于女直也,意谓萧奉先不知兵,乃召琳付以东征事。琳以旧制,凡军国大计,汉人不与,辞之。上不允,琳奏曰:"前日之败,失于轻举。若用汉兵二十万分道进讨,无不克者。"上许其半,仍诏中京、上京、长春、辽西四路计户产出军。时有起至二百军者,生业荡散,民甚苦之。四路军甫集,寻复遁去。

及中京陷,天祚幸云中,留琳与李处温佐魏国王淳守南京。处温父子召琳,欲立淳为帝,琳曰:"王虽帝胄,初无上命;摄政则可,即真则不可。"处温曰:"今日之事,天人所与,岂可易也!"琳虽有难色,亦勉从之。

淳既称帝,诸将咸居权要,琳独守太师,十日一朝,平章军国大事。阳以元老尊之,实则不使与政。琳由是郁悒而卒。

译文:

张琳,涿州人。从小就有大志。寿隆末年,任官秘书中允。天祚皇帝即位,积官至户部使。很快,提升为南府宰相。

当初,天祚所以败给女真,怀疑是萧奉先不懂军事,于是召张琳把东征之事交给他。张琳依据旧的规定,凡军国大事汉人不得参与的条文,推辞。皇帝不允许,张琳奏说:"前日失败,失于轻举妄动。若用汉兵二十万分道进讨,没有不取胜的。"皇上答应给他提出的一半兵力，还下令中京、上京、长春、辽西四路按每户的财产多寡出人从军，当时有一户要出二百人从军的，谋生的产业败坏散失，老百姓苦不堪言，四路兵刚刚集合起来，不久就又悄悄逃离了。

等到中京陷落，天祚到了云中，留下张琳与李处温辅佐魏国王淳守护南京。处温父子召来张琳，想立耶律淳为帝。张琳说："魏国王虽然是皇帝的后代，当初并没有皇上的成命；暂时代行国事可以，要真的即刻立为帝则不行。"处温说："今日之事，天和人共所给予，难道可以改变！"张琳虽然面有难色，还是勉强听从了。

耶律淳称帝之后，各将领全都处于掌权的显要地位，张琳独守太师之职，十日一入朝，平章军国大事。皇帝表面上以元老尊敬他，实际上不让他参与政事。张琳因此忧愁苦闷而死。

耶律余睹

耶律余睹，一名余都姑，国族之近者也。慷慨尚气义。保大初，历官副都统。

其妻天祚文妃之妹；文妃生晋王，最贤，国人皆属望。时萧奉先之妹亦为天祚元妃，生秦王。奉先恐秦王不得立，深忌余睹，将潜图之。适耶律挞葛里之妻会余睹之妻于军中，奉先讽人诬余睹结驸马萧昱、挞葛里，谋立晋王，尊天祚为太上皇。事觉，杀昱及挞葛里妻，赐文妃死。余睹在军中闻之，惧不能自明被诛，即引兵千余，并骨肉军帐叛归女直。

会大霖雨，道途留阻。天祚遣知奚王府萧遐买、北宰相萧德恭、大常衮耶律谛里姑、归州观察使萧和尚奴、四军太师萧干追捕甚急。至闾山，及之。诸将议曰："萧奉先恃宠，蔑害官兵。

余睹乃宗室雄才，素不肯为其下。若擒之，则他日吾辈皆余睹矣。不如纵之。"还，绐云追袭不及。

余睹既入女直，为其国前锋，引娄室孛堇兵攻陷州郡，不测而至。天祚闻之大惊，知不能敌，率卫兵入夹山。

余睹在女直为监军，久不调，意不自安，乃假游猎，遁西夏。夏人问："汝来有兵几何？"余睹以二三百对，夏人不纳，卒。

论曰：辽之亡也，虽孽降自天，亦柄国之臣有以误之也。当天庆而后，政归后族。奉先沮天祚防微之计，陷晋王非罪之诛，夹山之祸已见于此矣。处温逼魏王以僭号，结宋将以卖国，迹其奸佞，如出一轨。呜呼！天祚之所倚毗者若此，国欲不亡，得乎？张琳娓娓守位，余睹反覆自困，则又何足议哉！

译文：

耶律余睹，一名余都姑，皇族的近支族属。情绪激昂崇尚义气。保大初年，历官为副都统。

他的妻子是天祚皇帝文妃的妹妹。文妃生的晋王，最有贤德，国中百姓都对他寄予希望。当时萧奉先的妹妹亦是天祚的元妃，生秦王。奉先怕秦王不得立为帝，特别忌恨余睹，准备暗中谋害他。恰逢耶律挞葛里的妻子在军营中会见余睹的妻子，奉先暗示别人诬告余睹联合驸马萧昱、挞葛里，谋划立晋王为帝，尊称天祚为太上皇，事情被发觉，处斩了萧昱及挞葛里的妻子，赐文妃死。余睹在军队中听到之后，怕自己说不明白被杀，即率兵一千多名，连同骨肉军帐一起反叛，投归女真。

恰好大雨久下不停，道路难行受阻。天祚派知奚王府萧遏买、北宰相萧德恭、大常衮耶律谛里姑、归州观察使萧和尚奴、四军太师萧干追捕特别紧急。至闾山，追上了余睹。各将领商议说："萧奉先仰仗宠幸，蔑视残害官兵。余睹本是皇家宗室的大才，素来不肯在萧奉先之下。假若逮捕了他，那就说不定哪天我们也都成余睹了。不如放了他。"萧遐买等返回后，欺骗皇帝说没有追上余睹。

余睹来到女真，担任女真国的前锋，引导娄室孛堇的兵攻克陷落州郡，突然进逼，天祚知道后大为吃惊，知道不能抵挡，就率卫兵进入了夹山。

余睹在女真为监军，很长时间不予升迁，心中不安，于是假托出游打猎，逃到西夏。夏人问他："你带了多少兵来？"余睹回答说有二三百人。夏人不接纳。后来余睹就死了。

评论说：辽朝的灭亡，虽然灾祸是天降的，也是掌权的大臣有所失误所致。自天庆年间以后，朝政归属于皇后的族属。萧奉先毁坏天祚防微杜渐的计谋，陷害晋王使其无罪被杀，夹山的祸患已显露在这里了。李处温逼迫魏王越位称帝，勾结宋将而卖国，推究其奸，与萧奉先如出一辙。哎！天祚所倚靠辅佐的都是这样的人，想不亡国，能行吗？张琳拘谨于保住官位，余睹反复自困，这些又有什么好议论的呢！

辽史卷一百三

列传第三十三

萧韩家奴

萧韩家奴，字休坚，涅剌部人，中书令安抟之孙。少好学，弱冠入南山读书，博览经史，通辽、汉文字。统和十四年始仕。家有一牛，不任驱策，其奴得善价鬻之。韩家奴曰："利己误人，非吾所欲。"乃归直取牛。二十八年，为右通进，典南京栗园。

重熙初，同知三司使事。四年，迁天成军节度使，徙彰愍宫使。帝与语，才之，命为诗友。尝从容问曰："卿居外有异闻乎？"韩家奴对曰："臣惟知炒栗：小者熟，则大者必生；大者熟，则小者必焦。使大小均熟，始为尽美。不知其他。"盖尝掌栗园，故托栗以讽谏。帝大笑。诏作《四时逸乐赋》，帝称善。

时诏天下言治道之要，制问："徭役不加于旧，征伐亦不常有，年谷既登，帑廪既实，而民重困，岂为吏者慢、为民者惰欤？今之徭役何者最重？何者尤苦？何所蠲省则为便益？补役之法何可以复？盗贼之害何可以止？"韩家奴对曰：

臣伏见比年以来，高丽未宾，阻卜犹强，战守之备，诚不容已。乃者，选富民防边，自备粮糇。道路修阻，动淹岁月；比至屯所，费已过半；只牛单毂，鲜有还者。其无丁之家，倍直佣僦，人惮其劳，半途亡窜，故戍卒之食多不能给。求假于人，则十倍其息，至有鬻子割田，不能偿者。或遇役不归，在军物故，则复补以少壮。其鸭渌江之东，戍役大率如此。况渤海、女直、高丽合从连衡，不时征讨。富者从军，贫者侦候。加之水旱，菽粟不登，民以日困。盖势使之然也。

  方今最重之役，无过西戍。如无西戍，虽遇凶年，困弊不至于此。若能徙西戍稍近，则往来不劳，民无深患。议者谓徙之非便：一则损威名，二则召侵侮，三则弃耕牧之地。臣谓不然。阻卜诸部，自来有之。曩时北至胪朐河，南至边境，人多散居，无所统一，惟往来抄掠。及太祖西征，至于流沙，阻卜望风悉降，西域诸国皆愿入贡。因迁种落，内置三部，以益吾国，不营城邑，不置戍兵，阻卜累世不敢为寇。统和间，皇太妃出师西域，拓土既远，降附亦众。自后一部或叛，邻部讨之，使同力相制，正得驭远人之道。及城可敦，开境数千里，西北之民，徭役日增，生业日殚。警急既不能救，叛服亦复不恒。空有广地之名，而无得地之实。若贪土不已，渐至虚耗，其患有不胜言者。况边情不可深信，亦不可顿绝。得不为益，舍不为损。国家大敌，惟在南方。今虽连和，难保他日。若南方有变，屯戍辽邈，卒难赴援。我进则敌退，我还则敌来，不可不虑也。方今太平已久，正可恩结诸部，释罪而归地，内徙戍兵以增堡障，外明约束以正疆界。每部各置酋长，岁修职贡。叛则讨之，服则抚之。诸部既安，必不生衅。如是，则臣虽不能保其久而无变，知其必不深入侵掠也。或云，弃地则损威。殊不知殚费竭财，以贪无用之地，使彼小部抗衡大国，万一有败，损威岂浅？或又云，沃壤不可遂弃。臣以为土虽沃，民不能久居，一旦敌来，则不免内徙，岂可指为吾土而惜之？

夫帑廪虽随部而走，此特周急部民一偏之惠，不能均济天下。如欲均济天下，则当知民困之由，而窒其隙。节盘游，简驿传，薄赋敛，戒奢侈。期以数年，则困者可苏，贫者可富矣。盖民者国之本，兵者国之卫。兵不调则旷军役，调之则损国本。且诸部皆有补役之法。昔补役始行，居者、行者类皆富实，故累世从戍，易为更代。近岁边虞数起，民多匮乏，既不任役事，随补随缺。苟无上户，则中户当之。旷日弥年，其穷益甚，所以取代为艰也。非惟补役如此，在边戍兵亦然。譬如一抔之土，岂能填寻丈之壑！欲为长久之便，莫若使远戍疲兵还于故乡，薄其徭役，使人人给足，则补役之道可以复故也。

臣又闻，自昔有国家者，不能无盗。比年以来，群黎凋弊，利于剽窃，良民往往化为凶暴。甚者杀人无忌，至有亡命山泽，基乱首祸。所谓民以困穷，皆为盗贼者，诚如圣虑。今欲芟夷本根，愿陛下轻徭省役，使民务农。衣食既足，安习教化，而重犯法，则民趋礼义，刑罚罕用矣。臣闻唐太宗问群臣治盗之方，皆曰："严刑峻法。"太宗笑曰："寇盗所以滋者，由赋敛无度，民不聊生。今朕内省嗜欲，外罢游幸，使海内安静，则寇盗自止。"由此观之，寇盗多寡，皆由衣食丰俭，徭役重轻耳。

今宜徙可敦城于近地，与西南副都部署乌古敌烈、隗乌古等部声援相接。罢黑岭二军，并开、保州，皆隶东京；益东北戍军及南京总管兵。增修壁垒，候尉相望，缮完楼橹，浚治城隍，以为边防。此方今之急务也，愿陛下裁之。

擢翰林都林牙，兼修国史。仍诏谕之曰："文章之职，国之光华，非才不用。以卿文学，为时大儒，是用授卿以翰林之职。朕之起居，悉以实录。"自是日见亲信，每入侍，赐坐。遇胜日，帝与饮酒赋诗，以相酬酢，君臣相得无比。韩家奴知无不言，虽谐谑不忘规讽。

十三年春，上疏曰："臣闻先世遥辇可汗洼之后，国祚中绝；自夷离堇雅里立阻午，大位始定。然上世俗朴，未有尊称。臣以为三皇礼文未备，正与遥辇氏同。后世之君以礼乐治天下，而崇本追远之义兴焉。近者唐高祖创立先庙，尊四世为帝。昔我太祖代遥辇即位，乃制文字，修礼法，建天皇帝名号，制宫室以示威服，兴利除害，混一海内。厥后累圣相承，自夷离堇湖烈以下，大号未加，天皇帝之考夷离堇的鲁犹以名呼。臣以为宜依唐典，追崇四祖为皇帝，则陛下弘业有光，坠典复举矣。"疏奏，帝纳之，始行追册玄、德二祖之礼。

韩家奴每见帝猎，未尝不谏。会有司奏猎秋山，熊虎伤死数十人，韩家奴书于册。帝见，命去之。韩家奴既出，复书。他日，帝见之曰："史笔当如是。"帝问韩家奴："我国家创业以来，孰为贤主？"韩家奴以穆宗对。帝怪之曰："穆宗嗜酒，喜怒不常，视人犹草芥，卿何谓贤？"韩家奴对曰："穆宗虽暴虐，省徭轻赋，人乐其生。终穆之世，无罪被戮，未有过今日秋山伤死者。臣故以穆宗为贤。"帝默然。

诏与耶律庶成录遥辇可汗至重熙以来事迹，集为二十卷，进之。十五年，复诏曰："古之治天下者，明礼义，正法度。我朝之兴，世有明德，虽中外向化，然礼书未作，无以示后世。卿可与庶成酌古准今，制为礼典。事或有疑，与北、南院同议。"韩家奴既被诏，博考经籍，自天子达于庶人，情文制度可行于世，不缪于古者，撰成三卷，进之。又诏译诸书，韩家奴欲帝知古今成败,译《通历》《贞观政要》《五代史》。

时帝以其老,不任朝谒,拜归德军节度使。以善治闻。帝遣使问劳,韩家奴表谢。召修国史,卒,年七十二。有《六义集》十二卷行于世。

译文:

萧韩家奴,字休坚,涅剌部人,中书令安抟的孙子。从小好学,成年后入南山读书,博览经史,懂得辽、汉文字,统和十四年开始进入仕途。家中有一头牛,不听使唤,他的奴仆得到好价钱把牛卖了。韩家奴说:"有利自己而坑害别人,不是我的愿望。"于是把钱归还了人家,取回了牛。二十八年,为右通进,主管南京的栗园。

重熙初年,同知三司使事。四年,改迁为天成军节度使。又改为彰愍宫使。皇上与他交谈,认为他很有才华,任命他为诗友。皇帝曾经从容地问他:"你在外为官,有新奇见闻吗?"韩家奴回答说:"臣下只知道炒栗子:小的熟了,大的必定还是生的;大的熟了,小者必定要糊。使大小都熟,才是最完美的,不知道别的。"这是因为曾掌管栗园,故借栗委婉地进行劝谏。皇上听了大笑。奉命作《四时逸乐赋》,得到皇帝的称赞。

当时,皇帝下令全国议论治理天下的当务之急。制书问道:"徭役比过去没有增加,征战讨伐等军事行动也不经常发生,年谷丰收,钱币和粮食的库存都很充实,但是老百姓却陷入了严重的困境,难道是由于官吏的怠慢、老百姓的懒惰吗?现今的徭役哪项最重?哪项特别苦?怎样裁减才算便当有益?补役之法哪些可以免除?盗贼的祸害怎样才可禁止?"韩家奴回答说:

臣下个人认为近几年来，高丽尚未臣服，阻卜仍很强大，征战和守边的准备，的确不容许没有。从前，选派富裕的人去防守边疆，自己准备干粮，道路遥远难行，一动便迁延很长时间，等到了屯驻的地方，费用已耗去了大半，一头牛一辆车，都很少有回来的。那些没有丁壮的家庭，用多出一倍的钱来雇佣，人们害怕劳苦，不少人都中途逃亡了，所以戍边士卒的粮食大都不能供给。求借于别人，则要十倍的利息，以致有出卖子女、割让田地还不能偿还的。有人逃避劳役不回来，或者在军队中死了，就再行补充青壮年。从鸭绿江往东，戍边的劳役大略就是这个样子，况且渤海、女真、高丽，合从连衡，频繁地互相征战。有钱的人从军打仗，没钱的人侦察瞭望。再加上水灾天旱，粮食歉收，所以老百姓日益贫困。这些都是形势迫使的啊。

时下最重的劳役，莫过于驻守西部边界。如果没有驻守西部边界的劳役，虽然遇到灾年，也不至于窘困成现在这个样子。若能把驻守西部边界的地方稍稍移近内地，那么往返就不再劳苦，老百姓也解除了最大的忧患。参议者说迁移守边之地没有好处：一是有损威名，二是易召侵侮，三是抛弃了耕种放牧的地方。臣下认为不是这样。阻卜诸部，从来就存在。过去，北至胪朐河，南到边界，人多分散居住，没有办法统一，只有往来互相抄掠。等到太祖西征的时候，到了流沙，阻卜从近到远全部投降，西域诸国也都愿意来献礼物。由此而迁徙其整个部族，内地安置了三个部落，以增益我国。不营建城镇，不部署守兵，阻卜世世不敢为寇乱。统和年间，皇太妃出兵西域，开拓国土已很辽阔，降附的人也多。从此以后，某一部族偶或叛乱，便使相邻的一部去讨伐他，使相同的力量互相牵制，正确地运用了驾驭远方边民的方法。等到修建可敦城，开拓边境数千里，西北方的老百姓，徭役日渐增多，谋生之业日渐枯竭，警报紧急既不能互相援救，反叛和臣服也反复无常。空有展拓疆土的虚名，而没有得到土地的实惠。若贪图土地没完没了，不断消耗国力，所带来的祸患就不好说了。况且边境的情况不可以过分相信，也不可以断然拒绝听取。得到算不上有好处，舍掉算不上有什么损失。国家的最大敌人，唯一的是在南方。今天虽然与之相连和，但难以保障他日永远如此。假若南方有变故，屯田戍边的军队太远，终究难以调来援救。我进则敌退，我还则敌来，不可不留心啊。当今天下太平已相当长时间了，正可利用这个机会以恩惠笼络诸部族，赦免他们的罪过而归还他们的土地，内迁守军，增加堡垒屏障，对外明白缔结条约确立边界，每个部族都安排一个酋长，每年治办呈送贡品。反叛就征讨，顺服就安抚。各个部族既已安定了，就一定不会发生麻烦。如果这样做，臣下虽然不能保证他们长期不会发生变化，但是可以知道他们一定不会深入国境侵略了。有人说，放弃土地就有损威严。殊不知费尽精力、耗尽财物，用来贪恋没有用处的土地，使他的小部落对抗于大国，万一我们有所失败，对威名的损害难道小吗？有人说，肥沃的土地不可以立刻放弃。臣下认为土地虽然肥沃，但是老百姓不能长久居住，一旦敌人来了，不免也要向内地迁徙，难道可指着说这是我们的土地而可惜吗？

钱币和粮食的库存虽然每个部族都有，但这仅仅是救济部民的单方面恩惠，并不能普遍救济天下的百姓。如果想普遍救济天下的百姓，就应当知道老百姓陷于困境的缘由，从而堵塞那些漏洞。节制游乐，减少官方文书的传递，少向百姓征收赋税和其他摊派，杜绝奢侈，就可望几年之后，困境可以得到缓解，贫穷的就可以富裕起来。百姓是国家的根本，军队是国家的警卫。军队不征调则缺少兵员，征调则有损于国本。况且各个部族都有补役的法规。过去补役的法规开始施行。留下的和遣行的差不多都很富足，所以世世代代从军，很容易轮换。近几年来边疆忧患屡起，老百姓大多贫乏，已经担负不起服役之事，所以随补随缺。假如没有上等户，则以中等户充任，累日积年，其穷困越发厉害，所以轮换就不容易了。不仅仅补役是这样，在边境的守军情况也是这样。比如用一捧土，怎能填满丈把深的大沟！想为长远着想，不如使远处守边的疲兵回到故乡，减轻他们的徭役，使人人能够自给自足，那么补役的方法就可以恢复到跟过去一样了。

臣下又听说，自古有国家，就不可能没有盗贼。近年以来。大批百姓贫穷衰败，很容易走上剽掠和偷窃之途，好的百姓往往变为凶暴之徒，较厉害的杀人无所顾忌，甚至有逃亡在山林川泽的，这是动乱的根源、祸患的元凶。所谓老百姓因为穷困，大都为盗贼，真是像皇帝陛下所担心的那样。现在想要削除祸乱的根源，愿陛下减轻劳役、节制差遣，使老百姓专心种田。穿的和吃的既已丰足，让他们安下心来学习、教育、训谕，从而看重犯法，这样老百姓就趋向讲求礼仪，刑罚便会很少用了。臣下听说唐太宗问群臣治盗的方法，大家都说："严刑峻法。"太宗笑着说："盗贼之所以产生，是由于赋税和其他征收没有节制，老百姓无法生活。今我在内省减嗜欲，在外取消游幸，使天下宁静，则寇盗自然就没有了。"从这个角度看，寇盗的多少，完全是由衣食的丰俭和徭役的轻重所决定的啊！

现在应当把可敦城迁移到稍近的地方，使与西南副都部署的乌古敌烈、隗乌古等部能够声援相接。撤销黑岭二军，连同开州、保州，它们都隶属东京管辖；增加东北的守军和南京总管的兵员。增修堡垒，使瞭望哨所与掌兵的处所比邻相望，修缮和完善望敌楼，疏通整治环城的壕沟，使其成为边界的防御工事。这是当今最应急办的事情，愿皇帝陛下裁决。

皇帝提升韩家奴为翰林都林牙，兼修国史。仍下诏告诉他说："文章的职任，是国家的精华，非有真才实学的不用。以你的文学才能论，是时下的大儒，所以授你翰林之职。我的日常生活、活动，都要从实记录。"从此以后韩家奴日见信用，每入宫侍奉皇帝，特恩准给予座位。遇到值得称庆的日子，皇帝与他饮酒赋诗，互相敬酒，君臣相处无比契合。韩家奴知无不言，虽开玩笑也不忘规劝君主。

十三年春，上奏说："臣下听说先世遥辇可汗洼之后，国位中断；自从夷离堇雅里立阻午为帝，皇帝的大位才开始确定。然而先世风俗淳朴，没有尊称。臣下认为三皇之时礼文尚未齐备，正与遥辇氏时相同。后世的君主以礼乐治理天下，从而崇尚本源、追述远祖的意义兴盛起来了。较近的有唐高祖创立先庙，以尊崇其四世的祖先为皇帝。过去，我太祖取代遥辇氏登上皇帝的大位，于是创制文字，修撰礼法，建立天皇帝的名号，规制宫室以显示威严和统治，兴利除害，统一天下。从此以后历代皇帝相承，自夷离堇湖烈以下，都未加帝号，天皇帝的父亲夷离堇的鲁仍然以名相称。臣下认为应该依仿唐代的法典，追加四位先祖为皇帝，陛下这样恢宏治国大业不仅有光彩，而且被破坏的法典又可重新树立起来。"这篇疏上奏之后，皇帝采纳了，开始举行追册玄、德二位先祖的仪式。

韩家奴每次看到皇帝游猎，没有不进劝的。恰好有关衙署上奏皇帝在秋山打猎，熊和虎使数十人受伤和死亡，韩家奴将此事记了下来。皇帝看见以后，命删去这条记载。韩家奴既出，又重新记上了这件事。有一天,皇帝见到韩家奴说:"记载历史就应当这样。"皇帝问韩家奴:"我们国家自从创业以来,谁是最贤明的君主?"韩家奴回答说是穆宗。皇帝奇怪地说:"穆宗贪恋酒杯,喜怒无常,看人犹如草芥,你怎么说他贤明呢?"韩家奴回答说:"穆宗虽然凶暴、残酷,但省徭轻赋,百姓安居乐业。终穆宗之世,无罪被杀的还没有超过这次秋山狩猎的死伤人数。臣下所以认为穆宗最贤明。"皇帝没有说话。

皇帝命韩家奴与耶律庶成录遥辇可汗至重熙年间以来的事迹,裒集为二十卷,进呈。十五年,又命韩家奴说:"古代治理天下,讲明礼仪,制订法度。我朝的兴盛,每世都有完美的德行,虽中土内外皆向往感化。然而由于礼书未曾撰修,没有办法传示后世,你可与庶成参考古代对比现今,编制礼典。事情或有不清楚的,可与北、南枢密院共同商议。"韩家奴接受了命令,广泛地考察经史有关记载,从皇帝到一般老百姓,礼仪制度可行于世,而又与古代不相矛盾的撰成三卷,进呈。皇帝又命他翻译图书,韩家奴想让皇帝懂得古今兴衰成败,翻译了《通历》《贞观政要》和《五代史》。

当时皇帝因为韩家奴年老,经不起朝见拜会的劳累,拜任他为归德军节度使。韩家奴以善于治理著称。皇帝派遣使节慰劳。韩家奴上表感谢。召回朝廷修国史,后去世,享年七十二岁。有《六义集》十二卷行于世。

李 澣

李澣,初仕晋,为中书舍人。晋亡归辽,当太宗崩、世宗立,恟恟不定,澣与高勋等十余人羁留南京。久之,从归上京,授翰林学士。

穆宗即位，累迁工部侍郎。时澣兄涛在汴为翰林学士，密遣人召澣。澣得书，托求医南京，易服夜出，欲遁归汴。至涿，为徼巡者所得，送之南京，下吏。澣伺狱吏熟寝，以衣带自经，不死，防之愈严。械赴上京，自投潢河中流，为铁索牵制，又不死。及抵上京，帝欲杀之。时高勋已为枢密使，救止之。屡言于上曰："澣本非负恩，以母年八十，急于省觐致罪。且澣富于文学，方今少有伦比，若留掌词命，可以增光国体。"帝怒稍解，仍令禁锢于奉国寺，凡六年，艰苦万状。

会上欲建《太宗功德碑》，高勋奏曰："非李澣无可秉笔者。"诏从之。文成以进，上悦，释囚。寻加礼部尚书，宣政殿学士，卒。

论曰：统和、重熙之间，务修文治，而韩家奴对策，落落累数百言，概可施诸行事，亦辽之晁、贾哉？李澣虽以词章见称，而其进退不足论矣。

译文：

李澣，最初在后晋做官，为中书舍人。晋灭亡以后投归辽朝，正值太宗去世而世宗即位，喧扰混乱，澣与高勋等十几个人滞留在南京。过了很久，相从归上京，授为翰林学士。

穆宗即位，屡迁至工部侍郎。当时李澣的哥哥李涛在汴京为翰林学士，秘密地派人召澣回汴。澣得哥哥的信，假托到南京求医，换了服装乘夜出走，想偷偷回到汴京。走到涿州，为巡察者查到，送到南京，被关进监狱。李澣见狱吏已经睡熟，用衣带上吊自杀，没有死，于是对他防范就越发严厉了。在囚送他去上京的路上，他投身到潢河中流自尽，为铁索牵掣，又得不死。到达上京之后，皇帝想杀掉他。这时高勋已为枢密使，为救他而劝止了皇帝。高勋屡次对皇帝说："李澣本来并不是负恩，因为他母亲年已八十，他急于探视才犯罪的。况且李澣很有文学才能，现今还很少有和他匹敌的，若留下让他执掌写作之事，是可以为国增光的。"皇帝的怒气稍有缓解，但仍然把他囚禁在奉国寺，共六年，艰苦万状。

恰好皇帝要建立《太宗功德碑》，高勋上奏说："除了李澣没有可以执笔的人。"皇帝听从了高勋的建议。李澣文章写成奏上，皇帝很喜欢，解除了他的囚禁。不久加官礼部尚书、宣政殿学士。后来去世。

评史论说：统和、重熙年间，一心致力于文治，韩家奴对策，多达数百言，大都可具体施行，他是辽朝的晁错、贾谊啊！李澣虽以辞章为人称道，但是进退两可之间，就不足评论了。

辽史卷一百四

列传第三十四

王　鼎

王鼎，字虚中，涿州人，幼好学，居太宁山数年，博通经史。时马唐俊有文名燕、蓟间，适上巳，与同志祓禊水滨，酌酒赋诗。鼎偶造席，唐俊见鼎朴野，置下坐。欲以诗困之，先出所作索赋，鼎援笔立成。唐俊惊其敏妙，因与定交。

清宁五年，擢进士第。调易州观察判官，改涞水县令，累迁翰林学士。当代典章多出其手。上书言治道十事，帝以鼎达政体，事多咨访。鼎正直不阿，人有过，必面诋之。

寿隆初，升观书殿学士。一日宴主第，醉与客忤，怨上不知己，坐是下吏。状闻，上大怒，杖黥夺官，流镇州。居数岁，有赦，鼎独不免。会守臣召鼎为贺表，因以诗贻使者，有"谁知天雨露，独不到孤寒"之句。上闻而怜之，即召还，复其职。乾统六年卒。

鼎宰县时，憩于庭，俄有暴风举卧榻空中。鼎无惧色，但觉枕榻俱高，乃曰："吾中朝端士，邪无干正，可徐置之。"须臾，榻复故处，风遂止。

译文：

　　王鼎，字虚中，涿州人。从小好学，居住在太宁山好几年，博通经史。当时，马唐俊在燕、蓟颇有文名，恰逢三月上旬巳日，与志同道合的朋友在水滨祭祀以除灾求福，喝酒赋诗。王鼎偶然出席酒宴，唐俊见王鼎朴拙不拘礼法，安排在次要座位。他想用诗难为他，就先拿出自己所作要王鼎赋诗，王鼎拿起笔来立刻就写成了。唐俊惊异他文思敏捷新妙，因此与他建立了交情。

　　清宁五年，王鼎考中进士。调任易州观察判官，改任涞水县令，连续调迁为翰林学士。当时的典治法规大都出自他的手笔。上书谈论治国大道十件事，皇帝以为王鼎通达治理国家的道理，有事多向他咨询访问。王鼎正直不曲，对别人的过错，一定当面斥责。

　　寿隆初年，王鼎被提升为观书殿学士。一天，在公主宅第宴会，王鼎酒醉与客人发生了纠纷，就埋怨皇帝不了解自己，因此被交有关衙署审理。罪状奏上，皇帝大怒。王鼎受了杖刑，刺了面孔，免了官职，流放到镇州。过了好几年，有赦令，只有王鼎不被赦免。恰好当地守官召王鼎写一个贺表，他借此机会把一首诗送给了使者，其中有"谁知天雨露，独不到孤寒"之句。皇帝听了很怜惜他，立刻召回，恢复了他的官职。乾统六年去世。

　　王鼎为县令时，在庭院中休息，突然有暴风把卧榻吹到了空中。王鼎没有怕的样子，只觉得枕与榻一起升高，于是说："我是朝中的端正之士，邪不得干正，可慢慢放下。"不一会儿，榻回到原来的地方，于是风停止了。

耶律昭

　　耶律昭，字述宁，博学，善属文。统和中，坐兄国留事，流西北部。

会萧挞凛为西北路招讨使，爱之，奏免其役，礼致门下，欲召用，以疾辞。挞凛问曰："今军旅甫罢，三边宴然，惟阻卜伺隙而动。讨之，则路远难至；纵之，则远民被掠；增戍兵，则馈饷不给；欲苟一时之安，不能终保无变。计将安出？"昭以书答曰：

窃闻治得其要，则仇敌为一家；失其术，则部曲为行路。夫西北诸部，每当农时，一夫为侦候，一夫治公田，二夫给纠官之役，大率四丁无一室处。刍牧之事，仰给妻孥。一遭寇掠，贫穷立至。春夏赈恤，吏多杂以糠粃，重以掊克，不过数月，又复告困。且畜牧者，富国之本。有司防其隐没，聚之一所，不得各就水草便地。兼以逋亡戍卒，随时补调，不习风土，故日瘠月损，驯至耗竭。

为今之计，莫若振穷薄赋，给以牛种，使遂耕获。置游兵以防盗掠，颁俘获以助伏腊，散畜牧以就便地。期以数年，富强可望。然后练简精兵，以备行伍，何守之不固，何动而不克哉？然必去其难制者，则余种自畏。若舍大而谋小，避强而攻弱，非徒虚费财力，亦不足以威服其心。此二者，利害之机，不可不察。

昭闻古之名将，安边立功，在德不在众。故谢玄以八千破苻坚百万，休哥以五队败曹彬十万。良由恩结士上心，得其死力也。阁下膺非常之遇，专方面之寄，宜远师古人，以就勋业。上观乾象，下尽人谋；察地形之险易，料敌势之虚实。虑无遗策，利施后世矣。

挞凛然之。

开泰中，猎于拔里堵山，为羯羊所触，卒。

译文：

耶律昭，字述宁，广有学问，善写文章。统和中，因哥哥国留的事获罪，流放到西北部。

恰好萧挞凛为西北路招讨使，很喜欢他，上奏免了他的劳役，恭敬地把他请到了自己门下。朝廷想起用他，耶律昭以疾病为理由推辞了。萧挞凛问他："现今军旅之事刚刚罢除，边界三面都安定无事，只有阻卜在找机会妄动。要征讨他，路途遥远难以到达；听之任之，边界的老百姓就被掳掠；增加守兵，军粮又不能供给；想苟且一时的安定，不能始终保证没有变化。有什么对策拿出来？"耶律昭用书信回答说：

私下听说治理国家如果得其要领，则仇敌就可以化为一家；不得其法，则部下也会成陌生人。西北各部，每当耕种之时，一人侦察瞭望，一人整治公田，二人给乣官服役，大抵四个壮丁没有一个在家的。喂养和放牧的事，全靠妻子和孩子。一旦遭到寇掠，贫穷马上就出现。春夏救济，官吏多混杂糠皮，再加上官员聚敛，不过几个月的工夫，又重新陷于困境。况且畜牧这件事，是国家富强的根本。有关衙署为了防止隐匿，把牲畜集聚在一个地方，不得各自到就近的水草之地。加上逃亡和死去的守兵，随时补调，不习惯当地的风土，故日瘠月损，渐至耗尽。

现在的办法，不如赈济贫困少收租赋，给予牛和种子，使其能顺利地耕种和收获。置巡逻兵以防止偷盗抢掠，分赐战利品以帮助伏日和腊日的祭祀，分散牲畜以就方便之地放牧。可望几年之后，富强便有希望了。然后训练选拔精兵，整饬军队，守卫什么不能牢固？有什么动乱不能攻克？然而一定要消灭那些难以制服的，则剩下的种落便自知害怕了。倘若舍弃大的而谋划小的，回避强的而攻打弱的，不但白费财力，也不足以用威力征服其心。这两点是利害之关键，不可不仔细考察。

昭听说古代的名将安边立功，在德行操守而不在人多。所以谢玄能以八千人打败苻坚百万人，休哥以五个队打败了曹彬十万人马。的确是因为以恩德联结士兵的心，得到他们死命的努力啊。阁下受到皇帝不一般的恩遇，承担独当一面的寄托，应该远以古人为老师，以成就功勋大业。上观察天象，下竭尽人谋；考察地形之险易，推测敌对势力的虚实。考虑周密没有遗漏的策略，惠及后世啊。

挞凛同意这些看法。

开泰中，耶律昭在拔里堵山打猎，被羯羊顶撞，去世。

刘 辉

刘辉，好学善属文，疏简有远略。大康五年，第进士。

大安末，为太子洗马，上书言："西边诸番为患，士卒远戍，中国之民疲于飞挽，非长久之策。为今之务，莫若城于盐泺，实以汉户，使耕田聚粮，以为西北之费。"言虽不行，识者韪之。

寿隆二年，复上书曰："宋欧阳修编《五代史》，附我朝于四夷，妄加贬訾。且宋人赖我朝宽大，许通和好，得尽兄弟之礼。今反令臣下妄意作史，恬不经意。臣请以赵氏初起事迹，详附国史。"上嘉其言，迁礼部郎中。

诏以贤良对策，辉言多中时病。擢史馆修撰，卒。

译文：

刘辉，好学，善于写文章，通达明快，有远大谋略。大康五年，考中进士。

大安末年，为太子洗马，上书说："西边各番落为祸患，士兵远远地去守边，中国老百姓疲惫于频繁的运输，不是长久的策略。作为今天的大事，不如在盐泺建筑城池，让汉族百姓充实其中，使他们耕田，集聚粮食，以此作为西北部的费用。"这一建议虽没有施行，有识之士都认为是对的。

寿隆二年，刘辉又上书说："宋欧阳修编《五代史》，附我朝于《四夷》，狂妄地加以贬斥和诋毁。况且宋人仰赖我朝对他的宽大，允许互通往来和平友好，得以尽兄弟之间的礼节。如今反令其臣下任意作史，安然处之毫不在意。臣下请以赵氏初起时的事迹，详细地附载于我朝国史之后。"皇帝赞赏他的言论，提升为礼部郎中。

皇帝下令用贤良之士对策，刘辉所言多中时弊。提升为史馆修撰，去世。

耶律孟简

耶律孟简，字复易，於越屋质之五世孙。父刘家奴，官至节度使。

孟简性颖悟。六岁，父晨出猎，俾赋《晓天星月诗》，孟简应声而成，父大奇之。既长，善属文。大康初，枢密使耶律乙辛以奸险窃柄，出为中京留守，孟简与耶律庶箴表贺。未几，乙辛复旧职，衔之，谪巡磁窑关。时虽以谗见逐，不形辞色。遇林泉胜地，终日忘归。明年，流保州。及闻皇太子被害，不胜哀痛，以诗伤之，作《放怀诗》二十首。自序云："禽兽有哀乐之声，蝼蚁有动静之形。在物犹然，况于人乎？然贤达哀乐，不在穷通、祸福之间。《易》曰：'乐天知命，故不忧。'是以颜渊箪瓢自得，此知命而乐者也。予虽流放，以道自安，又何疑耶？"

大康中，始得归乡里。诣阙上表曰："本朝之兴，几二百年，宜有国史以垂后世。"乃编耶律曷鲁、屋质、休哥三人行事以进。上命置局编修。孟简谓余官曰："史笔天下之大信，一言当否，百世从之。苟无明识，好恶徇情，则祸不测。故左氏、司马迁、班固、范晔俱罹殃祸，可不慎欤！"

乾统中，迁六院部太保。处事不拘文法，时多笑其迂。孟简闻之曰："上古之时，无簿书法令，而天下治。盖簿书法令，适足以滋奸幸，非圣人致治之本。"改高州观察使，修学校，招生徒。迁昭德军节度使。以中京饥，诏与学士刘嗣昌减价粜粟。事未毕，卒。

译文：

耶律孟简，字复易，於越屋质的第五世孙。父亲刘家奴，官至节度使。

孟简天性聪明。六岁时，父亲早晨出去打猎，让他作《晓天星月诗》，孟简答应的声音刚落诗已经作成，父亲大为惊奇。长大以后，善于写文章。大康初年，枢密使耶律乙辛以其奸诈阴险窃取了执政大权。耶律乙辛被罢免出朝廷为中京留守，孟简与耶律庶箴上表祝贺。不久，乙辛官复原职，忌恨孟简，贬孟简巡磁瞷关。当时他虽被恶意中伤而遭斥逐，并没有在言辞上表示不满。遇到林茂泉涌的好地方，整日忘归。第二年，流放他到保州。等到听说皇太子被害，他不胜哀痛，用诗悼伤皇太子，作了《放怀诗》二十首。《自序》说："飞禽走兽有哀伤和快乐的声音，蝼蛄与蚂蚁有活跃和安静的形态。在动物尚且如此，何况在人呢？然而贤明通达的哀和乐，不在于穷蹇亨通和是祸是福之间。《易经》说：'顺天道自然之理，懂得性命有始有终，因此没有忧虑。'所以颜渊一箪食、一瓢饮已很满足，这就是知命而乐的人啊。我虽然被流放，以明天道之理而自安，又有什么要怀疑的呢？"

大康中期，孟简才得以回到故里。亲自到宫廷上表说："本朝的兴盛，快二百年了，应该有国史遗传后世。"于是他编了耶律曷鲁、屋质、休哥三人的行状进呈。皇上命令设置史局进行编修。孟简对其他官员说："掌修史之笔是天下最大的信任，一句话恰当与否，一百世都跟着这样说。假如没有高明的见识，好与恶只是顺从人情，则祸患就不可预料。所以左丘明、司马迁、班固、范晔都遭到了祸殃，可以不慎重吗！"

乾统中期，孟简迁升为六院部太保。处理事情不拘泥于条文法规，当时大都笑他不合时宜。孟简听到后说："上古的时候，没有书册法令，而天下清明太平。所以书册法令，恰足以滋生邪恶和侥幸，并不是圣人用以达到天下大治的根本。"孟简改任高州观察使，修学校，召学生。迁升为昭德军节度使。因为中京饥荒，诏令孟简与学士刘嗣昌减价出卖粮食。事未完成，孟简去世。

耶律谷欲

耶律谷欲，字休坚，六院部人。父阿古只，官至节度使。

谷欲冲澹有礼法，工文章。统和中，为本部太保。开泰中，稍迁塌母城节度使。鞫霸州疑狱，称旨，授启圣军节度使。太平中，复为本部太保。谢病归，俄擢南院大王。叹风俗日颓，请老，不许。

兴宗命为诗友，数问治要，多所匡建。奉诏与林牙耶律庶成、萧韩家奴编辽国上世事迹及诸帝《实录》，未成而卒，年九十。

论曰：孔子言："诵《诗》三百，授之以政，不达。虽多，亦奚以为？"王鼎忠直达政，刘辉侍青宫，建言国计，昭陈边防利害，皆洞达闓敏。孟简疾乙辛奸邪，黜而不怨。孰谓文学之士无益于治哉？

译文：

耶律谷欲，字休坚，六院部人。父亲阿古只，官至节度使。

谷欲为人平和淡泊，讲究礼法，擅长写文章。统和年间，为本部的太保。开泰年间，稍迁升为塌母城节度使。审理霸州的疑案，符合皇帝的旨意，授官为启圣军节度使。太平年间，重新为本部的太保，以有病辞谢官职回家，不久提升为南院大王，感叹风气日益颓坏，以年老请求退休，皇帝不准许。

兴宗任命他为诗友，屡次向他询问治国的要领，谷欲多有匡正和建议。谷欲奉皇帝的命令与林牙耶律庶成、萧韩家奴编撰辽国上世事迹及各个皇帝的实录，未完成而去世，享年九十岁。

评论说：孔子说："熟读《诗经》三百篇，交给他以政治任务，却办不通；纵是读得多，有什么用处呢？"王鼎忠直通达政事，刘辉侍奉皇太子，建言国家大计，耶律昭陈说边防利害，皆洞达明敏。孟简痛恨耶律乙辛奸诈邪恶，被贬而不怨。谁说文学之士，无益于政治啊！

辽史卷一百五

列传第三十五

大公鼎

大公鼎,渤海人,先世籍辽阳率宾县。统和间,徙辽东豪右以实中京,因家于大定。曾祖忠,礼宾使。父信,兴中主簿。

公鼎幼庄愿,长而好学。咸雍十年,登进士第,调沭州观察判官。时辽东雨水伤稼,北枢密院大发濒河丁壮以完堤防。有司承令峻急,公鼎独曰:"边障甫宁,大兴役事,非利国便农之道。"乃疏奏其事。朝廷从之,罢役,水亦不为灾。濒河千里,人莫不悦。改良乡令,省徭役,务农桑,建孔子庙学,部民服化。累迁兴国军节度副使。

时有隶鹰坊者,以罗毕为名,扰害田里。岁久,民不堪。公鼎言于上,即命禁戢。会公鼎造朝,大臣谕上嘉纳之意,公鼎曰:"一郡获安,诚为大幸;他郡如此者众,愿均其赐于天下。"从之。徙长春州钱帛都提点。车驾如春水,贵主例为假贷,公鼎曰:"岂可辍官用,徇人情?"拒之。颇闻怨詈语,曰:"此吾职,不敢废也。"俄拜大理卿,多所平反。

天祚即位,历长宁军节度使、南京副留守,改东京户部使。

时盗杀留守萧保先，始利其财，因而倡乱。民亦互生猜忌，家自为斗。公鼎单骑行郡，陈以祸福，众皆投兵而拜曰："是不欺我，敢弗听命。"安辑如故。拜中京留守，赐贞亮功臣，乘传赴官。时盗贼充斥，有遇公鼎于路者，即叩马乞自新。公鼎给以符约，俾还业，闻者接踵而至。不旬日，境内清肃。天祚闻之，加赐保节功臣。时人心反侧，公鼎虑生变，请布恩惠以安之，为之肆赦。

公鼎累表乞归，不许。会奴贼张撒八率无赖啸聚，公鼎欲击而势有不能。叹曰："吾欲谢事久矣。为世故所牵，不幸至此，岂命也夫！"因忧愤成疾。保大元年卒，年七十九。

子昌龄，左承制；昌嗣，洺州刺史；昌朝，镇宁军节度。

译文：

大公鼎，渤海人，祖籍辽阳率宾县。统和年间，迁徙辽东豪富充实中京，全家迁入大定。曾祖父名叫忠，当过礼宾使，父亲叫信，当过兴中县主簿。

公鼎幼小时庄重老实，长大后喜欢读书。咸雍十年，中进士，调任沭州观察判官。当时辽东雨水太多损害了庄稼，北枢密院征发临河居住的壮丁去修治堤防，有关部门接受命令后征发丁壮很急迫，只有公鼎反对说："边境刚刚安定，大规模地让百姓赴劳役，不合乎利国家方便农民的道理。"便上疏奏明其事。朝廷采纳了他的意见，停止了工役，水也没有造成灾害。沿河岸千里之地的百姓，都很高兴。改任良乡县令，减少徭役，致力于农桑，建孔子庙，让百姓学习，当地百姓都服从他的教化。多次提升任兴国军节度副使。

当时有在鹰房服役者，以捉尽老鹰为名，骚扰乡里，时间长了，百姓无法忍受，公鼎上书给天子，天子下令禁止。适逢公鼎进朝，大臣们告诉他天子曾嘉奖过他，公鼎说："一郡得到安宁，的确是大好事，其他州郡有类似情况的还很多，希望天下百姓都能得到这种恩惠。"朝廷采纳了他的意见。调往长春州任钱帛都提点时，天子的车驾到了春水这个地方，尊贵的公主按照惯例从国库中借钱，公鼎说："怎能使国家无钱用去徇私做人情？"拒绝了公主的要求。他听到了很多怨恨詈骂的话，便说："拒绝借钱是我的职责，不能因为挨骂就玩忽职守。"不久，担任大理卿，平反了很多冤狱。

天祚帝即位，历任长宁军节度使、南京副留守，改任东京户部使。那时强盗杀死了东京留守萧保先，起初是贪图他的钱财，因而倡导作乱。老百姓之间也互相猜忌，发生争斗。公鼎单人独骑到郡内各地去，论述争斗的危害，百姓都扔掉兵器拜谢说："你这话没有欺骗我们，怎能不听呢！"和睦相处和过去一样。被任命为中京留守，赐予贞亮功臣的称号，乘坐官府给的车去上任。当时盗贼充满境内，有的盗贼在路上遇见公鼎，便在他的马前叩头，请求悔过自新。公鼎给他们立下文书凭证，让他们还乡复业，盗贼们听到这个消息，接连不断地来找公鼎，不到十天，境内的盗贼便肃清了。天祚帝知道后，加赐保节功臣的称号。当时人心反复，公鼎担心会发生乱子，请求分布恩德以安定人心，并为此赦免了一些人的罪。

公鼎多次上表请求告老，不被批准。适逢贼寇张撒八率领着一批聚集起来的人马骚扰境内，公鼎想消灭他而兵力不够，哀叹说："我打算卸掉官职已经很久了，因为受到时局变化的牵制，不幸到了这个地步，这岂不是天命注定！"从此因忧愁、愤懑而生病，保大元年死去，年七十九岁。

儿子昌龄，任左承制；昌嗣，任洺州刺史；昌朝，任镇宁军节度。

萧　文

萧文，字国华，外戚之贤者也。父直善，安州防御使。

文笃志力学，喜愠不形。大康初，掌秦越国王中丞司事，以才干称。寻知北面贴黄。王邦彦子争荫，数岁不能定，有司以闻。上命文诘之，立决。车驾将还宫，承诏阅习仪卫，虽执事林林，指顾如一。迁同知奉国军节度使，历国舅都监。

寿隆末，知易州，兼西南面安抚使。高阳土沃民富，吏其邑者，每黩于货，民甚苦之。文始至，悉去旧弊，务农桑，崇礼教，民皆化之。时大旱，百姓忧甚，文祷之辄雨。属县又蝗，议捕除之，文曰："蝗，天灾，捕之何益！"但反躬自责，蝗尽飞去；遗者亦不食苗，散在草莽，为乌鹊所食。会霪雨不止，文复随祷而霁。是岁，大熟。朝廷以文可大用，迁唐古部节度使，高阳勒石颂之。后不知所终。

译文：

萧文，字国华，是外戚中有才能的人。父亲直善，任安州防御使。

萧文立志读书，喜悦和愤怒都不表露于外。大康初年，掌管秦越国王中丞司事务，以才干卓越而闻名。朝臣上奏章时以黄纸书写提要附于正文之后，称作贴黄，萧文主管北面贴黄。王邦彦的儿子争夺荫封，好几年定不下来，有关部门上奏给天子，天子命萧文前往责问，问题马上便解决了。车驾将要返回宫中，萧文奉诏查看仪仗与卫士的情况，虽然供役使的卫士很多，萧文把他们指挥得像一个人一样。升任同知奉国军节度使，历任国舅都监。

寿隆末年，任易州知州，兼任西南面安抚使。高阳土地肥沃，百姓殷富，在那里当官的人往往贪财，百姓很痛苦。萧文到任后，完全去掉已往的弊端，致力于农业生产，尊崇提倡礼教，百姓的人心风俗都改变了。当时大旱不雨，百姓都很忧愁，萧文祈祷了一番，大雨便降下来了。他辖区内的县发生蝗灾，官员们商量捕捉消灭，萧文说："蝗虫乃是天灾，捕捉又有什么益处！"只是反复责问自己，蝗虫便都飞走了，剩下的也不啃庄稼，分散在草丛树林之内，被乌鸦麻雀叼去当食物。又一次大雨连续不止，萧文随即祈祷，天便放晴了。这一年，粮食获得了大丰收。朝廷认为萧文可以重用，升为唐古部节度使，高阳的老百姓立碑歌颂他。后来不知他的下落了。

马人望

马人望，字俨叔，高祖胤卿，为石晋青州刺史，太宗兵至，坚守不降。城破被执，太宗义而释之，徙其族于医巫闾山，因家焉。曾祖廷煦，南京留守。祖渊，中京副留守。父诠，中京文思使。

人望颖悟。幼孤，长以才学称。咸雍中，第进士，为松山县令。岁运泽州官炭，独役松山，人望请于中京留守萧吐浑均役他邑。吐浑怒，下吏，系岁百日；复引诘之，人望不屈。萧喜曰："君为民如此，后必大用。"以事闻于朝，悉从所请。

徙知涿州新城县。县与宋接境，驿道所从出。人望治不扰，吏民畏爱。近臣有聘宋还者，帝问以外事，多荐之，擢中京度支司盐铁判官。转南京三司度支判官，公私兼裕。迁警巡使。京城狱讼填委，人望处决，无一冤者。会检括户口，未两旬而毕。同知留守萧保先怪而问之，人望曰："民产若括之无遗，他日必长厚敛之弊，大率十得六七足矣。"保先谢曰："公虑远，吾不及也。"

先是，枢密使乙辛窃弄威柄，卒害太子。及天祚嗣位，将报父仇，选人望与萧报恩究其事。人望平心以处，所活甚众。改上京副留守。会剧贼赵钟哥犯阙，劫宫女、御物，人望率众捕之。右臂中矢，炷以艾，力疾驰逐，贼弃所掠而遁。人望令关津讥察行旅，悉获其盗。寻擢枢密都承旨。

宰相耶律俨恶人望与己异，迁南京诸宫提辖制置。岁中，为保静军节度使。有二吏凶暴，民畏如虎。人望假以辞色，阴令发其事，黥配之。是岁诸处饥乏，惟人望所治粒食不阙，路不鸣桴。遥授彰义军节度使。迁中京度支使，始至，府廪皆空；视事半岁，积粟十五万斛，钱二十万缗。徙左散骑常侍，累迁枢密直学士。

未几，拜参知政事，判南京三司使事。时钱粟出纳之弊，惟燕为甚。人望以缣帛为通历，凡库物出入，皆使别籍，名曰"临库"。奸人黠吏莫得轩轾，乃以年老扬言道路。朝论不察，改南院宣徽使，以示优老。逾年，天祚手书"宣马宣徽"四字诏之。既至，谕曰："以卿为老，误听也。"遂拜南院枢密使。人不敢干以私，用人必公议所当与者。如曹勇义、虞仲文尝为奸人所挤，人望推荐，皆为名臣。当时民所甚患者，驿递、马牛、旗鼓、乡正、厅隶、仓司之役，至破产不能给。人望使民出钱，官自募役，时以为便。久之请老，以守司徒、兼侍中致仕。卒，谥曰文献。

人望有操守，喜怒不形，未尝附丽求进。初除执政，家人贺之。人望愀然曰："得勿喜，失勿忧。抗之甚高，挤之必酷。"其畏慎如此。

译文：

马人望，字俨叔，高祖叫胤卿，在石敬瑭建立的晋朝任青州刺史，太宗领兵到来，他坚守城池不降。城攻破后他被俘虏，太宗看他有骨气便释放了，把他的家族迁到医巫闾山，于是他便在那里安家了。曾祖名叫廷煦，任南京留守。祖父名叫渊，任中京副留守。父亲叫诠，任中京文思使。

人望很聪明，年幼时便成了孤儿，长大后以有才能学问受人赞扬。咸雍年间中进士，任松山县令。连年运输泽州官炭，只让松山百姓去服劳役，人望请求中京留守萧吐浑把劳役平均到其他地方，吐浑很生气，把他下到了狱中，关押了几百天，又加以责问，人望毫不屈服。萧吐浑高兴地说："你肯这样为百姓操劳，日后必为朝廷重用。"把这件事报告给朝廷，全部答应了他的请求。

调到涿州新城县任知县，这个县与宋朝接壤，驿道都从这里出去。人望治理地方不骚扰百姓，官吏和老百姓对他又害怕又敬爱。朝廷中大臣有到宋朝行聘礼回朝者，天子问他们地方官员的情况，很多人都推荐马人望有才能，升为中京度支司盐铁判官，转为南京三司度支判官，国家和个人都富裕了。升为警巡使，京城里打官司的案件堆积很多，人望秉公处理，没有一个冤枉的。正赶上检查登记户口，不到两旬便结束了。同知留守萧保先很惊讶地问他为什么登记得这么快，他说："百姓的财产都搜求得干干净净，将来必然会助长狠狠盘剥百姓的弊端，大体上十分收走六七分就行了。"保先向他表示感谢说："还是你考虑得深远，我赶不上你呀。"

起初，枢密使耶律乙辛仗着权势害死了道宗的长子太子耶律濬，等到他的儿子天祚帝即位后，为报父仇，派马人望与萧报恩处理这一案件，人望秉公执法，开脱了很多人。改任上京副留守。适逢大盗贼赵钟哥率人进攻宫殿，抢劫宫女和天子使用的东西，人望率领士兵前往逮捕，右臂中箭受伤，用焚烧的艾叶敷在伤处，仍拼命追赶贼寇，贼寇扔下抢来的东西逃跑了。人望命令各个关卡、渡口严格盘查来往旅客，将强盗全部捉拿归案。不久，提升为枢密都承旨。

宰相耶律俨不喜欢人望与自己不同，便把他调为南京诸官提辖制置。一年时间便升为保静军节度使。有两个官员凶狠残暴，老百姓害怕他们像害怕老虎一样。人望表面上对他二人和颜悦色，暗地里命人整理他们的罪状，在脸上刺字后发配到远方。这一年到处闹饥荒，只有人望所辖地区一颗粮食也不缺少，地方上没有偷盗的事发生。朝廷封他为名义上的彰义军节度使，改为中京支使。他刚到任时，仓库都是空的，管事仅半年，就积蓄粮食十五万斛，钱二十万贯。改任左散骑常侍，多次提升，官至枢密直学士。

不久，被任命为参知政事，以高职兼任南京三司使事。当时各地钱币、粮食的出纳存在很多弊端，以燕京（即南京）最严重。人望把绢和布匹前后出纳情况列成清单，凡仓库中出入的东西，都各自分别登记在册，取名叫"临库"。奸邪之人和狡猾的官吏从此不能再上下其手了，便到处传播说他年纪已老，不能再管事了。朝廷对此不加调查，便把他调任为南院宣徽使，以表示优待老年人。隔了一年，天祚帝亲自书写"宣马宣徽"四个字诏他入朝。人望入朝后，天祚帝对他说："都说你年龄老了，我就错误地相信了。"于是任命他为南院枢密使。人们都不敢找他徇情枉法，他所用的人都是公众认为应当担任那样职务的人，如曹勇义、虞仲文曾经被坏人所排挤，经过人望推荐，后来都成为有名的大臣。当时老百姓最头疼的是驿递、马牛、旗鼓、乡正、厅隶、仓司等方面的劳役，甚至破产也不能满足官府，人望让老百姓出钱，由官府招募夫役，当时人们都认为这样对百姓有利。当官时间久了便请求告老，天子以署理司徒、兼任侍中的头衔让他告老还乡。他死后谥号文献。

人望品行高尚，喜怒不流露于外，从不靠巴结逢迎升官。他刚任执政时，全家人都表示庆贺，人望很动感情地说："得到官职不必高兴，丢失官职也不必烦恼，抬得很高，摔得必重。"他小心谨慎到了这种地步。

耶律铎鲁斡

耶律铎鲁斡，字乙辛隐，季父房之后。廉约重义。

重熙末，给事诰院。咸雍中，累迁同知南京留守事。被召，以部民恳留，乃赐诏褒奖。大康初，改西南面招讨使，为北面林牙，迁左夷离毕。大安五年，拜南府宰相。寿隆初，致仕，卒。

铎鲁斡所至有声，吏民畏爱。及退居乡里，子普古为乌古部节度使，遣人来迎。既至，见积委甚富。谓普古曰："辞亲入仕，当以裕国安民为事。枉道欺君，以苟货利，非吾志也。"命驾而归。普古后为盗所杀。

译文：

耶律铎鲁斡，字乙辛隐，季父房的后代。廉洁节俭，很重信义。

重熙末年，任诰院给事。咸雍年间，多次提升为同知南京留守事。被召入朝，因当地百姓恳求留任，天子便赏赐诏书表扬他。大康初年，改任西南面招讨使，调任北面林牙，升为左夷离毕。大安五年，任南府宰相。寿隆初年，告老还乡死去。

铎鲁斡所到之处都有很高的声望，官吏百姓既敬畏又爱戴。他退休回乡后，儿子普古担任乌古部节度使，派人迎接他到任上去。铎鲁斡到达后，见屋子里堆积了很多财物，对儿子普古说："辞别亲人去当国家的官吏，应当把富国安民当作头等大事，做不正当的事欺骗天子，用歪门邪道聚敛财富，这不是我的心愿。"动身回家去了。后来普古被强盗杀死。

杨遵勖

杨遵勖，字益诫，涿州范阳人。重熙十九年登进士第，调儒州军事判官，累迁枢密院副承旨。

咸雍三年，为宋国贺正使；还，迁都承旨。天下之事，丛于枢府，簿书填委。遵勖一目五行俱下，剖决如流，敷奏详敏。上嘉之。奏诏征户部逋钱，得四十余万缗，拜枢密直学士，改枢密副使。大康初，参知政事，徙知枢密院事，兼门下侍郎、平章事，拜南府宰相。耶律乙辛诬皇太子，诏遵勖与燕哥按其事，遵勖不敢正言，时议短之。寻拜北府宰相。

大安中暴卒，年五十六。赠守司空，谥康懿。子晦，终昭文馆直学士。

论曰：孟子谓"民为贵，社稷次之"，司牧者当如何以尽心。公鼎奏罢完堤役以息民，拒公主假贷以守法，单骑行郡，化盗为良，庶几召、杜之美。文知易州，雨旸应祷，蝗不为灾。人望为民不避囚系，判度支，公私兼裕，亦卓乎未易及已。铎鲁斡吏畏民爱，杨遵勖决事如流，真能吏哉？

译文：

　　杨遵勖，字益诚，涿州范阳人。重熙十九年中进士，调为儒州军事判官，连续提升为枢密院副承旨。

　　咸雍三年，任祝贺宋朝正旦（农历正月初一）的国信使，回朝后升任都承旨。国家需要处理的事务，都聚集在枢密院，文书堆积如山，遵勖一目五行，分析判决像流水一样迅速，然后详细向天子陈述。天子下令嘉奖他。奉天子命令追还各部门拖欠户部的钱，收回四十余万缗，被任命为枢密直学士，改任枢密副使。大康初年，任参知政事，调任知枢密院事，兼门下侍郎、平章事，被封为南府宰相。耶律乙辛诬陷皇太子，天子下诏遵勖与燕哥查问此案，遵勖不敢坚持正义，当时的人对他这一行为评价不高。不久，任北府宰相。

　　大安年间得暴病身亡，年龄五十六岁。天子追赠为守司空，谥号康懿。儿子叫杨晦，最后任昭文馆直学士。

　　评论说：孟子说"老百姓最高贵，江山还在其次"，这就看当政的人如何尽心管理百姓了。公鼎上奏请求停止修堤的工役，使百姓得到休息，拒绝公主借国库的钱是奉公守法，单人独骑巡查所管辖地区，把强盗改变成良民，差不多可以和西汉的召信臣、东汉的杜诗媲美了。萧文知易州，是下雨还是出太阳，都能使他的祷告应验，蝗虫不再构成灾害。人望为民请命不怕下牢狱，任三司度支判官，国家和个人都富裕了，真是出类拔萃，不易赶上呀。铎鲁斡能够让官吏敬畏，百姓爱戴。杨遵勖处理事情像流水一样快，真是有能耐的官员啊！

史记
汉书
后汉书
三国志
晋书
宋书
南齐书
梁书
陈书
魏书
北齐书
周书
隋书
南史
北史
旧唐书
新唐书
旧五代史
新五代史
宋史
辽史
金史
元史
明史

金史

列 传

金史卷七十三

列传第十一

完颜希尹

完颜希尹本名谷神，欢都之子也。自太祖举兵，常在行阵，或从太祖、或从撒改，或与诸将征伐，比有功。

金人初无文字，国势日强，与邻国交好，乃延用契丹字。太祖命希尹撰本国字，备制度。希尹乃依仿汉人楷字，因契丹字制度，合本国语，制女直字。天辅三年八月，字书成，太祖大悦，命颁行之。赐希尹马一匹、衣一袭。其后熙宗亦制女直字，与希尹所制字俱行用。希尹所撰谓之女直大字，熙宗所撰谓之小字。

辽人迪六、和尚、雅里斯弃中京走，希尹与迪古乃、娄室、余睹袭之。迪六等闻希尹兵，复走。遂降其旁近人民而还。奚人落虎来降，希尹使落虎招其父西节度使讹里剌。讹里剌以本部降。

宗翰驻军北安，使希尹经略近地，获辽护卫耶律习泥烈，知辽主猎于鸳鸯泺。宗翰遂请进兵。宗翰将会都统杲于奚王岭。辽兵屯古北口。使婆卢火将兵二百击之，浑黜亦将二百人为后援。浑黜闻辽兵众，请益兵。宗翰欲亲往，希尹、娄室曰："此小寇，请以千兵为公破之。"浑黜至古北口，遇辽游兵，逐之入谷中。辽步骑万余迫战，死者数人。浑黜据关口，希尹等至，大破辽兵，斩馘甚众，尽获甲胄辎重。复败其伏兵，杀千余人，获马百余匹。遂与宗翰至奚王岭，期会于羊城泺。

宗翰袭辽帝于五院司，希尹为前驱，所将才八骑，与辽主战，一日三败之。明日，希尹得降人麻哲，言辽主在漠，委辎重，将奔西京。几及辽主于白水泺南。辽主以轻骑遁去。尽获其内库宝物，遂至西京。西京降，使蒲察守之。希尹至乙室部，不及辽主而还。及宗翰入朝，希尹权西南、西北两路都统。

是时，夏人已受盟，辽主已获，耶律大石自立，而夏国与娄室书责诸帅弃盟，军入其境，多掠取者。希尹上其书，且奏曰："闻夏使人约大石取山西诸郡，以臣观之，夏盟不可信也。"上曰："夏事酌宜行之。军入其境，不知信与否也。大石合谋，不可不察，其严备之。"

及大举伐宋，希尹为元帅右监军。再伐宋，执二主以归。师还，赐希尹铁券，除常赦不原之罪，余释不问。宗翰伐康王，希尹追之于扬州，康王遁去。后与宗翰俱朝京师，请立熙宗为储嗣，太宗遂以熙宗为谙班勃极烈。

熙宗即位，希尹为尚书左丞相兼侍中，加开府仪同三司。希尹为相，有大政皆身先执咎。天眷元年，乞致仕，不许，罢为兴中尹。二年，复为左丞相兼侍中，俄封陈王。与宗幹共诛宗磐、宗隽。三年，赐希尹诏曰："帅臣密奏，奸状已萌，心在无君，言宣不道。逮燕居而窃议，谓神器以何归，稔于听闻，遂致章败。"遂赐死，并杀右丞萧庆并希尹子同修国史把荅、符宝郎漫带。是时，熙宗未有皇子，故嫉希尹者以此言潛之。

皇统三年，上知希尹实无他心，而死非其罪，赠希尹仪同三司、邢国公，改葬之，萧庆银青光禄大夫。天德三年，追封豫王。正隆二年，例降金源郡王。大定十五年，谥贞宪。孙守道、守贞、守能。守道自有传。

译文：

　　完颜希尹本名叫谷神，他是欢都的儿子。自从太祖举兵，他常常在军队，或跟从太祖，或跟从撒改，或与其他将领一起征讨，都有功劳。

　　金人最初没有文字，随着国势日益强盛，与邻国交往友好，就采用契丹字。太祖命令希尹编撰本国字，完备各项制度。于是，希尹依仿着汉人的楷书字，因袭契丹字的规律，结合本国语的特点，制订女真字。天辅三年八月，字书撰成，太祖非常高兴，命令颁布推行。赏赐给希尹马一匹，衣服一袭。在这之后熙宗也制订女真字，与希尹所制的字一起通行使用。希尹所编撰的称为女真大字，熙宗所编撰的称为小字。

　　辽人迪六、和尚、雅里斯放弃中京逃走，希尹与迪古乃、娄室、余睹袭击他们。迪六等听到希尹军队追击的消息，又逃跑了。于是，希尹降服了旁近的百姓就返回了。奚人落虎来投降，希尹使落虎招他的父亲西节度使讹里剌，讹里剌率本部投降。

　　宗翰把军队驻扎在北安州，派希尹经营宣谕附近各地，俘获辽护卫耶律习泥烈，知道辽帝在鸳鸯泺游猎。于是，宗翰请求进兵。宗翰将与都统杲在奚王岭会合。辽兵屯驻在古北口。宗翰派婆卢火将兵二百人袭击他们，浑黜也带领二百人为后面的援军。浑黜听说辽兵多，请求增加兵力。宗翰想亲自前往，希尹、娄室说："这是小盗贼，请用一千兵为您击败他。"浑黜到古北口，碰到辽的巡逻兵，就追赶他们，进入了山谷中。辽步兵和骑兵一万多急忙出战，死了好几个人。浑黜据守关口，希尹等赶到，大败辽兵，斩杀特别多，全部缴获了辽兵的甲胄和物资。接着又打败了辽的伏兵，杀了一千多人，获得马一百多匹。于是和宗翰到奚王岭，计划会合于羊城泺。

宗翰袭击辽帝于五院司，希尹为前驱，所率领的才八名骑兵，与辽帝交战，一天三次打败了他。第二天，希尹得到投降的人麻哲，说辽帝在沙漠抛弃军用物资，将要逃奔西京。希尹几乎在白水泺南追到辽帝，辽帝率轻装快速的骑兵逃走。希尹全部获得了他内廷仓库的宝物，于是赶到西京。西京投降，使蒲察守卫。希尹到乙室部，没有追上辽帝就回来了。宗翰入朝朝见天子的时候，希尹暂时代理西南、西北两路的都统。

这个时候，夏人已接受盟约，辽帝已经俘获，耶律大石自己立国，而夏国给娄室文书谴责各将帅背弃盟约，军队进入了他的边界，多有抢掠夺取的。希尹呈上这件文书，并上奏说："听说夏派人相约大石夺取山西各郡，在臣下看来，夏国的盟誓不可信。"皇上说："夏国的事可斟酌情况适当地施行。军队进入他的边境，不知是可信还是不可信。与大石合谋，不可不仔细核查，这件事要严格防备。"

大规模讨伐宋朝的时候，希尹任元帅右监军。再一次讨伐宋朝，俘获两个皇帝归来。回师后，皇帝赐给希尹铁券，除了一般赦免不能宽恕的罪过外，其他都除免不予置问。宗翰讨伐康王，希尹追康王到扬州，康王逃走。希尹后来与宗翰在京师一起朝见皇帝，请求立熙宗为皇位继承人，于是太宗以熙宗为谙班勃极烈。

熙宗即位，希尹为尚书左丞相兼侍中，加官开府仪同三司。希尹为丞相，有大的改正都是自身先行认错。天眷元年，希尹请求退休，皇帝不允许，罢朝职改任兴中尹。二年，重新为左丞相兼侍中，不久封陈王。与宗幹共同诛杀宗磐、宗隽。三年，赐希尹诏令说："帅臣秘密上奏说，你奸恶的罪状已经萌生，你心中没有君主，言论宣扬非理。居住在家就偷偷议论，说帝位将归属何人，朕久已听到传闻，现在你终于败露了。"于是赐希尹死，并杀了右丞相萧庆和希尹的儿子同修国史把答、符宝郎漫带。这时，因为熙宗没有皇子，所以嫉妒希尹的人就用这种话来诬陷他。

皇统三年，皇上知道希尹实际没有别的用心，死得非罪，就追赠希尹官仪同三司、邢国公，并且改葬了他，追赠萧庆为银青光禄大夫。天德三年，追封希尹为豫王。正隆二年，按例降为金源郡王。大定十五年，谥希尹号贞宪。孙子守道、守贞、守能。守道自己有传。

金史卷七十四

列传第十二

宗　翰

宗翰本名粘没喝，汉语讹为粘罕，国相撒改之长子也。年十七，军中服其勇。乃议伐辽，宗翰与太祖意合。太祖败辽师于境上，获耶律谢十。撒改使宗翰及完颜希尹来贺捷，即称帝为贺。及太宗以下宗室群臣皆劝进，太祖犹谦让。宗翰与阿离合懑、蒲家奴等进曰："若不以时建号，无以系天下心。"太祖意乃决。辽都统耶律讹里朵以二十余万戍边，太祖逆击之，宗翰为右军，大败辽人于达鲁古城。

天辅五年四月，宗翰奏曰："辽主失德，中外离心。我朝兴师，大业既定，而根本弗除，后必为患。今乘其衅，可袭取之。天时人事，不可失也。"太祖然之，即命诸路戒备军事。五月戊戌，射柳，宴群臣。上顾谓宗翰曰："今议西征，汝前后计议多合朕意。宗室中虽有长于汝者，若谋元帅，无以易汝。汝当治兵，以俟师期。"上亲酌酒饮之，且命之醋，解御衣以衣之。群臣言时方暑月，乃止。无何，为移赉勃极烈，副蒲家奴西袭辽帝，不果行。

十一月，宗翰复请曰："诸军久驻，人思自奋，马亦壮健，宜乘此时进取中京。"群臣言时方寒，太祖不听，竟用宗翰策。于是，忽鲁勃极烈杲都统内外诸军，蒲家奴、宗翰、宗幹、宗磐副之，宗峻领合扎猛安，皆受金牌，余睹为向导，取中京实北京。既克中京，宗翰率偏师趋北安州，与娄室、徒单绰里合兵，大败奚王霞末，北安遂降。

宗翰驻军北安，遣希尹经略近地，获辽护卫耶律习泥烈，乃知辽主猎于鸳鸯泺，杀其子晋王敖鲁幹，众益离心，西北、西南两路兵马皆羸弱，不可用。宗翰使耨碗温都、移剌保报都统杲曰："辽主穷迫于山西，犹事畋猎，不恤危亡，自杀其子，臣民失望。攻取之策，幸速见谕。若有异议，此当以偏师讨之。"杲使奔睹与移剌保同来报曰："顷奉诏旨，不令便趋山西，当审详徐议。"当时，宗翰使人报杲，即整众俟兵期。及奔睹至，知杲无意进取，宗翰恐待杲约或失机会，即决策进兵。使称剌保复往报都统曰："初受命虽未令便取山西，亦许便宜从事。辽人可取，其势已见，一失机会，后难图矣。今已进兵，当与大军会于何地，幸以见报。"宗幹劝杲当如宗翰策，杲意乃决，约以奚王岭会议。

宗翰至奚王岭，与都统杲会。杲军出青岭，宗翰军出瓢岭，期于羊城泺会军。宗翰以精兵六千袭辽主，闻辽主自五院司来拒战，宗翰倍道兼行，一宿而至，辽主遁去。乃使希尹等追之。西京复叛，耿守忠以兵五千来救，至城东四十里，蒲察乌烈、谷䤋先击之，斩首千余。宗翰、宗雄、宗幹、宗峻继至，宗翰率麾下自其中冲击之，使余兵去马从旁射之。守忠败走，其众歼焉。宗翰弟扎保迪没于阵。天眷中，赠扎保迪特进云。

宗翰已抚定西路州县部族，谒上于行在所，遂从上取燕京。

燕京平，赐宗翰、希尹、挞懒、耶律余睹金器有差。太祖既以燕京与宋人，还军次鸳鸯泺，不豫，将归京师。以宗翰为都统，昃勃极烈昱、迭勃极烈斡鲁副之，驻军云中。

太宗即位，诏宗翰曰："寄尔以方面，当迁官资者，以便宜除授。"因以空名宣头百道给之。宋人来请割诸城，宗翰报以武、朔二州。宗翰请曰："宋人不归我叛亡，阻绝燕山往来道路，后必败盟，请勿割山西郡县。"太宗曰："先皇帝尝许之矣，当与之。"

诸将获耶律马哥，宗翰归之京师。诏以马七百匹给宗翰军，以田种千石、米七千石赈新附之民。诏曰："新附之民，比及农时，度地以居之。"宗翰请分宗望、挞懒、石古乃精兵讨诸部。诏曰："宗望军不可分，别以精锐五千给之。"宗翰朝太祖陵，入见上，奏曰："先皇帝时，山西、南京诸部汉官，军帅皆得承制除授。今南京皆循旧制，惟山西优以朝命。"诏曰："一用先皇帝燕京所降诏敕从事，卿等度其勤力而迁授之。"

宗翰复奏曰："先皇帝征辽之初，图宋协力夹攻，故许以燕地。宋人既盟之后，请加币以求山西诸镇，先皇帝辞其加币。盟书曰：'无容匿逋逃，诱扰边民。'今宋数路招纳叛亡，厚以恩赏。累疏叛人姓名，索之童贯，尝期以月日，约以誓书，一无所致。盟未期年，今已如此，万世守约，其可望乎？且西鄙未宁，割付山西诸郡，则诸军失屯据之所，将有经略，或难持久，请姑置勿割。"上悉如所请。

上以宗翰破辽，经略夏国奉表称藩，深嘉其功，以马十匹，使宗翰自择二匹，余赐群帅。

及斡鲁奏宋不遣岁币户口事，且将渝盟，不可不备。太宗命宗翰取诸路户籍按籍索之。而阇母再奏宋败盟有状，宗翰、宗望俱请伐宋。于是，谙班勃极烈杲领都元帅，居京师，宗翰为左副元帅，自太原路伐宋。

宗翰发自河阴，遂降朔州，克代州，围太原府。宋河东、陕西军四万救太原，败于汾河之北，杀万余人。宗望自河北趋汴，久不闻问，遂留银术可等围太原，宗翰率师而南。天会四年降定诸县及威胜军，下隆德府实潞州。军至泽州，宋使至军中，始知割三镇讲和事。路允迪以宋割太原诏书来，太原人不受诏。宗翰取文水及盂县，复留银术可围太原。宗翰乃还山西。

宋少帝诱萧仲恭贻书余睹，以兴复辽社稷以动之。萧仲恭献其书，诏复伐宋。八月，宗翰发自西京。九月丙寅，宗翰克太原，执宋经略使张孝纯等。鹘沙虎取平遥，降灵石、介休、孝义诸县。十一月甲子，宗翰自太原趋汴，降威胜军，克隆德府，遂取泽州。撒剌荅等先已破天井关，进逼河阳，破宋兵万人，降其城。宗翰攻怀州，克之。丁亥，渡河。闰月，宗翰至汴，与宗望会兵。宋约画河为界，复请修好。不克和。丙辰，银术可等克汴州。辛酉，宋少帝诣军前，舍青城。十二月癸亥，少帝奏表降。诏元帅府曰："将帅士卒立功者，第其功之高下迁赏之。其殒身行阵，没于王事者，厚恤其家，赐赠官爵务从优厚。"使勖就军中劳赐宗翰、宗望，使皆执其手以劳之。五年四月，以宋二主及其宗族四百七十余人及珪璋、宝印、衮冕、车辂、祭器、大乐、灵台、图书，与大军北还。七月，赐宗翰铁券，除反逆外，余皆不问，赐与甚厚。

宗翰奏河北、河南府镇州县请择前资官良能者任之，以安新民。上遣耶律晖等从宗翰行。诏黄龙府路、南路、东京路于所部各选如耶律晖者遣之。宗翰遂趋洛阳。宋董植以兵至郑州，郑州人复叛。宗翰使诸将击董植军，复取郑州。遂迁洛阳、襄阳、颍昌、汝、郑、均、房、唐、邓、陈、蔡之民于河北，而遣娄室平陕西州郡。是时河东寇盗尚多，宗翰乃分留将士，夹河屯守，而还师山西。昏德公致书"请立赵氏，奉职修贡，民心必喜，万世利也。"宗翰受其书而不答。

康王遣王师正奉表，密以书招诱契丹、汉人。获其书奏之。太宗下诏伐康王。河北诸将欲罢陕西兵，并力南伐。河东诸将不可，曰："陕西与西夏为邻，事重体大，兵不可罢。"宗翰曰："初与夏约夹攻宋人，而夏人弗应。而耶律大石在西北，交通西夏。吾舍陕西而会师河北，彼必谓我有急难。河北不足虞，宜先事陕西，略定五路，既弱西夏，然后取宋。"宗翰盖有意于夏人也。议久不决，奏请于上，上曰："康王构当穷其所往而追之。俟平宋，当立藩辅如张邦昌者。陕右之地，亦未可置而不取。"于是娄室、蒲察帅师，绳果、婆卢火监战，平陕西。银术可守太原，耶律余睹留西京。

宗翰会东军于黎阳津，遂会睿宗于濮。进兵至东平，宋知府权邦彦弃家宵遁，降其城，驻军东平东南五十里。复取徐州。先是，宋人运江、淮金币皆在徐州官库，尽得之，分给诸军。袭庆府来降。宋知济南府刘豫以城降于挞懒。乃遣拔离速、乌林荅泰欲、马五袭康王于扬州，未至百五十里，马五以五百骑先驰至扬州城下。康王闻兵来，已于前一夕渡江矣。于是，康王以书请存赵氏社稷。先是，康王尝致书元帅府，称"大宋皇帝构致书大金元帅帐前"，至是乃贬去大号，自称"宋康王赵构谨致书元帅阁下。"其四月、七月两书皆然。元帅府答其书，招之使降。于是，挞懒、宗弼、拔离速、马五等分道南伐。宗弼之军渡江取建康，入于杭州。康王入海，阿里、蒲卢浑等自明州行海三百里，追之弗及。宗弼乃还。其后宗翰欲用徐文策伐江南，睿宗、宗弼议不合，乃止。语在《刘豫传》。归德叛，都统大㚖里平之。

初，太宗以斜也为谙班勃极烈，天会八年，斜也薨，久虚此位。而熙宗宗峻子，太祖嫡孙，宗幹等不以言太宗，而太宗亦无立熙宗意。宗翰朝京师，谓宗幹曰："储嗣虚位颇久，合刺先帝嫡孙，当立，不早定之，恐授非其人。宗翰日夜未尝忘此。"遂与宗幹、希尹定议，入言于太宗，请之再三。太宗以宗翰等皆大臣，义不可夺，乃从之，遂立熙宗为谙班勃极烈。于是，宗翰为国论右勃极烈，兼都元帅。

熙宗即位，拜太保、尚书令，领三省事，封晋国王。乞致仕，诏不许。天会十四年薨，年五十八。追封周宋国王。正隆二年，例封金源郡王。大定间，改赠秦王，谥桓忠，配享太祖庙廷。

孙秉德、斜哥。秉德别有传。

赞曰：宗翰内能谋国，外能谋敌，决策制胜，有古名将之风。临潢既捷，诸将皆有怠忽之心，而请伐不已。越千里以袭辽主，诸将皆有畏顾之心，而请期不已。观其欲置江、淮，专事陕服，当时无有能识其意者。甫释干戈，敛衽归朝，以定熙宗之位，精诚之发，孰可掩哉？

译文：

宗翰本叫粘没喝，汉语错讹为粘罕，是国相撒改的长子。他年龄十七岁，军队中已经佩服他勇猛。商议讨伐辽国的时候，宗翰与太祖的意见相合。太祖在边境上打败辽的军队，俘获了耶律谢十。撒改派宗翰和完颜希尹来祝贺胜利，就称太祖为皇帝。太宗以下宗室、大臣们都劝太祖称帝的时候，太祖仍然谦让不就。

宗翰与阿离合懑、蒲家奴等进言说："若不及时建立国号，就没有办法维系天下的心了。"太祖才决定即皇帝位。辽国都统耶律讹里朵以二十多万大军守卫边境，太祖迎击他，宗翰为右翼军，在达鲁古城大败辽人。

天辅五年四月，宗翰奏说："辽的君主失去了贤德，里里外外对他都三心二意。我朝举兵，建国大业已经确定了，但根本的敌人还没有拔除，以后一定会成为祸患。现在乘他们来挑衅，可以攻打它而夺取他们的土地。天时人事都有利，不可坐失良机啊。"太祖同意他的看法，马上命令各路备战。五月戊戌，皇上射柳，欢宴群臣。皇上回头对宗翰说："今天议论西征，你前前后后的议论多合乎我的意思。宗室之中虽然有比你年纪大的，倘若选择一个元帅，没有谁可以取代你的。你应当整治军队，等待出兵的日期。"皇上亲自斟酒请他喝，令他一饮而尽，并且脱下御衣给他穿上。大臣们说现在正是大热天气，才不再给穿了。不久，宗翰担任移赉勃极烈，作为蒲家奴的副手西行打击辽国皇帝，但是没能成行。

十一月，宗翰又请求说："各军长期屯驻，人人都想自己参加战斗，马匹也壮健，应该乘这个时候进兵攻取中京。"大臣们说天气正冷，太祖不听这些话，毅然采用了宗翰的建议。于是，忽鲁勃极烈杲都统内外各军，蒲家奴、宗翰、宗干、宗磐为副手，宗峻率领合扎猛安，都领受了金牌，余睹为向导，取中京即北京。攻下中京之后，宗翰率领偏师去北安州，与娄室、徒单绰里合兵，大败奚王霞末，于是北安州投降。

宗翰驻扎军队在北安州，派遣希尹经营附近各地，俘获了辽的护卫耶律习泥烈，才知道辽帝在鸳鸯泺游猎，杀了他的儿子晋王敖鲁斡，众人越发离心，西北、西南两路兵马都是老弱病残，不能使用。宗翰派耨碗温都、移剌保报告给都统杲说："辽帝在山西走投无路，仍然以狩猎为事，不忧患危亡，自己杀了自己的儿子，老百姓大失所望。攻取的策略，希望从速见告。若有不同意见，我在这里作为偏师去讨伐他。"杲派奔睹与移剌保同来报告说："刚才接到皇帝的指示，不让马上进军山西，应当详细考核慢慢议定。"当时，宗翰派人向杲报告的时候，就已经整顿军队等待出兵的日期了。等到奔睹前来，知道杲没有意思进取，宗翰怕等待与杲相约可能失去机会，即决定单独进兵。他派移剌保又前往报告都统说："当初领受命令虽然没有让乘机攻取山西，但也许可不待请命而自决行事。辽人可以获取，这个形势已经看得见，一旦失去机会，以后便难打他的主意了。现在我已经进兵，应当与大军会合在什么地方，希望见告。"宗幹劝杲应当同意宗翰的决策，杲才下定决心，约在奚王岭会合商议。

宗翰到了奚王岭，与都统杲会合。杲的军队出青岭，宗翰的军队出瓢岭，预计在羊城泺会合。宗翰用精兵六千人袭击辽君。听说辽君从五院司来拒战，宗翰加快一倍的速度昼夜兼行，一夜便到了五院司，辽君逃跑了。于是派希尹等追赶他。西京又叛乱，耿守忠用五千兵来救援辽君，行至城东四十里，蒲察乌烈、谷赦率先迎击，斩首耿守忠一千多人。宗翰、宋雄、宗幹、宗峻相继来到，宗翰率领部下从中间冲击耿守忠的部队，让其余的士兵下马用箭从旁边射杀，耿守忠大败而逃，他的军队被歼灭了。宗翰的弟弟扎保迪战死。天眷年间，赠扎保迪为特进。

宗翰已经安抚平定了西路的州县部族，在行在拜见皇帝，于是跟从皇上攻取燕京。燕京平定之后，皇上赐给宗翰、希尹、挞懒、耶律余睹金质器具若干。太祖已经把燕京给了宋人,还军到鸳鸯泺,感到不舒服,准备回京师。任命宗翰为都统,戾勃极烈昱、迭勃极烈斡鲁为他的副手,驻军在云中。

太宗即位,下令给宗翰说:"托付你独当一面,应当有升官资格的,你不用请命即可授予官爵。"因而给了他空名宣头一百道。宋人来请求割让几个城池,宗翰答应给予武、朔二州。宗翰请求皇上说:"宋人不还我叛逃的人,阻碍断绝燕山往来的道路,以后必然毁弃盟约,请不要割让山西的郡县。"太宗说:"先皇帝曾经答应的,应当给他们。"

有几个将领俘获了耶律马哥,宗翰把他送到京师。皇帝下令给宗翰的军队马七百匹,给田种一千石、米七千石赈济新归附的百姓。命令说:"新归附的百姓,等到耕种之时,划分土地以便他们居住。"宗翰请求分宗望、挞懒、石古乃的精兵讨伐各部。皇帝下令说:"宗望的军队不可分割,另外以精锐的士卒五千给你。"宗翰朝拜太祖的陵墓,入见皇上,奏说:"先皇帝在时,山西、南京各部的汉族官吏,军帅都可以按照规定授予官爵。现在南京都遵循着旧的规定,只有山西需要朝廷的任命。"皇帝下令说:"全部遵用先皇帝在燕京所下的诏书从事,你等可根据他们勤奋出力的情况而迁升授官。"

宗翰又奏说:"先皇帝征讨辽国之初,为了希望宋与我们协力夹攻,所以答应给他们燕地。宋人与我们结盟之后,请求增加钱币以求换取山西若干城镇。先皇帝推却了他们所增加的钱币。盟书上说:'不许容纳藏匿逃亡的人,引诱骚扰边境的百姓。'现今宋朝好几路都招纳叛逃亡命,优厚地给予赏赐。我们多次向宋朝通报叛逃人的姓名,向童贯索取,曾经限定月日,用誓书约束,结果一个叛亡的人都没送来。结盟还没到一年,现在已经成这个样子，说什么万世遵守盟约，那可有指望吗？况且西部边境并未安宁，割去山西各郡，各军就失去了驻扎之地，一旦有经营规划，可能很难持久，请求姑且搁置不要割让。"皇上全部同意了这些请求。

皇上因为宗翰打败辽国，经营夏国使其奉表自称藩属，深深地赞美他的功劳，拿出马十匹，让宗翰自己选择两匹，其余的赏赐给其他军帅。

斡鲁奏告宋朝不发运每年应贡给的财物及人口，并且将要背弃盟约，提出不可不作防备。太宗命令宗翰拿着各路的户口册按所登记索取。而阇母再一次奏称有迹象表明宋朝败坏盟约，宗翰、宗望就一起请求讨伐宋朝。于是，谙班勃极烈杲领衔都元帅，留居京师，宗翰为左副元帅，从太原路讨伐宋朝。

宗翰从河阴出发，降服朔州，攻克代州，包围了太原府。宋朝河东、陕西的军队四万援救太原，在汾河之北战败，被杀了一万多人。宗望从河北直下汴京，很久没有消息，于是留下银术可等包围太原，宗翰率领部队向南进发。天会四年征服平定了若干县和威胜军，拿下了隆德府即潞州。军队到了泽州，宋派使臣来到了军队中，才知道割让三镇讲和的事。路允迪接到宋朝割让太原的诏书，但是太原人不接受这个诏令。宗翰拿下文水及盂县，再次留银术可包围太原，宗翰才回到山西。

宋少帝引诱萧仲恭写信给余睹，用复兴辽的天下为理由来打动他。萧仲恭呈上了这封信，皇帝下令重新讨伐宋朝。八月，宗翰从西京出发。九月丙寅，宗翰攻克太原，俘获宋朝经略使张孝纯等。鹘沙虎攻取平遥，降服灵石、介休、孝义各县。十一月甲子，宗翰从太原直奔汴京，他降服了威胜军，攻克隆德府，取得了泽州。撒剌答等在此之前已攻破了天井关，进兵逼迫河阳，打败了宋兵一万多人,降服了这座城池。宗翰攻克了怀州。丁亥,渡黄河。闰月,宗翰到达汴京,与宗望会兵。宋朝约定划黄河为界限,重新请求和好。结果没有能够和解。丙辰,银术可等攻克汴州。辛酉,宋少帝来到军前,住在青城。十二月癸亥,少帝上奏表投降。皇帝下令元帅府说:"将帅和士卒立功的人,按照各自功劳高下迁官或予以奖励。死在战场,为王家之事而献身的,优厚抚恤他们的家,赐赠官爵一定要从优从厚。"皇帝派完颜勖到军队中慰劳赏赐宗翰、宗望,指令他执握他们的手以表示慰劳。五年四月,宗翰押送宋朝的两位君主及其宗族四百七十多人及皂璋、宝印、衮冕、车辂、祭器、大乐、灵台、图书,与大军一道北还。七月,皇帝赏赐宗翰铁券,除反叛的罪以外,其他罪行都不过问,赏赐他特别丰厚。

  宗翰上奏说:河北、河东的府、镇、州、县请求选择以前所用官员中真正能干的加以任用,以安抚新归服的百姓。皇上派遣耶律晖等跟从宗翰一起前往执行。皇帝下令黄龙府路、南路、东京路,各选择如耶律晖这样的人派遣给宗翰。于是,宗翰奔赴洛阳。宋朝的董植将兵到郑州,郑州人重新反叛。宗翰使各将领袭击董植的军队,又攻取了郑州。于是迁移洛阳、襄阳、颖昌、汝州、郑州、均州、房州、唐州、邓州、陈州、蔡州的老百姓到河北,又派遣娄室平定陕西的州郡。当时河东的流寇盗贼还不少,宗翰分别留下将领和士兵,夹着黄河两岸屯驻守卫,自己还军山西。昏德公给宗翰写信,"请求立赵氏为帝,让他恭恭敬敬尽职整治贡献的物品,老百姓的心必定喜欢,这是万世的大利啊"。宗翰接受了这封信但没有作答。

  宋康王派遣王师正带着他的命令,秘密以书信招诱契丹和汉人。金人得到了他写的书信上奏了皇帝。太宗下令讨伐康王。河北各将领打算停止对陕西用兵,合并力量南伐。河东各将领以为不可,说:"陕西和西夏接邻,事体重大,用兵不可停止。"宗翰说:"当初与夏人相约夹攻宋人,而夏人不答应。然而耶律大石在西北,却与夏人相往来。我们舍掉陕西而会师于河北,他们必然说我们有急难的事。河北不足忧虑,应该先从事于陕西,经营平定五路,既已削弱西夏,然后夺取宋朝。"宗翰大概是有意于夏人。议论久久没有结论,上奏于皇上,皇上说:"应当穷追康王赵构。等到平定了宋朝,应当立一个藩辅属国如同张邦昌那样的人。陕右的土地,也不可放置而不夺取。"于是娄室、薄察统帅军队,绳果、婆卢火监战,平定陕西。银术可守卫太原,耶律余睹留在西京。

宗翰在黎阳津会合东军,在濮地会见了睿宗。宗翰进兵到东平,宋朝知府权邦彦丢弃了家属乘夜逃跑了。宗翰降服了这座城,驻军在东平南五十里处。又攻取徐州。在这之前,宋人搬运江、淮地区的金币都藏在徐州官库。宗翰全部得到了这些金币,把它分配给各军。袭庆府来投降。宋知济南府刘豫向挞懒投降。于是派遣拔离速、乌林答泰欲、马五到扬州袭击康王。还没有走到一百五十里,马五带领五百骑兵已率先奔驰到了扬州城下。康王听说大军到来,已于前一天晚上渡江了。在这种情况下,康王写信请求保存赵氏的天下。在这之前,康王曾写信给元帅府,称"大宋皇帝构致书大金元帅帐前",到了现在则贬去了称帝的大号,自称"宋康王赵构谨致书元帅阁下"。他四月、七月的两封书信都这样称谓。元帅府回答他的书信,招他投降。于是,挞懒、宗弼、拔离速、马五等分道向南征讨。宗弼的军队渡长江攻取建康,进入杭州。康王进入大海,阿里、薄卢浑等从明州在海上行进了三百里,没有追上。于是,宗弼返回。以后宗翰想用徐文的策略讨伐江南，与睿宗、宗弼议论不相合，才停止了，这话记载在《刘豫传》中。归德反叛，都统大㐲里平定了它。

当初，太宗让斜也担任谙班勃极烈，天会八年，斜也去世，这个位置就久久空着。熙宗是宗峻的儿子，太祖正室所生的孙子，宗幹等人不跟太宗谈论这事，太宗也没有立熙宗为皇位继承者的意思。宗翰在京师朝见皇帝，告诉宗幹说："皇位继承人的位置空虚得太久了，合剌是先皇帝正室所生的孙子，应当立为继承人，不早确定了，恐怕此位会授给不应得到的人。宗翰白天黑夜未曾忘了这件事。"于是他与宗幹、希尹商定议论，入宫向太宗进言，请求再三。太宗因为宗翰等都是大臣，理由正当，不能不同意，就听从了他们的意见，乃立熙宗为谙班勃极烈。于是，宗翰担任了国论右勃极烈，兼都元帅。

熙宗即位，拜任宗翰为太保、尚书令、领三省事，封为晋国王。宗翰请求退休，皇帝下诏不许可。宗翰天会十四年去世，享年五十八岁。追封他为周宋国王。正隆二年，按规定封宗翰为金源郡王。大定年间，改赠官为秦王，谥号称桓忠，陪位于太祖庙享受祭祀。

孙子秉德、斜哥。秉德另外有传。

评论说：宗翰内能筹划国事，外能谋取敌人，决策制胜，有古代名将的气派。取得了临潢胜利之后，各将领都有懒惰轻忽的心，宗翰却请求讨伐不罢休，奔越千里去袭击辽的君主，各将领都有畏惧顾忌之心，而宗翰请求确定日期不罢休。观察他想搁置江、淮之事，专心从事征服陕西，当时没有能认识他的意图的。刚刚放下武器，恭恭敬敬地回到朝中，便确定了熙宗的地位，这些真心诚意的举动，谁可以掩盖呢！

宗　望

宗望本名斡鲁补，又作斡离不，太祖第二子也。每从太祖征伐，常在左右。

都统杲已克中京，宗翰在北安州，获辽护卫习泥烈，知辽主在鸳鸯泺，宗翰请袭之。杲出青岭，辽兵三百余掠降人家赀。宗望曰："若生致此辈，可审得辽主所在虚实。"遂与宗弼率百骑进。骑多罢乏，独与马和尚逐越卢孛古、野里斯等，留一骑趣后军，即驰击败之，生擒五人。因审辽主尚在鸳鸯泺未去无疑也，于是进兵。宗翰倍道兼行，追辽主于五院司，不及。娄室等追之至白水泺，辽主走阴山。辽秦晋国王捏里自立于燕京。新降州部，人心不固，杲使宗望请太祖临军。

宗望至京师，百官入贺。上曰："宗望与十余骑经涉兵寇数千里，可嘉也。"上宴群臣，欢甚。宗望奏曰："今云中新定，诸路辽兵尚数万，辽主尚在阴山、天德之间，而捏里自立于燕京，新降之民，其心未固，是以诸将望陛下幸军中也。"上曰："悬军远伐，授以成算，岂能尽合机事。朕以六月朔启行。"既次大泺西南，杲使希尹奏请徙西南招讨司诸部于内地。上顾谓群臣曰："徙诸部人当出何路？"宗望对曰："中京残弊，刍粮不给，由上京为宜。然新降之人，遽尔骚动，未降者必皆疑惧。劳师害人，所失多矣。"上京谓临潢府也。上乃下其议，命军帅度宜行之。

上闻辽主在大鱼泺，自将精兵万人袭之。蒲家奴、宗望率兵四千为前锋，昼夜兼行，马多乏，追及辽主于石辇驿，军士至者才千人，辽军余二万五千。方治营垒，蒲家奴与诸将议。余睹曰："我军未集，人马疲剧，未可战。"宗望曰："今追及辽主而不亟战，日入而遁，则无及。"遂战，短兵接，辽兵围之数重，士皆殊死战。辽主谓宗望兵少必败，遂与嫔御皆自高阜下平地观战。余睹示诸将曰："此辽主麾盖也。若萃而薄之，可以得志。"骑兵驰赴之，辽主望见大惊，即遁去，辽兵遂溃。宗望等还。上曰："辽主去不远，亟追之。"宗望以骑兵千余追之，蒲家奴为后继。

太祖已定燕京，斡鲁为都统，宗望副之，袭辽主于阴山、青塚之间。宗望、娄室、银术可以三千军分路袭之。将至青塚，遇泥泞，众不能进。宗望与当海四骑以绳系辽都统林牙大石，使为向导，直至辽主营。时辽主往应州，其嫔御诸女见敌兵奄至惊骇欲奔，命骑下执之。有顷，后军至。辽太叔胡卢瓦妃，国王捏里次妃，辽汉夫人，并其子秦王、许王，女骨欲、余里衍、斡里衍、大奥野、次奥野，赵王妃斡里衍，招讨迪六，详稳六斤，节度使孛迭、赤狗儿皆降。得车万余乘，惟梁王雅里及其长女乘军乱亡去。娄室、银术可获其左右舆帐。进至扫里门，为书以招辽主。

辽主自金城来，知其族属皆见俘，率兵五千余决战。宗望以千兵击败之。辽主相去百步，遁去。获其子赵王习泥烈及传国玺。追二十余里，尽得其从马，而照里、特末、胡巴鲁、背苔别获牧马万四千匹、车八千乘。及献传国玺于行在，太祖曰："此群臣之功也。"遂置玺于怀中，东面恭谢天地，乃大录诸帅功，加赏焉。

辽主乃使谋卢瓦持兔钮金印请降。宗望受之，视其文，乃"元帅燕国王之印"也。宗望复以书招之，谕以石晋北迁事。遂使使谕夏国，示以和好，所以沮疑其救辽之心也。宗望趋天德，辽耶律慎思降。及候人吴十回，皆言夏国迎护辽主度大河矣。宗望乃传檄夏国曰："果欲附我，当如前谕，执送辽主。若犹疑贰，恐有后悔。"及辽秦王等以俘见太祖，太祖嘉宗望功，以辽蜀国公主余里衍赐之。

阇母与张觉战，大败于兔耳山。上使宗望问状，就以阇母军讨张觉，降濒海郡县。遂与觉战于南京城东。觉败，宵遁奔宋，语在《觉传》。城中人执觉父及其二子来献，宗望杀之。使以诏书宣谕城中张敦固等出降。使使与敦固俱入城收兵仗。城中人杀使者，立敦固为都统，劫府库，掠居民，乘城拒守。太宗赏破张觉功及有功将士各有差。

初，张觉奔宋，入于燕京，宗望责宋人纳叛人，且征军粮。久不闻问，宗望欲移书督之，请空名宣头千道，增信牌，安抚新降之民。诏以"新附长吏职员仍旧。已命诸路转输军粮，勿督于宋。给银牌十、空名宣头五十道。及迁、润、来、隰四州人徙于沸州者，俟毕农各复其业。"乃诏咸州输粟宗望军。

张敦固以兵八千分四队出战，大败。宗望再三开谕，敦固等曰："屡尝拒战，不敢遽降。"宗望许其望阙遥拜。敦固乃开其一门。宗望使阇母奏其事，乃下诏赦南京官民，大小罪皆释之，官职如旧。别敕有司轻徭赋、劝稼穑，疆埸之事，一决于宗望。又曰："议索张觉及逋亡户口于宋。闻比岁不登，若如旧征敛，恐民匮乏，度其粮数赋之。射粮军愿为民者，使复田里。小大之事关白军帅，无得专达朝廷。"诏宗望曰："选勋贤及有民望者为南京留守，及诸阙员，仍具姓名官阶以闻。"是时，迁、润、来、隰四州之民保山寨者甚众，宗望乞选良吏招抚。上从之。

上召宗望赴阙，而阇母克南京，兵执伪都统张敦固杀之，南京平。赴京师。于是，宗翰请无割山西地与宋，斡鲁亦言之。阇母论奏宋渝盟有验，不可不备。及宗望还军，上曰："征岁币于宋，以银二十万两、绢三十万匹分赐尔军及六部东京诸军。"宗望至军，宋兵三千自海道来，破九寨，杀马城县戍将节度使度卢斡，取其银牌兵仗及马而去。宗望索户口，宋人弗遣，且闻童贯、郭药师治军燕山。宗望奏请伐宋曰："苟不先之，恐为后患。"宗翰亦以为言。故伐宋之策，宗望实启之。

宗望为南京路都统，阇母副之，自燕山路伐宋。宗望奏曰："阇母于臣为叔父，请以阇母为都统，臣监战事。"上从之。以宗望监阇母、刘彦宗两军战事。宗望至三河，破郭药师兵四万五千于白河，蒲苋败宋兵三千于古北口，郭药师降。遂取燕山府，尽收其军实，马万匹、甲胄五万、兵七万，州县悉平。宋中山戍将王彦、刘璧率兵二千来降。蒲察、绳果以三百骑遇中山三万人于厄隘之地，力战，死之。术烈速、活里改军继至，杀二万余人。宗望破宋真定兵五千人，遂克信德府，次邯郸。宋李邺请修旧好。宗望留军中不遣。

自郭药师降，益知宋之虚实。宗望请以为燕京留守。及董才降，益知宋之地里。宗望请任以军事。太宗俱赐姓完颜氏，皆给以金牌。

四年正月己巳，诸军渡河，取滑州。使吴孝民入汴，以诏书问纳平州张觉事，令执送童贯、谭稹、詹度，以黄河为界，纳质奉贡。癸酉，诸军围汴。宋少帝请为伯侄国，效质纳地，增岁币请和。遂割太原、中山、河间三镇，书用伯侄礼，以康王构、太宰张邦昌为质。沈晦以誓书、三镇地图至军中，岁币割地一依定约，语在宋事中。

二月丁酉朔，与宋平，退军孟阳。是夜，姚平仲兵四十万来袭。候骑觉之，分遣诸将迎击，大破平仲军，复进攻汴城，问举兵之状。少帝大恐，使宇文虚中来辨曰："初不知其事，且将加罪其人。"宗望辍弗攻，改肃王枢为质，康王构遣归。师还，河北两镇不下，遂分兵讨之。

宗望罢常胜军，给还燕人田业，命将士分屯安肃、雄、霸、广信之境。宗望还山西。未几，为右副元帅，有功将士迁赏有差。

顷之，宋少帝以书诱余睹，萧仲恭献其书，诏复伐宋。八月，宗望会诸将，发自保州。耶律铎破敌兵三万于雄州，杀万余人。那野败宋军七千于中山。高六、董才破宋兵三千于广信。宋种师闵军四万人驻井陉，宗望大破之，遂取天威军。东还，遂克真定，杀知府李邈，得户三万，降五县。遂自真定趋汴。

十一月戊辰，宗望至河上，降魏县。诸军渡河，留诸将分出大名之境。降临河县，至大名县，德清军、开德府，皆克之。阿里刮以骑兵三千先趋汴，破宋军六千于路。取胙城，抵汴城下，覆宋兵千人，擒数将。宗望至汴，分遣诸将遏宋援兵，奔睹、那野、赛剌、台实连破宋援兵。闰月壬辰朔，宋兵一万出自汴城来战。宗望选劲勇五千，使当海、忽鲁、雏鹘失击败之。癸巳，宗翰自太原会军于汴。丙辰，克汴州。辛酉，宋少帝诣军前。十二月癸亥，宋帝奉表降。上使劬就军中劳赐宗翰、宗望，使皆执其手以劳之。五年四月，以宋二主及其宗族四百七十余人，及珪璋、宝印、衮冕、车辂、祭器、大乐、灵台、图书，与大军北还。

宗望乃分诸将镇守河北。董才降广信军及旁近县镇。宗望乃西上凉陉。诏宗望曰："自河之北，今既分画，重念其民见城邑有被残者，遂阻命坚守，其申谕招辑安全之。倘坚执不移，自当致讨。若诸军敢利于俘掠，辄肆毁荡者，当底于罚。"

是月，宗望薨。天会十三年，封魏王。皇统三年，进许国王，又徙封晋国王。天德二年，赠太师，加辽燕国王，配享太宗庙廷。正隆二年，例降封。大定三年，改封宋王，谥桓肃。子齐、京、文。

赞曰：宗望启行平州，战胜白河，席卷而南，风行电举，兵无留难，再阅月而汴京围矣。所为敌不能与校者耶？既取信德，留兵守之，以为后距，此岂轻者耶？《管子》曰："径于绝地，攻于恃固，独出独入，而莫之能止。"其宗望之谓乎？

译文：

宗望本叫斡鲁补，又叫斡离不，是太祖的第二个儿子。每次跟从太祖征伐，都经常在太祖左右。

都统杲已攻克中京，宗翰在北安州、俘获辽的护卫习泥烈，知道辽的君主在鸳鸯泺，宗翰请求袭击他。杲出兵青岭，辽兵有三百多人抢夺投降人的家财。宗望说："若活捉这些人，可审问得到辽帝所在地的虚实。"于是与宗弼率领一百名骑兵前进。骑兵大都疲乏，宗望独自与马和尚追逐越卢孛古、野里斯等，留下一名骑兵催促后面的军队，随即奔驰向前，打败了辽兵，活捉了五个人。经过审问得知辽帝还在鸳鸯泺没有离开是确定无疑的，于是向前进兵。宗翰加倍昼夜兼行，追到五院司这个地方，没有追上辽主。娄室等追到了白水泺，辽君主逃往阴山。辽朝秦晋国王捏里在燕京自称皇帝。新投降的州部，人心不稳固，杲派遣宗望请求太祖亲临军队。

宗望到京师，百官入宫祝贺。皇上说："宗望与十几个骑兵深入敌后好几千里，应当嘉奖啊。"皇上宴请群臣，特别欢快。宗望上奏说："现今云中刚刚平定，各路辽兵还有好几万，辽的君主尚在阴山和天德之间，而捏里又在燕京自称皇帝，新降服的百姓，人心尚未稳固，所以各将领希望皇帝陛下亲自到军队中来。"皇帝说："调发军队远征，授以预定的计划，怎能全部符合瞬息万变的情况？我将在六月初一启程。"皇帝启程之后，在大泺西南住宿，吴派希尹奏请迁移西南招讨司各部到内地去。皇上四顾对群臣说："迁移各部百姓应当走哪条路？"宗望回答说："中京残破凋敝，粮草难以供给，从上京走为适当。然而新投降的人，让他们匆忙地行动，未降服的人必定都会怀疑害怕。劳苦了军队而遗害别人，所损失得太多了。"上京即所谓临潢府。于是，皇上下达他的建议，让军帅们相机行事。

皇上听说辽的君主在大鱼泺，就亲自率领精兵一万人袭击他。蒲家奴、宗望率领兵将四千人为前锋，昼夜兼行，马多疲乏，在石辇驿追上了辽的君主，士兵到达的才一千来人，辽军剩下的有二万五千多人。我军刚刚整治营垒，蒲家奴就与各将领开会。余睹说："我军还没有全到，人马疲乏得厉害，不能打。"宗望说："今天追上了辽的君主而不抓紧打，日落之后他逃跑了，我们就失去了时机。"于是决定开战。短兵相接，辽兵把我军包围了好几层，士兵都尽死力战斗。辽君主以为宗望的兵少肯定要战败，就与嫔妃都从高土山上下到平地观看战斗。余睹指示各将官说："这就是辽帝的麾盖，若集中兵力逼近他，就可以如愿。"于是骑兵奔驰趋向辽帝，辽帝看见了大为惊慌，立刻逃走，于是辽兵被击溃。宗望等回来，皇上说："辽君主跑不了多远，赶紧追他。"宗望用骑兵一千多追赶，蒲家奴在后面接应。

太祖已平定了燕京，斡鲁为都统，宗望为他的副手，在阴山和青昉之间追袭辽帝。宗望、娄室、银术可用三千军队分路追击。将要到青昉，遇到泥泞，不能前进。宗望与当海四匹马以绳捆着辽都统林牙大石，让他当向导，一直到了辽君主的营地。当时，辽君主逃往应州，他的嫔妃、女儿们看见敌兵忽然来到，惊怕得想逃跑，宗望命令手下的骑兵俘捉了她们。过了一会儿，后面的军队赶到。辽太叔胡卢瓦的妃子、国王捏里的次妃、辽汉夫人，连同他的儿子秦王、许王，女儿骨欲、余里衍、斡里衍、大奥野、次奥野、赵王的妃子斡里衍，招讨迪六，详稳六斤，节度使孛迭、赤狗儿都全部投降。得到车辆一万多乘，只有梁王雅里及他的长女乘军乱的时候逃跑了。娄室、银术可获得了他的左右车帐。前进到扫里门，宗望写书信招降辽主。

辽的君主从金城来，知道他的亲族家属都被俘虏，率兵五千多以决胜负。宗望用一千多兵打败了他。宗望与辽主相隔只有一百来步，结果还是让他逃跑了，只抓获了他的儿子赵王习泥烈，得到了辽国的传国玺。宗望追赶了二十多里，全部得到了他的跟从马匹，而照里、特末、胡巴鲁、背答又另外获得放牧的马一万四千匹，车辆八千乘。当宗望在皇帝的行在奉献传国玺的时候，太祖说："这是各大臣的功劳啊。"于是把玺放在怀中，面朝东肃敬地感谢天地，于是广泛登录各将帅的功劳，给予奖赏。

辽君主这才派遣谋卢瓦拿着兔钮金印来请求投降。宗望接受了金印，看它的文字，则是"元帅燕国王之印"。宗望重新写书信招降他，晓谕以石晋北迁之事。于是派遣使者晓谕夏国，显示已经金夏和好，以此来消除他援救辽国的疑虑。宗望奔赴天德，辽国耶律慎思投降。等到侦探人员吴十回来，都说夏国迎接保护辽君主渡过黄河了，于是宗望用文书传布夏国说："果真想归服于我，应当如我以前所开谕的那样，拘捕辽主并且把他送来。若还在疑惑并有二心，恐怕有你后悔的。"辽秦王等以俘虏身份朝见太祖的时候，太祖赞赏宗望的功劳，把辽蜀国公主余里衍赏赐给了他。

阇母与张觉交战,大败于兔耳山。皇上派宗望去询问情况,他就用阇母的军队讨伐张觉,降服了临海的郡县。于是与张觉在南京城东会战。张觉被打败,连夜逃跑投奔了宋朝,这事记载在《张觉传》中。南京城里的人拘捕了张觉的父亲和他的两个儿子来贡献,宗望杀了他们。宗望使人用皇帝诏书宣示开谕城中,张敦固等出城投降。宗望派使者与张敦固一起进城去收缴各类武器,城里的人杀了使者,拥立张敦固为都统,抢劫公家的仓库,掠夺平民百姓,凭城固守。太宗按等级分别赏赐了宗望打败张觉的功劳及有功的将士。

当初,张觉投奔宋朝,进入燕京,宗望谴责宋人招纳叛逃之人,并且征收军粮。很久没有回音,宗望想发文书催促他们,请求空名宣头一千道,增加信牌,用来安抚新归降的百姓。皇帝下令:"新归服的各级官吏和在职人员一仍其旧。已命令各路转运输送军粮,不要催促宋人。给了银牌十个和空名宣道五十道。连带迁、润、来、隰四州的人迁移到沸州的,等到耕获完毕恢复他们各人的本行。"于是又下令咸州运送粮食给宗望的军队。

张敦固把士兵八千人分为四队出来交战,结果大败。宗望再三开导他,张敦固等说:"我曾多次抵抗,不敢匆忙投降。"宗望答应他望官阙遥遥跪拜,张敦固才打开了一道城门。宗望派阇母奏禀这件事,于是皇帝下令赦免南京的官吏百姓,大小罪过都免了,官职照旧不变。另又下令有关衙署减轻徭役赋税、劝勉种田,边境的事,全部取决于宗望。又说:"商议向宋朝索取张觉及逃亡的人户。听说近年不丰收,倘若照以前那样征收,恐怕老百姓会枯竭贫乏,要衡量他们的粮食数目收取赋税。射粮军愿意为老百姓的,可以让他们回到乡里。小事大事只陈请军帅,不用专门上达朝廷。"下令宗望说:"选择有功劳、贤德以及有民望的人为南京留守,至于所阙名额,仍需开具姓名、官阶报闻。"这时候,迁、润、来、隰四州的百姓保卫山寨的特别多,宗望请求选择好的官吏招抚。皇上答应了这个要求。

皇上召宗望到朝廷。这时阇母攻克了南京,士兵抓到了伪都统张敦固杀了,南京已经平定,他也奔赴京师。在这种情况下,宗翰请求不要割让山西的地方给宋朝,斡鲁也谈了这个问题。斜母上奏论说宋方背弃盟约已有证据,不可以不防备。等到宗望撤回军队,皇上说:"向宋征讨每年的贡物,用银二十万两、绢三十万匹分赐给你的军队以及六部东京的各军。"宗望到了部队,宋兵三千人从海道上来,攻破了九个寨子,杀了马城县守将节度使度卢斡,夺取他的银牌、武器以及马跑了。宗望索取户口,宋人不送遣,而且听说童贯、郭药师在燕山整治军队。宗望上奏请求讨伐宋朝说:"假如不先发制人,恐怕将成为以后的祸患。"宗翰也这么说。所以讨伐宋朝的决策,宗望实际上是首倡的人。

宗望任南京路都统,阇母是他的副手,从燕山路讨伐宋朝。宗望上奏说:"阇母是臣下的叔父,请求以阇母为都统,臣下监督战事。"皇上听从,以宗望监督阇母、刘彦宗两军的战事。宗望到三河,在白河打破郭药师的军队四万五千人,蒲苋在古北口打败宋兵三千人,郭药师投降。于是攻取燕山府,全部缴获了那里存放的军用物资,马一万匹、甲胄五万套、武器七万件,州县全部平定。宋朝中山府守将王彦、刘璧率领军队两千人来投降。蒲察、绳果带领三百骑兵在险要狭窄的地方遭逢中山府兵三万人,尽力而战,结果全部战死。术烈速、活里改的军队接着来到,杀死两万多人。宗望打破了宋真定府的兵五千人,于是攻克信德府,驻军邯郸。宋朝李邺请求重修旧好,宗望把他留在军队中不遣送回去。

自从郭药师投降,越发知道了宋朝的虚实。宗望请求以他为燕京留守。等到董才投降,就更了解宋朝的地理情况。宗望请求在军队中任用他。太宗都赐姓完颜氏,都给了金牌。

四年正月乙巳,各军渡黄河,攻取滑州。派吴孝民去汴京,用皇帝的诏书责问宋朝接纳平州张觉的事,命令拘捕童贯、谭稹、詹度送来,以黄河为界限,交纳人质呈奉贡献。癸酉,各军包围汴京。宋少帝请求与我为伯侄关系的国家,奉献人质捐送土地,增加岁币请求讲和。于是宋割让太原、中山、河间三镇,文书用伯侄之礼,以康王赵构、太宰张邦昌为人质。沈晦带誓书和三镇地图来到军队中,岁币和割地全部依照所定的和约,这事在所记宋事之中。

二月丁酉初一,与宋和解,退军到孟阳。当天夜里,姚平仲的军队四十万人来袭击。侦探的骑兵发觉了,分别派遣各将领迎战,大破平仲的军队,重新进攻汴城,责问举兵的罪状。少帝大为恐慌,派宇文虚中来辩解说:"当初不知道这件事,而且将治这个人的罪。"宗望停止进攻,改肃王赵枢为人质,把康王赵构遣送回去。军队撤退回来的时候,河北的两镇不投降,于是分兵征讨他们。

宗望罢除常胜军,给还燕人的土地产业,命令将官和士兵分别驻守在安肃州、雄州、霸州、广信军的边境上。宗望回到山西。不久,任右副元帅,有功的将领和士兵根据各人情况都得到了迁官或赏赐。

没过多久,宋少帝用书信引诱余睹,萧仲恭呈献了这封书信,皇帝下令重新讨伐宋朝。八月,宗望会合各将领,从保州出发。耶律铎在雄州大破敌兵三万人，斩杀一万多人。那野在中山打败宋军七千人。高六、董才在广信打败宋兵三千人。宋种师闵的军队四万人驻扎在井陉，宗望彻底击溃了他们，夺取了天威军。宗望向东回军，于是攻克真定，杀死知府李邈，得到人户三万，降服了五县，于是从真定奔赴汴京。

十一月戊辰，宗望到了黄河，降服魏县。各军渡黄河，留下一些将官分别由大名的边境进击。降服临河县，到了大名县，德清军、开德府，都攻克了。阿里刮以骑兵三千先行奔赴汴京，在途中击溃宋军六千人。夺取胙城，抵达汴京城下，掩杀宋兵一千来人，捉拿了好几名将领。宗望到了汴京，分别派遣各将领遏制宋的救援军队，奔睹、那野、赛剌、台实连连打败的援兵。闰月壬辰初一，宋兵一万人出自汴京来拒战。宗望选了坚强勇猛的士兵五千人，派当海、忽鲁，雏鹘失打败了他们。癸巳，宗翰从太原到汴京会师。丙辰，攻克汴京。辛酉，宋少帝到军前拜见。十二月癸亥，宋皇帝上表投降。皇上使完颜勖到军队中慰劳赏赐宗翰、宗望，让他都拉着他们手以示慰劳他们。五年四月，带着宋二帝及其宗族四百七十多人，及皂璋、宝印、衮冕、车辂，祭器、大乐、灵台、图书，与大军一起北还。

宗望分配各将领镇守河北。董才降服了广信军及附近的县镇。宗望则西上凉陉。皇上下令宗望说："自黄河以北，现在既然已经分划，特别想到那里的百姓看见城镇有被残破的，于是拒绝命令而坚决守卫，遇到这种情况要再三开谕招引并安定、保全他们。倘若坚定不移，自然应当加以讨伐。假如各军敢于贪图抓人和掠夺，总是大肆毁坏洗劫的，应当予以惩罚。"

这个月，宗望去世。天会十三年，封为魏王。皇统三年，进封为许国王，又移封晋国王。天德二年，赠官太师，加封辽燕国王，陪位在太宗庙分享祭祀。正隆二年，按例降低封爵。大定三年，改封为宋王，谥号叫桓肃。他有儿子名叫齐、京、文。

评论：宗望从平州出发，在白河打了胜仗，席卷向南，风行电举，兵没有阻挡得住的困难，过了一个月汴京就被包围了。这就是所说的敌人不能和他较量吧。取得了信德之后，留兵守卫，用作日后防御，这难道是无足轻重的吗？《管子》说："走在险绝的地方，攻打坚固的目标，独出独入，而没有谁能制止。"他说的不就是宗望吗！

金史卷七十七

列传第十五

宗 弼

宗弼，本名斡啜，又作兀术，亦作斡出，或作晃斡出，太祖第四子也。

希尹获辽护卫习泥烈，问知辽帝猎鸳鸯泺。都统杲出青岭，宗望、宗弼率百骑与马和尚逐越卢孛古、野里斯等，驰击败之。宗弼矢尽，遂夺辽兵士枪，独杀八人，生获五人，遂审得辽主在鸳鸯泺畋猎，尚未去，可袭取者。

及宗望伐宋，宗弼从军，取汤阴县，降其卒三千人。至御河，宋人已焚桥，不得渡，合鲁索以七十骑涉之，杀宋焚桥军五百人。宗望遣吴孝民先入汴谕宋人，宗弼以三千骑薄汴城，宋上皇出奔，选百骑追之，弗及，获马三千而还。

宗望薨，宗辅为右副元帅，徇地淄、青。宗弼败宋郑宗孟数万众，遂克青州。复破贼将赵成于临朐，大破黄琼军，遂取临朐。宗辅军还，遇敌三万众于河上，宗弼击败之，杀万余人。

诏伐宋康王，宗辅发河北，宗弼攻开德府，粮乏，转攻濮州。前锋乌林荅泰欲破王善二十万众，遂克濮州，降旁近五县。

攻开德府，宗弼以其军先登，奋击破之。攻大名府，宗弼军复先登，破其城。河北平。

宋主自扬州奔于江南，宗弼等分道伐之。进兵归德，城中有自西门北门出者，当海复败之。乃绝隍筑道，列炮隍上，将攻之，城中人惧，遂降。先遣阿里、蒲卢浑至寿春，宗弼军继之。宋安抚使马世元率官属出降。进降庐州，再降巢县王善军。当海等破郦琼万余众于和州，遂自和州渡江。将至江宁西二十里，宋杜充率步骑六万来拒战，鹘卢补、当海、迪虎、大臭合击破之。宋陈邦光以江宁府降。留长安奴、斡里也守江宁。使阿鲁补、斡里也别将兵徇地，下太平州、濠州及句容、溧阳等县，沂江而西，屡败张永等兵，杜充遂降。

宗弼自江宁取广德军路，追袭宋主于越州。至湖州，取之。先使阿里、蒲卢浑趋杭州，具舟于钱塘江。宗弼至杭州，官守巨室皆逃去，遂攻杭州，取之。宋主闻杭州不守，遂自越奔明州。宗弼留杭州，使阿里、蒲卢浑以精兵四千袭之。讹鲁补、术列速降越州。大臭破宋周汪军，阿里、蒲鲁浑破宋兵三千，遂渡曹娥江，去明州二十五里，大破宋兵，追至其城下。城中出兵，战失利，宋主走入于海。宗弼中分麾下兵，会攻明州，克之。阿里、蒲卢浑泛海至昌国县，执宋明州守赵伯谔，伯谔言"宋主奔温州，将自温州趋福州矣"。遂行海追三百余里，不及，阿里、蒲卢浑乃还。

宗弼还自杭州，遂取秀州。赤盏晖败宋军于平江，遂取平江。阿里率兵先趋镇江，宋韩世忠以舟师扼江口，宗弼舟小，契丹、汉军没者二百余人，遂自镇江沂流西上。世忠袭之，夺世忠大舟十艘，于是宗弼循南岸，世忠循北岸，且战且行。世忠艨艟大舰数倍宗弼军，出宗弼军前后数里，击柝之声，自夜达旦。世忠以轻舟来挑战，一日数接。将至黄天荡，宗弼乃因老鹳河故道开三十里通秦淮，一日一夜而成，宗弼乃得至江宁。挞懒使移剌古自天长趋江宁援宗弼，乌林荅泰欲亦以兵来会，连败宋兵。

宗弼发江宁，将渡江而北。宗弼军渡自东，移剌古渡自西，与世忠战于江渡。世忠分舟师绝江流上下，将左右掩击之。世忠舟皆张五䌟，宗弼选善射者，乘轻舟，以火箭射世忠舟上五䌟，五䌟著火箭，皆自焚，烟焰满江，世忠不能军，追北七十里，舟军歼焉，世忠仅能自免。

宗弼渡江北还，遂从宗辅定陕西。与张浚战于富平，宗弼陷重围中，韩常流矢中目，怒拔去其矢，血淋漓，以土塞创，跃马奋呼搏战，遂解围，与宗弼俱出。既败张浚军于富平，遂与阿卢补招降熙河、泾原两路。及攻吴玠于和尚原，抵险不可进，乃退军，伏兵起，且战且走，行三十里，将至平地，宋军阵于山口，宗弼大败，将士多战没。明年，复攻和尚原，克之。天会十五年，为右副元帅，封沛王。

天眷元年，挞懒、宗磐执议以河南之地割赐宋，诏遣张通古等奉使江南。明年，宋主遣端明殿学士韩肖胄奉表谢，遣王伦等乞归父丧及母韦氏兄弟。宗弼自军中入朝，进拜都元帅。宗弼察挞懒与宋人交通赂遗，遂以河南、陕西与宋，奏请诛挞懒，复旧疆。是时，宗磐已诛，挞懒在行台，复与鹘懒谋反。会置行台于燕京，诏宗弼为太保，领行台尚书省，都元帅如故，往燕京诛挞懒。挞懒自燕京南走，将亡入于宋，追至祁州，杀之。

诏"诸州郡军旅之事，决于帅府。民讼钱谷，行台尚书省治之"。宗弼兼总其事，遂议南伐。太师宗干以下皆曰："构蒙再造之恩，不思报德，妄自鸱张，祈求无厌，今若不取，后恐难图。"上曰："彼将谓我不能奄有河南之地。且都元帅久在方面，深究利害，宜即举兵讨之。"遂命元帅府复河南疆土，诏中外。

宗弼由黎阳趋汴，右监军撒离喝出河中趋陕西。宋岳飞、韩世忠分据河南州郡要害，复出兵涉河东，驻岚、石、保德之境，以相牵制。宗弼遣孔彦舟下汴、郑两州，王伯龙取陈州，李成取洛阳，自率众取亳州及顺昌府，嵩、汝等州相次皆下。时暑，宗弼还军于汴，岳飞等军皆退去，河南平，时天眷三年也。上使使劳问宗弼以下将士，凡有功军士三千，并加忠勇校尉。攻岚、石、保德皆克之。

宗弼入朝，是时，上幸燕京，宗弼见于行在所。居再旬，宗弼还军，上起立酌酒饮之，赐以甲胄弓矢及马二匹。宗弼已启行四日，召还。至日，希尹诛。越五日，宗弼还军，进伐淮南，克庐州。

上幸燕京。宗弼朝燕京，乞取江南，上从之。制诏都元帅宗弼比还军与宰臣同入奏事。俄为尚书左丞相兼侍中，太保、都元帅、领行台如故。诏以燕京路隶尚书省，西京及山后诸部族隶元帅府。乃还军，遂伐江南。既渡淮，以书责让宋人，宋人答书乞加宽宥。宗弼令宋主遣信臣来禀议，宋主乞"先敛兵，许弊邑拜表阙下"，宗弼以便宜约以画淮水为界。上遣护卫将军撒改往军中劳之。

皇统二年二月，宗弼朝京师，兼监修国史。宋主遣端明殿学士何铸等进誓表，其表曰："臣构言，今来画疆，合以淮水中流为界，西有唐、邓州割属上国。自邓州四十里并南四十里为界，属邓州。其四十里外并西南尽属光化军，为弊邑。沿边州城，既蒙恩造，许备藩方，世世子孙，谨守臣节。每年皇帝生辰并正旦，遣使称贺不绝。岁贡银、绢二十五万两、匹，自壬戌年为首,每春季差人般送至泗州交纳。有渝此盟,明神是殛,坠命亡氏,踣其国家。臣今既进誓表,伏望上国贲降誓诏,庶使弊邑永有凭焉。"

宗弼进拜太傅。乃遣左宣徽使刘筈使宋,以衮冕圭宝佩璲玉册册康王为宋帝。其册文曰:"皇帝若曰:咨尔宋康王赵构。不吊,天降丧于尔邦,亟渎齐盟,自贻颠覆,俾尔越在江表。用勤我师旅,盖十有八年于兹。朕用震悼,斯民其何罪。今天其悔祸,诞诱尔衷,封奏狎至,愿身列于藩辅。今遣光禄大夫、左宣徽使刘筈等持节册命尔为帝,国号宋,世服臣职,永为屏翰。呜呼钦哉,其恭听朕命。"仍诏天下。赐宗弼人口牛马各千、驼百、羊万,仍每岁宋国进贡内给银、绢二千两、匹。

宗弼表乞致仕,不许,优诏答之,赐以金券。皇统七年,为太师,领三省事,都元帅、领行台尚书省事如故。皇统八年,薨。大定十五年,谥忠烈,十八年,配享太宗庙廷。子亨迭。

赞曰:"宗弼蹙宋主于海岛,卒定画淮之约。熙宗举河南、陕西以与宋人,矫而正之者,宗弼也。宗翰死,宗磐、宗隽、挞懒湛溺富贵,人人有自为之心,宗干独立,不能如之何,时无宗弼,金之国势亦曰殆哉!世宗尝有言曰:"宗翰之后,惟宗弼一人。"非虚言也。

译文:

宗弼本来的名字叫斡啜,又叫兀术,也叫斡出,或者叫晃斡出,是太祖的第四个儿子。

希尹俘获了辽的护卫习泥烈,审问得知辽帝在鸳鸯泺游猎。都统杲出兵青岭,宗望、宗弼率领一百骑兵与马和尚追击越卢孛古、野里斯等,打败了他们。宗弼的箭用完了,就夺过辽兵士的枪,一个人杀死了八个人,生擒了五个人,于是审问得知辽主在鸳鸯泺畋猎还没有离开,可以乘机袭击并抓住他。

宗望讨伐宋朝的时候,宗弼跟随军队,夺取了汤阴县,降服宋兵三千来人。到了御河,宋人已焚烧桥梁,不能渡过去,合鲁索带七十名骑兵涉水而过,斩杀宋烧桥的士兵五百来人。宗望派吴孝民先行进入汴京宣谕宋人,宗弼用三千骑兵逼近汴城。宋太上皇出逃,宗弼选一百名骑兵追他,没有追上,获得马三千匹而回。

宗望去世,宗辅为右副元帅,在淄、青二州攻占土地。宗弼打败了宋郑宗孟的军队好几万人,于是攻克了青州。又在临朐击溃贼将赵成,大破黄琼的军队,夺取了临朐。宗辅军队撤回,在黄河遇到敌军三万人,宗弼打败了他们,斩杀一万多人。

皇帝下令讨伐宋康王,宗辅从河北出发,宗弼攻打开德府,粮食缺乏,转攻濮州。前锋乌林答泰欲打败王善二十万军队,于是攻克濮州,降服旁近五个县。攻打开德府时,宗弼使自己的军队首先登上城墙,奋力打破开德城。攻打大名府时,宗弼的军队又先行登上了城墙,攻破了这座城池。河北被平定了。

宋帝从扬州出奔江南,宗弼等分道讨伐他。进兵归德时,城中有从西门、北门出来的军队,当海又打败了他们。于是断绝无水的城壕修筑道路,在城壕上架起大炮,将要攻打的时候,城中人害怕,就投降了。先遣阿里、蒲卢浑到了寿春,宗弼的军队接着开到。宋安抚使马世元率领官属出来投降。接着宗弼降服了庐州,再一次降服了巢县王善的军队。当海等在和州打败了郦琼一万多军队,于是从和州渡长江。将要到江宁以西二十里的地方,宋朝杜充率领步兵和骑马将士六万人来阻挡,鹘卢补、当海、迪虎、大臬联合击败了他。宋陈邦光以江宁府投降。留下长安奴、斡里也镇守江宁。派遣阿鲁补、斡里也另外率领军队夺取土地,拿下了太平州、濠州及句容、溧阳等县,沿着长江向西前进,屡次打败张永等人的军队,于是杜充投降。

宗弼从江宁夺取广德军路,在越州追击宋朝皇帝,到了湖州,夺取了这个地方。先派阿里、蒲卢浑奔赴杭州,在钱塘江上准备船只。宗弼到杭州,官守和富户都逃跑了,就攻打杭州,夺取了这个地方。宋帝听说杭州失守,于是从越州逃奔明州。宗弼留在杭州,派遣阿里、蒲卢浑用精兵四千袭击明州。讹鲁补、术列速降服越州,大臬击溃宋周汪的军队,阿里、蒲卢浑打败了宋兵三千人,于是渡曹娥江,离明州二十五里,大破宋兵,追到明州城下。城中出兵,交战失利,宋帝奔逃入海中。宗弼平分手下的士兵,协同攻打明州,打胜了。阿里、薄卢浑由海上到达昌国县。拘捕了宋明州守官赵伯谔,伯谔说:"宋帝奔逃温州,将从温州奔赴福州。"于是,他们走海路追赶了三百多里,没有追上,阿里、蒲卢浑才回来。

宗弼从杭州撤回,夺取了秀州。赤盏晖在平江打败宋军,于是夺取了平江。阿里率兵先行奔赴镇江,宋韩世忠以船队扼守着长江口,宗弼的船小,契丹、汉军淹死了有二百多人,于是从镇江逆江水向西行。世忠攻打他们,被宗弼夺取了大船十艘,于是宗弼沿着南岸,世忠沿着北岸,一边战斗一边行进。世忠的战船大舰比宗弼的军队多好几倍,出没在宗弼军的前后数里,敲打木梆的声音从夜晚一直响到天亮。世忠用轻便的船来挑战,一天好几次相遭遇。将要到黄天荡的时候,宗弼沿着老鹳河的故道打通了三十里通秦淮河,一天一宿就完成了,他才得以到了江宁。挞懒派遣移剌古从天长奔赴江宁援助宗弼,乌林答泰欲也带兵来会合，连连击败宋兵。

宗弼自江宁出发，要渡长江向北去。宗弼的军队从东渡，移剌古的军队从西渡，与世忠战于长江渡口。世忠分船队断绝了上下游，准备从左右乘虚攻打。世忠的每条船上都摆放有五双草鞋，宗弼挑选善于射箭的，乘着轻快的小船，用火箭射世忠船上的草鞋，草鞋被火箭击中，都自己燃烧起来，烟焰满江，世忠不能成军，败退七十里，舟师被消灭，韩世忠仅仅能够自免一死。

宗弼渡过长江北还，于是跟从宗辅平定陕西。与张浚在富平交战，宗弼陷于重重包围之中。韩常被乱飞的箭射中眼睛，他愤怒地拔去箭，鲜血淋漓，就用土堵塞伤口，飞马大喊着与敌人格斗，于是解除了包围，与宗弼一起撤出。在富平打败了张浚的军队之后，就与阿卢补招降熙河、泾原两路。在和尚原攻打吴玠的时候，遇到险阻不能前进，于是退军，谁知伏兵出现，只好边战边走，走了三十里，将要到平地的时候，遇宋军在山口列阵待机，宗弼大败，将官和士兵多战死。第二年，又攻和尚原，取得了胜利。天会十五年，宗弼任右副元帅，封沈王。

天眷元年，挞懒、宗磐坚持把河南割赐给宋朝，皇帝派张通古等出使江南。第二年，宋帝派端明殿学士韩肖胄献表致谢，派遣王伦等请求归还父亲的殡丧及母亲韦氏兄弟。宗弼从军队中入朝，进拜为都元帅。宗弼了解到挞懒与宋人往来、互赠礼物、接受贿赂，把河南、陕西送给宋，就上奏请求斩杀挞懒，恢复原来的疆域。这个时候，宗磐已处斩，挞懒在行台，又与鹘懒谋划反叛。恰好在燕京设置行台，皇帝命宗弼为太保，统领行台尚书省，都元帅仍旧，前往燕京诛杀挞懒。挞懒从燕京南逃，将要逃入宋境的时候，宗弼追到祁州，杀了他。

皇帝下令："各州郡的军旅之事，决定于元帅府。民间诉讼及钱谷之事，由行台尚书省治理。"宗弼兼任总掌其事，于是商议南伐。太师宗幹以下的官员都说："赵构承蒙再造的恩德，不想报德，妄自嚣张，祈求没有个满足，现在要是不取缔他，以后恐怕就难以图谋了。"皇上说："他们将说我们不能占有河南这块地方。况且都元帅长久独当一面，深深推寻过利与害，应该马上举兵讨伐他们。"于是命令元帅府恢复河南的疆土，并将皇帝的命令宣示朝廷内外。

宗弼从黎阳奔赴汴京，右监军撒离喝从河中出兵奔陕西。宋朝岳飞、韩世忠分别据守着河南州郡的要害之处，又出兵经河东，驻扎在岚州、石州、保德的边境，以互相牵制。宗弼派孔彦舟攻下汴、郑两州、王伯龙攻取陈州，李成攻取洛阳，自己率领军队攻取亳州及顺昌府，嵩、汝等州相继被攻下。当时正热，宗弼退还军队到汴京，岳飞等的军队都已退走，河南平定，那时是天眷三年。皇上派使者慰劳抚问宗弼以下的将官和士兵，有功劳的军士三千人，全都加官忠勇校尉。攻打岚州、石州、保德州的军队全都取得了胜利。

宗弼入朝，当时，皇帝巡幸燕京，宗弼在行在拜见了皇帝。宗弼住了二十天，打算回军队，皇上起立斟酒给他喝，赏赐给甲胄、弓箭和马两匹。宗弼已经启程走了四天，皇帝又把他召回。宗弼到的那天，希尹被杀。过了五天，宗弼回军队，进军讨伐淮南，攻克庐州。

皇上巡幸燕京。宗弼到燕京朝见，请求攻取江南，皇上听从这一主意。皇帝下令都元帅宗弼等到回军之后与宰辅大臣一同入朝奏事。不久宗弼为尚书左丞相兼侍中，太保、都元帅、统领行台职务仍旧。皇帝下令燕京路隶属尚书省，西京及山后各部族隶属元帅府。宗弼回到军队，随即讨伐江南。渡过淮河之后，宗弼发文书责难宋人，宋人回信请求予以宽恕。宗弼命令宋帝派遣可靠的大臣来禀告商议，宋帝请求"先收兵，允许敝邑拜表阙下。"宗弼以不奏禀可自行处理的特权与宋人相约划淮水为边界。皇上派护卫将军撒改前往军队中慰劳他们。

皇统二年二月，宗弼赴京师朝见，兼任监修国史。宋帝派遣端明殿学士何铸等进奏誓表，表文说："臣构禀奏：今来划分疆界，以淮水中流为界限比较合适，界西有唐州、邓州割属给贵国。从邓州以西四十里并向南四十里为界限，属于邓州。在这四十里以外和西南全部属于光化军，属于敝邑。沿边界的州城，既已承蒙恩造，请允许为一方藩属，世世子孙，谨慎的恪守为臣的操守。每年皇帝的生辰以及正月旦日，派遣使臣称贺不绝。每年贡献银、绢二十五万两、匹，从壬戌年为开始，每年春季派人搬送到泗州交纳。有违背这个盟约的，明神即加诛戮，丢性命亡家族，颠覆他的国家。臣今天既已奏进誓表，俯首待望贵国早早降下誓诏，希望使敝邑永远有个凭据。"

宗弼晋升拜任为太傅。于是派左宣徽使刘筈等出使宋朝，用衮冕、圭宝、珮璲、玉册册命康王为宋朝的皇帝。册文说："皇帝说：宋康王赵构听命。你没有善心，天给你的国家降下了死亡，你多次背弃两国的盟约，自己招致颠覆，使你流落在大江以南，让我的军队受辛劳，到现在大概十有八年了。使我震惊悲伤，这里的老百姓有什么罪？现今皇天不愿再有祸乱，宽大地诱导你的忠诚，才使你密缄的奏章常常送来，愿意自身列为藩辅之国。今派遣光禄大夫、左宣徽使刘筈等拿着符节册命你为皇帝，国号为宋，世世履行为臣的职守，永远为大国的屏藩。一定要谨慎啊，你要恭敬地听取我的命令。"皇帝把这件事诏告了天下。赏赐给宗弼人口、牛马各一千，骆驼一百，羊一万，还从每年宋国进贡的岁币之内给银、绢二千两、匹。

宗弼上表请求退休,皇帝不允许,对他特别优待,用诏书回答了他,赏赐给金券。皇统七年,宗弼任太师,领三省事,都元帅、领行台尚书省事仍旧。他在皇统八年去世。大定十五年,谥称忠烈,十八年,陪位太宗庙廷分享祭祀。儿子叫亨迭。

评论说:宗弼在海岛逼迫宋朝皇帝,终于定立了划淮为界的盟约。熙宗把河南、陕西送给宋人,纠正这一过错的人,就是宗弼。宗翰死后,宗磐、宗隽、挞懒等人深深沉溺于富贵,人人有为自己打算的心,宗干只是不同流合污,不能对他们这些人怎么样,当时没有宗弼,金朝的国势也可以说危险了。世宗曾有话说:"宗翰之后,只有宗弼一个人。"不是虚美的话啊。

金史卷八十八

列传第二十六

纥石烈良弼

纥石烈良弼，本名娄室，回怕川人也。曾祖忽懒。祖忒不鲁。父太宇，世袭蒲辇，徙宣宁。天会中，选诸路女直字学生送京师，良弼与纳合椿年皆童丱，俱在选中。是时，希尹为丞相，以事如外郡，良弼遇之途中，望见之，叹曰："吾辈学丞相文字，千里来京师，固当一见。"乃入传舍求见，拜于堂下。希尹问曰："此何儿也？"良弼自赞曰："有司所荐学丞相文字者也。"希尹大喜，问所学，良弼应对无惧色。希尹曰："此子他日必为国之令器。"留之数日。年十四，为北京教授，学徒常二百人，时人为之语曰："前有谷神，后有娄室。"其从学者，后皆成名。年十七，补尚书省令史。簿书过目，辄得其隐奥。虽大文牒，口占立成，词理皆到。时学希尹之业者称为第一。除吏部主事。

天德初，累官吏部郎中，改右司郎中，借秘书少监为宋主岁元使。是时，纳合椿年为参知政事，荐良弼才出己右，用是为刑部尚书，赐今名。丁父忧，以本官起复。海陵尝曰："左丞相张浩练达事务，而颇不实。刑部尚书娄室言行端正，无所阿谄。"因谓椿年曰："卿可谓举能矣。常人多嫉胜己者，卿举胜于己者，贤于人远矣。"改侍卫亲军马步军都指挥使。良弼音吐清亮，海陵诏谕臣下，必令良弼传旨，闻者莫不耸动，以故常被召问。不逾年，拜参知政事，进尚书右丞，赐佩刀入宫，转左丞。海陵伐宋，良弼谏不听，以为右领军大都督。海陵在淮南，诏良弼与监军徒单贞抚定上京、辽右。既而，诸军往往道亡北归，而世宗即位于辽阳，良弼乃还汴京。

海陵死，世宗就以良弼为南京留守兼开封尹，再兼河南都统，召拜尚书右丞。世宗谓良弼曰："卿尝谏正隆伐宋，不用卿言，以至废殒。当时怀禄偷安之人，朕皆黜之矣。今复用卿，凡于国家之事，当尽言，无复顾忌也。"良弼顿首谢。窝斡败于陷泉，入奚中，诏良弼佩金牌及银牌四，往北京招抚奚、契丹。还，拜尚书左丞。上言，"祖宗以来未录功赏者，臣考按得凡三十二人，且差第封赏"。诏曰："已有五品以上官者，闻奏。六品以下及无官者，尚书省约量迁除。"自是功劳毕赏矣。进拜平章政事，封宗国公。

初，山东两路猛安谋克与百姓杂居，诏良弼度宜易置，使与百姓异聚，与民田互相犬牙者，皆以官田对易之，自是无复争诉。六年十一月，皇太子生日，上置酒于东宫，良弼、志宁同赐酒。上曰："边境无事，中外晏然，将相之力也。"良弼奏曰："臣等不才，备位宰相，敢不竭犬马之力。"上悦。进拜右丞相，监修国史。世宗谓良弼曰："海陵时，记注皆不完。人君善恶，为万世劝戒，记注遗逸，后世何观？其令史官旁求书之。"又曰："五从以上宗室在省祗候者，才有可用，具名闻奏。其猥冗不足莅官者，亦闻奏罢去。"左丞完颜守道奏："近都两猛安,父子兄弟往往析居,其所得之地不能赡,日益困乏。"上以问宰臣,良弼对曰:"必欲父兄聚居,宜以所分之地与土民相换易。虽暂扰,然经久甚便。"右丞石琚曰:"百姓各安其业,不若依旧便。"上竟从良弼议。《太宗实录》成,赐良弼金带、重彩二十端,同修国史张景仁、曹望之、刘仲渊以下赐有差。

世宗与侍臣论古今为臣孰贤不肖,因谓宰相曰:"皇统、正隆多杀臣僚,往往死非其罪。朕委卿等以大政,毋违道以自陷,毋曲从以误朕。惟忠惟孝,匡救辅益,期致太平。"良弼对曰:"臣等过蒙嘉惠,虽即按、谏薄,敢不尽心。圣谕谆谆,臣等不胜万幸。"良弼请于榷场市马,毋拘牝牡。今官马甚少,一旦边境有警,乃调于民,不亦晚乎?上从之。八年,选侍卫亲军,世宗闻其中多不能弓矢,诏使习射。顷之,问良弼及平章政事思敬曰:"女直人习射尚未行耶?"良弼对曰:"已行之矣。"同知清州防御事常德晖上书言:"吏部格法,止叙年劳,虽有材能,拘滞下位。刺史、县令,多不得人。乞密加访察,然后廉问。今酒税使尚选能吏,县令可不择人才,乞以能吏当任酒税使者,任亲民之职。"上是其言,谓宰相曰:"朕思庶职多不得人,中夜而寤,或达旦不能寐。卿等注意选择,朕亦密加体察。"良弼对曰:"女直、契丹人,须是曾习汉人文字,然后可。方今大率多为党与,或称誉于此,或见毁于彼,所以难也。"上曰:"朕所以密令体察也。"上谓良弼曰:"猛安谋克牛头税粟,本以备凶年,凡水旱乏粮处就赈给之。"进拜左丞相,监修国史如故。

良弼为相既久,练达朝政,上所询访尽诚开奏,垂绅正笏不动声气,议政多称上意。以母忧去,起复旧职。是时,夏国王李仁孝乞分国之半,以封其臣任得敬。上以问群臣,群臣多言此外国事,从之可也。上曰:"此非是仁孝本心,不可从。"良弼议与上意合。既而，夏国果诛任得敬，上表来谢。参知政事宗叙请置沿边壕堑，良弼曰："敌国果来伐，此岂可御哉？"上曰："卿言是也。"高丽国王王晛表让国于其弟晧，上疑之，以问宰相良弼。良弼策以为让国非王晛本心。其后赵位宠求以四十州来附，其表果言王晧弑其兄晛，如良弼策，语在《高丽传》中。

世宗罢采访官，谓宰臣曰："官吏之善恶，何由知之？"良弼对曰："臣等当为陛下访察之。"以进《睿宗实录》，赐通犀带、重彩二十端。是年，有事南郊，良弼为大礼使。自收国以来，未尝讲行是礼，历代典故又多不同，良弼讨论损益，各合其宜，人服其能。上与良弼、守道论猛安谋克官多年幼，不习教训，无长幼之礼。曩时，乡里老者辄教导之。今乡里中耆老有能教导者，或谓事不在己而不问，或非其职而人不从。可依汉制置乡老，选廉洁正直可为师范者，使教导之。良弼奏曰："圣虑及此，亿兆之福也。"他日，上问曰："朕观前史，有在下位而存心国家，直言为民者。今无其人，何也？"良弼曰："今岂无其人哉？盖以直道而行，反被谤毁，祸及其身，是以不为也。"

大定十四年，岁在甲午，大兴尹璋为贺宋正旦使，宋人就馆夺其国书，诏梁肃详问。众议纷纷，谓凡午年必用兵，上以问良弼，对曰："太祖皇帝以甲午年伐辽，太宗皇帝以丙午年克宋，今兹宋人夺我国书，而适在午年，故有此语，未必然也。"既而，梁肃至宋，宋主起立授受国书，如旧仪。梁肃既还，宋主遣工部尚书张子颜、知阁门事刘窞来祈请，其书曰："言念眇躬，夙承大统。荷上国照临之惠，寻盟遂阅于十年。修两朝聘问之勤，继好靡忘于一日。惟是函书之受，当新宾接之仪。尝空臆以屡陈，饬行人而再请。仰祈眷顾，俯赐矜从。"上与大臣议，良弼奏曰："宋国免称臣为侄，免奉表为书，恩赐亦已多矣。今又乞免亲接国书，是无厌也，必不可从。"平章政事完颜守道、参知政事移剌道与良弼议合。左丞石琚、右丞唐括安礼以为不从所请，必至于用兵。上谓琚等曰："卿等所言，非也。所请有大于此者，更欲从之乎？"遂从良弼议，答其书，略曰："弗循定分之常，复有授书之请。谓承大统，愈见自尊。奈何以若所为，尚求其欲。矧曰已行之礼，靡得而更。"其授受礼仪，终不复改。

上问宰臣："尝求内外官举贤能，未闻有举者，何也？"参政魏子平请，当举者每任须举一人，视其当不，以为赏罚。上曰："宋制荐举，其人犯私罪者，举主虽至宰执，亦坐降罚。人心有恒者鲜，财利怵于前，或丧其所守。宰臣任大责重，岂坐是以为升黜邪？"良弼曰："前诏朝官六品以上，外官五品以上，各举所知。盍申明前诏？"从之。上曰："朕欲周知官吏善恶，若寻常遣官采访，恐用非其人。然则，官吏善恶何以知之？"良弼曰："臣等当为陛下访察。"上曰："然，但勿使名实混淆耳。"上欲徙窝斡逆党，分散置之辽东。良弼奏："此辈已经赦宥，徙之生怨望。"上曰："此目前利害，朕为子孙后世虑耳。"良弼曰："非臣等所及也。"于是，以尝预乱者，徙居乌古里石垒部。上问宰臣曰："尧有九年之水，汤有七年之旱，而民不病饥。今一二岁不登，而人民乏食，何也？"良弼对曰："古者地广人淳，崇尚节俭，而又惟农是务，故蓄积多，而无饥馑之患也。今地狭民众，又多弃本逐末，耕之者少，食之者众，故一遇凶岁而民已病矣。"上深然之，于是命有司惩戒荒纵不务生业者。

十七年，以疾辞相位，不许。告满百日，诏赐告，遣太医诊视，屡使中使问疾。良弼在告既久，省多滞事，上以问宰相、参政，张汝弼对曰："无之。"上曰："岂曰无之。自今疑事久不能决者，当具以闻。"

十八年，表乞致仕归田里，上遣使慰谕之曰："卿比以疾在告，朕甚忧之。今闻卿将往西京养疾，彼中风土，非老疾所宜。京师中倦于人事，若就近都佳郡居处，待疾少间，速令朕知之。"良弼奏曰："臣遭遇圣明，滥膺大任，夙夜忧惧，以至成疾。比蒙圣恩，数遣使存问，赐以医药，臣之苟活至今，皆陛下之赐也。臣岂敢望到乡里，便可愈疾。臣去乡岁久，亲识多已亡没，惟老臣独在，乡土之恋，诚不能忘。臣窃惟自来人臣受知人主，无逾臣者，臣虽粉骨碎身无以图报。若使一还乡社，得见亲旧，则死无恨矣。"上问宰相曰："丞相良弼必欲归乡里，朕以世袭猛安封其子符宝曷苔，俾之侍行，何如？"右丞相完颜守道曰："不若以猛安授良弼，使其子摄事。"上从之。于是授胡论宋葛猛安，给丞相俸廉，良弼乃致仕归。上谓宰相曰："卿等非不尽心，但才力不及良弼，所以惜其去也。"其后，尚书省奏差除，上曰："丞相良弼拟注差除，未尝苟与不当得者，而荐举往往得人。粘割斡特剌、移剌愊、裴满余庆，皆其所举。至于私门请托，绝然无之。"尝问良弼，"每旦暮日色皆赤何也"？良弼曰："旦而色赤应在东，高丽当之。暮而色赤应在西，夏国当之。愿陛下修德以应天，则灾变自弭矣。"既而，夏国有任德敬之乱，高丽有赵位宠之难，其言皆验云。是岁，薨。年六十。上悼惜之，遣太府监移剌愊、同知西京留守王佐为敕葬祭奠使，赙白金、彩币加等，丧葬皆从官给。追封金源郡王，命翰林待制移剌履勒铭墓碑，谥诚敏。

良弼性聪明忠正，善断决，言论器识出人意表。虽起寒素，致位宰相，朝夕惕惕尽心于国，谋虑深远，荐举人材，常若不及。居家清俭，亲旧贫乏者周给之，与人交久而愈敬。居位几二十年，以成太平之功，号贤相焉。明昌五年，配飨世宗庙廷。

译文：

纥石烈良弼本名叫娄室，回怕川人。曾祖父忽懒，祖父忒不鲁。父亲太宇，世袭为蒲辇，迁移到宣宁。天会年中期，挑选各路学习女真字的学生送到京师，良弼与纳合椿年同是儿童，都在入选之列。这时，希尹为丞相，因事到外郡，良弼在途中遇到他，远远望着，感叹说："我们学习丞相的文字，千里迢迢来到京师，本来就应当见一面。"于是进入传舍请求会见，在堂下拜见了希尹。希尹问说："这孩子是干什么的啊？"良弼自己赞美说："官吏所推荐学习丞相文字的人啊。"希尹大喜，询问所学的内容，良弼应酬对答没有惧色。希尹说："这个孩子将来必将成为国家的好人才。"留他住了好几天。良弼年龄十四岁，担任北京教授，学徒平常有二百来人，当时的人作顺口溜说："前有谷神，后有娄室。"那些跟从他学习的，后来都成了名。良弼十七岁的时候，补官尚书省令史。簿籍一过目，立刻就能理解它隐晦的奥妙。虽是大的官方文书，顺口拈来立刻成文，用词恰当义理明了。在当时学习希尹学业的人当中他是第一名，授吏部主事。

天德初年，良弼积官吏部郎中，改授右司郎中，借秘书少监的头衔为宋帝岁元使。这时，纳合椿年为参知政事，他推荐良弼的才能在自己之上，因此良弼得以任刑部尚书，皇帝赐给了现在的名字。遇父亲之丧，未守丧完毕就以本官起用。海陵曾说："左丞相张浩熟悉通达事务，但是很不实在。刑部尚书娄室言论和行为端正，从不阿谀谄媚。"他告诉椿年说："你可说是推举了贤能啊。一般人多嫉妒胜过自己的人，你推举胜于自己的人，比一般人贤德多了。"良弼改任侍卫亲军马步军都指挥使。他吐音清楚响亮，海陵下诏晓谕臣下，一定要良弼传达旨意，听者没有不惊惧感动的，因这个缘故常常被召问。不过一年，拜任参加政事，进拜尚书右丞，恩准佩刀入宫，转任左丞。海陵伐宋，良弼劝阻不听，以他为右领军大都督。海陵在淮南，下诏良弼与监军徒单贞安抚平定上京和辽右。不久，各军往往中途逃亡北归，而世宗在辽阳即位，于是良弼回汴京。

海陵王死后，世宗就起用良弼为南京留守兼开封尹，又兼河南都统，召拜为尚书右丞。世宗告诉良弼说："你曾经劝阻过海陵伐宋，他不采纳你的意见，以致伤残而死亡。当时心怀利禄苟且偷安的人，我都罢免了。今天重新起用你，凡是关于国家的事，应当都说出来，不要再有顾忌。"良弼以首叩地致谢。窝斡在陷泉失败，走入奚中。下诏良弼佩带金牌和银牌四枚，前往北京招抚奚和契丹。回来，拜任尚书左丞。上奏说："祖宗以来有功劳而没有任用和赏赐的，臣下考察共有三十二人，应该按不同的等级封官和赏赐。"皇帝下诏说："已有五品以上官的人，奏上听闻。六品以下和没有官的人，尚书省酌量迁官除授。"从此功劳全部都得到了赏赐。良弼进拜为平章政事，封为宗国公。

当初，山东两路的猛安、谋克与老百姓混杂而居，下诏良弼根据情况适当调整安置，使和老百姓分别聚居，与老百姓的土地互相犬牙交错的，都用官田相对调换，从此不再有争诉。六年十一月，皇太子的生日，皇上在东宫设酒宴，赐良弼、志宁酒。皇上说："边境平安无事，宫廷内外安然，这是将相的力量啊。"良弼上奏说："臣等没有才能，充数担任宰相，敢不尽犬马之力！"皇上高兴。进拜为右丞相，监修国史。世宗告诉良弼说："海陵的时候，日录、起居注都不完备，人主的善与恶，是万世的劝勉和鉴戒，日录和起居注丢失，后世怎么观览？这应该命令史官另外搜求写上。"又说："从五品以上的宗室在省祗候者，才能有可任用的，开列名字奏上。那些鄙陋卑劣不足任官的，也要闻奏罢免。"左丞完颜守道上奏说："靠近都城的两个猛安，父子兄弟往往分居，他们所得到的土地不够维持生活，一天比一天困乏。"皇上以这件事询问宰臣，良弼对答说："一定想要父兄住在一起，应该用所分给他们的土地与当地老百姓相交换。虽然暂时扰民，但是时间长了就会很方便。"右丞石琚说："老百姓各人安心自己的职业，不如照旧方便。"皇上最终听从了良弼的意见。《太宗实录》修成，赏赐给良弼金带，重彩二十端，同修国史张景仁、曹望之、刘仲渊以下都得到不同的赏赐。

世宗与侍臣谈论古今为臣的谁贤谁不贤，因此告诉宰相说："皇统、正隆多杀臣僚，死的人往往并不是因为他有罪。我委托你们大政，不要违逆正理而自陷于不义，不要曲为听从贻误了我的大事。只有忠只有孝，能够匡救辅益，才有希望达到太平。"良弼回答说："臣等蒙受难得的恩惠太多了，虽然浅陋薄识，岂敢不尽心？皇上说得很恳切，臣等不胜万幸。"良弼请求到榷场买马，不要拘泥雄雌。现在官马很少，一旦边境有危机消息，才在民间抽调，不是晚了吗？皇上听从。八年，挑选侍卫亲军，世宗听说其中不少人不能拉弓射箭，下令他们练习射箭。不久，问良弼及平章政事思敬说："女真人练习射箭还没有施行吗？"良弼回答说："已施行了。"同知清州防御事常德晖上书说："吏部的格和法，仅仅叙次在官年限，虽有才能，却被拘束留滞在低下的位置。刺史、县令大都用人不当。请求秘密地加以调察，然后正式查问。现今酒税使这个差事尚且要求选择能干的官吏，县令可以不选择人才？请求以能干的官吏可以任酒税使的，去担任亲民的县令之职。"皇上认为这话说得对,就跟宰相说:"我思考不少官职多用人不当,半夜就醒了,有时到天亮都不能入睡。你等要注意选择,我也秘密地加以体察。"良弼回答说:"女真、契丹人,必须是曾经学习过汉人文字的,然后才可用。眼下大抵多结党,一些人在这个地方称道赞美,一些人在那个地方又被诋毁,所以难呀。"皇上说:"我所以要秘密地命令体察啊。"皇上对良弼说:"猛安、谋克的牛头税粮食,本来是用以准备荒年用的,凡是水旱缺粮之处可以就地给他们救济。"良弼进拜为左丞相,仍旧监修国史。

良弼为丞相已经很久了,熟悉通达朝廷大政,皇上所询问的事他都竭尽忠诚开列奏闻,在朝廷上下垂着束带端正的拿着手板不动声气,议论朝政大多合乎皇上的意图。因母丧离去,未到守丧期满就以旧职起用。这时,夏国王李仁孝请求分他国家的一半的土地,用来封他的大臣任得敬。皇上询问群臣,群臣多说这是外国的事,听从他就是了。皇上说:"这不是李仁孝的本心,不可听从。"良弼的议论与皇上的意思相合。不久,夏国果然诛杀任得敬,上表来致谢。参知政事宗叙请求设置沿边境的壕沟,良弼说:"敌国果然来征伐,用壕沟怎么可以抵御呀?"皇上说:"你说得对。"高丽国王王睍上表让出国家给他的弟弟王皓,皇上怀疑这件事,询问宰相良弼。良弼推测认为让国并不是王睍的本心。以后赵位宠请求以四十个州来归服,他所上表中果然说王皓杀了他的哥哥王睍,正如良弼所推测的那样,这话记在《高丽传》中。

世宗罢除采访官,告诉宰臣说:"官吏的好坏,怎么才能知道?"良弼回答说:"臣等应当为皇帝陛下访察。"因进奏《睿宗实录》,赏赐给他通犀带、重彩二十端。这一年,在南郊祭祀，良弼为大礼使。从收国年间以来，还没有讲行过这种大礼，历代的典故又多不相同，良弼经研究，减损和增加各恰到好处，别人都佩服他的才能。皇上与良弼、守道讨论猛安、谋克的官大都年幼，不明习教训，没有长幼间的礼节。过去，乡里年老的人总是教导他们。现今乡里中六十或八十岁的老人有能够教导的，或者说事不在己而不过问，或者没有相当的职务而别人不听从。可依照汉朝的制度设置乡老，挑选廉洁正直可以为人师范的，教导他们。良弼上奏说："皇上考虑到这个，是亿兆生灵的福气啊。"有一天，皇上问："我看前代史书，有职位低下但总为国家考虑、直言为老百姓的人，现今没有这样的人，为什么？"良弼说："当今哪里没有这样的人呢！大概是以直道行事，反而被诽谤诋毁，祸害及身，所以不这么做啊。"

大定十四年，岁在甲午，大兴尹璋为贺宋正旦使，宋人到宾馆夺取他带的国书，下诏梁肃详细勘问。大家议论纷纷，说凡是午年必然要用兵，皇上问良弼这件事，回答说："太祖皇帝以甲午岁讨伐辽国，太宗皇帝以丙午岁攻克宋朝，今天这次宋人抢夺我们的国书，恰恰又在午年，所以有这个话，不一定就是这样。"不久，梁肃到了宋，宋帝起立授予和接受国书，遵照旧的仪式。梁肃回来之后，宋实派遣工部尚书张子颜、知閤门事刘密来祈请，其国书说："念及小小的我，久已继承帝位。承蒙上国的恩惠，重申旧约，已经延续了十年。谨慎保持两朝访问的频繁，没有一天忘记继续友好。只是书信的接受，应当更新交接的仪式。曾经凭个人的想法屡加陈说，命令使者再次请求。敬求友爱照顾，委曲允许我可怜的请求。"皇上与大臣议论，良弼上奏说："过去已经免宋国称臣而称侄，免去奉表而单称书，恩赐的也已经不少了。今天又请求免去亲接国书，这是没有满足的啊，一定不能听从。"平章政事完颜守道、参知政事移剌道与良弼议论相合。左丞石琚、右丞唐括安礼认为不听从宋国的请求,必然导致战争。皇上对石琚等说:"你等所说的,不对。如果有比这些还要高的要求,也想顺从他们吗?"于是听从了良弼的议论,回答宋朝的书信,大略说:"不遵循所定名分的常规,又有授国书的请求。说已继承了皇位的大统,越发显得自尊。怎能以你自己的所作所为,还要贪求你的欲望?况且说的是已经实行的礼仪,绝不能变更。"其授国书和受国书的礼仪,最终没有再改。

皇上问宰臣:"曾经要求朝廷内外的官员举荐贤能,但至今没听说有举荐的,这是为什么?"参政魏子平请求有资格举荐人的官员每一任期必须举荐一个人,看他举荐的合适与否,以定赏罚。皇上说:"宋朝规定:被荐举的人犯有私罪,举主虽然位至宰执,也要因此降位受罚。有恒心的人少,遇到财利引诱,有的人就丢掉了自己的准则。宰臣任务大负责重,怎么能因这个罪来确定升官与贬黜呢?"良弼说:"以前有诏:朝官六品以上,外官五品以上,各荐举自己所知道的,何不重申这个规定呢?"皇帝听从了这个意见。皇上说:"我想全面知道官吏的好坏,假若平常派官采访,恐怕派遣的人不恰当。然而,官吏的好坏怎么才能知道呢?"良弼说:"臣等应当为皇帝陛下访察。"皇上说:"就这样办吧,但是不要使你们的职称和实际混淆了。"皇上想迁移窝斡的叛逆党徒,分散安置到辽东。良弼上奏:"这些人已经得到了宽恕,迁移他们会产生怨恨。"皇上说:"你说的是眼前的利害关系,我要为子孙后代考虑啊。"良弼说:"皇上的见识不是臣等所能企及的。"于是,把曾经参与叛乱的人,迁移到乌古里石垒部居住。皇上问宰臣:"尧有九年的水灾,汤有七年的旱灾,但是百姓不忧虑挨饿。现在只要一二年收成不好,百姓就缺吃的，这是为什么？"良弼回答说："古代土地宽广人民朴质，崇高节约俭省，而且又惟农业是务，所以蓄积得多，因而没有缺粮挨饿的灾难。现在土地狭窄人口又多，并且大都弃本逐末，耕种的人少，吃饭的人多，所以一遇到荒年老百姓就困乏了。"皇上充分地肯定了这些话，于是命令官吏惩罚劝诫荒纵不务生业的人。

十七年，良弼因为疾病辞相位，皇上不允许。良弼告假满一百天，皇上下诏赐给假日，派御医诊视，又多次派宫廷使者问候疾病。良弼告假的时间已经比较长久，省中多有积压的事，皇上以这个问题问宰相、参政，张汝弼回答说："没有。"皇上说："怎能说没有？从今天起有拿不准而久不能作决定的，应当全部奏闻。"

十八年，良弼上表请求退休回乡，皇上派使臣安慰宣谕他说："你连续因病告假，我特别担心。现在听说你将到西京去养病，那里的风土，不是老病所适宜的。京城中疲劳于人事应酬，不是养病的地方。若到靠近京城的条件好的郡去居住，对养病有利。待疾病稍有好转，赶快让我知道。"良弼上奏说："臣遇上了圣明的天子，充数接受大任，早晚忧心恐惧，以致成了疾病。接连蒙受皇帝的恩惠，多次派遣使臣慰问，赐给医药，臣得苟且活到今天，全是陛下的恩赐啊。臣怎么敢希望到了家乡，病就能好。臣离开乡里岁月长久了，亲属和相识大都已经死去，只有老臣一个人还在，乡土的恋情，实在不能忘怀。臣私下想，从来人臣受知于人主，没有超过臣下的，臣虽粉身碎骨也无法报答。若使臣一旦回到乡里，得以见到亲人故旧，那么臣就是死了也没有遗恨了。"皇上问宰相说："丞相良弼一定要回到家乡，我用世袭猛安封他的儿子符宝曷答，使他侍奉良弼同行，你看怎么样？"右丞相完颜守道说："不如将猛安授给良弼，让他的儿子代理。"皇上听从了这个意见。于是授予良弼胡论宋葛猛安，给丞相的俸禄和侍从人员，这样，良弼就退休归家了。皇上告诉宰相说："你等并不是不尽心，但才力赶不上良弼，所以舍不得他离开呀。"在此以后，尚书省上奏选人授官，皇上说："丞相良弼拟订的授官人选，未曾随便给予不当得到的人，他荐举的往往是合适的人才。粘割斡特刺、移刺愷、悲满余庆都是他荐举的。至于答应私下请托，他是绝对没有的。"皇上曾经问良弼："每天早晨和晚上太阳的颜色都是赤红色，这是为什么？"良弼说："早晨太阳赤红相应的是东方，与高丽相当。晚上太阳赤红相应的是西方，与夏国相当。希望皇帝陛下修德争取天的应和，那么灾异变故自然就停止了。"不久，夏国有任德敬的叛乱，高丽有赵位宠的灾难，良弼的话都应验了，这一年，良弼去世了，享年六十岁。皇上哀悼惋惜他，派太府监移刺愷、同知西京留守王佐为敕葬祭奠使，助丧白金、彩币加等，丧葬之费都由官方供给。追封良弼为金源郡王，命令翰林待制移刺履刻墓志铭与墓碑，谥称诚敏。

良弼生性聪明忠正，善于判断做出决定，言论和识见都出人意外。虽然他出身贫寒，致位宰相之后，朝夕忧惧尽心于国家，筹谋考虑得很深远，荐举人才，常常像等不及一样。他在家里清静俭节，周济贫困的亲朋故旧，与人交往日子长了而越加敬重。他居相位差不多二十年，成就了社会的太平，号称贤相。明昌五年，陪位在世宗庙廷分享祭祀。

金史卷九十二

列传第三十

徒单克宁

徒单克宁本名习显，其先金源县人，徙居比古土之地，后徙置猛安于山东，遂占籍莱州。父况者，官至汾阳军节度使。

克宁资质浑厚，寡言笑，善骑射，有勇略，通女直、契丹字。左丞相希尹，克宁母舅。熙宗问希尹表戚中谁可侍卫者，希尹奏曰："习显可用。"以为符宝祗候。是时，悼后干政，后弟裴满忽土侮克宁，克宁殴之。明日，忽土以告悼后，后曰："习显刚直，必汝之过也。"已而，充护卫，转符宝郎，迁侍卫亲军马步军都指挥使，改忠顺军节度使。

克宁娶宗幹女嘉祥县主，同母兄蒲甲判大宗正事，海陵心忌之，出为西京留守，搆致其罪诛之，因降克宁知滕阳军。历宿州防御使、胡里改路节度使、曷懒路兵马都总管。

大定初，诏克宁以本路兵会东京。迁左翼都统。诏与广宁尹仆散浑坦、同知广宁尹完颜岩雅、肇州防御使唐括乌也，从右副元帅完颜谋衍讨契丹窝斡。趋济州。谋衍用契丹降吏紝者计策袭贼辎重，克宁与纥石烈志宁为殿，与贼遇于长泺。谋衍使伏兵于左翼之侧。贼二万余蹑吾后，又以骑四百余突出左翼伏兵之间，欲绕出阵后攻我。克宁与善射二十余人拒之。众曰："贼众我寡，不若与伏兵合击，或与大军相依，可以万全。"克宁曰："不可。若贼出阵后，则前后夹击，我败矣，大军不可俟也。"于是奋击，贼乃却。左翼万户襄与大军合击之，贼遂败，追奔十余里，二年四月一日也。越九日，复追及贼于霿霿河。左翼军先与贼战，克宁以骑二千追掩十五里，贼迫涧不得亟渡，杀伤甚众。贼收军返斾，大军尚未至，克宁令军士下马射贼，贼遂引而南。

是时，窝斡已再北，元帅谋衍利卤掠，驻师白泺。世宗讶其持久，遣问之。谋衍曰："贼骑壮，我骑弱，此少驻所以完养马力也。不然，非益万骑不可胜。"克宁奋然而言曰："吾马固不少，但帅不得人耳。其意常利俘掠，贼至则引避，贼去则缓随之，故贼常得善牧，而我常拾其踩践之余，此吾马所以弱也。今诚能更置良帅，虽不益兵，可以有功。不然，骑虽十倍，未见其利也。"朝廷知其议，召还谋衍，以平章政事仆散忠义兼右副元帅。师将发，贼声言乞降。克宁曰："贼初困蹙，且无降意，所以扬言者，是欲缓吾师期也。不若攻其未备，贼若挫衄，则其降必速。如其不降，乘其怠而急击之，可一战而定也。"忠义以为然，乃与克宁出中路，遂败贼兵于罗不鲁之地。贼奔七渡河，负险为栅，克宁觇知贼栅之背其势可上，乃潜师夜登，俯射之，大军自下攻，贼溃，皆遁去。

契丹平，克宁除太原尹。未阅月，宋吴璘侵陕右，元帅左都监徒单合喜乞益兵，遣克宁佩金牌驻军平凉。诏合喜曰："朕遣克宁参议军事，此其智勇足敌万人，不必益军也。"克宁至，下令安辑，未几，民皆完聚。

治兵伐宋，右丞相仆散忠义驻南京节制诸军，左副元帅纥石烈志宁经略边事，克宁改益都尹，兼山东路兵马都总管、行军都统。四年，元帅府欲遣左都监璋以兵四千由水路进，诏曰："可付都统徒单习显，仍益兵二千，择良将副之。璋可经略山东。"于是，克宁出军楚、泗之间，与宋将魏胜相拒于楚州之十八里口。魏胜取弊舟凿其底，贯以大木，列植水中，别以船载巨石贯以铁鏁，沉之水底，以塞十八里口及淮渡舟路。以步兵四万人屯于淮渡南岸、运河之间。克宁使斜卯和尚选善游者没水，系大绳植木上，数百人于岸上引绳曳一植木，皆拔出之，彻去沉船。进至淮口，宋兵来拒，隔水矢石俱发，斜卯和尚以竹编篱捍矢石，复拔去植木沉船，师遂入淮。与宋兵夺渡口，合战数四，猛安长寿先行薄岸，水浅，先率劲卒数人涉水登岸，败其津口兵五百人，余众皆济。宋兵四百余自清河口来，镇国上将军蒲察阿离合懑以步兵百人御之。克宁自与扎也银术可五骑先行六七里与战，银术可先登，奋击败之。宋大兵整阵来拒，克宁麾兵前战，自旦至午，宋兵败，逾运河为阵，余众数千皆走入营中。克宁使以火箭射其营舍，尽焚，逾河撤桥，与其大军相会。隔水射之，宋兵不能为阵。猛安钞兀以六十骑击宋骑兵千余，不利，少却。克宁以猛安赛剌九十骑横击之，宋兵大败。追至楚州，射杀魏胜，遂取楚州及淮阴县。是役也，赛剌功居多。是时，宋屡遣使请和，仆散忠义、纥石烈志宁约以世为叔侄国，割还海、泗、唐、邓四州。宋人尚迁延有请，及克宁取楚州，宋人乃大惧，一一如约。

兵罢，改大名尹，历河间、东平尹，召为都点检。十一年，从丞相志宁北伐，还师。十一月皇太子生日，世宗置酒东宫，赐克宁金带。明年，迁枢密副使，兼知大兴府事，改太子太保，枢密副使如故。拜平章政事，封密国公。

克宁女嫁为浑王永成妃，得罪，克宁不悦，求致仕，不许，罢为东京留守。明年，上将复相克宁，改南京留守，兼河南统军使。遣使者谕之曰："统军使未尝以留守兼之，此朕意也。可过京师入见。"克宁至京师，复拜平章政事，授世袭不扎土河猛安兼亲管谋克。世宗欲以制书亲授克宁，主者不知上意，及克宁已受制，上谓克宁曰："此制朕欲亲授与卿，误授之于外也。"又曰："朕欲尽徙卿宗族在山东者居之近地，卿族多，官田少，无以尽给之。"乃选其最亲者徙之。十九年，拜右丞相，徙封谭国公。克宁辞曰："臣无功，不明国家大事，更内外重任，当自愧。乞归田里，以尽余年。"上曰："朕念众人之功无出卿右者，卿慎重得大臣体，毋复多让。"克宁出朝，上使徒单怀忠谕之曰："凡人醉时醒时处事不同，卿今日亲宾庆会，可一饮，过今日可勿饮也。"克宁顿首谢曰："陛下念臣及此，臣之福也。"

克宁为相，持正守大体，至于簿书期会，不屑屑然也。世宗尝曰："习显在枢密，未尝有过举。"谓克宁曰："宰相之职，进贤为上。"克宁谢曰："臣愚幸得备位宰辅，但不能明于知人，以此为恨耳。"二十一年，左丞相守道为尚书令，克宁为左丞相，徙封定国公，恳求致仕。上曰："汝立功立事，乃登相位，朝廷是赖，年虽及，未可去也。"后三日，与守道奏事，俱跪而请曰："臣等齿发皆衰，幸陛下赐以余年。"上曰："上相坐而论道，不惟其官惟其人，岂可屡改易之邪？"顷之，克宁改枢密使，而难其代。复以守道为左丞相，虚尚书令位者数年，其重如此。未几，以司徒兼枢密使。二十二年，诏赐今名。二十三年，克宁复以年老为请。上曰："卿昔在政府，勤劳夙夜，除卿枢密使亦可以优逸矣。朕念旧臣无几人，万一边隅有警，选将帅，授方略，山川险要，兵道军谋，舍卿谁可与共者？勉为朕留！"克宁乃不敢复言。

二十四年，世宗幸上京，皇太子守国，诏左丞相守道与克宁俱留中都辅太子。上谓克宁曰："朕巡省之后，万一有事，卿必躬亲之，毋忽细微，图难于其易，可也。"二十五年，左丞相守道赐宴北部，诏克宁行左丞相事。

是时，世宗自上京还，次天平山清暑，皇太子薨于京师，诸王妃主入宫吊哭，奴婢从入者多，颇喧杂不严。克宁遣出之，身护宫门，严饬殿廷宫门禁卫如法，然后听宗室外戚入临，从者有数。谓东宫官属曰："主上巡幸，未还宫阙，太子不幸至于大故，汝等此时能以死报国乎？吾亦不敢爱吾生也。"辞色俱厉，闻者肃然敬惮。章宗时为金源郡王，哀毁过甚，克宁谏曰："哭泣，常礼也。郡王身居冢嗣，岂以常礼而忘宗社之重乎？"召太子侍读完颜匡曰："尔侍太子日久，亲臣也。郡王哀毁过甚，尔当固谏。谨视郡王，勿去左右。"世宗在天平山，皇太子讣至，哀恸者屡矣。闻克宁严饬宫卫，谨护皇孙，嘉其忠诚而愈重之。

九月，世宗还京师。十一月，克宁表请立金源郡王为皇太孙，以系天下之望。其略曰："今宣孝皇太子陵寝已毕，东宫虚位，此社稷安危之事，陛下明圣超越前古，宁不察此，事贵果断，不可缓也。缓之则起觊觎之心，来谗佞之言。谗佞之言起，虽欲无疑得乎？兹事深可畏、大可慎，而不畏不慎，岂惟储位久虚，而骨肉之祸，自此始矣。臣愚不避危身之罪，伏愿亟立嫡孙金源郡王为皇太孙，以释天下之惑，塞觊觎之端，绝搆祸之萌，则宗庙获安，臣民蒙福。臣备位宰相，不敢不尽言，惟陛下裁察。"

逾月，有诏起复皇孙金源郡王判大兴尹，封原王。世宗诸子中赵王永中最长，其母张玄徵女，玄徵子汝弼为尚书左丞。二十六年，世宗出汝弼为广宁尹。于是，左丞相守道致仕，遂以克宁为太尉，兼左丞相，原王为右丞相，因使克宁辅导之。

原王为丞相方四日，世宗问之曰："汝治事几日矣？"对曰："四日。""京尹与省事同乎？"对曰："不同。"上笑曰："京尹浩穰，尚书省总大体，所以不同也。"数日，复谓原王曰："宫中有四方地图，汝可观之，知远近厄塞也。"世宗与宰相论钱币，上曰："中外皆患钱少，今京师积钱止五百万贯，除屯兵路分其他郡县钱可运至京师。"克宁曰："郡县钱尽入京师，民间钱益少矣。若起运其半，其半变折轻赍，庶几钱货流布也。"上嘉纳之。

章宗虽封原王，为丞相，克宁犹以未正太孙之位，屡请于世宗，世宗叹曰："克宁，社稷之臣也。"十一月戊午，宰相入见于香阁，既退，原王已出，克宁率宰臣屏左右奏立太孙，世宗许之。庚申，诏立原王右丞相为皇太孙。

明日，徒单公弼尚息国公主纳币，赐六品以上宴于庆和殿。上谓诸王大臣曰："太尉忠实明达，汉之周勃也。"称叹再三。克宁进酒，上举觞为之醉。有诏给太尉假三日。明年正月，复求解机务。上曰："卿遽求去邪？岂朕用卿有未尽乎？或因喜怒用刑赏乎？其他宰相未有能如卿者，宜勉留以辅朕。卿若思念乡土，可以一往，不必谢政事。三月一日朕之生辰，卿不必到，从容至暑月还京师相见。"四月，克宁还朝，入见上。上问曰："卿往乡中，百姓皆安业否？"克宁曰："生业颇安，然初起移至彼，未能滋殖耳。"未几，以丞相监修国史。上问史事，奏曰："臣闻古者人君不观史，愿陛下勿观。"上曰："朕岂欲观此？深知史事不详，故问之耳。"初，泸沟河决久不能塞，加封安平侯，久之，水复故道。上曰："鬼神虽不可窥测，即获感应如此。"克宁奏曰："神之所佑者正也，人事乖，则弗享矣。报应之来皆由人事。"上曰："卿言是也。"世宗颇信神仙浮图之事，故克宁及之。

宋前主殂，宋主遣使进遗留物，上怪其礼物薄。克宁曰："此非常贡，责之近于好利。"上曰："卿言是也。"乃以其玉器五事、玻璃器大小二十事及茶器刀剑等还之。

二十八年十一月癸丑，上幸克宁第。初，上欲以甲第赐克宁，克宁固辞，乃赐钱因其旧居宏大之。毕工，上临幸，赐金器锦绣重彩，克宁亦有献。上饮欢甚，解御衣以衣之。诏画克宁像藏内府。

十二月乙亥，世宗不豫。甲申，克宁率宰执入问起居。上曰："朕疾殆矣。"谓克宁曰："皇太孙年虽弱冠，生而明达，卿等竭力辅之。"又曰："尚书省政务权听于皇太孙。"克宁奏曰："陛下幸上京时，宣孝太子守国，许除六品以下官，今可权行也。"上曰："五品以下亦何不可。"乙酉，诏皇太孙摄行政事，注授五品以下官。诏太孙与诸王大臣俱宿禁中。克宁奏曰："皇太孙与诸王宜别嫌疑，正名分，宿止同处，礼有未安。"诏太孙居庆和殿东庑。丙戌，诏克宁以太尉兼尚书令，封延安郡王。平章政事襄为右丞相，右丞张汝霖为平章政事。戊子，诏克宁、襄、汝霖宿于内殿。

二十九年正月癸巳，世宗崩于福安殿。是日，克宁等宣遗诏立皇太孙为皇帝，是为章宗。徙封为东平郡王。诏克宁朝朔望，朝日设坐殿上。克宁固辞，诏近臣勉谕。克宁涕泣谢曰："怜悯老臣，幸免常朝，岂敢当坐礼。"其后，每朝必为克宁设坐，克宁侍立益敬。即位诏文"凡除名开落官吏并量材录用"，张汝霖奏真盗枉法不可恕,克宁曰:"陛下初即位行非常之典,赃吏误沾恩宥其害小,国之大信不可失也。"章宗深然之。无何,进拜太傅,兼尚书令,赐尚衣玉带。乞致仕,不许。诏译《诸葛孔明传》赐之。诏尚书省曰:"太傅年高,旬休外四日一居休,大事录之,细事不须亲也。"赐金五百两、银五千两、钱千万、重彩二百端、绢二千匹。

尚书省奏猛安谋克愿试进士者听之,上曰:"其应袭猛安谋克者学于太学可乎?"克宁曰:"承平日久,今之猛安谋克其材武已不及前辈,万一有警,使谁御之?习辞艺,忘武备,于国弗便。"上曰:"太傅言是也。"章宗初即位,颇好辞章,而疆埸方有事,故克宁言及之。

明昌二年,克宁属疾,章宗往视之。克宁顿首谢曰:"臣无似,尝蒙先帝任使,陛下即位,属以上相,今臣老病,将先犬马填沟壑,无以辅明主绥四方。陛下念臣驽怯,亲枉车驾临幸,死有余罪矣。"是日,即榻前拜太师,封淄王,加赐甚厚。

是岁二月,薨,遗表,其大概言:"人君往往重君子而反疏之,轻小人而终昵之。愿陛下慎终如始,安不忘危,而言不及私。"诏有司护丧事,归葬于莱州,谥曰忠烈。明昌五年,配享世宗庙廷,图像衍庆宫。大安元年,改配享章宗庙廷。

赞曰:徒单克宁可谓大臣矣,功高而身愈下,位盛而心愈劳。《经》曰:"在上不骄,高而不危,制节谨度,满而不溢",所以长守富贵。故曰忠信匪懈,不施其功,履盛满而不忘,德之上也。孜孜勉勉,恪守职业,不居不可成,不事不可行,人主知之,次也。谏期必行,言期必听,为其事必有其功者,又其次也。

译文：

徒单克宁，本名叫习显，他的祖先是金源县人，迁居比古土，后来又移置猛安到山东，于是籍贯莱州。父亲叫况者，官至汾阳军节度使。

克宁资质含蓄厚重，少言笑，善于骑马射箭，有勇气和胆略，懂得女真、契丹字。左丞相希尹，是克宁的母舅。熙宗问希尹表亲中谁可以做侍卫？希尹上奏说："习显可以用。"于是用克宁为符宝祗候。当时，悼后干预朝政，悼后的弟弟裴满忽土欺侮克宁，克宁殴打他。第二天，忽土将此事告诉悼后，悼后说："习显刚强直率，一定是你的过错。"不久，克宁充当护卫，转为符宝郎，迁调为侍卫亲军马步军都指挥使，改任忠顺军节度使。

克宁娶宗幹的女儿嘉祥县主为妻，同母的哥哥蒲甲为判大宗正事，海陵心里忌妒他，调蒲甲出京为西京留守，罗织罪名杀了他，因而降克宁为知滕阳军。克宁历任宿州防御使、胡里改路节度使、曷懒路兵马都总管。

大定初年，下诏克宁率本路的兵在东京会合，迁为左翼都统。下诏令与广宁尹仆散浑坦、同知广宁尹完颜岩雅、肇州防御使唐括乌也，跟从右副元帅完颜谋衍征讨契丹窝斡。完颜谋衍等人奔赴济州。谋衍采用契丹的投降官吏紇者的计策袭击贼人的军用物资，克宁与纥石烈志宁为殿军，与贼人在长泺遭遇。谋衍使克宁等在左翼的旁边埋伏。贼人两万多追随在我方后面，又用骑兵四百多在左翼和伏兵之间冲击，想绕出阵后攻击我方。克宁与善于射箭的二十多人阻击他们。大家说："贼人多我们少，不如与伏兵合起来打，或者与大军相依靠，可以万无一失。"克宁说："不可！若贼人出于阵之后，则前后两相夹击，我们就败了,大军不可能等待啊。"于是奋力打击,贼人才退却。左翼万户褰与大军合起来打击他们,于是贼人失败,追赶了十多里,当时是大定二年四月一日。过了九天,又在霶霖河追上了贼人。左翼军先与贼人接战,克宁率骑兵二千追击掩杀十五里,贼人迫近山涧不能很快渡过,被杀伤很多。贼人收兵集合,大军还没有到,克宁命令军士下马用箭射贼,于是贼人引兵向南退去。

当时,窝斡已第二次败北,元帅谋衍贪图掳掠,驻军队在白泺。世宗惊讶他相持太久,遣使臣问他。谋衍说:"贼人的马壮,我们的骑弱,在这里稍事停驻以便养足马的力量。不然,非增加一万骑兵不可能胜利。"克宁奋然说道:"我们的马本来不少,只是统帅不是人才罢了。他的意图常常是贪图掳掠,贼人来了就引军回避,贼人离开就慢慢地跟随他们,所以贼人常常得到好的牧场,而我们常常是拾他们践踏的剩余,这就是我们的马衰弱的缘故。现在如能更换好的元帅,虽不增兵,就可以有功劳。不然,骑兵虽十倍,未见得有什么好处。"朝廷同意他的议论,召回谋衍,以平章政事仆散忠义兼右副元帅。军队将出发,贼人声言请求投降。克宁说:"贼人刚刚穷蹙,尚且没有投降的意思,所以扬言投降,是想推缓我们出兵的日期啊。不如攻其不备,贼人若受挫而败,他们必然很快投降。如他们不投降,乘他们懈怠而立即攻打他们,可一战而决定胜负。"忠义认为他说得对,于是和克宁出兵中路,就在罗不鲁这个地方打败了贼兵。贼人逃奔七渡河,凭险列置栏栅,克宁窥伺得知贼人栏栅的背面地势可以上去,就偷偷地派兵在夜间登上去,俯射他们,大军又从下面攻打,贼败溃,都逃跑了。

契丹平定,克宁授官太原尹。未过一个月,宋吴璘侵扰陕右,元帅左都监徒单合喜请求增兵,派遣克宁佩带金牌在平凉驻军。下诏合喜说:"我派遣克宁参议军事,这个人的智谋和勇气足以抵挡一万人,不必增兵了。"克宁来到,下令安抚,不久,老百姓都团聚了。

整兵讨伐宋朝,右丞相仆散忠义驻节南京指挥管辖各军,左副元帅纥石烈志宁经营规划在边之事,克宁改任益都尹,兼任山东路兵马都总管、行军都统。四年,元帅府想派遣左都监璋带兵四千从水路前进,皇帝下诏说:"可以交付都统徒单习显,仍增兵两千,选择好的将官做他的副手。璋可以经管规划山东。"于是,克宁出兵楚、泗二州之间,与宋将魏胜相持于楚州的十八里口。魏胜取破船凿穿它的底部,用大的木头贯穿,排列安插在水中,另外用船运载大石头用铁链结在一起,沉到水底,堵塞住十八里口及淮渡的船路。用步兵四万人屯驻在淮渡南岸与运河之间。克宁使斜卯和尚选善于游泳的人潜没水中,在埋插的木头之上系结大绳,好几百人在岸上牵引绳子拉一根埋插的木头,结果所有埋在水下的木头都被拔出来了,清除了沉船,进兵到淮口,宋兵来抵御,隔着河水箭和石头,一起发射,斜卯和尚用竹编的篱笆挡着箭和石头,又拔去安插的木头和沉船,于是军队进入淮河。与宋兵争夺渡口,交锋了好几次,猛安长寿先行靠近岸边,水浅,先率领着强悍的士兵几个人渡水登岸,打败了在渡口的宋兵五百人,我方其余的兵士都已渡过了淮河。宋兵四百余人从清河口来,镇国上将军蒲察阿离合懑用一百步兵抵抗他们。克宁自己与扎也银术可等五名骑兵先走了六七里与他们接战,银术可先上,奋力打败了他们。宋大兵整顿阵势抵抗,克宁挥军向前战斗,从早晨到午间,宋兵被打败,越过运河为阵地,剩下的几千士兵都走入营中。克宁指使用火箭射他们的营舍,全部烧毁,宋军越过河撤去桥,与他们的大军相会合。克宁隔水用箭射他们,宋兵不能成阵。猛安钞兀带六十骑兵袭击一千多宋骑兵，不利，稍有退却。克宁用猛安赛刺九十名骑兵从横向袭击他们，宋兵大败。追到楚州，射杀魏胜，取得楚州和淮阴县。这次战役，赛刺的功最多。这时，宋屡次派遣使者请求议和，仆散忠义、纥石烈志宁和他们相约世世为叔侄之国，割还海、泗、唐、邓四州。宋人尚且拖延有所请求，等到克宁攻取楚州，宋人才大为害怕，一一如约。

兵罢，克宁改任大名尹，历任河间、东平尹，召回朝廷任都点检。十一年，跟从丞相志宁北伐，军队归还，十一月皇太子生日，世宗在东宫摆酒，赏赐给克宁金带。第二年，克宁调迁为枢密副使，兼知大兴府事，改任太子太保，枢密副使照旧。拜克宁任平章政事，封密国公。

克宁的女儿嫁给浦王永成为王妃，得了罪，克宁不高兴，请求退休，不允许，罢降为东京留守。第二年，皇上准备重新使克宁为相，改为南京留守，兼任河南统军使。派遣使者宣谕他说："统军使未曾以留守兼任的，这是我的意思。可以过京师入宫相见。"克宁到了京师，重新拜任平章政事，授给世袭不扎土河猛安兼亲管的谋克。世宗想把制书亲自授给克宁，主管人不知道皇上的意思，等到克宁已接受制书，皇上告诉克宁说："这个制书我想亲自授予你，结果错误地授在外面了。"又说："我想全部迁移你在山东的宗族居住在较近的地方，你的族人多，官田少，无法全给他们。"于是选他最亲的族人迁移。十九年，拜任右丞相，改封谭国公。克宁推辞说："臣没有功劳，不懂国家大事，历当朝廷内外的重任，应当自我惭愧。我请求回到田里，度过余生。"皇上说："我考虑大家的功劳没有超过你的，你慎重有大臣体，不要再多谦让。"克宁走出朝廷，皇上派徒单怀忠宣谕他说："凡人醉的时候和醒的时候处理事情不一样,你今日亲属宾客庆会,可以一饮,过了今天可不能饮酒了。"克宁下跪头触地谢道:"皇帝陛下关心臣到这个地步,这是臣的福气啊。"

克宁为宰相,公正而守大体,至于文书和预定的聚会,不怎么留意。世宗曾说:"习显在枢密府,未曾有错误的推举。"告诉克宁说:"宰相的职任,引进贤能是首位的。"克宁感谢说:"臣愚钝侥幸得以列位宰相,但不能明于知人,臣以此为恨呀。"二十一年,左丞相守道为尚书令,克宁为左丞相,改封定国公,恳切请求退休。皇上说:"你立有功劳创立事业,所以才登上了宰相的位置,是朝廷的依靠,年龄虽到了退休之时,但仍不可以离开呀。"过了三天,与守道奏事,都跪下请求说:"臣等牙齿鬓发都已衰老,希望皇帝陛下赐给余下的岁月。"皇上说:"在高位的辅相坐而论政,不考虑他的官而考虑他的人,难道可以屡次改换他吗?"不久,克宁改任枢密使,而难找到代替他的人。重新以守道为左丞相,空缺着尚书令的位置好几年,皇帝就是这样看重他。不久,以司徒兼任枢密使。二十二年,下诏赐给克宁现在的名字。二十三年,克宁又以年老请求退休。皇上说:"你过去在政府,勤劳得不分白天黑夜,授官你枢密使,也可以悠闲安逸了。我考虑旧的大臣没有几个人了,万一边境有紧急情况,选择将帅,传授方策谋略、山川险要、兵道军谋,除了你谁可以参与商议啊?勉强为我留下吧!"克宁才不敢再说。

二十四年,世宗巡幸上京,皇太子留守京城,下诏左丞相守道与克宁都留在中都辅佐太子。皇上告诉克宁说:"我巡省之后,万一有什么事,你一定亲自处理,不要忽视细微的地方,把容易的事考虑难点就可以了。"二十五年,左丞相守道赐宴北部,下诏克宁行左丞相事。

这时，世宗从上京回来，临时住在天平山消暑，皇太子在京师去世，各王、妃、公主入宫吊丧哀哭，奴婢跟着进来的很多，非常喧杂不严肃。克宁命令他们出去，自身守护着宫门，按规定严肃整治殿廷宫门的禁卫，然后才让宗室、外戚入宫吊丧，跟从者有一定名额。克宁告诉东宫的官属说："皇帝巡幸，还没有回到宫廷，太子不幸以至于死去，你等这时候能以死报效国家吗？我也不敢爱我的生命啊。"言辞和表情都很严厉，听的人都肃然敬畏。章宗当时为金源郡王，哀戚毁形过于厉害，克宁劝说道："哭泣，是人的常礼。郡王身为嫡长子，岂能以常人之礼而忘却宗庙社稷的重要？"招呼太子侍读完颜匡说："你侍奉太子日子很长了，是亲近的臣僚啊。郡王哀戚毁形过于厉害，你应当坚决劝阻。谨慎地看视着郡王，不要离开左右。"世宗在天平山，皇太子去世的消息传来，好几次哀伤大哭。听说克宁严肃整治宫廷护卫，谨慎地保护皇孙，就赞扬他的忠诚而更加看重他。

九月，世宗回到京师。十一月，克宁上表请求立金源郡王为皇太孙，以维系天下的属望。他大略说："今天宣孝太子的陵墓已经完毕，东宫空虚着位置，这是国家安危的事，皇帝陛下明白通达超越前古，岂能不觉察到这一点，事情贵于果断，不可迟缓啊。迟缓了就会起非分的奢望之心，飞来诽谤和诡媚的话，诽谤和诡媚的话起来，虽然想不起疑心办得到吗？这件事深可敬畏，大可慎重，如果不敬畏不慎重，难道仅仅是皇位继承人的位置久久空着，而且亲骨肉间的祸患，从此就开始了。臣愚钝不回避危及自身的罪过，俯首愿望赶紧立嫡孙金源郡王为皇太孙，以解除天下的疑惑，堵塞非望的开端，杜绝制造祸患的萌芽，这样家族就会获得安定，臣民就会蒙受福泽。臣列位宰相，不敢不尽所言，请皇帝陛下裁决审察。"

过了一个月,有诏起用皇孙金源郡王判大兴尹,封为原王。世宗的几个儿子中赵王永中年长,他的母亲是张玄徵的女儿,玄徵的儿子汝弼为尚书左丞。二十六年,世宗调出汝弼任广宁尹。这时,左丞相守道退休,于是以克宁为太尉,兼左丞相,原王为右丞相,使克宁辅导他。

原王为丞相刚刚四天,世宗问他说:"你管理事情几天了?"回答说:"四天。""京尹与尚书省的事一样吗?"回答说:"不一样。"皇上笑着说:"京尹浩繁,尚书省总掌大体,所以不一样。"过了几天,又告诉原王说:"宫中有四方的地图,你可以看看它,知道远近险要之地。"世宗与宰相论说钱币,皇上说:"宫中内外都忧虑钱少,现在京师积钱只有五百万贯,除了屯驻军队的各路,其他郡县的钱可运送到京师来。"克宁说:"郡县的钱全部输入京师,民间的钱越加少了。若是起运他们的一半,另一半变折成轻便的物资,差不多钱币和货物就流通了。"皇上赞扬并采纳了这个意见。

章宗虽封为原王,为丞相,克宁仍然以为没有就正太孙的位置,屡次请求世宗,世宗感叹说:"克宁是社稷之臣啊。"十一月戊午,宰相在香阁拜见皇帝,完事之后,原王已出来了,克宁率领宰臣回避左右奏请立太孙,世宗允许了。庚申,下诏立原王右丞相为皇太孙。

第二天,徒单公弼娶息国公主举行纳币这种婚礼,赐六品以上官员在庆和殿宴会。皇上告诉各王和大臣说:"太尉忠诚实在明白通达,是汉代的周勃啊。"称赞感叹再三。克宁祝酒,皇上举杯一饮而尽。诏命给太尉假三天。第二年正月,克宁又请求解除职务。皇上说:"你急着要求离开吗?难道我用你还有未尽的地方吗?还是因为对我用刑用赏不满呢?其他宰相没有能比得上你的,你应该勉强留任辅佐我。你若思念乡土,可以一往,不必辞掉政事。三月一日我的生日,你不必来了,从从容容到暑月回京师相见。"四月,克宁回到朝廷,入见皇上。皇上问说:"你前往乡里,百姓都安居乐业吗?"克宁说:"为生之业十分安定,然刚刚迁移到那里,还没有能繁富罢了。"不久,克宁以丞相的资格监修国史。皇上问史事,上奏说:"臣听说古代皇帝不看史书,希望陛下不要看。"皇上说:"我难道想看这个?深深知道史事不详,所以问问罢了。"当初,泸沟河决口很久不能堵塞,加封克宁为安平侯,过了较长一段时间,水回复到原来的河道。皇上说:"鬼神虽然不能探究揣测,马上能得到如此感应。"克宁奏说:"神所保佑的是正义,人事不协调,就不享用。报应都是由人事所决定。"皇上说:"你的话对啊。"世宗非常相信神仙佛之类的事,所以克宁谈及。

  宋前主死亡,宋主派使臣来奉献遗留物。皇上责怪他们的礼物不厚。克宁说:"这不是通常的贡物,责备人家就近乎好利。"皇上说:"你的话对啊。"于是把他们的五件玉器、玻璃器大大小小二十件及茶器、刀剑等还给了他们。

  二十八年十一月癸丑,皇上临幸克宁的宅第。当初,皇上想以甲第赐给克宁,克宁坚决推辞,就赐给钱根据他的旧居扩大。完工后,皇上亲自到来,赐给金器和锦绣重彩,克宁也有所奉献。皇上饮酒非常高兴,解下御衣给克宁穿上。下诏画克宁的像收藏在内府。

  十二月乙亥,世宗不舒服。甲申,克宁率领宰执大臣入宫探问起居。皇上说:"我的病危险了。"告诉克宁说:"皇太孙年龄虽然二十,但他生来聪明通达,你等尽力辅佐他。"又说:"尚书省政务暂时听决于皇太孙。"克宁奏说:"陛下巡幸上京时，宣孝太子留守京城，允许授予六品以下的官，现在可暂且施行。"皇上说："五品以下又有什么不可以的呢？"乙酉，下诏皇太孙代行国政大事，注名除授五品以下的官。诏令太孙与诸王、大臣都留宿在宫中。克宁奏说："皇太孙与诸王应该别嫌疑，摆正名分，宿止在一个地方，礼有不妥。"诏令太孙居住在庆和殿东庑。丙戌，诏令克宁以太尉兼任尚书令，封延安郡王。平章政事襄为右丞相，右丞张汝霖为平章政事。戊子，下诏克宁、襄、汝霖留宿内殿。

二十九年正月癸巳，世宗死在福安殿。当天，克宁等宣示遗诏立皇太孙为皇帝，他就是章宗。改封克宁为东平郡王。诏命克宁初一、十五朝见，上朝那天在殿上设座。克宁坚决推辞。下诏近侍大臣极力开导他。克宁涕泣着感谢说："陛下爱护哀怜老臣，有幸免去了例行朝会，怎么敢当得起坐礼？"以后，每上朝必为克宁设一座位，克宁侍立越加恭敬。即位的诏文有："凡是除去名籍开除落职的官吏一并视其才能录用。"张汝霖奏："真正的盗贼枉法不可饶恕。"克宁说："陛下刚即位施行非同寻常的典则，贪赃的官吏顺带沾点皇恩得到宽恕其害处小，国家的大信不可以失掉啊。"章宗很同意这些话。不久，克宁进拜为太傅，兼任尚书令，赐给尚衣和玉带。克宁请求退休，皇上不允许。下诏翻译《诸葛孔明传》赐给他。下诏尚书省说："太傅年事高，旬休之外，四天一居休，大事写录下来，小事不须要亲自过问了。"赐给克宁金五百两、银五千两、钱千万、重彩二百端、绢二千匹。

尚书省奏：猛安、谋克愿意考试进士的，应准许。皇上说："那些应当承袭猛安、谋克的人可以在太学学习吗？"克宁说："太平日子长久了，今天的猛安、谋克才能武艺已经不如前辈，万一有紧急情况，使谁来抵御？学习文辞艺术，忘了武装防备，对国家没有好处。"皇上说："太傅的话对呀。"章宗刚刚即位，十分喜好文辞篇章，而边境刚刚有麻烦事，故克宁的话涉及了这方面的内容。

明昌二年，克宁有病，章宗前往探视。克宁以头叩地感谢说："臣不肖，曾经蒙受先皇帝的任用，陛下即位，任为上相，今臣年老有病，将要先于群臣死去，没有办法辅佐圣明的君主安抚四方。陛下感念臣的庸劣懦弱，亲劳车驾临幸，死有余幸啊。"这天，克宁就在榻前被拜为太师，封为淄王，增加的赏赐特别优厚。

这年二月去世，有遗表，大概说："人君往往重视君子却反而疏远他，轻视小人却最终亲昵他。希望皇帝陛下慎终如始，安不忘危，不涉及私事。"诏官吏守护丧事，归葬在莱州，谥号称忠烈。明昌五年，陪位分享祭祀于世宗庙廷，画像在衍庆宫。大安元年，陪位分享祭祀于章宗庙廷。

评论说：徒单克宁可说是大臣了，功劳越高自身越谦卑，官位大而心越勤劳。《孝经》说："在上位不骄傲，高而没有危险；俭约慎行，满而不会流出。"所以可长守富贵。因此说忠信不懈怠，不夸耀功劳，福禄盛满而不忘记这些原则，是道德的最上等。勤勤恳恳，谨慎守着自己的职业，不居不成之功，不做不可行之事，受到人主的知遇，这是次一等的。劝谏希望一定遵行，言论希望一定能听，从事其事一定要有功劳，这是又次一等的。

金史卷一百二

列传第四十

仆散安贞

仆散安贞本名阿海，以大臣子充奉御。父揆，尚韩国公主，郑王永蹈同母妹也。永蹈诛，安贞罢归，召为符宝祗候。复为奉御，尚邢国长公主，加驸马都尉，袭胡土爱割蛮猛安。历尚衣直长、御院通进、尚药副使。丁母忧，起复，转符宝郎，除同知定海军节度使事。历邳、淄、涿州刺史，拱卫直都指挥使。贞祐初，改右副点检兼侍卫亲军副都指挥使，迁元帅左都监。二年，中都解严，河北州郡未破者惟真定、大名、东平、清、沃、徐、邳、海州而已。朝廷遣安贞与兵部尚书裴满子仁、刑部尚书武都分道宣抚。于是除安贞山东路统军安抚等使。

初，益都县人杨安国自少无赖，以鬻鞍材为业，市人呼为"杨鞍儿"，遂自名杨安儿。泰和伐宋，山东无赖往往相聚剽掠，诏州郡招捕之。安儿降，隶诸军，累官刺史、防御史。大安三年，招铁瓦敢战军得千余人，以唐括合打为都统，安儿为副统，戍边。至鸡鸣山不进。卫绍王驿召问状。安儿乃曰："平章参政军数十万在前，无可虑者。屯驻鸡鸣山所以备间道透漏者耳。"朝廷信其言。安儿乃亡归山东，与张汝楫聚党攻劫州县，杀略官吏，山东大扰。

安贞至益都，败安儿于城东。安儿奔莱阳。莱州徐汝贤以城降安儿，贼势复振。登州刺史耿格开门纳伪邹都统，以州印付之，郊迎安儿，发帑藏以劳贼。安儿遂僭号，置官属，改元天顺，凡符印诏表仪式皆格草定，遂陷宁海，攻潍州。伪元帅方郭三据密州，略沂、海。李全略临朐，扼穆陵关，欲取益都。安贞以沂州防御使仆散留家为左翼，安化军节度使完颜讹论为右翼。

七月庚辰，安贞军昌邑东，徐汝贤等以三州之众十万来拒战。自午抵暮，转战三十里，杀贼数万，获器械不可胜计。壬午，贼棘七率众四万阵于辛河。安贞令留家由上流胶西济，继以大兵，杀获甚众。

甲申，安贞军至莱州，伪宁海州刺史史泼立以二十万阵于城东。留家先以轻兵薄贼，诸将继之，贼大败，杀获且半，以重赏招之，不应。安贞遣莱州黥卒曹全、张德、田贵、宋福诈降于徐汝贤以为内应。全与贼西南隅戍卒姚云相结，约纳官军。丁亥夜，全缒城出，潜告留家。留家募勇敢士三十人从全入城，姚云纳之，大军毕登，遂复莱州，斩徐汝贤及诸贼将以徇。安儿脱身走，讹论以兵追之。耿格、史泼立皆降。留家略定胶西诸县，宣差伯德玩袭杀方郭三，复密州。余贼在诸州者皆溃去。安儿尝遣梁居实、黄县甘泉镇监酒石抹充浮海赴辽东构留哥，已具舟，皆捕斩之。

十一月戊辰，曲赦山东，除杨安儿、耿格及诸故官家作过驱奴不赦外，刘二祖、张汝楫、李思温及应胁诱从贼，并在本路自为寇盗，罪无轻重，并与赦免。获杨安儿者，官职俱授三品，赏钱十万贯。十二月辛亥，耿格伏诛，妻子皆远徙。诸军方攻大沫埚，赦至，宣抚副使、知东平府事乌林荅与即引军还。贼众乘之，复出为患。诏以陕西统军使完颜弼知东平府事，权宣抚副使。其后杨安儿与汲政等乘舟入海，欲走岠嵎山。舟人曲成等击之，坠水死。

三年二月，安贞遣提控纥石烈牙吾塔破巨蒙等四埚，及破马耳山，杀刘二祖贼四千余人，降余党八千，擒伪宣差程宽、招军大使程福，招降胁从百姓三万余人。安贞遣兵会宿州提控夹谷石里哥同攻大沫埚，贼千余逆战。石里哥以骑兵击之，尽殪。提控没烈夺其北门以入，别军取贼水寨，诸军继进，杀贼五千余人。刘二祖被创，获之，及伪参谋官崔天祐，杨安儿伪太师李思温。余众保大小峻角子山，前后追击，杀获以万计，斩刘二祖。诏迁赏没烈等有差。诏尚书省曰："山东东、西路贼党犹啸聚作过者，诏书到日，并与免罪，各令复业。在处官司尽心招抚，优加存恤，无令失所。"十月，安贞迁枢密副使，行院于徐州。

四年二月，杨安儿余党复扰山东。诏安贞与蒙古纲、完颜弼以近诏招之。五月，安贞遣兵讨赦定，连战皆克，杀九万人，降者三万余，郝定仅以身免。获伪金银牌、器械甚众，来归且万人，皆安慰复业。自杨安儿、刘二祖败后，河北残破，干戈相寻。其党往往复相团结，所在寇掠，皆衣红纳袄以相识别，号"红袄贼"。官军虽讨之，不能除也。大概皆李全、国用安、时青之徒焉。

兴定元年十月，诏安贞曰："防河卒多老幼疲软不胜执役之人，其令速易之。"二年十二月，开封治中吕子羽等以国书议和于宋，宋人不受。以安贞为左副元帅权参知政事行尚书省元帅府，及唐、息、寿、泗行元帅府分道各将兵三万，安贞总之，画定期日，下诏伐宋。安贞至安丰，宋兵七千拒战，权都事完颜胡鲁剌冲击败之，追至淝水，死者二千余人。安贞至大江，乃班师。

三年闰月，安贞至自军中，入见于仁安殿。胡鲁剌进一阶。久之，安贞燕见，奏曰："淝水之捷，胡鲁剌功第一，臣之兵事皆咨此人，功厚赏薄，乞加赏以劝来者。"尚书省奏："凡行省行院帅府参议左右司经历官都事以下皆迁一官，所以绝求请之路，塞奸幸之门也。安贞之请不可从。"遂止。

五年，复伐宋。二月，安贞出息州，军于七里镇，宋兵据净居山，遣兵击败之。宋兵保山寺。纵火焚寺，乘胜追至洪门山。宋兵方浚濠立栅，安贞军亟战，夺其栅。宋黄统制团兵五千保黄土关，关绝险，素有备，坚壁不出。安贞遣轻兵分为左右军潜登，别以兵三千直逼关门。翼日，左右军会于山巅，俯瞰关内。宋人守关者望之，骇愕不能立。中军急攻，宋兵溃，遂夺黄土关。遂入梅林关，拔麻城县，抵大江，至黄州，克之。进克蕲州，前后杀略不可胜计。获宋宗室男女七十余口，献之，师还。安贞每获宋壮士，辄释不杀，无虑数万，因用其策，辄有功。宣宗谓宰臣曰："阿海将略固善矣，此辈得无思归乎？南京密迩宋境，此辈既不可尽杀，安所置之？朕欲驱之境上，遣之归如何？"宰臣不对。

六月甲寅朔，尚书省奏安贞谋叛。宣宗谓平章政事英王守纯曰："朕观此奏，皆饰词不实，其令覆案之。"戊寅，并其二子杀之，以祖忠义、父揆有大功，免兄弟缘坐。诏曰："银青荣禄大夫、左副元帅兼枢密副使、驸马都尉仆散阿海，早藉世姻，寖驰仕轨，属当军旅之事，益厚朝廷之恩，爰自帅藩，擢居枢府。顷者南伐，时乃奏言，是俾行鳞介之诛，而尽露枭獍之状。二城虽得，多罪稔彰，念胜负之靡常，肯刑章之轻用。始自画因粮之计，乃更严横敛之期，督促计司，彫弊民力，信其私意，或失防秋。顾利害之实深，尚优容而弗问。顷因近侍，悉露奸谋，盖虞前后罪之上闻，乃以金玉带而夜献。审事情之诡秘，命信臣而鞫推，迨致款词，乃详实状。自以积怨之著，必非公宪所容，欲结近臣之欢心，俾伺内庭之指意，如衅端之少露，得先事而易图。因其方握兵权，得以谋危庙祐，事或不济，计即外奔。前日之俘，随时诛戮，独于宋族，曲活全门，示其悖德于敌雠，豫翼全身而纳用。"

初，安贞破蕲州，获宋宗室不杀而献之，遂以为罪。安贞忧谗，以贿近侍局，乃以质成其诬。安贞典兵征伐，尝曰："三世为将，道家所忌。"自忠义、揆至安贞，凡三世大将焉。

初，安贞破蕲州，所得金帛，分给将士。南京都转运使行六部事李特立、金安军节度副使纥石烈蒲剌都、大名路总管判官银术可因而欺隐。事觉，特立当死，蒲剌都、银术可当杖一百除名。诏薄其罪，特立夺三官、降三等，蒲剌都、银术可夺两官、降二等云。

译文：

仆散安贞本名阿海，以大臣儿子的资格充当奉御。父亲仆散揆，娶韩国公主，是郑王永蹈的同母妹妹。永蹈被杀，安贞罢官归家，召起为符宝祗候，又为奉御，娶邢国长公主，加官驸马都尉，袭承胡土爱割蛮猛安。历任尚衣直长、御院通进、尚药副使。遭逢母丧，服未满期而起用，转为符宝郎，授同知定海军节度使事。历任邳、淄、涿州刺史，拱卫直都指挥使。贞祐初年，改任右副点检兼侍卫亲军副都指挥使，迁为元帅左都监。二年，中都解除戒严，河北的州郡没有残破的只有真定、大名、东平、清、沃、徐、邳、海州而已。朝廷派遣安贞与兵部尚书裴满子仁、刑部尚书武都分道宣慰安抚。于是授安贞山东路统军安抚等使。

当初,益都县人杨安国从小无赖,以卖鞍材为职业,市上的人称他为"杨鞍儿",他就自名为杨安儿。泰和年间征讨宋,山东的无赖往往相聚在一起剽窃抢掠。下诏州郡招降或捕获他们。安儿投降,隶属军队,积官至刺史、防御使。大安三年,招徕铁瓦敢战军得到一千多人,以唐括合打为都统、安儿为副统,去防守边疆。他们到了鸡鸣山就不再前进。卫绍王通过驿站传递文书召他们责问情况。于是,安儿说:"平章、参政数十万大军在前面,没有什么可担心的。我们屯驻在鸡鸣山是防备从小路透漏过来的人罢了。"朝廷相信了他的话。于是,安儿逃亡回到山东,与张汝楫聚集党徒攻打抢劫州县,诛杀掳掠官吏,山东大乱。

安贞到了益都,在城东打败安儿。安儿逃奔莱阳。莱州的徐汝贤全城投降了安儿,贼人的势力重新振作。登州刺史耿格开门接纳伪邹都统,把州印给了他,到城外迎接安儿,打开府库慰劳贼人。于是,安儿称帝,设置官属,改元称天顺,凡是符印、诏表、仪式都是耿格拟定,于是攻陷宁海,攻打潍州。伪元帅方郭三据有密州,攻占沂州、海州。李全攻占临朐,卡住穆陵关,想夺取益都。安贞用沂州防御使仆散留家为左翼,安化军节度使完颜讹论为右翼。

七月庚辰,安贞驻军在昌邑城东,徐汝贤等以三州的兵众十万人前来抵抗。从中午到晚上,转战三十里,斩杀贼人好几万,获得的武器不可胜计。壬午,贼人棘七率领兵众四万人列阵于辛河。安贞命令留家从上流胶西渡河,接着用大军进攻,杀死和抓获很多敌人。

甲申，安贞的军队来到莱州，伪宁海州刺史史泼立用二十万兵在城东列阵。留家先用精兵逼近贼人，各将领跟着逼近，贼人大败，被杀死和抓获的将近有一半，用重赏招降他们，这些人不响应。安贞派遣莱州犯罪被刺面的士兵曹全、张德、田贵、宋福向徐汝贤假投降以为内应。曹全与贼人西南角守兵姚云相勾结，约定接应官军。丁亥的夜里，曹全用绳子从城墙上吊下来，偷偷跑回告诉留家。留家招募勇敢的士兵三十人跟着曹全进城，姚云接纳了他们，大军全部登城，就收复了莱州，斩杀徐汝贤及各贼人将官示众。安儿脱身逃走，讹论用兵追赶他。耿格、史泼立都投降。留家攻占平定了胶西各县，宣差伯德玩袭击杀死方郭三，收复密州。剩下的贼人在各州的都败溃离散。安儿曾派遣梁居实、黄县甘泉镇监酒石抹充渡海赴辽东勾结留哥，已准备好了船，都被逮捕斩杀了。

十一月戊辰，单独赦免山东，除了杨安儿、耿格以及各原来官家参与作乱的驱奴不赦以外，刘二祖、张汝楫、李思温以及响应胁迫引诱的从贼，连同在本路自己独立为盗贼的人，罪不论轻重，全部予以赦免。俘获杨安儿的人，官职都授予三品，赏钱十万贯。十二月辛亥，耿格受到诛杀，妻子和孩子都被远远地迁移。各军刚要攻打大沫堌，赦令到来，宣抚副使、知东平府事乌林答与马上就引军撤还。贼兵乘此之机，又出来为祸患。下诏以陕西统军使完颜弼知东平府事，暂时代理宣抚副使。以后杨安儿与汲政等乘船入海，想投奔穄莒山，船工曲成等袭击他们，杨安儿等落入水中死去。

三年二月，安贞派遣提控纥石烈牙吾塔攻破巨蒙等四堌，到攻破马耳山的时候，杀死刘二祖贼兵四千多人，降服其余的党徒八千，捉拿了伪宣差程宽、招军大使程福，招降了被威胁跟从的百姓三万多人。安贞派兵会同宿州提控夹谷石里哥一起攻打大洙埧，贼人一千多迎战。石里哥用骑兵袭击，全部歼灭了他们。提控没烈夺取其北门进入，别的军队夺取贼人的水寨，各军继续前进，斩杀贼兵五千多人。刘二祖受伤，被获，伪参谋官崔天佑，杨安儿的伪太师李思温也被俘。剩下的兵众保卫大小峻角子山，我军前后追击，被斩杀和抓获的数以万计。斩杀了刘二祖。下诏迁赏没烈等人。下诏尚书省说："山东东、西两路贼人的党徒仍然啸聚作乱的，诏书送到之日，全部免罪，各令还其本业。所在地方的官吏要尽心招降安抚，优厚的予以抚恤，不要让他们流离失所。"十月，安贞迁官枢密副使，在徐州行枢密院事。

四年二月，杨安儿的剩余党徒重新扰乱山东。下诏安贞与蒙古纲、完颜弼用近日的诏书招降他们。五月，安贞派兵征讨郝定，连连取胜，杀死了九万人，投降的三万多人，郝定仅自身逃脱。获伪金银牌、武器特别多。来投归的还有一万人，都给安慰使恢复生业。自从杨安儿、刘二祖失败以后，河北残破，战乱连续不断。他们的党徒往往重新相团结，所到之处寇盗抢掠，都穿红纳袄相识别，号称"红袄军"。官军虽然讨伐他们，但不能根除。大概都是李全、国用安、时青的党徒。

兴定元年十月，下诏安贞说："防备黄河水患的兵卒大都是老幼疲弱不能胜任执行劳役的人，你要命令赶紧更换。"二年十二月，开封治中吕子羽等持国书与宋议和，宋人不接受。以安贞为左副元帅权参知政事、行尚书省元帅府，以及唐、息、寿、泗行元帅府分道各将兵三万人，安贞总统率，确定期日，下诏讨伐宋朝。安贞到安丰，宋兵七千人拒战，权都事完颜胡鲁剌冲击打败了他们，追到淝水，死的有两千多人。安贞到长江，才回军。

三年闰月，安贞从军中回来，入见皇帝于仁安殿。胡鲁剌进官一阶。过了一段时间，安贞赴宴见到皇帝，奏说："淝水的胜利，胡鲁剌功劳第一，臣的兵事都是咨询他，他功劳厚重而赏赐薄，希望加赏以激励后来的人。"尚书省奏："凡是行省、行院、帅府参议，左右司经历官都事以下都是迁赏一阶官，为的是杜绝求请的路，堵塞作奸侥幸之门。安贞的请求不可听从。"安贞才停止了争议。

五年，重新伐宋。二月，安贞从息州出发，驻兵七里镇。宋兵占据着净居山，安贞派兵打败了他们。宋兵保守山寺。安贞放火烧寺，乘胜追到洪门山。宋兵刚刚疏通壕堑立起栅栏，安贞的军队急战，夺取他们的栅栏。宋黄统制团兵五千人保守黄土关。关隘非常险要，一向有防备，黄统制坚守营垒不出战。安贞派精兵分为左右两军偷偷攀登，另外用兵三千人直接逼迫关门。第二天，左右军在山顶会合，低头远望关内。宋守关的兵士望见了他们，惊惧得不能站稳。居中路的军队紧急攻打，宋兵败溃，于是夺取了黄土关，进入梅林关，攻拔麻城县，抵达长江，到黄州，攻打取胜。安贞进而攻克蕲州，前后被杀死俘虏的敌人不可胜计。安贞获得宋宗室男女七十多人，呈献给朝廷，军队撤还。安贞每次俘获宋的豪侠有勇之人，全都释放不杀，大概有好几万人，因而采用他们的策略，总是成功。宣宗告诉宰臣说："阿海用兵的谋略固然不错，但被俘的这些人难道不想回去吗？南京切近宋的边境，这些人既然不可以全部杀掉，但到哪里安置他们？我想把他们赶到边境上，放他们回去如何？"宰臣不回答。

六月甲寅初一，尚书省奏安贞阴谋反叛。宣宗告诉平章政事英王守纯说："我看这个奏折，都是虚词不实，命令他们重新考核。"戊寅，安贞连同他的两个儿子一起被诛杀。因为安贞的祖父仆散忠义、父亲仆散揆有大功，就免去了兄弟受连累。诏书说："银青荣禄大夫、左副元帅兼枢密副使、驸马都尉仆散阿海，早年借着与皇家的婚姻，渐渐驰入为官的轨道，付托他担当军旅方面的事，更加厚重朝廷的恩惠，因此从地方统帅，提拔到位居枢密院。刚刚南伐，当时就有奏称，使他进行鱼类介类的诛杀，却完全暴露了他不孝的情状。两座城池虽然得到，他的许多罪过积聚更加彰明，考虑到胜败的无常，肯轻意使用刑律？开始自己筹划粮草，于是更加严厉横征暴敛的期限，催促计司，涸散老百姓的力量。由着他的主意，有可能丧失秋天的警卫。顾及到利害的关系实在太深，姑且宽容而不责问。近因依靠近侍，才全部暴露了奸谋，大概担心前后罪过的上奏，于是拿金玉带在夜间呈献。朕反复思量事情的诡秘，命令靠得住的大臣审问推治，等到送来款服的供词，才详细地知道了实际情况。自以为积累的罪过太明显，一定不为公法所能容忍，想结交近臣的欢心，使窥视内庭的意向，如果祸端稍有暴露，就得以在事前做好应变的图谋。因他刚刚握有兵权，可以图谋危害皇室，事情或不成功，计划即向外出逃。前些时日的战俘，他随时杀掉。独对宋室的宗族，他想尽方法使他们全部活了下来，把他反叛的行为明示给敌仇，预先希望保全躯体而被他们接纳任用。"

当初，安贞攻破蕲州，俘获宋宗室不杀而呈献于朝廷，就认为是罪过。安贞担心谗言，所以贿赂近侍局，才被抓住了把柄而造成了对他的诬陷。安贞总兵征伐，曾说："三代为将官，是道家所忌讳的。"从仆散忠义、仆散揆到安贞，共三代为大将啊。

当初，安贞打破蕲州，所得到的金子布帛，都分给了将官和士兵。南京都转运使行六部事李特立、金安军节度副使纥石烈蒲剌都、大名路总管判官银朮可因而欺骗隐瞒。事被发觉，特立当死，蒲剌都、银朮可当杖一百然后革除官籍。下诏减轻他们的罪过，特立剥夺三官，降三个等级，蒲剌都、银朮可剥夺两官，降两个等级。

金史卷一百六

列传第四十四

张 暐

张暐字明仲，莒州日照县人。博学该通。登正隆五年进士。调陈留主簿、淄州酒税副使，课增羡，迁昌乐令。改永清令，补尚书省令史，除太常博士，兼国子助教。丁父忧，服除，调山东东路转运副使，入为太常丞，兼左赞善大夫。章宗封原王，兼原王府文学。章宗册为皇太孙，复为左赞善，转左谕德，兼太常丞，充宋国报谕使。至盱眙，宋人请赴宴，暐曰："大行在殡，未可。"及受赐，不舞蹈，宋人服其知礼。使还，迁太常少卿，兼修起居注。改礼部郎中，修起居注如故。迁右谏议大夫，兼礼部侍郎。

明昌二年，太傅徒单克宁薨，章宗欲亲为烧饭，是时，孝懿皇后梓宫在殡，暐奏："仰惟圣慈，追念勋臣，恩礼隆厚，孰不感劝。太祖时享，尚且权停，若为大臣烧饭，礼有未安。今已降恩旨，圣意至厚，人皆知之，乞俯从典礼，则两全矣。"章宗从之。

上封事者言提刑司可罢，暐上疏曰："陛下即位，因民所利更法立制，无虑数十百条。提刑之设，政之大者，若为浮议所摇，则内外无所取信。唐开元中，或请选择守令，停采访使，姚崇奏'十道采访犹未尽得人，天下三百余州，县多数倍，安得守令皆称其职'。然则，提刑之任，诚不可罢，择其人而用之，生民之大利，国家之长策也。"因举汉刺史六条以奏。上曰："卿言与朕意合。"

拜礼部尚书。孙即康鞫治镐王永中事，还奏，有诏覆讯，群臣举暐及兵部侍郎乌古论庆裔。上使参知政事马琪谕暐曰："百官举阅实镐王事，要勿屈抑其人，亦不可亏损国法。"上因谓宰臣曰："镐王视永蹈为轻。"马琪曰："人臣无将。"由是永中之狱决矣。

霍王从彝母早死，温妃石抹氏养之，明昌六年温妃薨，上问从彝丧服。暐奏："慈母服齐衰三年，桐杖布冠，礼也。从彝近亲，至尊压降与臣下不同，乞于未葬以前服白布衣绢巾，既葬止用素服终制，朝会从吉。"上从其奏。

承安元年八月壬子，上召暐至内殿，问曰："南郊大祀，今用度不给，俟他年可乎？"暐曰："陛下即位于今八年，大礼未举，宜亟行之。"上曰："北方未宁，致斋之际有不测奏报何如？"对曰："岂可逆度而妨大礼。今河平岁丰，正其时也。"上复问曰："僧道三年一试，八十而取一，不亦少乎？"对曰："此辈浮食，无益有损，不宜滋益也。"上曰："周武帝、唐武宗、后周世宗皆贤君，其寿不永，虽曰偶然，似亦有因也。"对曰："三君矫枉太过。今不毁除、不崇奉，是为得中矣。"是岁，郊见上帝焉。

顷之，翰林修撰路铎论胥持国不可再用，因及董师中趋走持国及丞相襄之门，上曰："张暐父子必不如是也。"三年，为御史大夫,恳辞,不许。明年,坐奏事不实,夺一官,解职。起为安武军节度使。致仕,例给半俸,久之,晖不复请,遂止。

晖自妻卒后不复娶,亦无姬侍,斋居与子行简讲论古今,诸孙课诵其侧,至夜分乃罢,以为常。历太常、礼部二十余年,最明古今礼学,家法为士族仪表。子行简、行信。行信自有传。

译文：

张晖字明仲,莒州日照县人。博学贯通,正隆五年考中进士。调为陈州主簿、淄州酒税副使。在张晖主持下,赋税增加有剩余,迁升他为昌乐县令。改任永清县令,补为尚书省令史,授为太常博士,兼任国子监助教。遭逢父亲的丧事,服丧期满后,调为山东东路转运副使,入朝为太常丞,兼任左赞善大夫。章宗封为原王后,兼任原王府文学。章宗册立为皇太孙,他再次为左赞善,转为左谕德,兼任太常丞。张晖充任宋国报谕使,到了盱眙,宋人请他赴宴,他说:"大行皇帝在停灵,不可。"等到受赏赐,不舞蹈,宋人佩服他懂得礼仪。使宋回来,迁官为太常少卿,兼任修起居注。改任礼部郎中,修起居注仍旧。迁升他为右谏议大夫,兼任礼部侍郎。

明昌二年,太傅徒单克宁去世,章宗想亲自为他烧饭,当时,孝懿皇后的棺木还停放着未葬,张晖上奏:"敬思皇上的仁慈,追怀悼念勋业功臣,恩德和礼节隆重优厚,谁不感动自勉!太祖四时的祭祀,尚且暂时停止,若为大臣烧饭,按照礼仪有所不妥。现在已经降下恩旨,皇上心意很优厚,人们都已知道,请求曲从典礼,则恩义两个方面都齐备了。"章宗听从了这一意见。

上书言事的人说提刑司可以罢除,张晖上疏说:"陛下即位,顺从百姓所便利而变更法律确立制度,不用计算都知道有数十百条。提刑司的设立,是政事中的大事,若为浅薄的议论所动摇,在朝廷内外就无法取得信任。唐朝开元中期,有人请求选择守令,停罢采访使,姚崇奏说'十道采访尚且没有完全得到人才,天下三百多州,县比州多好几倍,怎么得知守令都称职'?这样看来,提刑的任务,实在是不可罢除,选择恰当的人而启用他,是生民百姓的大利,国家的长远之策呀。"借此列举汉刺史六条以上奏。皇上说:"你的话与我的意思相合。"

拜任张暐为礼部尚书。孙即康审治镐王永中的事,回来上奏,下诏重新审讯,群臣推举张暐及兵部侍郎乌古论庆裔主持复审。皇上使参知政事马琪宣谕张暐说:"百官推举你检阅核实镐王的事,要不冤枉不压制他这个人,也不可亏损国法。"皇上因而告诉宰臣说:"镐王比永蹈的罪过轻。"马琪说:"人臣不得反叛。"这样永中的案子便决定了。

霍王从彝的母亲早年死去了,温妃石抹氏养育他,明昌六年温妃去世,皇上问从彝穿什么丧服。张暐奏说:"对慈母应服缉边的丧服三年,持桐木手杖戴布帽子,这是礼规定的。从彝为近亲,皇上降低规格要与一般大臣有所不同,请求在未葬之前穿白布衣、绢巾;埋葬之后只用素服直到丧期终了,朝会的时候穿戴要从吉礼。"皇上听从他的上奏。

承安元年八月壬子,皇上召张暐到内殿,问说:"南郊祭天的大礼本该举行,现今用度不够,等到今后举行可以吗?"张暐说:"陛下即位到现在八年了,大礼仍未举行,应当抓紧举行。"皇上说:"北方没有安宁,进行斋戒的时候有不可预料的奏报怎么办?"回答说:"难道可以用预测而妨碍大礼?今年黄河平静取得丰收,正是举行大礼的时候啊。"皇上又问:"僧道三年一考试,八十个人取一名,不是太少了吗?"回答说:"这种人只会白吃饭，没益处有坏处，不应当增补。"皇上说："周武帝、唐武帝、后周世宗都是贤明的君主，他们的年寿不长，虽说是偶然，好像也有原因吧。"回答说："三位君主矫正邪曲太过分。现今对僧道不毁除，不崇奉，是做得正合适啊。"这一年，行郊礼朝见上帝。

不久，翰林修撰路铎议论胥持国这个人不可再用，因涉及董师中奔走于持国和丞相襄的门庭，皇上说："张暐父子一定不是这样。"三年，张暐为御史大夫，他恳切推辞，不允许。第二年，因犯奏事不实的罪，降夺一官，解除职务。后来起用他为安武军节度使。退休之后，按例给他一半的俸禄。过了很久，张暐不再请求，于是不再给俸了。

张暐自从妻子去世之后不再娶妻，也没有女佣人，清静寡欲地生活着，与儿子行简讲论古今，孙子们在他的旁边学习讲诵，到半夜才停止，习以为常。张暐历任太常、礼部二十多年，最通晓古今的礼学，他的家法是士大夫家族的仪表。他的儿子行简、行信。行信有自己的传。

张行简

行简字敬甫。颖悟力学，淹贯经史。大定十九年进士第一，除应奉翰林文字。丁母忧，归葬益都，杜门读书，人莫见其面。服除，复任。章宗即位，转修撰，进读陈言文字，摄太常博士。夏国遣使陈慰，欲致祭大行灵殿。行简曰："彼陈慰非专祭，不可。"廷议遣使横赐高丽，"比遣使报哀，彼以细故邀阻，且出嫚言，俟移问还报，横赐未晚"。徒单克宁韪其言，深器重之。转翰林修撰，与路伯达俱进读陈言文字，累迁礼部郎中。

司天台刘道用改进新历，诏学士院更定历名，行简奏乞覆校测验，俟将来月食无差，然后赐名。诏翰林侍讲学士党怀英等覆校。怀英等校定道用新历：明昌三年不置闰，即以闰月为三月；二年十二月十四日，金木星俱在危十三度，道用历在十三日，差一日；三年四月十六日夜月食，时刻不同。道用不曾考验古今所记，比证事迹，辄以上进，不可用。道用当徒一年收赎，长行彭徽等四人各杖八十罢去。

群臣屡请上尊号，章宗不从，将下诏以示四方，行简奏曰："往年饥民弃子，或丐以与人，其后诏书官为收赎，或其父母衣食稍充，即认识，官亦断与之。自此以后，饥岁流离道路，人不肯收养，肆为捐瘠，饿死沟中。伏见近代御灾诏书，皆曰'以后不得复取'，今乞依此施行。"上是其言，诏书中行之。久之，兼同修国史。改礼部侍郎、提点司天台，直学士，同修史如故。

行简言："唐制，仆射、宰相上日，百官通班致贺，降阶答拜。国朝皇太子元正、生日，三师、三公、宰执以下须群官同班拜贺，皇太子立受再答拜。今尚书省宰执上日，分六品以下别为一班揖贺，宰执坐答揖，左右司郎中五品官廷揖，亦坐答之。臣谓身坐举手答揖，近于坐受也。宰执受贺，其礼乃重于皇太子，恐于义未安。别嫌明微，礼之大节，伏请宰执上日令三品以下官同班贺，宰执起立，依见三品官仪式通答揖。"上曰："此事何不早辨正之，如都省擅行，卿论之是矣。"行简对曰："礼部盖尝参酌古今典礼，拟定仪式，省廷不从，辄改以奏。"下尚书省议，遂用之。宰执上日，三品以下群官通班贺，起立答拜，自此始。

行简转对，因论典故之学，乞于太常博士之下置检阅官二员，通礼学资浅者使为之，积资乃迁博士。又曰："今虽有国朝《集礼》，至于食货、官职、兵刑沿革，未有成书，乞定会要，以示无穷。承安五年，迁侍讲学士，同修史、提点司天如故。

泰和二年，为宋主生日副使。上召生日使完颜瑭戒之曰："卿过界勿饮酒，每事听于行简。"谓行简曰："宋人行礼，好事末节，苟有非是，皆须正之，旧例所有不可不至。"上复曰："颇闻前奉使者过淮，每至中流，即以分界争渡船，此殊非礼。卿自戒舟人，且语宋使曰：'两国和好久矣，不宜争细故伤大体。'丁宁谕之，使悉此意也。"四年，诏曰："每奏事之际，须令张行简常在左右。"

五年，群臣复请上尊号，上不许，诏行简作批答，因问行简宋范祖禹作《唐鉴》论尊号事。行简对曰："司马光亦尝谏尊号事，不若祖禹之词深至，以谓臣子生谥君父，颇似惨切。"上曰："卿用祖禹意答之，仍曰太祖虽有尊号，太宗未尝受也。"行简乞不拘对偶，引祖禹以微见其意。从之。其文深雅，甚得代言之体。

改顺天军节度使。上谓行简曰："卿未更治民，今至保州，民之情伪，卒难臆度，如何治之则可？"对曰："臣奉行法令，不敢违失，狱讼之事，以情察之，钤制公吏，禁抑豪猾，以镇静为务，庶几万分之一。"上曰："在任半岁或一年，所得利害上之。"行简到保州，上书曰："比者括官田给事，既一定矣，有告欲别给者，辄从其告，至今未已。名曰官田，实取之民以与之，夺彼与此，徒启争端。臣所管已拨深泽县地三百余顷，复告水占沙咸者三之二，若悉从之，何时可定。臣谓当限以月日，不许再告为便。"下尚书省议，奏请："如实有水占河塌不可耕种，本路及运司佐官按视，尚书省下按察司覆同，然后改拨。若沙咸堉薄，当准已拨为定。"制曰："可。"

六年，召为礼部尚书，兼侍讲、同修国史。秘书监进《太一新历》，诏行简校之。七年，上遣中使冯贤童以实封御扎赐行简曰："朕念镐、郑二王误干天常，自贻伊戚。藁葬郊野，多历年所，朕甚悼焉。欲追复前爵，备礼改葬，卿可详阅唐贞观追赠隐、巢，并前代故事，密封以闻。"又曰："欲使石古乃于威州择地营葬，岁时祭奠，兼命卫王诸子中立一人为郑王后，谨其祭祀。此事既行，理须降诏，卿草诏文大意，一就封进。"行简乃具汉淮南厉王长、楚王英、唐隐太子建成、巢剌王元吉、谯王重福故事为奏，并进诏草，遂施行焉。累迁太子太保、翰林学士承旨，尚书、修史如故。

贞祐初，转太子太傅，上书论议和事，其略曰："东海郡侯尝遣约和，较计细故，迁延不决。今都城危急，岂可拒绝。臣愿更留圣虑，包荒含垢，以救生灵。或如辽、宋相为敌国，岁奉币帛，或二三年以继。选忠实辨捷之人，往与议之，庶几有成，可以纾患。"是时，百官议者，虽有异同，大概以和亲为主焉。庄献太子葬后，不置宫师官，升承旨为二品，以宠行简，兼职如故。

三年七月，朝廷备防秋兵械，令内外职官不以丁忧致仕，皆纳弓箭。行简上书曰："弓箭非通有之物，其清贫之家及中下监当，丁忧致仕，安有所谓如法军器。今绳以军期，补弊修坏，以求应命而已，与仓猝制造何以异哉？若于随州郡及猛安谋克人户拘括，择其佳者买之，不足则令职输所买之价，庶不扰而事可办。"左丞相仆散端、平章政事高琪、尽忠、右丞贾益谦皆曰："丁忧致仕者可以免此。"权参政乌古论德升曰："职官久享爵禄，军兴以来，曾无寸补，况事已行而复改，天下何所取信。"是议也，丁忧致仕官竟得免。是岁，卒，赠银青荣禄大夫，谥文正。

行简端悫慎密，为人主所知。自初入翰林，至太常、礼部，典贡举终身，缙绅以为荣。与弟行信同居数十年，人无间言。所著文章十五卷，《礼例纂》一百二十卷，会同、朝献、禘祫、丧葬，皆有记录，及《清台》《皇华》《戒严》《为善》《自公》等记，藏于家。

赞曰：张暐、行简世为礼官，世习礼学。其为礼也，行于家庭，讲于朝廷，施用于邻国，无不中度。古者官有世掌，学有专门，金诸儒臣，唯张氏父子庶几无愧于古乎！

译文：

行简字敬甫。聪明，学习努力，深通经史。大定十九年考进士第一名，授为应奉翰林文字。遭逢母亲之丧，归家埋葬母亲在益都之后，就闭门读书，人们没有见到他的面的。服丧终制，恢复原任。章宗即位，转为修撰，进读陈言文字，摄太常博士。夏国派使臣陈述慰问，想在大行皇帝停灵之殿致祭。行简说："他是来陈述慰问不是专门来致祭的，不可以。"朝廷议论派使臣广赐高丽，行简说："近派使臣报哀，彼方以细微的原因遮留设阻，而且口出狂慢之语，等到疑问回报后，再广赐不晚。"徒单克宁赞同他的话，深深器重他。行简转为直学士，与路伯达共同进读陈言文字，积官迁至礼部郎中。

司天台刘道用改进新历，下诏学士院改定历法的名称，行简上奏请求复核校定测验，等到将来月食没有差错，然后再赐名。下诏翰林侍讲学士党怀英等复核校定。怀英等校定道用所改新历：明昌三年不置闰，即以闰月为三月；二年十二月十四日，金木星都在危十三度，道用历在十三日，差一日；三年四月十六日夜月食，时刻不同。道用不曾考核验证古今记载，对比证实事迹，立即就呈进，不可以用。道用当判徒刑一年，他出资赎了罪；长行彭徽等四人各杖八十，罢职离去。

群臣屡次请求献上尊号，章宗不听从，将要下诏书以宣示四方的时候，行简上奏说："往年挨饿的百姓丢弃儿子，或者乞求送给别人，其后诏书说官家代为出资赎回，或者他的父母衣食稍稍充足，即识别确认，官家也判决给他。自此以后，饥荒年月许多孩子流离于道路，人们不肯收养。饥民肆意丢弃病瘦的孩子，饿死沟壑。臣见近代的御灾诏书，都说'以后不得复取'，当今希望照这样办。"皇上同意他的话，下诏尚书省执行。过了较长一段时间，行简兼任同修国史。改任礼部侍郎、提点司天台，直学士、同修国史照旧。

行简说："唐制、仆射、宰相初一日，百官全体致贺，仆射、宰相下台阶答拜。本朝皇太子正月初一、生日，三师、三公、宰执以下须群官同一班拜贺，皇太子站立受拜贺，再行答拜。当今尚书省宰执初一日，分六品以下别为一班作揖贺，宰执坐着作揖答拜，左右司郎中五品官上廷作揖，宰执也坐着作揖答拜。臣认为坐着举手作揖答拜，近于坐着受礼。宰执受贺，其礼竟然重于皇太子，恐怕在道义上不妥。辨别疑惑申明微奥，是礼的大关节，伏请宰执初一日令三品以下官同班为贺，宰执起立，依照见三品官的仪式作揖答拜。"皇上说："这事怎么不早辨正它？如都省擅自这么做，那你论证的是正确的。"行简回答说："礼部曾经参酌古今的典礼，拟定了仪式，省廷不听从，总是改变了上奏。"颁下尚书省议论，于是行简的意见被采用了。宰执初一日，三品以下官通班相贺，起立答拜，从此开始。

轮到行简当班应对皇帝的提问，因而论说典故的学问，请求在太常博士之下设置检阅官两员，让懂得礼学而资格又浅的人作这一工作，积累一定的资格才迁升为博士。又说："当今虽然有《国朝集礼》，至于食货、官职、兵刑沿革，没有现成的书加以记载，请求制定《会要》，以传后代。"承安五年，行简迁升侍讲学士，同修国史、提点司天台仍旧。

泰和二年，行简为宋主生日副使，皇上召见生日使完颜瑭告诫他说："你过了边界不要喝酒，每件事都听从行简。"告诉行简说："宋人行礼，好搞小动作，如果有不对的地方，都必须改过来，旧例所有的程序不可不件件做到。"皇上又说："常常听说以前奉使者过淮河，每到了中流，就因分界的事争渡船，这尤其非礼。你自应告诫划船的人，且告诉宋使者：'两国和好相当长时间了，不应该争细微的事故而损伤大体。'你要反复叮咛他们，使了解这个意思。"四年，下诏说："每当奏事的时候，须命令张行简经常在左右。"

五年，群臣再次请求献上尊号，皇上不听从，下诏行简作批答，因而问及宋范祖禹作《唐鉴》论尊号的事。行简回答说："司马光也曾劝谏上尊号的事，不如祖禹的词意深刻至透，认为是臣子给活着的君主加谥号，十分惨切。"皇上说："你用祖禹的大意回答他们，仍需说太祖虽然有尊号，但太宗未曾受过尊号。"行简请求不拘泥文字对偶，引用范祖禹的话来点明他的意思。皇帝同意这样。这篇文章深刻华美，非常得代言的大体。

行简改任顺天军节度使。皇上对行简说："你没有治理百姓的经历，现在到保州，老百姓的实情弊病，很难揣测衡量，如何治理他们，有可行的办法吗？"回答说："臣奉行法令，不敢违犯和疏失；治罪诉讼的事，按实情予以考察；管理控制办事的官吏，镇压禁止豪强狡猾不守法的人，以安定清静为务，这样差不多就能占上治民的边了。"皇上说："到任半年或一年，把重要问题奏上来。"行简到了保州，上书说："近来搜求官田给军队，已经确定了，有上告想另外给的，全部听从他的上告，到现还没有完结。名义上是官田，实际上原来是夺取的民田给的，夺彼给此，白白的开启争端。臣所管辖的地方已拨深泽县的地三百多顷，又告水占、沙咸的有三分之二，若全部听从，什么时候可以决定？臣认为应当限定月日为期，逾期不许再告，这样才有利。"颁下尚书省议论，尚书省奏请："如真的有水占、河塌不可耕种的田，本路及运司的副官按察检视，尚书省下到按察司复核相同，然后改拨。若沙咸瘠薄之地，应当认可已经拨给的为定。"皇帝下制书说："可。"

六年，召行简为礼部尚书，兼侍讲、同修国史。秘书监进献《太一新历》，下诏行简校定。七年，皇上派中使冯贤童以实封的御写手札赐给行简说："我思念镐、郑二王错误地冒犯天下纲常，自己带来了悲哀。他们草草地埋葬在荒郊野外，多经年头，我甚为哀伤啊。想追复从前的爵位，完备礼仪改葬，你可详细审阅唐贞观追赠隐、巢，连同前代的已有事例，密封奏闻。"又说："想让石古乃在威州选地营葬，每年四时祭奠，连带命令卫王各儿子中确立一人为郑王的后代，留心他的祭祀。此事既已施行，按理必须颁降诏书，你草拟诏文的大意，一并封缄进呈。"于是，行简陈述汉淮南厉王长、楚王英、唐隐太子建成、巢刺王元吉、谯王重福的已有事例为奏书，并呈进诏书的草稿，于是就施行了。积官迁为太子太保、翰林学士承旨，尚书、修史仍旧。

贞祐初年,行简转任太子太傅,上书谈论议和的事,大略说:"东海郡侯曾派使臣约和,计较细微的缘故,迁延没有议定。现今都城危急,难道可以拒绝讲和?臣希望分担皇上的忧虑,度量宏大容忍耻辱,以拯救生民。或者像辽、宋互相为敌国,每年奉送币帛,或每两三年奉送一次。选用忠实能分清是非又明快的人,前往与他们商议,期望有所成功,可以解除忧患。"当时,百官议论的,虽然有异同,大体上以和亲为主。庄献太子埋葬以后,不设置官师官,升承旨为二品官,以示宠信行简,行简兼职仍旧。

三年七月,朝廷预备秋天防务的军用器械,命令内外职官不因遭逢父母之丧退职为理由,都要交纳弓箭。行简上书说:"弓箭不是大家都有的东西,那些清贫的家庭及中下监当官,服丧退职,哪里有所谓合格的军器?今用军期限定,就会补破的修坏的,只求得应奉命令而已,与仓促制造有什么区别啊?倘若在各州郡及猛安谋克人户限定搜求,选其好的买了它,不足的则令职官缴纳所买的价钱,几乎可以不扰天下就可将事情办好。"左丞相仆散端、平章政事高琪、尽忠,右丞贾益谦都说:"服丧退职的人可以免此。"权参政乌古论德升说:"在职官员久享封爵利禄,征聚军用物资以来,他们未曾有过分寸的贡献,况且事情已经施行又改,天下到哪里去取得信用?"这次议论,服丧退职官员终于得以免除。这一年,行简去世,赠官银青荣禄大夫,谥号称文正。

行简端庄诚实小心谨慎,为人君所知遇。从开始入翰林,到太常、礼部,典贡举终其身,士大夫以为荣耀。与弟弟行信共同居住好几十年,别人没有异议。所著文章十五卷,《礼例纂》一百二十卷,会同、朝献、禘祫、丧葬等大礼,都有记录,以及

《清台记》《皇华记》《戒严记》《为善记》《自公记》等，藏在家中。

评论说：张暐，行简父子相继为礼官，父子相继学习礼学。他们为礼，在家庭实行，在朝廷讲述，在邻国施用，没有不合法度的。古代为官有父子相继而执掌的，学问有专门，金代的各位儒臣当中，只有张氏父子差不多无愧于古人吧！

术虎高琪

术虎高琪或作高乞，西北路猛安人。大定二十七年充护卫，转十人长，出职河间都总管判官，召为武卫军钤辖，迁宿直将军，除建州刺史，改同知临洮府事。

泰和六年，伐宋，与彰化军节度使副使把回海备巩州诸镇，宋兵万余自巩州辘轳岭入，高琪奋击破之，赐银百两、重彩十端。青宜可内附，诏知府事石抹仲温与高琪俱出界，与青宜可合兵进取。诏高琪曰："汝年尚少，近闻与宋人力战奋勇，朕甚嘉之。今与仲温同行出界，如其成功，高爵厚禄，朕不吝也。"

诏封吴曦为蜀国王，高琪为封册使。诏戒谕曰："卿读书解事，蜀人亦识威名，勿以财贿动心，失大国体。如或随去奉职有违礼生事，卿与乔宇体察以闻。"使还，加都统，号平南虎威将军。

宋安丙遣李孝义率步骑三万攻秦州，先以万人围皂角堡，高琪赴之。宋兵列阵山谷，以武车为左右翼，伏弩其下来逆战。既合，宋兵阳却。高琪军见宋兵伏不得前，退整阵，宋兵复来。凡五战，宋兵益坚，不可以得志。高琪分骑为二，出者战则止者俟，止者出则战者还，还者复出以更。久之，遣蒲察桃思刺潜兵上山，自山驰下合击，大破宋兵，斩首四千级，生擒数百人，李孝义乃解围去。宋兵三千致马连寨以窥湫池，遣夹谷福寿击走之，斩七百余级。

大安三年，累官泰州刺史，以糺军三千屯通玄门外。未几，升缙山县为镇州，以高琪为防御使，权元帅右都监，所部糺军赏赉有差。至宁元年八月，尚书左丞完颜纲将兵十万行省于缙山，败绩。贞祐初，迁元帅右监军。闰月，诏高琪曰："闻军事皆中覆，得无失机会乎？自今当即行之，朕但责成功耳。"

是月，被诏自镇州移军守御中都迤南，次良乡不得前，乃还中都。每出战辄败，纥石烈执中戒之曰："汝连败矣，若再不胜，当以军法从事。"及出果败，高琪惧诛。十月辛亥，高琪自军中入，遂以兵围执中第，杀执中，持其首诣阙待罪。宣宗赦之，以为左副元帅，一行将士迁赏有差。丙寅，诏曰："胡沙虎畜无君之心，形迹露见，不可尽言。武卫副使提点近侍局庆山奴、近侍局使斜烈、直长撒合辇累曾陈奏，方慎图之。斜烈漏此意于按察判官胡鲁，胡鲁以告翰林待制讹出，讹出达于高琪，今月十五日将胡沙虎戮讫。惟兹臣庶将恐有疑，肆降札书，不匿厥旨。"论者谓高琪专杀，故降此诏。顷之，拜平章政事。

宣宗论马政，顾高琪曰："往岁市马西夏，今肯市否？"对曰："木波畜马甚多，市之可得，括缘边部落马，亦不少矣。"宣宗曰："尽括边马，缓急如之何？"阅三日，复奏曰："河南镇防二十余军，计可得精骑二万，缓急亦足用。"宣宗曰："马虽多，养之有法，习之有时，详谕所司令加意也。"贞祐二年十一月，宣宗问高琪曰："所造军器往往不可用，此谁之罪也？"对曰："军器美恶在兵部，材物则户部，工匠则工部。"宣宗曰："治之！且将败事。"宣宗问杨安儿事，高琪对曰：

"贼方据险,臣令主将以石墙围之,势不得出,擒在旦夕矣。"宣宗曰:"可以急攻,或力战突围,我师必有伤者。"

应奉翰林文字完颜素兰自中都议军事还,上书求见,乞屏左右。故事,有奏密事辄屏左右。先是,太府监丞游茂以高琪威权太重,中外畏之,常以为忧,因入见,屏人密奏,请裁抑之。宣宗曰:"既委任之,权安得不重?"茂退不自安,复欲结高琪,诣其第上书曰:"宰相自有体,岂可以此生人主之疑,招天下之议。"恐高琪不相信,复曰:"茂尝间见主上,实恶相公权重。相公若能用茂,当使上不疑,而下无所议。"高琪闻茂尝请间屏人奏事,疑之,乃具以闻。游茂论死,诏免死,杖一百,除名。自是凡屏人奏事,必令近臣一人侍立。及素兰请密,召至近侍局,给笔札,使书所欲言。少顷,宣宗御便殿见之,惟留近侍局直长赵和和侍立。素兰奏曰:"日者,元帅府议削伯德文哥兵权,朝廷乃诏领义军。改除之命拒而不受,元帅府方欲讨捕,朝廷复赦之,且不令隶元帅府。不知谁为陛下画此计者,臣自外风闻皆出平章高琪。"宣宗曰:"汝何以知此事出于高琪?"素兰:"臣见文哥与永清副提控刘温牒云,差人张希韩至自南京,道副枢平章处分,已奏令文哥隶大名行省,毋遵中都帅府约束。温即具言于帅府。然则,文哥与高琪计结,明矣。"上颔之。素兰复奏曰:"高琪本无勋望,向以畏死擅杀胡沙虎,计出于无聊耳。妒贤能,树党与,窃弄威权,自作威福。去岁,都下书生樊知一诣高琪,言乣军不可信,恐生乱。高琪以刀杖决杀之,自是无复敢言军国利害者。使其党移剌塔不也为武宁军节度使,招乣军,已而无功,复以为武卫军使。以臣观之,此贼灭乱纪纲,戕害忠良,实有不欲国家平治之意。惟陛下断然行之,社稷之福也。"宣宗曰:"朕徐思之。"素兰出,复戒曰:"慎无泄也。"

四年十月，大元大兵取潼关，次嵩、汝间，待阙台院令史高巎上书曰："向者河朔败绩，朝廷不时出应，此失机会一也。及深入吾境，都城精兵无虑数十万，若效命一战，必无今日之忧，此失机会二也。既退之后，不议追袭，此失机会三也。今已度关，不亟进御，患益深矣。乞命平章政事高琪为帅，以厌众心。"不报。御史台言："兵逾潼关、崤、渑，深入重地，近抵西郊。彼知京师屯宿重兵，不复叩城索战，但以游骑遮绝道路，而别兵攻击州县，是亦困京师之渐也。若专以城守为事，中郎之危又将见于今日，况公私蓄积视中都百不及一，此臣等所为寒心也。不攻京城而纵其别攻州县，是犹火在腹心，拨置于手足之上，均一身也，愿陛下察之。请以陕西兵扼拒潼关，与右副元帅蒲察阿里不孙为犄角之势，选在京勇敢之将十数人，各付精兵数千，随宜伺察，且战且守，复谕河北，亦以此待之。"诏付尚书省，高琪奏曰："台官素不习兵，备御方略，非所知也。"遂寝。高琪止欲以重兵屯驻南京以自固，州郡残破不复恤也。宣宗惑之，计行言听，终以自毙。

未几，进拜尚书右丞相，奏曰："凡监察有失纠弹者从本法。若人使入国，私通言语，说知本国事情、宿卫、近侍官、承应人出入亲王、公主、宰执之家，灾伤阙食，体究不实，致伤人命，转运军储，而有私载，及考试举人关防不严者，并的杖。在京犯至两次者，台官减监察一等论赎，余止坐专差者。任满日议定升降。若任内有漏察之事应的决者，依格虽为称职，止从平常，平常者从降罚。"制可。高琪请修南京里城，宣宗曰："此役一兴，民滋病矣。城虽完固，能独安乎？"

初，陈言人王世安献攻取盱眙、楚州策，枢密院奏乞以世安为招抚使，选谋勇二三人同往淮南，招红袄贼及淮南宋官。宣宗可其奏，诏泗州元帅府遣人同往。兴定元年正月癸未，宋贺正旦使朝辞，宣宗曰："闻息州透漏宋人，此乃彼界饥民沿淮为乱，宋人何敢犯我？"高琪请伐之以广疆土。上曰："朕但能守祖宗所付足矣，安事外讨。"高琪谢曰："今雨雪应期，皆圣德所致。而能包容小国，天下幸甚，臣言过矣。"四月，遣元帅左都监乌古论庆寿、签枢密院事完颜赛不经略南边，寻复下诏罢兵，然自是与宋绝矣。

兴定元年十月，右司谏许古劝宣宗与宋议和，宣宗命古草牒，以示宰臣，高琪曰："辞有哀祈之意，自示微弱不足取。"遂寝。集贤院谘议官吕鉴言："南边屯兵数十万，自唐、邓至寿、泗沿边居民逃亡殆尽，兵士亦多亡者，亦以人烟绝少故也。臣尝比监息州榷场，每场所获布帛数千匹、银数百两，大计布帛数万匹、银数千两，兵兴以来俱失之矣。夫军民有逃亡之病，而国家失日获之利，非计也。今隆冬冱寒，吾骑得骋，当重兵屯境上，驰书谕之，诚为大便。若俟春和，则利在于彼，难与议矣。昔燕人获赵王，赵遣辩士说之，不许，一牧竖请行，赵王乃还。孔子失马，驭卒得之。人无贵贱，苟中事机，皆可以成功。臣虽不肖，愿效牧竖驭卒之智，伏望宸断。"诏问尚书省。高琪曰："鉴狂妄无稽，但其气岸可尚，宜付陕西行省备任使。"制可。十二月，胥鼎谏伐宋，语在《鼎传》。高琪曰："大军已进，无复可议。"遂寝。

二年，胥鼎上书谏曰："钱谷之冗，非九重所能兼，天子总大纲，责成功而已。"高琪曰："陛下法上天行健之义，忧勤庶务，夙夜不遑，乃太平之阶也。鼎言非是。"宣宗以南北用兵，深以为忧，右司谏吕造上章："乞诏内外百官各上封事，直言无讳。或时召见，亲为访问。陛下博采兼听，以尽群下之情，天下幸甚。"宣宗嘉纳，诏集百官议河北、陕西守御之策。高琪心忌之，不用一言。是时，筑汴京城里城，宣宗问高琪曰："人言此役恐不能就，如何？"高琪曰："终当告成，但其濠未及浚耳。"宣宗曰："无濠可乎？"高琪曰："苟防城有法，正使兵来，臣等愈得效力。"宣宗曰："与其临城，曷若不令至此为善。"高琪无以对。

高琪自为宰相，专固权宠，擅作威福，与高汝砺相唱和。高琪主机务，高汝砺掌利权，附己者用，不附己者斥。凡言事忤意，及负材力或与己颃顽者，对宣宗阳称其才，使干当于河北，阴置之死地。自不兼枢密元帅之后，常欲得兵权，遂力劝宣宗伐宋。置河北不复为意，凡精兵皆置河南，苟且岁月，不肯辄出一卒，以应方面之急。

平章政事英王守纯欲发其罪，密召右司员外郎王阿里、知案蒲鲜石鲁剌、令史蒲察胡鲁谋之。石鲁剌、胡鲁以告尚书省都事仆散奴失不，仆散奴失不以告高琪。英王惧高琪党与，遂不敢发。顷之，高琪使奴赛不杀其妻，乃归罪于赛不，送开封府杀之以灭口。开封府畏高琪，不敢发其实，赛不论死。事觉，宣宗久闻高琪奸恶，遂因此事诛之，时兴定三年十二月也。尚书省都事仆散奴失不以英王谋告高琪，论死。蒲鲜石鲁剌、蒲察胡鲁各杖七十，勒停。

初，宣宗将迁南，欲置糺军于平州，高琪难之。及迁汴，戒象多厚抚此军，象多辄杀糺军数人，以至于败。宣宗末年尝曰："坏天下者，高琪、象多也。"终身以为恨云。"

论曰：高琪擅杀执中，宣宗不能正其罪，又曲为之说，以诏臣下。就其事论之，人君欲诛大臣，而与近侍密谋于宫中，已非其道。谋之不密,又为外臣所知,以告败军之将,因杀之以为说,此可欺后世邪?金至南渡,譬之尫羸病人,元气无几。琪喜吏而恶儒,好兵而厌静,沮迁杞之议,破和宋之谋,正犹缪医,投以乌喙、附子,祇速其亡耳。使宣宗于擅杀之日,即能伸大义而诛之,何至误国如是邪?"

译文:

术虎高琪,有的写作高乞,西北路猛安人。大定二十七年当了一名护卫,后来升为十人长,出任河间都总管判官,又被召为武卫军钤辖,升宿直将军,授建州刺史,改调同知临洮府事。

泰和六年,进攻南宋,与彰化军节度副使把回海一起驻军于巩州诸镇。南宋军队一万多人从巩州辘轳岭反攻,高琪奋力进攻,打败宋军,得赏银一百两,重彩十端。青宜可归降,章宗命知府事石抹仲温与高琪共同越过边界与青宜可合兵进取。章宗告诫高琪说:"你还年轻,近来听说与宋军作战表现勇敢,我很欣赏你。现在与仲温一起越界作战,如果成功,那么,高爵厚禄,我都不会吝惜。"

章宗下令封吴曦为蜀国王,高琪受命为封册使。章宗告诫说:"卿读书懂事,蜀人也知道你的威名,不要因为财物贿赂动心,丧失大国体面。如有随行官员违礼生事,卿与乔宇要留意观察考查并报告给我。"出使归来,加授都统,号称平南虎威将军。

南宋安丙派遣李孝义率步兵骑兵三万人攻打秦州,先用一万人围困皂角堡,高琪率军前往。宋军在山谷列阵,用兵车作为左右翼,让弓箭手埋伏下边,来迎战高琪。两军接战,宋军假装战败而退却。高琪军发现宋兵有埋伏,不敢追击,便退兵整阵,宋兵又来挑战。双方总共交战五次，宋军斗志更加坚定，金兵不能取胜。高琪把骑兵分为两部分，出击的部分作战而留在原地的休息待命，留在原地的出击而出击的部分退回原地，退因原地的休息后再出击轮换。过了好久，他派蒲察桃思刺率兵秘密上山，再从山上奔驰而下，前后夹击，大破宋兵，斩首四千级，活捉数百人。李孝义就解围而去。另有宋兵三千到马连寨来窥探湫池，高琪派夹谷福寿赶跑他们，斩首七百余级。

大安三年，升为泰州刺史，率鲢军三千人驻扎在通玄门外。不久，缙山县升格为镇州，让高琪做防御使，代理元帅右都监，他所率鲢军也都各有赏赐。至宁元年八月，尚书左丞完颜纲带兵十万巡行到缙山境内，吃了败仗。贞祐初年，高琪升为元帅右监军。闰月，宣宗告诫高琪说："听说军事行动都报请批复，岂不是失去了机会吗？从今以后应当迅速行动，我只要求成功。"

这个月，高琪受命从镇州移防中都以南，进抵良乡遇敌，无法前进，便退回中都。每次出战都失败，纥石烈执中警告他说："你已经连吃败仗了，若再不胜，应当按军法办理。"等到再次出战，果然又失败了。高琪害怕被杀。十月十五，高琪从军营来到中都，就用兵包围了执中宅第，杀死执中，拿着他的脑袋到朝等候处罚。宣宗赦免了他，并用他为左副元帅，与他回来的将士都得到提升赏赐。十八日，宣宗下诏说："胡沙虎（即纥石烈执中）蓄谋篡位的野心，已有很多迹象，不能一一说明。武卫副使提点近侍局庆山奴、近侍局使斜烈、直长撒合辇曾多次报告，朝廷正要慎重地来处置他。斜烈把这个意图泄露给按察判官胡鲁，胡鲁又告诉翰林待制讹出，讹出传达给高琪，本月十五日，已将胡沙虎杀死。现在唯恐臣民心存疑虑，特下此书，公开朝廷意图。"舆论认为是高琪专杀，所以下此诏书。不久，高琪被升为平章政事。

宣宗研究军马问题,问高琪说:"往年从西夏买马,现在西夏还肯卖吗?"高琪回答说:"木波养马很多,出钱去买就可得到,另外,搜求沿边部落的马,数量也不少。"宣宗说:"大量搜求沿边部落的马,边境有战事怎么办?"过了三天,高琪又上奏说:"驻防在河南的二十多军,总计有好马二万匹,有战事也足够使用。"宣宗说:"马匹虽多,饲养它们要有方法,训练它们要有时间,详细告诉有关部门,要他们格外留意。"贞祐二年十一月,宣宗问高琪说:"造的军器往往不能用,这是谁的罪呢?"高琪回答说:"军器好赖在兵部,所用材料好赖在户部,工匠如何却在工部。"宣宗说:"惩治他们!不然就会坏了大事。"宣宗问杨安儿的事,高琪回答说:"贼兵正据险自守,我命令主将用石墙围困他们,看形势不能逃出,活捉他只在早晚之间了。"宣宗说:"可以迅速进攻,或许他力战突围,我军必然会有伤亡。"

应奉翰林文字完颜素兰从中都议军事归来,上书求见皇上,且要求屏退左右。按照成例,向皇上报告的内容涉及机密的,就屏退左右。在这以前,太府监丞游茂认为高琪威权太重,朝廷内外都畏惧他,常常为此忧虑,因而入宫拜见,屏退左右,秘密陈述,请求对高琪加强节制。宣宗说:"既然委任了他,权哪能不重呢?"游茂出宫后深感不安,又想结交高琪,便登门上书说:"宰相自有体制,哪能因此使人主生疑心,招致天下人的非议。"担心高琪不相信,又说:"我曾秘密拜见主上,确实不喜欢相公权力太重。相公若能用我,就会使主上不生疑心,天下无可非议。"高琪听说游茂曾经请求屏退旁人秘密奏事,怀疑他,就把情况详细地报告给皇上,于是,游茂被判死罪,皇上下令免死，责杖一百，除名。从此，凡是屏退旁人奏事，一定让一个近臣站在旁边。等到素兰请求密见，被召到近侍局，给纸笔，让他写出要说的话。过了一会，宣宗在便殿召见了他，只留近侍局直长赵和和站在旁边。素兰报告说："从前，元帅府建议削夺伯德文哥的兵权，朝廷就下令让他统领义军。伯德文哥对改变他职务的命令拒绝接受。元帅府正要逮捕他，朝廷又赦免了他，并且不让他隶属于元帅府。不知道是谁给陛下出的这个计策？我从外边听说都出自平章高琪。"宣宗说："你怎么知道此事出自高琪？"素兰说："我见到文哥给永清副提控刘温的文书说，差人张希韩从南京来，说副枢平章处理此事，已报告皇上让文哥隶属大名行者，不必服从中都帅府的节制。刘温说详细报告给帅府。虽然如此，可是文哥与高琪勾结，已经清楚了。"皇上点头。素兰又陈述说："高琪本无功勋威望，以前因为害怕处死自作主张杀了胡沙虎，无法生存才想出这个主意。嫉妒贤能，树立朋党，暗中玩弄权术，作威作福。去年，都城一个读书人樊知一拜访高琪，说鲢军不可信赖，恐怕会出乱子。高琪用刀棍打死了他，从此没有人再敢谈论军国利害。派他的党羽移剌塔不也做武宁军节度使，招抚鲢军，旋即无功而还，又用他做武卫军使。依我看来，这贼破坏法纪，扰乱纲常，残害忠良，确实有不想让国家太平的意思。只有陛下采取断然措施，才是社稷之福。"宣宗说："让我慢慢考虑吧。"素兰出来的时候，又告诫说："千万不要泄露出去。"

四年十月，蒙古大军攻取潼关。进驻嵩、汝之间，候补台院令史高嶷上书说："从前河朔失败，朝廷不及时出兵接应，这是第一次失去机会。等到深入我境，都城精兵几十万，如果奋身以赴，拼死一战，必定没有今天的忧虑，这是第二次失去机会。

北兵撤退之后，不考虑追袭，这是第三次失去机会。现在已经度过潼关，再不赶紧进兵防守，祸患就更深了。请命平章政事高琪为元帅，以满足众人的愿望。"没有答复。御史台建议："北兵已经过了潼关、崤关、渑池，深入重地，近抵西郊。他们知道京师驻扎重兵，不再攻城索战，只是用流动骑兵拦阻通往京师的道路，而另外派兵攻击周围州县，这也是逐渐围困京师。如果只是单纯考虑守城，那么，中都的危难又要出现在今天，况且公私蓄积与中都相比不到百分之一，这是我们寒心的原因。不攻京城而纵兵攻打州县，这就像火在心腹，把它拨置到手脚之上，都是自己身上。希望陛下考察。请用陕西兵拒守潼关，与右副元帅蒲察阿里不孙形成掎角之势，挑选在京的勇敢将领十几人，各交给精兵几千，相机侦察，边战边守，再告诉河北，也用这种方法对付敌人。"皇上命交给尚书省，高琪报告说："御史台官员向来不研究军事，备战防守的方略，不是他们知道的。"就这样止息了。高琪只想用重兵驻扎南京以便巩固自己的地位，州郡残破不再顾惜。宣宗被他迷惑，言听计从，终于因此导致自己垮台。

没过多久，晋升尚书右丞相，报告说："凡监察官员纠弹失误的按本法执行。如果外国使者入国，私通言语，泄露本国事情；宿卫、近侍官、承应人出入亲王、公主、宰相之家；受灾缺粮，体察研究不实在，造成人口死亡的；转运军粮，而有私藏；以及科举考试用印不严的，都处以杖刑。在京违犯两次的，御史台官员比监察官员减一等赎罪，其余的只处罚专门差遣的人。任满的时候议定升降。如果在任期内有应处死的人而漏查，按照规定虽然属于称职的也只能归于平常，属于平常的归于降职处罚。"皇上批准了。高琪请求修南京里城，宣宗说："这项工程一动工，老百姓就越发精疲力竭了。城虽完整坚固，能独自平安吗？"

当初，陈言人王世安提出攻取盱眙、楚州的计划，枢密院奏请用世安做招抚使，挑选两三个有勇有谋的同往淮南，招抚红袄军及淮南的宋朝官员。宣宗批准了这个请求，命泗州元帅府派人同往。兴定元年正月初十，宋朝贺正旦使入朝辞行，宣宗说："听说息州有宋人穿越边界，这是宋境饥民沿淮作乱，宋人怎么敢侵犯我们？"高琪请示伐宋以扩大疆土。皇上说："我只要能保守住祖宗交给的就满足了，哪里还要对外征讨。"高琪道歉说："现在雨雪应时，都是圣上有德带来的。陛下能包容小国，天下庆幸，我的话错了。"四月，派遣元帅左都监乌古论庆寿，签枢密院事完颜赛不策划处理南边事务，不久又下令罢兵，可是从此与宋绝交了。

兴定元年十月，右司谏许古劝宣宗与宋议和，宣宗命许古起草文书，又交给宰臣看，高琪说："言辞有哀告祈求的意思，自己表示弱小，不值得采用。"于是中止了。集贤院咨议官吕鉴上书说："南边驻兵几十万，从唐、邓至寿、泗沿边居民差不多逃亡尽了，兵士也有很多逃亡的，也是因为人烟稀少的缘故。我曾连年监理息州榷场，每场所得布帛几千匹，银几百两，三年可得布帛几万匹，银几千两，开战以来都丧失了。军民有逃亡的弊病，国家有税利的损失，不是好计策。现在正是隆冬，天气严寒，积冻不开，我们的骑兵正好驰骋，应该派重兵驻扎在边境上，下书告诫他们，一定会十分有利。如果等到春天解冻，那么，利在他方，就很难与他们议和了。从前燕人俘获了赵王，赵国派遣能言善辩之士去交涉，燕人不答应，后来一个牧童请求出使，赵王才得以回国。孔子丢了马，驾驭车马的人找回了它。人不论贵贱，如果能抓住事情的关键，就都可以成功。我虽然没有才能，愿意效法牧童和驾车人，希望陛下做出决断。"皇上询问尚书省。高琪说："吕鉴狂妄，说话缺乏根据，但他志气高，值得尊重，应把他交给陕西行省以备任用。"皇上同意。十二月，胥鼎劝止伐宋，话在《胥鼎传》。高琪说："大军已经进发，没有什么可以再议论了。"于是议和停止了。

二年，胥鼎上书劝告说："钱粮那么多，不是天子都能兼顾的，天子只要掌握重大决策，要求成功就够了。"高琪说："陛下效法上天运行正常的道理，心忧天下，勤于各种政务，日夜不得闲暇，这是天下太平的根由。胥鼎的建议不对。"宣宗因为南方北方都有战事，十分忧虑，右司谏吕造上书："请命朝廷内外百官都上密封奏章，有话直说，不必忌讳。有时可以召见，亲自访问。陛下广泛收集，倾听各方面的意见，以便尽量了解下情，天下就十分幸运了。"宣宗很赞赏地接受了，命召集百官商议河北、陕西的防御对策。高琪心中忌恨，不肯采用一句话。这时，正在修筑汴京城里城，宣宗问高琪说："有人说这项工程恐怕不能完成，怎么样啊？"高琪说："终究会完成，只是城壕没来得及挖通罢了。"宣宗说："没有城壕行吗？"高琪说："只要防城有办法，假使敌人来了，我等更能效力。"宣宗说："与其到城下，哪不如让敌人到此好呢？"高琪无话可对。

高琪自从当了宰相，就专权固宠，自作主张，作威作福，与高汝励互相呼应。高琪主持军政事务，高汝励掌握财权，依附自己的就用不依附自己的就不用。凡商讨大事违背他的意思，以及依仗自己有能力与他相抗衡的人，对宣宗表面上称赞他们的才能，把他们派到河北施展才干，而背地里置之死地。从不兼任枢密元帅之后，常想得到兵权，于是竭尽劝宣宗进攻宋朝。把河北不再放在心上，凡是精兵都布置在河南，得过且过，打发岁月，总是不肯出一兵一卒，以应一方军务之急。

平章政事英王守纯想揭发他的罪行，秘密召见右司员外郎王阿里、知案蒲鲜石鲁剌、令史蒲察胡鲁商量这件事。石鲁剌、胡鲁把这件事告诉了尚书省都事仆散奴失不，仆散奴失不又告诉了高琪。英王畏惧高琪的朋党，就不敢发动了。不久，高琪派奴仆赛不刺杀了英王的妻子，又归罪于赛不，送到开封府杀了他来灭口。开封府畏惧高琪，不敢揭发他的事实，就处死了赛不。事情发觉后，宣宗很早就听说高琪奸诈恶毒，就趁着这件事杀了他，当时是兴定三年十二月。尚书省都事仆散奴失不因把英王的计划告诉高琪，被处死。蒲鲜石鲁剌、蒲察胡鲁各责七十杖，勒令停职。

当初，宣宗将要南迁，想把鲦军布置在平州，高琪反对。等到迁都汴京，告诫彖多优厚地安抚这支军队，彖多自作主张杀了鲦军几个人，以至于失败。宣宗末年曾说："毁坏天下的人，是高琪和彖多。"终身以为遗憾。

评论：高琪自作主张杀死执中，宣宗不能纠正他的罪行，又曲折周到地替他辩解，来告诉臣下。就这件事本身而论，皇帝要杀大臣，而与近侍在宫中秘密策划，已经不是正当途径。策划不能保密，又被外臣知道，告诉了败军之将，因而杀了他，然后又作辩解，这样就能够欺骗后世了吗？金国到南渡的时候，已经像瘦弱的病人，元气不多了。高琪喜欢官吏而讨厌读书人，喜欢战争而讨厌和平，阻止移防鲦军的主张，破坏与宋讲和的计划，正如一个荒谬的医生，抓给他乌喙、附子等药，只能加速他的死亡。假使宣宗在他自作主张杀死执中的时候，就能伸张大义，处死他，怎么会落到如此误国的地步？

金史卷一百七

列传第四十五

张行信

张行信字信甫，先名行忠，避庄献太子讳，改焉。行简弟也。登大定二十八年进士第，累官铜山令。明昌元年，以廉擢授监察御史。泰和三年，同知山东西路转运使，俄签河东路按察司事。四年四月，召见于泰和殿，行信因言二事，一依旧移转吏目以除民害，一徐、邳地下宜麦，税粟许纳麦以便民。上是其言，令尚书省议行之。

崇庆二年，为左谏议大夫。时胡沙虎已除名为民，赂遗权贵，将复进用。举朝无敢言者，行信乃上章曰："胡沙虎残忍凶悖，跋扈强梁，媚结近习，以图称誉。自其废黜，士庶莫不忻悦。今若复用，惟恐为害更甚前日，况利害之机更有大于此者。"书再上，不报。及胡沙虎弑逆，人甚危之，行信坦然不顾也。

是岁九月，宣宗即位，改元贞祐。行信以皇嗣未立，无以系天下之望，上疏曰："自古人君即位，必立太子以为储副，必下诏以告中外。窃见皇长子每遇趋朝，用东宫仪卫，及至丹墀，还列诸王班。况已除侍臣，而今未定其礼，可谓名不正言不顺矣。昔汉文帝元年，首立子启为太子者，所以尊祖庙、重社稷也。愿与大臣详议，酌前代故事，早下明诏，以定其位，慎选宫僚，辅成德器，则天下幸甚。"上嘉纳之。

胡沙虎诛，上封事言正刑赏，辞载《胡沙虎传》。又言："自兵兴以来，将帅甚难其人，愿陛下令重臣各举所知，才果可用，即赐召见，褒显奖谕，令其自效，必有奋命报国者。昔李牧为赵将，军功爵赏皆得自专，出攻入守不从中覆，遂能北破大敌，西抑强秦。今命将若不以文法拘绳、中旨牵制，委任责成，使得尽其智能，则克复之功可望矣。"上善其言。时方擢任王守信、贾耐儿者为将，皆鄙俗不材、不晓兵律，行信惧其误国，上疏曰："《易》称'开国承家，小人勿用'。圣人所以垂戒后世者，其严如此。今大兵纵横，人情恟惧，应敌兴理非贤智莫能。狂子庸流，猥蒙拔擢，参预机务，甚无谓也。"于是，上皆罢之。

权元帅右都监内族讹可率兵五千护粮通州，遇兵辄溃，行信上章曰："御兵之道，无过赏罚，使其临敌有所慕而乐于进，有所畏而不敢退，然后将士用命而功可成。若讹可败衄，宜明正其罪，朝廷宽容，一切不问，臣恐御兵之道未尽也。"诏报曰："卿意具悉，讹可等已下狱矣。"

时中都受兵，方遣使请和，握兵者畏缩不敢战，曰"恐坏和事"。行信上言："和与战二事本不相干，奉使者自专议和，将兵者惟当主战，岂得以和事为辞。自崇庆来，皆以和误，若我军时肯进战，稍挫其锋，则和事成也久矣。顷北使既来，然犹破东京，略河东。今我使方行，将帅辄按兵不动，于和议卒无益也。事势益急，刍粮益艰，和之成否盖未可知，岂当闭门坐守以待弊哉？宜及士马尚壮，择猛将锐兵，防卫转输，往来拒战，使之少沮，则附近蓄积皆可入京师，和议亦不日可成矣。"上心知其善而不能行。

二年三月，以朝廷括粮恐失民心，上书言："近日朝廷令知大兴府胥鼎便宜计画军食，鼎因奏许人纳粟买官。既又遣参知政事奥屯忠孝括官民粮，户存两月，余悉令输官，酬以爵级银钞。时有粟者或先具数于鼎，未及入官。忠孝复欲多得以明己功，凡鼎所籍者不除其数，民甚苦之。今米价踊贵，无所从籴，民粮止两月又夺之，将不独归咎有司，亦怨朝廷不察也。大兵在迩，人方危惧，若复无聊，或生他变，则所得不偿所损矣。"上深善其言，即命与近臣往审处焉。仍谕忠孝曰："极知卿尽心于公，然国家本欲得粮，今既得矣，姑从人便可也。"四月，迁山东东路按察使，兼转运使，仍权本路宣抚副使。将行，求入见，上御便殿见之。奏曰："臣伏见奥屯忠孝饰诈不忠，临事惨刻，与胡沙虎为党。"历数其罪，且曰："无事时犹不容一相非才，况今多故，可使斯人与政乎？愿即罢之。"上曰："朕始即位，进退大臣自当以礼，卿语其亲知，讽令求去可也。"行信以告右司郎中把胡鲁白忠孝，忠孝不恤也。

三年二月，改安武军节度使，兼冀州管内观察使。始至，即上书言四事，其一曰："杨安儿贼党旦暮成擒，盖不足虑。今日之急，惟在收人心而已。向者官军讨贼，不分善恶，一概诛夷，劫其资产，掠其妇女，重使居民疑畏，逃聚山林。今宜明敕有司，严为约束，毋令劫掠平民。如此则百姓无不安之心，奸人诳胁之计不行，其势渐消矣。"其二曰："自兵乱之后，郡县官豪，多能纠集义徒，摧击土寇，朝廷虽授以本处职任，未几遣人代之。夫旧者人所素服，新者未必皆才，缓急之间，启衅败事。

自今郡县阙员，乞令尚书省选人拟注。其旧官，民便安者宜就加任使，如资级未及，令摄其职，待有功则正授。庶几人尽其才，事易以立。"其三曰："掌军官敢进战者十无一二，其或有之，即当责以立功，不宜更授他职。"其四曰："山东军储皆鬻爵所获，及或持敕牒求仕，选曹以等级有不当鬻者往往驳退。夫鬻所不当，有司罪也，彼何责焉。况海岱重地，群寇未平，田野无所收，仓廪无所积，一旦军饷不给，复欲鬻爵，其谁信之。"朝廷多用其议。八月，召为吏部尚书。九月，改户部尚书。十二月，转礼部尚书，兼同修国史。

四年二月，为太子少保，兼前职。时尚书省奏："辽东宣抚副使完颜海奴言，参议官王浍尝言，本朝绍高辛，黄帝之后也。昔汉祖陶唐，唐祖老子，皆为立庙。我朝迄今百年，不为黄帝立庙，无乃愧于汉、唐乎！"又云："本朝初兴，旗帜尚赤，其为火德明矣。主德之祀，阙而不讲，亦非礼经重祭祀之意。臣闻于浍者如此，乞朝廷议其事。"诏问有司，行信奏曰："按《始祖实录》止称自高丽而来，未闻出于高辛。今所据欲立黄帝庙，黄帝高辛之祖，借曰绍之，当为木德，今乃言火德，亦何谓也。况国初太祖有训，因完颜部多尚白，又取金之不变，乃以大金为国号，未尝议及德运。近章宗朝始集百僚议之，而以继亡宋火行之绝，定为土德，以告宗庙而诏天下焉。顾浍所言特狂妄者耳。"上是之。

八月，上将祔享太庙，诏依世宗十六拜之礼。行信与礼官参定仪注，上言宜从四十四拜之礼，上嘉纳焉，语在《礼志》。祭毕，赐行信宝券二万贯、重币十端，谕之曰："太庙拜礼，朕初欲依世宗所行，卿进奏章，备述随室读祝，殊为中理。向非卿言，朕几失之，故特以是旌赏，自今每事更宜尽心。"是年十二月，行信以父暐卒，去官。

兴定元年三月，起复旧职，权参知政事。六月，真拜参知政事。时高琪为相，专权用事，恶不附己者，衣冠之士动遭窘辱，惟行信屡引旧制力抵其非。会宋兵侵境，朝廷议遣使详问，高琪等以为失体，行信独上疏曰："今以遣使为不当，臣切惑之。议者不过曰：'遣使则为先示弱，其或不报，报而不逊，则愈失国体。'臣独以为不然。彼幸吾衅隙，数肆侵掠，边臣以兵却之复来，我大国不责以辞而敌以兵，兹非示弱乎？至于问而不报，报而不逊，曲自在彼，何损于我。昔大定之初，彼尝犯顺，世宗虽遣丞相乌者行省于汴，实令元帅撒合辇先为辞诘之，彼遂伏罪。其后宋主夺取国书，朝廷复欲加兵，丞相娄室独以为不可，及刑部尚书梁肃衔命以往，寻亦屈焉。在章宗时，猖狂最甚，犹先理问而后用兵。然则遣使详问正国家故事，何失体之有。且国步多艰，戍兵滋久，不思所以休息之，如民力何。臣书生无甚高论，然事当机会，不敢不罄其愚，惟陛下察之。"上复令尚书省议，高琪等奏："行信所言固遵旧制，然今日之事与昔不同。"诏姑待之。已而，高汝砺亦上言先遣使不便，议遂寝，语在《汝砺传》。

时监察御史多被的决，行信乃上言曰："大定间，监察坐罪大抵收赎，或至夺俸，重则外降而已，间有的决者皆有为而然。当时执政程辉已尝面论其非是，又有敕旨，监察职主弹劾，而或看徇者，非谓凡失察皆然也。近日无问事之大小、情之轻重，一概的决，以为大定故实、先朝明训，过矣。"于是诏尚书省更定监察罪名制。

史馆修《章宗实录》，尚书省奏："旧制，凡修史，宰相执政皆预焉。然女直、汉人各一员。崇庆中，既以参知政事梁镗兼之，复命翰林承旨张行简同事，盖行简家学相传，多所考据。今修《章宗实录》，左丞汝砺已充兼修，宜令参知政事行信同修如行简例。"制可。

二年二月，出为彰化军节度使，兼泾州管内观察使，谕之曰："初，朕以朝臣多称卿才，乃令参决机务。而廷议之际，每不据正，妄为异同，甚非为相之道。复闻迩来殊不以干当为意，岂欲求散地故耶？今授此职，卿宜悉之。"初，内族合周避敌不击，且诡言密奉朝旨，下狱当诛。诸皇族多抗表乞从末减，高琪以为自古犯法无告免者，行信独曰："事无古今，但合周平昔忠孝，或可以免。"又以行信族弟行贞居山东，受红袄贼伪命，枢密院得宋人书，有干涉行信事，故出之。其子莒，时为尚书省令史，亦命别加注授焉。

初，行信言："今法，职官论罪，多从的决。伏见大定间世宗敕旨，职官犯故违圣旨，徒年、杖数并的决。然其后三十余年，有司论罪，未尝引用，盖非经久为例之事也。乞详定之。"行信既出，上以其章付尚书省。至是，宰臣奏："自今违奏条之所指挥、及诸条格，当坐违制旨者，其徒年、杖数论赎可也。特奉诏旨违者，依大定例。"制可。行信去未久，上尝谕宰臣曰："自张行信降黜，卿等遂缄默，此殊非是。行信事，卿等具知，岂以言之故耶？自今宜各尽言，毋复畏忌。"

行信始至泾，即上书曰："马者甲兵之本，方军旅未息，马政不可缓也。臣自到泾，闻陕右豪民多市于河州，转入内地，利盖百倍。及见省差买马官平凉府判官乌古论桓端市于洮州，以银百铤几得马千匹，云生羌木波诸部蕃族人户畜牧甚广。盖前所遣官或抑其直，或以势陵夺，遂失其和，且常患银少，所以不能多得也。又闻蕃地今秋薄收，鬻马得银辄以易粟。冬春之交必艰食，马价甚低。乞令所司辇银粟于洮、河等州，选委知蕃情、达时变如桓端者贸易之。若捐银万两，可得良马千匹，机会不可失，惟朝廷亟图之。"

又曰："比者沿边战士有功，朝廷遣使宣谕，赐以官赏，莫不感戴圣恩，愿出死力，此诚得激劝之方也。然赠遗使者或马或金，习以为常，臣所未谕也。大定间，尝立送宣礼，自五品以上各有定数，后竟停罢。况今时务与昔不同，而六品以下及止迁散官者，亦不免馈献，或莫能办，则敛所部以应之，至有因而获罪者。彼军士效死立功，仅蒙恩赏，而反以馈献为苦，是岂朝廷之意哉？乞令有司依大定例，参以时务，明立等夷，使取予有限，无伤大体，则上下两得矣。"

又曰："近闻保举县令，特增其俸，此朝廷为民之善意也。然自关以西，尚未有到任者，远方之民不能无望，岂举者犹寡，而有所不敷耶？乞诏内外职事官，益广选举，以补其阙，使天下均受其赐。且丞、簿、尉亦皆亲民，而独不增俸，彼既不足以自给，安能禁其侵牟乎？或谓国用方阙，不宜虚费，是大不然。夫重吏禄者，固使之不扰民也，民安则国定，岂为虚费。诚能裁减冗食，不养无用之人，亦何患乎不足。今一军充役，举家廪给，军既物故，给其子弟，感悦士心，为国尽力耳。至于无男丁而其妻女犹给之，此何谓耶？自大驾南巡，存赡者已数年，张颐待哺，以困农民。国家粮储常患不及，顾乃久养此老幼数千万口，冗食虚费，正在是耳。如即罢之，恐其失所，宜限以岁月，使自为计，至期而罢，复将何辞。"上多采纳焉。

元光元年正月，迁保大军节度使，鄜州管内观察使。二月，改静难军节度使，兼邠州管内观察使。未几，致仕。哀宗即位，征用旧人，起为尚书左丞，言事稍不及前，人望颇减。寻复致仕家居，惟以抄书教子孙为事，葺园池汴城东，筑亭号"静隐"，时时与侯挚辈游咏其间。正大八年二月乙丑，薨于嵩山崇福宫，年六十有九。初游嵩山，尝曰："吾意欲主此山"，果终于此。

为人纯正真率，不事修饰，虽两登相位，殆若无官然。遇事辄发，无所畏避，每奏事上前，旁人为动色，行信处之坦如也。及薨之日，虽平昔甚媢忌者，亦曰正人亡矣。初至汴，父暐以御史大夫致仕犹康健，兄行简为翰林学士承旨，行信为礼部尚书，诸子侄多中第居官，当世未之有也。"

译文：

张行信字信甫，原名行忠，因避庄献太子的名讳，改了名字。他是张行简的弟弟。大定二十八年考中进士，积官为铜山县令。明昌元年，因为廉洁而提升为监察御史。泰和三年，同知山东西路转运使，不久兼河东路按察司事。四年四月，皇帝在泰和殿召见，行信因而奏言了两件事：一是依旧移转吏目以消除民害，一是徐、邳地势较低适宜于种麦，征税的粮食允许交麦以便利民众。皇上同意他的话，命令尚书省商议施行。

崇庆二年，行信为左谏议大夫。当时，胡沙虎已开除在官名籍为一般百姓，他贿赂当权显贵，将要重新进用。整个朝廷没有敢说话的，于是行信上奏章说："胡沙虎残忍凶恶荒唐，蛮横刚暴，献媚巴结天子所亲幸的人，以图称赏赞美他。自从他罢废，士大夫与平民百姓没有不高兴的。今倘若重新起用，只怕为害比从前更加厉害，况且利与害的关键更有比这一点大的。"书两次奏上，没有结果。等到胡沙虎杀了皇帝，人们都特别害怕他，行信坦然不理会。

这年九月，宣宗即位，改元称贞祐。行信认为皇帝的继承人没有确立，无法维系天下的瞩望，上疏说："自古皇帝即位，必然要立太子以为储副，必然颁下诏书宣告中外。窃见皇长子每逢上朝，用东官的仪仗侍卫，等到了丹墀，就回列到各王的位置。况且已除授为侍臣，而至今没有定其礼仪，可说是名不正言不顺啊。过去汉文帝元年，首先立儿子启为太子，就是因为尊崇祖庙，重视国家。希望与大臣详细议论，斟酌前代已有的成例，早些颁下明确的诏书，肯定他的地位，慎重地选择宫中僚属，辅佐他成为有德的大器，则天下就很幸运了。"皇上赞赏并采纳了他的上奏。

胡沙虎被杀，行信上奏谈纠正刑赏，其文载在《胡沙虎传》。又说："自从兵事发生以来，将帅非常难找到合适的人选，希望陛下命令重要大臣各推举所知道的人才，才能果然可以任用，即赐予召见，加以表扬奖励宣扬，令他们效力，一定会有用生命报效国家的人。过去李牧为赵国的大将，对有军功的加爵给赏都可以自己决定，出击和退守不根据朝廷的批复，于是能够北边击败大敌，西边抑制强大的秦国。今天任命将帅倘若不用文书法令拘限、朝中批旨牵制，委任以成功相督责，使得竭尽其智能，则收复失地的功劳是可以有希望的。"皇上认为他的话不错。当时刚刚提拔王守信、贾耐儿为将官，都庸俗鄙漏不成器、不懂兵法，行信怕他们误国，上疏说："《易经》说开创邦国继承家业，不能用小人。圣人所以告诫后世的，是如此严厉！今大兵交错，人情担惊受怕，要应付敌人振兴治理，不是贤达的人不能胜任。狂妄庸俗之流，不适当地加以提拔，参与枢要的政务，实在是没有意义。"于是，皇上把王守信等都罢免了。

权元帅右都监内族讹可率兵五千护粮于通州，遇到敌兵总是败溃，行信上奏章说："驾驭士卒的方法，无过于赏与罚，使其面临敌人有所企求而乐于前进，有所畏惧而不敢后退，然后将领士兵遵奉命令而大功可以有成。像讹可败北，就应该明确坐实他的罪过。朝廷宽容，一切都不置问，臣下恐怕驾驭士卒的方法未尽妥善。"下诏回答他说："你的意思朕全部明白，讹可等已囚禁下狱了。"

当时中都遭到兵火，刚派使臣请和，执掌兵权的人畏缩不敢出战，说："怕坏了请和的事"，行信上奏说："和与战两件事本来不相干，奉命出使者自当专力议和，率领军队者只应主持战斗，怎能以议和的事为借口！自从崇庆年间以来，都是以和误事，倘若我方军队随时肯主动作战，稍稍折损他们的锋芒，则和事成功已很久了。最近北方使臣已经来到，然仍攻破东京，夺取河东。今天我们的使臣刚走，将帅即按兵不动，对和议最终没有好处。事态更加紧急，粮草更加艰难，议和的成功与否大概尚未可知，难道应当闭门坐守以等待破亡吗！应该趁士兵马匹还健壮，挑选勇猛的将领精锐的士兵，防备护卫转相运输，往来御敌，使他们稍受挫折，则附近的蓄积都可运入京师，和议也很快可以谈成。"皇上心里知道这种办法的好处而不能施行。

二年三月，因朝廷搜求粮食恐怕有失民心，上书说："近些天朝廷命令知大兴府胥鼎视可自决筹划军粮，鼎因而上奏允许人交粮食买官。既而又派参知政事奥屯忠孝搜括官和平民的粮食，每户存两月的用粮，其余全部命令交官，以官爵和银钞作为报酬。当时有粮的有人已先向胥鼎申报了数目，没有来得及交官。忠孝又想多得粮以表明自己的功劳，凡胥鼎所登记的不除掉其数目，老百姓非常痛苦。现今米价腾贵，没有地方去买，老百姓只有两个月的粮食而又去剥夺它，百姓将不单单归咎于官吏，也埋怨朝廷不了解情况啊。大兵就在附近，人们正处在危难恐惧之中，若再不能聊以生存，或者发生其他变化，那么所得到的就补偿不了所损失的啊。"皇上非常同意他的话，就命令他与近侍大臣前往审核处理。仍然宣谕忠孝说："朕知道你尽心于公事，然而国家本来想得到粮食，今天既已得到了，姑且从人方便就是了。"四月，迁调行信为山东东路按察使，兼转运使，仍然权本路宣抚副使。将要起程，请求入见，皇上在便殿见了他。行信上奏说："臣伏见奥屯忠孝饰伪巧诈不忠，遇事残酷刻毒，与胡沙虎为同一伙党徒。"又一一列举他的罪恶，并且说："平安无事的时候尚且不能宽容一位辅相不称职，何况今天多变故，可以让这样的人参与政事吗？希望立刻罢免他。"皇上说："我刚即位，提拔和辞退大臣自当以礼，你告诉他亲近的人，劝告他请求辞去就可以了。"行信以此告诉右司郎中把胡鲁转告忠孝，忠孝不感到忧虑。

三年二月，改任安武军节度使，兼任冀州管内观察使。刚到，即上书谈了四件事：其一说："杨安儿贼党很快即可抓获，不足忧虑。今日的当务之急，仅仅在收拢人心而已。过去官军讨伐贼人，不分好与坏，一律诛杀铲除，抢劫他们的资产，掠夺他们的妇女，更加使百姓怀疑生畏，逃聚山林。今天应该明确地命令官吏，严为管束，不要让他们抢劫平民百姓。这样做了，百姓没有不安的心，奸人欺骗威胁的计谋无法推行，其势力便渐渐消亡了。"其二说："自从兵火战乱之后，郡县的官吏豪强，大多能纠集仗义之徒，打击当地的盗贼，朝廷虽然授给了本处职任，不久便派人取代。旧官人们向来佩服，新官未必都有才干，紧迫需要之际，就会挑起事端败坏大事。自今郡县官吏有阙员，请令尚书省选择人员准备填补。那些旧官，能使百姓便利安定的应该就地加以任使，如果资历等第不够，令代行其职务，等到建有功劳就正式任命。差不多人尽其才，事情便容易办成。"其三说："执掌兵权的军官敢于主动出战的十个之中没有一两个人，其中偶或有这样的人，即应当责成其以立功劳，不应当更授别的职务。"其四说："山东的军用储备都是卖官爵所获得，等到有人拿着敕牒要求给官，选官们以等级有的不应当卖为理由往往驳退人家的要求。卖得不恰当，是官吏的罪责，对方有什么责任啊！况且海州、泰山重要之地，多数盗贼没有平息，田野无所收获，仓廪无所积蓄，一旦军粮供应不上，再想卖官爵，还有谁相信？"朝廷多采用他的建议。八月，召他为吏部尚书。九月，改任户部尚书。十二月，转为礼部尚书，兼同修国史。

四年二月，行信为太子少保，兼任以前的职务，当时尚书省奏："辽东宣抚副使完颜海奴说，参议官王浍曾说，本朝接续高辛，是黄帝的后代。过去，汉以陶唐为祖先，唐以老子为祖先，都为他们立庙。我朝到今天已经历一百来年，不为黄帝立庙，不有愧于汉、唐吗？"又说："本朝最初兴起，旗帜崇尚红色，其为火德已很明白。根本大德的祭祀，空阙而不讲求，也不是礼经重视祭祀的意思。臣听王浍所讲如此，请求朝廷议论这件事。"下诏问官吏，行信奏说："按照《始祖实录》仅仅说从高丽而来，没有听说出于高辛氏。今所据想立黄帝庙，黄帝是高辛的祖先，假如说接续他，应当为木德，今却说火德，又怎么讲呢？况且国立之初太祖有教诲，因为完颜部多崇尚白色，又取金的不变，于是以大金为国号，未曾议论过德运。近来章宗朝开始集百官臣僚议论它，而因为继宋火行之灭绝，定为土德，以此上告宗庙而又颁诏天下（使大家知道）。看王浍所说不过是放肆妄为的人罢了。"皇上同意他的话。

八月，皇上将祭奠荐享太庙，下诏遵依世宗所行十六拜的礼仪。行信与礼官参与商定礼节，上奏说应该遵从四十四拜的礼仪，皇上赞赏采纳了，这些话载在《礼志》。祭奠完毕，赐给行信宝券二万贯、上好的丝织品十端，宣谕他说："太庙拜的礼仪，我当初想依照世宗所施行的做，你呈进奏章，详备地叙述随室读祝祷之辞，特别在理。假如不是你说，我几乎就要犯错误，故特地用这些表彰赏赐，从今每件事更应该尽心。"这年十二月，行信因父亲去世，离任。

兴定元年三月，服丧未满起而复任旧职，权参知政事。六月，正式拜任为参知政事。当时高琪为宰相，独揽大权任意行事，厌恶不阿附自己的人，有官职的士人动辄遭到刁难和凌辱，唯有行信屡次引用旧的仪制尽力抵制他的非为。恰逢宋兵侵扰边境，朝廷计议派使臣详加责问，高琪等以为这有失礼仪，行信独上疏说："今天以派使臣为不应当，臣非常不解。议论者不过是说'派使臣是先表示软弱，他们或者不通报，或者通报而不谦恭，则越加有失国体'。臣独认为不是这样。他们侥幸地钻我们的空隙，多次大肆侵略，守边之臣用兵打退了他们还要回来，我大国不用文辞责备而用兵敌御，这不是示弱吗？至于责问而不通报，通报而不谦恭，理亏自在对方，有什么损于我方的？过去大定初年，他们曾违反正理，世宗虽然派丞相乌者行省事于汴京，实际上命令元帅撒合辇事先已为文辞责问了他们，他们终于承认罪过。以后宋主夺取国书，朝廷又想用兵，丞相娄室独认为不可，等到刑部尚书梁肃奉命前往，不久亦屈服了。在章宗的时候，猖狂得最为厉害，仍然先事责问而后用兵。然而派遣使臣详问正是国家的历来做法，有什么失体的地方？况且国家的步履多有艰难，边疆的战事漫延长久，不考虑如何休戍止兵，民力将怎么样呢？臣是一介书生没什么高论，然而事当关键时刻，不敢不尽其愚虑,惟陛下明察。"皇上又令尚书省计议,高琪等奏:"行信所说固然是遵从旧制,然今日的事与过去不同。"下诏姑且等待一下。不久,高汝砺亦上奏说先派使臣不合适,议论终于停止,这话记在《高汝砺传》。

当时监察御史大多被笞杖,于是行信上奏说:"大定年间,监察犯罪大都出资赎免,有的人甚至免去俸禄,犯罪严重的贬外降官罢了,间或有被笞杖的都是有所为才这样的。当时执政的程辉已曾当着皇帝的面谈论这样做不对,又有令旨,监察的职责主要是检举官吏的不法或罪恶,而偶或视罪恶为良循守法,并不是说凡是失于监察都这个样子。近些日子不问事情的大小,情节的轻重,一概笞杖,以为这是大定的先例,先朝的英明教诲,这就错了。"于是下诏尚书省改定监察罪名的有关规定。

史馆撰修《章宗实录》,尚书省奏:"按照旧的规定,凡是修史,宰相和执政官都要参与。然而女真、汉人各有一员。崇庆年间中期,已经以参知政事梁璒兼修国史,又命翰林承旨张行简一同参与其事。这是因为行简家学传授,多有考据。现在修《章宗实录》,左丞高汝砺已充兼修官,应该令参知政事行信同修国史如行简之例。"皇帝制书说可以。

二年二月,调行信出为彰化军节度使,兼任泾州管内观察使,皇帝告诉他说:"当初,我因为朝中大臣多称道你的才干,于是令你参与决定机要的政务。而朝廷议论的时候,你往往不根据正道,胡乱的提出异议,这特别不符合作为宰相的道理。又听说近来尤其不以处理公务为意,难道是想求闲散之地的缘故吗?今天授你这个职务,你应该明白。"当初,内族合周回避敌人不打击,且撒谎说秘密地奉有朝廷旨意,囚禁于牢狱理当处死。不少皇族的人多上表直言请求从轻处刑,高琪以为自古犯法没有宣告免罪的，行信独说："事情没有古今，但是合周一向忠孝，或者可以免罪。"又因为行信的族弟行贞居住在山东，接受了红袄贼的非法任命，枢密院得到宋人的文书，有牵扯到行信的事，所以让他到地方上做官。他的儿子张莒，当时为尚书省令史，亦命令另外授予别的官职。

当初，行信说："如今之法，官员论罪，大多采取笞杖。伏见大定间世宗的诏令，职官犯有故意违抗圣旨的罪，徒刑的年数、杖数都可按着所受笞杖数施行笞杖。然而以后三十多年，官吏论罪，未曾引用过这条诏令，大概并不是长久为例的事，请求详细审定它。"行信既已出京外任，皇上把他的奏章交给尚书省。到这时，宰臣奏："从今违抗上奏条款的有关命令及各种条格，当犯有违抗令旨罪的人，其徒刑年数、杖数出资论赎就可以了。特别奉领诏旨而又违抗者，遵依大定为例。"皇帝下制说："可以"。行信离开朝廷不久，皇上曾对宰臣们说："自张行信降官出京外任以后，你们就不说话了，这非常不对。行信的事，你们都知道，难道是以说话的缘故吗？自今应当各尽其言，不要再畏忌。"

行信刚到泾州，马上上书说："马是甲兵的根本，方今军旅之事并未停息，马政不可迟缓啊。臣自从到了泾州，听说陕右有钱的人多从河州购买，转输入内地，获利大概有一百倍。等见到省差买马官平凉府判官乌古论桓端买于洮州，用银一百铤几乎得到马一千匹，说生羌木波各部落的土著人户畜牧的特别多。大概以前所派遣的买马官或者压低价钱，或者仗势抢夺，于是失去了和好，而且常常忧患银钱少，所以不能够多得马匹。又听说蕃属各地今年秋天减收，卖马得到银钱立即用来换粮食。冬、春之交必然难于得食，马价特别低。希望命令有关官吏运银和粮食到洮、河等州，选择委派了解蕃情、通达时变如桓端那样的人来做交易。倘若舍得一万两银子，可以得到一千匹好马，机会不可失，请朝廷抓紧计议。"

又说："近来沿边战士有功，朝廷派遣使臣宣告皇上的旨意，赐给官赏，没有不感戴皇上大恩，愿意献出拼死力量的，这真是深得激励劝勉的方法啊。然而赠送给使者的或是马或是金，习以为常，臣有所不明白。大定年间，曾经立过送宣礼，自五品官以上各有一定的数目，后来竟然停止罢废。何况现今的时务与过去不同，而六品以下甚至到调迁为有名无实的散官，也不免要赠献，有人不能罢办，则收取所管部下的钱财以应酬，甚至有因此而得罪的人。那些军士效死立功，仅仅蒙受恩赏，而反因为要赠献使者而苦恼，这难道是朝廷的意思吗？希望命令官吏依照大定的先例，参考以时务，明确彼此平等，使取和予者有一定限度，不伤大体，则上下两相得益。"

又说："近来听说保举县令，特别增加他们的薪俸，这是朝廷为了百姓的好意。然而自关而西，还未有到任的人，远方的百姓不能没有埋怨，难道推举的人仍然少，而有所不足吗？希望下诏朝廷内外的职事官，更加广为选举，以补其阙额，使天下都能够受到它的恩赐。况且丞、簿、尉也都是亲民官，而独不增加薪俸，他们既不足以自给，怎么能禁止他们侵民牟利呢？有人说国家用度正不足，不应该虚费，其实根本不是这样。增加官吏的俸禄，本来是使他们不侵扰百姓，百姓安静则国家平定，难道是虚费！真能够裁减多余的食客，不养活没用的人，又何以担心不足。现在一个军卒服役，全家都由国家供给，军卒已死，就供给他的子弟，这是为感动取悦士卒的心，为国家尽力罢了。至于没有男子丁壮而他的妻女仍然国家供给，这又怎么说呢？自从皇帝巡视南方，抚恤赡养已好几年，张着腮帮子等待喂养，就困乏了农民。国家的粮食储备常常忧患不足，反而还要长久地养着这些老幼数千万口人，多余的食客、白白地费用，正在这里啊。如果立即罢免这些供给，恐他们失去所依靠，应该限定以岁月，使自己为生计，到期而罢免，他们还有什么说的呢？"皇上多所采纳。

元光元年正月，调迁为保大军节度使，兼任鄜州管内观察使。二月，改为静难军节度使，兼任邠州管内观察使。不久，退休。哀宗即位，征召起用旧人，起用行信为尚书左丞，谈论事情稍微不如从前，人们对他的期望大为减小。不久又退休家居，惟以抄书、教育子孙为事。他在汴京城东修建园池，筑亭子号称"静隐"，常常与侯挚一辈人游览咏诵其间。正大八年二月乙丑，死于嵩山崇福宫，享年六十九岁，初游嵩山，曾说："我想主持这座山。"果然死于这个地方。

行信为人纯正直率，不做修饰，虽然两次登上宰相之位，几乎像没有官的样子。遇到事情总是发表意见，无所畏惧和回避，每次在皇帝面前奏事，旁人为他担心的脸色都变了，行信却处之坦然。到去世那天，虽然过去特别妒忌他的人，也说："正人死了。"初到汴京，父亲张暐以御史大夫退休仍然健康，哥哥行简为翰林学士承旨，行信为礼部尚书，诸子侄多有考中当官的，（这样的家庭）当世未曾有啊。

金史卷一百十

列传第四十八

杨云翼

杨云翼字之美，其先赞皇檀山人，六代祖忠客平定之乐平县，遂家焉。曾祖青、祖郁、考恒皆赠官于朝。云翼天资颖悟，初学语辄画地作字，日诵数千言。登明昌五年进士第一，词赋亦中乙科，特授承务郎、应奉翰林文字。承安四年，出为陕西东路兵马都总管判官。泰和元年，召为太学博士，迁太常寺丞，兼翰林修撰。七年，签上京、东京等路按察司事，因召见，章宗咨以当世之务，称旨。大安元年，翰林承旨张行简荐其材，且精术数，召授提点司天台，兼翰林修撰，俄兼礼部郎中。崇庆元年，以病归。贞祐二年，有司上官簿，宣宗阅之，记其姓名，起授前职，兼吏部郎中。三年，转礼部侍郎，兼提点司天台。

四年，大元及西夏兵入鄜延，潼关失守，朝议以兵部尚书蒲察阿里不孙为副元帅以御之。云翼言其人言浮于实，必误大事。不听，后果败。

兴定元年六月，迁翰林侍讲学士，兼修国史，知集贤院事，兼前职，诏曰："官制入三品者例外除，以卿遇事敢言，议论忠说，故特留之。"时右丞相高琪当国，人有请榷油者，高琪主之甚力，诏集百官议，户部尚书高夔等二十六人同声曰："可。"云翼独与赵秉文、时戬等数人以为不可，议遂格。高琪后以事谴之，云翼不恤也。二年，拜礼部尚书，兼职如故。三年，筑京师子城，役兵民数万，夏秋之交病者相籍，云翼提举医药，躬自调护，多所全济。四年，改吏部尚书。凡军兴以来，入粟补官及以战功迁授者，事定之后，有司苛为程式，或小有不合辄罢去，云翼奏曰："赏罚国之大信，此辈宜从宽录，以劝将来。"

是年九月，上召云翼及户部尚书羲、翰林学士秉文于内殿，皆赐坐，问以讲和之策，或以力战为言，上俯首不乐，云翼徐以《孟子》事大、事小之说解之，且曰："今日奚计哉，使生灵息肩，则社稷之福也。"上色乃和。

十一月，改御史中丞。宗室承立权参知政事，行尚书省事于京兆，大臣言其不法，诏云翼就鞫之，狱成，廷奏曰："承立所坐皆细事，不足问。向大兵掠平凉以西，数州皆破，承立坐拥强兵，瞻望不进。鄜延帅臣完颜合达以孤城当兵冲，屡立战绩。其功如此，而承立之罪如彼，愿陛下明其功罪以诛赏之，则天下知所劝惩矣。自余小失，何足追究。"承立由是免官，合达遂掌机务。

哀宗即位，首命云翼摄太常卿，寻拜翰林学士。正大二年二月，复为礼部尚书，兼侍读。诏集百官议省费，云翼曰："省费事小，户部司农足以办之。枢密专制军政，蔑视尚书。尚书出政之地，政无大小皆当总领。今军旅大事，社稷系焉，宰相乃不得预闻，欲使利病两不相蔽得乎？"上嘉纳之。

明年，设益政院，云翼为选首，每召见赐坐而不名。时讲《尚书》，云翼为言帝王之学不必如经生分章析句，但知为国大纲足矣。因举"任贤""去邪"、"与治同道""与乱同事"、"有言逆于汝心""有言逊于汝志"等数条,一皆本于正心诚意,敷绎详明。上听忘倦。寻进《龟鉴万年录》《圣学》《圣孝》之类凡二十篇。

当时朝士,廷议之际多不尽言,顾望依违,寖以成俗。一日,经筵毕,因言:"人臣有事君之礼,有事君之义。礼,不敢齿君之路马,蹴其刍其有罚,入君门则趋,见君之几杖则起,君命召不俟驾而行,受命不宿于家,是皆事君之礼,人臣所当尽者也。然国家之利害,生民之休戚,一一陈之,则向所谓礼者特虚器耳。君曰可,而有否者献其否。君曰否,而有可者献其可。言有不从,虽引裾、折槛、断鞅、轫轮有不恤焉者。当是时也,姑徇事君之虚礼,而不知事君之大义,国家何赖焉。"上变色曰:"非卿,朕不闻此言。"

云翼尝患风痹,至是稍愈。上亲问愈之之方,对曰:"但治心耳。心和则邪气不干,治国亦然,人君先正心,则朝廷百官莫不一于正矣。"上矍然,知其为医谏也。

夏人既通好,遣其徽犹阁学士李弁来议互市,往返不能决,朝廷以云翼往议乃定。五年卒,年五十有九,谥文献。

云翼天性雅重,自律甚严,其待人则宽,与人交分一定,死生祸福不少变。其于国家之事,知无不言。贞祐中,主兵者不能外御而欲取偿于宋,故频岁南伐。有言之者,不谓之与宋为地,则疑与之有谋。至于宰执,他事无不言者,独南伐由一语不敢及。云翼乃建言曰:"国家之虑,不在于未得淮南之前,而在于既得淮南之后。盖淮南平则江之北尽为战地,进而争利于舟楫之间,恐劲弓良马有不得骋者矣。彼若扼江为屯,潜师于淮以断饷道,或决水以潴淮南之地,则我军何以善其后乎?"及时全倡议南伐，宣宗以问朝臣，云翼曰："朝臣率皆谀辞，天下有治有乱，国势有弱有强，今但言治而不言乱，言强而不言弱，言胜而不言负，此议论所以偏也。臣请两言之。夫将有事于宋者，非贪其土地也，第恐西北有警而南又缀之，则我三面受敌矣，故欲我师乘势先动，以阻其进。借使宋人失淮，且不敢来，此战胜之利也。就如所料，其利犹未可必然。彼江之南其地尚广，虽无淮南岂不能集数万之众，伺我有警而出师耶？战而胜且如此，如不胜害将若何。且我以骑当彼之步，理宜万全，臣犹恐其有不敢恃者。盖今之事势与泰和不同，泰和以冬征，今我以夏往，此天时之不同也。冬则水涸而陆多，夏则水潦而途淖，此地利之不同也。泰和举天下全力，驱糺军以为前锋，今能之乎，此人事之不同也。议者徒见泰和之易，而不知今日之难。请以夏人观之，向日弓箭手之在西边者一遇敌则搏而战、袒而射，彼已奔北之不暇。今乃陷吾城而虏守臣，败吾军而禽主将。囊则畏我如彼，今则侮我如此。夫以夏人既非前日，奈何以宋人独如前日哉，愿陛下思其胜之之利，又思败之之害，无悦甘言，无贻后悔。"章奏不报。时全果大败于淮上，一军全没。宣宗责诸将曰："当使我何面目见杨云翼耶？"

河朔民十有一人为游骑所迫，泅河而南，有司论罪当死，云翼曰："法所重私渡者，防奸伪也。今平民为兵所迫，奔入于河，为逭死之计耳。今使不死于敌而死于法，后惟从敌而已。"宣宗悟，尽释之。哀宗以河南旱，诏遣官理冤狱，而不及陕西，云翼言："天地人通为一体，今人一支受病则四体为之不宁，岂可专治受病之处而置其余哉？"朝廷是之。

司天有以《太乙新历》上进者，尚书省檄云翼参订，摘其不合者二十余条，历家称焉。所著文集若干卷，校《大金礼仪》

若干卷,《续通鉴》若干卷,《周礼辨》一篇,《左氏》《庄》《列赋》各一篇,《五星聚井辨》一篇,《县象赋》一篇,《勾股机要》《象数杂说》等著藏于家。

译文：

  杨云翼字之美,他的先人是赞皇县檀山人,六代祖杨忠客居平定的乐平县,于是在此地为家。曾祖杨青,祖杨郁,父亲杨恒,都得到朝廷的赠官。云翼天资聪明,刚学说话就画地作字,每天诵习好几千言。明昌五年考进士第一,词赋亦中乙科。特别授予承务郎、应奉翰林文字。承安四年,调出为陕西东路兵马都总管判官。泰和元年,召入朝为太学博士,迁官太常寺丞,兼任翰林修撰。七年,为签上京、东京等路按察司事,因而召见,章宗咨访他当世的事务,表示满意。大安元年,翰林承旨张行简推荐他的才能,并且精通阴阳五行等术数,召授予提点司天台,兼任翰林修撰,不久兼任礼部郎中。崇庆元年,因病归家。贞祐二年,官吏上呈在官名簿,宣宗看了,记下他的名字,起用授予以前的职务,兼任吏部郎中。三年,转任礼部侍郎,兼任提点司天台。

  四年,元和西夏的兵进入䜌延,潼关失守,朝廷议论以兵部尚书蒲察阿里不孙为副元帅抵御他们。云翼说其人言过于实,一定延误大事。不听这一意见,后来果然失败。

  兴定元年六月,云翼迁官为翰林侍讲学士,兼修国史,知集贤院事,兼前职。诏书说:"按照官制,升入三品的人依惯例授外地的官,因为你遇事敢说话,议论忠诚正直,故特别留在朝内。"当时右丞相高琪当权,有人请求国家专卖油,高琪主张这么做特别卖力。下诏集合百官议论,户部尚书高夔等二十六人同声说："可以。"云翼独与赵秉文、时戬等几个人认为不可以,议论才被搁置。高琪后来借用一件事谴责他,云翼不忧惧。二年,拜云翼任礼部尚书,兼职照旧。三年,兴建京师的子城,役使士兵百姓好几万,夏秋之交有病的人互相枕藉,云翼提举医药,亲自安排护理,多保全其性命。四年,改任吏部尚书。凡军兴以来,用交纳粮食补官的以及有战功而迁升授除的,事情确定之后,官吏苛刻地为应试文字的程式,有人小有不合立刻就罢免,云翼上奏说:"赏和罚是国家的最大信用,这些人应该从宽录用,以劝勉将来的人。"

这年九月,皇上在内殿召见云翼及户部尚书夔、翰林学士秉文,都赐予坐下,询问讲和的策略,有人以尽力而战为言,皇上低头不乐,云翼慢慢地以《孟子》事大、事小之说解说这个问题,并且说:"今天如何计议呢?使百姓免除负担,则就是国家的福气啊。"皇上的脸色才变得平和。

十一月,云翼改任御史中丞。宗室承立暂时代行参知政事,行尚书省于京兆,大臣们说他不守法,下诏云翼审理他,官司成立,当廷上奏说:"承立所犯的罪都是小事,不足以置问。过去大元兵侵略平凉以西,好几个州都被攻破,承立犯有拥有强悍军队、顾望不前的罪。讚延帅臣完颜合达以孤立无援的城池处在兵家必争的要冲,多立有战功,合达的功劳如此,而承立的罪过却是那样,希望皇帝陛下明确他们的功与罪以便惩罚和赏赐他们,则天下的人知道所以劝勉和惩罚了。其余的小过失,有什么值得追究的呢?"承立因此而免官,于是合达执掌要务。

哀宗即位,首先任命云翼摄太常卿,不久拜任翰林学士。正大二年二月,又为礼部尚书,兼任侍读。下诏集合百官议论节省费用,云翼说:"节省费用事小,户部、司农足以办理这件事。

枢密专断军事大政,看不起尚书,尚书是推出政策的地方,政策不论大小都应当总领。今天军事决策事情重大,国家赖以维系啊,宰相却不得参与听闻,想使利和病两不相妨碍可能吗?"皇上赞赏而采纳了这个意见。

第二年,设置益政院,云翼为选入的头等官员,皇帝每有召见赐他坐下而不称名。当时讲《尚书》,云翼进言说帝王的学习不必如同经生那样分析章节句读,只要知道治理国家的大纲领就足够了。因而举出"任贤"、"去邪"、"与治同道"、"与乱同事"、"有言逆汝心"、"有言逊于汝志"等好几条,全都本着正心诚意,铺陈演绎详为说明,皇上听得忘了疲倦。不久进呈《龟鉴万年录》《圣学》《圣孝》之类共二十篇。

当时的在朝之士,朝廷议论的时候多不能把要说的话全说出来,四顾瞻望拿不定主意,渐渐已成了风气。一天,给皇帝讲解经书完毕,借着机会对皇帝说:"人臣有侍奉君主的礼仪,有侍奉君主的道德、行为,礼规定,不敢问皇帝御马的年龄,践踏御马草料的有惩罚,进入君主门庭则快步走,看见君主的茶几、拐杖则应起立,君主有令召见不等套好车就走,接受皇帝的使命不留宿在家中,这都是侍奉君主的礼仪,人臣所应当完全做到的,然而国家的利与害,生民百姓的喜庆和悲哀,一一陈述,则向来所谓的礼者只是虚设的器具罢了。君主说可以,而有否定的献其否定意见。君主说不可以,而有说可以的献其可以的意见。话有不听从,虽牵引衣襟、折断栏杆、弄断马龙头、以脑袋止住车轮都有不顾及的人。当这个时候,姑且顺从着侍奉君主的虚礼,而不知道侍奉君主的重要道德、行为,国家何所依赖啊。"皇上变色说:"不是你,我听不到这种话。"

云翼曾患有风痹,到这时稍稍好些,皇上亲自问治好的方法，回答说："只是治心罢了。心和平则邪气不干扰，治理国家也是一样，人君先正其心，则朝廷的百官没有不统一于正的了。"皇上吃惊地看着他，知道他是借医劝谏啊。

夏人既已通好，派遣他们的徽猷阁学士李弁来商议互为贸易，往返不能决定，朝廷让云翼前往商议才定。五年去世，享年五十九岁，谥号称文献。

云翼天性高雅端重，自我要求甚为严格，他对待别人则很宽厚，与他人的交往情分一经确定，一辈子不因祸福而稍有变化。他对国家的事，知无不言。贞祐中期，主管兵事的人不能外御强敌而想在宋求取补偿，所以连年南伐。有谈论这个问题的人，不是说你给宋开脱，就是怀疑你与他们有密谋。至于执政大臣，其他的事没有不谈论的，唯独南伐则一句话都不敢涉及。于是，云翼建议说："国家的忧虑，不在于未得淮南以前，而在于已经得到淮南之后，这是因为淮南平定则长江之北全部为战争之地，进而争利于舟楫之间，恐怕强劲的弓箭和善跑的良马就不得施展其长了。彼方若是扼守长江为屯兵之处，偷偷地派兵在淮河断绝供应军粮的道路，或者决水聚蓄淮南之地，那我军怎么能搞好后勤供应呢？"等到时全倡议南伐，宣宗问朝臣，云翼说："朝臣大致都是奉承讨好之辞，天下有太平有动乱，国势有弱小有强大，今天只讲太平而不讲动乱，只说强大而不说弱小，只谈胜利而不谈失败，这种议论所以是偏颇片面的。臣请两方面都说一说。（我们）将对宋有军事，并不是贪得他的土地，只是恐怕西北有警报而南方又配合着他，则我方三面受敌了，所以想让我们的军队乘势先行发动，以阻止他们进兵。假使宋人失去了淮南，而且不敢前来，这就是战胜他得到的好处。就像我们所预料的那样，它的好处仍然不可一定是这样。彼方长江之南尚且相当宽广，虽没有淮南难道不能集起数万的兵众,看我方有警报而出师吗?打仗而胜了尚且如此,如果不胜其害处将怎么样呢?况且我方以骑兵抵挡彼方的步兵,从道理上讲应该万无一失,臣仍然怕其有不敢依仗的。这是因为今天的军事形势与泰和年间不同。泰和年间在冬天出征,今天我们却在夏天前往,这是天时的不同啊;冬天水干涸而陆路多,夏天水漫淹而路途泥泞,这是地利的不同啊;泰和年间发动天下的全部力量,驱使敛军以为前锋,今天能办得到吗?这是人事的不同啊。议论者仅仅看到了泰和年间的容易,而不知道今天的艰难。请拿夏人(为例)看看,过去弓箭手在西部边界的,一遇到敌人就拼搏而战,脱去上衣而射,对方已败退奔逃不暇。今日却攻陷我们的城池俘虏我们的守臣,打败我们的军队而活捉主将。过去那样怕我们,今天则如此欺侮我们。凭着夏人已非前日之比,怎么能认为宋人独独像前日一样未变呢?希望陛下考虑其打胜了的好处,又考虑其打败了的害处,不要喜欢甜言蜜语,不要遗留下后悔。"章奏之后没有回答。时全果然在淮上大败,一军全部覆没。宣宗责怪各将领说:"当让我用什么面目见杨云翼呀!"

河朔的百姓十一人为流动的骑兵所逼迫,泅渡黄河南逃,官吏论罪(这些人)应当处死。云翼说:"法所注重的是私渡的人,用以防范邪恶奸诈。今天平民百姓被兵所逼迫,逃奔入黄河,为了躲避死罢了。今天使他们不死于敌人而死于法律,以后只有投敌而已。"宣宗感悟,全部释放了这些百姓。哀宗因为河南旱,下诏派官审理冤狱,而不包括陕西,云翼说:"天、地、人整个为一体,今人的一肢有病则四体都为之不安宁,怎么能专治有病之处而放弃其余的地方呢?"朝廷同意这种看法。

司天台有以《太乙新历》上进的,尚书省征召云翼参订,摘其不合的地方二十多条，历家称道。所著文集若干卷，校《大金礼仪》若干卷，《续通鉴》若干卷，《周礼辨》一篇，《左氏》《庄》《列赋》各一篇，《五星聚井辨》一篇，《县象赋》一篇，《勾股机要》《象数杂说》等著作藏于家。

赵秉文

赵秉文字周臣，磁州滏阳人也。幼颖悟，读书若夙习。登大定二十五年进士第，调安塞簿，以课最迁邯郸令，再迁唐山。丁父忧，用荐者起复南京路转运司都勾判官。

明昌六年，入为应奉翰林文字，同知制诰。上书论宰相胥持国当罢，宗室守贞可大用。章宗召问，言颇差异，于是命知大兴府事内族胄等鞫之。秉文初不肯言，诘其仆，历数交游者，秉文乃曰："初欲上言，尝兴修撰王庭筠、御史周昂、省令史潘豹、郑赞道、高坦等私议。"庭筠等皆下狱，决罚有差。有司论秉文上书狂妄，法当追解，上不欲以言罪人，遂特免焉。当时为之语曰："古有朱云，今有秉文，朱云攀槛，秉文攀人。"士大夫莫不耻之。坐是久废，后起为同知岢岚军州事，转北京路转运司支度判官。承安五年冬十月，阴晦连日，宰相张万公入对，上顾谓万公曰："卿言天日晦冥，亦犹人君用人邪正不分，极有理。若赵秉文曩以言事降授，闻其人有才藻、工书翰，又且敢言，朕非弃不用，以北边军事方兴，姑试之耳。"泰和二年，召为户部主事，迁翰林修撰。十月，出为宁边州刺史。三年，改平定州。前政苛于用刑，每闻赦将至，先掊贼死乃拜赦，而盗愈繁。秉文为政一从宽简，旬月盗悉屏迹。岁饥，出禄粟倡豪民以赈，全活者甚众。

大安初，北兵南向，召秉文与待制赵资道论备边策，秉文言：“今我军聚于宣德，城小，列营其外，涉暑雨器械驰败，人且病，俟秋敌至将不利矣。可遣临潢一军捣其虚，则出西之围可解，兵法所谓'出其不意、攻其必救'者也。”卫王不能用，其秋宣德果以败闻。寻为兵部郎中，兼翰林修撰，俄转翰林直学士。

贞祐初，建言时事可行者三：一迁都，二导河，三封建。朝廷略施行之。明年，上书愿为国家守残破一州，以宣布朝廷恤民之意，且曰："陛下勿谓书生不知兵，颜真卿、张巡、许远辈以身许国，亦书生也。"又曰："使臣死而有益于国，犹胜坐縻廪禄为无用之人。"上曰："秉文志固可尚，然方今翰苑尤难其人，卿宿儒当在左右。"不许。

四年，拜翰林侍讲学士，言："宝券滞塞，盖朝廷初议更张，市肆已妄传其不用，因之抑遏，渐至废绝。臣愚以为宜立回易务，令近上职官通市道者掌之，给以银钞粟麦缣帛之类，权其低昂而出纳。"诏有司议行之。

兴定元年，转侍读学士。拜礼部尚书，兼侍读学士，同修国史，知集贤院事。又明年，知贡举，坐取进士卢亚重用韵，削两阶，因请致仕。金自泰和、大安以来，科举之文其弊益甚。盖有司惟守格法，所取之文卑陋陈腐，苟合程度而已，稍涉奇峭，即遭绌落，于是文风大衰。贞祐初，秉文为省试，得李献能赋，虽格律稍疏而词藻颇丽，擢为第一。举人遂大喧噪，恕于台省，以为赵公大坏文格，且作诗谤之，久之方息。俄而献能复中宏词，入翰林，而秉文竟以是得罪。

五年，复为礼部尚书，入谢，上曰："卿春秋高，以文章故须复用卿。"秉文以身受厚恩，无以自效，愿开忠言、广圣虑，每进见从容为上言，人主当俭勤、慎兵刑，所以祈天永命者，上嘉纳焉。哀宗即位，再乞致仕，不许。改翰林学士，同修国史，兼益政院说书官。以上嗣德在初，当日亲经史以自裨益，进《无逸直解》《贞观政要》《申鉴》各一通。

正大九年正月，汴京戒严，上命秉文为赦文，以布宣悔悟哀痛之意。秉文指事陈义，辞情俱尽。及兵退，大臣欲称贺，且命为表，秉文曰："《春秋》'新宫火，三日哭'。今园陵如此，酌之以礼，当慰不当贺。"遂已。时年已老，日以时事为忧，虽食息顷不能忘。每闻一事可便民，一士可擢用，大则拜章，小则为当路者言，殷勤郑重，不能自已。三月，草《开兴改元诏》，闾巷间皆能传诵，洛阳人拜诏毕，举城痛哭，其感人如此。是年五月壬辰，卒，年七十四，积官至资善大夫、上护军、天水郡侯。

正大间，同杨云翼作《龟鉴万年录》上之。又因进讲，与云翼共集自古治术，号《君臣政要》为一编以进焉。秉文自幼至老未尝一日废书，著《易丛说》十卷，《中庸说》一卷，《扬子发微》一卷，《太玄笺赞》六卷，《文中子类说》一卷，《南华略释》一卷，《列子补注》一卷，删集《论语》《孟子解》各一十卷，《资暇录》一十五卷，所著文章号《滏水集》者三十卷。

秉文之文长于辨析，极所欲言而止，不以绳墨自拘。七言长诗笔势纵放不拘一律，律诗壮丽，小诗精绝多以近体为之，至五言古诗则沉郁顿挫。字画则草书尤遒劲。朝使至自河、湟者，多言夏人问秉文及王庭筠起居状，其为四方所重如此。

为人至诚乐易，与人交不立崖岸，未尝以大名自居。仕五朝，官六卿，自奉养如寒士。杨云翼尝与秉文代掌文柄，时人号杨赵。然晚年颇以禅语自污，人亦以为秉文之恨云。

赞曰：杨云翼、赵秉文，金士巨擘，其文墨论议以及政事皆有足传。云翼《谏伐宋》一疏，宣宗虽不见听，此心何愧景略。庭筠之累，秉文所为，兹事大愧高允。

译文：

赵秉文字周臣，磁州滏阳人。从小聪明，读书好像早就学习过。考中大定二十五年进士，调为安塞簿，因赋税完成得最好迁为邯郸令，又迁为唐山令。遭逢父亲之丧，皇帝采纳推荐者的意见未服满而起用为南京路转运司都勾判官。

明昌六年，入朝为应奉翰林文字，同知制诰。上书论宰相胥持国应当罢免，宗室守贞可以大用。章宗召他询问，话（与奏书）颇有差别，于是命令知大兴府事内族膏等审理他。秉文开始不肯说，追问他的仆役，才一一说出交游的人，秉文才说："当初想上奏，曾与修撰王庭筠、御史周昂、省令史潘豹、郑赞道、高坦等私下议论。"庭筠等都被关押下狱，受到判罚。官吏论秉文上奏狂妄，按照法律应当追加押解，皇上不想因说话归罪于人，于是特意宽免了。当时给他编谚语说："古有朱云，今有秉文；朱云攀槛，秉文攀人。"士大夫没有不羞耻他的。因这个罪过久久废罢，后来起用为同知岢岚军州事，转为北京路转运司支度判官。承安五年冬十月，连着好几天天色阴暗，宰相张万公入宫应对，皇上看着万公说："你说天日昏暗，也好像人君用人邪正不分，极有道理，比如赵秉文过去以上奏之事降了官，听说这个人有才干和文采，工于书法，又尚且敢说话，我不是丢弃不用，因为北方边境的军事刚刚兴起，姑且试试他罢了。"泰和二年，召任秉文为户部主事，迁官翰林修撰。十月，出京为宁边州刺史。三年，改为平定州。前执政用刑苛刻，每当听说有赦令将到，先打贼至死才拜收赦令，而盗贼越来越多。秉文施政一概遵从宽厚简明，旬月之间盗贼便全都没有踪迹了。年成不好，拿出做俸禄的米又提倡富户加以救济，被救活的人很多。

大安初年，北方的大军南下，召见秉文与待制赵资道议论防御边疆的策略，秉文说："今日我军聚集宣德，宣德城小，列营野外，经过暑天下雨兵器毁坏破败，人生疾病，等到秋天敌人来到将有不利啊。可派遣临潢一部分军队直捣其空虚的老巢，则山西的包围可以解除，（这就是）兵法所谓'出其不意，攻其必然所要救'。"卫王不能采用，这年秋天宣德果然报闻被打败了。不久秉文为兵部郎中，兼翰林修撰，不久转为翰林直学士。

贞祐初年，建议说时局大事可以办的有三项：一迁移都城，二疏导黄河，三封建藩属。朝廷大略施行了。第二年，上书表示愿意为国家镇守已被兵残破的一州，以宣扬传布朝廷体恤老百姓的意图，并且说："皇帝陛下不要说书生不懂得兵事，颜真卿、张巡、许远等辈以身许国，也是书生啊。"又说："使臣死而有益于国家，仍强似坐着消受仓廪俸禄做没用的人。"皇上说："秉文的志向固然可敬，然而当今翰苑尤其找不到他这样的人，你是老儒，应当在左右。"不准许他的请求。

四年，拜秉文任翰林侍讲学士，说："宝券停滞不流通，是因为朝廷当初议论重新张设，市场上已胡乱传说它（废弃）不用，因而抑制阻止，渐渐到了废绝。臣愚蠢地认为应当设立回易务，命令接近皇帝的职官懂得互市之道的人执掌，给予银钞、粟麦、缣帛之类的东西，暂且使其低价卖出交纳。"下诏官吏商议执行。

兴定元年，转为侍读学士。拜任礼部尚书，兼任侍读学士，同修国史，知集贤院事。又明年，主管贡举，犯有取进士卢亚重用韵的罪，降官两阶，因而请求退休。金朝从泰和、大安以来，科举文章弊病更加厉害。这是因为官吏仅仅守着规格法式，所取的文章卑下浅陋陈腐，聊且符合程格罢了，稍微涉及新奇峻峭，就遭到贬废落榜，于是文风大大衰退。贞祐初年，秉文主持省试，得到李献能的赋，虽然格律稍微疏略而辞藻颇为瑰丽，提升为第一。于是，举人们大为喧哗鼓噪，上告台省，认为赵公大大破坏了文章格调，而且作诗诽谤他，此事过了很久才平息。不久献能又考中宏词科，进入翰林，而秉文却竟以取士得罪。

五年，秉文重新为礼部尚书，入官致谢，皇上说："你年纪大了，因为文章的缘故需要重新用你。"秉文因为自身受到优厚的恩惠，无从自己报效，愿意开张忠言、开导皇帝的忧虑，每次进见都从容地为皇上说："人主应当俭朴勤劳、慎用兵刑，这就是祈求上天永保长命的啊。"皇上赞赏采纳了。哀宗即位，再次请求退休，不允许。改任翰林学士，同修国史，兼任益政院说书官。因皇上刚刚即位，应当每天接触经史以自我补益，进呈《无逸直解》《贞观政要》《申鉴》各一通。

正大九年正月，汴京戒严，皇上命令秉文作赦文，以布宣悔悟、哀痛的意思。秉文指出事实陈述义理，文辞和情感都很充沛。等到兵退，大臣想祝贺，并且委命秉文写表，秉文说："《春秋》云：'新宫着火，三日哭泣。'今天园陵这个样子，斟酌以礼，应当慰问不应当祝贺。"终于停止。当时秉文年事已高，每天以时事为忧，虽吃饭休息这么一会儿工夫也不能忘。每听到一件事可以便利百姓，一个士人可以提拔起用，大则拜呈章疏，小则为当权的人陈说，殷勤郑重，不能自己停歇。三月，草拟《开兴改元诏》，街头巷尾之间都能传诵，洛阳人拜收诏书完毕，全城痛哭，其感动人如此。这年五月壬辰去世，享年七十四岁，积官至资善大夫、上护军、天水郡侯。

正大年间,同杨云翼作《龟鉴万年录》呈上。又因为为皇帝讲读,与云翼共同收集自古以来的治理之术,号为《君臣政要》为一书以进呈。秉文从小到老未曾有一天不读书,著有《易丛说》十卷,《中庸说》一卷,《扬子发微》一卷,《太玄笺赞》六卷,《文中子类说》一卷,《南华略释》一卷,《列子补注》一卷,删集《论语》《孟子解》各一十卷,《资暇录》一十五卷,所著文章号《滏水集》三十卷。

秉文的文章长于辨析,尽所欲言而止,不以陈规自拘。七言长诗笔势纵放不拘于一个韵律,律诗壮丽,小诗精妙绝伦,多以近体写作,至于五言古诗则深沉蕴藉、抑扬顿挫。字画则是草书尤其刚劲有力。朝廷的使臣从河、湟回来的,多谈及夏人问秉文及王庭筠的起居情况,他为四方所重视如此。

为人非常诚恳、愉快和蔼平易近人,与人交往不立尊卑界限,未曾以鼎鼎大名而自居。仕历五朝,为官六卿,自己生活如贫寒之士。杨云翼曾与秉文交替执掌文章权责,当时人号称"杨赵"。然而晚年颇以佛语自己玷污,别人也以此为秉文遗憾。

评论:杨云翼、赵秉文,是金朝士大夫最出众的人,他们的文章、书法、论议以及政事都有足以流传的地方。云翼《谏伐宋》一疏,宣宗虽不见听从,这个心又何愧于景略(石抹世勣)。庭筠的牵累,秉文所为,这件事大大有愧于高允。

金史卷一百二十五

列传第六十三

蔡松年

蔡松年字伯坚。父靖，宋宣和末，守燕山。松年从父来，管勾机宜文字。宗望军至白河，郭药师败，靖以燕山府降，元帅府辟松年为令史。天会中，辽、宋旧有官者皆换授，松年为太子中允，除真定府判官，自此为真定人。

尝从元帅府与齐俱伐宋。是时，初平真定西山群盗，山中居民为贼污者千余家，松年力为辨论，竟得不坐。齐国废，置行台尚书省于汴，松年为行台刑部郎中。都元帅宗弼领行台事，伐宋，松年兼总军中六部事。宋称臣，师还，宗弼入为左丞相，荐松年为刑部员外郎。

皇统七年，尚书省令史许霖告田毂党事，松年素与毂不相能。是时宗弼当国，毂性刚正好评论人物，其党皆君子，韩企先为相爱重之。而松年、许霖、曹望之欲与毂相结，毂拒之，由是构怨。故松年、许霖构成毂等罪状，劝宗弼诛之，君子之党熄焉。是岁，松年迁左司员外郎。

松年前在宗弼府，而海陵以宗室子在宗弼军中任使，用是相厚善。天德初，擢吏部侍郎，俄迁户部尚书。海陵迁中都，徙权货务以实都城，复钞引法，皆自松年启之。海陵谋伐宋，以松年家世仕宋，故亟擢显位以耸南人观听，遂以松年为贺宋正旦使。使还，改吏部尚书，寻拜参知政事。是年，自崇德大夫进银青光禄大夫，迁尚书右丞，未几，为左丞，封郜国公。

初，海陵爱宋使人山呼声，使神卫军习之。及孙道夫贺正隆三年正旦，入见，出呼声不类往年来者。道夫退，海陵谓宰臣曰："宋人知我使神卫军习其声，此必蔡松年、胡砺泄之。"松年惶恐对曰："臣若怀此心，便当族灭。"

久之，进拜右丞相，加仪同三司，封卫国公。正隆四年薨，年五十三。海陵悼惜之，奠于其第，命作祭文以见意。加封吴国公，谥文简。起复其子三河主簿珪为翰林修撰，璋赐进士第。遣翰林待制萧吁护送其丧，归葬真定，四品以下官离都城十里送之，道路之费皆从官给。

松年事继母以孝闻，喜周恤亲党，性复豪侈，不计家之有无。文词清丽，尤工乐府，与吴激齐名，时号"吴、蔡体"。有集行于世。子珪。

译文：

蔡松年字伯坚。父亲蔡靖，宋宣和末年驻守燕山。松年跟随着父亲，管勾机宜文字。宗望的军队到达白河，郭药师被打败，蔡靖以燕山府投降了宗望。元帅府任用松年为令史。天会年间，辽、宋原来有官位的人都对换授官，松年为太子中允，担任了真定府判官，从此为真定人。

蔡松年曾跟从元帅府与齐国共同讨伐宋国。当时，刚刚平定真定西山的多股盗贼，山中居民被盗贼诬谤受牵连的一千多家，松年极力为他们辩白，最终没有被治罪。废除齐国，在汴京设置行台尚书省，松年为行台刑部郎中。都元帅宗弼管领行台的事务，讨伐宋朝，松年兼理军中六部的全部事务。宋朝称臣，军队撤了回来，宗弼在朝廷中做了左丞相，推荐松年为刑部员外郎。

皇统七年，尚书省令史许霖上告田毂结党的事情，松年素来与田不和。当时宗弼执掌国政，田毂生性刚正喜好评论人物，和他在一起的都是君子，韩企先为宰相喜爱重用他们。而松年、许霖、曹望之想和田毂相结交，田毂拒绝了他们，因此结下怨仇。所以松年、许霖罗织田毂等人的罪状，劝宗弼杀了他们，君子之党灭绝了。这一年，松年迁官左司员外郎。

松年以前在宗弼府上，而海陵以宗室子弟的身份在宗弼的军中任使，因此二人相交好。天德初年，提升松年为吏部侍郎，不久迁为户部尚书。海陵迁都中都，迁移榷货务充实都城，恢复钞引法，都是从松年这里得到的启发。海陵谋划讨伐宋朝，因松年家几代在宋做官，所以急切地提拔他到显赫地位以惊动宋人的视听，于是以松年为贺宋正旦使。出使归还，改为吏部尚书，不久拜任为参知政事。这一年，从崇德大夫进为银青光禄大夫，迁为尚书右丞，不久，为左丞，封为郕国公。

当初，海陵喜欢宋使者的山呼声，指使神卫军练习这种呼声。等到孙道夫祝贺正隆三年的正旦，入见皇帝，山呼声不像往年来的人。道夫退下，海陵对宰臣说："宋人知道我指派神卫军练习山呼声，这一定是蔡松年、胡砺泄露的。"松年惶恐回答说："臣若是怀有这个心，便应当合族诛灭。"

过了较长一段时间，进拜为右丞相，加仪同三司，封为卫国公。正隆四年去世，年龄五十三岁。海陵哀悼痛惜他，到他的家中祭奠，命令作祭文表示自己的情意。加封松年吴国公，谥称文简。未终丧制起用他的儿子三河主簿蔡皀为翰林修撰，蔡璋赐给进士资格。派翰林待制萧旰护送他的丧具归葬真定。四品以下的官离都城十里送行，道路上的费用都由官家供给。

松年侍奉继母以孝著称，喜欢周济亲戚朋友，生性又豪华奢侈，不计较家里有没有钱财。文辞清丽，尤擅长乐府，与吴激齐名，当时号称"吴蔡体"。有集子行于世。儿子名叫珪。

蔡　珪

珪字正甫。中进士第，不求调，久乃除澄州军事判官，迁三河主簿。丁父忧，起复翰林修撰，同知制诰。在职八年，改户部员外郎，兼太常丞。珪号为辨博，凡朝廷制度损益，珪为编类详定检讨删定官。

初，两燕王墓旧在中都东城外，海陵广京城围，墓在东城内。前尝有盗发其墓，大定九年诏改葬于城外。俗传六国时燕王及太子丹之葬，及启圹，其东墓之柩题其和曰"燕灵王圹"。"圹"，古"柩"字，通用。乃西汉高祖子刘建葬也。其西墓，盖燕康王刘嘉之葬也。珪作《两燕王墓辩》，据葬制名物款刻甚详。

安国军节度判官高元鼎坐监临奸事，求援于太常博士田居实、大理司直吴长行、吏部主事高震亨、大理评事王元忠。震亨以属鞫问官御史台典事李仲柔，仲柔发之。珪与刑部员外郎王儵、宛平主簿任询、前卫州防御判官阎恕、承事郎高复亨、文林郎翟询、敦武校尉王景晞、进义校尉任师望，坐与居实等转相传教，或令元鼎逃避，居实、长行、震亨、元忠各杖八十，儵、珪、询、恕、复亨、翟询各笞四十，景晞、师望各徒二年，官赎外并的决。

久之，除河东北路转运副使，复入为修撰，迁礼部郎中，封真定县男。珪已得风疾，失音不能言，乃除潍州刺史，同辈已奏谢，珪独不能入见。世宗以让右丞唐括安礼、参政王蔚曰："卿等阅书史，亦有不能言之人可以从政者乎？"又谓中丞刘仲诲曰："蔡珪风疾不能奏谢，卿等何不纠之。人言卿等相为党蔽，今果然邪！"珪乃致仕，寻卒。

珪之文有《补正水经》五篇，合沈约、萧子显、魏收《宋》《齐》《北魏志》作《南北史志》三十卷，《续金石遗文跋尾》十卷，《晋阳志》十二卷，文集五十五卷。《补正水经》《晋阳志》、文集今存，余皆亡。

译文：

蔡珪字正甫。他考中进士，不求调迁，很久才授予澄州军事判官，调迁为三河县主簿。遭逢父丧，未终丧制起用为翰林修撰，同知制诰。在这个职任八年，改为户部员外郎，兼任太常丞。蔡珪号称善辩博学，凡朝廷制度的改易，蔡珪为编类详定检讨删定官。

当初，两燕王墓原来在中都东城外，海陵扩大京城的范围，墓圈在东城内。从前曾有贼偷盗这两座墓，大定九年，下诏改葬在城外。民间相传这是六国时燕王及太子丹的坟墓，等到打开墓穴，其东墓的棺柩头上题写有"燕灵王旧"。"旧"，古"柩"字，二字通用。是西汉高祖的儿子刘建的墓葬。西墓是燕康王刘嘉的墓葬。蔡珪作《两燕王墓辩》，据墓葬的形制、名物款刻特别详细。

安国军节度判官高元鼎犯监临奸事罪，向太常博士田居实、大理司直吴长行、吏部主事高震亨、大理评事王元忠请求援助。震亨把此事嘱咐审问官御史台典事李仲柔，仲柔揭发了这件事，蔡珪与刑部员外郎王倫、宛平主簿任询、前卫州防御判官阎恕、承事郎高复亨、文林郎翟询、敦武校尉王景晞、进义校尉任师望，都被连坐与居实等转相传教，或令元鼎逃避，居实、长行、震亨、元忠各杖打八十，倫、珪、询、恕、复亨、翟询各笞四十，景晞、师望各徒二年，出资赎官外并行笞杖。

过了较长一段时间，蔡珪授官河东北路转运副使，又入朝为修撰，迁为礼部郎中，封为真定县男。蔡珪已经得风病，失嗓音不能说话，乃授为潍州刺史，同辈已入奏谢，蔡珪独不能入见。世宗以谴责右丞唐括安礼、参政王蔚说："你等读书习史，有不能说话的人可以从政的吗？"又对中丞刘仲海说："蔡珪风病不能奏谢，你等为什么不纠弹他？人家说你等相互为朋党掩饰，今果然是这样吗？"于是，蔡珪退休，不久去世。

蔡珪的文章有《补正水经》五篇，合沈约、萧子显、魏收《宋》《齐》《北魏志》作《南北史志》三十卷，《续金石遗文跋尾》十卷，《晋阳志》十二卷，文集五十五卷。《补正水经》《晋阳志》、文集今存，其余都已亡佚。

党怀英

党怀英字世杰，故宋太尉进十一代孙，冯翊人。父纯睦，泰安军录事参军，卒官，妻子不能归，因家焉。应举不得意，遂脱略世务，放浪山水间。箪瓢屡空，晏如也。大定十年，中进士第，调莒州军事判官，累除汝阴县令、国史院编修官、应奉翰林文字、翰林待制、兼同修国史。

怀英能属文，工篆籀，当时称为第一，学者宗之。大定二十九年，与凤翔府治中郝俣充《辽史》刊修官，应奉翰林文字移剌益、赵沨等七人为编修官。凡民间辽时碑铭墓誌及诸家文集，或记忆辽旧事，悉上送官。

是时，章宗初即位，好尚文辞，旁求文学之士以备侍从，谓宰臣曰："翰林阙人如之何？"张汝霖奏曰："郝俣能属文，宦业亦佳。"上曰："近日制诏惟党怀英最善。"移剌履进曰："进士擢第后止习吏事，更不复读书，近日始知为学矣。"上曰："今时进士甚灭裂，《唐书》中事亦多不知，朕殊不喜。"上谓宰臣曰："郝俣赋诗颇佳，旧时刘迎能之，李晏不及也。"

明昌元年，怀英再迁国子祭酒。二年，迁侍讲学士。明年，议开边防壕堑，怀英等十六人请罢其役，诏从之。迁翰林学士。七年，有事于南郊，摄中书侍郎读祝册，上曰："读册至朕名，声微下，虽曰尊君，然在郊庙，礼非所宜，当平读之。"承安二年乞致仕，改泰宁军节度使。明年，召为翰林学士承旨。泰和元年，增修《辽史》编修官三员，诏分纪、志、列传刊修官，有改除者以书自随。久之，致仕。大安三年卒，年七十八，谥文献。怀英致仕后，章宗诏直学士陈大任继成《辽史》云。

译文：

党怀英字世杰，故宋太尉党进的第十一代孙子，冯翊人。父亲纯睦，为泰安军录事参军，死在任上，妻和孩子不能回来，因此以那里为家。应试科举不得意，于是不受世务的拘束，放纵山水之间。盛饮食的箪瓢每每空无一物，他也安然处之。大定十年，考中进士，调为莒州军事判官，积官授汝阴县令、国史院编修官、应奉翰林文字、翰林待制、兼同修国史。

怀英能写文章，擅长篆文和籀文，当时称为第一，学者尊崇他。大定二十九年，与凤翔府治中郝俣充《辽史》刊修官，应奉翰林文字移剌益、赵沨等七人为编修官。凡民间辽时的碑、铭、墓志及各家文集，或记忆辽朝的旧事，全部上送官家。

当时，章宗刚刚即位，爱好崇尚文辞，广求有文学才能的人以充任侍从，对宰臣说："翰林缺人怎么办？"张汝霖奏说："郝俣能做文章，为官也不错。"皇上说："近几天的制诏只有党怀英最好。"移剌履进言说："进士中第以后只练习为官吏的事，便不再读书，近些日子才知道学习了。"皇上说："现在的进士特别轻薄，《唐书》中的事也多不知道，我特别不喜欢。"皇上对宰臣说："郝俣赋的诗十分好，过去刘迎能写诗，李晏赶不上他。"

明昌元年，怀英再迁官为国子祭酒。二年，迁为侍讲学士。次年，计议开边防壕堑，怀英等十六人请求罢除这项劳役，下诏听从。迁怀英为翰林学士。七年，祭祀南郊，怀英摄中书侍郎读祝册。皇上说："读册念到我的名字，声音微微下降，虽说是尊重君主，然而在郊庙，按礼法是不应该的，应当平读。"承安二年怀英请求退职，改为泰宁军节度使。第二年，召为翰林学士承旨。泰和元年，增加修《辽史》的编修官三名，下诏分纪、志、列传刊修官，有改授别的官的，以所修书自随。过了较长一段时间，怀英退休。他大安三年去世，享年七十八岁，谥号称文献。怀英退职以后，章宗下诏直学士陈大任继续完成了《辽史》。

金史卷一百二十六

列传第六十四

王庭筠

王庭筠字子端，辽东人。生未期，视书识十七字。七岁学诗，十一岁赋全题。稍长，涿郡王翛一见，期以国士。登大定十六年进士第。调恩州军事判官，临政即有声。郡民邹四者谋为不轨，事觉，逮捕千余人，而邹四窜匿不能得。朝廷遣大理司直王仲轲治其狱，庭筠以计获邹四，分别诖误，坐预谋者十二人而已。再调馆陶主簿。

明昌元年三月，章宗谕旨学士院曰："王庭筠所试文，句太长，朕不喜此，亦恐四方效之。"又谓平章张汝霖曰："王庭筠文艺颇佳，然语句不健，其人才高，亦不难改也。"四月，召庭筠试馆职，中选。御史台言庭筠在馆陶尝犯赃罪，不当以馆阁处之，遂罢。乃卜居彰德，买田隆虑，读书黄华山寺，因以自号。是年十二月，上因语及学士，叹其乏材，参政守贞曰："王庭筠其人也。"三年，召为应奉翰林文字，命与祕书郎张汝方品第法书、名画，遂分入品者为五百五十卷。

五年八月，上顾谓宰执曰："应奉王庭筠，朕欲以诏诰委之，其人才亦岂易得。近党怀英作《长白山册文》，殊不工。闻文士多妒庭筠者，不论其文顾以行止为訾。大抵读书人多口颊，或相党。昔东汉之士与宦官分朋，固无足怪。如唐牛僧孺、李德裕，宋司马光、王安石，均为儒者，而互相排毁何耶？"遂迁庭筠为翰林修撰。

承安元年正月，坐赵秉文上书事，削一官，杖六十，解职，语在《秉文传》。二年，降授郑州防御判官。四年，起为应奉翰林文字。泰和元年，复为翰林修撰，扈从秋山，应制赋诗三十余首，上甚嘉之。明年，卒，年四十有七。上素知其贫，诏有司赙钱八十万以给丧事，求生平诗文藏之祕阁。又以御制诗赐其家，其引云："王遵古，朕之故人也。乃子庭筠，复以才选直禁林者首尾十年，今兹云亡，玉堂、东观无复斯人矣。"

庭筠仪观秀伟，善谈笑，外若简贵，人初不敢与接。既见，和气溢于颜间，殷勤慰藉如恐不及，少有可取极口称道，他日虽百负不恨也。从游者如韩温甫、路元亨、张进卿、李公度，其荐引者如赵秉文、冯璧、李纯甫，皆一时名士，世以知人许之。

为文能道所欲言，暮年诗律深严，七言长篇尤工险韵。有《藂辨》十卷，文集四十卷。书法学米元章，与赵渢、赵秉文俱以名家，庭筠尤善山水墨竹云。

子曼庆，亦能诗并书，仕至行省右司郎中，自号"澹游"云。

译文：

王庭筠字子端，辽东人。不到一周岁，看书就认得十七个字。七岁学习写诗，十一岁赋全题。稍稍长大，涿郡王祜一见面，就认为他有成为国家栋梁之士的希望。庭筠考中大定十六年进士，调为恩州军事判官，一从政即有名声。郡民邹四图谋反叛，事被发觉，逮捕了一千多人，而邹四逃窜隐匿未能抓到。朝廷派大理司直王仲轲治理这个公案，庭筠用计谋抓获了邹四，区别被蒙骗牵连致误的，犯预谋罪的只有十二个人罢了。再调庭筠为馆陶主簿。

明昌元年三月，章宗宣旨学士院说："王庭筠所试文章，句子太长，我不喜欢这样，也怕四方之人仿效他。"又对平章张汝霖说："王庭筠文学才艺很好，然而语句不强，这个人才能高，也不难改进。"四月，召庭筠试馆阁的职务，被选中。御史台说庭筠在馆陶曾犯有纳贿罪，不应当以馆阁的职务安排他，终于作罢。这样庭筠根据占卜居于彰德，在隆虑买田，在黄华山寺读书，因取以自号。这年十二月，皇上因谈到学士，感叹缺乏人才，参知政事守贞说："王庭筠就是这样的人才。"三年，召庭筠为应奉翰林文字，命令与秘书郎张汝方品评次第法书、名画，于是分入品的法书、名画为五百五十卷。

五年八月，皇上回头看着宰臣们说："应奉王庭筠，我想以诏诰委任他，他这种人才难道容易得到吗？近来党怀英作《长白山册文》，特别不工整。听说文人多有嫉妒庭筠的，不讲他的文章只以品行诋毁他。在多数读书人多有嘴巴，或者相与结党。过去东汉的儒生与宦官分别为朋党，本来没有什么足以奇怪的。如唐朝的牛僧孺、李德裕，宋朝的司马光、王安石，都是儒者，而相互排斥诋毁，这是为什么呢？"于是迁庭筠为翰林修撰。

承安元年正月，受赵秉文上书事的牵连，削夺一官，杖打六十，解除职务，这话载在《赵秉文传》。二年，降官授为郑州防御判官。四年，起用为应奉翰林文字。泰和元年，又为翰林修撰，侍从皇帝秋猎，奉命赋诗三十多首，皇上特别赞赏他。第二年，他去世了，年龄四十七岁。皇上素来知道他贫穷，下诏官吏赠助丧钱八十万接济丧事，搜求他一生的诗文藏到秘阁。又以皇帝写的诗赐给他家，其诗的《引》说："王遵古，是我的老朋友。他的儿子庭筠，又以才能选入宫室任职前后十年，现在去世了，玉堂、东观再没有这样的人才了。"

庭筠外表秀气伟岸，善于谈笑，外表好像怠慢高贵，别人开始不敢和他接触。相见之后他脸上洋溢着和气，热情周到抚慰劳问唯恐不及。见人少有可取之处就极口称道，过后虽然一百个对不住他也不悔恨。和他在一起的朋友如韩温甫、路元亨、张进卿、李公度，他推荐引用的如赵秉文、冯璧、李纯甫，都是一时的有名之士，当世以知人称许他。

庭筠作文章能道出自己所要说的话，晚年诗律深严，七言长篇尤善于险韵。有《藂辨》十卷，文集四十卷。书法学米元章，与赵沨、赵秉文都为书法名家，庭筠尤其擅长山水、墨竹等等。

庭筠的儿子曼庆，也能写诗并书法，官至行省右司郎中，自号"澹游"。

刘从益

刘从益字云卿，浑源人。其高祖撝，天会元年词赋进士，子孙多由科第入仕。从益登大安元年进士第，累官监察御史，坐与当路辨曲直，得罪去。

久之，起为叶县令，修学励俗，有古良吏风。叶自兵兴，户减三之一，田不毛者万七千亩有奇，其岁入七万石如故。从益请于大司农，为减一万，民甚赖之，流亡归者四千余家。未几，被召，百姓诣尚书省乞留，不听。入授应奉翰林文字，逾月以疾卒，年四十四。叶人闻之，以端午罢酒为位而哭，且立石颂德，以致哀思。

从益博学强记,精于经学。为文章长于诗,五言尤工,有《蓬门集》。

子祁字京叔。为太学生,甚有文名。值金末丧乱,作《归潜志》以纪金事,修《金史》多采用焉。

译文:

刘从益字云卿,浑源人。他的高祖刘撝,是天会元年的词赋进士,子孙多从科举进入仕途。大安元年他考中进士,积官监察御史,因与当权的分辨曲直是非,得罪离职。

过了很久,起用为叶县令,整修县学激励风俗,有古代好官吏的气派。叶县自从兵事起来,户口减少了三分之一,田地荒废的有一万七千多亩,但每年征收七万石的赋税仍如从前,从益请求大司农,减少了一万石,老百姓特别依赖他,流亡回来的有四千多家。不久,从益被召入朝,百姓到尚书省请求把他留下,尚书省不听从。从益入朝授为应奉翰林文字,刚过一个月,他就因病去世了,年龄四十四岁。叶县人听到这一消息,以端午节罢吃酒设灵位痛哭他,并且立碑颂扬他的恩德,以表哀思。

从益学问广博记忆力强,精通经学。作文章长于诗歌,五言尤其见长,著有《蓬门集》。

他的儿子刘祁字京叔。为太学生,特别有能写文章的名气。恰逢金末丧乱,作《归潜志》以记录金朝之事,撰修《金史》时多有采用。

王若虚

王若虚字从之,藁城人也。幼颖悟,若夙昔在文字间者。擢承安二年经议进士。调鄜州录事,历管城、门山二县令,皆有惠政，秩满，老幼攀送，数日乃得行。用荐入为国史院编修官，迁应奉翰林文字。奉使夏国，还授同知泗州军州事，留为著作佐郎。正大初，《宣宗实录》成，迁平凉府判官。未几，召为左司谏，后转延州刺史，入为直学士。

天兴元年，哀宗走归德。明年春，崔立变。群小附和，请为立建功德碑，翟奕以尚书省命召若虚为文。时奕辈恃势作威，人或少忤，则谗构立见屠灭。若虚自分必死，私谓左右司员外郎元好问曰："今召我作碑，不从则死。作之则名节扫地，不若死之为愈。虽然，我姑以理谕之。"乃谓奕辈曰："丞相功德碑当指何事为言。"奕辈怒曰："丞相以京城降，活生灵百万，非功德乎？"曰："学士代王言，功德碑谓之代王言可乎？且丞相既以城降，则朝官皆出其门，自古岂有门下人为主帅诵功德而可信乎后世哉？"奕辈不能夺，乃召太学生刘祁、麻革辈赴省，好问、张信之喻以立碑事，曰："众议属二君，且已白郑王矣，二君其无让。"祁等固辞而别。数日，促迫不已，祁即为草定，以付好问。好问意未惬，乃自为之，既成以示若虚，乃共删定数字，然止直叙其事而已。后兵入城，不果立也。

金亡，微服北归镇阳，与浑源刘郁东游泰山，至黄岘峰，憩萃美亭，顾谓同游曰："汩没尘土中一生，不意晚年乃造仙府，诚得终老此山，志愿毕矣。"乃令子忠先归，遣子恕前行视夷险，因垂足坐大石上，良久瞑目而逝，年七十。所著文章号《慵夫集》若干卷、《滹南遗老》若干卷，传于世。"

译文：

王若虚字从之，藁城县人。从小聪明，好像过去就是在文字间的人。考中承安二年经义进士。调为鄜州录事，历任管城、门山二县令,都有爱民的政绩,任满,老幼争相送别,好几天才得以成行。他被推荐入为国史院编修官,迁为应奉翰林文字,若虚奉命出使夏国,回来授为同知泗州军州事,留下为著作佐郎。正大初年,《宣宗实录》修成,迁为平凉府判官。不久,召为左司谏,后来转为延州刺史,入朝为直学士。

天兴元年,哀宗出奔归德。第二年春天,崔立兵变。一帮小人附和叛变,请求为崔立建造功德碑,翟奕以尚书省的命令召王若虚作碑文。当时翟奕之辈仗势作威,人或有少许违忤,就罗织罪名立刻被屠杀消灭。若虚自以为必死,私下对左右司员外郎元好问说:"今召我作碑文,不听从则死。做了则名誉、节操毁坏无遗,不如死了为好。虽然如此,我还是姑且用道理开谕他们。"于是对翟奕等辈说:"丞相的功德碑应当指出什么事?"翟奕等辈发怒说:"丞相以京城投降,救了一百多万人的命,这不是功德吗?"若虚说:"学士代王为言,功德碑说是代王言可以吗?况且丞相既然以城投降,那么朝廷的官吏都出在他的门下,自古哪里有门下人为主帅歌功颂德而让后世可相信的啊。"翟奕等辈不能被说服,于是召太学生刘祁、麻革辈赴尚书省,好问、张信之告诉立碑的事,说:"大家议论嘱托二位,况且已向郑王说了,二位不要谦让。"刘祁等坚决推辞离去。好几天,催促逼迫没完没了,刘祁即为写定了草稿,交给好问。好问心里不满意,于是自己写,写成后拿给若虚看,就共同删去改定了几个字,然而仅仅直说其事罢了。后来大兵入城,碑没有立成。

金朝灭亡,若虚穿着普通人的衣服北上到镇阳,与浑源刘郁东游泰山,到了黄岘峰,在萃美亭休息,环视同游的人说:"沉沦尘土中一辈子,没想到晚年竟到了仙人府第,果真得以死在这座山,志愿便完结了。"于是让他的儿子王忠先回家,派儿子王恕向前去查看地形,他垂着脚坐在大石上,过了好一会儿便合眼去世了,年龄七十岁。所著文章号称《慵夫集》若干卷,《滹南遗老》若干卷传于世。

元德明

元德明,系出拓拔魏,太原秀容人。自幼嗜读书,口不言世俗鄙事,乐易无畦畛,布衣蔬食处之自若,家人不敢以生理累之。累举不第,放浪山水间,饮酒赋诗以自适。年四十八卒。有《东岩集》三卷。子好问,最知名。

好问字裕之。七岁能诗。年十有四,从陵川郝晋卿学,不事举业,淹贯经传百家,六年而业成。下太行,渡大河,为《箕山》《琴台》等诗,礼部赵秉文见之,以为近代无此作也。于是名震京师。

中兴定五年第,历内乡令。正大中,为南阳令。天兴初,擢尚书省掾,顷之,除左司都事,转行尚书省左司员外郎。金亡,不仕。

为文有绳尺,备众体。其诗奇崛而绝雕刿,巧缛而谢绮丽。五言高古沈郁。七言乐府不用古题,特出新意。歌谣慷慨挟幽、并之气。其长短句,揄扬新声,以写恩怨者又数百篇。兵后,故老皆尽,好问蔚为一代宗工,四方碑板铭志尽趋其门。其所著文章诗若干卷、《杜诗学》一卷、《东坡诗雅》三卷、《锦机》一卷、《诗文自警》十卷。

晚年尤以著作自任,以金源氏有天下,典章法度几及汉、唐,国亡史作,已所当任。时金国实录在顺天张万户家,乃言于张,愿为撰述,既而为乐夔所沮而止。好问曰:"不可令一代之迹泯而不传。"乃搆亭于家,著述其上,因名曰:"野史"。凡金源君臣遗言往行，采撷所闻，有所得辄以寸纸细字为记录，至百余万言。今所传者有《中州集》及《壬辰杂编》若干卷。年六十八卒。纂修《金史》，多本其所著云。

译文：

元德明，族系出于拓拔魏，太原秀容人。从小嗜好读书，口不说世俗鄙庸之事，喜欢平易没有清规戒律，穿布衣吃粗饭处之坦然，家里的人不敢以生计拖累他。屡次考进士不中式，就放任山水之间，饮酒赋诗以自我逸乐。年龄四十八岁去世。有《东岩集》三卷。儿子好问，最为知名。

好问字裕之。七岁能作诗。年十四岁，跟从陵川郝晋卿学习，不从事举子的学业，知识贯通经传百家，六年学业完成。下太行山，渡过黄河，作《箕山》《琴台》等诗，礼部赵秉文看见了，以为近代没有这样的作品，于是好问名声大震京师。

兴定五年好问考中进士，历任内乡县令。正大中期，为南阳县令。天兴初年，提拔为尚书省椽，不久，授为左司都事，转为行尚书省左司员外郎。金朝灭亡，他就不再做官。

好问写文章有章法，各种文体都写。他的诗奇崛而绝对没有雕饰的痕迹，巧缛而不绮丽。五言高深古奥沈郁。七言乐府不用古代的题目，特出新意。歌谣慷慨带有幽、并地区的风格。他的长短句，称扬新声，用来写恩怨的又有好几百篇。兵火以后，年高而有德望的人全都没有了，好问文采华美为一代宗匠，各方的碑板、铭志大都奔赴到他的门前请他写。他所著文章，诗若干卷，《杜诗学》一卷、《东坡诗雅》三卷、《锦祀》一卷、《诗文自警》十卷。

好问晚年尤其以著作为己任，以为金源氏据有天下，典章法规几乎追及汉、唐，国家亡了史书应当作，自己理所当任其责。当时金朝的实录在顺天张万户家里，于是告诉张万户，愿意为之撰述，不久因乐夔所阻而停止。好问说："不可让一代的事迹泯灭而不流传。"于是在家构筑园亭，在里面进行著述，因而名叫"野史"。凡是金朝君臣的遗言和行迹，采撷所听到的，有所得总是用小纸细字记录，至有一百多万言。今所传者有《中州集》及《壬辰杂编》若干卷。他年龄六十八岁去世。撰修《金史》，多依据他的著述。

金史卷一百三十三

列传第七十一

窝斡

移剌窝斡,西北路契丹部族。先从撒八为乱,受其伪署,后杀撒八,遂有其众。

撒八者,初为招讨司译史。正隆五年,海陵征诸道兵伐宋,使牌印燥合、杨葛尽征西北路契丹丁壮,契丹人曰:"西北路接近邻国,世世征伐,相为雠怨。若男丁尽从军,彼以兵来,则老弱必尽系累矣。幸使者入朝言之。"燥合畏罪不敢言,杨葛深念后西北有事得罪,遂以忧死。燥合复与牌印耶律娜、尚书省令史没荅涅合督起西北路兵。契丹闻男丁当尽起,于是撒八、孛特补与部众杀招讨使完颜沃侧及燥合,而执耶律娜、没荅涅合,取招讨司贮甲三千,遂反。议立豫王延禧子孙,众推都监老和尚为招讨使,山后四群牧、山前诸群牧皆应之。迪斡群牧使徒单赛里、耶鲁瓦群牧使鹤寿等皆遇害,语在《鹤寿传》中。五院司部人老和尚那也亦杀节度使术甲兀者以应撒八。

会宁八猛安牧马于山后,至迪谋鲁,贼尽夺其马。辟沙河千户十哥等与前招讨使完颜麻泼杀乌古迪列招讨使乌林荅蒲卢虎,以所部趋西北路。室鲁部节度使阿厮列追击败之，十哥与数骑遁去，合于撒八。

咸平府谋克括里，与所部自山后逃归，咸平少尹完颜余里野欲收捕括里家属，括里与其党招诱富家奴隶，数日得众二千，遂攻陷韩州及柳河县，遂趋咸平。余里野发兵迎击之，兵败，贼遂据咸平，于是缮完器甲，出府库财物以募兵，贼势益张。权曹家山猛安绰质，集兵千余，扼干夜河，贼不得东。绰质兵败，括里遂犯济州。会宿直将军孛术鲁吴括剌征兵于速频路，遇括里于信州，与猛安乌延查剌兵二千，击败括里。括里收余众趋东京，是时世宗为东京留守，以兵四百人拒之。贼至常安县，闻空中击鼓声如数千鼓者，候见旌旗蔽野，传言留守以十万兵至矣，即引还，亦以其众合于撒八。

海陵使枢密使仆散忽土、西京留守萧怀忠将兵一万，与右卫将军萧秃剌讨平之。秃剌与之相持数日，连与战皆无功，而粮饷不继，秃剌退归临潢。秃剌虽不能克敌，而撒八自度大军必相继而至，势不可支，谋归于大石，乃率众沿龙驹河西出。及仆散忽土、萧怀忠等兵至，与秃剌合兵追至河上，不及而还。忽土、怀忠、秃剌坐逗遛不即追贼，皆诛死。北京留守萧赜不能制其下，杀降人而取其归女，亦坐诛。于是，白彦恭为北面兵马都统，纥石烈志宁副之，完颜彀英为西北面兵马都统，西北路招讨使唐括孛姑副之，以讨撒八等。

撒八既西行，而旧居山前者皆不欲往，伪署六院节度使移剌窝斡、兵官陈家杀撒八，执老和尚、孛特补等。

至是，窝斡始自为都元帅，陈家为都监，拥众东还，至临潢府东南新罗寨。世宗使移剌扎八、前押军谋克播斡、前牌印麻骇、利涉军节度判官马脑等招之。扎八等见窝斡，以上意谕之。

窝斡已约降，已而复谓扎八曰："若降，尔能保我辈无事乎？"扎八曰："我知招降耳，其他岂能必哉？"

扎八见窝斡兵众强，车帐满野，意其可以有成，因说之曰："我之始来，以汝辈不能有为，今观兵势强盛如此，汝等欲如群羊为人所驱去乎，将欲待天时乎？若果有大志，吾亦不复还矣。"贼将有前字特本部族节度使逐斡者，言："昔谷神丞相，贤能人也，尝说他日西北部族当有事。今日正合此语，恐不可降也。"于是，窝斡遂决意不复肯降矣。扎八亦留贼中，惟麻骇、播斡还归。

窝斡乃引兵攻临潢府，总管移室懑出城战，兵少被执，贼遂围临潢，众至五万。正隆六年十二月己亥，窝斡遂称帝，改元天正。

是时，北面都统白彦敬、副统纥石烈志宁在北京，闻世宗即位，以兵来归。世宗使元帅左都监吾扎忽、同知北京留守事完颜骨只救临潢，昼夜兼行，比至临潢，贼已解围去攻泰州。吾扎忽追及于窊历，两军已阵将战，押军猛安契丹忽剌叔以所部兵应贼，吾扎忽军遂败。

泰州节度使乌里雅率千余骑与窝斡遇，乌里雅兵复败，仅以数骑脱归。贼势愈振，城中震骇，莫敢出战。贼四面登城，押军猛安乌古孙阿里补率军士数人，各持刀以身率先循城击贼力战，斫刘甚众，贼乃退走，城赖以完。泰州司吏颜盏蒲查奏捷，除忠翊校尉，赐银五十两、重彩十端。

二年正月，右副元帅完颜谋衍率诸军北征窝斡。二月壬戌诏曰："应诸人若能于契丹贼中自拔归者，更不问元初首从及被威胁之由，奴婢、良人罪无轻重并行免放。曾有官职及纠率人众来归者，仍与官赏，依本品量材叙使。其同来人各从所愿处收系，有才能者亦与录用。内外官员郎君群牧直撒百姓人家驱奴、宫籍监人等,并放为良,亦从所愿处收系,与免三年差役。或能捕杀首领而归者,准上施行,仍验劳绩约量迁赏。如捕获窝斡者,猛安加三品官授节度使,谋克加四品官授防御使,庶人加五品官授刺史。"诏曰:"尚书省,如节度防御使捉获窝斡者与世袭猛安,刺史捉获者与世袭谋克,驱奴、宫籍监人亦与庶人同。"复诏宰臣,遍谕将士,能捕杀窝斡者加特进、授真总管。

于是,括里将犯韩州,闻元帅兵至,不战遁去,将转趋懿、宜州。谋衍屯懿州庆云县,及屯川州武平县,奏请粮运当遣人护送,兵仗乞选精良者付之。诏以南征逃还军士就往屯戍,如不足,量于富家签调,就近地签步军,给仗护送粮运。诏平章政事移刺元宜往泰州规措边事。前安远大将军斡里袅、猛安七斤、庶人阿里葛、磨哥等自窝斡中来降,斡里袅、七斤加昭武大将军,阿里葛武义将军,磨哥忠勇校尉。

窝斡遂自泰州往攻济州,欲邀粮运。元帅完颜谋衍与右监军完颜福寿、左都监吾扎忽合兵,甲士万三千人,曷懒路总管徒单克宁、广宁尹仆散浑坦、同知广宁尹完颜岩雅、肇州防御使唐括乌也为左翼,临海节度使纥石烈志宁、曷速馆节度使神土懑、同知北京留守完颜骨只、淄州刺史尼厖古钞兀为右翼,至术虎崖,尽委辎重,士卒赍数日粮,轻骑袭之。

紇椀群牧人契丹紇者,与其弟孛迭、授剌,皆弃家自贼中来降。紇者谓谋衍曰:"贼中马肥健,官军马疲弱,此去贼八十里,比遇贼马已惫。贼辎重去此不远,我攻之,贼必救其巢穴,贼至马必疲,我马少得息,所谓攻其所必救,以逸待劳者也。"谋衍从之,乘夜亟发,会大风路暗不能辨,迟明行三十里许,与贼辎重相近,整兵少憩。窝斡趋济州,知大军取其辎重,乃还救，遇于长泺。既阵，谋衍别设伏于左翼之侧，贼四百余骑突出左翼伏兵之间，徒单克宁射却之。是日，别部诸将与贼对者，胜负未分，相去五里许而立。左翼万户襄别与贼战，贼阵动，襄麾军乘之，突出其后，俱与大军不相及。襄以善射者二十骑，率众自贼后击之，贼不能支，乘势麾军击其一偏，贼遂却。襄遂与大军合，而别部诸将皆至，整阵力战，忽反风扬砂石，贼阵乱，官军驰击，大破之，追北十余里，斩获甚众。诏以糺者为武义将军，李迭昭信校尉，授剌忠翊校尉。糺者除同知建州事，未之官，卒。李迭取家贼中，遂被害，上悯之，后以授剌为汝州都巡检使。

窝斡率其众西走，谋衍追及之于霭瀽河。贼已济，毁其津口，纥石烈志宁军先至，不克渡，乃对岸为疑兵，以夹谷清臣、徒单海罗两万户于下流渡河，值支港两岸斗绝且泞淖，命军士束柳填港而过。追之数里，得平地，方食，贼众奄至。志宁军急整阵，贼自南冈驰下，冲阵者三，志宁力战，流矢中左臂，战自若。大军毕至，左翼骑兵先与贼接，贼据上风纵火，乘烟击官军，官军步兵亦至，并力合战，凡十余合，军士苦风烟皆植立如痴，会天降雨，风止，官军奋击，大败之。徒单克宁追奔十五里，贼前厄溪涧不得亟渡，多杀伤。贼既渡，官军亦渡，少憩，贼反筛来攻，克宁以大军不继，令军士皆下马射贼。贼引却而南，克宁亦将引而北，士未及骑马，贼复来冲突，官军少却，回渡涧北。大军至，贼遂引去。

四月，诏元帅府曰："应契丹贼人，与大军未战已前投降者，不得杀伤，仍加安抚。败走以后，招诱来降者，除奴婢准已虏为定外，亲属分付圆聚，仍官为换赎。"

窝斡既败，谋衍不复追讨，驻军白泺。窝斡攻懿州不克，遂残破川州，将遁于山西，而北京亦不邀击之。于是，发骁骑军二千、曷懒路留屯京师军三千，号称二万，会宁济州军六千亦号二万。元帅左都监高忠建总兵，沃州刺史乌古论蒲查为曷懒路押军万户，邳州刺史乌林荅剌撒为济州押军万户，右骁骑副都指挥使乌延查剌为骁骑万户，祁州刺史宗宁为会宁路押军万户，右宣徽使宗亨为北京路都统，吏部郎中完颜达吉为副统，会元帅府讨击之。

诏使尚厩局副使蒲察蒲卢浑往懿州戒敕将帅，上曰："朕委卿等讨贼，乃闻不就贼趋战，而驻兵闲缓，经涉累月，虽曾追袭，乃不由有水草之地，以致马疲弱不能百里而还。后虽破贼，而纵诸军劫掠，数日后方追北霶霧河，亦不乘胜，辄复引还。贼遂入涉近地，北京、懿州由此受兵。朕欲重遣汝等，以方任兵事，且图后功。当尽心一力，毋得似前怠弛。"上谓蒲卢浑曰："卿若闻贼在近，即当监督讨伐。用命力战者疏记以闻，朕将约量迁赏。无或承徇上官，抑有功、滥署无功者。善戢士卒，勿纵虏掠。"以纥石烈志宁为元帅右监军，右副元帅完颜谋衍、元帅右监军完颜福寿召还京师，咸平路总管完颜兀带复旧职。谋衍男斜哥在军中多暴横，诏押归本管。窝斡使所亲招节度使移里堇窟域，窟域执其使送官，与窝斡连战有功，迁宣武将军，赐银五百两、衣二袭。起运在中都弓万五千、箭一百五十万赴懿州。

平章政事移剌元宜、宁昌军节度使宗叙入见，诏使自中道却还军中，宣谕元宜、谋衍注意经略边事。师久无功，尚书右丞仆散忠义愿效死力除边患，世宗嘉叹。六月，忠义拜平章政事兼右副元帅，宗叙为兵部尚书，各赐弓矢、具鞍勒马。出内府金银十万两佐军用。诏曰："军中将士有犯，除连职奏闻，余依军法约量决责，有功者依格迁赏。"以大名尹宗尹为河南路统军使，河南路统军都监蒲察世杰为西北路副统，赐弓矢佩刀厩马，从忠义征行。诏谕诸军将士曰："兵久驻边陲，蠹费财用无成功，百姓不得休息。今命平章政事仆散忠义兼右副元帅，同心戮力以底戡定。右副元帅谋衍罢为同判大宗正事。"

诏居庸关、古北口讥察契丹奸细，捕获者加官赏。万户温迪罕阿鲁带以兵四千屯古北口，蓟州、石门关等处各以五百人守之。海陵末年，阿鲁带为猛安，移剌娜为牌印祗候，起契丹部族兵被执，至是挺身来降。世宗以阿鲁带为济州押军万户，移剌娜为同知滦州事。

西南路招讨使完颜思敬为都统，赐金牌一、银牌二，西北路招讨使唐括孛古底副之，以兵五千往会燕子城旧戍军，视地形冲要或于狗泺屯驻，远斥候，贼至即战，不以昼夜为限。诏思敬曰："契丹贼败必走山后，可选新马三千，加刍秣以备追袭。"

仆散忠义至军中。是时，窝斡西走花道，众尚八万。忠义、高忠建军与贼遇，万户查剌、蒲查为左翼，宗亨统之，宗宁、剌撒为右翼，宗叙统之，世杰亦在左翼中，与贼夹河为阵。贼渡河，以兵四万余先犯左翼军，查剌以六百骑奋击败之。复以四万众与左翼军战，宗亨、世杰七谋克指画失宜，阵乱败于贼。世杰挺身投于查剌军中，贼围查剌军，查剌力战，宗叙以右翼军来救，贼乃去。

诏曰："自契丹作逆，有为贼诖误者，不问如何从贼，但能复业，与免本罪。如能率众来附，或能杀捕首领而降，或执送贼所扇诱作乱之人，皆与量加官爵。朕念正隆南征，猛安亡者招还被戮，已命其子孙袭其职。尔等勿惩前事，故怀迟疑。贼军今既破散，山后诸处皆命将士遏其逃路，尔等虽欲不降终将安往？若犹疑贰，俱就焚灭，悔无及矣。"

窝斡自花道西走，仆散忠义、纥石烈志宁以大军追及于袅岭西陷泉。明日，贼军三万骑涉水而东。大军先据南冈，左翼军自冈为阵，迤逦而北，步军继之，右翼军继步军北引而东，作偃月阵，步军居中，骑兵据其两端，使贼不见首尾。是日，大雾晦冥，既阵雾开，少顷晴霁。贼见左翼据南冈不敢击，击右翼军，乌延查剌力战，贼稍却。志宁与夹谷清臣、乌林荅刺撒、铎刺合战，贼大败，将涉水去，泥泞不得亟渡。大军逐北，人马相蹂践而死，不可胜数，陷泉皆平，余众蹈籍而过，或奔溃窜匿林莽间。大军踵击之，俘斩万计，生擒其弟伪六院司大王袅。窝斡仅与数骑脱去，钞兀、清臣追四十余里不及，斩千余级，获车帐甚众。其母徐辇举营自落括冈西走，志宁追之，尽获辎重，俘五万余人，杂畜不可胜计。伪节度使六及其部族皆降。

诏北京副统完颜达吉括本部马，规办刍粮，仍使达吉为监战官，录有功者闻奏。诏选中都、西京两路新旧军万人备守御，以窝斡败走，恐或冲突也。

仆散忠义使使奏捷，诏略曰："平章政事右副元帅忠义使使来奏大捷。或被军俘获，或自能来服，或无所归而投拜，或将全属归附，或分领家族来降，或尝受伪命，及自来曾与官军斗敌，皆释其罪。其散亡人内，除窝斡一身，不以大小官员是何名色，却来归附者，亦准释放。有能诛捕窝斡，或于不从招纳亡去人内诛捕以来，及或能率众于掌军官及随处官司投降者，并给官赏。各路抚纳来者，毋得辄加侵损。无资给者，不以是何路分，随有粮处安置，仍官为养济。"

窝斡收合散卒万余人，遂入奚部，以诸奚自益，时时出兵寇速鲁古淀、古北口、兴化之间。温迪罕阿鲁带守古北口，与战败焉。诏完颜谋衍、蒲察乌里雅、蒲察蒲卢浑以兵三千，合旧屯兵五千，击之。诏完颜思敬以所部兵入奚地，会大军讨窝斡。

贼党霹雳河猛安蒲速越遣人至帅府约降，诏令擒捕窝斡，许以官赏。贼将降者甚众，其散走者闻诏书招降，亦多降者。其余多疾疫而死，无复斗志。窝斡自度势弱，乃谋自羊城道西京奔夏国，大军追之益急，其众复多亡去，度不得西，乃北走沙陀间。

诏尚书省，"凡胁从之家被俘掠遂致离散，宜从改正。将士往往藏匿其人，有司检括分付。"

监军志宁获贼稍合住，释而弗杀，纵还贼中，使诱其亲近捕窝斡以自效，许以官赏。九月庚子，稍合住与神独斡执窝斡，诣右都监完颜思敬降，并获其母徐辇及其妻、子、子妇、弟、侄，尽收伪金银牌印。唐括孛古底获前胡里改节度使什温及其家属。西北路招讨使李家奴获伪枢密使逐斡等三十余人，复与猛安泥本婆果追伪监军那也至天成县，那也乃降，仍获伪都元帅丑哥及金牌一、银牌五。志宁与清臣、宗宁、速哥等追余党至燕子城，尽得其党。前至抹拔里达之地，悉获之，逆党遂平。

甲辰，皇太子率百官上表贺。乙巳，诏天下。辛亥，完颜思敬献俘于京师，窝斡枭首于市，磔其手足，分悬诸京府。其母徐辇及妻子皆戮之。契丹降人皆拘其器仗，贫不能自给者官为养济。

括里、扎八率众南走，诏左宣徽使宗亨追及之。扎八诈称降，宗亨信其言，遂不与战。扎八绐之曰："括里惊走，愿追之。"宗亨纵扎八去。益都猛安欲以所部追括里、扎八，宗亨恐分其功，不听，而纵军士取贼所弃资囊人畜而自有之。括里、扎八由是得亡去，遂奔于宋。宗亨降宁州刺史。其后，宋李世辅用括里、扎八，遂取宿州，颇为边患。

神独斡除同知安化军节度使，稍合住除同知震武军节度使事。大定六年，点检司奏，亲军中有逆党子弟，请一切罢去。诏曰："身预逆党者罢之，余勿问。"

赞曰：……正隆佳兵，契丹作难。《传》曰："夫兵犹火也，弗戢将自焚。"可不戒哉？

译文：

移剌窝斡，西北路的契丹部族人。先跟从撒八叛乱，接受伪职，后来他杀了撒八，于是拥有了他的部众。

撒八，当初为讨司的译史。正隆五年，海陵王征召各道兵讨伐宋朝，使牌印燥合、杨葛全部招纳西北路的契丹丁壮，契丹人说："西北路接近邻国，代代征伐，互相已为怨仇。若男丁全部从军，对方兵来，则老弱必然全部被拘缚，希望使者入朝说明一下。"燥合怕得罪不敢说，杨葛深深担忧以后西北有变故得罪，于是以忧愁而死。燥合又和牌印耶律娜、尚书省令史没答涅合监督调发西北路的兵。契丹听说男丁应当全部调发，于是撒八、孛特补与部众杀死了招讨使完颜沃侧及燥合，而拘捕了耶律娜、没答涅合，夺取招讨司贮存的甲胄三千，于是反叛。他们商议立豫王延禧的子孙为帝，大家公推都监老和尚为招讨使，山后四个群牧，山前各个群牧都响应。迪斡群牧使徒单赛里、耶鲁瓦群牧使鹤寿等皆被杀戮，有关的话载在《鹤寿传》中。五院司部人老和尚、那也也杀了节度使术甲兀者响应撒八。

会宁所属的八个猛安到山后牧马，走到迪谋鲁，贼人全部夺取了这些马匹。辟沙河千户十哥等与前招讨使完颜麻泼杀死乌古迪列招讨使乌林答薄卢虎，以所属部人奔赴西北路。室鲁部节度使阿厮列追击打败了他，十哥与几个骑兵逃走，合并于撒八。

咸平府谋克括里，与所属部众从山后逃回来，咸平少尹完颜余里野想收捕括里的家属，括里与他的同伙招诱富户人家的奴隶，几天就得到了奴隶两千人，于是攻陷了韩州和柳河县，奔赴咸平。余里野出兵迎击他，兵败，于是贼人占据了咸平。他们缮修完备武器铠甲，拿出府库中的财物用来招募兵员，贼的气势越发嚣张。临时代管曹家山猛安的绰质，集中兵卒一千多人，扼守干夜河，贼不能东渡。绰质兵被打败，于是括里进犯济州。正逢宿直将军字术鲁吴括刺征兵于速频路，在信州遭遇括里，与猛安乌延查剌的兵两千人，打败了括里。括里收集剩下的部众奔赴东京，这时世宗为东京留守，以兵四百人抵御他。贼到常安县，听空中的击鼓声好像有好几千打鼓的，望见旌旗遮盖田野，传说留守以十万兵开到了，括里马上带兵退还，也以他的部众与撒八合并。

海陵派枢密使仆散忽土、西京留守萧怀忠将兵一万，与右卫将军萧秃剌讨伐平定他们。秃剌与他们对阵了好几天，连连与他们交战都没有功劳，而粮饷不能接济，秃剌撤退回到临潢。秃剌虽不能战胜敌人，而撒八自己预测大军必然相继而来，形势不可支撑，打算投归大石，于是率领部众沿着龙驹河向西进发。等仆散忽士、萧怀忠等兵开到，与秃剌合兵追到河上，没有追上而撤回。忽土、怀忠、秃剌因犯逗留不立刻追贼的罪，皆处斩。北京留守萧赜不能管制他的属下，杀投降的人而夺取人家的妇女，也犯罪被斩。于是白彦恭为北面兵马都统，纥石烈志宁为他的副手，完颜毂英为西北兵马都统，西北路招讨使唐括孛姑为他的副手，以便征讨撒八等。

撒八西行，而原来居住在山前的人都不想去，伪封的六院节度使移刺窝斡、兵官陈家杀死撒八，拘捕老和尚、孛特补等。

这时候，窝斡开始自封为都元帅，陈家为都监，护拥着部众东还，来到临潢府东南的新罗寨。世宗派移剌扎八、前押军谋克播斡、前牌印麻骇、利涉军节度判官马脑等招降他们。扎八等见了窝斡，以皇上的意思开谕他。窝斡已约定投降，不一会儿又问扎八说："假若投降，你能保障我们这群人没事吗？"扎八说："我只知道招降罢了，其他怎么能肯定呢！"

扎八看到窝斡兵众强大，战车军帐遍野，考虑他可以有所成功，因而劝导他说："我刚来，以为你们这群人不能有所为，今天看到兵势强盛到这个样子，你们想像群羊一样为人赶来赶去呢，还是想等待天时呢？假如果然有大的志向，我也不再回去了。"贼的将官中有一个前孛特本部族节度使叫逐斡的，说："过去谷神丞相，是一位贤能的人，曾说有朝一日西北部族当有事。今天正合了这个话，恐怕是不可以投降的。"于是，窝斡遂决心不再投降了。扎八也留在了贼中，只有麻骇、播斡回来了。

窝斡于是领兵攻打临潢府，总管移室懑出城交战，兵少被俘，于是贼人包围临潢，兵众已有五万人。正隆六年十二月己亥，窝斡称皇帝，改元为天正。

这时，北面都统白彦敬、副统纥石烈志宁在北京，听说世宗即位，带兵来归服。世宗派元帅左都监吾扎忽、同知北京留守事完颜骨只援救临潢，昼夜兼行，刚到临潢，贼已解围去攻打泰州。吾扎忽追赶到䜌历，两军已摆开阵势将要交锋，押军猛安契丹忽剌叔以所领兵响应贼，于是吾扎忽的军队失败。

泰州节度使乌里雅率领一千多名骑兵与窝斡相遇，乌里雅的兵又败，仅仅以数名骑兵逃脱回来。贼的声势越发振作，城中惊怕，不敢出来打仗。贼从四面登城，押军猛安乌古孙阿里补率领军士数人，各拿着刀以身领先沿着城尽力打击贼人，斫杀的很多,于是贼人退走,城才得以保全。泰州司吏颜盏蒲查上奏获捷,授官忠翊校尉,赏赐银五十两、重彩十端。

二年正月,右副元帅完颜谋衍率领各军向北征讨窝斡。二月壬戌,皇帝诏书说:"相应的各个人若能够从契丹贼中自拔来投归的,甚至不加追问当初首从以及被威胁(从贼)的缘由,奴婢、良人罪过不论轻重全部赦免释放。曾经有官职以及纠集率领众人来投归的,仍然给予官赏,依本品官量材任使。那些一同来的人各随所愿去的地方收留,有才能的人亦予以录用。内外官员、郎君、群牧直撒、百姓人家驱使的奴隶、官籍监人等等,全部释放为良民。亦随所愿去的地方收留,予以免去三年的差役。或者能捕杀首领而投归的,依准上列施行,仍然检验功劳、成绩酌情迁赏。如有捕获窝斡的,原是猛安再加三品官授予节度使;原是谋克的再加四品官授予防御使,一般老百姓加五品官授予刺史。"诏书说:"尚书省:如有节度、防御使捉获窝斡的给予世袭猛安;刺史捉获的给予世袭谋克;驱奴、官籍监人也和一般老百姓一样。"又下令宰臣,要普遍告谕将官和士兵,能捕杀窝斡者加官特进、授真总管。

于是,括里将进犯韩州,听到元帅的兵到,没有交战就逃跑了,将转而奔赴懿州、宜州。谋衍屯驻在懿州庆云县及屯驻在川州武平县,上奏请求粮运应当派人护送,武器甲仗请求选择精良的发付。下令南征逃回的军士就地前往屯戍,如有不足,酌情从富户人家签调,就近地签调步军,给予甲仗护送粮食运输。下令平章政事移剌元宜前往泰州规划措置边境之事。前安远大将军斡里袞、猛安七斤、一般平民阿里葛、磨哥等从窝斡处来投降,斡里袞、七斤加官昭武大将军,阿里葛为武义将军,磨哥为忠勇校尉。

窝斡于是从泰州前往攻打济州，想半途拦截粮食运输。元帅完颜谋衍与右监军完颜福寿、左监军吾扎忽合兵，带甲之士共有一万三千人，曷懒路总管徒单克宁、广宁尹仆散浑坦、同知广宁尹完颜岩雅、肇州防御使唐括乌也为左翼；临海节度使纥石烈志宁、曷速馆节度使神士懑、同知北京留守完颜骨只、淄州刺史尼厖古钞兀为右翼，走到术虎崖，全部委弃军用物资，士兵带几天的口粮，轻装骑马袭击他们。

紇椀群牧人契丹紇者，与他的弟弟孛迭、捼剌，都丢弃了家眷从贼中来投降。紇者告诉谋衍说："贼中的马肥胖健壮，官军的马疲劳瘦弱，这里离贼八十里，刚遇到贼马已疲惫。贼的军用物资离这里不远，我们攻打他，贼必护救他们的老窝，贼到了他们的马必疲劳，我们的马可以得到稍微的休息，这就是所谓攻打他必救的地方，以逸待劳啊。"谋衍听从，乘着黑夜急忙出发，恰逢大风，路途昏暗不能识辨，天快亮了才走了三十多里，与贼的军用物资相接近，整顿军队略微休息。窝斡奔赴济州，知道大军夺取他的军用物资，于是回来救援，与官军在长泺相遇。既已列好阵势，谋衍又另外设伏兵于左翼的一侧，贼四百多骑兵突击出现在左翼与伏兵之间，徒单克宁射箭使他们退却。这一天，别部的各将领与贼对战的，胜负不分，相离五里多对立。左翼万户襄另外与贼交战，贼阵骚动，襄指挥军队乘其骚动，突然出现在他们后面，完全与大军不相接触。襄以善于射箭的二十名骑兵，率领着大家从贼的后面冲击他们，贼不能支持，襄乘势指挥军队打击贼人一个局部，于是贼人退却。襄与大军会合，而其他队伍的各将领都到了，整顿阵容奋力战斗，忽然逆风扬起沙石，贼阵混乱，官军奔驰打击，击溃了他们，追击败兵十多里，斩杀和活捉的很多。皇帝下诏书以紇者为武义将军，孛迭为昭信校尉，捼刺为忠翊校尉。紏者授予同知建州事,未到官,便死了。孛迭到贼中取家眷,被杀害,皇上可怜他们,后以授刺为汝州都巡检使。

窝斡率领他的兵众向西撤走,谋衍在霧霿河追上了他们。贼已渡河,毁坏了渡口。纥石烈志宁的军队先到,没有能渡过去,于是在对岸设置疑兵,以夹谷清臣、徒单海罗两万户从下流渡河,正碰上支流的渡口两岸斗绝而且泥泞,命令军士捆扎柳枝填塞港口而过。追了好几里,到了平地,刚吃饭,贼众兵突然来到。志宁的兵急忙整顿阵势,贼从南冈奔驰而下,冲击阵地三次,志宁奋力战斗,流散的箭射中左臂,他仍战斗自如。大军全部开到,左翼骑兵最先与贼接战,贼占据着上风放火,乘着烟打击官军,官军的步兵也到,并力合战,共打了十几个回合,军士苦于风烟都像栽种的一样站在那里如呆如痴,恰好天降雨,风停止,官军奋力冲击,大败贼兵。徒单克宁追赶了十五里,贼的前方阻绝在溪涧不能急渡,多所杀伤。贼既已渡过,官军也已渡过,稍微休息,贼兵掉转旗帜来攻打,克宁因大军不能接继,命令军士都下马用箭射贼。贼引退而向南,克宁亦领兵撤而向北,士兵还没来得及骑马,贼又来冲突,官军稍稍退却,回撤渡到涧北。大军开来,于是贼人脱离而去。

四月,下诏元帅府说:"相应的契丹贼人,与大军未战以前投降的人,不得杀伤,仍需加以安抚。败走以后,招诱来投降的人,除了奴婢准以俘虏对待以外,亲属分别以予圆聚,仍然由官方为他换赎。"

窝斡既已失败,谋衍不再追击征讨,军队在白泺驻扎。窝斡攻打懿州没有取胜,于是摧残坏川州,将要逃跑到山西,而北京也不半路拦截打击他们。于是调发骁健的骑军二千人、曷懒路留屯于京师的军队三千人，号称两万人，会宁济州的军队六千人亦号称两万人。元帅左都监高忠建总掌这些军队，沃州刺史乌古论蒲查为曷懒路的押军万户，邳州刺史乌林答剌撒为济州的押军万户，石骁骑副都指挥使乌延查剌为骁骑万户，祁州刺史宗宁为会宁路的押军万户，右宣徽使宗亨为北京路的都统，吏部郎中完颜达吉为副统，会合元帅府征讨出击他们。

皇帝命令派尚厩局副使蒲察蒲卢浑前往懿州告诫命令各将帅，皇上说："我委托你等讨伐贼人，却听说不接近贼人奔赴战事，而按驻军队闲适稽缓，经营跋涉好几个月，虽然曾经追击，却不经由有水有草的地方，以致马匹疲弱不能走一百里而回还。后来虽打败了贼人，而放纵各军抢劫掠夺，好几天后才追败军到霜霾河，也不乘胜前进，忽然又带兵回还。于是，贼人进入到内地，北京、懿州因此而遭受兵火。我想重重地谴责你们，因为你们刚刚承担用兵之事，尚且可以图谋日后有功，所以作罢。你们应当全心尽力，不得像以前那样怠忽松弛。"皇上告诉蒲卢浑说："你若听到贼人在近处，即应当监督讨伐。执行命令努力战斗人分别记录以便奏闻，我将酌情迁官赏赐。不要有承顺着上面长官之意，压抑有功、胡乱写上没有功劳的人。好好约束士兵，不要放纵抢掳掠夺。"以纥石烈志宁为元帅右监军，右副元帅完颜谋衍、元帅吉监军完颜福寿奉召调回京师，咸平路总管完颜兀带恢复原来的职务。谋衍的儿子斜哥在军队中颇多暴虐蛮横，皇帝下令押归本管。窝斡派所亲近招降节度使移里董窟域，窟域拘捕了他的使者送交官方，和窝斡连连接战有功劳，迁升为宣武将军，赐银五百两，衣两袭。起运在中都的弓一万五千张、箭一百五十万支输送懿州。

平章政事移剌元宜、宁昌军节度使宗叙入见皇帝，皇帝命令让他们从中途退还到军队中去，宣谕元宜、谋衍注意经管在边之事。军队久久没有功劳，尚书右丞仆散忠义愿意尽死力解除在边的祸患，世宗嘉奖赞叹。六月，忠义拜任为平章政事兼右副元帅，宗叙为兵部尚书，每人赐给了弓箭、带鞍勒的马。拿出内府的金银十万两辅助军用。皇帝下诏说："军队中将官士兵有犯法，除连同职务奏闻外，其余的依照军法估量判罪，有功劳的人依照规定迁官奖赏。"以大名尹宗尹为河南路统军使，河南路统军都监蒲察世杰为西北路副统，赐给弓箭、佩刀、乘马，跟从忠义征讨。下召开谕各军将官士兵说："军队长久驻在边远之地，浪费财用没有成功，老百姓不能得到休养生息。今命令平章政事仆散忠义兼右副元帅，同心努力以达到平定。右副元帅谋衍罢为同判大宗正事。"

皇帝下诏居庸关、古北口盘查契丹的奸细，能捕获到的加以官赏。万户温迪罕阿鲁带以兵四千屯驻在古北口，蓟州、石门等处各用五百人守卫。海陵末年，阿鲁带为猛安，移剌娜为牌印祗候，起调契丹部族的兵被抓获，到现在拔身来投降。世宗以阿鲁带为济州的押军万户，移剌娜为同知滦州事。

西南路招讨使完颜思敬为都统，赐给金牌一个，银牌两个，西北路招讨使唐括孛古底为他的副手，带兵五千人前往会和燕子城的旧守军，相度地形的冲要或者在狗泺屯驻，远远地侦察敌人情况，贼人来了就战，不以白天黑夜为界限。下诏给思敬说："契丹贼人失败必然要走山后，可选择新马三千匹，加上草料以准备追袭。"

仆散忠义到军队中。这时，窝斡向西从花道奔走，兵众尚有八万人。忠义、高忠建的军队与贼人相遇，万户查剌、蒲查为左翼，宗亨率领；宗宁、剌撒为右翼，宗叙率领。世杰也在左翼军中，与贼夹河两岸摆列阵势。贼人渡河，以兵四万多人先进犯左翼军，查剌以六百骑兵奋力打败了他们。贼人又用四万多兵众与左翼军交战，宗亨、世杰的七个谋克指挥不当，阵势混乱败于贼人。世杰拔身投奔到了查剌的军中，贼人包围查剌的军队，查剌努力奋战，宗叙用右翼兵来救援，贼人才撤离。

皇帝下诏说："自从契丹反叛，有被贼人欺蒙致误的人，不追问他们是怎样归服贼人的，只要能恢复原来的本业，就给予免去本罪。如能够率领众人来归服，或者能杀掉、捕获首领而投降，或者拘捕送交贼所煽动、诱使作乱的人，皆予以酌量加赏官爵。我想起正隆南征，猛安逃亡的人招回被杀，已命令他们的子孙袭承他们的职务。你等不要惩戒前事，所以怀有迟疑之心。贼军现在既然已经破散，山后各处都命令将士遏制他们的逃亡之路，你等虽然不想投降最终将向哪里去呢？若仍然疑惑有贰心，就要与贼一起焚灭，悔恨就来不及了。"

窝斡从花道向西行进，仆散忠义、纥石烈志宁以大军追赶到袅岭以西的陷泉。第二天，贼军三万骑兵渡水向东。大军先占据了南冈，左翼军自冈摆开阵势，曲折而向北，步兵接着，右翼军接步兵向北引向东，作偃月阵势，步军在中间，骑兵在其两端，使贼人不能看到头尾。这天，大雾昏暗，已摆好阵势大雾散开，一会儿天空晴朗。贼人看见左翼占据南冈不敢袭击，就袭击右翼军，乌延查剌努力奋战，贼稍稍败却。志宁与夹谷清臣、乌林答剌撒、铎剌合战，贼人大败，将要渡水离开。道路泥泞，不能迅速渡过。大军追逐败军，人马践踏死的，不可胜数，陷泉都平了，其余的兵众互相践踏而过，或者败溃流窜隐匿在林木的深处。大军跟踪打击他们，俘虏斩首的用万计算，活捉了窝斡的弟弟伪六院司大王袅。窝斡仅仅和数名骑兵逃脱而去，钞兀、清臣追赶了四十里没有追上,斩杀一千多首级,获得战车军帐很多。窝斡的母亲徐辇全军营从落括冈向西撤走,志宁追赶,全部获得了他们的军用物资,俘虏五万多人,杂畜不可胜计。伪节度使六及其部族全部投降。

皇帝下诏北京副统完颜达吉,搜求本部的马匹,按规定治办草料粮食,仍然使达吉为监战官,记录有功劳的人员闻奏。下诏选中都、西京两路的新旧军一万人以备守御,因为窝斡败走,恐怕偶或还有冲突。

仆散忠义派使臣奏捷,皇帝下诏,大略说:"平章政事右副元帅忠义派使臣来奏大捷。有的人被军队俘虏,有的人自己能来归服,有的人没有投奔之处而投降拜服,有的人带领所属全部归附,有的人分别带领着家族来投降,有的人曾经接受过伪任命,以及从来就与官军战斗敌对的人,都宽恕他们的罪过。在其流散逃亡的人内,除窝斡一个人,不因大小官员各等名目角色,只要是来归附的,也一准释放。有能斩杀捕获窝斡的,或者从不听从招纳而逃亡离去的人内诛杀捕获归来,以及有人能率领大众从掌军官及随处官司来投降的,一并给予官赏。各路要安抚接纳来投归的人,不得总是加以侵夺损害。没有资财自给的,不管是属于什么路的,听随在有粮食的地方安置,仍然由官方资养周济。"

窝斡收拢合并流散的士兵一万多人,进入奚部,以各奚来自我增强,时时出兵寇扰速鲁古淀、古北口、兴化之间。温迪罕阿鲁带守御古北口,与窝斡交战被打败了。诏命完颜谋衍、蒲察乌里雅、蒲察蒲卢浑带兵三千人,会合旧屯兵五千人,打击他。诏命完颜思敬以所带领的军队进入奚地,会合大军征讨窝斡。

贼的党徒霿霳河猛安蒲速越派人到元帅府约定投降,下诏命令捉拿窝斡,答应给予官赏。贼人的将领投降的人特别多,那些流散逃走的听说诏书招降,也多有投降的。其余的大多疾病而死,不再有斗志。窝斡自己估量大势已穷困,于是谋划从羊城道经西京投奔夏国,大军追赶的愈加紧急,他的兵众又多逃亡而去,估计不可能西走,于是向北逃往沙陀之间。

下诏尚书省:"凡是胁从的人家被俘获掠夺因而导致离散的,应该听从改正。将官士兵往往隐藏这类人,由官吏检括分付。"

监军志宁俘获贼人稍合住,释放而没有杀他,故意放他回到贼人之中,使引诱他的亲近捕获窝斡用以自我报效,答应给予官赏。九月庚子,稍合住与神独斡抓获窝斡,前往右都监完颜思敬处投降,同时还抓获了他的母亲徐辇以及他的妻子、儿子、儿媳、弟弟、侄子等,全部收缴了伪金银牌印。唐括孛古底抓获前胡里改节度使什温及他的家属。西北路招讨使李家奴抓获伪枢密使逐斡等三十多人,又与猛安泥本婆果追赶伪监军那也到天成县,于是那也投降,还抓住伪都元帅丑哥,获金牌一枚、银牌五枚。志宁与清臣、宗宁、速哥等追击余党到燕子城,全部抓获了他们的党徒。向前到达抹拔里达之地,全部抓获了贼人,于是平定了叛党。

甲辰,皇太子率领百官上表祝贺。乙巳,宣诏天下。辛亥,完颜思敬献俘虏于京师,窝斡处斩并把他的头用木竿悬在闹市,分割他的手脚,分别悬挂各京府。他的母亲徐辇及妻、子都被杀了。契丹投降的人全部被收缴了武器甲仗,贫穷不能自给的由官方养活周济。

括里、扎八率领兵众向南逃走,诏令左宣徽使宗亨追上他们。扎八假称投降,宗亨相信他的话,于是不和他交战。扎八骗他说:"括里惊慌逃走,愿意追赶他。"宗亨放扎八离去。益都猛安想用所属部众追赶括里、扎八，宗亨恐怕分他的功劳，不听从安排，而放纵军士拾取贼人所丢弃的物资袋、人和牲畜而自己占有。括里、扎八因此得以逃亡，投奔到宋。宗亨降官为宁州刺史。以后，宋李世辅任用括里、扎八，于是夺取宿州，成了边境很大的祸患。

神独斡授予同知安化军节度使，稍合住授予同知震武军节度使事。大定六年，点检司上奏："亲军中有叛逆党徒的子弟，请全部罢离。"诏书说："自身参加过逆党的罢了他，其他的不用置问。"

评论说：……正隆喜欢用兵，于是契丹发难。《左传》说："武事就好像火，不制止必将焚烧自己。"可以不引以为戒吗？

- 史记
- 汉书
- 后汉书
- 三国志
- 晋书
- 宋书
- 南齐书
- 梁书
- 陈书
- 魏书
- 北齐书
- 周书
- 隋书
- 南史
- 北史
- 旧唐书
- 新唐书
- 旧五代史
- 新五代史
- 宋史
- 辽史
- 金史
- **元史**
- 明史

元史

本　纪

元史卷一

本纪第一

太　祖

太祖法天启运圣武皇帝，讳铁木真，姓奇渥温氏，蒙古部人。其十世祖孛端叉儿，母曰阿兰果火，嫁脱奔咩哩犍，生二子，长曰博寒葛答黑，次曰博合睹撒里直。既而夫亡，阿兰寡居，夜寝帐中，梦白光自天窗中入，化为金色神人，来趋卧榻。阿兰惊觉，遂有娠，产一子，即孛端叉儿也。孛端叉儿状貌奇异，沉默寡言，家人谓之痴。独阿兰语人曰："此儿非痴，后世子孙必有大贵者。"阿兰没，诸兄分家赀不及之。孛端叉儿曰："贫贱富贵，命也，赀财何足道。"独乘青白马，至八里屯阿懒之地居焉。食饮无所得，适有苍鹰搏野兽而食，孛端叉儿以缗设机取之，鹰即驯狎。乃臂鹰猎兔禽以为膳，或阙即继，似有天相之。居数月，有民数十家自统急里忽鲁之野逐水草来迁，孛端叉儿结茅与之居，出入相资，自此生理稍足。一日，仲兄忽思之，曰："孛端叉儿独出而无赀，近者得无冻馁乎？"即自来访，邀与俱归。孛端叉儿中路谓其兄曰："统急里忽鲁之民无所属附，若临之以兵，可服也。"兄以为然。至家，即选壮士，令孛端叉儿帅之前行，果尽降之。

孛端叉儿殁，子八林昔黑剌秃合必畜嗣，生子曰咩撚笃敦。咩撚笃敦妻曰莫拿伦，生七子而寡。莫拿伦性刚急。时押剌伊而部有群小儿掘田间草根以为食，莫拿伦乘车出，适见之，怒曰："此田乃我子驰马之所，群儿辄敢坏之邪？"驱车径出，辗伤诸儿，有至死者。押剌伊而忿怨，尽驱莫拿伦马群以去。莫拿伦诸子闻之，不及被甲，往追之。莫拿伦私忧曰："吾儿不甲以往，恐不能胜敌。"令子妇载甲赴之，已无及矣。既而果为所败，六子皆死。押剌伊而乘胜杀莫拿伦，灭其家。惟一长孙海都尚幼，乳母匿诸积木中，得免。先是，莫拿伦第七子纳真，于八剌忽民家为赘婿，故不及难。闻其家被祸，来视之，见病妪十数与海都尚在，其计无所出。幸驱马时，兄之黄马三次掣套竿逸归，纳真至是得乘之。乃伪为牧马者，诣押剌伊而。路逢父子二骑先后行，臂鹰而猎。纳真识其鹰，曰："此吾兄所擎者也。"趋前绐其少者曰："有赤马引群马而东，汝见之乎？"曰："否。"少者乃问曰："尔所经过有凫雁乎？"曰："有。"曰："汝可为吾前导乎？"曰："可。"遂同行。转一河隈，度后骑相去稍远，刺杀之。縶马与鹰，趋迎后骑，绐之如初。后骑问曰："前射凫雁者吾子也，何为久卧不起耶？"纳真以鼻衄对。骑者方怒，纳真乘隙刺杀之。复前行至一山下，有马数百，牧者唯童子数人，方击髀石为戏。纳真熟视之，亦兄家物也。绐问童子，亦如之。于是登山四顾，悄无来人，尽杀童子，驱马臂鹰而还，取海都并病妪，归八剌忽之地止焉。海都稍长，纳真率八剌忽怯谷诸民，共立为君。海都既立，以兵攻押剌伊而，臣属之，形势寖大。列营帐于八剌合黑河上，跨河为梁，以便往来。由是四傍部族归之者渐众。

海都殁，子拜姓忽儿嗣。拜姓忽儿殁，子敦必乃嗣。敦必乃殁，子葛不律寒嗣。葛不律寒殁，子八哩丹嗣。八哩丹殁，子也速该嗣，并吞诸部落，势愈盛大。也速该崩，至元三年十月，追谥烈祖神元皇帝。

初，烈祖征塔塔儿部，获其部长铁木真。宣懿太后月伦适生帝，手握凝血如赤石。烈祖异之，因以所获铁木真名之，志武功也。

族人泰赤乌部旧与烈祖相善，后因塔儿不台用事，遂生嫌隙，绝不与通。及烈祖崩，帝方幼冲，部众多归泰赤乌。近侍有脱端火儿真者亦将叛，帝自泣留之。脱端曰："深池已干矣，坚石已碎矣，留复何为！"竟帅众驰去。宣懿太后怒其弱己也，麾旗将兵，躬自追叛者，驱其太半而还。

时帝麾下搠只别居萨里河。札木合部人秃台察儿居玉律哥泉，时欲相侵凌，掠萨里河牧马以去。搠只麾左右匿群马中，射杀之。札木合以为怨，遂与泰赤乌诸部合谋，以众三万来战。帝时驻军答阑版朱思之野，闻变，大集诸部兵，分十有三翼以俟。已而札木合至，帝与大战，破走之。

当是时，诸部之中，唯泰赤乌地广民众，号为最强。其族照烈部，与帝所居相近。帝尝出猎，偶与照烈猎骑相属，帝谓之曰："今夕可同宿乎？"照烈曰："同宿固所愿，但从者四百，因糗粮不具，已遣半还矣，今将奈何？"帝固邀与宿，凡其留者，悉饮食之。明日再合围，帝使左右驱兽向照烈，照烈得多获以归。其众感之，私相语曰："泰赤乌与我虽兄弟，常攘我车马，夺我饮食，无人君之度。有人君之度者，其惟铁木真太子乎？"照烈之长玉律，时为泰赤乌所虐，不能堪，遂与塔海答鲁领所部来归，将杀泰赤乌以自效。帝曰："我方熟寐，幸汝觉我，自今车辙人迹之涂，当尽夺以与汝矣。"已而二人不能践其言，复叛去。塔海答鲁至中路，为泰赤乌部人所杀，照烈部遂亡。

时帝功德日盛，泰赤乌诸部多苦其主非法，见帝宽仁，时赐人以裘马，心悦之。若赤老温、若哲别、若失力哥也不干诸人，若朵郎吉、若札剌儿、若忙兀诸部，皆慕义来降。

帝会诸族薛彻、大丑（及薛彻别吉）等，各以牦车载湩酪，宴于斡难河上。帝与诸族及薛彻别吉之母忽儿真之前，共置马湩一革囊；薛彻别吉次母野别该之前，独置一革囊。忽儿真怒曰："今不尊我，而贵野别该乎？"疑帝之主膳者失丘儿所为，遂笞之。于是颇有隙。时皇弟别里古台掌帝乞列思事，播里掌薛彻别吉乞列思事。播里从者因盗去马鞯，别里古台执之。播里怒斫别里古台，伤其背。左右欲斗，别里古台止之，曰："汝等欲即复仇乎？我伤幸未甚，姑待之。"不听，各持马乳橦疾斗，夺忽儿真、火里真二哈敦以归。薛彻别吉遣使请和，因令二哈敦还。会塔塔儿部长蔑兀真笑里徒背金约，金主遣丞相完颜襄帅兵逐之北走。帝闻之，发近兵自斡难河迎击，仍谕薛彻别吉帅部人来助。候六日不至，帝自与战，杀蔑兀真笑里徒，尽虏其辎重。

帝之麾下有为乃蛮部人所掠者，帝欲讨之，复遣六十人征兵于薛彻别吉。薛彻别吉以旧怨之故，杀其十人，去五十人衣而归之。帝怒曰："薛彻别吉囊笞我失丘儿，斫伤我别里古台，今又敢乘敌势以陵我耶！"因帅兵逾沙碛攻之，杀虏其部众，唯薛彻、大丑仅以妻孥免。越数月，帝复伐薛彻、大丑，追至帖烈徒之隘，灭之。

克烈部札阿绀孛来归。札阿绀孛者，部长汪罕之弟也。汪罕名脱里，受金封爵为王，番言音重，故称王为汪罕。

初，汪罕之父忽儿札胡思盃禄既卒，汪罕嗣位，多杀戮昆弟。其叔父菊儿〔罕〕帅兵与汪罕战，逼于哈剌温隘败之；仅以百余骑脱走，奔于烈祖。烈祖亲将兵逐菊儿〔罕〕走西夏，复夺部众归汪罕。汪罕德之，遂相与盟，称为按答。烈祖崩，汪罕之弟也力可哈剌，怨汪罕多杀之故，复叛归乃蛮部。乃蛮部长亦难赤为发兵伐汪罕，尽夺其部众与之。汪罕走河西、回鹘、回回三国，奔契丹。既而复叛归，中道粮绝，捋羊乳为饮，刺橐驼血为食，困乏之甚。帝以其与烈祖交好，遣近侍往招之。帝亲迎抚劳，安置军中振给之。遂会于土兀剌河上，尊汪罕为父。

未几，帝伐篾里乞部，与其部长脱脱战于莫那察山，遂掠其资财、田禾，以遗汪罕。汪罕因此部众稍集。

居亡何，汪罕自以其势足以有为，不告于帝，独率兵复攻篾里乞部。部人败走，脱脱奔八儿忽真之隘。汪罕大掠而还，于帝一无所遗，帝不以屑意。

会乃蛮部长不（鲁欲）〔欲鲁〕罕不服，帝复与汪罕征之，至黑辛八石之野，遇其前锋也的脱孛鲁者，领百骑来战，见军势渐逼，走据高山，其马鞍转坠，擒之。曾未几何，帝复与乃蛮骁将曲薛吾撒八剌二人遇，会日暮，各还营垒，约明日战。是夜，汪罕多燃火营中，示人不疑，潜移部众于别所。及旦，帝始知之，因颇疑其有异志，退师萨里河。既而汪罕亦还至土兀剌河，汪罕子亦剌合及札阿绀孛来会。曲薛吾等察知之，乘其不备，袭虏其部众于道。亦剌合奔告汪罕，汪罕命亦剌合与卜鲁忽觯共追之，且遣使来曰："乃蛮不道，掠我人民，太子有四良将，能假我以雪耻乎？"帝顿释前憾，遂遣博尔术、木华黎、博罗浑、赤老温四人,帅师以往。师未至,亦剌合已追及曲薛吾,与之战,大败,卜鲁忽觯成擒。流矢中亦剌合马胯,几为所获。须臾四将至,击乃蛮走,尽夺所掠归汪罕。已而与皇弟哈撒儿再伐乃蛮,拒斗于忽阑盏侧山,大败之,尽杀其诸将族众,积尸以为京观。乃蛮之势遂弱。

时泰赤乌犹强,帝会汪罕于萨里河,与泰赤乌部长沆忽等大战斡难河上,败走之,斩获无算。

哈答斤部、散只兀部、朵鲁班部、塔塔儿部、弘吉剌部闻乃蛮、泰赤乌败,皆畏威不自安,会于阿雷泉,斩白马为誓,欲袭帝及汪罕。弘吉剌部长迭夷恐事不成,潜遣人告变。帝与汪罕自虎图泽逆战于盃亦烈川,又大败之。

汪罕遂分兵,自由〔怯〕绿怜河而行。札阿绀孛谋于按敦阿述、燕火脱儿等曰:"我兄性行不常,既屠绝我昆弟,我辈又岂得独全乎?"按敦阿述泄其言,汪罕令执燕火脱儿等至帐下,解其缚,且谓燕火脱儿曰:"吾辈由西夏而来,道路饥困,其相誓之语,遽忘之乎?"因唾其面。坐上之人皆起而唾之。汪罕又屡责札阿绀孛,至于不能堪。札阿绀孛与燕火脱儿等俱奔乃蛮。

帝驻军于彻彻儿山,起兵伐塔塔儿部。部长阿剌兀都儿等来逆战,大败之。

时弘吉剌部欲来附,哈撒儿不知其意,往掠之。于是弘吉剌归札木合部,与朵鲁班、亦乞剌思、哈答斤、火鲁剌思、塔塔儿、散只兀诸部,会于犍河,共立札木合为局儿罕,盟于秃律别儿河岸,为誓曰:"凡我同盟,有泄此谋者,如岸之摧,如林之伐。"誓毕,共举足蹋岸,挥刀斫林,驱士卒来侵。塔海哈时在众中,与帝麾下抄吾儿连姻,抄吾儿偶往视之,具知其谋,即还至帝所,悉以其谋告之。帝即起兵,逆战于海剌儿、帖尼火鲁罕之地，破之。札木合脱走，弘吉剌部来降。

岁壬戌，帝发兵于兀鲁回失连真河，伐按赤塔塔儿、察罕塔塔儿二部。先誓师曰："苟破敌逐北，见弃遗物，慎无获，俟军事毕散之。"既而果胜，族人按弹、火察儿、答力台三人背约，帝怒，尽夺其所获，分之军中。

初，脱脱败走八儿忽真隘，既而复出为患，帝帅兵讨走之。至是，又会乃蛮部不（鲁欲）〔欲鲁〕罕约朵鲁班、塔塔儿、哈答斤、散兄兀诸部来侵。帝遣骑乘高四望，知乃蛮兵渐至，帝与汪罕移军入塞。亦剌合自北边来据高山结营，乃蛮军冲之不动，遂还。亦剌合寻亦入塞。将战，帝迁辎重于他所，与汪罕倚阿兰塞为壁，大战于阙奕坛之野。乃蛮使神巫祭风雪，欲因其势进攻。既而反风，逆击其阵。乃蛮军不能战，欲引还。雪满沟涧，帝勒兵乘之，乃蛮大败。是时札木合部起兵援乃蛮，见其败，即还。道经诸部之立己者，大纵掠而去。

帝欲为长子术赤求昏于汪罕女抄儿伯姬，汪罕之（子）〔孙〕秃撒合亦欲尚帝女火阿真伯姬，俱不谐。自是颇有违言。初，帝与汪罕合军攻乃蛮，约明日战。札木合言于汪罕曰："我于君是白翎雀，他人是鸿雁耳。白翎雀寒暑常在北方，鸿雁遇寒则南飞就暖耳。"意谓帝心不可保也。汪罕闻之疑，遂移部众于别所。及议昏不成，札木合复乘隙谓亦剌合曰："太子虽言是汪罕之子，尝通信于乃蛮，将不利于君父子。君若能加兵，我当从傍助君也。"亦剌合信之。会答力台、火察儿、按弹等叛归亦剌合，亦说之曰："我等愿佐君讨宣懿太后诸子也。"亦剌合大喜，遣使言于汪罕。汪罕曰："札木合，巧言寡信人也，不足听。"亦剌合力言之，使者往返者数四。汪罕曰："吾身之存，实太子是赖。髭须已白，遗骸冀得安寝，汝乃喋喋不已耶？汝善自为之，毋贻吾忧可也。"札木合遂纵火焚帝牧地而去。

岁癸（丑）〔亥〕，汪罕父子谋欲害帝，乃遣使者来曰："向者所议姻事，今当相从，请来饮布浑察儿。"帝以为然，率十骑赴之。至中道，心有所疑，命一骑往谢，帝遂还。汪罕谋既不成，即议举兵来侵。围人乞（力失）〔失力〕闻其事，密与弟把带告帝。帝即驰军阿兰塞，悉移辎重于他所，遣折里麦为前锋，俟汪罕至即整兵出战。先与朱力斤部遇，次与董哀部遇，又次与火力失烈门部遇，皆败之；最后与汪罕亲兵遇，又败之。亦剌合见势急，突来冲阵，射之中颊，即敛兵而退。怯里亦部人遂弃汪罕来降。

汪罕既败而归，帝亦将兵还至董哥泽驻军，遣阿里海致责于汪罕曰："君为叔父菊儿〔罕〕所逐，困迫来归，我父即攻菊儿〔罕〕败之于河西，其土地人民尽收与君。此大有功于君一也。君为乃蛮所攻，西奔日没处。君弟札阿绀孛在金境，我亟遣人召还。比至，又为蔑里乞部人所逼，我请我兄薛彻别及及我弟大丑往杀之。此大有功于君二也。君困迫来归时，我过哈丁里，历掠诸部羊、马、资财，尽以奉君，不半月间，令君饥者饱，瘠者肥。此大有功于君三也。君不告我往掠蔑里乞部，大获而还，未尝以毫发分我，我不以为意。及君为乃蛮所倾覆，我遣四将夺还尔民人，重立尔国家。此大有功于君四也。我征朵鲁班、塔塔儿、哈答斤、散只兀、弘吉剌五部，如海东鸷禽之于鹅雁，见无不获，获则必致于君。此大有功于君五也。是五者皆有明验，君不报我则已，今乃易恩为仇，而遽加兵于我哉！"汪罕闻之，语亦剌合曰："我向者之言何如？吾儿宜识之。"亦剌合曰："事势至今日，必不可已，唯有竭力战斗。我胜则并彼，彼胜则并我耳。多言何为？"

时帝诸族按弹、火察儿皆在汪罕左右。帝因遣阿里海诮责汪罕，就令告之曰："昔者吾国无主，以薛彻、太丑二人实我伯祖八剌哈之裔，欲立之。二人既已固辞，乃以汝火察儿为伯父聂坤之子，又欲立之，汝又固辞。然事不可中辍，复以汝按弹为我祖忽都剌之子，又欲立之，汝又固辞。于是汝等推戴吾为之主，初岂我之本心哉，不自意相迫至于如此也。三河，祖宗肇基之地，毋为他人所有。汝善事汪罕，汪罕性无常，遇我尚如此，况汝辈乎？我今去矣，我今去矣。"按弹等无一言。

帝既遣使于汪罕，遂进兵虏弘吉（利）〔剌〕别部溺儿斤以行。至班朱尼河，河水方浑，帝饮之以誓众。有亦乞烈部人李徒者，为火鲁剌部所败，因遇帝，与之同盟。哈撒儿别居哈剌浑山，妻子为汪罕所虏，挟幼子脱虎走，粮绝，探鸟卵为食，来会于河上。时汪罕形势盛强，帝微弱，胜败未可知，众颇危惧。凡与饮河水者，谓之饮浑水，言其曾同艰难也。汪罕兵至，帝与战于哈阑真沙陀之地，汪罕大败。其臣按弹、火察儿、札木合等谋弑汪罕，弗克，往奔乃蛮。答力台、把怜等部稽颡来降。

帝移军斡难河源，谋攻汪罕，复遣二使往汪罕，伪为哈撒儿之言曰："我兄太子今既不知所在，我之妻孥又在王所，纵我欲往，将安所之耶？王倘弃我前怨，念我旧好，即束手来归矣。"汪罕信之，因遣人随二使来，以皮囊盛血与之盟。及至，即以二使为向导，令军士衔枚夜趋折折运都山，出其不意，袭汪罕，败之。尽降克烈部众。汪罕与亦剌合挺身遁去。汪罕叹曰："我为吾儿所误，今日之祸悔将何及！"汪罕出走，路逢乃蛮部将，遂为其所杀。亦剌哈走西夏，日剽掠以自资。既而亦为西夏所攻走，至龟兹国，龟兹国主以兵讨杀之。

帝既灭汪罕，大猎于帖麦该川，宣布号令，振凯而归。时乃蛮部长太阳罕心忌帝能，遣使谋于白达达部主阿剌忽思曰："吾闻东方有称帝者。天无二日，民岂有二王邪？君能益吾右翼，吾将夺其弧矢也。"阿剌忽思即以是谋报帝，居无何，举部来归。

岁甲子，帝大会于帖麦该川，议伐乃蛮。群臣以方春马瘦，宜俟秋高为言。皇弟斡赤斤曰："事所当为，断之在早，何可以马瘦为辞。"别里古台亦曰："乃蛮欲夺我弧矢，是小我也，我辈义当同死。彼恃其国大而言夸，苟乘其不备而攻之，功当可成也。"帝悦，曰："以此众战，何忧不胜。"遂进兵伐乃蛮。驻兵于建忒该山，先遣虎必来、哲别二人为前锋。太阳罕至自按台，营于沆海山，与蔑里乞部长脱脱、克烈部长阿怜太石、猥剌部长忽都花别吉，暨秃鲁班、塔塔儿、哈答斤、散只兀诸部合，兵势颇盛。时我队中羸马有惊入乃蛮营中者，太阳罕见之，与众谋曰："蒙古之马瘦弱如此，今当诱其深入，然后战而擒之。"其将火力速八赤对曰："先王战伐，勇进不回，马尾人背，不使敌人见之。今为此迁延之计，得非心中有所惧乎？苟惧之，何不令后妃来统军也。"太阳罕怒，即跃马索战。帝以哈撒儿主中军。时札木合从太阳罕来，见帝军容整肃，谓左右曰："乃蛮初举兵，视蒙古军若䊃粘羔儿，意谓蹄皮亦不留。今吾观其气势，殆非往时矣。"遂引所部兵遁去。是日，帝与乃蛮军大战至晡，禽杀太阳罕。诸部军一时皆溃，夜走绝险，坠崖死者不可胜计。明日，余众悉降。于是朵鲁班、塔塔儿、哈答斤、散只兀四部亦来降。

已而复征蔑里乞部。其长脱脱奔太阳罕之兄卜欲鲁罕；其属带儿兀孙献女迎降，俄复叛去。帝至泰寒寨，遣孛罗欢、沈白二人领右军往平之。

岁乙丑，帝征西夏，拔力吉里寨，经落思城，大掠人民及其橐驼而还。

元年丙寅，帝大会诸王群臣，建九斿白旗，即皇帝位于斡难河之源。诸王群臣共上尊号曰成吉思皇帝。是岁实金泰和之六年也。

帝既即位，遂发兵复征乃蛮。时卜欲鲁罕猎于兀鲁塔山，擒之以归。太阳罕子屈出律罕与脱脱奔也儿的石河上。

帝始议伐金。初，金杀帝宗亲咸补海罕，帝欲复仇。会金降俘等具言金主璟肆行暴虐，帝乃定议致讨，然未敢轻动也。

二年丁卯秋，再征西夏，克斡罗孩城。

是岁，遣按弹、不兀剌二人使乞力吉思。既而野牒亦纳里部、阿里替也儿部，皆遣使来献名鹰。

三年戊辰春，帝至自西夏。

夏，避暑龙庭。

冬，再征脱脱及屈出律罕。时斡亦剌部等遇我前锋，不战而降，因用为向导。至也儿的石河，讨蔑里乞部，灭之。脱脱中流矢死。屈出律奔契丹。

四年己巳春，畏吾儿国来归。帝入河西。夏主李安全遣其世子率师来战，败之，获其副元帅高令公。克兀剌海城，俘其太傅西壁氏。进至克夷门，复败夏师，获其将嵬名令公。薄中兴府，引河水灌之。堤决，水外溃，遂撤围还。遣太傅讹答入中兴，招谕夏主，夏主纳女请和。

五年庚午春，金谋来伐，筑乌沙堡。帝命遮别袭杀其众，遂略地而东。

初，帝贡岁币于金，金主使卫王允济受贡于（静）〔净〕州。帝见允济不为礼。允济归，欲请兵攻之。会金主璟殂，允济嗣位，有诏至国，传言当拜受。帝问金使曰："新君为谁？"

金使曰："卫王也。"帝遽南面唾曰："我谓中原皇帝是天上人做，此等庸懦亦为之耶，何以拜为！"即乘马北去。金使还言，允济益怒，欲俟帝再入贡，就进场害之。帝知之，遂与金绝，益严兵为备。

六年辛未春，帝居怯绿连河。西域哈剌鲁部主阿昔兰罕来降。畏吾儿国主亦都护来觐。

二月，帝自将南伐，败金将定薛于野狐岭，取大水泺、丰利等县。金复筑乌沙堡。

秋七月，命遮别攻乌沙堡及乌月营，拔之。

八月，帝及金师战于宣平之会河川，败之。

九月，拔德兴府，居庸关守将遁去。遮别遂入关，抵中都。

冬十月，袭金群牧监，驱其马而还。耶律阿海降，入见帝于行在所。皇子术赤、察合台、窝阔台分徇云内、东胜、武、朔等州，下之。

是冬，驻跸金之北境。刘伯林、夹谷长哥等来降。

七年壬申春正月，耶律留哥聚众于隆安，自为都元帅，遣使来附。帝破昌、桓、抚等州。金将纥石烈九斤等率兵三十万来援，帝与战于獾儿觜，大败之。

秋，围西京。金元帅左都监奥屯襄率师来援，帝遣兵诱至密谷口逆击之，尽歼。复攻西京，帝中流矢，遂撤围。

九月，察罕克奉圣州。

冬十二月甲申，遮别攻东京不拔，即引去，夜驰还，袭克之。

八年癸酉春，耶律留哥自立为辽王，改元元统。

秋七月，克宣德府，遂攻德兴府。皇子拖雷、驸马赤驹先登，拔之。帝进至怀来。及金行省完颜纲、元帅高琪战，败之，追至北口。金兵保居庸，诏可忒、薄刹守之。遂趋涿鹿。金西京留守忽沙虎遁去。帝出紫荆关，败金师于五回岭，拔涿、易二州。契丹讹鲁不儿等献北口，遮别遂取居庸，与可忒、薄刹会。

八月，金忽沙虎弑其主允济，迎丰王珣立之。

是秋，分兵三道：命皇子术赤、察合台、窝阔台为右军，循太行而南，取保、遂、安肃、安、定、邢、洺、磁、相、卫、辉、怀、孟，掠泽、潞、辽、沁、平阳、太原、吉、隰，拔汾、石、岚、忻、代、武等州而还；皇弟哈撒儿及斡陈那颜、拙赤䚟、薄刹为左军，遵海而东，取蓟州、平、滦、辽西诸郡而还；帝与皇子拖雷为中军，取雄、霸、莫、安、河间、沧、景、献、深、祁、蠡、冀、恩、濮、开、滑、博、济、泰安、济南、滨、棣、益都、淄、潍、登、莱、沂等郡。复命木华黎攻密州，屠之。史天倪、萧勃迭率众来降，木华黎承制并以为万户。帝至中都，三道兵还，合屯大口。

是岁，河北郡县尽拔，唯中都、通、顺、真定、清、沃、大名、东平、德、邳、海州十一城不下。

九年甲戌春三月，驻跸中都北郊。诸将请乘胜破燕，帝不从。乃遣使谕金主曰："汝山东、河北郡县悉为我有，汝所守惟燕京耳。天既弱汝，我复迫汝于险，天其谓我何。我今还军，汝不能犒师以弭我诸将之怒耶？"金主遂遣使求和，奉卫绍王女岐国公主及金帛、童男女五百、马三千以献，仍遣其丞相完颜福兴送帝出居庸。

夏五月，金主迁汴，以完颜福兴及参政抹撚尽忠辅其太子守忠，留守中都。

六月，金乣军斫答等杀其主帅，率众来降。诏三摸合、石抹明安与斫答等围中都。帝避暑鱼儿泺。

秋七月，金太子守忠走汴。

冬十月，木华黎征辽东，高州卢琮、金（扑）〔朴〕等降。锦州张鲸杀其节度使，自立为临海王，遣使来降。

十年乙亥春正月，金石副元帅蒲察七斤以通州降，以七斤为元帅。

二月，木华黎攻北京，金元帅寅答虎、乌古伦以城降，以寅答虎为留守，吾也而权兵马都元帅镇之。兴中府元帅石天应来降，以天应为兴中府尹。

三月，金御史中丞李英等率师援中都，战于霸州，败之。

夏四月，克清、顺二州。诏张鲸总北京十提控兵从南征。鲸谋叛伏诛。鲸弟致遂据锦州，僭号汉兴皇帝，改元兴龙。

五月庚申，金中都留守完颜福兴仰药死，抹撚尽忠弃城走，明安入守之。是月，避暑桓州凉泾。遣忽都忽等籍中都帑藏。

秋七月，红罗山寨主杜秀降，以秀为锦州节度使。遣乙职里往谕金主以河北、山东未下诸城来献，及去帝号为河南王，当为罢兵。不从。诏史天倪南征，授右副都元帅，赐金虎符。

八月，天倪取平州，金经略使乞住降。木华黎遣史进道等攻广宁府，降之。

是秋，取城邑凡八百六十有二。

冬十月，金宣抚蒲鲜万奴据辽东，僭称天王，国号大真，改元天泰。

十一月，耶律留哥来朝，以其子斜阇入侍。史天祥讨兴州，擒其节度使赵守玉。

十一年丙子春，还庐朐河行宫。张致陷兴中府，木华黎讨平之。

秋，撒里知兀觯三摸合拔都鲁率师由西夏趋关中，遂越潼关，获金西安军节度使尼庞古蒲鲁虎，拔汝州等郡，抵汴京而还。

冬十月，蒲鲜万奴降，以其子帖哥入侍。既而复叛，僭称东夏。

十二年丁丑夏，盗祁和尚据武平，史天祥讨平之，遂擒金将巢元帅以献。察罕破金监军夹谷于霸州，金求和，察罕乃还。

秋八月，以木华黎为太师，封国王，将蒙古、乣、汉诸军南征，拔遂城、蠡州。

冬，克大名府，遂东定益都、淄、登、莱、潍、密等州。

是岁，秃满部民叛，命钵鲁完、朵鲁伯讨平之。

十三年戊寅秋八月，兵出紫荆口，获金行元帅事张柔，命还其旧职。木华黎自西京入河东，克太原、平阳及忻、代、泽、潞、汾、霍等州。金将武仙攻满城，张柔击败之。

是年，伐西夏，围其王城，夏主李遵顼出走西凉。契丹六哥据高丽江东城，命哈真、札剌率师平之；高丽王瞰遂降，请岁贡方物。

十四年己卯春，张柔败武仙，降祁阳、曲阳、中山等城。

夏六月，西域杀使者，帝率师亲征，取讹答剌城，擒其酋哈只儿只兰秃。

秋，木华黎克岢、岚、吉、隰等州，进攻绛州，拔其城，屠之。

十五年庚辰春三月，帝克蒲华城。

夏五月，克寻思干城，驻跸也儿的石河。

秋，攻斡脱罗儿城，克之。木华黎徇地至真定，武仙出降。以史天倪为河北西路兵马都元帅、行府事，仙副之。东平严实籍彰德、大名、磁、洺、恩、博、滑、濬等州户三十万来归，木华黎承制授实金紫光禄大夫、行尚书省事。

冬，金邢州节度使武贵降。木华黎攻东平不克，留严实守之，撤围趋洺州，分兵徇河北诸郡。

是岁，授董俊龙虎卫上将军、右副都元帅。

十六年辛巳春，帝攻卜哈儿、薛迷思干等城，皇子术赤攻养吉干、八儿真等城，并下之。

夏四月，驻跸铁门关，金主遣乌古孙仲端奉国书请和，称帝为兄。不允。金东平行省事忙古弃城遁，严实入守之。宋遣苟梦玉来请和。

夏六月，宋（连）〔涟〕水忠义统辖石珪率众来降，以珪为济、兖、单三州总管。

秋，帝攻班勒纥等城，皇子术赤、察合台、窝阔台分攻玉龙杰赤等城，下之。

冬十月，皇子拖雷克马鲁察叶可、马鲁、昔剌思等城。木华黎出河西，克葭、绥德、保安、鄜、坊、丹等州，进攻延安，不下。

十一月，宋京东安抚使张琳以京东诸郡来降，以琳为沧、景、滨、棣等州行都元帅。

是岁，诏谕德顺州。

十七年壬午春，皇子拖雷克徒思、匿察兀儿等城。还经木剌夷国，大掠之。渡搠搠阑河，克也里等城。遂与帝会，合兵攻塔里寒寨，拔之。木华黎军克乾、泾、邠、原等州，攻凤翔不下。

夏，避暑塔里寒寨。西域主札阑丁出奔，与灭里可汗合，忽都忽与战不利。帝自将击之，擒灭里可汗；札阑丁遁去，遣八剌追之，不获。

秋，金复遣乌古孙仲端来请和，见帝于回鹘国。帝谓曰："我向欲汝主授我河朔地，令汝主为河南王，彼此罢兵，汝主不从。今木华黎已尽取之，乃始来请耶？"仲端乞哀，帝曰："念汝远来，河朔既为我有，关西数城未下者，其割付我。令汝主为河南王，勿复违也。"仲端乃归。金平阳公胡天作以青龙堡降。

冬十月，金河中府来附，以石天应为兵马都元帅守之。

十八年癸未春三月，太师国王木华黎薨。

夏，避暑八鲁弯川。皇子术赤、察合台、窝阔台及八剌之兵来会，遂定西域诸城，置达鲁花赤监治之。

冬十月，金主珣殂，子守绪立。

是岁，宋复遣苟梦玉来。

十九年甲申夏，宋大名总管彭义斌侵河北。史天倪与战于恩州，败之。

是岁，帝至东印度国，角端见，班师。

二十年乙酉春正月，还行宫。

二月，武仙以真定叛，杀史天倪。董俊判官李全亦以中山叛。

三月，史天泽击仙走之，复真定。

夏六月，彭义斌以兵应仙，天泽御于赞皇，擒斩之。

二十一年〔丙戌〕春正月，帝以西夏纳仇人亦腊喝翔昆及不遣质子，自将伐之。

二月，取黑水等城。

夏，避暑于浑垂山。取甘、肃等州。

秋，取西凉府搠罗、河罗等县，遂逾沙陀，至黄河九渡，取应里等县。

九月，李全执张琳，郡王带孙进兵围全于益都。

冬十一月庚申，帝攻灵州，夏遣嵬名令公来援。丙寅，帝渡河击夏师，败之。丁丑，五星聚见于西南。驻跸盐州川。

十二月，李全降。授张柔行军千户、保州等处都元帅。

是岁，皇子窝阔台及察罕之师围金南京。遣唐庆责岁币于金。

二十二年丁亥春，帝留兵攻夏王城，自率师渡河攻积石州。

二月，破临洮府。

三月，破洮、河、西宁二州。遣斡陈那颜攻信都府，拔之。

夏四月，帝次龙德，拔德顺等州，德顺节度使爱申、进士马肩龙死焉。

五月，遣唐庆等使金。

闰月，避暑六盘山。

六月，金遣完颜合周、奥屯阿虎来请和。帝谓群臣曰："朕自去冬五星聚时，已尝许不杀掠，遽忘下诏耶？今可布告中外，令彼行人亦知朕意。"是月，夏主李睍降。帝次清水县西江。

秋七月壬午，不豫。己丑，崩于萨里川哈老徒之行宫。临崩谓左右曰："金精兵在潼关，南据连山，北限大河，难以遽破。若假道于宋，宋、金世雠，必能许我，则下兵唐、邓，直捣大梁。金急，必征兵潼关。然以数万之众，千里赴援，人马疲弊，虽至弗能战，破之必矣。"言讫而崩，寿六十六。葬起辇谷。至元三年冬十月，追谥圣武皇帝。至大二年冬十一月庚辰，加谥法天启运圣武皇帝。庙号太祖。在位二十二年。

帝深沉有大略，用兵如神，故能灭国四十，遂平西夏。其奇勋伟迹甚众，惜乎当时史官不备，或多失于纪载云。

戊子年。是岁，皇子拖雷监国。

译文：

太祖法天启运圣武皇帝，名铁木真，姓奇渥温氏，蒙古部人。

太祖的十世祖名叫孛端叉儿。他的母亲阿兰果火，嫁给脱奔咩哩犍，生了两个儿子，长子名博寒葛答黑，次子名博合睹撒里直。既而丈夫去世，阿兰成为寡妇独自居住，晚上在帐房中睡，梦见白光从帐房的天窗中进来，变成金色的神人，来到她躺着的床边。阿兰惊醒过来，便怀孕了，生下一个儿子，就是孛端叉儿。孛端叉儿的相貌很奇怪,沉默寡言,家中人都说他笨。只有阿兰跟其他人说:"这个孩子不笨,他的后代子孙一定有大贵人。"阿兰去世,兄长们把财产分了,没有分给孛端叉儿。孛端叉儿说:"人的贫贱富贵,都是命里注定的,财产算得了什么。"独自骑着一匹青白马,到名叫八里屯阿懒的地方住了下来。得不到饮食,正好有鹰抓取野兽在吃,孛端叉儿便用绳子做成机关擒住了它,这头鹰很快便驯服了。于是便臂上架鹰猎取兔子和鸟类作为食物,有时食物缺少立即又有所获,似乎天在保佑他。这样过了几个月,有数十家百姓从统急里忽鲁的旷野追随水草迁到当地,孛端叉儿盖造简陋的房屋给他们住,进出互相帮助,因此生活还算过得去。有一天,二哥忽然想起他,说:"孛端叉儿独自出去没有带什么东西,近来会不会挨冻受饥呢?"立即前来访问,要他一起回去。半路上孛端叉儿对他的哥哥说:"统急里忽鲁的百姓没有隶属于他人,如果用武力来加以威胁,是会屈服的。"哥哥以为有道理。回家以后,立即选派强壮的战士,命令孛端叉儿带领前去,果然全都投降了。

孛端叉儿死,其子八林昔黑剌秃合必畜继承家世,生下儿子名叫咩撚笃敦。咩撚笃敦的妻子叫作莫拿伦,生下七个儿子后成为寡妇。莫拿伦的脾气刚强而急躁,当时押剌伊而部有一群孩子挖掘田间的草根作为食物,莫拿伦乘车出门,正好看见,发怒说:"这块土地是我儿子跑马的地方,这群孩子胆敢破坏吗!"赶车前去,将一群孩子辗伤,有的因此而死。押剌伊而人愤怒怨恨,将莫拿伦的马群全都赶走。莫拿伦的儿子们听到这一消息,来不及穿上铠甲,便追上去。莫拿伦私下感到忧虑说:"我的儿子不穿铠甲前去,恐怕不能战胜敌人。"便叫儿媳妇载着铠甲前去,已经来不及了。果然吃了败仗,六个儿子都战死。押剌伊而人乘胜杀死莫拿伦,把全家都杀光。只有长孙海都年纪还小,奶妈将他藏在一堆木头中,才得免于难。在此以前莫拿伦第七个儿子纳真在八剌忽的百姓家中当上门女婿,因此灾难发生时与他无关。他听说家中遭遇大祸,前来察看,只见十几位有病的老年妇女与海都还在,他不知怎么办才好。幸亏押剌伊而人驱赶马群时,纳真哥哥的黄马三次摆脱套竿逃了回来,纳真才得到马骑。于是便伪装成牧马人,前往押剌伊而人住处。路上碰到父子二人先后骑马行驰,臂上架着鹰打猎。纳真看见鹰,心中说:"这正是我哥哥常常托着的鹰。"赶上前去哄骗年少的儿子说:"有一匹红马带领一群马往东去了,你看见了吗?"少年回答说:"没有。"接着少年问:"你经过的地方有水鸟吗?"纳真说:"有。"少年说:"你能当我们向导吗?"纳真说:"可以。"于是便同行。转过一处河弯,纳真估计后面骑马人距离稍远,便将少年刺死。他将马匹与鹰用绳捆住,然后前去迎接后面的骑手,同样加以哄骗。后面的骑手问道:"前面射水鸟的是我的儿子,为什么老躺着不起来呢?"纳真回答说因为鼻子出血。骑手正发怒,纳真利用这一空子将他刺死。又向前去到一座山下,有几百匹马,放牧的只有几个孩子,正在拿动物的骨关节做游戏。纳真仔细看,也是哥哥家中的东西。用话向孩子们套问,也像先前一样。于是爬上山顶四面张望,到处静悄悄没有人影,他便将孩子们全都杀死,驱赶马群架着鹰回来,带上海都和有病的老年妇女,一起回到八剌忽地方住下。海都长大了,纳真率领八剌忽怯谷的百姓们拥立他为首领。海都当上首领后,攻打押剌伊而,使之成为自己的属民,势力逐渐壮大。他的营帐排列在八剌合黑河边,在河上造起了桥梁,便于往来。由此周围的部族前来归附的日益增多。

海都死，儿子拜姓忽儿继位。拜姓忽儿死，儿子敦必乃继位。敦必乃死，儿子葛不律寒继位。葛不律寒死，儿子八哩丹继位。八哩丹死，儿子也速该继位，并吞各部落，势力愈来愈大。也速该死，至元三年十月，追谥烈祖神元皇帝。

当初，也速该出征塔塔儿部，捉住了塔塔儿部的首领铁木真。这时正好宣懿太后月伦生下太祖，手中握着凝固的血块如同红色石头一般。也速该很奇怪，便以抓住的俘虏铁木真为之命名，用来纪念自己的军事胜利。

同族的泰赤乌部原来和也速该关系很好，后来因为塔儿不台管事，便产生了隔阂，互不往来。也速该死时，太祖年纪还小，部众大多归附泰赤乌部。侍从脱端火儿真也要叛变，太祖哭着挽留他。脱端说："深深的池水已经干涸了，坚硬的石头已经碎裂了，留下干什么！"竟然带着众人骑马离去。太后月伦对于他看不起自己感到愤怒，亲自打着旗带着兵追上前去，将大部分企图叛变的部众追了回来。

当时太祖部下的搠只另外居住在萨里河。札木合部的秃合察儿居住在玉律哥泉，时常想要加以欺侮，终于将萨里河放牧的马群抢走。搠只指挥身边的人藏在马群中，将秃合察儿射死。札木合因此怨恨，便和泰赤乌各部共同商议，发动三万人前来打仗。太祖这时屯驻在答阑版朱思草原上，听到消息，大规模征集各部的军队，分成十三翼等待对方的到来。后来札木合的军队果然前来，太祖和他们激烈交锋，终于将对方打败。

在那个时候，各部之中只有泰赤乌土地广大人口众多，号称最强大。泰赤乌部中的照烈部，住处与太祖相接近。太祖有一次出去打猎，偶然和照烈的打猎队伍相遇。太祖对照烈说："今天晚上可以在一起宿营吗？"照烈说："一起宿营当然是我的愿望,但是跟从出来打猎的有四百人,因为带的食物不够,已经让一半回去了,现在将怎么办才好?"太祖坚持邀请他们一同宿营,凡是留下的,一概供应饮食。第二天一起打猎,太祖让身边的人将野兽都赶到照烈一方,照烈得到许多猎物回去。他的部众都感激太祖,私下相互说:"泰赤乌和我们虽是兄弟,却常常抢我们的车马,夺我们的饮食,没有君主的度量。有君主度量的,看来只有铁木真太子了。"照烈的首领玉律这时正遭到泰赤乌部的虐待,难以忍受,便和塔海答鲁带领部众来归,愿意以杀泰赤乌人来表示自己的诚心。太祖说:"我正在熟睡,幸亏你们使我醒过来,自今以后凡是有车辙和人行痕迹的道路,我将全部夺过来给你们。"没有多久二人不能实践自己的诺言,又叛变离去。塔海答鲁行至中途被泰赤乌部众所杀,照烈部就此灭亡了。

这时太祖的功业与德行愈来愈盛,泰赤乌各部对于他们首领的暴虐行为深感痛苦,看到太祖待人宽厚仁爱,经常拿皮衣和马匹赏赐给别人,心中都很向往。像赤老温、哲别、失力哥也不干等人,以及朵郎吉、札剌儿、忙兀诸部,都仰慕太祖的恩义,前来投降。

太祖约会各族首领薛彻别吉、大丑等,各自用牛车载着马奶和奶酪,在斡难河边举行宴会。太祖和各族首领以及薛彻别吉的母亲忽儿真面前,共同放着一皮囊马奶,而薛彻别吉的次母野别该面前,却单独放着一个皮囊。忽儿真发怒说:"现在不尊敬我,却要抬高野别该吗?"怀疑是太祖手下管理饮食的失丘儿干的事,就揍他,这样便产生了隔阂。这时太祖兄弟别里古台负责管理太祖的乞列思(乞列思,用汉语来说就是君主营帐外面系马的场所),播里管理薛彻别吉的乞列思。播里手下人偷盗马车用的革带,被别里古台抓住。播里发怒,用刀砍伤别里古台的背。

手下人要打架，别里古台制止他们说："你们要报仇吗？我伤得不重，姑且等一等再说。"手下人不听，各自拿着撞马奶的木棒大打出手，将忽儿真、火里真两位夫人抢了回来。薛彻别吉派遣使者请求和好，太祖便让两位夫人回去。恰好塔塔儿部首领蔑兀真笑里徒违背与金朝之间的盟约，金朝皇帝派丞相完颜襄带领军队将他们驱赶到北方。太祖听说此事，便派遣近处的军队从斡难河迎头痛击塔塔儿部，又通知薛彻别吉带部众前来相助。等了六天不来，太祖独自与塔塔儿部作战，杀死蔑兀真笑里徒，将他们的全部辎重都缴获了。

太祖的部下有人遭到乃蛮部人抢劫，太祖准备加以讨伐，又派六十人到薛彻别吉处去征兵。薛彻别吉因为过去的怨仇，将其中十人杀死，剥去其余五十人的衣服让他们回来。太祖发怒说："薛彻别吉过去揍我的失丘儿，砍伤我的别里古台，现在又敢利用敌人的势力来欺侮我。"于是便统率军队越过沙漠发起进攻，杀死和俘虏了他的部众，只有薛彻别吉和大丑带着妻儿得免此难。过了几个月，太祖又发兵讨伐薛彻别吉和大丑，追到帖烈徒隘口，将他们歼灭。

克烈部的札阿绀孛前来归附。札阿绀孛是克烈部首领汪罕的弟弟。汪罕原名脱里，金朝封他为王，北方民族语音重，所以称王为汪罕。

起初，汪罕的父亲忽儿札胡思盃禄去世，汪罕嗣位，杀死不少自己的兄弟。他的叔父菊儿罕带着军队与他作战，追逼到哈剌温隘将他打败，汪罕只剩下一百多名骑兵逃脱，投奔于烈祖也速该。也速该亲自带兵将菊儿罕赶走，菊儿罕逃往西夏，也速该夺回部众还给汪罕。汪罕感恩戴德，就与也速该结盟，称为按答（按答，汉语是交换物品的朋友）。也速该死，汪罕的弟弟也力可哈刺怨恨汪罕杀人太多，又叛离了他，投向乃蛮部。乃蛮部首领亦难赤为之发兵讨伐汪罕，将他的部众都夺过来给了也可力哈刺。汪罕经过河西、回鹘、回回三国，投奔契丹。接着又叛变逃回，途中粮食没有了，挤羊奶为饮料，刺出骆驼血来吃，困乏到了极点。太祖因为汪罕与烈祖也速该之间交情很好，派遣侍从去招他。太祖亲自迎接慰劳，安置于军中，给他资助。于是在土兀刺河边聚会，太祖尊汪罕为父。

没有多久，太祖讨伐蔑里乞部，与蔑里乞部的首领脱脱在莫那察山交战，夺得他们的资财、粮食，送给汪罕。汪罕因此逐步将部众收集了起来。

又过了一些日子，汪罕以为自己势力壮大，足以有所作为，没有告诉太祖，独自领兵又去攻打蔑里乞部，对方败走，脱脱逃往八儿忽真的险要之地。汪罕大肆抢掠然后回来，没有给太祖一点东西，太祖根本不在意。

这时乃蛮部首领不欲鲁罕不服，太祖与汪罕又发兵讨伐。到黑辛八石的旷野，遇到乃蛮的前锋也的脱孛鲁他带领一百骑兵前来作战，看到太祖的军队逐渐逼近，也的脱孛鲁退到高山上据守，途中马鞍脱落掉了下来，太祖抓住了他。没有多久，太祖又与乃蛮的猛将曲薛吾、撒八刺二人相遇，正好这一天时间已晚，于是约定明日交战，各回自己的营垒。当天晚上，汪罕在营垒中到处点火，使人不怀疑他有什么动作，实际上偷偷将部众转移到其他地方。等到天亮，太祖才发现，因而怀疑他打有别的主意，也带着军队退到萨里河。接着汪罕也回到土兀刺河，汪罕的儿子亦刺合和札阿绀孛都来会合。曲薛吾等侦察到这种情况，乘其不备，在半路上加以袭击，俘虏了不少人。亦刺合逃走告诉汪罕，汪罕命令亦刺合和卜鲁忽觯一起追上前去，一面派人来说："乃蛮不讲信义，抢掠我的百姓，太子您有四名优秀将领，能借给我洗雪这番耻辱吗？"太祖立即消除了以前的不满，派遣博尔术、木华黎、博罗浑、赤老温四人带军队前去。军队还没有到，亦剌合已经追上曲薛吾，与他交锋，结果大败，卜鲁忽觯也被俘。飞箭射中了亦剌合的马股，差一点也成了俘虏。一会儿四将来到，打败乃蛮，将他们抢掠的百姓全部夺回还给汪罕。接着太祖与兄弟哈撒儿再次讨伐乃蛮，在忽阑盏侧山交战，大败对方，将对方的将领和部众全都杀光，将尸首堆积起来封土成为冢丘。乃蛮的势力因此削弱了。

这时泰赤乌还相当强大，太祖和汪罕在萨里河会合，一起与泰赤乌首领沆忽等在斡难河边大战，将对方击败，杀死的和俘获的不可计数。

哈答斤部、散只兀部、朵鲁班部、塔塔儿部、弘吉剌部听说乃蛮、泰赤乌已战败，都感到不安，在阿雷泉相会，杀白马作牺牲立下誓言，要对太祖和汪罕发动突然袭击。弘吉剌部首领迭夷害怕此事难以成功，偷偷派人前来告密，太祖和汪罕从虎图泽出发，迎战于盂亦烈川，又将对方打得大败。

汪罕于是分兵，自己沿怯绿连河行动。札阿绀孛和按敦阿述、燕火脱儿等商议说："我的哥哥性格做事都很古怪，他既能将我的兄弟都杀光，我们又怎么能单单活命呢？"按敦阿述将这些话泄露了，汪罕下令将燕火脱儿等抓到自己的营帐前，将燕火脱儿解绑，对他说："我们从西夏回来，在道路上饥饿困乏，一起立有誓言，你难道忘记了吗？"便向他脸上吐唾沫。边上坐着的人也都起来向他吐唾沫。汪罕又多次责备札阿绀孛，到了无法忍受的地步。札阿绀孛与燕火脱儿等一起逃往乃蛮。

太祖在彻彻儿山驻军，发兵讨伐塔塔儿部。塔塔儿部首领阿剌兀都儿等前来迎战，将他们打得大败。

这时弘吉剌部想要前来归附，哈撒儿不知道他们的意图，前去抢劫了他们的东西。于是弘吉剌部归附了札木合，和朵鲁班、亦乞剌思、哈答斤、火鲁剌思、塔塔儿、散只兀诸部在犍河会合，共同推举札木合为局儿罕。众人在秃律别儿河岸盟誓，誓言是："凡是我们同盟中人，如有泄露商议内容的，其下场如同河岸的崩塌，森林的砍伐。"说完誓言以后，大家一起举足蹋塌河岸，挥刀砍伐森林，驱赶士兵前来进攻。塔海哈当时在众人中间，他与太祖部下抄吾儿是亲家。抄吾儿偶然前去看他，了解到他们的密谋，赶紧回到太祖居住的地方，将这些情况报告了。太祖立即起兵，迎战于海剌儿、帖尼火鲁罕之地，打败了他们。札木合逃走，弘吉剌部前来投降。

壬戌年，太祖在兀鲁回失连真河发兵，讨伐按赤塔塔儿、察罕塔塔儿两部。出发以前誓师说："如果打败敌人驱赶他们，见到他们丢下的东西，注意不要拾取，等战争结束后再分配。"后来果然取得胜利，太祖同族按弹、火察儿、答力台三人违背了誓师时的言语，太祖发怒，将他们俘获的东西都加以没收，在军中分配。

原来，脱脱逃往八儿忽真隘口之后，又出来骚扰，太祖带领军队将他赶走。到此时，他又与乃蛮部的不欲鲁罕会合，联合朵鲁班、塔塔儿、哈答斤、散只兀诸部一起来进攻。太祖派骑兵登高四望，知道乃蛮军队快要到了，便与汪罕一起将军队移入险要之处。汪罕的儿子亦剌合从北边过来占领高山立下阵势，乃蛮军前来冲击，阵势不动，退了回去。亦剌合接着也进入险要之处。将要交战以前，太祖将辎重转移到其他地方，和汪罕一起，背靠阿兰塞，与乃蛮军队在名叫阙奕坛的旷野上大战。乃蛮人让神巫祈祷风雪,想要利用风雪之势进攻,后来风向逆转,反过来刮向乃蛮人的兵阵。乃蛮人不能作战,想退兵。这时大雪塞满了沟涧,太祖指挥军队利用有利形势进攻,乃蛮大败。此时札木合起兵支援乃蛮,看见乃蛮已经失败,立即退还。路上遇见拥立自己的各部,大肆抢劫而去。

太祖求婚于汪罕,希望自己的长子术赤娶汪罕女儿抄儿伯姬,汪罕的孙子秃撒合想娶太祖女儿火阿真伯姬,都没有成功,由此以后颇有隔阂。起初,太祖与汪罕合兵攻乃蛮,约定明日作战。札木合对汪罕说:"我对你就像白翎雀一样,别人则像鸿雁。白翎雀无论冷热都在北方,鸿雁每逢天气寒冷就飞到南方暖和地方去了。"意思是说,太祖的心是靠不住的。汪罕听了这番话果然生疑,就将部众迁移到其他地方。等到议婚不成,札木合又利用这一机会对亦剌合说:"铁木真太子虽然自己说是汪罕的儿子,实际上曾和乃蛮有来往,这对您父子是不利的。您如果对铁木真采取军事行动的话,我一定在旁边帮助您。"亦剌合相信他的话。正好答力台、火察儿、按弹等都背叛了太祖前来归附,也对亦剌合说:"我们愿意帮助您去攻打月伦的儿子们。"亦剌合非常高兴,派遣使者去告诉汪罕。汪罕说:"札木合是一个嘴上说得好听但没有信用的人,他的话不能听。"亦剌合坚持自己的意见,使者来回了好几次。汪罕说:"我之所以能生存下来,靠的是铁木真太子。我现在胡子已经白了,死后希望有一个安葬的地方,你怎么说个没有完呢?汝好自为之,不要给我添麻烦就行了。"于是,札木合焚烧了太祖的牧地扬长而去。

癸亥年,汪罕父子策划要谋害太祖,派遣使者来说:"以前商量的婚事,现在愿意听从您的意见,请您前来喝布浑察儿。"(布浑察儿,汉语即订婚酒)太祖以为是真的,带着十名骑兵前去。在途中产生了疑心,派一名骑兵前去表示谢意,自己回来。汪罕的阴谋不曾得逞,便商量发兵来攻。养马人乞失力听说这件事,偷偷和他的弟弟把带前来告诉太祖。太祖立即带着军队驰奔阿兰塞,将辎重全部转移到其他地方,派折里麦为前锋,等汪罕一到立即整好队伍出战。先遇到的是朱力斤部,接着是董哀部,后面是火力失烈门部,都击败了他们,最后与汪罕贴身亲兵交锋,也打败了他们。亦剌合看见形势危急,亲自前来冲阵,被箭射中脸颊,立即收兵退走。怯里亦部人离开汪罕前来投降。

汪罕战败回去,太祖也带着军队回到董哥泽屯驻。派遣阿里海前去责备汪罕说:"您过去遭到您的叔父菊儿罕驱逐,困难交加前来投奔,我父亲立即发兵攻打菊儿罕,在河西将他打败,他的土地、百姓都拿了过来给您。这是有大功于您的第一件事。您遭到乃蛮人的攻击,逃往西边太阳降落的地方。您的兄弟札阿绀孛在金朝国境,我立即派人召他回来。等他回来时,又遭到蔑里乞部的威胁,我请我的同族哥哥薛彻别吉和兄弟大丑去杀掉他们。这是有大功于您的第二件事。您为困难所迫前来投奔时,我经过哈丁里,将各部的羊、马和财产都夺了来给您,不到半月的时间,使您饥饿的部众吃得饱饱的,瘦子都长胖了。这是有大功于您的第三件事。您不告诉我就去抢劫蔑里乞部,收获很大,回来以后,没有分给我一点点,我不计较。等到您被乃蛮人颠覆,我派四将夺回你的百姓,重立你的国家。这是有大功于您的第四件事。我征伐朵鲁班、塔塔儿、哈答斤、散只兀、弘吉剌五部,如同凶猛的海东青对付鹅雁一样,看见必有收获,有收获必定送给您。这是有大功于您的第五件事。这五件事都是有明白证据的,您对我不报恩也就罢了,现在怎么能变恩为仇,突然对我发动战争呢!"汪罕听到这些话,对亦剌合说:"我以前说的话怎么样？我的儿子你应知道。"亦剌合说："事情已发展到今天这样，没有法子了结，只有尽力去战斗。我们打赢了就将他们并合过来。他们赢了就吞并我们，多说干什么。"

当时和太祖同族的按弹、火察儿都在汪罕身边。太祖派遣阿里海去挖苦责备汪罕时，命令阿里海告诉他们说："过去我国没有君主，以为薛彻别吉、太丑二人是我伯祖八剌合的后代，准备立他们为主。因为二人坚决推辞，又以你火察儿是伯父聂坤之子，准备立为主，你又坚决推辞。但是此事不能这样中途而废，又以你按弹是我祖父忽都剌的儿子，想立为主，你又坚决推辞。于是你们推戴我为君主，这并非我的本来想法，是形势所逼造成的。三河是我们祖先创业的地方，不要被他人所据有。你们要好好为汪罕服务，汪罕的本性反复无常，待我尚且这样，何况是你们呢？我现在走了，我现在走了。"按弹等没有说一句话。

太祖既已派遣使者去汪罕那里，便进兵俘虏弘吉剌的别部溺儿斤，队伍行进到班朱尼河，河水正浑，太祖带着部众共饮河水立下誓言。亦乞烈部的孛徒被火鲁剌部打败，遇到太祖，双方建立同盟。太祖的兄弟哈撒儿另外居住在哈剌浑山，妻子被汪罕俘虏，自己带着小儿子脱虎逃走，粮食断绝，打寻鸟蛋充饥，前来河边相会。这时汪罕的势力强大，太祖微弱，胜败还不可知，部众颇为担心害怕。凡是一起饮过河水的，称为"饮浑水"。意思是曾经同患难。汪罕的军队前来，太祖在哈阑真沙陀与他们交战，汪罕大败。属臣按弹、火察儿、札木合等密谋杀害汪罕，没有成功，便逃往乃蛮。答力台、把怜等部前来叩头投降。

太祖将军队移到斡难河的源头，策划攻打汪罕，又派二名使者前往汪罕那里，假装传达哈撒儿的话，说："我的哥哥铁木真太子现在不知下落，我的妻子老小又在大王您那里，即使我想走,能走到那里去呢!大王如果能够宽恕我以前的错误,想念我过去的好处,我立即就来投奔您。"汪罕相信这番话,就派人跟着二名使者前来,用皮囊盛血准备与哈撒儿订立盟约。到了以后,太祖立即以二名使者为向导,下令兵士衔枚禁止说话,连夜赶往折折运都山,出其不意,袭击汪罕,将他打得大败。克烈部百姓都投降了。汪罕和亦剌合脱身逃走。汪罕叹气说:"我被儿子害了,今天的祸事后悔也来不及了。"汪罕逃走的路上,遇到乃蛮部的将领,被杀。亦剌合逃到西夏,靠抢劫维持生活,很快便为西夏打败逃到龟兹国,龟兹国君主动发兵讨伐,将他杀死。

太祖灭汪罕以后,在帖麦该川举行盛大的狩猎活动,发布各种命令,继而凯旋。这时乃蛮部君主太阳罕心里妒忌太祖的才能,派人去和白达达部首领阿剌忽思商量说:"我听说东方有称帝的人。天上没有两个太阳,百姓难道能有两个君主吗?您能增加我右翼的力量,我将夺过敢于称帝者的弓箭。"阿剌忽思立即将这个情况报告太祖,没有多久,他带着全部百姓前来归附。

甲子年,太祖在帖麦该川举行大聚会,商议讨伐乃蛮。许多人都认为现在是春天马正瘦,应该等待秋高气爽马长膘再出兵。皇弟斡赤斤说:"应该做的事,要早下决心,怎么能用马瘦作理由呢!"别里古台也说:"乃蛮要夺我们的弓箭,是看不起我们,我等理当共生死。他倚仗国大而吹牛,如果乘其不备发起攻势,可以成功。"太祖很高兴,说:"以这样的人去作战,还愁打不赢吗!"便出动军队讨伐乃蛮,驻军于建忒该山,先派虎必来、哲别二人为前锋。太阳罕从按台来,驻军于沆海山,和蔑里乞部首领脱脱、克烈部首领阿怜太石、猥剌部首领忽都花别吉,以及秃鲁班、塔塔儿、哈答斤、散只兀等部会合,兵势相当盛大。这时我方队伍中的瘦马因受惊跑到乃蛮营中,太阳罕看见,与大家商议说:"蒙古的马如此瘦弱,现在应该引诱他们深入,然后和他们交战将他们俘虏。"将领火力速八赤对他说:"去世了的国王作战,一往直前,不让敌人看见自己的背和马的尾巴。现在您提出这样拖延的方针,是不是心中害怕呢?如果害怕,为什么不让后妃来统领军队!"太阳罕很生气,立即拍马往前要与太祖交战。太祖让哈撒儿负责中军。这时札木合跟随太阳罕前来,看见太祖的军队整齐肃静,对身边的人说:"乃蛮刚出兵时,看待蒙古军如同羊羔,意思是说连蹄皮也留不下。现在我观察他们的气势,恐怕已不同于过去了。"就带自己部下军队逃走了。这一天,太祖与乃蛮大战直到日落,擒杀太阳罕。各部军一时都溃散,夜间在非常危险的地方奔走,从山崖掉下去死掉的不可计数。第二天,剩余下来的都投降了。于是朵鲁班、塔塔儿、哈答斤、散只兀四部也都前来投降。

接着又出征篾里乞部,该部首领脱脱逃往太阳罕的哥哥卜欲鲁罕那里,他的部下带儿兀孙献上自己的女儿求降,很快又叛变了。太祖到泰寒寨,派孛罗欢、沈白二人带着右军前去将带儿兀孙平定了。

乙丑年,太祖出征西夏,攻克力吉里寨,经过落思城,掠取了大量百姓和骆驼回来。

元年丙寅,太祖大会诸王和群臣,树起九旒的白旗,在斡难河头登上了皇帝的位置。诸王、群臣一起尊称为成吉思皇帝。这一年正是金朝泰和六年。

太祖即帝位后,就发兵再去打乃蛮。这时卜欲鲁罕正在兀鲁塔山打猎,将他捉住带了回来。太阳罕的儿子屈出律罕和脱脱一起逃到也儿的石河边。

太祖开始谈论讨伐金朝之事。以前金朝杀害太祖同族咸补海罕，太祖想报仇。恰巧金朝投降的俘虏陈述金朝皇帝完颜璟任意施行暴虐的统治，于是太祖决定加以讨伐，但是没有敢轻举妄动。

二年丁卯的秋天，太祖再征西夏，攻克斡罗孩城。

这一年，派遣按弹、不兀剌二人出使乞力吉思。不久野牒亦纳里部、阿里替也儿部都派遣使者来贡献名贵的鹰。

三年戊辰的春天，太祖从西夏回来。

夏天，在龙庭避暑。

冬天，再次讨伐脱脱和屈出律罕。斡亦剌部等和我军前锋遭遇，没有交战就投降了，便以他们作向导。到也儿的石河，讨伐蔑里乞部，将它消灭了。脱脱被飞箭射死。屈出律罕逃往契丹。

四年己巳的春天，畏吾儿国前来归附。太祖进军河西。西夏国王李安全派长子率领军队来作战，被我军击败，副元帅高令公成了俘虏。攻克兀剌海城，俘虏西夏的太傅西壁氏。进至克夷门，又击败西夏军队，俘获其将领嵬名令公。包围中兴府，引黄河水来冲灌这座城。但是水堤决口，水往外流，只好撤围还师。太祖派遣太傅讹答进入中兴府，向西夏国王招降，西夏国王献女儿请求和好。

五年庚午的春天，金朝打算来进攻，建造乌沙堡。太祖命遮别进行突然袭击，杀死筑堡的人，接着向东掠取土地。

原来，太祖向金朝进献每年固定的贡品，金朝皇帝派卫王允济到净州接受。太祖见到允济，不行礼。允济回去，准备请求发兵讨伐。正好金朝皇帝完颜璟死了，允济嗣位，即位的诏书送到蒙古，派人传话要太祖跪拜接受。太祖问金朝使节说："新皇帝是谁？"金使说："是卫王。"太祖立即向南方吐了一口唾沫，说："我以为中原的皇帝是天上的神做的，这等无用胆小之人也能做吗！拜他干什么！"便骑马往北走了。金使回来报告，允济更加恼怒，想乘太祖下一次进贡时，在边境贸易的场所加以杀害。太祖知道这一情况，便与金朝断绝关系，进一步整顿军队做好准备。

六年辛未的春天，太祖居住在怯绿连河。西域哈剌鲁部首领阿昔兰罕来投降。畏吾儿国君主亦都护前来相见。

二月，太祖亲自带兵南征，在野狐岭打败金朝将领定薛，攻取大水泺、丰利等县。金朝又建造乌沙堡。

秋七月，太祖命遮别攻乌沙堡和乌月营，占领了二地。

八月，太祖和金军在宣平的会河川交战，取得胜利。

九月，攻占德兴府，居庸关的守将逃跑。遮别接着入关，直抵中都。

冬十月，我军袭击金朝的群牧监，将群牧监管理的马匹都赶了回来。耶律阿海投降，到太祖临时屯驻的地方来谒见。皇子术赤、察合台、窝阔台分别夺取云内、东胜、武、朔等州，都占领了。

这一年冬天，太祖屯驻在金朝的北部边境。刘伯林、夹谷长哥等前来投降。

七年壬申，春正月，耶律留哥在隆安聚合人众，自称都元帅，派遣使者前来归附。太祖攻破昌、桓、抚等州。金朝将领纥石烈九斤等带领三十万军队前来援救，太祖与他们在獾儿嘴交战，金兵大败。

秋天，包围西京。金朝元帅左都监奥屯襄率领军队前来援救，太祖派兵把金军引诱到密谷口，在那里迎击他们，全部加以消灭。再攻西京，太祖为飞箭所伤。便撤围而去。

九月，察军攻克奉圣州。

冬十二月甲申，遮别攻东京，不下，立即退去。夜间驰还，突然袭击，占领了东京。

八年癸酉的春天，耶律留哥自封为辽王，改元元统。

秋七月，攻占宣德府，接着攻德兴府，皇子拖雷、驸马赤驹先登城，攻克了它。太祖前进到怀来，和金朝行省完颜纲、元帅高琪交战，金军败，追到居庸关北口。金兵占据居庸关自保，太祖命可忒、薄刹守在北口前，自己前往涿鹿。金朝西京留守忽沙虎逃走。太祖出紫荆关怀，在五回岭击败金军，攻占涿、易二州。契丹讹鲁不儿献北口，于是遮别占领居庸关，与可忒、薄刹会师。

八月，金朝忽沙虎杀害他的君主完颜允济，迎接丰王珣立为皇帝。

这一年秋天，太祖分兵三路。命皇子术赤、察合台、窝阔台为右军，沿着太行山往南，攻取保、遂、安肃、安、定、邢、洺、磁、相、卫、辉、怀、孟，抢掠了泽、潞、辽、沁、平阳、太原、吉、隰，占领汾、石、岚、忻、代、武等地，然后回军。皇弟哈撒儿和斡陈那颜、拙赤觯、薄刹为左军，沿海向东去，攻取蓟州、平、滦、辽西等地然后回军。太祖与皇子拖雷为中军，攻取雄、霸、莫、安、河间、沧、景、献、深、祁、蠡、冀、恩、濮、开、滑、博、济、泰安、济南、滨、棣、益都、淄、潍、登、莱、沂等地。又命木华黎攻密州，城下后进行大屠杀，史天倪、萧勃迭率领队伍来降，木华黎以皇帝的名义授他们以万户之职。太祖到中都，三路军都回来会合在一起，屯驻在大口。

这一年，河北郡县都被蒙古军攻克，坚守不下的只有中都、通、顺、真定、清、沃、大名、东平、德、邳、海州等十一城。

九年甲戌，春三月，太祖屯驻在中都的北郊。将领们请求乘胜攻破燕京，太祖没有同意。于是派遣使节告知金朝皇帝说："你的山东、河北郡县都已被我占有，你剩下的只有燕京城。天既然已使你衰弱，我又逼迫你走上绝路，天将说我什么！我的军队现在要回去，你难道不能来犒劳我的军队，借此消除我手下将领的愤怒吗！"于是，金帝遣使求和，献上卫绍王的女儿岐国公主，以及金帛、五百名童男女、三千匹马，还派丞相完颜福兴送太祖出居庸关。

夏五月，金帝迁都于汴，命完颜福兴和参政抹撚尽忠辅助太子守忠，留守中都。

六月，金朝乣军的斫答等杀死统帅，率领队伍前来投降。太祖命三摸合、石抹明安和斫答等包围中都。太祖自己在鱼儿泺避暑。

秋七月，金朝太子守忠逃往汴京。

冬十月，木华黎征辽东，高州卢琮、金朴等投降。锦州张鲸杀死节度使，自号临海王，派遣使者前来投降。

十年乙亥春正月，守通州的金右副元帅蒲察七斤投降，授七斤以元帅之职。

二月，木华黎攻北京，金军元帅寅答虎、乌古伦开城投降。便以寅答虎为留守，吾也而代理兵马都元帅，镇守该地。兴中府元帅石天应来降，以天应为兴中府尹。

三月，金朝御史中丞李英等率领军队前来援救中都，在霸州发生战斗，金军失败。

夏四月，攻克清、顺二州。太祖命张鲸统帅北京十提控的军队跟随南征，张鲸谋反处死。他的兄弟张致便占据锦州，自称汉兴皇帝，改元兴龙。

五月庚申，金朝中都留守完颜福兴服毒自杀，抹撚尽忠丢下中都城逃走，石抹明安便进入中都镇守。这一月，太祖在桓州凉泾避暑，派忽都忽等前往中都查收金朝国库的收藏物品。

秋七月，红罗山寨主杜秀投降，授杜秀以锦州节度使之职。太祖派遣使者前去通知金朝皇帝，要他献出河北、山东没有被攻下的各城，去掉帝号改称河南王，这样的话可以停战。金帝不同意。太祖下令命史天倪向南进军，授以右副都元帅之职，赐给他金虎符。

八月，史天倪攻取平州，金朝经略使乞住投降。木华黎派遣史进道等攻广宁府，守城者投降。

这一年秋天，攻取的城市共八百六十二处。

冬十月，金朝宣抚蒲鲜万奴占据辽东自称天王，国号大真，改元天泰。

十一月，耶律留哥来朝觐，留下他的儿子斜阐充当太祖的侍从。史天祥讨伐兴州，俘获兴州节度使赵守玉。

十一年丙子的春天，太祖回到庐朐河边的行宫。张致攻陷兴中府，木华黎将他消灭。

秋天，撒里知兀觯、三摸合拔都鲁带领军队由西夏前往关中，越过潼关，俘获金朝西安军节度使尼庞古蒲鲁虎，攻克汝州等地，抵达汴京然后还师。

冬十月，蒲鲜万奴投降，送他的儿子帖哥入朝充当侍从。不久又叛，自称东夏。

十二年丁丑的夏天，强盗祁和尚占据武平，史天祥平定了这起叛乱，并擒获金朝将领巢元帅献给太祖。察罕在霸州击败金朝监军夹谷，金方求和，察罕才回军。

秋八月，太祖授木华黎以太师之职，封他为国王，统领蒙古、纠、汉各路军马南征。木华黎攻克遂城、蠡州。

冬天，攻克大名府，接着向东攻取了益都、淄、登、莱、潍、密等州。

这一年，秃满部百姓叛乱，派钵鲁完、朵鲁伯前去平定。

十三年戊寅，秋八月，军队出紫荆口，俘获金朝行元帅事张柔，命他继续保持原来的职务。木华黎从西京进入河东，攻克太原、平阳以及忻、代、泽、潞、汾、霍等州。金朝将领武仙向满城进攻，张柔将他打败。

这一年，讨伐西夏，包围西夏的王城。西夏国王李遵顼逃往西凉。契丹人六哥占据高丽江东城，太祖命哈真、札剌带军队将他消灭，高丽王瞰于是投降，请求每年进贡本地特产。

十四年己卯的春天，张柔击败武仙，祁阳、曲阳、中山等城投降。

夏六月，西域杀害使者，太祖带领军队亲自出征，攻克讹答剌城，活捉城中首脑哈只儿只兰秃。

秋天，木华黎攻克岢、岚、吉、隰等州，又向绛州进攻，占领以后将城中百姓全部屠杀。

十五年庚辰，春三月，太祖攻克蒲华城。

夏五月，攻克寻思干城，太祖的营帐屯驻在也儿的石河。

秋天，攻克斡脱罗儿城。木华黎攻取土地，来到真定，武仙投降。木华黎便以史天倪为河北西路兵马都元帅，管理真定府的事务，以武仙做他的副手。东平严实带着彰德、大名、磁、洺、恩、博、滑、濬等三十万户前来投降，木华黎以太祖的名义授予严实金紫光禄大夫、行尚书省事。

冬天，金朝邢州节度使武贵投降。木华黎攻打东平城，未能攻下，便留下严实看守，撤出围城军队前往洺州，分兵攻取河北诸郡。

这一年，授予董俊龙虎卫上将军、右副都元帅之职。

十六年辛巳，春天，太祖进攻卜哈儿、薛迷思干等城，皇子术赤进攻养吉干、八儿真等城，都占领了。

夏季四月，太祖屯驻在铁门关，金朝皇帝派遣乌古孙仲端带着国书来请求和好，称太祖为兄，不许。金东平行省事忙古丢掉城池逃跑，严实入城镇守。宋朝派遣苟梦玉前来请求和好。

六月，宋朝涟水忠义统辖石珪率领部众投降，以石珪为济、兖、单三州总管。

秋天，太祖进攻班勒纥等城，皇子术赤、察合台、窝阔台分兵攻打玉龙杰赤等城，都占领了。

冬季十月，皇子拖雷攻克马鲁察叶可、马鲁、昔刺思等城。木华黎出河西，攻克葭、绥德、保安、鄜、坊、丹等州，进攻延安，未能占领。

十一月，宋朝京东安抚使张琳以京东诸郡前来投降，授予张琳沧、景、滨、棣等州行都元帅之职。

这一年，太祖下诏告谕德顺州。

十七壬午，春天，皇子拖雷攻克徒思、匿察兀儿等城。还军途中经过木刺夷国，进行大规模掳掠。渡过搠搠阑河，攻克也里等城。随即与太祖相会，合兵攻打塔里寒寨，攻下了。木华黎的军队连克乾、泾、邠、原等州，进攻凤翔，没有成功。

夏天，太祖在塔里寒寨避暑。西域君主札阑丁出逃，与灭里可汗会合，忽都忽与他们交战，失败。太祖自己带兵进攻，捉住灭里可汗，札阑丁逃走。太祖派八刺追捕，没有抓住。

秋天，金朝又派乌古孙仲端前来请和，在回鹘国觐见太祖。太祖对他说："我过去要你的君主将河朔地区都给我，让你的君主当河南王，彼此罢兵停战，你的君主不肯。现在木华黎已经夺取了全部河朔地区,你这时才来请求不太晚了吗?"仲端苦苦哀求,太祖说:"念你远来不易,河朔既然都已为我所有,关西还有几座没有攻下的城,都割付给我,这样可以让你的君主当河南王。不要再违背我的意思。"于是,仲端回去。金朝平阳公胡天作以青龙堡来降。

冬季十月,金朝河中府归附,授石天应为兵马都元帅镇守该地。

十八年癸未,春三月,太师国王木华黎去世。

夏天,在八鲁弯川避暑。皇子术赤,察合台、窝阔台和八剌的军队都来会合,遂即平定西域各处城市,设置达鲁花赤进行监督治理。

冬季十月,金朝皇帝完颜珣死,其子完颜守绪嗣位。

这一年,宋朝又派苟梦玉前来。

十九年甲申的夏天,宋朝大名总管彭义斌侵犯河北,史天倪与他在恩州交战,打败了他。

这一年,太祖到东印度国,角端出现,于是班师。

二十年乙酉,春正月,回到行宫。

二月,武仙在真定叛变,杀死史天倪。董俊手下的判官李全也在中山叛变。

三月,史天泽向武仙发起攻击,武仙逃走,收复真定。

夏季六月,彭义斌以军队响应武仙,史天泽在赞皇防御,将他捉住杀死。

二十一年丙戌,春正月,太祖因为西夏收留仇人亦腊喝翔昆以及不送质子,亲自带领军队去讨伐。

二月,攻取黑水等城。

夏天,在浑垂山避暑。攻取甘、肃等州。

秋天,攻取西凉府搠罗、河罗等县,于是越过沙漠,到黄河九渡，攻取应里等县。

九月，李全捉住张琳，带孙郡王指挥军队将李全围困于益都。

冬季十一月庚申，太祖攻灵州，西夏派嵬名令公前来援救。丙寅，太祖渡过黄河攻击西夏军，取得胜利。丁丑，五星相聚，出现在西南，太祖屯驻在盐州川。

十二月，李全投降。授予张柔行军千户、保州等处都元帅之职。

这一年，皇子窝阔台和察罕的军队包围金南京，派遣唐庆前往金朝责问为什么不交纳每年的钱币。

二十二年丁亥，春天，太祖留下一部分部队攻打西夏王城，自己带领军队渡过黄河攻打积石州。

二月，破临洮府。

三月，破洮、河、西宁三州。派遣斡陈那颜攻打信都府，占领了。

夏季四月，太祖到龙德，攻取德顺等州，德顺节度使爱申、进士马肩龙战死。

五月，派唐庆等出使金朝。

闰五月，太祖在六盘山避暑。

六月，金朝派遣完颜合周、奥屯阿虎前来请求和好。太祖对群臣说："我在去年冬天五星聚会时，已经许愿不再杀掠，急促中忘记下诏书了。现在可以向中外发布告示，让他们的使者也了解我的意思。"这个月，夏国王李睍投降。太祖到清水县西江。

秋季七月壬午，太祖身体不适。己丑，在萨里川哈老徒的行宫去世。临死前对身边的人说："金朝精锐部队都在潼关，南边有连绵的山脉可以据守，北边有广阔的黄河为界，很难迅速攻破。如果向宋朝借路，宋金是世代的仇敌，一定能答应我们的要求，于是我军攻占唐、邓，直捣金朝都城汴梁。金朝着急，必然从潼关征调军队。然而他们数万军队，从千里外前来援救，人马疲乏，即使到了也不能打仗，我们一定能取得胜利。"说完就死了，年六十六岁。葬于起辇谷。至元三年冬十月，追谥圣武皇帝。至大二年冬十一月庚辰，加谥法天启运圣武皇帝。庙号太祖，在位二十二年。

太祖为人深沉，有伟大的志向，用兵如神，所以能灭四十国，并且平定西夏。他的奇勋伟绩很多，可惜的是当时没有设置史官，可能不少事迹没有记载下来。

戊子年。这一年，由皇子拖雷监守国政。

列 传

元史卷一百一十五

列传第二

睿 宗

睿宗景襄皇帝，讳拖雷，太祖第四子，太宗母弟也。方太祖崩时，太宗留霍博之地，国事无所属，拖雷实身任之。闻燕京盗贼白昼剽掠富民财物，吏不能禁，遂遣塔察、吾图撒合里往穷治之，杀十有六人，盗始屏息。

己丑夏，太宗还京。八月，即位。明年庚寅秋，太宗伐金，命拖雷帅师以从，破天城堡，拔蒲城县，闻金平章合达、参政蒲阿守西边，遂渡河，攻凤翔。会前兵战不利，从太宗援之，合达乃退。辛卯春，破洛阳、河中诸城。

太宗还官山，大会诸侯王，谓曰："人言耗国家者，实由寇敌。今金未殄，实我敌也。诸君宁无计乎？"拖雷进曰："臣有愚计，非众可闻。"太宗屏左右，亟临问之，其言秘，人莫知也。凤翔既下，有降人李昌国者，言："金主迁汴，所恃者黄河、潼关之险尔。若出宝鸡，入汉中，不一月可达唐、邓。金人闻之，宁不谓我师从天而下乎？"拖雷然之，言于太宗。太宗大喜，语诸王大臣曰："昔太祖尝有志此举，今拖雷能言之，真赛因也。"赛因，犹华言大好云。遂大发兵。

太宗以中军自碗子城南下，渡河，由洛阳进；斡陈那颜以左军由济南进；而拖雷总右军自凤翔渡渭水，过宝鸡，入小潼关，涉宋人之境，沿汉水而下。期以明年春，俱会于汴。遣搠不罕诣宋假道，且约合兵。宋杀使者，拖雷大怒曰："彼昔遣苟梦玉来通好，遽自食言背盟乎！乃分兵攻宋诸城堡，长驱入汉中，进袭四川，陷阆州，过南部而还。遂由金取房，前锋三千人破金兵十余万于武当山，趋均州。乘骑浮渡汉水，遣夔曲涅率千骑驰白太宗。太宗方诣汉水，将分兵应之，会夔曲涅至，即遣慰谕拖雷，亟合兵焉。

拖雷既渡汉，金大将合达设伏二十余万于邓州之西，据隘待之。时拖雷兵不满四万，及得谍报，乃悉留辎重，轻骑以进。十二月丙子，及金人战于禹山，佯北以诱之，金人不动。拖雷举火夜行，金合达闻其且至，退保邓州，攻之，三日不下。遂将而北，以三千骑命札剌等率之为殿。明旦，大雾迷道，为金人所袭，杀伤相当。拖雷以札剌失律，罢之，而以野里知给歹代焉。未几，败金军。

壬辰春，合达等知拖雷已北，合步骑十五万蹑其后。拖雷按兵，遣其将忽都忽等诱之，日且暮，令军中曰："毋令彼得休息，宜夜鼓譟以扰之。"太宗时亦渡河，遣亲王口温不花等将万余骑来会。天大雨雪，金人僵冻无人色，几不能军，拖雷即欲击之，诸将请俟太宗至破之未晚。拖雷曰："机不可失，彼脱入城，未易图也。况大敌在前，敢以遗君父乎？"遂奋击于三峰山，大破之，追奔数十里，流血被道，资仗委积，金之精锐尽于此矣。余众迸走睢州，伏兵起，又败之。合达走钧州，仅遗数百骑。蒲阿走汴，至望京桥，复禽获之。太宗寻至，按行战地，顾谓拖雷曰："微汝，不能致此捷也。"诸侯王进曰："诚如圣谕，然拖雷之功，著在社稷。"盖又指其定册云尔。拖雷从容对曰："臣何功之有，此天之威，皇帝之福也。"闻者服其不伐。从太宗攻钧州，拔之，获合达。攻许州，又拔之，遂从太宗收定河南诸郡。四月，由半渡入真定，过中都，出北口，住夏于官山。

五月，太宗不豫。六月，疾甚。拖雷祷于天地，请以身代之，又取巫觋祓除衅涤之水饮焉。居数日，太宗疾愈，拖雷从之北还，至阿剌合的思之地，遇疾而薨，寿四十有阙。妃怯烈氏。子十一人，长宪宗，次四则世祖也。宪宗立，追谥曰英武皇帝，庙号睿宗。二年，合祭昊天后土，以太祖、睿宗配享。世祖至元二年，改谥景襄皇帝。

译文：

睿宗景襄皇帝，名叫拖雷，是太祖皇帝的第四个儿子，太宗的同母兄弟。当太祖刚去世的时候，太宗留在霍博没有回来，国家大事由谁负责不明确，便由拖雷暂时管理。他听说燕京的盗贼在光天化日之下公开抢劫有钱人的财物，当地的官吏没有能禁止，就派遣塔察和吾图撒合里两人前去深入追究，杀掉十六个人，才把抢劫之风平息下去。

己丑年的夏天，太宗回到首都。八月，登上帝位。第二年的秋天，太宗讨伐金朝，命令拖雷带着队伍跟随自己行动，攻破天城堡和蒲城县。听说金朝的平章合达和参政蒲阿守西边，便渡过黄河，进攻凤翔。前锋部队失利，跟随太宗前去增援，合达因而退兵。辛卯年春天，攻破洛阳、河中等城。

太宗回到官山，召集诸侯、宗王举行大会。太宗说："人们常说国家的消耗，主要由于敌人。现在金朝没有灭亡，正是我们的仇敌。你们有什么主意？"拖雷说："我有不成熟的想法，但在大庭广众中不便讲。"太宗就让左右都退下去，马上询问，拖雷讲的话是保密的，别人都不知道。凤翔攻下以后，有一个投降过来的人名叫李昌国说："金朝皇帝迁都到汴，靠的是黄河和潼关两处天险。如果出兵宝鸡，进入汉中，用不了一个月就可以到达唐州和邓州。金人听说以后，难道不会以为我们是从天上下来的吗？"拖雷以为很有道理，便对太宗去说。太宗非常高兴，对诸王、大臣们说："过去太祖曾经想过这样做，现在拖雷能提出这个建议，真是赛因。""赛因"是汉语"太好"的意思。因此就发动大规模战争。

太宗带领中路军从碗子城出发南下，渡过黄河，由洛阳方面挺进，斡陈那颜带着左路军由济南方面前进，而拖雷则带着右路军从凤翔出发，渡过渭水，经宝鸡，到小潼关，通过宋朝境内，沿汉水而下，三路军约定在第二年春天在汴会合。拖雷派遣搠不罕到宋朝去借路，而且提出希望在军事上合作。宋方杀死使者，拖雷大怒说："过去他们曾经派遣苟梦玉来建立友好联系，怎么能自食其言背弃盟约呢！"于是便分兵攻打宋朝的各城堡，长驱而入，由汉中挺进四川，攻陷阆州，经过南部回军。接着便由金州向前攻取房州，前锋三千士兵在武当山大败金兵十余万。前往均州，骑兵渡过汉水，拖雷派夔曲涅带领一千骑兵奔驰前去向太宗报告。太宗刚到汉水，准备分兵接应，正好夔曲涅前来，立即派他回去慰问并谕告拖雷，迅速合兵。

拖雷渡过汉水以后，金朝大将合达在邓州以西布置了二十余万军队，占据了险要之地等待他的到来。这时拖雷的全部军队不到四万人。得到谍报人员的报告，立即把全部辎重都留下，轻骑前进。十二月丙子日，拖雷军队和金兵在禹山遭遇，假装抵挡不住后退来引诱对方，但是金军不为所动。拖雷便率领军队举着火把连夜行军，金朝将领合达听说他快要来到，退到邓州城中据守。拖雷进攻三天，攻不下来。于是便率领军队北上，命令札剌等带着三千骑兵殿后。第二天早上有大雾，看不清道路，金军前来袭击，与殿后军交战，双方死伤差不多。拖雷认为札剌没有遵守军中纪律，便免去他的职务，以野里知给歹来代替他。没有多久，打败了金军。

壬辰年的春天，合达等知道拖雷已经北上，就带着步兵、骑兵共十五万人紧紧追随。拖雷将行进中的军队停止下来，派遣将领忽都忽等为诱敌之计。太阳快要落山，下令军中说："不要让金军得到休息，要在夜间大声喊闹来干扰他们。"太宗这时已渡过黄河，派遣亲王口温不花等带着一万多骑兵前来会合。天上下大雪，金朝的军队都冻僵了，面无人色，几乎不能保持军队的队形。拖雷想马上发动攻击，部下的将领建议等太宗到来以后再采取行动。拖雷说："不能丧失战机，如果他们逃到城中，就不好办了。而且大敌当前，我们能把困难留给皇帝吗！"于是便在三峰山发动猛攻，大破金军，追赶数十里，一路血流成河，武器和物资遍地皆是，金朝的精锐在这一次战役中消灭光了。残余的部队逃到睢州，伏兵四起，又被打败。合达逃到钧州，只剩下几百骑兵。蒲阿向汴逃去，在望京桥被捉住。太宗很快来到，巡视战场，对拖雷说："不是你便不会有这一次的胜利。"诸侯、宗王们都说："正如皇帝所说的，但拖雷的功劳最显著的在于安定国家。"这是指拖雷拥戴太宗为皇帝一事而说的。拖雷很平静地说："我没有什么功劳可言，这是上天的保佑，皇帝的福分。"听到的人都钦佩他不居功自傲。拖雷跟着太宗攻下钧州，抓住了合达。攻许州，也占领了。于是跟从太宗平定了河南的各州郡。四月，从半渡到真定，经过中都，出北口，在官山渡夏。

五月，太宗身体不舒服。六月，病得很厉害。拖雷向天地祈祷，表示愿意自己代替太宗去死，又拿了男巫举行清除邪恶仪式时所用的水来喝。过了几天，太宗的病好了，拖雷跟着他北上，到名叫阿剌合的思的地方，发病而死，终年四十余。夫人怯烈氏。有十一个儿子，最长的是宪宗，第四子就是世祖皇帝。宪宗登上帝位，追赠谥号为英武皇帝，庙号睿宗。宪宗二年，在祭昊天后土时，以太祖、睿宗配享。世祖至元二年，改谥号为"景襄皇帝"。

元史卷一百一十九

列传第六

木华黎

木华黎，札剌儿氏，世居阿难水东。父孔温窟哇，以戚里故在太祖麾下，从平篾里吉，征乃蛮部，数立功。后乃蛮又叛，太祖与六骑走，中道乏食，擒水际橐驼杀之，燔以啖太祖。追骑垂及，而太祖马毙，五骑相顾骇愕，孔温窟哇以所乘马济太祖，身当追骑，死之。太祖获免。

有子五人，木华黎其第三子也。生时有白气出帐中。神巫异之，曰："此非常儿也。"及长，沉毅多智略，猿臂善身，挽弓二石强。与博尔术、博尔忽、赤老温事太祖，俱以忠勇称，号掇里班曲律，犹华言四杰也。

太祖军尝失利，会大雪，失牙帐所在，夜卧草泽中。木华黎与博尔术张裘毡，立雪中，障蔽太祖，达旦竟不移足。一日，太祖从三十余骑行豁谷间，顾谓曰："此中或遇寇，当奈何？"对曰："请以身当之。"既而，寇果自林间突出，矢下如雨，木华黎引弓射之，三发中三人。其酋呼曰："尔为谁？"曰："木华黎也。"徐解马鞍持之，捍卫太祖以出，寇遂引去。

克烈王可汗与乃蛮部雠战，求援于太祖。太祖遣木华黎及博尔术等救之，尽杀乃蛮之众于按台之下，获甲仗、马牛而还。即而，王可汗谋袭太祖，其下拔台知之，密告太祖。太祖遣木华黎选精骑夜斫其营，王可汗走死，诸部大人闻风款附。

岁丙寅，太祖即皇帝位，首命木华黎、博尔术为左右万户。从容谓曰："国内平定，汝等之力居多。我与汝犹车之有辕，身之有臂也。汝等切宜体此，勿替初心。"

金之降者，皆言其主璟杀戮宗亲，荒淫日恣。帝曰："朕出师有名矣。"辛未，从伐金，薄宣德，遂克德兴。壬申，攻云中、九原诸郡，拔之，进围抚州。金兵号四十万，阵野狐岭北。木华黎曰："彼众我寡，弗致死力战，未易破也。"率敢死士，策马横戈，大呼陷阵，帝麾诸军并进，大败金兵，追至浍河，僵尸百里。癸酉，攻居庸关，壁坚，不得入，遣别将阇别统兵趋紫荆口，金左监军高琪引兵来拒，不战而溃，遂拔涿州。因分兵攻下益都、滨、棣诸城，遂次霸州，史天倪、萧勃迭率众来降，并奏为万户。

甲戌，从围燕，金主请和，北还。命统诸军征辽东，次高州，卢琮、金朴以城降。乙亥，裨将萧也先以计平定东京。进攻北京，金守将银青率众二十万拒花道逆战，败之，斩首八万余级。城中食尽，契丹军斩关来降，进军逼之，其下杀银青，推寅答虎为帅，遂举城降。木华黎怒其降缓欲坑之，萧也先曰："北京为辽西重镇，既降而坑之，后岂有降者乎？"从之。奏寅答虎留守北京，以吾也而权兵马都元帅镇之。遣高德玉、刘蒲速窝儿招谕兴中府，同知兀里卜不从，杀蒲速窝儿，德玉走免。未几，吏民杀兀里卜，推土豪石天应为帅，举城降，奏为兴中尹、兵马都提控。

锦州张鲸聚众十余万，杀节度使，称临海郡王，至是来降。

诏木华黎以鲸总北京十提控兵，从掇忽阑南征未附州郡。木华黎密察鲸有反侧意，请以萧也先监其军。至平州，鲸称疾逗留，复谋遁去，监军萧也先执送行在，诛之。鲸弟致愤其兄被诛，据锦州叛，略平、（栾）〔滦〕、瑞、利、义、懿、广宁等州。木华黎率蒙古不花等军数万讨之，州郡多杀致所署长吏降。进逼红罗山，主将杜秀降，奏为锦州节度使。

丙子，致陷兴中府。七月，进兵临兴中。先遣吾也而等攻溜石山，谕之曰："今若急攻，贼必遣兵来援，我断其归路，致可擒也。"又遣蒙古不花屯永德县东候之。致果遣鲸子东平将骑兵八千、步卒三万，援溜石。蒙古不花引兵趋之，驰报，木华黎夜半引兵疾驰，遇于神水县东，夹击之。分麾下兵之半，下马步战。选善射者数千，令曰："贼步兵无甲，疾射之！"乃麾骑兵齐进，大败之，斩东平及士卒万二千八百余级。拔开义县，进围锦州。致遣张太平、高益出战，又败之，斩首三千余级，溺死者不可胜数。围守月余，致愤将校不戮力，杀败将二十余人。高益惧，缚致出降，伏诛。广宁刘琰、懿州田（禾）〔和〕尚降，木华黎曰："此叛寇，存之无以惩后。"除工匠优伶外，悉屠之。拔苏、复、海三州，斩完颜众家奴。咸平宣抚蒲鲜等率众十余万，遁入海岛。

丁丑八月，诏封太师、国王、都行省承制行事，赐誓券、黄金印曰："子孙传国，世世不绝。"分弘吉剌、亦乞烈思、兀鲁兀、忙兀等十军，及吾也而契丹、蕃、汉等军，并属麾下。且谕曰："太行之北，朕自经略，太行以南，卿其勉之。赐大驾所建九斿大旗，仍谕诸将曰："木华黎建此旗以出号令，如朕亲临也。"乃建行省于云、燕，以图中原。遂自燕南攻遂城及蠡州诸城，拔之。冬，破大名府，遂东定益都、淄、登、莱、潍、密等州。戊寅，自西京由太和岭入河东，攻太原、忻、代、泽、潞、汾、霍等州，悉降之。遂徇平阳，金守臣弃城遁，以前锋拓拔按察儿统蒙古军镇之拒金兵，以义州监军李廷植之弟守忠权河东南路帅府事。己卯，以萧特末儿等出云、朔，攻降岢岚火山军。以谷里夹打为元帅达鲁花赤，攻拔石、隰州，击绛州，克之。

庚辰，复由燕徇赵，至满城。武仙举真定来降。权知河北西路兵马事史天倪进言曰："今中原粗定，而所过犹纵兵抄掠，非王者吊民之意也。"木华黎曰："善。"下令禁无剽掠，所获老稚，悉遣还田里，军中肃然，吏民大悦。兵至滏阳，金邢州节度使武贵迎降，进攻天平寨，破之。遣蒙古不花分兵略定河北卫、怀、孟州，入济南。严实籍所隶相、魏、磁、洺、恩、博、滑、濬等州户三十万，诣军门降。

时金兵屯黄陵冈，号二十万，遣步兵二万袭济南。木华黎以轻兵五百击走之。遂会大军，薄黄陵冈。金兵阵河南岸，示以死战。木华黎曰："此不可用长兵，当以短兵取胜。"令骑下马，引满齐发，亦下马督战，果大败之，溺死者众。进攻楚丘。楚丘城小而固，四面皆水，令诸军以草木填堙，直抵城下。严实率所部先登，拔之。攻下单州，围东平，以实权山东西路行省，戒之曰："东平粮尽，必弃城走，汝伺其去，即入城安辑之，勿苦郡县，以败事也。"留梭鲁忽秃以蒙古军三千屯守之。辛巳四月，东平粮尽，金行省忙古奔汴，梭鲁忽秃邀击之，斩七千余级，忙古引数百骑遁去。实入城，建行省，抚其民。

先是，郡王带孙攻洺不下，至是遣石天应拔之。五月，还军野狐岭。宋涟水忠义统辖石珪来降，以为济、兖、单三州都总管，予绣衣玉带，劳之曰："汝不惮跋涉数千里，慕义而来，寻当列奏，赐汝高爵，尔其勉之。"京东安抚使张琳皆来降，以琳行山东东路益都沧景滨棣等州都元帅府事。郑遵亦以枣乡、蓿县降，升为〔完〕〔元〕州，以遵为节度使，行元帅府事。

秋八月，从驻青冢，监国公主遣使来劳，大飨将士，由东胜渡河西。西夏国李王请以兵五万属焉。冬十月，复由云中历太和寨，入葭州，金将王公佐遁，以石天应权行台兵马都元帅。进取绥德，破马蹄寨，距延安三十里止舍。金行省完颜合达出兵三万阵于城东，蒙古不花以骑三千觇之，驰报曰："彼见吾兵少，有轻敌心，明日合战，当佯败可以伏兵取胜也。"从之。夜半以大军衔枚齐进，伏于城东十五里两谷间。明日，蒙古不花进兵，望见金兵，即弃鼓旗走。金兵果追之，伏发，鼓声震天地，万矢齐下，金兵大败，斩七千级，获马八百。合达走保延安，围之旬日，不下，乃南徇洛川，克鄜州。

北京权帅石天应擒送金骁将张铁枪，木华黎责其不降，厉声答曰："我受金朝厚恩二十余年，今事至此，有死而已！"木华黎义之，欲解其缚，诸将怒其不屈，竟杀之。遂降坊州，大飨士卒。闻金复取隰州，以轩成为经略使，于是复由丹州渡河围隰，克之。留合丑统蒙古军镇石、隰间，以田雄权元帅府事。

壬午秋七月，令蒙古不花引兵出秦陇，以张声势。视山川险夷，大兵道云中，攻下孟州四蹄寨，迁其民于州。拔晋阳义和寨，进克三清岩，入霍邑山堡，迁其人于赵城县。薄青龙堡，金平阳公胡天〔祚〕〔作〕拒守，裨将蒲察定住、监军王和开壁降，迁天〔祚〕〔作〕于平阳。

八月，有星昼见，隐士乔静真曰："今观天象，未可征进。"木华黎曰："主上命我平定中原，今河北虽平，而河南、秦、巩未下，若因天象而不进兵，天下何时而定耶？且违君命，得为忠乎！"

冬十月，过晋至绛，拔荣州胡瓶堡，所至望风归附，河中久为金有，至是复来归。木华黎召石天应谓曰："蒲为河东要害，我择守者，非君不可。"乃以天应权河东南北路陕右关西行台，平阳李守忠、太原攸哈剌拔都、隰州田雄，并受节制。命天应造浮梁，以济归师，乃渡河拔同州，下蒲城，径趋长安。金京兆行省完颜合达拥兵二十万固守，不下。乃分麾下兀胡乃、太不花兵六千屯守之。遣按赤将兵三千继潼开，遂西击凤翔，月余不下，谓诸将曰："吾奉命专征，不数年取辽西、辽东、山东、河北，不劳余力；前攻天平、延安，今攻凤翔皆不下，岂吾命将尽耶！"乃驻兵渭水南，遣蒙古不花南越牛岭关，徇宋凤州而还。

时中条山贼侯七等聚众十余万，伺大兵既西，谋袭河中。石天应遣别将吴权府引兵五百夜出东门，伏两谷间，戒之曰："候贼过半，急击之，我出其前，尔攻其后，可克也。"吴权府醉酒失期，天应战死。城陷，贼烧毁庐舍，杀掠人民，还走中条。先锋元帅按察儿邀击，败之，斩数万级，侯七复遁去。木华黎以天应子斡可袭领其众。

癸未春，师还，浮梁未成，顾诸将曰："桥未毕工，安可坐待乎！"复攻下河西堡寨十余。三月，渡河还闻喜县，疾笃，召其弟带孙曰："我为国家助成大业，擐甲执锐垂四十年，东征西讨，无复遗恨，第恨汴京未下耳！汝其勉之。薨，年五十四。厥后太祖亲攻凤翔，谓诸将曰："使木华黎在，朕不亲至此矣！"至治元年，诏封孔温窟哇推忠效节保大佐运功臣、太师、开府仪同三司、上柱国、鲁国王，谥忠宣；木华黎体仁开国辅世佐命功臣、太师、开府仪同三司、上柱国、鲁国王，谥忠武。子孛鲁嗣。

译文：

木华黎，属蒙古札剌儿氏人，世世代代居住在阿难水以东，父亲叫孔温窟哇，因为与太祖是亲戚邻里，便在太祖手下效力，跟随太祖平定篾里吉部，征伐乃蛮部，数次立功。后来乃蛮又叛变，太祖率六个骑士逃走，半路上没有食物，孔温窟哇捕捉河岸边的骆驼杀死，烧熟后让太祖吃。乃蛮部的追兵快要赶上来了，而太祖的马却死了，其他五个骑手你看着我，我看着你，惊慌失措，孔温窟哇把自己的马让给太祖骑，自己去抵挡追兵，结果战死。太祖幸免于难。

孔温窟哇有五个儿子，木华黎是他的第三个儿子。他降生时有一道白气从帐中飘出，跳神的女巫吃惊地说："这个小孩是不平凡的人。"等到长大，稳重刚毅而足智多谋，手臂像猿猴一样灵活并善于射箭，能挽两石以上的弓。他与博尔术、博尔忽、赤老温都辅佐太祖，也都以忠心赤胆、勇猛过人而闻名，人们称他们为"掇里班曲律"，就是汉语中所说的"四杰"。

太祖的军队曾经打过败仗，适逢下大雪，迷失了道路，找不到帐幕在哪里，晚上便躺在乱草丛中。木华黎与博尔术张开裘毡立在大雪中，为太祖挡雪，直到第二天早晨都没有挪动脚步。一天，太祖率领三十多名骑兵行走在山谷间。对这些人说："如果在这里遇见贼寇，该怎么办？"众人回答说："我们用身体抵挡他们。"说话间，果然有贼寇从树林中窜出，箭下如雨，木华黎弯弓搭箭射去，三箭射中三人，贼寇头目大声呼叫说："你是谁？"回答说："木华黎。"木华黎慢慢解开马鞍拿在手中，遮挡着太祖冲出了包围，于是贼寇退走了。

克烈部首领王可汗与乃蛮部因相互仇恨而发生战争，向太祖求救。太祖派木华黎和博尔术前往救援，在按台这个地方把乃蛮人都杀光了,获得了盔甲器械和马、牛归来。不久,王可汗谋划袭击太祖,他的部下拔台知道了,偷偷地告诉了太祖。太祖派木华黎挑选精锐骑兵在夜里袭击王可汗的大营,王可汗在逃跑途中死去,其他诸部首领望风归降。

丙寅年,太祖即皇帝位,首先封木华黎、博尔术为左右万户,从容地对他们说:"国内政局平定,你们二人出力最多。我和你们好比车子有辕,身体有臂膀一样,你们应当时时刻刻想到这一点,不要改变原来的志向。"

金朝来投降的人,都说他们的主子章宗完颜璟杀害亲属,越来越荒淫无道。太祖说:"朕伐金出师有名了。"辛未年,跟随太祖攻金,迫近宣德,占领德兴。壬申年,率兵攻打云中、九原诸郡,都占领了,又前进包围抚州。金兵号称四十万,在野狐岭北边摆开阵势。木华黎说:"敌人众多,我们人少,不拼命作战,可不容易打败敌人。"便率领一支敢死队,拿着武器,骑马疾驰,大声喊叫着冲锋陷阵,太祖指挥其他军队一起进攻,把金兵打得大败,一直追到浍河,百里长的道路上到处都是死尸。癸酉年,又进攻居庸关,关上的防御工事严密,不能得手,太祖派另一名将领阇别率兵攻紫荆口,金朝左监军高琪率兵迎战,还没有打仗军队便溃散了,蒙古军便攻占了涿州。于是再分派部队攻克益都、滨、棣等几座城池,军队驻扎在霸州,史天倪、萧勃迭率领人马投降,木华黎上奏太祖,封他们为万户。

甲戌年,木华黎又跟着天子攻打燕京,金朝天子请求议和,蒙古军北撤还朝。天子命木华黎统率诸路军队征讨辽东,行至高州,卢琮、金朴献城投降。乙亥年,木华黎部下将领萧也先设计平定东京。木华黎又进攻北京,金国的守将银青率领二十万大军在花道这个地方迎战,被打败,蒙古军杀死金军八万余人。城中粮食已经吃完,契丹军冲出城前来投降,木华黎进逼城下,银青的部下将银青杀死,推举寅答虎为元帅,献城投降。木华黎对他们的投降迟缓非常恼怒,打算把城中的人活埋,萧也先劝他说:"北京是辽西的重镇,已经投降了,又把他们坑杀,以后谁还敢投降呢?"木华黎采纳了这个意见,上奏给天子,命寅答虎为北京留守,以吾也而暂时充当兵马都元帅镇守这个地方。派高德玉、刘蒲速窝儿招谕兴中府,(让他们投降)同知兀里卜不肯投降,竟然杀死蒲速窝儿,德玉逃得快才免于一死。不久,城中的官吏、百姓杀死兀里卜,推选土豪石天应为元帅,率领全城人投降,木华黎上奏天子,任命他为兴中尹、兵马都提控。

锦州张鲸聚集了十万人马,杀死节度使,自称临海郡王,这时前来投降。天子下诏给木华黎,让张鲸掌管北京十提控部队,跟随掇忽兰南下征讨尚未归附的州郡。木华黎秘密侦察出张鲸有反叛之意,请求派萧也先监视他的军队。行至平州,张鲸推辞说有病逗留不前,又打算逃跑,监军萧也先把他捉住送到天子那里杀死。张鲸的弟弟张致对此很愤怒,占据锦州发动叛乱,抢掠平、滦、瑞、利、义、懿、广宁等州。木华黎率领蒙古不花等部队数万人讨伐,大多数州郡都杀死张致委派的官吏投降。木华黎逼近红罗山,红罗山主将杜秀投降,木华黎上奏天子,封他为锦州节度使。

丙子年,张致攻陷兴中府。七月间,进兵临近兴中。先派吾也而等进攻溜石山,晓谕他说:"现在若是急于进攻,贼寇等必然派兵来援助,我出兵截断他们的归路,就可捉到张致了。"又派遣蒙古不花屯驻在永德县东边等候敌人经过时拦击。张致果然派遣张鲸之子东平率领骑兵八千、步兵三万救援溜石山。蒙古不花率兵跟在这支部队后面，飞快报告木华黎，木华黎半夜引兵飞快前进，在神水县东和张东平率领的叛军相遇，和蒙古不花两面夹击。又分手下的一半士兵下马步战，挑选善于射箭者数千人，下令说："贼寇的步兵没有盔甲，赶快用箭射他们。"于是又指挥骑兵齐头并进，打败了叛军，杀死东平及叛军士兵一万二千八百余人。攻占开义县，进逼包围锦州。张致派张太平、高益出来应战，又被打败，士兵被杀者三千余人，淹死于水中者不计其数。张致守城月余，对将校不努力表示愤怒，杀死败军之将二十多人。高益害怕恐惧，捆绑张致出城投降，被杀死。广宁的刘琰、懿州的田和尚投降，木华黎说："这些都是经常反叛的贼寇，把他们留下来不能惩恶劝善。"除工匠艺人外，其余的人全部杀死。攻占苏、复、海三州，杀死完颜众家奴。咸平宣抚蒲鲜等率领十余万人逃跑到海岛去了。

丁丑年八月，天子下诏封木华黎为太师、国王、都行省承制行事，赏赐誓券、黄金印，上面写着"子孙传国，世世不绝"。分拨弘吉剌、亦乞烈思、兀鲁兀、忙兀等十支军队，以及吾也而契丹、蕃、汉等军队，都归木华黎指挥。同时晓谕他说："太行山以北，朕亲自经营，太行山以南，请爱卿你勉为其难。"赏赐为天子圣驾所建的九旄大旗，并晓谕诸位将领说："木华黎建立这个九旄大旗发号施令，就如同朕亲自降临一样。"木华黎便在云、燕之地建立行省，以便进攻中原。于是他从燕南进攻遂城和蠡州辖下的几座城池，并将其占领。到了冬季，攻破大名府，东边平定了益都、淄、登、莱、潍、密等州。戊寅年，木华黎从西京出发经太和岭进入河东，进攻太原、忻、代、泽、潞、汾、霍等州，迫使这些地方投降。又进攻平阳，金朝守臣弃城逃跑，派前锋拓拔按察儿率领蒙古兵镇守这些城池抗拒金兵，派义州监军李延植的弟弟守忠代理河东南路帅府事。己卯年，派萧特末儿等从云、朔二州出发，进攻并迫降岢岚火山军。任命谷里夹打为元帅达鲁花赤，进攻并占据石州、隰州，接着进攻绛州，将其占领。

庚辰年，木华黎又从燕地出发进攻赵州，走到满城，武仙以真定城投降。权知河北西路兵马事史天倪进言说："如今中原已大致安定，而大兵所过之处仍然放纵士兵抢劫掠夺，这不是帝王军队吊民伐罪的本意。"木华黎说："你说得对。"下令禁止抢掠，凡是捉来的老人和小孩，一律释放回家，军中纪律很严，当官的和当百姓的都很高兴。军队走到滏阳，金国邢州节度使武贵主动投降，进攻并占领了天平寨。派蒙古不花分兵平定河北卫、怀州、孟州，进入济南。严实登记所辖相、魏、磁、洺、恩、博、滑、濬等州民户三十万，到木华黎的大营投降。

当时金兵屯驻在黄陵冈，号称二十万，派出步兵两万袭击济南，木华黎率领轻装的士兵五百名将金兵赶走，和大部队会合后，迫近黄陵冈。金兵在黄河南岸摆开阵势，表示要决一死战。木华黎说："这一次不能用带有重武器的士兵打仗，要用带有轻武器的士兵作战，才能得胜。"命令骑兵下马，把弓拉满后一齐发射，他自己也下马督战，果然大败金兵，淹死在水里的人很多。又进攻楚丘，楚丘城虽小但很坚固，四面都是水，木华黎命令士兵用柴草填平壕沟，一直打到城下。严实率领本部人马最先登城，占领了该城。攻克单州，包围东平，命令严实暂管山东西路行省，告诫他说："东平城中粮食吃完时，守城军队必然丢下城池逃走，你等他们离开后便入城安抚百姓，不要坑害地方，以致败坏大事。"留下梭鲁忽秃率领蒙古兵三千屯守东平。辛巳年四月，东平城中粮尽，金朝行省长官忙古逃往汴京，梭鲁忽秃在半路上截击，杀金兵七千余人，忙古只带着几百人逃走。严实进入东平，建立行省，抚慰百姓。

起初，郡王带孙进攻洺州没有攻克，木华黎又派石天应将其攻占。辛巳年五月，撤军回朝驻扎在野狐岭。宋朝涟水忠义统辖石珪前来投降，任命他为济、兖、单三州都总管，给予绣衣玉带，慰劳他说："你不顾跋山涉水数千里的辛苦，是为向慕忠义而来，不久我会上奏天子，赏赐你高官，你要多加勉励啊！"京东安抚使张琳等都来投降，任命张琳暂时代理山东东路益都、沧、景、滨、棣等州都元帅府事。

秋天八月，木华黎和大部队一起驻扎在青冢，监国的公主派人来慰问，宴请将领和士兵，从东胜渡过黄河西进。西夏国李王率兵五万人请求归属。冬季十月，木华黎又由云中经太和寨进入葭州，金朝将领王公佐逃跑，以石天应代理行台兵马都元帅。前进占领绥德，攻破马蹄寨，在距延安只有三十里时停了下来。金朝行省长官完颜合达率兵三万在城东摆开阵势，蒙古不花率骑兵三千观察，飞快报告木华黎说："他们见我们兵少，有轻敌之心，明天会合作战，应当假装失败，把敌人引到我军埋伏的地方，然后打败他们。"木华黎接受了这个意见。半夜里木华黎让士兵口里含上木片，以免发出响声，然后一齐前进，埋伏在城东十五里处的两个山谷之间。第二天，蒙古不花进军，望见金兵，便抛弃战鼓旗帜逃走。金兵果然追赶，埋伏的蒙古兵一跃而起，战鼓声震动天地，万箭齐下，金兵被打得大败，蒙古军杀死金兵七千人，得到战马八百匹。完颜合达退到延安固守，蒙古兵包围了十来天，仍未攻克，便南下巡行占领洛川，攻克鄜州。

北京的代理元帅石天应捉获并送来金朝骁将张铁枪，木华黎责备他不投降，张铁枪很严厉地回答说："我接受金国深厚的恩泽二十余年，今天事情弄到这个地步，我只有一死报国了。"木华黎认为他很讲义气，打算释放他，其他将领对他不肯屈服感到恼火，竟把他杀死了。又迫使坊州投降，在这里用丰盛的酒宴招待士兵。听说金朝又夺回了鄜州，任命一个叫轩成的人为经略使，于是又从丹州渡过黄河包围鄜州，将其攻占。留下合丑统率蒙古军队驻扎在石州、鄜州之间镇压反叛，任命田雄暂时管理元帅府事。

壬午年秋天七月，木华黎命令蒙古不花率兵从秦陇出发，以达到扩张声势的目的。根据山川的险峻还是平坦，大部队从云中经过，攻占孟州的四蹄寨，把老百姓迁到州城里。攻战晋阳的义和寨，进而攻克三清岩，进入霍邑山堡，把山堡的人迁移到赵城县。迫近青龙堡，金朝平阳公胡天作竭力守御，部将蒲察定住、监军王和打开壁垒投降，木华黎把胡天作迁往平阳。

八月间，有一颗星白天仍然亮着，一个隐居的人名叫乔静真，对木华黎说："我观察天象变化，不可出兵征讨前进。"木华黎说："主上命我平定中原，如今河北虽然平定，但河南、秦州、巩州还未攻下，如果因为天象的原因而不进兵，天下什么时候才能平定呢？更何况违背君王的命令，能算是忠臣吗？"

冬天十月，木华黎率兵经过晋州到达绛州，攻克荣州胡瓶堡，所到之处，望风投降。河中地区早已被金国占据，此时才归入蒙古人之手。木华黎召见石天应对他说："蒲州是河东的要害地区，我挑选防守的人，非你不可。"于是以天应暂任河东南北路陕右、关西行台，平阳的李守忠、太原的攸哈喇拔都、鄜州的田雄，都受他指挥。命令石天应造浮桥，准备部队返回时用，自己率师渡过黄河攻开同州，占领蒲城，一直向长安进发。金朝京兆行省长官完颜合达率兵二十万坚守，未能攻下。便分拨部下兀胡乃、太不花率兵六千屯守。派按赤率兵三千截断潼关与外边的联系，自己向西进攻凤翔，一个月没有攻下，对部下将领说："我奉命征讨太行山以南之地，几年间占领辽西、辽东、山东、河北，没有费多大力气；不久前进攻天平、延安，现在攻打凤翔都未成功，难道是我的性命快完了吗？"于是驻扎在渭水以南，派蒙古不花向南越过牛岭关，占领宋朝的凤州以后返回。

当时中条山的贼寇侯七等聚集了十余万人，想乘大队人马西去的机会袭击河中。石天应派一个叫吴权府的将领率兵五百半夜时分从河中府的东门出发，埋伏在两个山谷之间，告诫他说："等贼兵过去一半，赶快袭击他们，我在前边截断他们的去路，你率兵攻击他的后尾，可以消灭敌人。"吴权府因喝醉了酒耽误了日期，石天应作战身亡。城池陷落，贼寇烧毁房屋，杀死百姓，然后返回中条山。先锋元帅按察儿半道上截击，杀死贼寇数万人，侯七逃走。木华黎派天应的儿子斡可率领天应留下的队伍。

癸未年春天，木华黎率师返回朝中，黄河桥还未架成，他对部下各位将领说："桥梁还没有完工，怎能坐在这里等待！"又攻占河西碉堡寨垒十余所。三月间，渡河回到闻喜县，疾病沉重，召见他的弟弟带孙说："我为国家促成了统一大业，披戴盔甲，手执武器将近四十年，东征西讨，没有什么遗憾，只是恨我没有攻下汴京，你可一定要多加勉励啊！"不久便死去了，享年五十四岁。后来太祖亲自攻打凤翔，对诸将说："如果木华黎还活着，朕就不会亲自到这里来了。"至治元年，天子下诏封孔温窟哇为推忠效节保大佐运功臣、太师、开府仪同三司、上柱国、鲁国王，谥号忠宣；木华黎为体仁开国辅世佐命功臣、太师、开府仪同三司、上柱国、鲁国王，谥号忠武。他的儿子孛鲁继承他的事业。

玉昔帖木儿

玉昔帖木儿，世祖时尝宠以不名，赐号月吕鲁那演，犹华言能官也。弱冠袭爵，统按台部众，器量宏达，莫测其际。世祖闻其贤，驿召赴阙，见其风骨庞厚，解御服银貂赐之。时重太官内膳之选，特命领其事。侍宴内殿，玉昔帖木儿起行酒，诏诸王妃皆为答礼。

至元十二年，拜御史大夫。时江南既定，益封功臣后，遂赐全州清湘县户为分地。其在中台，务振宏纲，弗亲细故。兴利之臣欲援金旧制，并宪司入漕府；当政者又请以郡府之吏，互照宪司检底。玉昔贴木儿曰："风宪所以戢奸，若是，有伤监临之体。"其议乃沮。遇事廷辩，吐辞鲠直，世祖每为之霁威。

至元二十四年，宗王乃颜叛东鄙，世祖躬行天讨，命总戎者先之。世祖至半道，玉昔帖木儿已退敌，僵尸覆野，数旬之间，三战三捷，获乃颜以献。诏选乘舆橐驼百蹄劳之。谢曰："天威所临，犹风偃草，臣何力之有。"世祖还，留玉昔贴木儿剿其余党，乃执其酋金家奴以献，戮其同恶数人于军前。

明年，乃颜之遗孽哈丹秃鲁干复叛，再命出师，两与之遇，皆败之，追及两河，其众大衄，遂遁。时已盛冬，声言俟春方进，乃倍道兼行过黑龙江，擣其巢穴，杀戮殆尽，哈丹秃鲁干莫知所终，夷其城，抚其民而还。诏赐内府七宝冠带以旌之，加太傅、开府仪同三司。申命御边杭海。二十九年，加录军国重事、知枢密院事。宗王帅臣咸禀命焉。特赐步辇入内。位望之崇，廷臣无出其右。

三十年，成宗以皇孙抚军北边，玉昔帖木儿辅行，请授皇孙以储闱旧玺，诏从之。

三十一年，世祖崩，皇孙南还。宗室诸王会于上都。定策之际，玉昔帖木儿起谓晋王甘麻剌曰："宫车晏驾，已逾三月，神器不可久虚，宗祧不可乏主。畴昔储闱符玺既有所归，王为宗盟之长，奚俟而不言。"甘麻剌遽曰："皇帝践祚，愿北面事之。"于是宗亲大臣合辞劝进，玉昔帖木儿复坐，曰："大事已定，吾死且无憾。"皇孙遂即位。进秩太师，赐以尚方玉带宝服。还镇北边。

元贞元年冬，议边事入朝，两宫锡宴，如家人礼。赐其妻秃忽鲁宴服，及他珍宝。十一月，以疾薨。大德五年，诏赠宣忠同德弼亮功臣，依前太师、开府仪同三司、录军国重事、御史大夫，追封广平王，谥曰贞宪。

子三人：木剌忽，仍袭爵为万户；次脱怜；次脱脱哈，为御史大夫。

译文：

玉昔帖木儿，世祖时受到宠爱，不直接说他的名字，赐号为月吕鲁那演，在汉语中是能官的意思。二十岁时承袭祖父的爵位，治理按台山这个地方的官吏百姓，心胸宽阔，豁达大度，使人揣摸不透他的所作所为。世祖听说他是有才能的人，用驿传把他召到京城，见他相貌淳厚，脱下身上的银貂服赏赐他。当时很注意掌管皇宫膳食官员的人选，世祖特意命他掌管此事。在宫廷内侍候天子宴饮，玉昔帖木儿站起来给众人敬酒，天子下诏让诸位王妃都回敬他。

至元十二年，玉昔帖木儿被封为御史大夫。当时江南大体已经平定，增加对功臣后代的赏赐，天子赏赐全州清湘县民户作为他的分地。他在御史台时，主要是抓关乎全局的大事，不去处理琐碎小事。急功近利的大臣打算援引金朝旧的制度，把御史台合并到掌管漕运的衙门中去；当权的官吏又请求让郡府的官吏和御史台的官员相互约束限制。玉昔帖木儿说："御史台是监督纠正违法事件的机构，如果和地方官员互相制约，那就失去了监督不法的功能。"那些大臣的建议没有得到天子批准。玉昔帖木儿遇事敢在朝廷上展开辩论，说话耿直，不转弯抹角，世祖在盛怒时听他讲话，颜色便变得温和了。

至元二十四年，宗王乃颜在东部边陲发动叛乱，世祖亲自前往讨伐，命令领兵元帅先出发。世祖行至中途，玉昔帖木儿已把敌人打退，死尸多得盖满了原野，几十天之内，三战三胜，捉住乃颜献给世祖。世祖下诏天子用的骆驼二十五头慰劳他。玉昔帖木儿叩谢说："陛下天威所到之处，好比风吹草倒，为臣我有什么功劳呢？"世祖还朝，留下玉昔帖木儿剿灭乃颜的余党，玉昔帖木儿捉到了叛军首领金家奴献给天子，把其他几个作恶多端的同党杀死在军前。

第二年，乃颜留下的犯罪的党羽哈丹秃鲁干再度叛乱，世祖又一次让他出征，两次与哈丹秃鲁干相遇，都把他打败，追到两河地区，叛军大败，便逃走了。当时已是严冬，玉昔帖木儿放出风声说，等明年春天再进兵，实际上却兼程而行，渡过黑龙江，出其不意捣毁叛军的巢穴，贼寇差不多都被杀死，只有哈丹秃鲁干下落不明，拆毁他们的城池，抚慰他们的百姓之后还朝。天子下诏赏赐给内府所藏的七宝冠带以表扬他的功劳，加衔为太傅、开府仪同三司，让他到杭海去守御边疆。至元二十九年，加封为录军国重事、知枢密院事。宗王、帅臣等人都得服从他的命令。天子又特意赏赐他代步的车进入宫廷，地位和威望之高，朝廷大臣中没有人能和他相比。

至元三十年，成宗以皇孙的身份到北方去抚慰统率军队，玉昔帖木儿也跟随前去辅佐他，又请求授给皇孙东宫储君的印鉴，世祖答应了。

至元三十一年，世祖崩逝，皇孙从北方边陲南下回朝。宗室诸王在上都聚会，在决定国家的大政方针时，玉昔帖木儿站起来对晋王甘麻剌说："先皇帝崩逝已超过了三个月，帝位不应长久地空着，祖宗之庙不可缺少一代庙主。以前储君的印鉴已给了皇孙，就表明他是未来的天子，大王你是掌管宗室盟约的人，为什么坐着不说话？"甘麻剌马上说："皇帝只要登上大位，我愿脸朝着北面伏事他。"于是宗室亲王、大臣等异口同声劝皇孙即位，玉昔帖木儿又坐下说："国家大事已经决定，我即使死去也没有遗憾了。"皇孙铁穆尔便登上了帝位。玉昔帖木儿被封为太师，赏赐他尚方玉带宝服，命他仍然返回北部边疆镇守。

元贞元年冬天，玉昔帖木儿因商议边疆大事入朝，皇太后和皇帝都设宴招待他，像对待自家人一样。赏赐他的妻子秃忽鲁宴服，和其他珍贵的宝物。这年十一月，玉昔帖木儿因病去世。大德五年，天子下诏赠他为宣忠同德弼亮功臣，以前封过太师、开府仪同三司、录军国重事、御史大夫的官职，追封为广平王，谥号为贞宪。

玉昔帖木儿有儿子三人：木剌忽，仍然袭爵为万户；次子名脱怜；第三子叫脱脱哈，任御史大夫。

元史卷一百二十一

列传第八

速不台

速不台,蒙古兀良合人。其先世猎于斡难河上,遇敦必乃皇帝,因相结纳,至太祖时,已五世矣。捏里必者生字忽都,众目为折里麻。折里麻者,汉言有谋略人也。三世孙合赤温,生哈班。哈班二子,长忽鲁浑,次速不台,俱骁勇善骑射。太祖在班朱尼河时,哈班尝驱群羊以进,遇盗,被执。忽鲁浑与速不台继至,以枪刺之,人马皆倒,余党逸去,遂免父难,羊得达于行在所。忽鲁浑以百户从帝与乃蛮部主战于长城之南,忽鲁浑射却之,其众奔阔赤檀山而溃。

速不台以质子事帝,为百户。岁壬申,攻金桓州,先登,拔其城。帝命赐金帛一车。灭里吉部强盛不附。丙子,帝会诸将于秃兀剌河之黑林,问:"谁能为我征灭里吉者?"速不台请行,帝壮而许之。乃选禆将阿里出领百人先行,觇其虚实。速不台继进。速不台戒阿里出曰:"汝止宿必载婴儿具以行,去则遗之,使若挈家而逃者。"灭里吉见之,果以为逃者,遂不为备。已卯,大军至蟾河,与灭里吉遇,一战而获其二将,尽降其众。其部主霍都奔钦察,速不台追之,与钦察战于玉峪,败之。

壬午,帝征回回国,其主灭里委国而去。命速不台与只别追之,及于灰里河,只别战不利,速不台驻军河东,戒其众人爇三炬以张军势,其王夜遁。复命统兵万人由不罕川必里罕城追之,凡所经历皆无水之地。既度川,先发千人为游骑,继以大军昼夜兼行。比至,灭里逃入海,不月余,病死,尽获其所弃珍宝以献。帝曰:"速不台枕干血战,为我家宣劳,朕甚嘉之。"赐以大珠、银罂。

癸未,速不台上奏,请讨钦察。许之。遂引兵绕宽定吉思海,展转至太和岭,凿石开道,出其不意。至则遇其酋长玉里吉及塔塔哈儿方聚于不租河,纵兵奋击,其众溃走。矢及玉里吉之子,逃于林间,其奴来告而执之,余众悉降,遂收其境。又至阿里吉河,与斡罗思部大、小密赤思老遇,一战降之,略阿速部而还。钦察之奴来告其主者,速不台纵为民。还,以闻。帝曰:"奴不忠其主,肯忠他人乎?"遂戮之。又奏以灭里吉、乃蛮、怯烈、杭斤、钦察诸部千户,通立一军,从之。略也迷里霍只部,获马万匹以献。

帝欲征河西,以速不台比年在外,恐父母思之,遣令归省。速不台奏,愿从西征。帝命度大碛以往。丙戌,攻下撒里畏吾特(勒)〔勤〕、赤闵等部,及德顺、镇戎、兰、会、洮、河诸州,得牝马五千匹,悉献于朝。丁亥,闻太祖崩,乃还。

己丑,太宗即位,以秃灭干公主妻之。从攻潼关,军失利,帝责之。睿宗时在藩邸,言兵家胜负不常,请令立功自效。遂命引兵从睿宗经理河南,道出牛头关,遇金将合达帅步骑数十万待战。睿宗问以方略,速不台曰:"城居之人不耐劳苦,数挑以劳之,战乃可胜也。"师集三峰山,金兵围之数匝。会风雪大作,其士卒僵仆，师乘之，杀戮殆尽。自是金军不能复振。壬辰夏，睿宗还驻官山，留速不台统诸道兵围汴。癸巳，金主渡河北走，追败之于黄龙冈，斩首万余级。金主复南走归德府，未几，复走蔡州。汴降，俘其后妃及宝器以献，进围蔡州。甲午，蔡州破，金主自焚死。时汴梁受兵日久，岁饥人相食，速不台下令纵其民北渡以就食。

乙未，太宗命诸王拔都西征八赤蛮，且曰："闻八赤蛮有胆勇，速不台亦有胆勇，可以胜之。"遂命为先锋，与八赤蛮战，继又令统大军，遂虏八赤蛮妻子于宽田吉思海。八赤蛮闻速不台至，大惧，逃入海中。

辛丑，太宗命诸王拔都等讨兀鲁思部主也烈班，为其所败，围秃里思哥城，不克。拔都奏遣速不台督战，速不台选哈必赤军怯怜口等五十人赴之，一战获也烈班。进攻秃里思哥城，三日克之，尽取兀鲁思所部而还。经哈咂里山，攻马札儿部主怯怜。速不台为先锋，与诸王拔都、呼里兀、昔班、哈丹五道分进。众曰："怯怜军势盛，未可轻进。"速不台出奇计，诱其军至潩宁河。诸王军于上流，水浅，马可涉，中复有桥。下流水深，速不台欲结筏潜渡，绕出敌后。未渡，诸王先涉河与战。拔都军争桥，反为所乘，没甲士三十人，并亡其麾下将八哈秃。既渡，诸王以敌尚众，欲要速不台还，徐图之。速不台曰："王欲归自归，我不至秃纳河马茶城，不还也。"及驰至马茶城，诸王亦至，遂攻拔之而还。诸王来会，拔都曰："潩宁河战时，速不台救迟，杀我八哈秃。"速不台曰："诸王惟知上流水浅，且有桥，遂渡而与战，不知我于下流，结筏未成，今但言我迟，当思其故。"于是拔都亦悟。后大会，饮以马乳及蒲萄酒。言征怯怜时事，曰："当时所获皆速不台功也。"

壬寅，太宗崩。癸卯，诸王大会，拔都欲不往。速不台曰："大王于族属为兄，安得不往？"甲辰，遂会于也只里河。

丙午，定宗即位，既朝会，还家于秃剌河上。戊申卒，年七十三。赠效忠宣力佐命功臣、开府仪同三司、上柱国，追封河南王，谥忠定。子兀良合台。

兀良合台，初事太祖。时宪宗为皇孙，尚幼，以兀良合台世为功臣家，使护育之。宪宗在潜邸，遂分掌宿卫。岁（乙）〔癸〕巳，领兵从定宗征女真国，破万奴于辽东。继从诸王拔都征钦察、兀鲁思、阿〔速〕、孛烈儿诸部。丙午，又从拔都讨孛烈儿乃、捏迷思部，平之。己酉，定宗崩。拔都与宗室大臣议立宪宗，事久未决。四月，诸王大会，定宗皇后问所宜立，皆惶惑，莫敢对。兀良合台对曰："此议已先定矣，不可复变。"拔都曰："兀良合台言是也。"议遂定。

宪宗即位之明年，世祖以皇弟总兵讨西南夷乌蛮、白蛮、鬼蛮诸国，以兀良合台总督军事。其鬼蛮，即赤秃哥国也。癸丑秋，大军自旦当岭入云南境。摩些二部酋长唆火脱因、塔裹马来迎降，遂至金沙江。兀良合台分兵入察罕章，盖白蛮也，所在寨栅，以次攻下之。独阿塔剌所居半空和寨，依山枕江，牢不可拔。使人觇之，言当先绝其汲道。兀良合台率精锐立炮攻之。阿塔剌遣人来拒，兀良合台遣其子阿术迎击之，寨兵退走。遂并其弟阿叔城俱拔之。进师取龙首关，翊世祖入大理国城。

甲寅秋，复分兵取附都善阐，转攻合剌章水城，屠之。合剌章，盖乌蛮也。前次罗部府，大酋高升集诸部兵拒战，大破之于洟可浪山下，遂进至乌蛮所都押赤城。城际滇池，三面皆水，既险且坚，选骁勇以炮摧其北门，纵火攻之，皆不克。乃大震鼓钲，进而作，作而止，使不知所为，如是者七日，伺其困乏，夜五鼓，遣其子阿术潜师跃入，乱斫之，遂大溃。至昆泽，擒其国王段（智兴）〔兴智〕及其渠帅马合剌昔以献。余众依阻山谷者，分命裨将也里、脱伯、押真掩其右，合台护尉掩其左，约三日卷而内向。及围合，与阿术引善射者二百骑，期以三日，四面进击。兀良合台陷阵鏖战，又攻纤寨，拔之。至乾德哥城，兀良合台病，委军事于阿术。环城立炮，以草填堑，众军始集，阿术已率所部搏战城上，城遂破。

乙卯，攻不花合因、阿合阿因等城，阿术先登，取其三城。又攻赤秃哥山寨。阿术缘岭而战，遂拔之。乘胜击破鲁〔鲁〕厮国塔浑城，又取忽兰。鲁鲁厮国大惧，请降。阿伯国有兵四万，不降。阿术攻之，入其城，举国请降。复攻阿鲁山寨，进攻阿鲁城，克之。乃搜捕未降者，遇赤秃哥军于合打台山，追赴临崖，尽杀之。自出师至此，凡二年，平大理五城八府四郡，泊乌、白等蛮三十七部。兵威所加，无不款附。

丙辰，征白蛮国、波丽国，阿术生擒其骁将，献俘阙下。诏以便宜取道，与铁哥带儿后合，遂出乌蒙，趋泸江，划秃剌蛮三城，却宋将张都统兵三万，夺其船二百艘于马湖江，斩获不可胜计。遂通道于嘉定、重庆，抵合州，济蜀江，与铁哥带儿会。

丁巳，以云南平，遣使献捷于朝，且请依汉故事，以西南夷悉为郡县，从之。赐其军银五千两、彩币二万四千匹，授银印，加大元帅。还镇大理，遂经六盘山至临洮府，与大营合。月余，复西征乌蛮。

秋九月，遣使招降交趾，不报。冬十月，进兵压境。其国主陈日煚，隔江列象骑、步卒甚盛。兀良合台分军为三队济江，彻彻都从下流先济，大（师）〔帅〕居中，驸马怀都与阿术在后。仍授彻彻都方略曰："汝军既济，勿与之战，彼必来逆我，驸马随断其后，汝伺便夺其船。蛮若溃走，至江无船，必为我擒矣。"师既登岸，即纵与战，彻彻都违命，蛮虽大败，得驾舟逸去。兀良合台怒曰："先锋违我节度，军有常刑。"彻彻都惧，饮药死。兀良合台入交趾，为久驻计，军令严肃，秋毫无犯。越七日，日煚请内附，于是置酒大飨军士。还军押赤城。

戊午，引兵入宋境，其地炎瘴，军士皆病，遇敌少却，亡军士四人。阿术还战，擒其卒十二人，其援复至，阿术以三十骑，阿马秃继以五十骑击走之。时兀良合台亦病，将旋师，阿术战马五十匹，夜为秃刺蛮所掠，入告兀良合台曰："吾马尽为盗掠去，将何以行？"即分军搜访，知有三寨藏马山巅。阿术亲率将士攀崖而上，破其诸寨，生擒贼酋，尽得前后所盗马千七百匹，乃屠押赤城。

宪宗遣使谕旨，约明年正月会军长沙，乃率四王骑兵三千，蛮、僰万人，破横山寨，辟老苍关，徇宋内地。宋陈兵六万以俟。遣阿术与四王潜自间道冲其中坚，大败之，尽杀其众。乘胜击逐，蹑贵州，蹂象州，入静江府，连破辰、沅二州，直抵潭州城下。潭州出兵二十万，断我归路。兀良合台遣阿术与大纳、玉龙帖木儿军其前，而自与四王军其后，夹击破之。兵自入敌境，转斗千里，未尝败北。大小十三战，杀宋兵四十余万，擒其将大小三人。其州又遣兵来攻，追至门濠，掩溺殆尽，乃不敢复出。壁城下月余。时世祖已渡江驻鄂州，遣也里蒙古领兵二千人来援，且加劳问。遂自鄂州之浒黄洲北渡，与大军合。

庚申，世祖即位。夏四月，兀良合台至上都。后十二年卒，年七十二。子阿术自有传。

译文：

速不台，蒙古兀良合部人。他的祖先在斡难河边打猎，遇见敦必乃皇帝，因而相互友好往来，到太祖时已经五代了。祖先中有人名叫捏里必，生子孛忽都，人们称之为折里麻。折里麻在汉语中是有谋略的人。三世孙名叫合赤温，生子哈班。哈班有两个儿子，长子忽鲁浑，次子速不台，两人都骁勇长于骑射。太祖在班朱尼河时，哈班曾驱赶羊群来献，路上遇到强盗，被捉住成了俘虏。接着忽鲁浑和速不台来到，用枪刺向强盗，人马都被刺倒在地，其余党羽全都逃走，于是父亲哈班得以免除灾难，羊群送到了太祖屯驻的地方。忽鲁浑以百户的身份跟随太祖和乃蛮部首领在长城以南作战，忽鲁浑射箭打退了他们，乃蛮部众逃奔到阔赤檀山，在那里溃散了。

速不台以质子的身份为太祖效力，任百户。壬申年，攻打金朝的桓州，抢先登城，攻克了它。太祖下令赏赐金帛一车。灭里吉部势力强盛不肯归附。丙子年，太祖在秃兀剌河的黑林召集将领们，问道："那一个能为我去攻打灭里吉部。"速不台请求前往，太祖为他的勇敢感动便答应了，于是选择副将阿里出带领一百人先行，侦察对方的虚实，速不台接着前进。速不台告诫阿里出说："你宿营时一定要带着婴儿的东西，走时就留下，使人觉得好像是带着全家老小逃亡那样。"灭里吉人看见，果然以为是逃亡的人，因而不作准备。己卯年，大军到蟾河，与灭里吉部相遇，一战便擒获对方的两名将领，部众尽降。灭里吉部首领霍都逃往钦察，速不台追赶，和钦察人在玉峪交战，取得胜利。

壬午年，太祖出征回回国，回回国主灭里弃国逃亡。太祖命速不台与只别追赶，在灰里河赶上了，只别作战不利，速不台驻军河的东岸，下令部众每人点燃三支火炬，以此壮大自己的声势，回回国主连夜逃走。太祖又命他统兵万人从不罕川、必里罕城追赶，所经历的都是无水的地方。度过不罕川之后，先派千人为前哨，大军随后，日夜赶路。等到赶上，灭里已逃入海中，一个多月便病死了。灭里抛下的珍宝全部成了战利品，献给太祖。太祖说："速不台日夜血战，为我家尽力，我很欣赏。"赐给大珠、银器。

癸未年，速不台上奏，请求讨伐钦察部，太祖同意。于是便引兵绕宽定吉思海而行，辗转到太和岭，凿石开道，出其不意。钦察部首领玉里吉和塔塔哈儿正在不租河聚会，速不台来到，纵兵进击，对方部众溃散而去。箭射中了玉里吉的儿子，他逃到林中，他的奴隶前来举告，因而被俘，其余部众都来投降，于是便收服了钦察国土。又来到阿里吉河，和斡罗思部的大、小密赤思老相遇，一战便使他们降服，掠取阿速部而还。钦察的奴隶来举告他的主人，速不台释放他为平民，回来后向太祖报告，太祖说："奴隶不忠于他的主人，还能为他人效忠吗？"便将他杀掉。又上奏，将灭里吉、乃蛮、怯烈、杭斤、钦察各部的千户，合成一军，太祖同意。掠取也迷里霍只部，得到马万匹献给太祖。

太祖准备出征河西，因为速不台连年在外，恐怕父母思念，便让他回去省亲。速不台上奏，愿意跟随西征。太祖命他度过大沙漠前往。丙戌年，攻下撒里畏吾特勤、赤闵等部，以及德顺、镇戎、兰、会、洮、河诸州，获得母马五千匹，全都献给朝廷。丁亥年，听到太祖去世的消息，才统军而还。

己丑年，太宗即位，将秃灭干公主嫁给他为妻。随从太宗进攻潼关，失利，太宗责备他。睿宗拖雷当时是宗室藩王，说：兵家胜败不常，请求让他立功自效。于是便命他带兵跟随睿宗掠取河南。经过牛头关，遇到金朝将领合达，合达带领步兵、骑兵数十万准备作战。睿宗问速不台如何作战，速不台说："居住在城中的人不能忍受劳苦，用屡次挑战的办法使他们疲劳，便可取胜。"军队集中于三峰山，金军重重包围。正遇上风雪大作，金军士兵纷纷冻僵仆倒在地，乘机作战，将金军几乎杀光。从此金军不能再恢复元气了。壬辰年夏天，睿宗还师，屯驻官山，留下速不台统领各路军队，包围汴梁。癸巳年，金朝皇帝渡过黄河北逃，追上以后在黄龙冈击败他们，杀死一万多人。金帝又向南逃到归德府。没有多久，又逃到蔡州。汴梁投降，俘获金朝的后妃和传国的重要器物献给朝廷，进兵包围蔡州。甲午年，蔡州被攻下，金帝自焚而死。当时汴梁因为遭受战祸时间很久，出现饥荒，发生人吃人的现象，速不台下令，允许汴梁百姓到黄河以北解决吃饭问题。

乙未年，太宗命诸王拔都西征八赤蛮，并说："听说八赤蛮胆大勇猛，速不台也是一个大胆勇猛的人，可以战胜他。"便命速不台为先锋，与八赤蛮作战，后来又令他统领大军。于是在宽定吉思海捉住了八赤蛮妻子。八赤蛮听说速不台前来，十分害怕，逃到海中。

辛丑年，太宗命诸王拔都等攻打兀鲁思部首领也烈班，被也烈班打败；包围秃里思哥城，攻不下来。拔都上奏，太宗派速不台前去督战。速不台选哈必赤军怯怜口等五十人前往，一次战斗便捉住了也烈班。进攻秃里思哥城，三天就攻下来，获得兀鲁思的全部属民以后回军。经过哈咂里山，向马札儿部首领怯怜进攻。速不台充先锋，与诸王拔都、吁里兀、昔班、哈丹五路分头进军。众人说："怯怜军势强盛，不能轻进。"速不台提出大胆的计划，将怯怜军引诱到漷宁河。诸王的军队在上流，河水浅，马可以过去，河中又有桥。下流水深，速不台准备编结木筏偷渡，绕出敌军的后方。速不台军没有渡河，诸王抢先过河与敌人交战。拔都军争着过桥，反被对方钻了空子，甲士三十人战死，拔都部下将领八哈秃也牺牲了。渡河以后，诸王以为敌人为数还很多，想要速不台退兵，以后再作打算。速不台说："诸位大王想要回去自己回去好了，我不到秃纳河、马茶城是不会回去的。"等到他赶到马茶城，诸王也都来了，于是便攻克了该城回来。诸王聚会，拔都说："潮宁河作战时，速不台前来救援迟缓，以致牺牲了我的八哈秃。"速不台说："诸位大王只知道上流水浅，而且有桥，于是便渡河与敌人作战，不知我在下流编结木筏尚未完工。现在只说我迟，应当考虑迟缓的原因。"于是拔都也想通了。后来举行大聚会，赐速不台喝马奶和葡萄酒。谈到征怯怜时的情况，拔都说："当时的俘获都是速不台的功劳。"

壬寅年，太宗去世。癸卯年，诸王大聚会，拔都不想去参加。速不台说："大王在皇族中是长兄，怎么能不去呢！"甲辰年，便于也只里河举行大聚会。

丙午年，定宗即位。参加朝廷大聚会以后，回去居住在秃剌河边。戊申年死，年七十三岁。赠效忠宣力佐命功臣、开府仪同三司、上柱国，追封河南王，谥忠定。子兀良合台。

兀良合台，起初奉事太祖。那时宪宗蒙哥是皇孙，年纪尚小，由于兀良合台家世代都是功臣，太祖让其家护育蒙哥。宪宗即位前，兀良合台掌管宿卫。癸巳年，领兵跟随定宗征伐女真国，在辽东大败万奴。接着跟随诸王拔都征伐钦察、兀鲁思、阿速、孛烈儿诸部。丙午年，又跟随拔都讨伐孛烈儿乃、捏迷思部，把这些部落平定。己酉年，定宗崩逝，拔都与宗室大臣商议立宪宗为帝，议论了很久还未做出决定。四月间，诸王召开大会，定宗皇后问谁适合作天子人选，众人都惊慌不已，不敢回答。兀良合台回答说："此事早就决定了，不能再变。"拔都说："兀良合台说的有道理。"事情便定了下来。

宪宗即位的第二年，世祖以皇帝弟弟的身份总领军队讨伐西南夷的乌蛮、白蛮、鬼蛮诸国，任命兀良合台总督军事。其中的鬼蛮，也就是赤秃哥国。癸丑年秋天，大军从旦当岭进入云南境内。摩些族两个部落的两个酋长唆火脱因、塔里马前来迎接，表示投降，大军进到金沙江畔。兀良合台分出兵力进入察罕章，也就是白蛮，他们所立的寨栅，先后被攻下，只有阿塔剌所居住的半空和寨，前依高山，后枕大江，防守牢固，攻不下来。兀良合台派人侦察，回来的人说应当先断绝他们汲水的道路。兀良合台率精锐部队用炮轰打汲水的道路，阿塔剌派兵抗拒，兀良合台派自己的儿子阿述迎头痛击，半空和寨的守兵退走，兀良合台连阿塔剌之弟阿叔所盘踞的城池也攻克了。军队向前进夺取了龙首关，帮助世祖进入大理国城。

甲寅年秋天，兀良合台分一部分兵力夺取大理城附属的都市善阐，转而进攻合剌章水城，攻陷后将全城人杀死。合剌章，也就是乌蛮。不久前兀良合台驻扎在罗部府这个地方，那里的大酋长高升聚集诸部兵马抵抗，在渍可浪山下被蒙古兵打得大败，兀良合台前进到乌蛮的都城押赤城。押赤城紧靠滇池，三面都是水，地势险要，防守坚固，兀良合台挑选骁勇的士兵用大炮猛轰该城北门，又放火焚烧，都没有攻克。于是大规模地擂鼓击钲，部队前进时就擂鼓击钲，而等到鼓钲大作时又停止前进，使乌蛮部摸不清蒙古兵在干什么，这样一连持续了七天，等乌蛮部的人困乏时，在夜里五更时分，兀良合台派他的儿子阿术悄悄地率士兵跳入城中，乱砍乱杀，乌蛮兵溃乱，押赤城落入蒙军手中。前进到昆泽，捉住了大理国王段兴智和元帅马合剌昔献给世祖。大理国其余的将领依靠山谷险峻抗拒者，分别命副将也里、脱伯、押真乘敌人不备攻其右边，合台护卫攻其左边，相约三日内席卷向其内部进攻。等到两部人马合围时，兀良合台与阿术率领善于射箭的二百名骑兵，约定三天的期限，四面向敌人发起进攻。兀良合台冲锋陷阵，鏖战十分激烈，攻打纤寨，一举攻破。大兵行走到乾德哥城，兀良合台病倒了，把军中大事交给阿术处理。阿术在乾德哥城的周围设立大炮，用草填平壕堑，当大部队人马聚集的时候，阿术已经率领所部人马在城上与敌军搏斗，乾德哥城最后被攻破。

乙卯年，进攻不花合因、阿合阿因等城，阿术身先士卒登城，攻克敌人三座城池。又攻赤秃哥山寨，阿术顺着山岭作战，攻克了山寨。乘胜击破鲁鲁厮国塔浑城，又攻下忽兰城，鲁鲁厮国人很害怕，请求投降。阿伯国有兵四万，不肯投降。阿术率兵进攻，攻入他们的城池，全国请求投降。又进攻阿鲁山寨，攻打阿鲁城，都占领了。便搜捕不肯投降的人，在合打台山与赤秃哥军相遇，一直把他们追赶到悬崖上，全部把他们杀死。自从出师至今，已经二年，平定大理国五城八府四郡，以及乌、白等蛮三十七部，大兵威力所到之处，没有不纳款投降的。

丙辰年，兀良合台征讨白蛮国、波丽国，阿术活捉了两国的骁勇将领，献到宫廷中。天子下诏让兀良合台自己根据情况选择进军道路，与铁哥带儿的部队会合，从乌蒙出发，向泸江进军，铲平秃剌蛮三座城池，打退宋将张都统所部三万士兵，在马湖江夺取张都统的战船二百艘，杀死俘虏敌人无数，于是打通了去嘉定、重庆的道路，抵达合州，跨过蜀江，与铁哥带儿会师。

丁巳年，因为云南平定，派人献捷于朝廷，请求依照汉朝旧例，在西南夷全部设立郡县，朝廷接受了这个建议。赏赐兀良合台部队银五千两、彩币二万四千匹，授给银印，加封大元帅。还军镇守大理，又经过六盘山到临洮府，与忽必烈的大营会合。一个多月后，再次西征乌蛮。

秋季九月，派人去交趾招降，交趾没有回答。冬季十月，率兵进入交趾国境，他们的国主陈日煚，隔着大江排列象阵、步兵，阵容很强大。兀良合台把军队分为三支渡江，彻彻都从下游先过，大帅在中间，驸马怀都与阿术在后。兀良合台授给彻彻都策略说："你率领的军队渡河之后，不要和敌人交战，他们必然主动找我军作战，驸马跟在他们后面截断归路，你寻找机会夺走他们的船只。南蛮兵如果崩溃逃走，到江心中没有船只，一定会被我军擒获。"部队登岸后，便与敌兵展开激战。彻彻都违抗命令，蛮兵虽然被打败，却能够驾船逃走。兀良合台大怒说："你当先锋官的违背我的命令，应该受到军法的处罚。"彻彻都非常害怕，就喝药自尽了。兀良合台进入交趾，为长期驻扎下来，军纪严明，一点都不侵犯百姓利益。过了七天，陈日煚请求归附朝廷，于是兀良合台摆设酒宴慰劳士兵。率军队退到柙赤城。

戊午年，率兵进入宋境，那里天气炎热，有瘴疠之气，士兵都生了病，遇到敌人后稍稍退却了一下，有四名士兵阵亡。阿术返回来战斗，捉到宋兵十二人，他们的援兵又到了，阿术率领三十名骑兵，阿马秃接着率领五十名骑兵，把敌人的援兵赶走。当时兀良合台也生病了，快要班师时，阿术的战马五十匹，黑夜中被秃剌蛮抢走，他报告给兀良合台说："我的马匹都被强盗抢走了，怎么行军？"便派士兵分头寻找，得知有三个寨子把马藏在了山的最高处，阿术亲自率领将士攀缘山崖往上爬，攻破了那几座寨子，活捉了贼寇头目，全部追回前后被盗战马一千七百匹，把柙赤城的百姓都杀死了。

宪宗派人传达圣旨，相约明年正月在长沙会师，兀良合台便率领四王骑兵三千，蛮兵、僰兵共一万人，攻破横山寨，辟开老苍关，进入宋朝内地。宋朝调动军队六万迎战，兀良合台派阿术和四王暗中走小路攻击宋朝的主力部队，把他们打得大败，并全部杀死。乘胜进攻追赶敌人，践踏贵州，蹂躏象州，进入静江府，接连攻破辰、沅二州，直达潭州城下。潭州出动二十万军队，截断我军归路。兀良合台派阿术与大纳、玉龙帖木儿抢在宋军前面，而自己和四王率兵绕到宋军背后，前后夹击，大败宋兵。兀良合台自从率兵进入敌境，转战千里，没有打过败仗。大大小小十三次战斗，杀死宋兵，活捉大小将领三人。潭州又派兵进攻，我军追到门濠，宋兵差不多都淹死在河中了，从此之后再也不敢出来。我军驻扎在潭州城下一月多的时间。当时世祖已渡过长江驻扎在鄂州，派也里蒙古领兵二千人前来援助，犒劳慰问。于是，兀良合台从鄂州管辖的地面浒黄州渡江北上，与世祖所率大军会合。

庚申年，世祖即皇帝位。夏季四月，兀良合台来到上都。十二年后去世，享年七十二岁。儿子阿术自己有传。

元史卷一百二十二

列传第九

巴而术阿而忒的斤

巴而术阿而忒的斤亦都护,亦都护者,高昌国主号也。先世居畏兀儿之地,有和林山,二水出焉,曰秃忽剌,曰薛灵哥。一夕,有神光降于树,在两河之间,人即其所而候之,树乃生瘿,若怀妊状,自是光常见。越九月又十日而树瘿裂,得婴儿者五,土人收养之。其最稚者曰不〔古〕可罕。既壮,遂能有其民人土田,而为之君长。传三十余君,是为玉伦的斤,数与唐人相攻战,久之议和亲,以息民罢兵。于是唐以金莲公主妻的斤之子葛励的斤,居和林别力跛力答,言妇所居山也。又有山曰天哥里于答哈,言天灵山也。南有石山曰胡力答哈,言福山也。唐使与相地者至其国,曰:"和林之盛强,以有此山也。盍坏其山,以弱其国。"乃告诸的斤曰:"既为婚姻,将有求于尔,其与之乎?福山之石,于上国无所用,而唐人愿见。"的斤遂与之石,大不能动,唐人以烈火焚之,沃以醲醋,其石碎,乃辇而去。国中鸟兽为之悲号。后七日,玉伦的斤卒,灾异屡见,民弗安居,传位者又数亡,乃迁于交州。交州即火州也。统别失八里之地,北至阿术河，南接酒泉，东至兀敦、甲石哈，西临西蕃。居是者凡百七十余载，而至巴而术阿而忒的斤，臣于契丹。

岁己巳，闻太祖兴朔方，遂杀契丹所置监国等官，欲来附。未行，帝遣使使其国。亦都护大喜，即遣使入奏曰："臣闻皇帝威德，即弃契丹旧好，方将通诚，不自意天使降临下国，自今而后，愿率部众为臣仆。"是时帝征大阳可汗，射其子脱脱杀之。脱脱之子（大）〔火〕都、赤剌温、马札儿、秃薛干四人，以不能归全尸，遂取其头涉也儿的石河，将奔亦都护，先遣使往，亦都护杀之。四人都至，与大战于襜河。亦都护遣其国相来报，帝复遣使还谕亦都护，遂以金宝入贡。

辛未，朝帝于怯绿连河，奏曰："陛下若恩顾臣，使臣得与陛下四子之末，庶几竭其犬马之力。"帝感其言，使尚公主也立安敦，且得序于诸子。与者必那演征罕勉力、锁潭、回回诸国，将部曲万人以先。纪律严明，所向克捷。又从帝征你沙卜里，征河西、皆有大功。既卒，而次子玉古伦赤的斤嗣。

玉古伦赤的斤卒，子马木剌的斤嗣。将探马军万人，从宪宗伐宋合州，攻钓鱼山有功，还火州卒。

至元三年，世祖命其子火赤哈儿的斤嗣为亦都护。海都、帖木迭儿之乱，畏兀儿之民遭乱解散，于是有旨命亦都护收而抚之，其民人在宗王近戚之境者，悉遣还其部，畏兀儿之众复辑。

十二年，都哇、卜思巴等率兵十二万围火州，声言曰："阿只吉、奥鲁只诸王以三十万之众，犹不能抗我而自溃，尔敢以孤城当吾锋乎？"亦都护曰："吾闻忠臣不事二主，吾生以此城为家，死以此城为墓，终不能从尔也。"受围凡六月，不解。都哇以书系矢射城中曰："我亦太祖皇帝诸孙，何以不附我？且尔祖尝尚公主矣。尔能以女与我，我则休兵；不然则急攻尔。"其民相与言曰："城中食且尽，力已困，都哇攻不止，则相与俱亡矣。"亦都护曰："吾岂惜一女而不以救民命乎！然吾终不能与之相见。"以其女也立亦黑迷失别吉，厚载以茵，引绳缒城下而与之，都哇解去。其后入朝，帝嘉其功，锡以重赏，妻以公主曰巴巴哈儿，定宗之女也。又赐钞十万锭以赈其民。还镇火州，屯于州南哈密力之地，兵力尚寡，北方军忽至其地，大战力尽，遂死之。

子纽林的斤，尚幼，诣阙请兵北征，以复父仇。帝壮其志，赐金币巨万，妻以公主曰不鲁罕，太宗之孙女也。公主薨，又尚其妹曰八卜叉。有旨师出河西，俟北征诸军齐发，遂留永昌。会吐蕃脱思麻作乱，诏以荣禄大夫平章政事，领本部探马等军万人镇吐蕃宣慰司。威德明信，贼用敛迹，其民赖以安。武宗召还，嗣为亦都护，赐之金印，复署其部押西护司之官。仁宗始稽故实，封为高昌王，别以金印赐之，设王傅之官。其王印行诸内郡，亦都护印行诸畏兀儿之境。八卜叉公主薨，复尚公主曰兀剌真，安西王之女也。领兵火州，复立畏兀儿城池。延祐五年薨。子二人，长曰帖木儿补化，次曰籛吉，皆八卜叉公主所生也。

帖木儿补化，大德中，尚公主曰朵儿只思蛮，阔端太子孙女也。至大中，从父入觐，备宿卫。又事皇太后于东朝，拜中奉大夫，领大都护事。又以资善大夫出为巩昌等处都总帅达鲁花赤。奔父丧于永昌，请以王爵让其叔父钦察台，叔父力辞，乃嗣为亦都护高昌王。

至治中，领甘肃诸军，仍治其部。泰定中召还，与威顺王宽彻不花、宣靖王买奴、靖安王阔不花分镇襄阳。俄拜开府仪同三司、湖广行省平章政事。文宗召至京师，佐平大难。时湖广左丞有以忌嫉害政者，诏命诛之。帖木儿补化乃为申请曰："是诚有罪，然不至死。"人服其雅量。天历元年，拜开府仪同三司、上柱国、录军国重事、知枢密院事。明年正月，以旧官勋封拜中书左丞相。三月，加太子詹事；十月，拜御史大夫。其弟篯吉乃以让嗣为亦都护高昌王。

译文：

巴而术阿而忒的斤亦都护，亦都护是高昌国君主的称号。他的祖先居住在畏兀儿地区，当地有和林山，是秃忽剌、薛灵哥二条河的发源地。一天晚上，有神奇的光线照射两河之间的一棵树，人们就在那里等候，这棵树就长出一个隆起的包来，就像女人怀孕了的形状。自此以后常常可以看见这神奇的光线。经过九个月又十天，树上的包裂开了，里面有五个婴儿，当地人收养了他们。最小的一个叫作不古可罕，长大了能够占有这个地区的百姓和土地，成为当地的君主。传了三十几代，到玉伦的斤，几次和唐朝作战，久而久之双方商议和亲，好让战争停止百姓得到休养生息。于是唐朝将金莲公主嫁给玉伦的斤之子葛励的斤，居住在和林的别力跛力答，意思是儿媳妇居住的山。又有一座山叫作天哥里于答哈，意思是天灵山。南边有一座石头山叫作胡力答哈，意思是福山。唐朝的使者和看风水的人来到他们的国家，说："和林的强盛，是因为有这座山。不如破坏这座山。这样他们的国家便衰弱了。"于是告诉各位的斤说："既然结为婚姻，我们将有求于你们，是否可以给予呢？福山的石头，对于你们伟大的国家并无用处，但是唐朝百姓愿意见到。"的斤就将石头给唐朝，大的石头搬不动，唐人用烈火焚烧，浇上浓醋，石头碎了，然后用车载走。国中的鸟兽都为此悲鸣。过了七天，玉伦的斤死，屡次发生灾异，百姓无法安居，继位的又死了好几个，于是迁到交州。交州就是火州。管辖别失八里地区，北到阿术河，南和酒泉相邻，东到兀敦、甲石哈，西临西蕃。居住在交州一百七十余年，到巴而术阿而忒的斤，臣属于契丹。

己巳年，巴而术阿而忒的斤亦都护听说太祖在北方兴起，便杀死契丹设置的监国等官，想来归附。还没有出发，太祖派遣的使者已经来到。亦都护非常高兴，立即遣使者到太祖处上奏说："我听说皇帝的威德，立即抛弃了原来与契丹的友好关系，正准备向您表示归诚之意，想不到您的使者已降临我们的国家。自今以后，我愿率领部众为您的臣仆。"这时太祖征讨太阳可汗，射杀他的儿子脱脱。脱脱的儿子火都、赤剌温、马札儿、秃薛干四人因为不能带回他们父亲的整具尸体，便割取头颅渡过也儿的石河，将要投奔亦都护，先遣使者前往，亦都护将使者杀死。四人来到，与亦都护在雠河大战。亦都护派遣他的国相前来报告，太祖又派他回去向亦都护传达自己的意思，于是亦都护便以黄金宝物前来进贡。

辛未年，亦都护到怯绿连河朝见太祖，上奏说："陛下如果赐恩照雇我，使我能位于陛下四个儿子的后面，这样我一定效犬马之劳。"太祖为他的话感动，把也立安敦公主许配给他，而且允许他与儿子们排列在一起。亦都护与者必那演一起出征罕勉力、锁潭、回回诸国，带着部下万人为先锋，纪律严明，所到之处都打胜仗。又跟着太祖出征你沙卜里、河西，都有大功。不久去世，次子玉古伦赤的斤嗣位。

玉古伦赤的斤死，子马木剌的斤嗣。带着探马军万人，跟随宪宗讨伐宋朝合州，攻打钓鱼山有功。回到火州去世。

至元三年，世祖命马木剌的斤的儿子火赤哈儿的斤继承亦都护之位。海都、帖木迭儿作乱，畏兀儿的百姓流散逃亡，这时有旨命令亦都护收集抚养，畏兀儿百姓在宗王、国戚们管辖范围之内的，都遣返回乡，于是畏兀儿的民众又集聚起来。

十二年，都哇、卜思巴等带着十二万军队包围火州，扬言："阿只吉、奥鲁只诸王有三十万军队尚且不能与我对抗，自己溃散，你竟以孤城抵挡我的军锋吗？"亦都护说："我听说忠臣不事二主，我活着的时候以这座城为家，死了便以这座城为坟墓，永远不能听从你的命令。"被包围六个月，不解。都哇将书信绑在箭上，射到城中，信中说："我也是太祖皇帝的后代，你为什么不归附我？你的祖先曾娶公主为妻，你如能将女儿给我，我就退兵，否则就发动猛烈攻击。"百姓们相互说道："城中食物快要没有了，大家精疲力竭，都哇的进攻再不停止，我们都完了。"亦都护说："我难道爱惜一个女儿而不救百姓的性命吗！然而我不能和他见面。"便将自己的女儿也立亦黑迷失别吉放在铺着厚厚被垫的筐中，用绳子放到城下，送给都哇，于是都哇便解围而去。此后亦都护入朝，皇帝为了嘉奖他的功劳，给了很重的赏赐，还将定宗贵由的女儿巴巴哈儿公主嫁给他。又赏赐钞十万定用来赈济他的百姓。亦都护回到火州镇守，屯驻在州南名叫哈密力的地方，兵力还比较薄弱，北方的军队突然来到，发生大战，力尽而死。

儿子纽林的斤年纪还很小，就到朝廷中请求出兵北征，为父报仇。皇帝为他的壮志感到高兴，赏赐金币好几万，将太宗的孙女不鲁罕公主嫁给了他。公主死，又与她的妹妹八卜叉结婚。皇帝命令他出师河西，等待北征诸军一起行动，因此就留在永昌。正好吐蕃脱思麻有人作乱，皇帝下令，授他为荣禄大夫、平章政事，带领本部探马等军万人出镇吐蕃宣慰司。他在那里威信昭著，强盗都不敢乱动，当地的百姓依靠他得以平安无事。武宗时召回，继承亦都护的称号，赐给金印，又在他的部属中设置押西护司。仁宗时才查考过去的历史，封他为高昌王，另赐予金印，设置王傅。他的王印在内地行用，亦都护印则在畏兀儿地区使用。八卜叉公主死，又与安西王的女儿兀剌真公主结婚。领兵到火州，重新建立畏兀儿城。延祐五年死。纽林的斤有两个儿子，长子叫帖木儿补化，次子叫篯吉，都是八卜叉公主所生。

帖木儿补化在成宗大德年间与阔端太子的孙女朵儿只思蛮公主结婚。武宗至大年间，跟随父亲觐见皇帝，成为宿卫的成员。又为东宫皇太后服务，以中奉大夫品级领大都护事。又以资善大夫的品级外出任巩昌等处都总帅达鲁花赤。父亲死于永昌，前去奔丧，请求将王爵让给叔父钦察台，叔父坚决推辞，于是便继位为亦都护高昌王。

英宗至治年间，统帅甘肃诸军，继续管理本部。泰定时召还，与威顺王宽彻不花、宣靖王买奴、靖安王阔不花镇守襄阳。不久授开府仪同三司、湖广行省平章政事。文宗召他到京师，协助平定大难。当时有一位湖广行省左丞因为妒忌他而使政事受到损失，皇帝下令处死，帖木儿补化为之求情说："此人确实有罪，但还不到死罪的地步。"人们都佩服他大量。天历元年，授开府仪同三司、上柱国、录军国重事、知枢密院事。第二年正月，以原有的官勋任中书左丞相。三月，加授太子詹事。十月，为御史大夫。他的兄弟篯吉因为他的推让而继位为亦都护高昌王。

元史卷一百二十五

列传第十二

赛典赤赡思丁

赛典赤赡思丁一名乌马儿，回回人，别菴伯尔之裔。其国言赛典赤，犹华言贵族也。太祖西征，赡思丁率千骑以文豹白鹘迎降，命入宿卫，从征伐，以赛典赤呼之而不名。

太宗即位，授丰（靖）〔净〕云内三州都达鲁花赤；改太原、平阳二路达鲁花赤；入为燕京断事官。宪宗即位，命同塔剌浑行六部事，迁燕京路总管，多惠政，擢采访使。帝伐蜀，赛典赤主馈饷，供亿未尝阙乏。

世祖即位，立十路宣抚司，擢燕京宣抚使。中统二年，拜中书平章政事，皆降制奖谕。至元元年，置陕西五路西蜀四川行中书省，出为平章政事。莅官三年，增户九千五百六十五、军一万二千二百五十五、钞六千二百二十五锭、屯田粮九万七千二十一石，搏节和买钞三百三十一锭。中书以闻，诏赏银五千两，仍命陕西五路四川行院大小官属并听节制。

七年，分镇四川，宋将昝万寿拥强兵守嘉定，与赛典赤军对垒，一以诚意待之，不为侵掠，万寿心服。未几，赛典赤召还，万寿请置酒为好,左右皆难之,赛典赤竟往不疑。酒至,左右复言未可饮,赛典赤笑曰:"若等何见之小耶?昝将军能毒我,其能尽毒我朝之人乎?"万寿叹服。八年,有旨:大军见围襄阳,各道宜进兵以牵制之。于是赛典赤偕郑鼎率兵水陆并进,至嘉定,获宋将二人,顺流纵筏,断其浮桥,获战舰二十八艘。寻命行省事于兴元,专给粮饷。

十一年,帝谓赛典赤曰:"云南朕尝亲临,比因委任失宜,使远人不安,欲选谨厚者抚治之,无如卿者。"赛典赤拜受命,退朝,即访求知云南地理者,画其山川城郭、驿舍军屯、夷险远近为图以进,帝大悦,遂拜平章政事,行省云南,赐钞五十万缗、金宝无算。

时宗王脱忽鲁方镇云南,惑于左右之言,以赛典赤至,必夺其权,具甲兵以为备。赛典赤闻之,乃遣其子纳速剌丁先至王所,请曰:"天子以云南守者非人,致诸国背叛,故命臣来安集之,且戒以至境即加抚循,今未敢专,愿王遣一人来共议。"王闻,遽骂其下曰:"吾几为汝辈所误。"明日,遣亲臣撒满、位哈乃等至,赛典赤问以何礼见,对曰:"吾等与纳速剌丁偕来,视犹兄弟也,请用子礼见。"皆以名马为贽,拜跪甚恭,观者大骇。乃设宴陈所赐金宝饮器,酒罢,尽以与之,二人大喜过望。明日来谢,语之曰:"二君虽为宗王亲臣,未有名爵,不可以议国事,欲各授君行省断事官,以未见王,未敢擅授。"令一人还,先禀王,王大悦。由是政令一听赛典赤所为。

十二年,奏:"云南诸夷未附者尚多,今拟宣慰司兼行元帅府事,并听行省节制。"又奏:"哈剌章、云南壤地均也,而州县皆以万户、千户主之,宜改置令长。"并从之。十三年,以所改云南郡县上闻。云南俗无礼仪,男女往往自相配偶,亲死则火之，不为丧祭。无秔稻桑麻，子弟不知读书。赛典赤教之拜跪之节，婚姻行媒，死者为之棺椁奠祭，教民播种，为陂池以备水旱，创建孔子庙、明伦堂，购经史，授学田，由是文风稍兴。云南民以贝代钱，是时初行钞法，民不便之，赛典赤为闻于朝，许仍其俗。又患山路险远，盗贼出没，为行者病，相地置镇，每镇设土酋吏一人、百夫长一人，往来者或值劫掠，则罪及之。

有土吏数辈，怨赛典赤不已，用至京师诬其专僭数事。帝顾侍臣曰："赛典赤忧国爱民，朕洞知之，此辈何敢诬告！"即命械送赛典赤处治之。既至，脱其械，且谕之曰："若曹不知上以便宜命我，故诉我专僭，我今不汝罪，且命汝以官，能竭忠自赎乎？"皆叩头拜谢曰："某有死罪，平章既生之而又官之，誓以死报。"

交趾叛服不常，湖广省发兵屡征不利，赛典赤遣人谕以逆顺祸福，且约为兄弟。交趾王大喜，亲至云南，赛典赤郊迎，待以宾礼，遂乞永为藩臣。

萝槃甸叛，往征之，有忧色，从者问故，赛典赤曰："吾非忧出征也，忧汝曹冒锋镝，不幸以无辜而死；又忧汝曹劫虏平民，使不聊生，及民叛，则又从而征之耳。"师次萝槃城，三日不降，诸将请攻之，赛典赤不可，遣使以理谕之。萝槃主曰："谨奉命。"越三日又不降，诸将奋勇请进兵，赛典赤又不可。俄而将卒有乘城进攻者，赛典赤大怒，遽鸣金止之，召万户叱责之曰："天子命我安抚云南，未尝命以杀戮也。无主将命而擅攻，于军法当诛。"命左右缚之，诸将叩首，请俟城下之日从事。萝槃主闻之曰："平章宽仁如此，吾拒命不祥。"乃举国出降。将卒亦释不诛。由是西南诸夷翕然款附。夷酋每来见，例有所献纳，赛典赤悉分赐从官，或以给贫民，秋毫无所私；为酒食劳酋长，制衣冠袜履，易其卉服草履。酋皆感悦。

赛典赤居云南六年，至元十六年卒，年六十九，百姓巷哭，葬鄯阐北门。交趾王遣使者十二人，齐经为文致祭，其辞有"生我育我，慈父慈母"之语，使者号泣震野。帝思赛典赤之功，诏云南省臣尽守赛典赤成规，不得辄改。大德元年，赠守仁佐运安远济美功臣、太师、开府仪同三司、上柱国、咸阳王，谥忠惠。

子五人：长纳速剌丁；次哈散，广东道宣慰使都元帅；次忽辛；次苫速丁兀默里，建昌路总管；次马速忽，云南诸路行中书省平章政事。

译文：

赛典赤赡思丁一名乌马儿，回回人，别菴伯尔的后裔。他们国家说赛典赤，就是汉语中贵族的意思。太祖征伐西方，赡思丁率领千余人带着文豹仙鹤这些表示吉祥的动物前来迎接投降，太祖让他充当宿卫，跟随自己四出征伐，称他为赛典赤而不直接叫他的姓名。

太宗即位后，任命他为丰、净、云内三州的都达鲁花赤；改任太原、平阳两路的达鲁花赤，入朝后任燕京断事官。宪宗皇帝即位后，命令他和塔剌浑管理吏、户、礼、兵、刑、工等六部事务，升为燕京路总管，给了百姓很多恩惠。擢升为采访使。太宗伐蜀，赛典赤负责粮草，供应从来没有缺乏过。

世祖即位后，设立了十路宣抚司，提升赛典赤为燕京宣抚使。中统二年，被封为中书平章政事，天子下令奖励他。至元元年，朝廷设立陕西五路、西蜀四川行中书省，赛典赤出任平章政事。到任三年，户口增加了九千五百六十五户，士兵增加了一万二千二百五十五名，钞多收入了六千二百二十五锭，屯田得粮九万七千二十一石，节省和买用钞三百三十一锭。中书奏报给天子，天子下诏赏银五千两，并命令陕西五路、四川行枢密统大小官属都受赛典赤指挥。

至元七年，分兵镇守四川，宋朝将领昝万寿统率强大兵力驻守嘉兴，与赛典赤的堡垒相对峙，赛典赤出于诚心对待他，从不侵略骚扰，昝万寿内心很佩服。不久赛典赤被召还朝，昝万寿设酒招待他，表示友好，赛典赤的部下觉得左右为难，赛典赤对昝万寿的诚意并不怀疑，坦然赴宴。酒摆上桌子后，他的部下又说不能喝，赛典赤笑着说："你们的器量不是太小了吗？昝将军能毒死我，但能毒死完我朝的人吗？"万寿听了，感叹佩服。中统八年，世祖下旨：大队人马正在围攻襄阳，各道都要进兵来牵制宋军，于是赛典赤偕同郑鼎率兵水陆并进，到嘉定，活捉宋将二人，乘着水筏顺流而下，砍断宋兵的浮桥，俘获战舰二十八艘。不久，接到命令在兴元设立行省，专门供应士兵粮饷。

至元十一年，世祖对赛典赤说："朕曾经亲自去过云南，多年以来因为委任的官员不妥当，使远方的百姓感到不安，打算挑选谨慎淳厚的人前去治理，没有比你再合适的人选了。"赛典赤拜谢受命，退朝后，就访问熟悉云南地理的人，把云南的山川城郭、驿舍、军屯，哪里平坦哪里险峻，哪里远哪里近，画成地图呈给世祖，世祖非常高兴，封赛典赤为平章政事，主持云南行省，赏赐钞五十万缗、金银财宝不计其数。

当时宗王脱忽鲁正镇守云南，他被部下的话迷惑住了，以为赛典赤到来后，必然抢夺他的权力，便布置了全副武装的士兵作为防备。赛典赤听说后，便派儿子纳速剌丁先到宗王那里，请求说："天子因为治理云南的官员都不称职，致使诸国背叛，因此才命令我来抚慰安置百姓。并且告诫我到云南境内就开始抚恤巡查百姓，现在我不敢自己专权，请大王派一人来共同商议。"脱忽鲁得知后，马上便斥骂部下说："我差一点被你们坏了大事。"第二天，派亲信撒满、位哈乃等到赛典赤那里，赛典赤问他们用什么礼节相见，他们回答说："我们与纳速剌丁一起来，好比是亲兄弟，请用儿子拜见老子的礼节相见。"都用好马作为进见之礼，拜见跪谢甚为恭敬，观看人惊讶不已。赛典赤设宴招待他们，并把天子赐给他的金银财宝和饮酒用的器具都陈列了出来，酒席散后，全部都给了他们，撒满、位哈乃二人因所得超出原来的期望而大喜。第二天，二人来叩谢，赛典赤对他们说："你们二人虽然是宗王的身边亲信，但是没有官职，不能参与议论国家大事，现在打算任命你们为行省断事官，因为还未见到宗王，不敢擅自任命。"让一人先回去，把这事报告给宗王，宗王非常高兴。从此以后云南的政令都听赛典赤安排。

至元十二年，赛典赤上奏："云南诸处夷人没有归附者还有很多，现在打算让宣慰司兼办元帅府事务，一并受行省节制。"又上奏："哈剌章、云南土地面积差不多相等，而州县都是万户、千户治理，应改设县令县长。"天子都答应了。至元十三年，把云南各地改为郡县的情况上奏给天子。云南的风俗没有礼节仪式，男女之间往往自相选择配偶，亲人死了就火化掉，不举行丧礼。没有秔稻桑麻，百姓的子弟不知道读书。赛典赤教他们行跪拜礼，通过媒人介绍婚姻，死去的人用棺椁盛殓并举行祭奠，教百姓播种，挖池塘以防备水患灾害，创建孔子庙、明伦堂，购买经史书籍，分给学校田地，从此重视文教的风气开始兴起。云南百姓一向用贝壳代替铜钱，当时刚刚推行钞法，老百姓还很不习惯，赛典赤把这种情况反映到朝廷上，天子下诏允许云南人仍旧使用贝壳。赛典赤又忧虑山路险峻遥远，盗贼时常出没，给行路的人造成很大危害，便测量地方设置村镇，每镇设土酋吏一人、百夫长一人，来往的行人如果遭到劫掠，就治土酋吏和百夫长的罪。

有本地官吏数人，对赛典赤怨恨不已，因此到京城诬告他超越职权独断专行的几件事。世祖看着身边的大臣说："赛典赤忧国爱民，朕非常了解他，这些人怎敢诬告！"便命人给他们戴上刑具押送到赛典赤那里惩治。押到之后，赛典赤给他们脱掉刑具，并晓谕他们说："你们这些人不知道天子曾经让我根据情况采取措施，因此才告我越职专权，我现在不治你们的罪，并且让你们做官，能竭尽忠诚为国效劳赎取罪过吗？"众人都叩头拜谢说："我们犯了死罪，平章既不杀我们又让我们做官，我们发誓以死来报答你。"

交趾时而归附，时而叛乱，湖广行省出兵多次讨伐都失利而归，赛典赤派人去给他们讲解叛逆归附的利害祸福，并且相约为兄弟。交趾国王非常高兴，亲自前往云南，赛典赤亲自到郊外迎接，以宾客礼招待他，于是交趾王请求世世代代当天子的藩臣。

萝槃甸反叛，赛典赤前往征讨，面上带有忧愁的颜色，跟随他的人询问原因，赛典赤说："我不是忧虑这次出征，是忧虑你们这些人冒着弓箭刀枪的危险，不幸因无罪白白死去；又忧虑你们这些人劫夺百姓，使他们无法过安定的生活，等到百姓叛乱，我又得跟着将士出征平叛啊！"军队开到萝槃城下，过了三天，萝槃甸还没有投降，诸将请求进攻，赛典赤不答应，派人用道理晓谕他们，萝槃国主说："我遵命投降。"又过了三天还不投降，诸位将领摩拳擦掌，请求进兵，赛典赤还是不允许。不久，将士中有人登城向萝槃甸发动进攻，赛典赤非常恼火，马上鸣金收兵，制止这一行动，并召来万户叱责说："天子命令我安置抚慰百姓，没有让我屠杀百姓，你们未得到主帅的命令擅自攻城，按军法应当杀头。"让手下的人把擅自攻城的人捆绑起来，其他将领都叩头请求，等攻下城池时再执行军法。萝槃国主听到这情况后说："平章这样宽厚仁慈，我再抗拒不会有好结果。"于是便率领全国百姓投降，擅自攻城的将士也释放不杀。从此以后西南的各部夷人都一致归附纳款。夷人酋长每次来晋见赛典赤，照例要献纳礼物，赛典赤全部分赏给随从官员，或者无偿给予贫苦百姓，丝毫不据为私有，设酒宴慰劳酋长，制成衣服、帽子、鞋、袜，更换酋长们所穿的用草织成的衣服和鞋子，酋长们既感动又高兴。

赛典赤在云南居住了六年，至元十六年去世，享年六十九岁，百姓听说他逝世，都聚集在街道上哭泣，遗体安葬在鄯阐城北门。交趾王派遣使臣十二人，穿戴着孝衣拿着祭文祭奠，祭文中有"生我育我，慈父慈母"的话，使臣放声大哭，震动原野。世祖思念赛典赤的功劳，下诏给云南行省的官员，要全部遵守赛典赤所定的规章制度，不得随意改动。大德元年，天子追赠他为守仁佐运安远济美功臣、太师、开府仪同三司、上柱国、咸阳王，谥号忠惠。

赛典赤有儿子五人：长子纳速剌丁；次子哈散，任广东道宣慰使都元帅；第三子忽辛；第四子苫速丁兀默里，任建昌路总管；第五子马速忽，任云南诸路行中书省平章政事。

元史卷一百二十六

列传第十三

廉希宪

廉希宪字善甫，布鲁海牙子也。幼魁伟，举止异凡儿。九岁，家奴四人盗五马逃去，既获，时于法当死，父怒，将付有司，希宪泣谏止之，俱得免死。又尝侍母居中山，有二奴醉出恶言，希宪曰："是以我为幼也。"即送系府狱，杖之。皆奇其有识。世祖为皇弟，希宪年十九，得入侍，见其容止议论，恩宠殊绝。希宪笃好经史，手不释卷。一日，方读《孟子》，闻召，急怀以进。世祖问其说，遂以性善义利仁暴之旨为对，世祖嘉之，目曰廉孟子，由是知名。尝与近臣校射世祖前，希宪腰插三矢，有欲取以射者，希宪曰："汝以我为不能耶？但吾弓力稍弱耳"左右授以劲弓，三发连中。众惊服曰："真文武材也。"

岁甲寅，世祖以京兆分地命希宪为宣抚使。京兆控制陇蜀，诸王贵藩分布左右，民杂羌戎，尤号难治。希宪讲求民病，抑强扶弱。暇日从名儒若许衡、姚枢辈谘访治道，首请用衡提举京兆学校，教育人材，为根本计。国制，为士者无隶奴籍，京兆多豪强，废令不行。希宪至，悉令著籍为儒。有民妻与卜者厌诅其夫，杀之，狱成，僚佐皆言方大旱，卜者宜减死，希宪议当伏法，已而大雨立应。

初，世祖受命宪宗，经理河南关右，居数岁，谗者谓王府人多专擅不法，至是，命阿蓝答儿、刘太平检覆所部，用酷吏分领其事，大开告讦。希宪曰："宣抚司事由己出，有罪固当独任，僚属何预。"及事竟，卒无获罪者。己未，宪宗驻跸合州，世祖渡江取鄂州，命希宪入籍府库。希宪引儒生百余，拜伏军门，因言："今王师渡江，凡军中俘获士人，宜官购遣还，以广异恩。"世祖嘉纳之。还者五百余人。

宪宗崩，讣音至，希宪启曰："殿下太祖嫡孙，先皇母弟，前征云南，克期抚定，及今南伐，率先渡江，天道可知。且殿下收召才杰，悉从人望，子惠黎庶，率土归心。今先皇奄弃万国，神器无主，愿速还京，正大位以安天下。"世祖然之，且命希宪先行，审察事变。对曰："刘太平、霍鲁海在关右，浑都海在六盘，征南诸军散处秦、蜀，太平要结诸将，其性险诈，素畏殿下英武，倘倚关中形胜，设有异谋，渐不可制，宜遣赵良弼往觇人情事宜。"从之。阿里不哥构乱北边，遣脱忽思发兵河朔，大肆凶暴。真定名士李槃尝奉庄圣太后命侍阿里不哥讲读，脱忽思怒槃不附己，械之，希宪访槃于狱，言于世祖而释之。世祖命希宪赐膳于宗王塔察儿，希宪即以己意白王，宜首建翊戴之谋，王然之，许以身任其事。归启其言，世祖曰："若此重事，卿何不惧之甚耶！"

庚申，至开平，宗室诸王劝进，谦让未允，希宪复以天时人事进言。且曰："阿里不哥于殿下为母弟，居守朔方，专制有年，或觊望神器，事不可测，宜早定大计。"世祖然之。明日即位，建元中统。希宪上言："高丽王子倎久留京师，今闻其父死,宜立为王,遣还国,以恩结之。"又言:"鄂兵未还,宜遣使与宋讲好,敕诸军北归。"帝皆从之。

赵良弼还自关右,奏刘太平、霍鲁海反状,皆如希宪言。初分汉地为十道,乃并京兆、四川为一道,以希宪为宣抚使。太平、霍鲁海闻之,乘驿急入京兆,密谋为变。后三日,希宪至,宣布诏旨,遣使安谕六盘。未几,断事官阔阔出遣使来告:浑都海已反,杀所遣使者朵罗台,遣人谕其党密里火者于成都、乞台不花于青居,使各以兵来援,又多与蒙古军奥鲁官兀奴忽等金帛,尽起新军,且约太平、霍鲁海同日俱发。希宪得报,召僚属谓曰:"上新即位,责任吾等,正为今日。不早为之计,殆将无及。"遣万户刘黑马、京兆治中高鹏霄、华州尹史广,掩捕太平、霍鲁海及其党,获之,尽得其奸谋,悉置于狱。复遣刘黑马诛密里火者,总帅汪惟正诛乞台不花,具以驿闻。时关中无兵备,命汪惟良将秦、巩诸军进六盘,惟良以未得上旨为辞,希宪即解所佩虎符银印授之曰:"此皆身承密旨,君但办吾事,制符已飞奏矣。"又付银一万五千两,以充功赏,出库币制军衣,惟良感激,遂行。又发蜀卒更戍,及在家余丁,推节制诸军蒙古官八春将之,谓之曰:"君所将之众,未经训练,六盘兵精,勿与争锋,但张声势,使不得东,则大事济矣。"会有诏赦至,希宪命绞太平等于狱,尸于通衢,方出迎诏,人心遂安。乃遣使自劾停赦行刑、征调诸军、擅以惟良为帅等罪,帝深善之。曰:"《经》所谓行权,此其是也。"别赐金虎符,使节制诸军,且诏曰:"朕委卿以方面之权,事当从宜,毋拘常制,坐失事机。"

西川将纽邻奥鲁官,将举兵应浑都海,八春获之,系其党五十余人于乾州狱,送二人至京兆,请并杀之。二人自分必死，希宪谓僚佐曰："浑都海不能乘势东来，保无他虑。今众志未一，犹怀反侧，彼军见其将校执囚，或别生心，为害不细。今因其惧死，并加宽释，使之感恩效力，就发此军余丁，往隶八春，上策也。"初，八春既执诸校，其军疑惧，骇乱四出，莫可禁遏，及知诸校获全，纽邻奥鲁官得释，大喜过望。切谕其属出兵效力，人人感悦，八春亦释然开悟，果得精骑数千，将与俱西。

诏以希宪为中书右丞，行秦蜀省事。浑都海闻京兆有备，遂西渡河，趋甘州，阿蓝答儿复自和林提兵与之合，分结陇、蜀诸将，又使纽邻兄宿敦为书招纽邻。于是成都帅百家奴，兴元忙古台，青居汪惟正、钦察，俱遣使言，人心危疑，事不可测。希宪遣使深谕戒之，两川诸将素惮希宪威名，按堵从命。浑都海、阿蓝答儿合军而东，诸将失利，河右大震，西土亲王执毕帖木儿辎重皆空，就食秦雍。朝议欲弃两川，退守兴元，希宪力言不可，乃止。会亲王合丹及汪惟良、八春等合兵复战西凉，大败之，俘斩略尽，得二叛首以送，枭之京兆市。事闻，帝大嘉之曰："希宪真男子也。"进拜平章政事，赐宅一区。时希宪年三十矣。

希宪奏：四川降民，皆散处山谷，宜申敕军吏，禁止俘掠，违者，千户以下与犯人同罪。又禁诸人无贩易生口，由是四川遂安，降者益众。又罢解盐户所摘军，及京兆诸处无籍户之戍灵州屯田者，以宽民力。钦察获宋臣张炳震、王政二人，俱以母老，愿赐矜放，希宪皆遣之还。因为书与宋四川制置余玠，谕以天道人事，玠得书愧感自守，不敢复轻动。巩昌帅府言，镇戎州有谋为叛者，连引四百余人，希宪详推之，惟诛首恶五人。宋将刘整以泸州降，尽系前归宋者数百人待报。希宪奏释之，且致书宰臣，待整以恩，当得其死力。整后首建取襄阳之策，果立勋效。

宋将家属之在北者，希宪岁给其粮，仕于宋者，子弟得越界省其亲，人皆感之。

李璮反山东，事连王文统，平章赵璧素忌希宪勋名，因言文统由张易、希宪荐引，遂至大用，且关中形胜之地，希宪得民心，有商挺、赵良弼为之辅，此事宜关圣虑。帝曰："希宪自幼事朕，朕知其心，挺、良弼皆正士，何虑焉。"蜀降人遇正寅以私怨谮希宪因李璮叛，亦修城治兵，潜畜异志，帝因惑之，命中书右丞南合代希宪行省，且覆视所告事，卒无实状。诏希宪还京师，陛见，言曰："方关陕叛乱，川蜀未宁，事急星火，臣随宜行事，不谋佐贰，如寅所言，罪止在臣，臣请逮系有司。"帝抚御床曰："当时之言，天知之，朕知之，卿果何罪！？"慰谕良久。进拜中书平章政事。

一日夜半，召希宪入禁中，从容道藩邸时事，因及赵璧所言。希宪曰："昔攻鄂时，贾似道作木栅环城，一夕而成，陛下顾扈从诸臣曰'吾安得如似道者用之'。刘秉忠、张易进曰'山东王文统，才智士也，今为李璮幕僚'。诏问臣，臣对'亦闻之，实未尝识其人也'。"帝曰："朕亦记此。"

希宪在中书，振举纲维，综劾名实，汰逐冗滥，裁抑侥幸，兴利除害，事无不便，当时翕然称治，典章文物，粲然可考。又建言："国家自开创已来，凡纳土及始命之臣，咸令世守，至今将六十年，子孙皆奴视部下，都邑长吏，皆其皂隶僮使，前古所无，宜更张之，使考课黜陟。"始议行迁转法。

至元元年，丁母忧，率亲族行古丧礼，勺饮不入口者三日，恸则呕血，不能起，寝卧草土，庐于墓傍。宰执以忧制未定，欲极力起之，相与诣庐，闻号痛声，竟不忍言。未几，有诏夺情起复，希宪虽不敢违旨，然出则素服从事，入必缞绖。及丧父，亦如之。

奸臣阿合马领左右部,专总财赋,会其党相攻击,帝命中书推覆,众畏其权,莫敢问。希宪穷治其事,以状闻,杖阿合马,罢所领归有司。

帝谕希宪曰:"吏废法而贪,民失业而逃,工不给用,财不赡费,先朝患此久矣。自卿等为相,朕无此忧。"对曰:"陛下圣犹尧、舜,臣等未能以皋陶、稷、契之道,赞辅治化,以致太平,怀愧多矣。今日小治,未足多也。"因论及魏徵,对曰:"忠臣良臣,何代无之,顾人主用不用尔。"有内侍传旨入朝堂,言某事当尔,希宪曰:"此阉宦预政之渐,不可启也。"遂入奏,杖之。

言者讼丞相史天泽,亲党布列中外,威权日盛,渐不可制。诏罢天泽政事,使待鞫问。希宪进曰:"天泽事陛下久,知天泽深者,无如陛下。始自潜藩,多经任使,将兵牧民,悉有治效。陛下知其可付大事,用为辅相,小人一旦有言,陛下当熟察其心迹,果有肆横不臣者乎?今日信臣,故臣得预此旨,他日有讼臣者,臣亦遭疑矣。臣等备员政府,陛下之疑信若此,何敢自保。天泽既罢,亦当罢臣。"帝良久曰:"卿且退,朕思之。"明日,帝召希宪谕曰:"昨思之,天泽无对讼者。"事遂解。

又有讼四川帅钦察者,帝敕中书急遣使诛之。明日,希宪覆奏,帝怒曰:"尚尔迟回耶!"对曰:"钦察大帅,以一小人言被诛,民心必骇,收系至此,与讼者廷对,然后明其罪于天下为宜。"诏遣能者按问,其后事竟无实,钦察得免。

希宪每奏议帝前,论事激切,无少回惜。帝曰:"卿昔事朕王府,多所容受,今为天子臣,乃尔木强耶?"希宪对曰:"王府事轻,天下事重,一或面从,天下将受其害,臣非不自爱也。"

方士请炼大丹，敕中书给所需，希宪具以秦、汉故事奏，且曰："尧、舜得寿，不因大丹也。"帝曰："然。"遂却之。时方尊礼国师，帝命希宪受戒，对曰："臣受孔子戒矣。"帝曰："孔子亦有戒耶？"对曰："为臣当忠，为子当孝，孔子之戒，如是而已。"

五年，始建御史台，继设各道提刑按察司。时阿合马专总财利，乃曰："庶务责成诸路，钱谷付之转运，今绳治之如此，事何由办？"希宪曰："立台察，古制也，内则弹劾奸邪，外则察视非常，访求民瘼，裨益国政，无大于此。若去之，使上下专恣贪暴，事岂可集耶！"阿合马不能对。

七年，诏释京师系囚。西域人匿赞马丁，用事先朝，资累巨万，为怨家所告，系大都狱，即释之矣，时希宪在告，实不预其事。是秋，车驾还自上都，怨家诉于帝，希宪取堂判补署之，曰："天威莫测，岂可幸其独不署以苟免耶？"希宪入见，以诏书为言，帝曰："诏释囚耳，岂有诏释匿赞马丁耶？"对曰："不释匿赞马丁，臣等亦未闻有此诏。"帝怒曰："汝等号称读书，临事乃尔，宜得何罪？"对曰："臣等忝为宰相，有罪当罢退。"帝曰："但从汝言。"即与左丞相耶律铸同罢。一日，帝问侍臣，希宪居家何为，侍臣以读书对。帝曰："读书固朕所教，然读之而不肯用，多读何为。"意责其罢政而不复求进也。阿合马因谮之曰："希宪日与妻子宴乐尔。"帝变色曰："希宪清贫，何从宴设。"希宪尝有疾，帝遣医三人诊视，医言须用沙糖作饮，时最艰得，家人求于外，阿合马与之二斤，且致密意。希宪却之曰："使此物果能活人，吾终不以奸人所与求活也。"帝闻而遣赐之。

嗣国王头辇哥行省镇辽阳,有言其扰民不便者。十一年,诏起希宪为北京行省平章政事。将行,肩舆入辞,赐坐,帝曰:"昔在先朝,卿深识事机,每以帝道启朕,及鄂汉班师,屡陈天命,朕心不忘,丞相卿实宜为,顾退托耳。辽(雪)〔雷〕户不下数万,诸王、国婿分地所在,彼皆素知卿能,故命卿往镇,体朕此意。"辽东多亲王,使者传令旨,官吏立听,希宪至,始革正之。有西域人自称驸马,营于城外,系富民,诬其祖父尝贷息钱,索偿甚急,民诉之行省,希宪命收捕之。其人怒,乘马入省堂,坐榻上,希宪命捽下跪,而问之曰:"法无私狱,汝何人,敢擅系民?"令械击之。其人惶惧求哀,国王亦为之请,乃稍宽,令待对,举营夜遁。俄诏国王归国,希宪独行省事。朝廷降钞买马六千五百,希宪遣买于东州,得羡余马千三百。希宪曰:"上之则若自衒。"即与他郡之不及者,以其直还官。长公主及国婿入朝,纵猎郊原,扰民为甚,希宪面谕国婿,欲入奏之。国婿惊愕,入语公主,公主出,饮希宪酒曰:"从者扰民,吾不知也。请以钞万五千贯还敛民之直,幸忽遣使者。"自是贵人过者,皆莫敢纵。

十二年,右丞阿里海牙下江陵,图地形上于朝,请命重臣开大府镇之。帝急召希宪还,使行省荆南,赐坐,谕曰:"荆南入我版籍,欲使新附者感恩、未来者向化,宋知我朝有臣如此,亦足以降其心。南土卑湿,于卿非宜,今以大事付托,度卿不辞。"赐田以养居者,马五十以给从者。希宪曰:"臣每惧才识浅近,不能胜负大任,何敢辞疾。然敢辞新赐。"复有诏,令希宪承制授三品以下官。

希宪冒暑疾驱以进。至镇,阿里海牙率其属郊迎,望拜尘中,荆人大骇。即日禁剽夺,通商贩,兴利除害,兵民按堵。首录宋故宣抚、制置二司幕僚能任事者，以备采访，仍择二十余人，随材授职。左右难之，希宪曰："今皆国家臣子也，何用致疑。"时宋故官礼谒大府，必广致珍玩，希宪拒之，且语之曰："汝等身仍故官，或不次迁擢，当念圣恩，尽力报效。今所馈者，若皆己物，我取之为非义；一或系官，事同盗窃；若敛于民，不为无罪。宜戒慎之。"皆感激谢去。令凡俘获之人，敢杀者，以故杀平民论。为军士所虏，病而弃之者，许人收养；病愈，故主不得复有。立契券质卖妻子者，重其罪，仍没入其直。先时，江陵城外蓄水扞御，希宪命决之，得良田数万亩，以为贫民之业。发沙市仓粟之不入官籍者二十万斛，以赈公安之饥。大纲既举，乃曰："教不可缓也。"遂大兴学，选教官，置经籍，旦日新诣讲舍，以厉诸生。

西南溪洞，及思、播田、杨二氏，重庆制置赵定应，俱越境请降。事闻，帝曰："先朝非用兵不可得地，今希宪能令数千百里外越境纳土，其治化可见也。"关吏得江陵人私书，不敢发，上之，枢密臣发之帝前，其中有曰："归附之初，人不聊生。皇帝遣廉相出镇荆南，岂惟人渐德化，昆虫草木，咸被泽矣。"帝曰："希宪不嗜杀人，故能尔也。"

希宪疾久不愈，十四年春，近臣董文忠言："江陵湿热，如希宪病何？"即召希宪还，江陵民号泣遮道留之不得，相与画像建祠。希宪还，囊橐萧然，琴书自随而已。帝知其贫，特赐白金五千两、钞万贯。五月，至上都，太常卿田忠良来问疾，希宪谓曰："上都，圣上龙飞之地，天下视为根本。近闻龙冈遗火，延烧民居，此常事耳，慎勿令妄谈地理者感动上意。"未几，果有数辈以徙置都邑事奏，枢密副使张易、中书左丞张文谦与之廷辨，力言不可，帝不悦。明日，召忠良质其事，忠良以希宪语对，帝曰："希宪病甚，犹虑及此耶？"其议遂止。

诏征扬州名医王仲明视希宪疾，既至，希宪服其药，能杖而起，帝喜谓希宪曰："卿得良医，疾向愈矣。"对曰："医持善药以疗臣疾，苟能戒慎，则诚如圣谕；设或肆惰，良医何益。"盖以医讽谏也。

会议立门下省，帝曰："侍中非希宪不可。"遣中使谕旨曰："鞍马之任，不以劳卿，坐而论道，时至省中，事有必须执奏，肩舆以入可也。"希宪附奏曰："臣疾何足恤。输忠效力，生平所愿。"皇太子亦遣人谕旨曰："上命卿领门下省，无惮群小，吾为卿除之。"竟为阿合马所阻。

十六年春，赐钞万贯，诏复入中书，希宪称疾笃。皇太子遣侍臣问疾，因问治道，希宪曰："君天下在用人，用君子则治，用小人则乱。臣病虽剧，委之于天。所甚忧者，大奸专政，群小阿附，误国害民，病之大者。殿下宜开圣意，急为屏除，不然，日就沉疴，不可药矣。"戒其子曰："丈夫见义勇为，祸福无预于己，谓皋、夔、稷、契、伊、傅、周、召为不可及，是自弃也。天下事苟无牵制，三代可复也。"又曰："汝读《狄梁公传》乎？梁公有大节，为不肖子所坠，汝辈宜慎之！"十七年十一月十九夜，有大星陨于正寝之旁，流光照地，久之方灭。是夕，希宪卒，年五十。大德八年，赠忠清粹德功臣、太傅、开府仪同三司，追封魏国公，谥文正。加赠推忠佐理翊运功臣、太师、开府仪同三司、上柱国、恒阳王，谥如故。

子六人：孚，金辽阳等处行中书事；恪，台州路总管；恂，中书平章政事；忱，邵武路总管；恒，御史中丞；惇，江西等处行中书省参知政事。从弟希贤。

译文：

廉希宪，字善甫，布鲁海牙的儿子。自幼身体魁梧，动作都和一般孩子不同。九岁时，家中奴仆四人盗五匹马逃走，被抓住，按照当时的法律要处死罪，父亲发怒，将交付有关部门去处理，希宪哭着加以劝止，都得以免死。又曾侍奉母亲在中山居住，有二名奴仆喝醉了酒口出恶言，希宪说："他们以为我年幼好欺侮。"立即送到府狱中关起来，施加杖刑。人们都为他的见识感到惊奇。世祖还是皇弟时，希宪十九岁，就成为侍从。世祖见他的容止、议论都与众不同，特别加以恩宠。廉希宪喜爱经、史，手不离书。有一天，正在读《孟子》，听见世祖召唤，急忙带着书进去。世祖问他《孟子》讲些什么，就以性善、义利、仁暴的意思来回答，世祖很欣赏，称之为"廉孟子"，由此知名。曾与近侍在世祖面前考核射箭，希宪腰间插着三支箭，有人要拿过来射，希宪说："你以为我不能吗？只不过我的弓不够硬罢了。"旁边的人将硬弓给他，三发连中。众人都惊服说："真是文武全才呵。"

甲寅年，世祖命希宪在自己的分地京兆地区任宣抚使。京兆控制陇、蜀，左右分布藩王，百姓中杂有羌、戎，号称特别难以治理。希宪了解民间疾苦，抑制豪强，扶助贫弱。有空时便向著名儒士许衡、姚枢等人征求治理国家的意见，最先请求用许衡来提举京兆学校，教育人才，作为根本大计。国家制度，读书人不许隶属奴隶的户籍，京兆豪强很多，此制不能实行。希宪到来，下令全部在籍上登记为儒户。有一个百姓的妻子与算命者共同诅咒她的丈夫，将他害死，审判结束，属官们都说天方大旱，算命者以免死减罪为宜，希宪认为应当依法处死，不久上天感应降下大雨。

原来，世祖受宪宗之命，经营管理河南、关右地区。过了几年，有人中伤，说王府有很多人专横不依法办事；于是宪宗命阿蓝答儿、刘太平审查考核王府部属，用残酷的官吏分头管事，大开告密检查之门。希宪说："宣抚司的事情都由我做主，有罪的话当然由我一人负责，与属官没有关系。"等到事情结束，没有因此得罪的人。己未年，宪宗驻在合州。世祖渡江攻取鄂州，命希宪入城登记府库。希宪带领一百多儒生在军门前跪拜，并说："现今王师渡江，凡是军中俘获的读书人，都应政府出钱赎买，遣送回去，用以广泛传布主上的大恩大德。"世祖欣赏并接受了他的意见。遣还的有五百多人。

宪宗去世的消息传来，希宪建议说："殿下您是太祖的嫡孙，先皇帝的同母兄弟。以前出征云南，按期安抚平定；这次南伐，首先渡江；由此可知天意。而且殿下招收的英才俊杰都有号召力，疆域以内的黎民百姓无不归心。现在先皇忽然去世，国家无主，希望您赶紧回到京都，登上皇帝大位，用以安定天下。"世祖同意他的看法，而且命他先行，审察事变。希宪分析说："刘太平、霍鲁海在关右，浑都海在六盘，南征诸军分散在秦、蜀。刘太平与诸将互相联系，此人秉性险诈，一向惧怕殿下的英才武略。倘若他倚仗关中形势，有其他打算，逐渐就难以控制，应该派赵良弼前去观察动向。"世祖同意。阿里不哥在北方制造叛乱，派遣脱忽思到河朔地区征发士兵，大肆凶暴。真定名士李槃曾奉庄圣太后之命为阿里不哥讲读经书，脱忽思因李槃不肯为己所用而恼怒，将他囚禁起来。希宪到狱中访问李槃，对世祖说到此人，将他释放。世祖赏赐饮食给宗王塔察儿，命希宪送去，希宪就将自己的看法告诉塔察儿，建议他带头拥戴世祖为帝。塔察儿表示同意，答应自己做这件事。回来报告塔察儿的话，世祖说："像这样重大的事情，你难道不害怕吗？"

庚申年，世祖到开平，宗室诸王劝他登位，世祖谦让没有答应。希宪又以天时、人事进言，而且说："阿里不哥是殿下的同母弟，居守在北方，掌握大权已有好些年了，如果他有夺取皇位之心，事情如何难以预测，应该早点决定方针大计。"世祖同意他的看法，明日即位，建立中统年号。希宪建议："高丽王子王倎长期留在京师，现在听说他的父亲去世，应立他为王，送他回国，用恩惠来团结他。"又建议："鄂州兵没有回来，应遣使节与宋朝讨论和好，下令诸军北归。"皇帝都同意了。

赵良弼从关右回来，报告刘太平、霍鲁海造反情况，都和希宪所说一样。原来分汉地为十道，于是合并京兆、四川为一道，命令希宪为宣抚使。刘太平、霍鲁海听说此事，利用驿站交通工具急忙进入京兆，秘密策划变乱。三天以后，希宪到来，宣布皇帝的诏旨，派遣使者安抚六盘。没有多久，断事官阔阔出派使者前来报告：浑都海已反，杀死了希宪派去的使者朵罗台；还派人通知他的党羽驻守在成都的密里火者、驻守于青居的乞居不花，要他们派兵前来援助；又给蒙古军奥鲁官兀奴忽等许多金帛，签发所有新军；而且与刘太平、霍鲁海约定日期同时动手。希宪得到报告，召集幕僚和属官说："皇上刚即位，让我等负责，正是为了今日之事。如果不早作打算，恐怕就来不及了。"便派遣万户刘黑马、京兆治中高鹏霄、华州尹史广前去，乘其不备，捉住了刘太平、霍鲁海和他们的党羽，完全弄清楚了他们的奸谋，全都囚禁在狱中。又派刘黑马杀密里火者，总帅汪惟正杀乞台不花，都通过驿站交通来报。这时关中没有军队，希宪命汪惟良率领秦、巩诸军挺进六盘。惟良推辞说没有接到皇帝的诏旨，希宪立即解下自己佩带的虎符、银印授予他,说:"这都是我接受的皇上密旨,你只要照我的意思办,你需要的制书和符牌已经飞速上奏了。"又付给他白银一万五千两充赏赐有功人员之用,从仓库中拿出布来制造军衣。惟良感激,立即行动。又征发四川轮换的士兵,以及在家的军户余丁,推举节制诸军蒙古官八春统率他们,希宪对八春说:"您所统领的部众,没有经过训练。六盘的军队精锐,不要与他们较量,只要虚张声势,使他们不向东来,大事就成功了。"正好有赦书到来,希宪下令将刘太平等在狱中绞死,尸体陈列在大街上,然后才出来迎接诏书,人心因而安定。于是派遣使者向皇帝报告,自行检举犯有停赦行刑、征调诸军、没有请示便以惟良为帅等罪,皇帝大加赞赏,说:"《经》所说'行权',这就是。"另外赐给金虎符,命他节制诸军,而且下诏说:"我委任你负责一个方面的权力,办事要从具体的情况出发,不要受常规制度的拘束,以致失去机会。"

四川将领纽邻的奥鲁官准备起兵响应浑都海,八春捉住了他们,将他们的党羽五十余人囚禁于乾州监牢中,送二人到京兆,请求将他们处死。二人自以为必死无疑,希宪对幕僚们说:"浑都海不能乘势东来,可以保证没有其他问题。现在众人的想法不一,仍然反复无常,他们的军队看见将领和下级军官被囚禁,也许会有其他想法,这样将产生不小的危害。现在正好利用他们怕死的心理,加以宽大释放,使他们感恩效力。乘此征发这支军队的余丁,前去隶属于八春部下,这是上策。"起初,八春抓了将领们以后。这支军队很疑惧,到处乱跑,无法阻止。等到知道下级军官获得保全,纽邻的奥鲁官得到释放,都喜出望外。希宪严厉告示奥鲁官的部属,要他们出兵效力,人人感到高兴。八春也想通了,心情舒畅。果然得到精锐的骑兵数千,率领他们一起向西而去。

皇帝下令以希宪为中书右丞、行秦蜀省事。浑都海听说京兆有准备，便向西渡过黄河，前往甘州。阿蓝答儿又从和林带兵前来与他会合，分头联结陇、蜀的将领们，又指使纽邻的哥哥宿敦写信招纽邻。于是成都统帅百家奴，兴元的忙兀台，青居的汪惟正、钦察都派遣使者来说，人心动荡不安，事情变化难以预料。希宪派遣使者前去告诫他们，两川的将领们一向畏惧希宪的威望和名声，听从他的命令安定了下来。浑都海、阿蓝答儿合军向东，抵御的将领失利，河右震动很大，西边的亲王执毕帖木儿的辎重都丢光了，移到秦雍以取得给养。朝廷中商议准备放弃两川，退守兴元，希宪极力主张不可行，才得停止。亲王合丹和汪惟良、八春等合兵又在西凉与浑都海、阿蓝答儿战斗，将他们打得大败，整个部队的士兵几乎不是俘获就是杀死，抓住两个叛乱的头目送回，在京兆市上斩首示众。此事上报，皇帝大加嘉奖，说："希宪是真正的男子汉。"升为平章政事，赐宅一座。这时希宪三十岁。

希宪奏：四川投降的百姓，都分散在山谷中，应该告诫军队和官吏，禁止俘掠。违反这条命令的，千户以下与犯人同罪。又下令禁止人们贩卖奴隶。因此四川得到安定，投降的人日益增多。又解散从解州盐户中抽调来的士兵，以及京兆各处无籍户中征发来到屯田灵州的人员，以此来宽宥民力。钦察俘获宋朝官员张炳震、王政二人，都以母老为理由请求放他们回去，希宪将他们都遣还。并因此写信给宋朝四川制置余玠，向他宣讲天道、人事，余玠收到信后感到惭愧，保境自守，不敢再轻举妄动。巩昌帅府报告，镇守戎州的军队中有阴谋造反的人，牵连四百余人，希宪详细审核，只杀首恶五人。宋朝将领刘整以泸州来降，将以前归附宋朝的数百人都绑了起来等待处理。希宪上奏将他们释放，而且写信给宰臣说，如果待刘整有恩，他会尽力相报。刘整后来最先提出攻取襄阳的计策，果然立下大功。宋朝将领家属在北方的，希宪每年都给他们粮食；在宋朝做官的，子弟可以越界去省亲，人们都很感动。

李璮在山东造反，牵连到王文统。平章赵璧一向妒忌希宪的功勋和名望，便对世祖说："王文统由张易、希宪引荐，所以得到重用。而且关中形势重要，希宪得民心，又有商挺、赵良弼帮助他，这件事应该引起皇上的思谋。"世祖说："希宪自幼为我服务，我知道他的心。商挺、赵良弼都是正直的书生，有什么可以担心的。"蜀降人费正寅和希宪有私怨，诬告他以李璮造反为名修城治兵，实际上怀有二心。皇帝因此发生怀疑，命中书右丞南台代替希宪行秦蜀省事，而且覆查费正寅告发的罪名，没有任命事实。皇帝命令希宪回京师，朝见时说："当关陕叛乱之时，川蜀不安宁，事急有如星火，臣根据实际情况处理，没有和部属商量。如果正像费正寅所说，罪止在臣一人，请求有关部门将臣囚禁起来。"皇帝摸着御床说："当时的话，天知道，我知道，你有什么罪！"安慰他很长时间。升为中书平章政事。

有一天半夜里，世祖召希宪到宫中，不慌不忙地谈论即位前王府中的事情，因而提到赵璧的话。希宪说："过去进攻鄂州时，贾似道制作木栅将城围起来，一个晚上便成功了。陛下看着随从的诸臣说：'怎么能得到像贾似道这样的人才为我所用呢'刘秉忠、张易上前说：'山东有一个王文统，是很有才能的聪明人，现在充当李璮的幕僚。'又问臣，臣回答：'也曾听说过，但并不认识这个人'。"皇帝说："我记得也是这样。"

希宪在中书省，举纲挈领，按照名实相符精神，进行综合考察，淘汰多余无用的官吏，抑制那些用不正当的方式求利不止的行为，兴利除害，一切事情都得到很好的处理，当时都称赞他治理有方，各种法令制度，清楚明白。又提出建议："国家从开创以来，凡是以土地来归附以及最初任命的地方官，都令他们世代相袭镇守一方，至今已近六十年。这些人的子孙对待部属就像对待奴仆一样，郡县的长官吏员，都成了他们的奴仆和办事人员，这种情况是以前没有过的。应该加以改革，通过考核来提升或贬降。"开始商议实行官吏迁转之法。

至元元年，母亲去世，率领亲族实行古代的葬礼，三日不饮水，一哭就咯血，不能起床。睡觉时躺铺草的土地上，在墓边盖了房屋居住。宰臣们以为守丧的制度没有制定，想尽力让他恢复工作，一起来到墓旁的房屋，听到他痛哭的声音，就不忍心提出这件事了。没有多久，皇帝下诏，未终丧期就让他恢复工作，希宪虽然不敢违抗皇帝的命令，然而出门工作时穿着白色的衣服，回家一定在胸前挂麻布条，头上、腰结麻带。等到父亲去世时，也是一样。

奸臣阿合马管理左右部，专门负责财赋。他们党羽互相攻击，皇帝命中书省审查上报，众人都惧怕阿合马的权势，不敢过问。希宪彻底追查此事，将情况上报，皇帝下令对阿合马用杖刑，将原来由他负责的工作交给有关部门。

皇帝对希宪说："官吏贪污枉法，百姓逃亡失业，工匠制品不能满足需要，财政收入不够开支费用，这些问题在以前几位皇帝当政时长期存在。自从你们为相，我再不为此发愁了。"希宪回答说："陛下圣明如同尧、舜，臣等没有能够以皋陶、稷、契之道，辅助陛下进行治理，使天下太平，心中深感惭愧。现在治理天下取得初步成绩,不值得肯定太多。"因而谈到魏徵,希宪说:"忠臣良民,哪个朝代没有,就看皇帝用不用。"有一次宦官到宫前百官处理公务的场所传达圣旨时,说某事应当怎么办,希宪说:"这是宦官干政的开始,不能开这个头。"于是上奏皇帝,加以杖责。

有人攻击丞相史天泽,说他亲族党羽分布朝廷内外,威势权力不断扩大,发展下去无法控制。皇帝下令罢免史天泽的职务,让他等候审查。希宪对皇帝说:"天泽为陛下服务很久,没有人比陛下能了解天泽了。当陛下还是藩王的时候,多次任用史天泽统领军队、管理百姓,都有成绩。陛下知道他可以承担大事,所以用为宰相。小人攻击他,陛下应当仔细察看他的心理,真正有肆意妄为不遵守为臣之道的表现吗?今日皇帝相信我,所以我能参与这件事;以后有告发我的,我也会遭到怀疑。我等在政府中工作,陛下像这样随便怀疑、信任,还有谁能自保呢!天泽既已罢官,也应当罢免我。"皇帝沉吟很久才说:"你先退下,我考虑考虑。"第二天,皇帝召见希宪告诉他说:"昨天我想过了,没有人当面告发史天泽。"事情便这样得到解决。

又有人告发四川统帅钦察,皇帝下令要中书省立即派遣使者前去将他处死。第二天,希宪又将此事上奏,皇帝发怒说:"为什么这样迟迟不办呢!"回答说:"钦察是统军大帅,如果因为一个小人的话被杀,百姓必然感到惊骇。最好的办法是将他押解前来,与告发者在朝廷上对质,然后向天下宣布他的罪状。"皇帝下诏派遣使者前去审查。以后告发的事不能落实,钦察得以免罪。

希宪每次在皇帝面前奏事,议论时激烈率直,没有一点回避。皇帝说:"你过去在王府为我服务,能够宽容忍耐,现在为天子的大臣,为什么反而如此倔强呢?"希宪回答说:"王府的事务轻，天下的事务重，有些事如果当面顺从陛下的意见，天下就要受害，我不是不知自爱。"

方士请求炼大丹，皇帝下令要中书省供给所需物品，希宪将秦、汉有关的事情全都上奏皇帝，而且说："尧、舜长寿，不是因为大丹的缘故。"皇帝说："是这样。"便加以拒绝。当时正尊重国师，皇帝命令希宪到国师那里受戒，回答说："我已接受孔子戒。"皇帝说："孔子也有戒吗？"回答说："为臣应当忠，为子应当孝，孔子的戒就是这样。"

至元五年，初建御史台，接着设置各道提刑按察司。当时阿合马总管财政，便说："一般政务由诸路政府负责，赋税则交给转运司管理，现在这样纠治，办事就难了。"希宪说："设立监察机构，是古代的制度，从政府内部来说它能起弹劾奸邪的作用，从外部来说它能够视察异常的情况，了解百姓的痛苦。有利于国家政治的事情，没有比它更重要的了。如果取消它，政府上下专横贪暴，事情还办得成吗？"阿合马不能回答。

七年，皇帝下诏释放京城在押的囚犯。西域人匿赞马丁曾在前代皇帝手下工作，是个大富翁，被冤家告发，关在大都监狱中。将他释放时，希宪休假，没有过问这件事。这年秋天，皇帝从上都回来，匿赞马丁的冤家上诉，希宪取过判决书补签了自己的名字，说："天威不测，我岂能因自己没有签名而侥幸求免！"觐见皇帝，提到诏书，皇帝说："诏书说的是释放囚犯，难道诏书中说过释放匿赞马丁吗？"回答说："不释放匿赞马丁，我们也未曾听说有这样的诏书。"皇帝发怒说："你们这些人号称读书，遇到事情却是这样，应当什么样的罪责？"回答说："我等任宰相，深感惭愧，有罪应罢免。"皇帝说："按你的话办。"立即与左丞相耶律铸一起罢官。有一天，皇帝问侍臣：希宪在家做什么。侍臣回答说：读书。皇帝说："读书固然是朕叫他做的，但是读书而不肯用，多读干什么！"意思是责备他在罢官以后不再想进入仕途。阿合马乘机攻击说："希宪天天在家中与妻子饮酒作乐。"皇帝变了脸色说："希宪家境清贫，拿什么摆设酒宴？"希宪曾生病，皇帝派三名医生前去治疗，医生说要用砂糖做饮料，当时非常难得，家中到外面去寻求，阿合马给了二斤，而且表示友好之意。希宪退了回去，说："即使砂糖能使人活命，我决不要用奸人给的东西来使自己活下去。"皇帝听说，派人赐给他砂糖。

嗣国王头辇哥为行省宰相，镇守辽阳，有人说他骚扰百姓，多有不便。至元十一年，皇帝下诏，起用希宪为北京行省平章政事。将要出发，坐轿到宫中辞行。皇帝赐坐，说："过去在先朝时，你能深刻认识事物的发展变化，经常对朕讲述帝王之道。鄂汉回军时，多次陈说天命所在。对于这些，朕心中是不会忘记的。丞相的职务你担任是很合适的，只是退托罢了。辽地民户有好几万，其中有不少诸王、驸马的分地，他们都知道你的才能，所以命你前去镇守，要体会朕的心意。"辽东亲王很多，他们派遣使者传令旨，官吏立着听，希宪到后，才加以改正。有一个西域人自称驸马，将营帐屯驻在城外，将富民拘禁起来，诬陷富民的祖父曾借过高利贷，要求还清债务，催逼得很紧。富民告到行省，希宪下令收捕西域人。此人发怒，骑马来到行省办事的厅堂，坐在榻上。希宪命人将他拉下来跪在地上，问他说："国家的法制，私人不能设置牢狱，你是什么人，居然敢拘留百姓。"下令将他拘留并加上刑具。此人害怕了苦苦哀求，国王也为他说情，于是稍加宽大，命他等待对质，到晚上他就收起营帐逃走了。既而皇帝下令要国王回到自己的分地，由希宪单独主持行省的事务。朝廷拨下钱来要买六千五百匹马,希宪派人拿着这笔钱到东州去买,多买了一千三百匹。希宪说:"全部上送则有自我卖弄之嫌。"马上将多买的马让给不够数的地区,以所得的钱留作公用。长公主和驸马入朝经过辽阳,在郊外原野上狩猎,对百姓骚扰得很厉害,希宪当面告知驸马,准备将此事上奏皇帝。驸马大为吃惊,进去告诉公主。公主出面,请希宪喝酒,并说:"跟从的人骚扰百姓,我不知道。愿用钱一万五千贯补偿百姓的损失,请不要派使者上奏。"自此以后权贵从此经过,都不敢胡作非为。

至元十二年,右丞阿里海牙攻下江陵,将当地的地形图献上朝廷,请求派遣重臣主持高级机构镇守当地。皇帝赶紧召希宪回来,让他主持荆南行省。希宪朝见时赐坐,并对他说:"荆南归入我的版图,要有人能使新归附人感恩戴德,尚未归附的人想来投奔。宋朝知道我朝有这样的大臣,也足以使其内心屈服。南方土地低下潮湿,对你不合适,现在以大事托付给你,想来不会推辞。"赐田赡养留下的家属,赐马五十匹给跟从的人。希宪说:"我经常担心自己才识太浅,不能担负重任,怎么敢以病为理由推辞呢!但是不敢领新的赏赐。"又有诏,命令希宪可以用皇帝的名义授三品以下官。

希宪冒着夏天炎热带病前进。到镇守的地方,阿里海牙率领属官到郊外迎接,远远望见希宪一行便跪拜地上,荆人大为惊奇。到达的当天就下令禁止掠夺,允许商贩流通,兴利除害,兵、民稳定。首先录用原来宋朝宣抚、制置二司的幕僚中能够办事的,以备采访,并选择二十余人,根据其才能授以官职。助手们感到为难,希宪说:"现在都是国家的臣子,用不着怀疑。"当时宋朝的旧官员来拜见大官,一定赠送许多珍奇之物，希宪加以拒绝，并对他们说："你们这些人有的保留过去的官职，有的得到破格提拔，应当感念皇帝的大恩，尽力报答。现在所送的礼品，如果是你们自己的东西，我收了就是不义，一旦受审查，情节和盗窃一样。如果你们是从百姓那里征取以来，则是有罪的行为。应该小心引以为戒。"都感激而去。希宪下令，凡是敢杀俘获之人，以故意杀害平民论罪；军士的俘虏，因为生病被抛弃的，允许其他人收养，病好以后，不再归原主所用；凡是订立契约出卖妻子的判重罪，并没收所得钱。在先，江陵城外积水以作防御之用，希宪下令决口放水，得到几万亩良田，作为贫民的产业。发放沙市仓库中没有在政府籍册上登记的粮食二十万斛，赈济公安县的饥荒。大的原则定下来以后，便说："教育是不能缓办的。"于是便大规模兴办教育事业，选用教官，置办经书典籍，开学的第二天亲自到讲舍，以此劝勉学生们。

西南溪洞，以及思州、播州的田、杨二氏，重庆制置赵定应，都越境向希宪请降。这些事上报以后，皇帝说："先朝不用兵不能获得土地，现在希宪能够令数千里以外的人越境投降，他治理教化的功效由此可见。"关卡的官吏获得江陵人的私信，不敢开封便往上送，枢密院官在皇帝面前拆开，其中说："归附之初，人不聊生。皇帝派遣廉相出镇荆南，不但人们逐渐为他的德政感化，连昆虫和草木也都蒙受恩泽。"皇帝说："希宪不喜杀人，所以能这样。"

希宪的病很久不能治愈，至元十四年春，侍从董文忠说："江陵潮湿而且炎热，希宪的病如何能好！"皇帝立即召希宪回来，江陵百姓哭泣着在道路上遮拦，但不能留他下来，便竞相画希宪的像建立祠堂。希宪回来，行李萧条，只有琴、书伴随。皇帝知道他清贫,特别赏赐给白金五千两、钞万贯。五月,到上都,太常卿田忠良前来探问病情,希宪对他说:"上都是皇帝兴起的地方,天下都把它看成国家的根本所在。最近听说龙冈失火,烧及百姓的住宅,这是很普通的事,你要小心,别让空谈地理风水的人使皇上感到疑惑。"没有多久,果然有几个人上奏要求迁移都城。枢密副使张易、中书左丞张文谦与他们在朝廷上辩论,极力说这一建议不可行,皇帝不高兴。明日,皇帝召田忠良问这件事,忠良将希宪的话作了报告,皇帝说:"希宪病得很厉害,还想到这件事吗?"于是,这一议论停止。

皇帝下旨征召扬州名医王仲明前来为希宪看病,希宪服了他开的药,能够扶着拐杖站起来。皇帝高兴地对希宪说:"你得到好医生,病快要好了。"回答说:"医生拿着好药来治我的病,如果能谨慎小心,那么会像圣上所说那样;如果漫不经心,良医也没有用。"实际上是以治病为例婉言向皇帝劝谏。

这时商议建立门下省,皇帝说:"侍中非希宪不可。"派遣宦官传旨说:"外出办事,不再劳动你;坐而论道,时常到省中,如有必须奏闻的事情,坐轿入朝即可。"希宪请宦官回奏说:"我的病不算什么。尽忠效力,是我生平的愿望。"皇太子也派人来说:"皇上命你负责门下省,不要担心小人捣乱,我为你除掉他们。"但是立门下省之事终于为阿合马阻止。

至元十六年春,皇帝赐钞万贯,下诏要他再入中书省,希宪说自己病重。皇太子派遣侍臣前来探望病情,并询问治国之道。希宪说:"统治天下在于用人,用君子则天下治,用小人则乱。我病虽重,听天由命。担忧的是,大奸专政,群小阿谀奉承,误国害民,这是国家的大病。殿下应该使皇帝了解,赶紧设法除掉,否则病情会愈来愈重,那就无法治疗了。"训诫自己的儿子说："大丈夫见义勇为，不考虑自己的祸福。认为无法达到皋、夔、稷、契、伊、傅、周、召的水平，是自暴自弃的想法。治理天下如果不受牵制，可以重新出现三代那样的盛世。"又说："你读过《狄梁公传》吗？梁公有大节，但不肖的儿子损坏了他的名声，你们应该谨慎。"十七年十一月十九日夜里，有一颗大星落在寝室的旁边，流光照地，过了好久才熄灭。当天晚上，希宪去世，年五十岁。大德八年，赠忠清粹德功臣、太傅、开府仪同三司，追封魏国公，谥文正。加赠推忠佐理翊运功臣、太师、开府仪同三司、上柱国、恒阳王，谥号和原来一样。

有六个儿子。孚，佥辽阳等处行中书事。恪，台州路总管。恂，中书平章政事。忱，邵武路总管。恒，御史中丞。惇，江西等处行中书省参知政事。从弟希贤。

元史卷一百二十七

列传第十四

伯　颜

伯颜，蒙古八邻部人。曾祖述律哥图，事太祖，为八邻部左千户。祖阿剌，袭父职，兼断事官，平忽禅有功，得食其地。父晓古台世其官，从宗王旭烈兀开西域。伯颜长于西域。

至元初，旭烈兀遣人奏事，世祖见其貌伟，听其言厉，曰："非诸侯王臣也，其留事朕。"与谋国事，恒出廷臣右，世祖益贤之，敕以中书右丞相安童女弟妻之，若曰"为伯颜妇，不惭尔氏矣。"二年七月，拜光禄大夫、中书左丞相。诸曹白事，有难决者，徐以一二语决之。众服曰："真宰辅也。"四年，改中书右丞。七年，迁同知枢密院事。十年春，持节奉玉册立燕王真金为皇太子。

十一年，大举伐宋，与史天泽并拜中书左丞相，行省荆湖。时荆湖、淮西各建行省，天泽言，号令不一，或致败事。诏改淮西行省为行枢密院。天泽又以病，表请专任伯颜，乃以伯颜领河南等路行中书省，所属并听节制。秋七月，陛辞，世祖谕之曰："昔曹彬以不嗜杀平江南，汝其体朕心，为吾曹彬可也。"

九月甲戌朔，会师于襄阳，分军为三道并进。丙戌，伯颜与平章阿术，由中道，循汉江趋郢州。万户武秀为前锋，遇水涨，霜雨水溢，无舟不能涉。伯颜曰："吾且飞渡大江，而惮此潢潦耶！"乃召一壮士，负甲仗，骑而前导，麾诸军毕济。癸巳，次盐山，距郢州二十里。郢在汉水北，以石为城，宋人又于汉水南筑新郢，横铁绳，锁战舰，密树桩木水中。下流黄家湾堡，亦设守御之具，堡之西有沟，南通藤湖，至江仅数里。乃遣总管李庭、刘国杰攻黄家湾堡，拔之，破竹席地，荡舟由藤湖入汉江。诸将请曰："郢城，我之喉襟，不取，恐为后患。"伯颜曰："用兵缓急，我则知之。攻城，下策也，大军之出，岂为此一城哉？"遂舍郢，顺流下。伯颜、阿术殿后，不满百骑。十月戊午，行大泽中，郢将赵文义、范兴以骑二千来袭，伯颜、（兀）〔阿〕术未及介胄，亟还军迎击之，伯颜手杀文义，擒范兴杀之，其士卒死者五百人，生获数十人。

甲子，次沙洋。乙丑，命断事官杨仁风招之，不应。复使一俘持黄榜、檄文，传赵文义首，入城，招其守将王虎臣、王大用。虎臣等斩俘，焚黄榜。裨将传益以水军十七人来降，虎臣等又斩其军之欲降者。伯颜复命吕文焕招之，又不应。日暮，风大起，伯颜命顺风掣金汁炮，焚其庐舍，烟焰涨天，城遂破。万户忙古歹生擒虎臣、大用等四人，余悉屠之。丙寅，次新城，令万户帖木儿、史弼列沙洋所馘于城下，射黄榜、檄文于城中以招之。其守将边居谊，邀吕文焕与语。丁卯，文焕至城下，飞矢中右臂，奔还。戊辰，其总制黄顺逾城出降，即授招讨使，佩以金符，令呼城上军，其部曲即缒城下，居谊邀入城，悉斩之。己巳，其副都统制任宁亦降，居谊终不出，乃令总管李庭攻破其外堡，诸军蚁附而登，拔之。余众三千，犹力战而死，居谊举家自焚。遂并诛王虎臣、王大用等四人。

十一月丙戌，次复州，知州翟贵以城降。诸将请点视其仓库军籍，遣官镇抚，伯颜不听，谕诸将不得入城，违者以军法论。阿术使右丞阿里海牙来言渡江之期，伯颜不答。明日又来，又不答。阿术乃自来，伯颜曰："此大事也，主上以付吾二人，可使余人知吾实乎？"潜刻期而去。乙未，军次蔡店。丁酉，往观汉口形势。宋淮西制置使夏贵等，以战舰万艘，分据要害，都统王达守阳逻堡，（荆）〔京〕湖宣抚朱祀孙以游击军扼中流，兵不得进。千户马福建言，沦河口可通沙芜入江，伯颜使觇沙芜口，夏贵亦以精兵守之。乃围汉阳军，声言由汉口渡江，贵果移兵援汉阳。

十二月丙午，军次汉口。辛亥，诸将自汉口开坝，引船入沦河，先遣万户阿剌罕以兵拒沙芜口，逼近武矶，巡视阳罗城堡，径趋沙芜，遂入大江。壬子，伯颜战舰万计，相踵而至，以数千艘泊于沦河湾口，屯布蒙古、汉军数十万骑于江北。诸将言："沙芜南岸，彼战船在焉，可攻而取。"伯颜曰："吾亦知其可必取，虑汝辈贪小功，失大事；一举渡江，收其全功可也。"遂令修攻具，进军阳罗堡。癸丑，遣人招之，不应。甲寅，再遣人招之，其将士皆曰："我辈受宋厚恩，戮力死战，此其时也，安有叛逆归降之理。备吾甲兵，决之今日，我宋天下，犹赌博孤注，输赢在此一掷尔。"伯颜麾诸将攻之，三日不克。有术者来言："天道南行，金、木相犯，若二星交过，则江可渡。"伯颜却之，使勿言。乃密谋于阿术曰："彼谓我必拔此堡，方能渡江。此堡甚坚，攻之徒劳。汝今夜以铁骑三千，泛舟直趋上流，为捣虚之计，诘旦渡江袭南岸。已过，则速遣人报我。"乙卯，分遣右丞阿里海牙督万户张弘范、忽失海牙、折的迷失等，先以步骑攻阳罗堡，夏贵来援。遂俾阿术出其不意，率万户晏彻儿、忙古歹史格、贾文备四翼军，泝流西上四十里，对青山矶而泊。是夜，雪大作，遥见南岸多露沙洲，阿术登舟，指示诸将，令径趋是洲，载马后随。万户史格一军先渡，为其都统程鹏飞所却。阿术横身荡决，血战中流，擒其将高邦显等，死者无算，鹏飞被七创，败走，得船千余艘，遂得南岸。阿术与镇抚何玮等数十人，攀岸步斗，开而复合者数四，南军阻水，不得相薄，遂起浮桥，成列而渡。阿里海牙继遣张荣实、解汝楫等四翼军，舳舻相衔，直抵夏贵。贵引麾下军数千先遁，诸军乘之，斩溺不可数计，追至鄂州东门而还。丙辰，阿术遣使来报，伯颜大喜，挥诸将急攻破阳罗堡，斩王达。宋军大溃，数十万众，死伤几尽。夏贵仅以身免，走至白虎山。诸将谓贵大将，不可使逸去，请追之。伯颜曰："阳罗之捷，吾欲遣使前告宋人，而贵走代吾使，不必追也。"丁巳，伯颜登武矶山，大江南北，皆我军也，诸将称贺，伯颜辞谢之。

阿术还渡江，议兵所向，或欲先取蕲、黄，阿术曰："若赴下流，退无所据，先取鄂、汉，虽迟旬日，可为万全计。"伯颜从之。己未，师次鄂州，遣吕文焕、杨仁风等谕之曰："汝国所恃者，江、淮而已，今我大兵飞渡长江，如履平地，汝辈何不速降。"鄂恃汉阳，将战，乃焚其战舰三千艘，火照城中，两城大恐。庚申，知鄂州张晏然、知汉阳军王仪、知德安府来兴国，皆以城降，程鹏飞以其军降。壬戌，定新附官品级，撤宋兵，分隶诸将。先是，边民戍卒陷入宋境者，悉纵遣之。丁卯，遣万户也的哥、总管忽都歹，入奏渡江之捷。分命阿剌罕先锋黄头，取寿昌粮四十万斛，以充军饷。留右丞阿里海牙等，以兵四万，分省于鄂，规取荆湖。己巳，伯颜与阿术以大军水陆东下，俾阿术先据黄州。

十二年春正月癸酉朔，至黄州。甲戌，沿江制置副使、知黄州陈奕降，伯颜承制授奕沿江大都督。奕遣书至涟水招其子岩，岩降。遣吕文焕、陈奕以书招蕲州安抚使管景模，复遣阿术以舟师造其城下。癸未，伯颜至蕲州，景模出降，即承制授以淮西宣抚使，留万户带塔儿守之。阿术复以舟师先趋江州，兵部尚书吕师夔在江州，与知州钱真孙遣人来迎降。丙戌，伯颜至江州，即以师夔为江州守。师夔设宴庚公楼，选宋宗室女二人，盛饰以献，伯颜怒曰："吾奉圣天子明命，兴仁义之师，问罪于宋，岂以女色移吾志乎？"斥遣之。知南康军叶阊来降，殿前都指挥使、知安庆府范文虎亦奉书纳款，阿术遂率舟师造安庆，文虎出降。伯颜至湖口，遣千户睿玉系浮桥以渡，风迅水驶，桥不能成，乃祷于大孤山神，有顷，风息桥成，大军毕渡。

二月壬寅朔，伯颜至安庆，承制授文虎两浙大都督，文虎以其从子友信知安庆府事，命万户乔珪成之。丁未，次池州，都统制张林以城降；戊申，通判权州事赵昂发与其妻自经死伯颜入城，见而怜之，令具衣衾葬焉。

宋宰臣贾似道遣宋京致书，请还已降州郡，约贡岁币。伯颜遣武略将军囊加歹同其介阮思聪报命，止京以待，且使谓似道曰："未渡江，议和入贡则可，今沿江诸郡皆内附，欲和，则当来面议也。"囊加歹还，乃释宋京。

庚申，发池州，壬戌，次丁家洲。贾似道都督诸路军马十三万，号百万，步军指挥使孙虎臣为前锋，淮西制置使夏贵以战舰二千五百艘横亘江中，似道将后军。伯颜命左右翼万户率骑兵夹江而进，炮声震百里。宋军阵动，贵先遁，以扁舟掠似道船，呼曰："彼众我寡，势不支矣。"似道闻之，仓皇失措，遽鸣金收军，军溃。众军大呼曰："宋军败矣。"诸战舰居后者，阿术促骑召之，挺身登舟，手柁冲敌船，舳舻相荡，乍分乍合。阿术以小旗麾何玮、李庭等并舟深入，伯颜命步骑左右掎之，追杀百五十余里，溺死无算，得船二千余艘，及其军资器仗、图籍符印。似道东走扬州，贵走庐州，虎臣走泰州。

甲子，攻太平洲。丁卯，知州孟之缙及知无为军刘权、知镇巢军曹旺、知和州王喜，俱以城降。庚午，师次建康之龙湾，大赉将士。

二月癸酉，宋沿江制置赵溍遁，溍兄淮起兵溧阳，就执而死。都统徐王荣、翁福等以城降，命招讨使唆都守之。知镇江府洪起畏遁，总管石祖忠以城降。知宁国府赵与可遁，知饶州唐震死，而江东诸郡皆下。淮西滁州诸郡亦相继降。

丙子，国信使廉希贤至建康，传旨令诸将各守营垒，毋得妄有侵掠。希贤与严忠范等奉命使宋，请兵自卫，伯颜曰："行人以言不以兵，兵多，徒为累使事。"希贤固请，与之。丙戌，至独松岭，果为宋人所杀。

庚寅，伯颜遣左右司员外郎石天麟诣阙奏事，世祖大悦，悉可其奏。伯颜以行中书省驻建康，阿塔海、董文炳以行枢密院驻镇江，阿术别奉诏攻扬州。江东岁饥，民大疫，伯颜随赈救之，民赖以安。

宋人遣都统洪模移书徐王荣等，言杀使之事太皇太后及嗣君实不知，皆边将之罪，当按诛之，愿输币，请罢兵通好。伯颜曰："彼为谲诈之计，以视我之虚实。当择人以同往，观其事体，宣布威德，令彼速降。"乃命议事官张羽等持王荣答书，至平江驿，宋人又杀之。

四月乙丑，有诏以时暑方炽，不利行师，俟秋再举。伯颜奏曰："宋人之据江海，如兽保险，今已扼其吭，少纵之则逸而逝矣。"世祖语使者曰："将在军，不从中制，兵法也。宜从丞相言。"

五月丁亥，复命奉御爱先传旨，召伯颜赴阙，以阿剌罕为参政，留治省事。伯颜至镇江，会诸将计事，令各还镇，乃渡江北行，入见于上都。七月癸未，进中书右丞相，让功于阿术，遂以阿术为左丞相。

八月癸卯，受命还行省，付以诏书，俾谕宋主。乃取道益都，行视沂州等军垒，调淮东都元帅孛鲁欢、副都元师阿里伯，以所部兵泝淮而进。九月戊寅，会师淮安城下，遣新附官孙嗣武叩城大呼，又射书城中，谕守将使降，皆不应。庚辰，招讨别〔吉〕里迷失拒北城西门，伯颜与孛鲁欢、阿里伯亲临南城堡，挥诸将长驱而登，拔之，溃兵欲奔大城，追袭至城门，斩首数百级，遂平其南堡。丙戌，次宝应军。戊子，次高邮。十月庚戌，围扬州。召诸将指授方略，留孛鲁欢、阿里伯守湾头新堡，众军南行。壬戌，至镇江，罢行院，以阿塔海、董文炳同署事。

十一月乙亥，伯颜分军为三道，期会于临安。参政阿剌罕等为右军，以步骑自建康出四安，趋独松岭；参政董文炳等为左军，以舟师自江阴循海趋澉浦、华亭；伯颜及右丞阿塔海由中道，节制诸军，水陆并进。

壬午，伯颜军至常州。先是常州守王宗洙遁，通判王虎臣以城降，其都统制刘师勇与张彦、王安节等复拒之，推姚訔为守，固拒数月不下。伯颜遣人至城下，射书城中招谕：勿以已降复叛为疑，勿以拒敌我师为惧。皆不应。乃亲督帐前军临南城，又多建火炮，张弓弩，昼夜攻之。浙西制置文天祥遣尹玉、麻士龙来援，皆战死。甲申，伯颜叱帐前军先登，竖赤旗城上，诸军见而大呼曰："丞相登矣。"师毕登。宋兵大溃，拔之，屠其城，姚訔及通判陈炤等死之，生获王安节，斩之。刘师勇变服单骑奔平江，诸将请追之，伯颜曰："勿追，师勇所过，城守者胆落矣。"以行省都事马恕为常州尹。

遣蒙古军都元帅阇里帖木儿、万户怀都，先据无锡州，万户忙古歹、晏彻儿巡太湖，遣监战亦乞里歹、招讨使峻都、宣抚使游显，会阇里帖木儿先趋平江。

庚寅，遣降人游介实，奉诏书副本使于宋，仍以书谕宋大臣。十二月辛丑，次无锡，宋将作监柳岳等奉其国主及太皇太后书，并宋之大臣与伯颜书来见，垂泣而言曰："太皇太后年高，嗣君幼冲，且在衰绖中。自古礼不伐丧，望哀怒班师，敢不每年进奉修好。今日事至此者，皆奸臣贾似道失信误国耳。"伯颜曰："主上即位之初，奉国书修好，汝国执我行人一十六年，所以兴师问罪。去岁，又无故杀害廉奉使等，疚之过欤，如欲我师不进，将效钱王纳土乎？李主出降乎？尔宋昔得天下于小儿之手，今亦失于小儿之手，盖天道也，不必多言。"岳顿首泣不已。遣招讨使抄儿赤，以柳岳来使事，及严奉使所赍国书入奏。

先是，平江守潜说友遁，通判胡玉等既以城降，而复为宋人所据。甲辰，众军次平江，都统王邦杰、通判王矩之率众出降。

庚戌，遣囊加歹同其使柳岳还临安。以忙古歹、范文虎行两浙大都督事。遣窅玉修吴江长桥，不旬日而成。

庚申，囊加歹同宋尚书夏士林、侍郎吕师孟、宗正少卿陆秀夫以书来，请尊世祖为伯父，而世修子侄之礼，且约岁币银二十五万两，帛二十五万匹。癸亥，遣囊加歹同师孟等还临安。遣忙古歹、范文虎，会阿刺罕、昔里伯取湖州，知州赵良淳死之。丙寅，赵与可以城降。伯颜发平江，留游显、怀都、忽都不花，屯兵镇守。别遣宁玉守长桥。

十三年正月己巳，次嘉兴，安抚刘汉杰以城降，留万户忽都虎等戍之。癸酉，宋军器监刘庭瑞以其宰臣陈宜中等书来，即遣回。乙亥，宜中遣御史刘岊奉宋主称臣表文副本，及致书伯颜，约会长安镇。辛巳，众军至崇德。宜中又令都统洪模，持书同囊加歹来见。壬午，次长安镇，宜中等不至。癸未，进军临平镇。甲申，次皋亭山，宋主遣知临安府贾余庆，同宗室保康军承宣使尹甫、和州防御使吉甫，奉傅国玺及降表诣军前。伯颜受讫，遣囊加歹以余庆等还临安，召宋宰臣出议降事。时宜中已遁，以文天祥代为丞相，不拜，自请至军前。乙酉，进军至临安北十五里，分遣董文炳、吕文焕、范文虎巡视城堡，安谕军民。

囊加歹、洪模来报，宜中与张世杰、苏〔刘〕义、刘师勇等，挟益王、广王下浙江，航海而南，惟谢太后及幼主在宫中。伯颜亟遣使谕右军阿剌罕、奥鲁赤，左军董文炳、范文虎，据守浙江，以劲兵五千人追之，不及而还。

丙戌，禁军士毋入城，遣吕文焕持黄榜谕临安中外军民，俾安堵如故。先是，三衙卫士，白昼杀人，闾里小民，乘乱剽掠，至是民皆安之。丁亥，遣程鹏飞、洪双寿等入宫，慰谕谢后。戊子，谢后遣丞相吴坚、文天祥，枢密谢堂，安抚贾余庆，内官邓惟善，来见，伯颜慰遣之，顾天祥举动不常，疑有异志，留之军中。天祥数请归，伯颜笑而不答。天祥怒曰："我此来为两国大事，彼皆遣归，何故留我"伯颜曰："勿怒。汝为宋大臣，责任非轻，今日之事，政当与我共之。"令忙古歹、唆都馆伴羁縻之。令程鹏飞、洪双寿同贾余庆易宋主削帝号降表。已丑，驻军临安城北之湖州市。遣千户囊加歹等以宋傅国玺入献。

庚寅，伯颜建大将旗鼓，率左右翼万户，巡临安城，观潮于浙江。暮还湖州市,宋宗室大臣皆来见。辛卯,万户张弘范、郎中孟祺,同程鹏飞,以所易降表及宋主、谢后谕未附州郡手诏至军前。令镇抚唐古歹罢文开祥所招募义兵二万余人。壬辰,伯颜登狮子峰,观临安形势。命唆都抚谕军民,部分诸将,共守其城,护其宫。癸巳,谢后复使人来劳问,仍以温言慰遣之。甲午,分置其三衙诸司兵于各翼,以俟调遣;其生募等军,愿归者听。分遣萧郁、王世英等,招谕衢、信诸州。

二月丁酉,遣刘颃等往淮西招夏贵,仍遣别将徇地浙东、西,于是知严州方回、知婺州刘怡、知台州杨必大、知处州梁椅,并以城降命右丞张惠,参政阿剌罕、董文炳、吕文焕入见谢后,宣布德意,以慰谕之。辛丑,宋主率文武百僚,望阙拜发降表。伯颜承制,以临安为两浙大都督府,忙古歹、范文虎入治府事。复命张惠、阿剌罕、董文炳、吕文焕等入城,籍其军民钱谷之数,阅实仓库,收百官诰命、符印图籍,悉罢宋官府。取宋主居之别室。分遣新附官招谕〔湖〕南北、两广、四川未下州郡。部分诸将,分屯要害,仍禁人不得侵坏宋氏山陵。是日,进军浙江之浒,潮不至者三日,人以为天助。

癸卯,谢后命吴坚、贾余庆、谢堂、家铉翁、刘岊与文天祥,并为祈请使,杨应奎、赵若秀为奉表押玺官,赴阙请命。伯颜拜表称贺曰:

臣伯颜言:国家之业大一统,海岳必明主之归;帝王之兵出万全,蛮夷敢天威之抗。始干戈之爰及,迄文轨之会同。区宇一清,普天均庆。

臣伯颜等诚欢诚忭,顿首顿首,恭惟皇帝陛下,道光五叶,统接千龄。梯航日出之邦,冠带月支之域;际丹崖而述职,奄瀚海而为家。独此岛夷，弗遵声教，谓江湖可以保逆命，舟楫可以敌王师。连兵负固，逾四十年，背德食言，难一二计。当圣主飞渡江南之日，遣行人乞为城下之盟。逮凯奏之言旋，辄诈谋之复肆。拘囚我信使，忘乾坤再造之恩；招纳我叛臣，盗涟海三城之地。我是以有六载襄樊之讨，彼居然无一介行李之来。祸既出于自求，怒致闻于斯赫。

臣伯颜等，肃将禁旅，恭行天诛。爰从襄汉之上流，复出武昌之故渡。潘屏一空于江表，烽烟直接于钱塘。尚无度德量力之心，荐有杀使毁书之事。属庙谟之亲廪，谓根本之宜先。乃命阿剌罕取道于独松，董文炳进师于海渚，臣与阿塔海忝司中闽，直指伪都。掎角之势既成，水陆之师并进。常州已下，列郡传檄而悉平；临安为期，诸将连营而毕会。彼知穷蹙，迭致哀鸣。始则有为侄纳币之祈，次则有称藩奉玺之请。顾甘言何益于实事，率锐卒直抵于近郊。召来用事之大臣，放散思归之卫士。崛强心在，四郊之横草都无；飞走计穷，一片之降幡始竖。其宋国主已于二月初五日，望阙拜伏归附讫。所有仓廪府库，封籍待命外，臣奉扬宽大，抚戢吏民，九衢之市肆不移，一代之繁华如故。兹惟睿算，卓冠前王，视万里如目前，运天下于掌上。致令臣等，获对明时，歌《七德》以告成，深切龙庭之想，上万年而为寿，敬陈虎拜之词。

臣伯颜等，无任瞻天望圣激切屏营之至，谨奉表称贺以闻。

戊申，坚等发临安，堂不行。癸丑，宋福王与芮奉书于伯颜，辞甚恳切，伯颜曰："尔国既以归降，南北共为一家，王勿疑，宜速来，同预大事。"且遣迓之。戊午，夏贵以淮（南）〔西〕降。庚申，命囊加歹传旨，召伯颜偕宋君臣入朝。

三月丁卯，伯颜入临安，俾郎中孟（棋）〔祺〕，籍其礼乐祭器、册宝、仪仗、图书。庚午，囊加歹至。甲戌，与芮来。伯颜议以阿剌罕、董文炳留治行省事，以经略闽、粤；忙古歹以都督镇浙西；唆都以宣抚使镇浙东；唐兀歹、李庭护送宋君臣北上。

乙亥，伯颜发临安。丁丑，阿塔海等宣诏，趣宋主、母后入觐，听诏毕，即日俱出宫，惟谢后以疾独留，隆国夫人黄氏、宫人从行者百余人，福王与芮、沂王乃猷、谢堂、杨镇而下，官属从行者数千人，三学之士数百人。宋主求见，伯颜曰："未入朝，无相见之礼。"

五月乙未，伯颜以宋主至上都，世祖御大安阁受朝，降授宋主㬎开府仪同三司、检校大司徒，封瀛国公。

宋平，得府三十七、州百二十八、关监二、县七百三十三。命伯颜告于天地宗庙，大赦天下。帝劳伯颜，伯颜再拜谢曰："奉陛下成算，阿术效力，臣何功之有。"复拜同知枢密院，赐银鼠青鼠只孙二十袭。裨校有功者百二十三人，赏银有差。

初，海都称兵内向，诏以右丞相安童佐皇子北平王那木罕，统诸军于阿力麻里备之。十四年，诸王昔里吉劫北平王，拘安童，胁宗王以叛，命伯颜率师讨之，与其众遇于斡鲁欢河，夹水而阵，相持终日，俟其懈，麾军为两队，掩其不备，破之，昔里吉走死。十八年二月，世祖命燕王抚军北边，以伯颜从，仍谕之曰："伯颜才兼将相，忠于所事，故俾从汝，不可以常人遇之。"燕王每与论事，尊礼有加。是岁，颁群臣食邑，诏益以藤州等处四千九百七十七户。

伯颜之取宋而还也，诏百官郊迎以劳之，平章阿合马，先百官半舍道谒，伯颜解所服玉钩绦遗之，且曰："宋宝玉固多，吾实无所取，勿以此为薄也。"阿合马谓其轻己，思中伤之，乃诬以平宋时，取其玉桃盏，帝命按之，无验，遂释之，复其任。阿合马既死，有献此盏者，帝愕然曰："几陷我忠良！"别吉里迷失尝诬伯颜以死罪，未几，以它罪诛，刺伯颜临视，伯颜与之酒，怆然不顾而返。世祖问其故，对曰："彼自有罪，以臣临之，人将不知天诛之公也。"

二十二年秋，宗王阿只吉失律，诏伯颜代总其军。先是，边兵尝乏食，伯颜令军中采蔑怯叶儿及蓿敦之根贮之，人四斛，草粒称是，盛冬雨雪，人马赖以不饥。又令军士有捕塔剌不欢之兽而食者，积其皮至万，人莫知其意，既而遣使辇至京师，帝笑曰："伯颜以边地寒，军士无衣，欲易吾缯帛耳。"遂赐以衣。

二十四年春二月，或告乃颜反，诏伯颜窥觇之，乃多载衣裘入其境，辄以与驿人。既至，乃颜为设宴，谋执之，伯颜觉，与其从者趋出，分三道逸去，驿人以得衣裘故，争献健马，遂得脱，驰还白状。夏四月，乃颜反，从世祖亲征。奏李庭、董士选将汉军，得以汉法战。乃颜之党金家奴、塔不歹进逼乘舆，汉军力战，乃皆溃，卒擒乃颜。

二十六年，进金紫光禄大夫、知枢密院事，出镇和林，和林置知院，自伯颜始。二十九年秋，宗王明理铁木儿挟海都以叛，诏伯颜讨之，相值于阿撒忽秃岭，矢下如雨，众军莫敢登，伯颜令之曰："汝寒君衣之，汝饥君食之，政欲效力于此时尔。于此不勉，将何以报！"麾诸军进，后者斩，伯颜先登陷阵，诸军望风争奋，大破之。明里铁木儿挺身走，命速哥、梯迷秃儿等追之。伯颜引军夜还，至必失秃，卒遇伏兵，伯颜坚壁不动，黎明，遂引去，伯颜轻骑追至别竭儿，速哥、梯迷秃儿等兵亦至，乃夹击之，斩首二千级，俘其余众以归。诸将言：古礼，兵胜必祃旗于所征之地。欲用囚虏为牲，伯颜不可，众皆叹服。军中获谍者，忻都欲杀之，伯颜不许，厚赐之，遣赍书谕明里铁木儿以祸福，明里铁木儿得书感泣，以众来归。

未几，海都复犯边，伯颜留拒之。廷臣有潜伯颜久居北边，与海都通好，仍保守，无尺寸之获者，诏以御史大夫玉昔帖木儿代之，居伯颜于大同，以俟后命。玉昔帖木儿未至三驿，会海都兵复至，伯颜遣人语玉昔帖木儿曰："公姑止，待我翦此寇而来，未晚也。"伯颜与海都兵交，且战且却，凡七日，诸将以为怯，愤曰："果惧战，何不授军丁大夫！"伯颜曰："海都悬军涉吾地，邀之则遁，诱其深入，一战可擒也。诸军必欲速战，若失海都，谁任其咎？"诸将曰："请任之。"即还军击败之，海都果脱去。乃召玉昔帖木儿至军，授以印而行。时成宗以皇孙奉诏抚军北边，举酒以饯曰："公去，将何以教我？"伯颜举所酌酒曰："可慎者，惟此与女色耳。军中固当严纪律，而恩德不可偏废。冬夏营驻，循旧为便。"成宗悉从之。

三十年冬十二月，驿召至自大同，世祖不豫。明年正月，世祖崩，伯颜总百官以听。兵马司请日出鸣晨钟，日入鸣昏钟，以防变故，伯颜呵之曰："汝将为贼邪！其一如平日。"适有盗内府银者，宰执以其幸赦而盗，欲诛之，伯颜曰："何时无盗，今以谁命而诛之？"人皆服其有识。

成宗即位于上都之大安阁，亲王有违言，伯颜握剑立殿陛，陈祖宗宝训，宣扬顾命，述所以立成宗之意，辞色具厉，诸王股栗，趋殿下拜。五月，拜开府仪同三司、太傅、录军国重事，依前知枢密院事，赐金银各有差。时相有忌之者，伯颜语之曰："幸送我两罂美酒，与诸王饮于宫前，余非所知也。"江南三省累请罢行枢密院，成宗问于伯颜，时已属疾，张目对曰："内而省、院各置为宜，外而军、民分隶不便。"成宗是之，三院遂罢。冬十二月丙申，有大星陨于东北。己亥，雨木冰。庚子，伯颜薨，年五十九。

伯颜深略善断，将二十万众伐宋，若将一人，诸帅仰之若神明。毕事还朝，归装惟衣被而已，未尝言功也。大德八年，特赠宣忠佐命开济功臣、太师、开府仪同三司，追封淮安王，谥忠武。至正四年，加赠宣忠佐命开济翊戴功臣，进封淮王，余如故。

子买的，佥枢密院事；囊加歹，枢密副使。孙相嘉失礼，同佥枢密院事、集贤学士。至治末，省先茔于白只刺山，闻有变，赴上都，或劝少避之。曰："我与国同休戚，今有难，可避乎！"至上都，果见囚。久之得释，寻拜河南江北行省平章政事，迁江南行台御史大夫。曾孙普达失理，皆能世其家。

译文：

伯颜是蒙古八邻部人。曾祖述律哥图为太祖服务，任八邻部左千户。祖父阿剌，承袭他父亲的职务，兼任断事官，在平定忽禅时立下了功劳，忽禅的土地便成了他的封地。父亲晓古台承袭官职，跟随宗王旭烈兀开辟西域。伯颜是在西域长大的。

至元初年，旭烈兀派遣伯颜来奏事，世祖见他相貌雄伟，听他说话严肃，便说道："这个人不应是宗王的属臣，留下来为我服务吧！"和他商议国家大事，见解总是比朝廷大臣们高明，世祖更加看重，下令将中书右丞相安童的妹妹嫁给他为妻，说："成为伯颜的妻子，不会有损你们家族的名声。"二年七月，为光禄大夫、中书左丞相。下属部门上报公事，遇到疑难的问题，伯颜不急不忙地用一二句话便解决了，众人都钦佩地说："这是真正的宰相啊！"四年，改任中书右丞。七年，迁同知枢密院事。十年春，奉命持节奉玉册立燕王真金为皇太子。

至元十一年，大举进攻南宋，伯颜与史天泽一起被任命为荆湖行省中书左丞相。当时荆湖、淮南各自建立行省，史天泽说，号令不统一，很可能误事。皇帝下令将淮西行省改为行枢密院。天泽又因病上表请求只任用伯颜一人，于是便以伯颜负责河南等路行中书省，所有部属都归他节制。秋七月，上朝辞行，世祖对他说："过去曹彬因为不随便杀人得以平定江南，你要领会我的意图，成为我的曹彬。"

九月甲戌朔，在襄阳会师，分兵三道并进。丙戌，伯颜和平章阿术由中道前进，沿着汉水直奔郢州。万户武秀充当前锋。途中遇到水泊，大雨造成涨水，没有船不能过去。伯颜说："我还准备飞渡大江呢，难道怕这点积水吗！"便召来一名壮士，背着铠甲和武器，骑在马上在前面作向导，指挥所有军队全部安全渡过。癸巳，到盐山，离郢州二十里。郢州在汉水的北面，城用石块筑成，宋人又在汉水南面筑了一座新郢城，在两城中间横着铁绳，将战舰捆绑在一起，水中还密密地栽立树桩。下流黄家湾堡也设置了防守的器具。堡的西边有一条沟，南通藤湖，到汉水只有几里远。伯颜便派总管李庭、刘国杰攻打黄家湾堡，占领了它，劈开竹子铺在地上，推着船从藤湖进入汉水。将领们请求说："郢城扼住了我们的咽喉，如果不取，以后会有麻烦。"伯颜说："用兵快慢，我很清楚。攻城是下策，出动大军难道是为这一座城吗！"便丢下郢州不管，顺流而下，伯颜和阿术带着不到一百骑兵殿后。十月戊午，在很大的沼泽地中行进，郢州将领赵文义、范兴带着二千骑兵来偷袭，伯颜，阿术来不及戴盔披甲，立即还军迎击，伯颜亲手杀死赵文义，捉住范兴杀掉，对方士兵死五百人，被活捉的有几十人。

甲子，到洋泽。乙丑，命断事官杨仁风招降，对方不理。又使一名俘虏拿着黄榜、檄文，和赵文义的头颅，到沙泽城中，向守将王虎臣、王大用招降。虎臣等杀死这名俘虏，烧掉黄榜。城中的副将傅益带着水军十七人前来投降。虎臣又杀死军中想要投降的人。伯颜又命吕文焕招降，还是不理。天快黑，风大起，伯颜下令顺风拉曳金汁炮，焚烧城中房屋，烟焰满天都是，城被攻破。万户忙古歹活捉王虎臣、王大用等四人，其余全部杀掉。丙寅，军到新城，命令万户帖木儿、史弼将在沙洋割取的敌人耳朵陈列于城下，用箭射黄榜、檄文到城中招降。宋守将边居谊请吕文焕说话。丁卯，吕文焕到城下，城上的箭射中他的右臂，奔逃而回。戊辰，总制黄顺越城出来投降，立即授他招讨使之职，佩带金符，命令他呼唤城上士兵投降，他的部下立即用绳吊着从城头下来，居谊请他们入城，全都杀掉。己巳，副都统制任宁也投降了，居谊始终不肯出降。于是命令总管李庭攻破该城外堡，士兵们蜂拥而上，攻占了它。城中剩下三千人，仍然力战而死，居谊全家自焚。便将王虎臣、王大用等四人一起杀掉。

十一月丙戌，到复州。知州翟贵以城来降。将领们请求清点城中仓库、军籍，并遣官前去镇抚，伯颜没有听从，下令诸将不得入城，违背者以军法论处。阿术派右丞阿里海牙来问渡江的日期，伯颜不回答。明天又来，还是不回答。于是，阿术亲自前来，伯颜说："这是大事，主上委托我们二人，难道能让其他人知道我们的秘密吗！"私人约定时间回去。乙未，军队来到蔡店，丁酉，前去观察汉口的形势。宋朝淮西制置使夏贵等用战舰万艘分别据守要害地方，都统王达守阳逻堡，京湖宣抚朱祀孙带领游击军扼守中流，元军不能前进。千户马福建议，从沦河口可以通过沙芜入长江，伯颜使人观察沙芜口，夏贵也以精兵据守。于是便包围汉阳军，扬言要由汉口渡江，夏贵果然调兵增援汉阳。

十二月丙午，大军到汉口。辛亥，将领们从汉口挖开堤坝，将船引入沦河，先遣万户阿剌罕用兵阻塞沙芜口，逼近武矶，阿剌罕巡视阳罗城堡，直接前往沙芜，便进入长江。壬子，伯颜手下的战舰数以万计，接连而至，用几千艘停伯在沦河湾口，并将几十万蒙古、汉军骑兵布置在长江北岸。将领们说："沙芜的南岸，对方的战舰都在那里，可以发起进攻夺取它们。"伯颜说："我也知道一定可以夺取，但怕你们贪图小的功劳，误了大事；还是一举渡江，获取全胜为好。"便下令整修进攻的器具，进军阳逻堡。癸丑，派人招降，不理。甲寅，又派人招降，城中将士都说："我等受宋朝的厚恩，尽力死战，是时候了，怎么能叛逆投降呢！准备好铠甲武器，进行决战，我们宋朝的天下，就像赌博下孤注一样，胜败就在于这次掷骰子了。"伯颜指挥将领们围攻三天，没有成功。有懂得天文的来说："天象向南运行，金、木二星互相冲击，如果二星交叉而过，则长江可渡。"伯颜让他退下，叫他不要乱说。于是便和阿术秘密商议说："对方以为我们一定要攻下此堡，才能渡江。这座城堡很坚固，攻它白费力气。今天晚上你带三千铁骑，乘船前往上流，采取避实就虚的策略，等到天亮渡江攻打南岸。过去后赶紧派人前来向我报告。"乙卯，派遣右丞阿里海牙指挥万户张弘范、忽失海牙、折的迷失等先以步兵、骑兵进攻阳罗堡，夏贵前来援救。于是让阿术出其不意，率领万户晏彻儿、忙古夕、史格、贾文备四翼军，逆流西上四十里，面对青山矶停泊。当天晚上下大雪，远远看见南岸露出不少沙洲，阿术登上战船，指示将领们一直冲向沙洲，载马的船跟在后面。万户史格一军最先渡江，为南宋都统程鹏飞击退。阿术亲自冲上前,在江中流血战,活捉对方将领高邦显等,死者不计其数。程鹏飞身上七处受伤,失败而逃,俘获船一千余艘,于是接近南岸。阿术与镇抚何玮等数十人,攀登上岸步行作战,散开又集中好几次,南宋军队为水所阻,不能靠近,便修起浮桥,排队渡江。阿里海牙接着派张荣实、解汝楫等四翼军乘着战船,首尾相接,向夏贵冲去。夏贵带着手下几千士兵先逃,各支军队乘胜追击,斩首和淹死的不计其数,追到鄂州的东门才回来。丙辰,阿术派人前来报告,伯颜非常高兴,指挥将领们急速攻破阳罗堡,斩王达。宋军大败,几十万人几乎不死则伤,夏贵仅仅个人逃脱,退到白虎山。将领们说夏贵是统帅,不能让他跑掉,请求追击。伯颜说:"阳罗堡的胜利,我想派使者前去告诉宋人,夏贵逃跑正好代替我的使者,不必追赶。"丁巳,伯颜登上武矶山,只见大江南北,都是我方的军队,将领们齐声祝贺,伯颜再三谦让。

阿术渡江回来,商议军队前进的目标,有人主张先取蕲、黄,阿术说:"如果前往下流,退回时没有根据地;先取鄂、汉,虽然耽误了十来天,却是万全之策。"伯颜同意他的意见。己未,军队到鄂州,派遣吕文焕、杨仁风等去告示城中说:"你们国家所以依赖的是长江、淮河而已。现在我的大军已飞渡长江,如履平地,你等为什么还不投降?"鄂州倚恃汉阳为援,准备作战,于是烧毁他们的战舰三千艘,火光照到城中,两城十分恐慌。庚申,知鄂州张晏然、知汉阳军王仪、知德安府来兴国都以城来投降,程鹏飞带着军队投降。壬戌,制定新投降官员的品级,撤销宋军编制,分别隶属于诸将。原来失陷于宋朝境内的边民和戍边的士兵,都放他们回家。丁卯,派遣万户也的哥和总管忽都歹入朝奏报渡江的胜利。派遣阿剌罕部下先锋黄头取寿昌存粮四十万斛，作为军队的食粮。留下右丞阿里海牙等统带四万军队，在鄂州承担行省的部分工作，规划进取荆湖之事。己巳，伯颜与阿术统领大军分水陆两路东下，命令阿术先取黄州。

十二年春正月初一，癸酉，到黄州。甲戌，沿江制置副使、知黄州陈奕投降，伯颜以皇帝的名义授他为沿江大都督。陈奕派人送信到涟水他儿子陈岩处，陈岩投降。派吕文焕、陈奕写信招降蕲州安抚使管景模，又遣阿术带着船队直逼城下。癸未，伯颜到蕲州，管景模出城投降，立即以皇帝名义授他为淮西宣抚使，留下万户带答儿镇守。阿术又带着水军先往江州，兵部尚书吕师夔在江州，和江州知州钱真孙派人前来迎降。丙戌，伯颜到江州，立即以师夔为江州守官。师夔在庚公楼设宴，挑选两名宋朝宗室女子，打扮得非常漂亮，献给伯颜。伯颜发怒说："我奉圣明天子的命令，发动仁义的军队，向宋朝问罪，岂能因女色转移我的雄心壮志。"斥责之后打发回去。知南康军叶阊前来投降，殿前都指挥使、知安庆府范文虎也送信来表示愿意归顺，阿术便率水军前往安庆，文虎出城投降。伯颜到湖口，派遣千户宁玉构造浮桥渡江，风急水速，浮桥难以建成，于是便向大孤山的神祈祷，过了一会，风息桥成，大军全部渡过。

二月初一壬寅，伯颜到安庆，以皇帝名义授范文虎为两浙大都督，文虎以自己的侄子友信知安庆府事。伯颜命万户乔珪戍守。丁未，到池州，都统制张林献城投降。戊申，池州通判代理州事赵昂发与他的妻子上吊自杀，伯颜入城，看见此事感到可怜，下令用衣、被将尸体埋葬。

宋朝宰相贾似道派遣宋京送来书信，请求归还已降的州郡，答应进贡岁币。伯颜派武略将军囊加歹同宋京的副手阮思聪前去报命，留下宋京等待他们回来，而且让他们告诉似道说:"没有渡江以前,议和入贡可以;现在沿江诸郡都已归附,如果要想议和,便应当亲自前来当面商议。"囊加歹回来后,才放宋京回去。

庚申,从池州出发。壬戌,到丁家洲。贾似道都督各路军马十三万,号称百万,步军指挥使孙虎臣为前锋,淮西制置使夏贵将二千五百艘战舰连贯横排在江中,似道自己指挥后军。伯颜命左右翼万户率领骑兵夹江而进,炮声响震百里。宋军阵势动摇,夏贵先逃,他乘坐小船从贾似道的坐船旁边驶过,大呼道:"敌方人多我们人少,抵挡不住了。"似道听见,惊慌失措,赶紧鸣金收军,军队溃散。士兵们大叫:"宋军败了。"阿术急促派骑兵召来落在后面的战船,挺身上去,手把船柁冲向敌船,舳舻彼此冲荡,一会儿分一会儿合。阿术用小旗指挥何玮、李庭等乘坐船只一起深入敌船之中,伯颜命步兵、骑兵在左右协助,追杀一百五十余里,淹死的不计其数,夺得船二千余艘,以及军用物资器械、图籍、符印。似道向东逃到扬州,夏贵逃到庐州,孙虎臣逃到泰州。

甲子,攻太平州。丁卯,知州孟之缙和知无为军刘权、知镇巢军曹旺、知和州王喜都献城投降。庚午,大军到达建康的龙湾,大赏将士。

三月癸酉,宋朝沿江制置赵溍逃跑,赵溍的哥哥赵淮在溧阳起兵,被擒后杀死。都统徐王荣、翁福等献城投降,伯颜命招讨使唆都镇守。知镇江府洪起畏逃走,总管石祖忠献城投降。知宁国府赵与可逃走,知饶州唐震死,江东各郡都下。淮西滁州各郡也相继投降。

丙子,国信使廉希贤到建康,传达皇帝的命令,要将领们各守营垒,不许随便抢劫。希贤与严忠范等奉命出使宋朝,请求派军队保护,伯颜说:"使者靠的是言谈而不是军队,军队多了反而会给使命带来麻烦。"希贤坚决请求,便拨给军队。丙戌,希贤等到独松岭,果然为宋人所杀。

庚寅,伯颜派遣左右司员外郎石天麟回朝奏报情况,世祖非常高兴,对他的奏报全部加以肯定。伯颜负责行中书省,驻在建康;阿塔海、董文炳负责行枢密院,驻在镇江;阿术另奉皇帝的命令进攻扬州。江东这一年发生饥荒,流行传染病,伯颜随时发粮救济,百姓得以安定。

宋朝派遣都统洪模送信给徐王荣等,说:杀害使者之事太皇太后和新登位的皇帝实在不知,都是守边将领们干的,一定将他们审查处死,愿意交纳岁币,请求停止军事行动重新和好。伯颜说:"他们用欺诈的计策,来刺探我们的虚实。应当选派人和对方的使者一同前去,观察他们的动静,宣扬我们的威德,命令他们赶紧投降。"于是命令事官张羽等拿着徐王荣答复的书信,到平江驿,宋人又将张羽等杀害。

四月乙丑,皇帝下诏说,此时天气正热,不利于行军,等秋天再发兵。伯颜上奏说:"宋人据有长江大海,就像野兽占有险要之地一样,现在已经扼住他们的咽喉,有一点放松就会逃跑不见了。"世祖告诉使者说:"按照兵法,将领在军中,不应以后方加以控制。应按丞相意思办。"

五月丁亥,世祖又让奉御爱先到军中传达命令,召伯颜回朝,以阿剌罕为参政,留下处理行省事务。伯颜到镇江,会集诸将商议事务,下令叫他们各自回到镇守的地方,于是渡江北行,在上都晋见世祖。七月癸未,升中书右丞相,伯颜将功劳归之于阿术,便以阿术为左丞相。

八月癸卯,受命回去主持行省事务,世祖交给他一分诏书,让他交给宋朝君主。伯颜便取道益都，视察沂州等处驻军营垒，征调淮东都元帅孛鲁欢、副都元帅阿里伯带着部下兵马逆淮河而上。九月戊寅，在淮安城下会师，派新投降的宋官孙嗣武到城边大声呼叫，又用箭将书信射到城中，通知城中守将要他投降，都被置之不理。庚辰，招讨别吉里迷失在北城西门设防，伯颜和孛鲁欢、阿里伯亲自到南城堡，指挥将领们登城，攻克了它，溃散的宋兵想往北城，乘胜追击到城门，斩首数百级，于是便平定了南城堡。丙戌，到宝应军。戊子，到高邮。十月庚戌，包围扬州。伯颜召集诸将指示作战方略。留孛鲁欢、阿里伯守湾头新堡。其余军队南下。壬戌，到镇江，撤销行枢密院，以阿塔海、董文炳一起处理事务。

十一月乙亥，伯颜把军队分为三路，约期在临安会合。参政阿剌罕为右军，率领步兵骑兵自建康出发，经四安，前往独松岭；参政董文炳等为左军，率领水军从江阴出发，沿海岸直趋澉浦、华亭；伯颜和右丞阿塔海出中路，节制所有军队，水陆并进。

壬午，伯颜军到常州。在先常州守官王宗洙逃跑，通判王虎臣献城投降，都统制刘师勇与张彦、王安节等重新起来守御，推举姚訔为长官，坚守几个月没有攻下。伯颜派人到城下，用箭射书到城中，告诉他们不要因为已降复叛而心怀疑虑，也不要因为曾经抵抗而内心恐惧。都被置之不理。于是亲自指挥前军到南城，多建火炮，张开弓弩，日夜围攻。浙西制置文天祥派尹玉、麻士龙前来援救，都战死。甲申，伯颜大怒，叫自己的帐前亲军先登，在城头上竖起红旗，士兵们看见大声呼叫："丞相登城了。"军队全都上城。宋兵完全溃散，攻占以后屠城，姚訔和通判陈炤等死，活捉王安节，杀掉。刘师勇换了衣服一个人骑马逃往平江,将领们请求追捕,伯颜说:"不用去追,师勇经过之处,守城的人都会吓破胆的。"命行省都事马恕为常州尹。

派遣蒙古军都元帅阇里帖木儿、万户怀都先去占据无锡州,万户忙古歹、晏彻儿巡视太湖,派遣监战亦乞里歹、招讨使唆都、宣抚使游显会合阇里帖木儿先去平江。

庚寅、派遣投降的宋人游介实带着世祖皇帝的诏书副本出使宋朝,同时写信告知宋朝的大臣。十二月辛丑,到无锡,宋朝将作监柳岳等拿着宋朝皇帝和太皇太后的信,以及宋朝大臣写给伯颜的信前来,他流着泪说:"太皇太后年高,新即位的皇帝幼小,而且在守丧期间。不对有丧事的国家动用武力,这是自古以来公认的行为法则,请求宽恕我们班师回朝,以后一定每年进奉岁币永修和好。事情弄到今天这地步,都是奸臣贾似道失信误国造成的。"伯颜说:"皇帝刚即位时,就派人拿着国书前来修好。你们国家扣留我国的使者一十六年之久,所以兴师问罪。去年又无故杀死廉希贤等使臣,这是谁的过错?如果想要我们军队不再前进,你们将学过去吴越钱王的榜样献纳国土呢?还是像南唐李后主那样出城投降呢?你们宋朝过去从小孩子手中夺得天下,现在也从小孩子手中失去,这是上天安排的,不必多说了。"柳岳叩头哭泣不止。伯颜派遣招讨使抄儿赤将柳岳奉命来使一事,并拿着严忠范所带的国书,回去向皇帝报告。

在先,平江守官潜说友逃走,通判胡玉等献城投降,很快又为宋人所占据。甲辰,大军来到平江,都统王邦杰、通判王矩之率领众人出城投降。

庚戌,派囊加歹和宋使柳岳一起回临安。任命忙古歹、范文虎行两浙大都督事。派遣宁玉修吴江长桥,不到十天就成功了。

庚申,囊加歹同宋朝尚书夏士林、侍郎吕师孟、宗正少卿陆秀夫拿着信来，请求尊奉世祖皇帝为伯父，世代奉行子侄的礼节，而且提出每年交纳岁币银二十五万两、帛二十五万匹。癸亥，发遣囊加歹同吕师孟等回临安。派遣忙古歹、范文虎与阿剌罕、昔里伯会合攻湖州，知州赵良淳死。丙寅，赵与可以湖州城降。伯颜从平江出发，留下游显、怀都、忽都不花屯兵镇守。另行派遣宁玉守长桥。

十三年正月己巳，到嘉兴，安抚刘汉杰献城投降，留万户忽都虎等戍守。癸酉，宋朝军器监刘庭瑞拿着宰相陈宜中等人的信来，立即遣回。乙亥，陈宜中遣御史刘岊拿着宋朝皇帝称臣表文的副本来，他还写信给伯颜，约好在长安镇见面。辛巳，大军到崇德。宜中又令都统洪模拿着信和囊加歹一起来见伯颜。壬午，到长安镇，宜中等没有来。癸未，进军临平镇。甲申，到皋亭山，宋朝皇帝派知临安府贾余庆和皇族保康军承宣使尹甫、和州防御使吉甫一起，拿着传国玺和降表来到军前。伯颜接受以后，派遣囊加歹同贾余庆等回临安，召宋朝宰相大臣来商议投降事宜。这时陈宜中已逃走，宋朝任命文天祥代为宰相，天祥不受，自请到军前。乙酉，进军到临安以北十五里，派遣董文炳、吕文焕、范文虎分别巡视城堡，安谕军民。

囊加歹、洪模前来报告，陈宜中和张世杰、苏刘义、刘师勇等，挟持益王、广王从浙江出走，航海而南，只有谢太后和少皇帝在宫中。伯颜立即派遣使者命令右军阿剌罕、奥鲁赤，左军董文炳、范文虎，据守浙江，并派精兵五千追赶，没有赶上便回师了。

丙戌，禁止军士入城，派遣吕文焕拿着黄榜晓谕临安内外军民，要求他们像原来一样安居生活。在先，宋朝的三衙卫士白天杀人，街道里巷的普通百姓乘乱抢掠，到此时百姓都安下心来。丁亥，派遣程鹏飞、洪双寿等进宫，安慰谢太后。戊子，谢太后派遣宰相吴坚、文天祥，枢密谢堂，安抚贾余庆，宦官邓惟善前来相见，伯颜加以安慰遣送回去，看到文天祥举止与别人不同，怀疑他有其他想法，留在军中。天祥几次请求回去，伯颜笑而不答。天祥发怒说："我这次前来是为两国的大事，那些人都遣送回去，为什么将我留下？"伯颜说："不要发怒。你是宋朝大臣，责任不轻，今日之事，正应该和我共同承担。"命令忙古歹、唆都陪伴文天祥加以笼络。命令程鹏飞、洪双寿同贾余庆换宋朝皇帝削去帝号降表。己丑，驻军临安城北的湖州市。派千户囊加歹等拿着宋朝的传国玺入朝上献。

庚寅，伯颜树起统帅的仪仗，率领在左翼万户，巡视临安城，到浙江观潮。晚上回到湖州市，宋朝的宗室、大臣都来晋见。辛卯，万户张弘范、郎中孟祺同程鹏飞一起，带着换过的降表以及宋朝皇帝、谢太后告谕没有投降州郡的诏旨到军前。命令镇抚唐古歹把文天祥招募的义兵二万多人解散。壬辰，伯颜登上狮子峰，观看临安的形势。命令唆都安抚告谕军民，分派将领共同守卫临安城，保护官殿。癸巳，谢太后又派人前来慰劳问候，伯颜依旧以温和的言语加以安慰，遣送回去。甲午，把宋朝三衙诸司的士兵分别安排在各翼，等待调遣；宋朝的生券等军，愿意回家者听其自愿。派遣萧郁、王世英等分头招谕衢、信等州。

二月丁酉，派刘颃等前往淮西招夏贵，又遣其他将领分头掠取浙东、西之地，于是知严州方回、知婺州刘怡、知台州杨必大、知处州梁椅都献城投降。命右丞张惠，参政阿剌罕、董文炳、吕文焕入城见谢太后，宣布皇帝的恩惠，加以安慰。辛丑，宋朝皇帝率领文武百官遥望大都的宫阙跪拜，发出降表。伯颜用皇帝的名义，以临安为两浙大都督府，忙古歹、范文虎治理府事。又命张惠、阿剌罕、董文炳、吕文焕等入城，登记宋朝军民钱财的数目，检查核实仓库，收百官的诰命、符印、图籍，将宋朝的官府衙门全部撤销。让宋朝皇帝到其他房屋中居住。派遣新降官员分头前去招谕湖南北、两广、四川尚未归顺的州郡。分派将领屯驻要塞之地，禁止人们侵坏宋朝历代的陵墓。这一天，进军浙江江滨，潮水三日不来，人们都以为是天助。

癸卯，谢太后命吴坚、贾余庆、谢堂、家铉翁、刘岊与文天祥一起任祈请使，杨应奎、赵若秀为奉表押玺官，前往大都宫殿请示。伯颜上表称贺说：

臣伯颜说：国家实现大一统，山海都归附于明主；帝王用兵一定能胜利，蛮夷岂能抗拒天威。以战争开始，以统一结束。天下太平，普天同庆。

臣伯颜等兴奋喜悦，向皇帝陛下致敬。尊敬的陛下是散发着道德光辉的第五代皇帝，又继承了千年的正统。日出之国凭借交通工具前来，月支的疆域之中穿戴中原的冠带。丹崖成为边郡前来述职，瀚海全部成为国家的组成部分。只有这岛夷不接受皇帝的声威和教化，自以为凭借江湖可以保全自己逆天而行的性命，以为舟楫可以与王师对抗。连年用兵据险顽抗已有四十余年，背信弃义的事情难以一二计。当皇帝飞渡长江的时候，派遣使者乞求订立城下之盟。等到王师凯旋，立即又肆行奸计。拘留囚禁我国信使，忘却了皇帝赐予的得以继续统治的大恩；招收容纳我国的叛臣，盗占涟海三城之地。我国因此进行了六年讨伐襄樊之战，对方居然不曾派一名使节前来。灾祸完全是自己造成的，他们的行为使得皇帝陛下发怒。

臣伯颜等，带领禁军，奉行皇帝陛下讨伐的命令。始襄汉上流。又出武昌的古渡口。江南藩屏一扫而空，战争的烽烟已传到钱塘。对方仍然不肯度德量力，居然发生杀害使者毁坏国书之事。朝廷决定的战略是先取根本之地，于是命令阿剌罕取道独松关，董文炳进军海滨，臣伯颜与阿塔海居中号令，直指伪都。夹击之势已经形成，水陆军队齐头并进。攻下常州以后，许多郡县传檄都平定了；约定日期，诸将一齐会合于临安。对方才知无路可走，一再来使哀求。开始祈求为侄纳币，后来则请求称藩奉玺。这些好听的言语于实事无益，臣率领精锐部队直抵对方都城的近邻。召来负责的大臣，将那些想回家的卫士解散。对方心中仍然不服，但四郊已无军队；逃亡无路，才竖立降旗。现今宋国主已于二月初五日遥望皇帝陛下所在的宫阙拜伏，表示归附之意。所有仓廪府库，登记封存，等候命令。臣奉行皇帝陛下宽大为怀的意旨，抚安官吏百姓，城中市肆没有变化，一代繁华依旧。皇帝陛下的神机妙算，远远超越前王，看万里以外发生的事情如在眼前那样清楚，能够运转天下于手掌之上。这样就使臣等能在清明的时代提出报告，在成功的时候想念帝都，祝贺皇帝万寿无疆。

臣伯颜等以激动的心情向皇帝陛下奉表称贺。

戊申，吴坚等从临安出发，谢堂没有同行。癸丑，宋福王与芮写信给伯颜，文辞很恳切。伯颜说："你们国家既已归降，南北成为一家。你不要有疑心，应该赶紧前来，一起商量大事。"派人前去迎接。戊午，夏贵以淮西地区投降。庚申，皇帝命囊加歹传旨，召伯颜和宋朝君臣入朝。

三月丁卯，伯颜进入临安城，让郎中孟祺登记宋朝的礼乐祭器、册宝、仪仗、图书。庚午，囊加歹到。甲戌，赵与芮来。伯颜以阿刺罕、董文炳留下来负责行省事务，经略闽、粤；以忙古歹为都督，镇守浙西；以唆都为宣抚使，镇守浙东；唐兀歹、李庭护送宋朝君臣北上。

乙亥，伯颜由临安出发。丁丑，阿塔海等宣读诏书，促宋朝皇帝、母后入朝觐见。听完诏书后，当天全都出宫，只有谢太后因病单独留下，隆国夫人黄氏从行，宫人从行的有一百多人；自福王与芮、沂王乃猷、谢堂、杨镇以下，官员们从行的有几千人，三学的学生从行的有数百人。宋朝皇帝求见伯颜，伯颜说："尚未入朝，没有相见之礼。"

五月乙未，伯颜带着宋朝皇帝到上都，世祖皇帝在大安阁接受朝见，授宋朝皇帝显为开府仪同三司、检校大司徒，封瀛国公。

平定宋朝，得到府三十七、州一百二十八、关监二、县七百三十三。世祖命伯颜将平宋之事向天地宗庙祭告，大赦天下。世祖慰劳伯颜，伯颜再拜辞谢说："这是奉行皇帝陛下的既定方针，阿术努力，我没有什么功劳。"又授同知枢密院，赏赐银鼠、青鼠只孙服二十套。部下将领有功的一百二十三人，分等级赏银。

原来，海都起兵指向内地，皇帝下令，右丞相安童辅佐皇子北平王那木罕统领诸军在阿力麻里防备。至元十四年，宗王昔里吉劫持北平王，拘留安童，胁迫其他宗王，起来造反。皇帝命令伯颜率领军队前去讨伐。与昔里吉的部队在翰鲁欢河相遇，双方夹水摆开阵势，相持了一整天。伯颜等到对方松懈了下来，把全军分为两队，乘其不备，发起攻击，对方大败，昔里吉逃走死去。十八年二月，世祖皇帝命燕王安抚北边的驻军，让伯颜跟去。皇帝告诉燕王说："伯颜兼有将相的才能，忠于他的主人，因此让他跟你前去,你不能将他和一般人同样看待。"燕王与颜商议事情时,对他十分尊重。这一年,分赐群臣食邑,皇帝下令增给伯颜藤州等处四千九百七十七户。

伯颜平定宋回来时,皇帝命百官到城郊迎接慰劳。平章阿合马比百官多走了十五里地在路上谒见,伯颜解下自己身上佩用的玉钩丝带送给他,并说:"宋朝的宝玉固然很多,我确实没有拿,不要以为这件东西太轻。"阿合马认为这是看不起自己,想从中陷害,便诬告说伯颜平宋时拿了玉桃盏。皇帝下令审查,没有证据,便不再追查,恢复了伯颜的职务。阿合马死后,有人献玉桃盏,皇帝吃惊地说:"差一点就害了我的忠良之臣!"别吉里迷失曾经诬陷伯颜,要致他于死罪,没有多久,自己却以其他罪处死。皇帝命伯颜去现场监视,伯颜给别吉里迷失酒喝,没有等到死刑执行就忧伤地回来了。世祖问伯颜为什么这样做,伯颜说:"他自身有罪,让我去监视,人们将不理解皇帝杀他是出自公心。"

二十二年秋天,宗王阿只吉违反纪律,下令由伯颜代他率领军队。在先,边防的军队曾经发生缺乏粮食的情况,伯颜下令军中采集蒐怯叶儿和蓿敦的根贮存起来,每人四斛,草粒也有这么多,寒冷的冬天下大雪,人马依靠这些东西没有发生饥荒。他又下令捕捉土拨鼠吃的士兵将兽皮留下来,积存到万张,人们都不知道他们用意所在。后来派人运到京师,皇帝笑着说:"伯颜因为边地寒冷,军士缺乏衣服,想以这些兽皮来向我换纺织品。"于是便赐予衣服。

二十四年春二月,有人告发乃颜造反。皇帝命伯颜前去观察动静。伯颜多带皮衣到乃颜境内,一路分给驿站管理人员。到了乃颜所在地,乃颜为他设宴,打算抓他。伯颜察觉,和跟随他前去的人奔出,分三路逃走,驿站的人员因为得到皮衣的缘故,争着献上好马,于是得以逃脱,赶回来报告情况。夏季四月,乃颜反,世祖亲自出征,伯颜跟随。向世祖建议由李庭、董士选率领汉军,用汉法作战。乃颜的党羽金家奴、塔不歹逼近皇帝乘坐的车,汉军拼力苦战,金家奴等都溃败,终于活捉乃颜。

至元二十六年,升为金紫光禄大夫、知枢密院事,出镇和林。和林设置知院,从伯颜开始。二十九年秋天,宗王明理铁木儿挟恃海都起来造反,皇帝命伯颜前去讨伐。在阿撒忽秃岭相遇,对方箭下如雨,众军都不敢攀登。伯颜下令说:"你们寒冷时皇帝给衣服,你们饥饿时皇帝给饭吃,就是要你们在这个时候出力。此时不努力,如何对得起皇帝!"指挥诸军前进,后退者杀,伯颜亲自在前攀登冲入阵中,士兵们争先恐后,大破敌军。明理铁木儿逃走,命速哥、梯迷秃儿等追赶。伯颜带领军队夜间回来,到必先秃,突然遇到伏兵,伯颜坚守阵垒不动。天刚亮伏兵退走,伯颜率领轻装的骑兵追到别竭儿,速哥、梯迷秃儿等率领的军队也到了,于是便夹击敌军,斩首二千级,俘虏其余士兵回来。将领们说:"按照古代礼节,打了胜仗必须在作战之地祭旗。"他们主张用俘虏作祭品,伯颜不同意,众人都感叹佩服。军中捉住奸细,忻都想杀掉,伯颜不许,厚加赏赐,派遣他拿着信前去,信中告诉明理铁木儿应对祸福做出选择。明理铁木儿接到信感动得哭了,带着部众前来归附。

没有多久,海都又侵犯边境,伯颜留下防守。朝廷大臣中有人攻击说,伯颜久居北方边境,与海都通好,因而保存力量,没有尺寸土地的收获。皇帝下令以御史大夫玉昔帖木儿取代伯颜,命伯颜在大同居住,等待以后的命令。玉昔帖木儿离我军驻地还有三站地的时候,海都的军队又来了,伯颜派人对玉昔帖木儿说:"您暂且停止,等我消灭这个强盗以后,再来不晚。"伯颜与海都两军相交,一面作战一面退却,打了七天,将领们都以为他过于胆怯,愤愤不平地说:"真的怕打仗,为何不把军队交给御史大夫!"伯颜说:"海都孤军深入我们的地界,加以阻截便会逃走,引诱他深入,一战可擒。你们一定想要速战,如果捉不住海都,由谁负责?"诸将说:"由我们负责。"立即还军击败对方,海都果然逃脱。于是召玉昔帖木儿到军中,将印授给他便动身了。当时成宗铁穆耳以皇孙的身份奉世祖之命到北边安抚军队,举起酒杯表示饯别之意说:"您要走了,有什么话可以教导我们呢?"伯颜举起成宗斟下酒的杯子说:"应该小心对待的,只有这个东西和女色。军中固然要严明纪律,但是不可没有恩德。冬夏驻营,照过去的法子办比较方便。"成宗都照他的意见去做。

至元三十年冬十二月,世祖皇帝有病,把伯颜从大同乘驿马召回。明年正月,世祖去世,伯颜总领百官进行治理。兵马司请求日出时鸣晨钟,日落时鸣昏钟,以防发生不测事件。伯颜斥责说:"你们将要做贼吗!一切都和平时一样。"正好有人盗内府银,宰臣们认为这是因为有得到赦免的侥幸心理故意偷盗的,准备处以死刑,伯颜说:"什么时候没有盗贼,现在以谁的命令来处死他?"人们都佩服他有见识。

成宗在上都大安阁即位,亲王中有不满的言论。伯颜手握宝剑立在殿前台阶上,叙述祖宗的宝训,宣扬世祖的遗命,解释所以立成宗为帝的原因,声色俱厉,宗王们十分恐惧,都到殿前下拜。五月,授开府仪同三司、太傅、录军国重事,和以前一样知枢密院事,赏赐金银不等。宰相中有人嫉妒伯颜,伯颜告诉他说:"希望你送我两坛美酒,这样可以和诸王在宫前痛饮,其他事情非我所知。"江南三省屡次请求撤销行枢密院，成宗将此事询问伯颜。这时已生病，张开眼回答说："在内省、院各置为宜，在外军、民分别隶属不便。"成宗同意他的意见，三院因而撤销。冬十二月丙申，有大星落在东北。己亥，雨雪沾附于树木，凝结成冰。庚子，伯颜去世，年五十九岁。

伯颜有很高的谋略，善于决断，率领二十万人讨伐南宋，就像指挥一个人一样，将领们敬仰他有如神明。办完这件大事还朝，所带行李只有衣服被褥而已，没有说过自己的功劳。大德八年，特赠宣忠佐命开济功臣、太师、开府仪同三司，追封淮安王，谥忠武。至正四年，加赠宣忠佐命开济翊戴功臣，进封淮王，其余和原来一样。

子买的，官佥枢密院事；囊加歹，枢密副使。孙相嘉失礼，同佥枢密院事、集贤学士。英宗至治末年，他到白只剌山察看祖先的坟墓，听说有动乱，便前往上都，有人劝他躲避，他说："我和国家休戚相关，现在国家有难，我能躲避吗！"到上都，果然遭到囚禁，过了很久才被释放，接着授河南江北行省平章政事，迁江南行台御史大夫。曾孙普达失理。都能保持家庭的传统。

元史卷一百三十六

列传第二十三

拜　住

拜住，安童孙也。五岁而孤，太夫人教养之。稍长，宏远端亮有祖风。至大二年，袭为宿卫长。仁宗即位，延祐二年，拜资善大夫、太常礼仪院使。四年，进荣禄大夫、大司徒。五年，进金紫光禄大夫。六年，加开府仪同三司，余并如故。每议大政，必问曰："合典故否？"同官有异见者，曰："大朝止说典故耶？"拜住微笑曰："公试言之，国朝何事不依典故？"同官不能对。太常事简，每退食必延儒士谘访古今礼乐刑政、治乱得失，尽日不倦。尝曰："人之仕宦，随所职司，事皆可习。至于学问有本，施于事业，此儒者之能事，宰相之资也。"

英宗在东宫，问宿卫之臣于左右，咸称拜住贤。遣使召之，欲与语。拜住谓使者曰："嫌疑之际，君子所慎，我长天子宿卫而与东宫私相往来，我固得罪，亦岂太子福耶？"竟不往。英宗登极，拜中书平章政事。会诸侯王于大明殿，诏进读太祖金匮宝训，威仪整暇，语音明畅，莫不注目竦听。夏五月，（宣徽）〔徽政〕使失烈门、要束木妻也里失八等谋为逆，帝密得其事，御穆清阁，召拜住谋之。对曰："此辈擅权乱政久矣，今犹不惩，阴结党与，谋危社稷，宜速施天威，以正祖宗法度。"帝动容曰："此朕志也。"命率卫士擒斩之，其党皆伏诛。

拜中书左丞相。先时，近侍传旨以姓名赴中书铨注者六七百员，选曹为之壅滞。拜住奏阁之，注授一依选格次第，吏无容奸。刑曹事有情可矜者宽恕之，贪暴不法必不少容。帝常谕左右曰："汝辈慎之，苟陷国法，我虽曲赦，拜住不汝恕也。"

至治元年春正月，帝欲结彩楼于禁中，元夕张灯设宴。时居先帝丧，参议张养浩上疏，拜住谓当进谏，即袖其疏入奏，帝悦而止，仍赐养浩帛，以旌直言。三月，从幸上都，次察罕脑儿。帝以行宫亨丽殿制度卑隘，欲更广之。奏曰："此地苦寒，入夏始种粟黍，陛下勿初登大宝，不求民瘼，而遽兴大役以妨农务，恐失民望。"从之。帝尝谓拜住曰："朕委卿以大任者，以乃祖木华黎从太祖开拓土宇，安童相世祖克成善治也。卿念祖宗令闻，岂有不尽心者乎？"拜住再拜曰："陛下委臣以大任，臣有所畏者三：畏辱祖宗；畏天下事大，识见有所未尽；畏年少不克负荷，无以上报圣恩。惟陛下垂闵，时加训饬，幸甚。"

延祐间，朔漠大风雪，羊马驼畜尽死，人民流散，以子女鬻人为奴婢。拜住以兴王根本之地，其民宜加赈恤，请立宗仁卫总之，命县官赎置卫中，以遂生养。至元十四年，始建太庙于大都，至四十年，亲享之礼未暇讲肄。拜住奏曰："古云礼乐百年而后兴，郊庙祭享此其时矣。"帝悦曰："朕能行之。"预敕有司，以亲享太室仪注礼节，一遵典故，毋擅增损。冬十月，始有事于太庙。二年春正月，孟享，始备法驾，设黄麾大仗，帝服通天冠、绛纱袍，出自崇天门。拜住摄太尉以从。帝见羽卫文物之美，顾拜住曰："朕用卿言举行大礼，亦卿所其喜也。"

对曰："陛下以帝王之道化成天下，非独臣之幸，实四海苍生所共庆也。"致斋大次，行酌献礼，升降周旋，俨若素习，中外肃然。明日还宫，鼓吹交作，万姓耸观，百年废典一旦复见，有感泣者。拜住率百僚称贺于大明殿，执事之臣赐金帛有差。又奏建太庙前殿，议行袷禘配享等礼。帝从容谓拜住曰："朕思天下之大，非朕一人思虑所及，汝为朕股肱，毋忘规谏，以辅朕之不逮。"拜住顿首谢曰："昔尧、舜为君，每事询众，善则舍己从人，万世称圣。桀、纣为君，拒谏自贤，悦人从己，好近小人，国灭而身不保，民到于今称为无道之主。臣等仰荷洪恩，敢不竭忠以报。然事言之则易，行之则难。惟陛下力行，臣等不言，则臣之罪也。"帝嘉纳之。

时右丞相铁木迭儿贪滥谲险，屡杀大臣，鬻狱卖官，广立朋党，凡不附己者必以事去之，尤恶平章王毅、右丞高昉，因在京诸仓粮储失陷，欲奏诛之。拜住密言于帝曰："论道经邦，宰相事也，以金谷细务责之可乎？"帝然之，俱得不死。铁木迭儿复引参知政事张思明为左丞以助己。思明为尽力，忌拜住方正，每与其党密语，谋中害之。左右得其情，乘间以告，且请备之。拜住曰："我祖宗为国元勋，世笃忠贞，百有余年。我今年少，叨受宠命，盖以此耳。大臣协和，国之利也。今以右相仇我，我求报之，非特吾二人之不幸，亦国家之不幸。吾知尽吾心，上不负君父，下不负士民而已。死生祸福，天实鉴之，汝辈毋复言。"未几，奉旨往立忠宪王碑于范阳。铁木迭儿久称疾，闻拜住行，将出莅省事，入朝，至内门，帝遣速速赐之酒，且曰："卿年老宜自爱，待新年入朝未晚。遂怏怏而还。然其党犹布列朝中，事必禀于其家，以拜住故不得大肆其奸，百计倾之，终不能遂。

在京仓漕管库之职，岁终例应注代。时张思明亦称疾不出，众皆顾望。拜住虽朝夕帝前，以事不可缓，乃日坐省中谓僚属曰："左丞病，省事遂废乎？"郎中李处恭曰："金谷之职，须慎选择，不得其人，未敢遽拟。"拜住曰："汝为卖官之计耳。"遣人善慰思明，乃出共毕铨事。

拜住每以学校政化大源，似缓实急，而主者不务尽心，遂致废弛，请令内外官议拯治之。有言佛教可治天下者，帝问之，对曰："清净寂灭，自治可也。若治天下，黜仁义，则纲常乱矣。"又尝谓拜住曰："今亦有如唐魏徵之敢谏者乎？"对曰："槃圆则水圆，盂方则水方。有太宗纳谏之君，则有魏徵敢谏之臣。"帝并善之。六月壬寅，敕赐平江腴田万亩。拜住辞曰："陛下命臣厘正庶务，若先受赐田，人其谓何？"帝曰："汝勋旧子孙，加以廉慎，人或援例，朕自谕之。"秋七月，奏召张思明诣上都，数其罪，杖而逐之，铁木迭儿继亦病卒。拜住哭之恸。

初，浙民吴机以累代失业之田卖于司徒刘夔，夔赂宣政使八剌吉思买置诸寺，以益僧廪，矫诏出库钞六百五十万贯酬其直。田已久为他人之业，铁木迭儿父子及铁失等上下蒙蔽，分受之，为赃巨万。真人蔡道泰以奸杀人，狱已成，铁木迭儿纳其金，令有司变其狱。拜住举奏二事。命台察鞫之，尽得其情，以田归主，刘、蔡、八剌吉思等皆坐死，余论罪有差。特赦铁失。

冬十二月，进右丞相、监修国史。帝欲爵以三公，恳辞，遂不置左相，独任以政。首荐张珪，复平章政事，召用致仕老臣，优其禄秩，议事中书。不次用才，唯恐少后，日以进贤退不肖为重务。患法制不一有司无所守，奏详定旧典以为通制。帝幸五台，拜住奏曰："自古帝王得天下以得民心为本，失其心则失天下。钱谷，民之膏血，多取则民困而国危，薄敛则民足而国安。"帝曰："卿言甚善。朕思之，民为重，君为轻，国非民将何以为君？今理民之事卿等当熟虑而慎行之。"

三年春二月，将进《仁宗实录》，先一日，诣翰林国史院听读。首卷书大德十一年事，不书左丞相哈剌哈孙定策功，惟书越王秃剌勇决从容。谓史官曰："无左丞相，虽百越王何益？录鹰犬之劳，而略发踪指示之人，可乎？"立命书之。其他笔削未尽善者，一一正之，人皆服其识见。

夏六月，拜住以海运粮视世祖时顿增数倍，今江南民力困极，而京仓充满，奏请岁减二十万石。帝遂并铁木迭儿所增江淮粮免之。时铁木迭儿过恶日彰，拜住悉以奏闻。帝悟，夺其官，仆其碑。奸党铁失等甚惧。帝在上都，夜寐不宁，命作佛事。拜住以国用不足谏止之。既而惧诛者复阴诱群僧言："国当有厄，非作佛事而大赦无以禳之。"拜在叱曰："尔辈不过图得金帛而已，又欲庇有罪耶？"奸党闻之益惧，乃生异谋。晋王也孙帖木儿时镇北边，铁失潜遣人至王所，告以逆谋，约事成推王为帝。王命囚之，遣使赴上都告变，未至，车驾南还，次南坡，铁失与赤斤铁木儿等夜以所领阿速卫兵为外应，杀拜住，遂杀帝于行幄。晋王即位，铁失等伏诛。诏有司备仪卫，百官耆宿前导，舆拜住画相于海云寺，大作佛事，观者万数，无不叹惜泣下。

拜住忧国忘家，常直内庭，知无不言。太官以酒进，则忧形于色。有盗其家金器百余两，他宝直巨万，继而获盗得金，家僮来告，色无喜愠。自延祐末，水旱相仍，民不聊生。及拜住入相，振立纪纲，修举废坠，裁不急之务，杜侥大幸之门，加惠兵民，轻徭薄敛。英宗倚之，相与励精图治。时天下晏然，国富民足，远夷有古未通中国者皆朝贡请吏，而奸臣畏之，卒构祸难云。

母怯烈氏，年二十二，寡居守节。初，拜住为太常礼仪院使，年方二十，吏就第请署字，适在后圃阅群戏，出稍后，母厉声呵之曰："官事不治，若尔所为岂大人事耶？"拜住深自克责。一日入内侍宴，英宗素知其不饮，是日强以数卮，既归，母戒之曰："天子试汝量，故强汝饮。汝当日益戒惧，无酗于酒。"又常代祀睿宗原庙，归侍左右，母问之曰："真定官府待汝若何？"对曰："所待甚重。"母曰："彼以天子威灵、汝先世勋德故耳，汝何有焉？"拜住之贤，母之教也。后封东平王夫人。

泰定初，中书奏丞相拜住尽忠效节，殒于群凶，乞赐褒崇以光后世。制赠清忠一德〔佐运〕功臣、太师、开府仪同三司、上柱国，追封东平王，谥忠献。至正初，改至仁孚道一德佐运功臣，余如故。子笃麟铁穆尔。

译文：

拜住，安童的孙子。五岁便成为孤儿，祖母抚养和教育他。长大以后，志向宏远，品格端亮，有祖父的作风。至大二年，袭职任宿卫的长官。仁宗即位，延祐二年，授他为资善大夫、太常礼仪院使。四年，升为荣禄大夫、大司徒。五年，升金紫光禄大夫。六年，加开府仪同三司，其余官职和原来一样。每当商议重大政务时，必问道："这样做和过去的典章制度一致吗？"同事中有不同看法的人说："朝廷只说典故吗？"拜住微笑说："您举例说说看，国朝有哪一件事不按过去的典章制度办？"同列中的官员无言以对。太常礼仪院工作简单，每逢休息回家一定邀请儒士，向他们请教古今的礼乐、刑政以及治乱的得失，整天都不感到疲倦。他曾说："做官的人，可以从分管的工作中学习。礼乐刑政是学问的根本，将它们应用于事业，只有儒者才能做到，宰相必须依靠儒者。"

英宗在东宫时，向身边侍臣询问宿卫成员的情况，都说拜住这个人好。英宗派人召他来，要和他谈话。拜住对使者说："可能产生嫌疑的事情，君子应该小心对待。我是天子的宿卫长官，如果与东宫太子私自来往，我固然会因此得罪，对于太子也不是好事。"于是便没有去。英宗登上帝位，任命他为中书平章政事。当藩王们在大明殿聚会时，皇帝命他宣读太祖的金匮宝训，拜住仪表整洁，态度从容，语音明亮流畅，藩王们个个注意地看着他，认真聆听。夏五月，徽政院使失烈门和要束木的妻子也里失八等密谋作乱，皇帝秘密得知此事，便在穆清阁召见拜住，商量对策。拜住说："这批家伙抓权乱政已经很久了，现在仍不知悔改，暗地里结成死党，阴谋犯上作乱。应该立即施行皇帝的权威，使祖先的法纪得以贯彻。"皇帝感动地说："这正是我的志愿。"命他率领卫士将叛首抓获斩首，党羽们都处死刑。

任中书左丞相，在此以前，近侍前往中书省传达皇帝的诏旨，开了六七百人的名字，要安排各种官职，正常的选拔系统因此堵塞。拜住上奏，将这些人员全都放在一边，授官任职完全按照原来选拔的次序，办事的吏员无法作弊。刑部工作中的问题凡是情有可原的都加以宽大，贪暴枉法的决不饶恕。皇帝经常对身边的人说："你们要小心谨慎，如果违犯国家法律，我虽然要照顾赦免，拜住决不会宽恕你们。"

至治元年春正月，皇帝想要在宫城中搭彩楼，元宵夜张灯开宴。这时还在为先帝服丧期间，参议中书省事张养浩上书，拜住认为应该进谏，便拿着张养浩的奏疏向皇帝报告，皇帝愉快地接受意见停止了有关活动，并赐帛给养浩，表扬他敢于提意见。三月，跟随皇帝出巡上都，到察罕脑儿。皇帝认为当地行宫亨丽殿规模狭小，想加以扩大。拜住上奏说："这个地方非常寒冷，进入夏天以后才能种粟、黍，陛下刚登上皇位，不去了解民间疾苦，却突然举办大的工程，这样会妨害农业生产，恐怕使百姓失望。"同意他的意见。皇帝曾对拜住说："我将重任托付给你，是因为你的祖先木华黎跟随太祖开疆拓土，安童辅佐世祖很好地治理天下的缘故。你怀念祖先的名声，还能不尽心工作吗！"拜住再拜说："陛下将重任委托给我，我有三怕：怕使祖宗丢脸；怕天下事多，自己的见识有限；怕年纪太轻不能承受重担，无法报答皇上的恩德。只希望陛下怜悯，经常加以训导，这就是我的大幸了。"

仁宗延祐年间，北方沙漠遇到大风雪，羊、马、骆驼等牲畜全都死亡，百姓流散，将子女卖给他人当奴婢。拜住认为北方是国家兴起的根本之地，对那里的百姓应该加以救济，于是便请求设立宗仁卫负责此事，命政府出钱赎回被出卖的子女，安置在宗仁卫中，使他们得以正常地生活成长。至元十四年开始在大都建造太庙，到这时已有四十年，但皇帝亲自供献的典礼没有时间讲究。拜住上奏说："古人说礼乐需百年时间才能见效，举行郊庙祭祀供献仪式，现在是时候了。"皇帝高兴地说："我能够举办这件事。"预先通知有关部门，皇帝亲自祭祀太室的仪式和礼节，都按过去的制度办，不要随便增减。冬十月，开始在太庙举行活动。至治二年春正月，首次供献，开始置办皇帝的车驾，设立打着黄色旌旗的仪仗队，皇帝头上戴通天冠，身上穿绛纱袍，从崇天门出。拜住代理太尉职务随从在后。皇帝看到仪仗队和典章制度如此美好，回过头来对拜住说：“我听你的话举行大礼，你一定会同样感到高兴。”回答说：“陛下用帝王之道来改变天下的人心风俗，这不但是我的幸运，实际上也是全国人民共同庆贺的事情。”举行斋戒，安排皇帝停留休息，行酹献的礼节，上下周旋，如同早就熟悉一样，参与仪式的都为之肃然起敬。第二天皇帝回宫，乐队演奏，百姓围观，中止了百年的仪式重新呈现在人们面前，有人因此感动流泪。拜住率领百官在大明殿向皇帝称贺，有关的官员都按等级得到金帛的赏赐。拜住又上奏建造太庙的前殿，建议实行合祭先帝和配享等典礼。皇帝不慌不忙地对拜住说："我想天下如此之大，决非我一个人能够考虑周到的，你是我的心腹大臣，不要忘记以正言劝诫，使我考虑不周之处能得到补救。"拜住叩头回答说："过去尧、舜为国家首脑时，每件事都要询问众人，只要说得有道理，便不坚持自己的看法而按他人意见办，世世代代都称颂他们圣明。桀、纣当一国的君主，自以为是不听他人劝阻，喜欢别人听自己的话，愿意接近小人，结果国家灭亡，性命也保不住，至今百姓称他们为无道之主。我等深受皇帝的恩惠，怎敢不全心全意为您效忠。但是事情说起来容易，做起来就难了。只要陛下坚持这样做，我等如果不提意见，那就是我等的罪过了。"皇帝很高兴接受了他的意见。

当时右丞相铁木迭儿为人奸险，贪污无数，屡次杀死大臣，刑狱、官职都用来卖钱，广泛结党营私，凡是不肯依附自己的一定设法赶走。最讨厌平章王毅和右丞相高昉，以京城各粮仓收储的粮食失落为理由，要上奏皇帝将二人杀掉。拜住私下对皇帝说："宰相的职务，是要讨论治理国家的大事，怎么能以财务上的小事来责备他们呢！"皇帝同意他的说法，两人得以活命。铁木迭儿又提拔参知政事张思明为左丞，以加强自己的势力。思明尽力为之效劳，害怕拜住为人严肃正派，便常常和党羽们秘密商议，设法加以陷害。拜住身边的人得知这些情况，遇到机会便报告，而且建议做好准备。拜住说："我的祖先是国家元勋，世代忠贞，已有一百余年。我还年少便受恩宠任高官，是因为这个缘故。大臣合作协调，是国家的利益所在。现在因为右宰相敌视我，我便想法报复，这不但是我们二人的不幸，也是国家的不幸。我只知道尽心，上对得起皇帝祖先，下对得起士大夫百姓。生死祸福，上天是知道的，你们不用再说了。"没有多久，奉圣旨前往范阳为忠宪王安童立碑。铁木迭儿称病在家已经很久，听说拜住外出，他就要去中书省处理政务，进入宫城，来到内门，皇帝派速速赐酒给他，同时说："您已年老，应该自己保重，等新年再入朝不晚。"铁木迭儿只好灰溜溜地回家。但是他的党羽仍分布在朝廷中，遇事必上门报告，因为拜住的缘故他们不能过分胡作非为，千方百计要陷害拜住，总是不能得逞。

在京师的漕运粮仓的管库官，到年底照例要登记轮换。这时张思明也称病不出门，众官都互相观望。拜住虽然早晚都在皇帝身边，因为这件事急需办理，便坐在中书省中对属官们说："左丞生病，中书省的工作就停顿吗？"郎中李处恭说："管理钱粮的职务，必须认真选择，没有合适的人选，不敢匆忙提名上报。"拜住说："你是在作卖官的打算罢了。"派人前去慰问张思明，于是思明出来一起处理这个职务的人事安排。

拜住经常认为学校是为政教化的根本，看起来似乎可以缓办实际上必须抓紧，但因负责人不肯用心，结果造成学校衰败。他请求皇帝下令，要内外官员都来商议振兴的办法。有人说佛教可以治理天下，皇帝问拜住，回答说："佛教主张清净寂灭，只可用来自行治理。如果要治天下而不讲仁义，社会秩序就要混乱了。"皇帝又曾对拜住说："现在也有像唐朝魏徵这样敢于提不同意见的吗？"回答说："盘是圆形的其中的水呈圆形，盂是方形的其中的水也呈方形。有唐太宗这样能听取不同意见的国君，便会有魏徵敢于提意见的大臣。"皇帝都肯定他的见解。六月壬寅，皇帝下令赐平江的良田万亩。拜住推辞说："陛下命我改正各项工作，如果先接受赏赐的良田，别人会怎么议论呢？"皇帝说："你是国家元勋的后代，再加上廉洁谨慎，所以赐田与你。别人如果援例，我亲自对他说。"秋七月，上奏将张思明召到上都，历数他的罪行，加以杖刑，然后驱逐回家。铁木迭儿接着病死，拜住哭得很伤心。

起初，江浙平民吴机将历代无主的田土卖给司徒刘夔，刘夔向宣政使人剌吉思行贿，让他为各寺院买下，增加寺院的粮食储备，假传圣旨，从仓库中拿出六百五十万贯作为买田的代价。这些田早已成为他人的产业，铁木迭儿父子和铁失等人上下蒙蔽，将钱分了放进自己的口袋，赃款难以计数。道教真人蔡道泰因奸杀人，已经定罪，铁木迭儿接受他的贿赂，下令有关部门改变他的罪名。拜住举出这两件事上奏，皇帝命御史台察院审问，完全弄清了事实真相，将田归还原主，刘、蔡、八剌吉思等人都因此判死刑，其余分别论罪，特别赦免铁失。

冬十二月，升右丞相、监修国史。皇帝准备将拜住晋爵三公，恳切辞让，为此不置左丞相，由他一人主持政务。首先推荐张珪，重新任命为平章政事；召回已经退休的老臣，在俸禄、品秩上给予优待，让他们到中书省议事。破格选拔人才，唯恐抓得不紧，时时以进用好人排除坏人为重要任务。担心法制不统一有关部门无所遵循,上奏请求详细研究原有的条例制定统一的法规。皇帝巡幸五台山,拜住上奏说:"自古以来帝王得天下以得民心为根本,失民心便会失天下。赋税所收的钱粮,是百姓身上的膏血。多取的话百姓贫困而且会导致国家危机,取得少百姓富足国家平安。"皇帝说:"你的话很好。我想过,民为重,君为轻,国家没有百姓哪里来的君主?现在治理百姓的事务你们应当仔细考虑小心去办。"

三年春二月,准备将《仁宗实录》进献皇帝。前一天,到翰林国史院听人朗读。第一卷记大德十一年的事情,不记左丞相哈剌哈孙的决策功劳,只记越王秃剌从容不迫、勇于决断。便对史官说:"没有左丞相,虽有一百个越王也没有用。只记录鹰、犬捕获猎物的功劳,却不记发号施令的人,行吗?"马上下令记下来。其他取舍有不适当的地方,一一加以更正,人们都佩服他的见解。

夏季六月,拜住因海运江南粮食比起世祖时代还增加好几倍,江南百姓困苦已极,而京师的粮食都已饱和,便上奏请求每年减少海运粮二十万石。皇帝便将铁木迭儿过去增加的江淮税粮一起免掉。这时铁木迭儿的罪恶愈来愈暴露出来,拜住全都向皇帝报告。皇帝觉悟,削去铁木迭儿的官爵,将他的碑仆倒。铁木迭儿的党羽铁失等很害怕。皇帝在上都,晚上睡觉不安宁,下令举行佛教仪式。拜住以为国家经费不足,劝说皇帝停止举行。既而那些担心要被处死的人又私下唆使僧人们建议:"国家将有危难,如果不举行佛教仪式宣布大赦,便无法消除灾祸。"拜住训斥说:"你们这些人不过想要得到金帛,又想包庇有罪的人吗!"奸党听说以后更加害怕,于是便制造阴谋。晋王也孙帖木儿当时镇守北方边境,铁失私下派人到晋王那里，通报造反的阴谋，提议事成以后推举晋王为皇帝。晋王下令将通报的人囚禁起来，派遣使者到上都举报阴谋。还没有到，皇帝已经向南走，到了南坡，铁失和赤斤铁木儿等在夜间以他们统领的阿速卫兵在外面接应，杀死拜住，又杀死皇帝于营帐中。晋王登上皇位，铁失等被处死。下令有关部门安排仪仗队，百官和年老的儒生走在前面引路，用车戴着拜住的画像，送到海云寺，在那里举行大规模的佛教仪式。参观的有万余人，全都叹惜哭泣。

拜住忧国忘家，经常在宫内值班，知无不言。一见太官向皇帝献酒，便面有忧色。有人偷走他家中的金器百余两，其他宝物价值难以数计，接着抓住盗贼返回金宝，家中仆人前来告知，拜住脸上没有呈现出喜怒的表情。自从仁宗延祐末年以来，水旱灾害频繁，百姓无法生活。拜住出任宰相以后，健全各项制度，对一些衰败的现象加以整顿，裁减不必要的事务，杜绝侥幸求官的门路，使士兵和百姓得到好处，减轻徭役和赋税。英宗倚靠他，共同励精图治。当时天下太平，国富民足，远方外国有的自古以来没有与中国发生过联系，这时都前来朝贡，请求派遣官吏，但是奸臣怕他，终于导致灾难发生。

母亲是怯烈部人，二十二岁就成了寡妇，守节不嫁。拜住任太常礼仪院使时只有二十岁，吏员到家来请求签字，他正好在后园看各种游戏，出来稍晚，母亲严厉地训斥他说："公事不办，你的所作所为像个大人样子吗！"拜住深深谴责自己。有一天到宫内侍宴，英宗一向知道他不会喝酒，这天强迫他喝了几杯。回到家，母亲告诫说："皇帝试你的酒量，所以强迫你喝酒。你应当愈来愈谨慎小心，不要沉溺于酒中。"又曾代皇帝前往供奉睿宗拖雷的庙中去祭祀，回来在母亲身边侍候，母亲问道："真定官员待你怎么样？"回答说："招待很隆重。"母亲说："他们如此待你是因为皇帝的威望，你祖先的功勋德行，你有什么？"拜住的贤明，是母亲教导的结果。后来被封为东平王夫人。

泰定初年，中书省上奏说，拜住尽忠效劳，死于群凶之手，请求皇帝给予表扬尊崇，以扬名后世。下令赠拜住为清忠一德佐运功臣、太师、开府仪同三司、上柱国，追封东平王，谥忠献。至正初年，改为至仁孚道一德佐运功臣，其余封谥和原来一样。儿子笃麟铁穆尔。

元史卷一百三十八

列传第二十五

康里脱脱

康里脱脱，父曰牙牙，由康国王封云中王，阿沙不花之弟也。

脱脱姿貌魁梧，少时从其兄斡秃蛮猎于燕南，干秃蛮使归献所获，世祖见其骨气沉雄，步履庄重，叹曰："后日大用之才，已生于今。"即命入宿卫。成宗初，丞相伯颜在北鄙，脱脱奉诏以名鹰赐伯颜。伯颜见之，惊问曰："汝为何人子？"脱脱以实对，伯颜语之曰："吾老矣，他日可大用者，未见汝比。"

大德三年，武宗以皇子抚军北鄙，脱脱从行。五年，叛王海都犯边，脱脱从武宗讨之。师次杭海，进击海都，大破其众，脱脱手斫一士之首，连背胛以献，武宗壮之。兵之始交也，武宗锐欲出战，脱脱执辔力谏，武宗怒，挥鞭抶其手，不退，乃止。已而武宗与大将朵儿答哈语及之，朵儿答哈曰："太子在军中，如身有首，如衣有领，脱有不虞，众安所附？脱脱之谏可谓忠矣。"武宗深然之。

成宗大渐，丞相哈剌哈孙答剌罕称疾卧直庐中。脱脱适以使事至京师，即俾驰告武宗以国恤，语在《阿沙不花传》。

时仁宗奉兴圣太后至自怀孟，既定内难，而太后以两太子星命付阴阳家推算，问所宜立者，曰："重光大荒落有灾，旃蒙作噩长久。"重光为武宗年干，旃蒙为仁宗年干。于是太后颇惑其言，遣近臣朵耳谕旨武宗曰："汝兄弟二人皆我所出，岂有亲疏？阴阳家所言运祚修短，不容不思。"武宗闻之，默然，进脱脱而言曰："我捍御边陲，勤劳十年，又次序居长，神器所归，灼然何疑。今太后以星命休咎为言，天道茫昧，谁能豫知？设使我即位之后，所设施者上合天心，下副民望，则虽一日之短，亦足垂名万年，何可以阴阳之言而乖祖宗之托哉！此盖近日任事之臣，擅权专杀，恐我他日或治其罪，故为是奸谋动摇大本耳。脱脱，汝为我往察事机，疾归报我。"脱脱承命即行。武宗亲率大军由西道进，按灰由中道，床兀儿由东道，各以劲卒一万从。

脱脱驰至大都，入见太后，道武宗所授旨以闻。太后愕然曰："修短之说虽出术家，为太子周思远虑乃出我深爱。贪憝已除，宗王大臣议已定，太子不速来何为？"时诸王秃列等侍，咸曰："臣下翊戴嗣君，无二心者。"既而太后、仁宗屏左右，留脱脱与语曰："太子天性孝友，中外属望。今闻汝所致言，殆有谗间。汝归速为我弥缝阙失，使我骨肉无间，相见怡愉，则汝功为不细矣。"脱脱顿首谢曰："太母、太弟不烦过虑，臣侍藩邸历年，颇见信任，今归当即推诚竭忠以开释太子。后日三宫共处，靡有嫌隙，斯为脱脱所报效矣。"

先是，太后以武宗迟回不至，已遣阿沙不花往道诸王群臣推戴之意。及是脱脱继往，行至旺古察，武宗在马轿中望见其来，趣使疾驰，与之共载。脱脱具致太后、仁宗之语，武宗乃大感悟，释然无疑。遂遣阿沙不花还报。仁宗即日命驾奉迎于上都。

武宗正位宸极，尊太后为皇太后，立仁宗为皇太子，三宫协和，脱脱兄弟之力为多。

脱脱之至京师也，武宗尝命其同知枢密院，比还，问曾视事否，脱脱对曰："今正殿未御，宗亲未见，为扈从之臣揽取名位，诚恐有累圣德，是以未敢祗事。"武宗嘉叹久之。知枢密院只儿哈忽在潜邸时尝有不逊语，将置于法，脱脱谏曰："陛下新正位，大信未立而辄行诛戮，知者以为彼自有罪，不知者以为报仇，恐人人自危。况只儿哈忽习于先朝典故，今固不可少也。"乃宥之。继海都而王者口寮八儿，素服武宗威名，至是率诸王内附，诏特设宴于大庭。故事，凡大宴，必命近臣敷宣王度，以为告戒。脱脱荐只儿哈忽，令具其言以进，果称旨。武宗叹曰："博尔忽、博尔术前朝人杰，脱脱今世人杰也。"即以所进之言授脱脱。及诸王大臣被宴服就列，脱脱即席陈西北诸藩始终离合之由、去逆效顺之义，辞旨明畅，听者倾服。自同知枢密院事进中书平章政事，拜御史大夫。迁江南行台御史大夫。寻召拜录军国重事、中书左丞相。脱脱知无不言，言无不行，中外翕然称为贤相。

至大三年，尚书省立，迁右丞相。三宝奴等劝武宗立皇子为皇太子。脱脱方猎于柳林，遣使亟召之还。三宝奴曰："建储议急，故相召耳。"脱脱惊曰："何谓也？"曰："皇子寖长，圣体近日倦勤，储副所宜早定。"脱脱曰："国家大计不可不慎。曩者太弟躬定大事，功在宗社，位居东宫，已有定命，自是兄弟叔侄世世相承，孰敢紊其序者！我辈臣子，于国宪章纵不能有所匡赞，何可隳其成。"三宝奴曰："今日兄已授弟，后日叔当授侄，能保之乎？"脱脱曰："在我不可渝，彼失其信，天实鉴之。"三宝奴虽不以为然，而莫能夺其议也。

是时，尚书省赐予无节，迁叙无法，财用日耗，名爵日滥。脱脱进言曰："爵赏者，帝王所以用人也。今爵及比德，赏及罔功，缓急之际何所赖乎！中书所掌，钱粮、工役、选法、刑狱十有二事。若从臣言，恪遵旧制，则臣愿与诸贤黾勉从事。不然，用臣何补！"遂有诏俾滥受宣敕者赴所属缴纳。侥幸之路既塞，奔竞之风顿衰。中台有赃罚钞五百万缗，脱脱请出以赈孤寡老疾诸穷而无告者。宗王南忽里部人告其主为不轨，脱脱辩其诬，抵告者罪。宗王牙忽秃征其旧民于齐王八不沙部中，邻境诸王欲奉齐王攻牙忽秃，齐王惧奔牙忽秃以避之，遂告齐王反。脱脱簿问得实，乃释齐王而徙诸王于岭南。边将脱火赤请以新军万人益宗王丑汉，延议俾脱脱往给其资装。脱脱谓时方宁谧，不宜挑衅生事，辞不行。遂遣丞相秃忽鲁等二人往给之，几以激变。四年正月，复为中书左丞相。

仁宗即位，眷待弥笃，欲使均逸于外，二月，拜江浙行省左丞相。下车，进父老问民利病，咸谓杭城故有便河通于江浒，堙废已久，若疏凿以通舟楫，物价必平。僚佐或难之，脱脱曰："吾陛辞之日，密旨许以便宜行事。民以为便，行之可也。"俄有旨禁勿兴土功，脱脱曰："敬天莫先勤民，民蒙其利则灾沴自弭，土功何尤。"不一月而成。

是时，铁木迭儿为丞相，欲固位取宠，乃议立仁宗子英宗为皇太子，而明宗以武宗子封周王，出镇于云南。又谮脱脱为武宗旧臣。诏逮至京师。居数日，床兀儿、失列门传两宫旨谕脱脱曰："初疑汝亲于所事，故召汝。今察汝无他，其复还镇。"脱脱入谢太后曰："臣虽被先帝知遇，而受太后及今上恩不为不深，岂敢昧所自乎？"还江浙。未几，迁江西行省左丞相。

英宗嗣位，召拜御史大夫。时帖赤先为大夫，阴忌之，奏改江南行台御史大夫。复嗾言者劾其擅离职守,将徙之云南,会帖赤伏诛,乃解。家居不出者五年。泰定四年薨,年五十六。至正初,赠推诚全德守义佐运功臣、太师、开府仪同三司、上柱国,追封和宁王,谥忠献。

脱脱尝即宣德别墅延师以训子,乡人化之,皆向学。朝廷赐其精舍额曰景贤书院,为设学官。其没也,即其中祠焉。

子九人,其最显者二人,曰铁木儿塔识,曰达识帖睦迩,各有传。

译文:

康里脱脱,父亲名叫牙牙,由康国王改封云中王,是阿沙不花的兄弟。

脱脱相貌魁梧,少年时代跟着他的哥哥斡秃蛮在燕南打猎,斡秃蛮使他回来进献猎得的动物,世祖看见他为人沉着雄壮,步履庄重,叹道:"以后大有作为的人才,已经出生了。"立即命他进入宿卫。成宗初年,丞相伯颜在北边,脱脱奉皇帝之命将名鹰赐给伯颜。伯颜见到他,吃惊地问道:"你是谁的儿子?"脱脱据实回答。伯颜对他说:"我老了,以后能够大有作为的人,没有看见能比得上你的。"

大德三年,武宗以皇子的身份到北边主持军务,脱脱跟着前去。五年,叛王海都侵犯边境,脱脱跟随武宗去讨伐。军队到杭海,对海都发起攻击,大败他的军队,脱脱亲手砍下一个士兵的头,连着肩胛一起,献给武宗,武宗为他的强健勇敢感到高兴。当双方军队开始交锋时,武宗一心想要出战,脱脱拉住马缰极力劝阻,武宗发怒,挥鞭打他的手,脱脱仍不后退,才停止出战。后来武宗与大将朵儿答哈谈起这件事,朵儿答哈说:"太子在军中，就像一个人的身体有头，又像衣服有领，如果发生意外，军队怎么办？脱脱的劝阻可以说是忠诚的表现。"武宗完全同意。

成宗病危，丞相哈剌哈孙称病躲在直宿的处所中。脱脱正好奉命办事来到京师，哈剌哈孙就让他赶回去报告武宗国家有可忧虑之事，有关情况见《阿沙不花传》。

当时仁宗侍奉兴圣太后从怀孟回来，内难既已平定，太后将两位太子的生辰八字交给阴阳家推算，问哪一个更适宜做皇帝。回答说："重光（辛）大荒落（巳）有灾。旃蒙（乙）作噩（酉）长久。"重光是武宗生年的干，旃蒙是仁宗生年的干。太后为这番话迷惑，便派侍从朵耳以武宗那里传达她的旨意说："你们兄弟二人都是我生的，哪里有亲疏之分？阴阳家所说国运长短，不能不考虑。"武宗听后没有说话，将脱脱叫来，对他说："我捍卫边境，勤劳十年，而且按次序来说是长兄，皇位应该归于谁是很清楚的。现在太后以生辰八字好坏为理由，天道幽暗不明，谁能预先知道？假如我做了皇帝以后，所作所为上合天心，下符合百姓的要求，那么即使只在位短短的一天，也足以垂名万年，怎么能以阴阳家的话而违背祖宗的托付呢！这显然是近来负责任的一些官员，独断专行，任意杀戮，恐怕我以后可能追究他们的罪行，因此编造这些谎言阴谋动摇国家的根本。脱脱你前去为我了解情况，赶紧回来报告。"脱脱奉命立即动身，武宗亲自率领大军从西路前进，按灰由中路，床兀儿由东路，各带一万精兵跟从武宗前进。

脱脱来到大都，谒见太后，传达武宗交代的一番话。太后感到意外地说："长短的说法虽然出于阴阳家，但为太子深思熟虑正是由于我深深爱他的缘故。现在坏人已被清除，宗王大臣会议已经决定，太子不赶紧前来还等什么！"当时诸王秃列等在旁，都说："臣下拥戴太子嗣位，没有不同意的。"接着太后、仁宗让左右退下，单留下脱脱，对他说："太子天性孝顺父母，爱护兄弟，中外归心。现在听到你所传达的话，可能有人从中挑拨。你回去以后赶紧为我弥补漏洞，使我亲人骨肉之间消除误解，愉快相见，这样你的功劳不小。"脱脱叩头回答说："太母、太弟不用担心，臣侍奉太子多年，颇见信任，现在回去一定全心全意向太子解释。以后三宫相处，没有意见，这就是脱脱忠心的贡献。"

在先，太后因为武宗迟迟不到，已经派阿沙不花前往报告诸王、群臣推戴的情况。此时脱脱接着前去，来到旺古察，武宗在马轿中看见他到来，招呼他飞驰靠近，让他一起坐在马轿里。脱脱传达了太后、仁宗的话，于是武宗完全清楚，不再怀疑。便派阿沙不花回去报告。仁宗立即动身到上都迎接。武宗登上帝位，尊太后为皇太后，立仁宗为皇太子。三宫和好合作，脱脱和阿沙不花兄弟二人出力很大。

脱脱到京师时，武宗曾任命他同知枢密院。回来时，武宗问他有没有去上任？脱脱回答说："现在皇帝没有在正殿即位，没有与宗亲相见，随从之臣先有名位，臣恐怕会影响皇帝的德行，所以没有敢去上任问事。"武宗深为赞赏。知枢密院只儿哈忽在武宗藩邸时有犯上的言语，准备治罪，脱脱进谏说："陛下新近即位，信誉没有确立便要杀人，知情的了解只儿哈忽有罪，不知情的以为是报仇，会弄得人人自危。何况只儿哈忽熟悉先朝的典故，现在是不可少的。"于是加以宽大处理。继承海都王位的是察八儿，他一直佩服武宗的威名，此时便率领［西北］诸王前来归附，皇帝下诏特别在大庭设宴。按照传统习惯，凡是大宴会，一定命近臣宣讲法律，作为告诫。脱脱推荐只儿哈忽，命他准备讲话稿送上，果然符合武宗的心意。武宗叹道："博尔忽、博尔术是前朝的英杰，脱脱是当今的英杰。"立即将送来的讲话稿交给脱脱。等到诸王大臣穿着宴会服坐好以后，脱脱即席演说，讲述西北诸王离合的原因、经过，以及停止反抗归顺朝廷的道理，言辞、主旨明白通畅，听到的人全都佩服。从同知枢密院事升为中书平章政事，授御史大夫，迁江南行台御史大夫。接着召回授录军国重事、中书左丞相。脱脱知无不言，言无不行。朝廷内外一致称为贤相。

至大三年，尚书省建立，迁右丞相。三宝奴等劝武宗立皇子为皇太子。脱脱这时正在柳林打猎，派遣使者召他立即回来。三宝奴说："建立太子的讨论紧急，所以召您回来。"脱脱吃惊地问："这是什么意思？"说："皇子年龄增长，皇帝近日健康不佳，太子应早日确定。"脱脱说："国家大事不可不谨慎从事。过去皇帝的弟弟亲身解决了大问题，对国家有功，位居东宫，已有决定。从此兄弟叔侄世世相承，谁敢变更这个顺序。我等作臣子的人，对于国家的制度即使不能有所贡献，怎么能破坏成法呢！"三宝奴说："今天哥哥将皇位传给兄弟，能保证以后叔叔传给侄子吗？"脱脱说："在我这一方面不可违背诺言，另一方如果失信，上天会知道。"三宝奴虽然不同意，但无法改变他的意见。

当时，尚书省的赏赐没有节制，升迁官员没有制度，财政支出愈出愈大，官爵愈来愈滥。脱脱向皇帝提意见说："官爵赏赐，是帝王用人的手段。现在阿私逢迎之人受爵，无功之人有赏，危急的时候还能依赖什么！中书省管理的有钱粮、工役、选法、刑狱等十二件事。如果听取臣的意见，严格遵守过去的制度，那么臣愿与其他贤人努力从事。否则，用臣又有什么用！"于是有诏要滥受宣敕的人到所属部门缴纳。侥幸往上爬的途径堵住了，钻营的风气立即改变。中御史台有赃罪罚款五百万贯，脱脱请求拿出来赈济孤寡老病各种穷苦而得不到帮助的人。宗王南忽里部中有人告他的主人有不轨行为，脱脱为南忽里争辩，认为是诬陷，于是告者抵罪。宗王牙忽秃在齐王八不沙部属中征发原来属于他的百姓，附近的诸王准备拥护齐王去攻打牙忽秃，齐王害怕，逃到牙忽秃那里躲避。诸王便上告齐王造反。脱脱审问了解到实际情况，便释放齐王，而将诸王徙往岭南。边境将领脱火赤请求将新军万人增补给宗王丑汉，朝廷讨论让脱脱前去发给新军装备。脱脱认为天下安宁，不宜制造事端，推辞不肯去。于是派丞相秃忽鲁等二人前去发给，几乎激起兵变。四年正月，又为中书左丞相。

仁宗即位，对他待遇更加优厚，想让他到外地得到休息，二月，授他为江浙行省左丞相。到任以后，接见地方父老询问民间利害，都说杭城过去有便河通到江边，堵塞很久，如能开凿使船只通航，物价必能平稳。有的属官认为此事困难，脱脱说："我上殿辞行时，皇帝有密旨允许便宜行事。百姓以为方便，便可实行。"很快有旨禁止动土兴建工程，脱脱说："敬天首先要为民操劳，百姓得利则灾害自然消除，与动土兴建工程有什么关系。"不到一月就成功了。

当时，铁木迭儿任宰相，想保住自己的地位赢得皇帝的恩宠，便建议立仁宗之子英宗为皇太子，而武宗之子明宗则封为周王，出镇云南。又在皇帝面前中伤脱脱，说他是武宗的旧臣。有诏将脱脱逮捕送到京师。过了几天，床兀儿、失列门传达太后、皇帝对脱脱的话说："开始怀疑你和自己服务过的人亲近，所以召你来。现在查明你没有别的问题，回到镇守的地方去。"脱脱入宫向太后表示感谢说："臣虽然受到先帝的知遇，但受太后和当今皇帝的恩惠是很深的，这些怎敢忘记呢！"回到江浙行省。没有多久，迁任江西行省左丞相。

英宗继位，召脱脱入朝任御史大夫。帖赤在脱脱之先任御史大夫，暗地里猜忌他，上奏将他改任江南行台御史大夫。又嗾使监察官员指责他擅离职守，要将他迁往云南。正好帖赤有罪被杀，才算了结。家居不出五年之久。泰定四年病死，年五十六岁。至正初年，赠推诚全德守义佐运功臣、太师、开府仪同三司、上柱国，追封和宁王，谥忠献。

脱脱曾在宣德的别墅请老师教育孩子，乡中的人受到感化，都愿意读书。朝廷赐他的学舍匾额名为景贤书院，并设立学官。他死后就在书院中祭祀。

儿子九人，最显达的二人，铁木儿塔识，达识帖睦迩，各自有传。

燕铁木儿

燕铁木儿，钦察氏，床兀儿第三子，世系见《土土哈传》。武宗镇朔方，备宿卫十余年，特爱幸之。及即位，拜正奉大夫、同知宣徽院事。皇庆元年，袭左卫亲军都指挥使。泰定二年，加太仆卿。三年，迁同佥枢密院事。致和元年，进佥书枢密院事。

泰定帝崩于上都，丞相倒剌沙专政，宗室诸王脱脱、王禅附之，利于立幼。燕铁木儿时总环卫事，留大都，自以身受武宗宠拔之恩，其子宜纂大位，而一居朔漠，一处南陲，实天之所置，将以启之。由是与公主察吉儿、族党阿剌帖木儿及腹心之士孛伦赤、剌剌等议，以八月甲午昧爽，率勇士纳只秃鲁等入兴圣宫，会集百官，执中书平章乌伯都剌、伯颜察儿，兵皆露刃，誓众曰："祖宗正统属在武皇帝之子，敢有不顺者斩。"众皆溃散。遂捕奸党下狱，而与西安王阿剌忒纳失里入守内庭，分处腹心于枢密，自东华门夹道重列军士，使人传命往来其中，以防漏泄。即命前河南行省参知政事明里董阿、前宣政院使答剌麻失里乘驿迎文宗于中兴，且令密以意喻河南行省平章伯颜选兵备扈从。

于是封府库，拘百司印，遣兵守诸要害。推前湖广行省左丞相别不花为中书左丞相，詹事塔失海涯为平章，前湖广行省右丞速速为中书左丞，前陕西行省参政王不怜古台为枢密副使，萧忙古觯仍为通政院使，与中书右丞赵世延、枢密同佥燕铁木儿、通政院使寒食分典庶务。贷在京寺观钞，募死士，买战马，运京仓粟以饷守御士卒，复遣使于各行省征发钱帛兵器。

当时有诸卫军无统属者，又有谒选及罢退军官，皆给之符牌，以待调遣。既受命，未知所谢，注目而立，乃指使南向拜，众皆愕然，始知有定向矣。燕铁木儿宿卫禁中，夜则更迁无定居，坐以待旦者，将一月。弟撒敦、子唐其势时留上都，密遣塔失帖木儿召之，皆弃其妻子来归。丁酉，再遣撒里不花、锁南班往中兴趣大驾早发，令塔失帖木儿设为南使云："诸王帖木儿不花、宽彻普化，湖广、河南省臣及河南都万户合军扈驾，旦夕且至，民勿疑惧。"丁未，命撒敦以兵守居庸关，唐其势屯古北口。戊申，复令乃马台为北使，称明宗从诸王兵整驾南辕，中外乃安。辛亥，撒里不花至自中兴，云乘舆已启涂，诏拜燕铁木儿知枢密院事。丙辰，率百官备法驾郊迎。丁巳，文宗至京师，入居大内。

己未，上都王禅及太尉不花、丞相塔失帖木儿、平章买闾、御史大夫纽泽等军次榆林。九月庚申，诏燕铁木儿帅师御之，撒敦先驱，至榆林西，乘其未阵薄之，北军大败。甲子，诏还都。戊辰，辽东平章秃满迭儿以兵犯迁民镇，斩关以入。遣撒敦往拒，至苏州东沙流河，累战败之。燕铁木儿以为扰攘之际，不正大名，不足以系天下之志，与诸王大臣伏阙劝进。文宗固辞曰："大兄在朔方，朕敢紊天序乎？"燕铁木儿曰："人心向背之机，间不容发，一或失之，噬脐无及。"文宗悟，乃曰："必不得已，当明诏天下，以著予退让之意而后可。"壬申，文宗即位，改元天历，赦天下。

癸酉，封燕铁木儿为太平王，以太平路为其食邑。甲戌，加开府仪同三司、上柱国、录军国重事、中书右丞相、监修国史、知枢密院事；赐黄金五百两、白金二千五百两、钞一万锭、金素织段色缯二千匹、海东白鹘一、青鹘二、豹一、平江官地五百顷。即日诏将兵出苏州拒秃满迭儿。乙亥，次三河，而王禅等军已破居庸关，遂进屯三塚。丙子，燕铁木儿蓐食倍道而还。丁丑，抵榆河，（关）〔闻〕帝出都城，将亲督战，燕铁木儿单骑请见，曰："陛下出，民心必惊，凡剪寇事一以责臣，愿陛下亟还宫以安黎庶。"文宗乃还。明日丁丑，阿速卫指挥使忽都不花、塔海帖木儿，同知太不花构变，事觉，械送京师斩以徇。己卯，与王禅前军遇于榆河北，我师奋击败之，追至红桥北。王禅将枢密副使阿剌帖木儿、指挥忽都帖木儿引兵会战。阿剌帖木儿执戈入刺，燕铁木儿侧身以刀格其戈就斫之，中左臂。部将和尚驰击忽都帖木儿亦中左臂。二人骁将也，敌为夺气，遂却。因据红桥。两军阻水而阵，命善射者射之，遂退，师于白浮南。命知院也速答儿，八都儿、亦讷思等分为三队，张两翼以角之，敌军败走。辛巳，敌军复合，鏖战于白浮之野，周旋驰突，戈戟戛摩。燕铁木儿手毙七人。会日晡，对垒而宿。夜二鼓，遣阿剌帖木儿、孛伦赤、岳来吉将精锐百骑鼓譟射其营，敌众惊扰，互自相击，至旦始悟，人马死伤无数。明日，天大雾，获敌卒二人，云王禅等脱身窜山谷矣。癸未，天清明，王禅集散卒成列出山，我师驻白浮西，坚壁不动。是夜，又命撒敦潜军绕其后，部曲八都儿压其前，夹营吹铜角以震荡之，敌不悟而乱，自相挞击，三鼓后及西遁。迟明，追及昌平北，斩首数千级，降者万余人。

帝遣赐上尊，谕旨曰："丞相每战视冒矢石，脱有不虞，其若宗社何！自今后但凭高督战，察将士之用命不用命者以赏罚之可也。"对曰："臣以身先之，为诸将法。敢后者军法从事。托之诸将，万一失利，悔将何及。"是日，敌军再战再北，王禅单骑亡命。也速答儿、也不伦、撒敦追之，就命也速答儿及金院彻里帖木儿统卒三万守居庸关，还至昌平南。

俄报古北口不守，上都军掠石槽。丙戌，遣撒敦为先驱，燕铁木儿以大军继其后，至石槽。敌军方炊，掩其不备，直蹂之，大军并进，追击四十里，至牛头山，擒驸马孛罗帖木儿、平章蒙古答失、牙失帖木儿、院使撒儿讨温等，献俘阙下，戮之。各卫将士降者不可胜纪，余兵奔窜。夜遣撒敦袭之，逐出古北口。

丁亥，秃满迭儿及诸王也先帖木儿军陷通州，将袭京师，燕铁木儿急引军还。十月己丑朔，日将昏，至通州，乘其初至击之，敌军狼狈走渡潞河。庚寅，夹河而军。敌列植秫秸，衣以毡衣，然火为疑兵，夜遁。辛卯，率师渡河追之。癸巳，驻檀子山之枣林，也（速）〔先〕帖木儿、秃满迭儿合阳翟王太平、国王朵罗台、平章塔海军来斗，士皆殊死战。至晚，唐其势陷阵，杀太平，死者蔽野，余兵宵溃。已而撒敦将轻兵要之，弗及而还。

乙未，上都诸王忽剌台，指挥阿剌铁木儿、安童入紫荆关，犯良乡，游骑逼南城。燕铁木儿即率诸将兵循北山而西，令脱衔系囊，盛荳豆以饲马，士行且食，晨夜兼程，至于卢沟河，忽刺台闻之，望风西走。是日凯旋，入自肃清门，都人罗拜马首，以谢更生之惠。燕铁木儿曰："此皆天子威灵，吾何力焉。"入见，帝大悦，赐燕兴圣殿，尽懽而罢。赐太平王黄金印，并降制书及赐玉盘、龙衣、珠衣、宝珠、金腰带等物。

是日，撒敦遣报秃满迭儿军复入古北口，燕铁木儿遂以师赴之，战于檀州南野，败之。东路蒙古万户哈剌那怀率麾下万人降，余兵东溃，秃满迭儿走还辽东。获忽刺台、阿剌帖木儿、安童、朵罗台、塔海等戮之。

先是，齐王月鲁帖木儿、东路蒙古元帅不花帖木儿闻文宗即位，乃起兵趋上都围之。时上都屡败势蹙。壬寅，倒刺沙肉袒奉皇帝宝出请死。齐王调兵护送至京师。庚戌，文宗御兴圣殿，受皇帝宝，下倒刺沙于狱。两都平。丁巳，加燕铁木儿以答刺罕之号，使其世世子孙袭之。仍赐珠衣二、七宝束带一、白金瓮一、黄金瓶二、海东白鹘一、青鹘三、白鹰一、豹二十。十二月，置龙翊卫，命领其事。

先是，至治二年，以钦察卫士多，为千户所者凡三十五，故分置左右二卫，至是又析为龙翊卫。二年，立都督府，以统左、右钦察、龙翊三卫，哈剌鲁东路蒙古二万户府，东路蒙古元帅府，而以燕铁木儿兼统之，寻升为大都督府。燕铁木儿乞解相印还宿卫，帝勉之曰："卿已为省院，惟未入台，共听后命。"二月，迁御史大夫，依前开府仪同三司、上柱国、录军国重事、太平王。未几，复拜中书右丞相、监修国史、知枢密院事、领都督府龙翊侍卫亲军都指挥使司事，就佩元降虎符，依前开府仪同三司、上柱国、录军国重事、答刺罕、太平王。

先是，文宗以天下既定，可行初志，遣治书侍御史撒迪迎大兄明宗于漠北。三月辛酉,乃诏燕铁木儿护玺宝北上。明宗嘉其功。五月,特拜开府仪同三司、上柱国、录军国重事、中书右丞相、监修国史、大都督、领龙翊视军都指挥使事、答剌罕、太平王。六月,加拜太师,余如故。从明宗南还。八月朔,明宗次王忽察都之地,文宗以皇太子见。庚寅,明宗暴崩。燕铁木儿以皇后命奉皇帝玺宝授文宗,疾驱而还,昼则率宿卫士以扈从,夜则躬擐甲胄绕幄殿巡护。癸巳,达上都。遂与诸王大臣陈劝复正大位。己亥,文宗复即位于上都。

十二月丁亥,文宗以燕铁木儿有大勋劳于王室,封其曾祖父班都察溧阳王,曾祖妣玉龙彻溧阳王夫人,祖父土土哈升王,祖妣太塔你升王夫人,父床兀儿扬王,母也先帖你、公主察吉儿并为扬王夫人。三年二月,文宗欲昭其勋,诏命礼部尚书马祖常制文立石于北郊。至顺元年五月乙丑,帝又以屡颁宠数未足以报大勋,下诏命独为丞相以尊异之。略曰:"燕铁木儿勋劳惟旧,忠勇多谋,奋大义以成功,致治平于期月,宜专独运,以重秉钧。授以开府仪同三司、上柱国、太师、太平王、答剌罕、中书右丞相、录军国重事、监修国史、提调燕王宫相府事、大都督、领龙翊亲军都指挥使司事。凡号令、刑名、选法、钱粮、造作,一切中书政务,悉听总裁。诸王、公主、驸马、近侍入员,大小诸衙门官员人等,敢有隔越闻奏,以违制论。"

六月,知枢密院事阔彻伯、脱脱木儿等十人恶其权势之重,欲谋害之。也的迷失、脱迷以其谋告燕铁木儿,即率钦察军掩捕按问,皆诛之。二年二月,为建第于兴圣宫之西南。三月,赐鹰坊百人。十一月癸未,诏养其子塔剌海为子。辛酉,以燕铁木儿兼奎章阁大学士,领奎章阁学士院事。赐龙庆州之流盃园池水塯土田。又赐平江、松江、江阴芦场、篛山、沙涂、沙田等地。因言平江、松江圩田五百顷有奇，粮七千七百石，愿增为万石入官，以所得余米赡弟撒敦，诏从之。

四年，文宗大渐，遗诏立兄明宗之子。已而文宗崩，明宗次子懿璘质班即位，四十三日而崩。文宗后临朝。燕铁木儿与群臣议立文宗子燕帖古思。文宗后曰："天位至重，吾儿年方幼冲，岂能任耶！明宗有子妥欢贴睦尔，出居广西，今年十三矣，可嗣大统。"于是奉太后命，召还京师，至良乡，具卤簿迎之。燕铁木儿与之并马而行，于马上举鞭指画，告以国家多难遣使奉迎之故。而妥欢贴睦尔卒无一语酬之。燕铁木儿疑其意不可测，且明宗之崩，实与逆谋，恐其即位之后追举前事，故宿留数月，而心志日以瞀乱。

先是，燕铁木儿自秉大权以来，挟震主之威，肆意无忌。一宴或宰十三马，取泰定帝后为夫人，前后尚宗室之女四十人，或有交礼三日遽遣归者，而后房充斥不能尽识。一日宴赵世延家，男女列坐，名鸳鸯会。见座隅一妇色甚丽，问曰："此为谁？"意欲与俱归。左右曰："此太师家人也。"至是荒淫日甚，体羸溺血而薨。

燕铁木儿既死，妥欢贴睦尔始即位，是为顺帝。乃以撒敦为左丞相，唐其势为御史大夫。元统二年四月，命唐其势总管高丽女直汉军万户府达鲁花赤。授撒敦开府仪同三司、上柱国、录军国重事、答剌罕、荣王、太傅、中书左丞相，赐庐州路为食邑，宥世世子孙九死。赠燕铁木儿太师公忠开济弘谟同德协运佐命功臣、开府仪同三司、太师、中书右丞相、上柱国，追封德王，谥忠武。

至元元年三月，立燕铁木儿女伯牙吾氏为皇后。是时，撒敦已死，唐其势为中书左丞相，伯颜独用事。唐其势忿曰：

"天下本我家天下也，伯颜何人而位居吾上。"遂与撒敦弟答里潜蓄异心，交通所亲诸王晃火帖木儿，谋援立以危社稷。帝数召答里不至。郯王彻彻秃遂发其谋。六月三十日，唐其势伏兵东郊，身率勇士突入宫阙。伯颜及完者帖木儿、定住、阔里吉思等掩捕获之。唐其势及其弟塔剌海皆伏诛。而其党北奔答里所，答里即应以兵，杀使者哈儿哈伦、阿鲁灰用以衅旗。帝遣阿弼谕之，又杀阿弼，而率其党和尚、剌剌等逆战，为搠思监、火儿灰、哈剌那海等所败，遂奔晃火帖木儿。命孛罗、晃火儿不花追袭之，力穷势促，可鲁浑察执答里等送上都戮之。晃火帖木儿自杀。怯薛官阿察赤亦预唐其势之谋，欲杀伯颜，后擒付有司，具伏其辜，伏诛。

唐其势事败被擒，攀折殿槛不肯出。塔剌海走匿皇后坐下，后蔽之以衣，左右曳出斩之，血溅后衣。伯颜奏曰："岂有兄弟为逆而皇后党之者！"并执后。后呼帝曰："陛下救我。"帝曰："汝兄弟为逆，岂能相救邪！"乃迁皇后出宫，寻酖之于开平民舍，遂簿录唐其势家。

译文：

燕铁木儿，钦察部人，床兀儿的第三个儿子，他的世系见本书的《土土哈传》。武宗镇守北方，他在宿卫中任职十余年，武宗特别喜欢他。武宗即位以后，授他为正奉大夫、同知宣徽院事。皇庆元年，袭父职为左卫亲军都指挥使。泰定二年，加授太仆卿。三年，迁同佥枢密院事。致和元年，升佥书枢密院事。

泰定帝死于上都，丞相倒剌沙独掌政权，宗室诸王脱脱、王禅依附倒剌沙，为了对自己有利策划立年幼的皇帝。燕铁木儿这时掌管保卫皇宫的事务，留在大都。他觉得自己受武宗宠遇提拔之恩，武宗的儿子应该继承皇位，现在两位皇子一人在北方沙漠，一人居住在南方边远之地，这是上天有意安排，有利于夺权。于是便和察吉儿公主、同族阿剌帖木儿以及心腹孛伦赤、剌剌等商议，在八月甲午天刚亮时，率领勇士纳只秃鲁等进入兴圣宫，召集百官，将中书平章乌伯都剌、伯颜察儿抓起来，刀剑出鞘，发出誓言说："祖宗的正统应归于武皇帝的儿子，谁敢不顺从就斩首。"众官全都溃散。于是将奸党逮捕下狱，燕铁木儿和安西王阿剌忒纳失里进入官中防守，分派自己的亲信守枢密院，从东华门夹道排列几层士兵，派人往来夹道之中传达命令，防止漏泄消息。立即派前河南行省参知政事明里董阿、前宣政院使答剌麻失里乘坐驿马前往中兴迎接文宗，而且命令他们秘密告知河南行省平章伯颜，选派军队准备随从文宗回京。

于是下令封闭府库，拘收各衙门的印，派遣军队扼守各处要害之地。互相推举前湖广行省左丞别不花为中书左丞相，詹事塔失海涯为中书省平章，前湖广行省右丞速速为中书左丞，前陕西行省参政王不怜吉台为枢密副使，萧忙古觯仍旧任通政院使，和中书右丞赵世延、枢密同佥燕铁木儿、通政院使寒食分别处理各种事务。向京师的寺院道观借钞，招募死士，购买战马，运京师粮仓所储粮食供应在各处守御的士兵，又派遣使者到各行省去征发钱、帛、兵器。

当时诸卫军中有些人没有分派职务，又有到京师来等待分配以及罢免退职的军官，全都发给符牌，让他们等待调遣。这些人接受任命，不知向何处谢恩，站在那儿等着，于是指使他们向南方跪拜，众人都感到意外，才知道皇帝已确定了。燕铁木儿宿卫在宫中，夜里则移到别处，没有固定的地方，坐着等着天亮，这样将近一个月。兄弟撒敦、儿子唐其势当时都留在上都，燕铁木儿暗地派遣塔失帖木儿前去召唤，他们都抛下妻子回来。丁酉，又派撒里不花、锁南班前往中兴，催促文宗早日动身。命令塔失帖木儿假托有南方使者来说："诸王帖木儿不花、宽彻普化，湖广、河南行省大臣和河南都万户，联合军队护送皇帝，早晚就要来到，百姓不要担心害怕。"丁未，命撒敦带兵守居庸关，唐其势屯兵古北口。戊申，又命乃马台伪装成北方来的使者，说："明宗带着宗室诸王的军队向南进发"，这样，内外才安定下来。辛亥，撒里不花从中兴回来，说文宗乘坐的车已经上路，有圣旨授燕铁木儿为知枢密院事。丙辰，率领百官安排仪仗前往郊外迎接。丁巳，文宗到京师，到皇宫居住。

己未，上都的宗王王禅和太尉不花、丞相塔失帖木儿、平章买闾、御史大夫纽泽等率领军队到达榆林。九月庚申，皇帝下诏，命燕铁木儿带领军队前去抵御，撒敦当先锋，到榆林以西，乘对方没有排好阵势便冲上去，北军大败。甲子，下诏燕铁木儿回京师。戊辰，辽东平章秃满迭儿带兵攻迁民镇，夺取关门而入。派撒敦前去对付，到蓟州东边的沙流河，经过多次作战将对方打败。燕铁木儿认为在动乱的时候，不确定皇帝的名义，天下人心不会归附，便与诸王、大臣伏在宫前请求文宗登上帝位。文宗坚决辞谢说："兄长在北方，我怎敢改变上天安排的顺序呢！"燕铁木儿说："现在人心向背着很难说的，不抓紧时机，一旦失去，后悔莫及。"文宗想清楚了，便说："如果不得已必须这样做的话，应该在诏书中写明我退让的意思才行。"壬申，文宗即帝位，改元天历，大赦天下。

癸酉，封燕铁木儿为太平王，以太平路作为他的封地。甲戌，加封为开府仪同三司、上柱国、录军国重事、中书右丞相、监修国史、知枢密院事，赐黄金五百两、白金二千五百两、钞一万锭、织金的素段色缯二千四、海东白鹘一只、青鹘二只、豹一头、平江官地五百顷。同日下诏命他统兵出蓟州与秃满迭儿作战。乙亥，到三河，这时王禅等人的军队已攻破居庸关，进兵屯驻三冢。丙子，燕铁木儿顾不上好好吃饭兼程还师。丁丑，抵达榆河，听说皇帝到都城外面，准备亲自督战。燕铁木儿一个人骑马请求晋见，说："陛下出城，百姓必然心中惊慌，一切歼灭敌人的事情都由我负责，希望陛下立即回宫，安定民心。"于是，文宗还宫。明日丁丑，阿速卫指挥使忽都不花、塔海帖木儿和同知太不花企图作乱，被发现，绑起来送到京师斩首示众。己卯，与王禅的前锋部队在榆河以北相遇，我军奋勇作战，打败了对方，追到红桥以北。王禅部将枢密副阿剌帖木儿、指挥忽都帖木儿引兵前来交战。阿剌帖木儿拿着戈来刺，燕铁木儿侧过身用刀格开戈顺势砍中他的左臂。部将和尚驰向前去也打伤忽都帖木儿的左臂。这两个人都是猛将，敌军气馁，就退走了。我军因而占据红桥。两军隔水摆开阵势，燕铁木儿命令优秀射手向敌军射箭，敌军退却，在白浮以南驻军。燕铁木儿命知院也速答儿和八都儿、亦讷思等分为三队，张开两翼，和敌军战斗，对方败走。辛巳，敌军重新集合，双方会战于白浮的旷野之上，来回冲突，戈戟撞击。燕铁木儿亲手杀死七人。天色已晚，双方相对宿营。夜间二更时分，派遣阿剌帖木儿、孛伦赤、岳来吉率领精锐骑兵百人叫喊着向对方营中射箭，敌众惊慌混乱，自相攻击，到天亮才弄清楚，人马死伤无数。第二天，大雾，捉住两名敌军士兵，说王禅等已经逃到山谷中去了。癸未，天空晴朗，王禅纠集溃散的士兵排队出山，我军驻在白浮以西，坚守营垒不动。当日晚上，又命撒敦偷偷率领军队绕到敌军后面，部将八都儿为先锋,在敌营旁吹起铜角,声音震荡,敌军不清楚而混乱,互相撞击,三更后便往西逃跑。天快亮时,追到昌平以北,斩首数千,投降的有万余人。

皇帝派人赐酒,并传达圣旨说:"丞相每次战斗都亲自上阵,万一发生不幸,国家怎么办!从今以后只在高处督战,了解将士是否执行命令然后加以赏罚就行了。"回答说:"我亲自在前,为将领们做出榜样,谁敢退后就军法从事。托付给众将,万一作战失利,后悔就来不及了。"这一天,敌军再战再败,王禅一人骑着马逃跑。也速答儿、也不伦、撒敦追捕,燕铁木儿就命也速答儿和佥院彻里帖木儿统兵三万镇守居庸关,自己回到昌平以南。

马上有消息来报古北口失守,上都军到石槽抢劫。丙戌,派撒敦为先锋,燕铁木儿带着大军跟在后面,来到石槽。敌军正在煮饭,先锋乘其不备,直冲上去纵马踩踏,大军并进,追击四十里,到牛头山,活捉驸马孛罗帖木儿,平章蒙古答失、牙失帖木儿,院使撒儿讨温等,将俘虏押送到宫城前面,杀掉。各卫将士投降的不计其数,其余的四处逃窜。夜间派撒敦进攻,将敌军逐出古北口。

丁亥,秃满迭儿和诸王也先帖木儿的军队占领通州,企图袭击京师,燕铁木儿急忙带兵回来。十月己未初一,将近黄昏,来到通州,乘敌军刚到便发动攻击,对方狼狈逃走渡过潞河。庚寅,双方军队在河两边对峙。敌军竖立黍秸,在上面披毡衣,点起火堆,迷惑我方的士兵,夜间就逃走了。辛卯,燕铁木儿带兵渡河追赶。癸巳,军队驻在檀子山的枣林,也先帖木儿、秃满迭儿联合阳翟王太平、国王朵罗台、平章塔海的军队前来交战,兵士都拚死战斗。到晚上,唐其势攻入敌军阵中,杀死太平,战死的士兵漫山遍野，其余在夜间逃走。随后撒敦率领轻装的士兵追击，没有赶上便回来了。

乙未，上都诸王忽剌台，指挥阿剌铁木儿、安童，进入紫荆关，来到良乡，哨兵逼近大都南城。燕铁木儿立即率领诸将带兵沿着北山向西，下令摘下马嚼子，在马咀上套口袋，里面装着切碎的草料和豆，以此来喂马，士兵一边走一边吃饭，日夜兼程，来到卢沟河。忽剌台听到消息，立即西逃。这一天凯旋，从肃清门入城，京师的百姓围在马前跪拜，感谢燕铁木儿使他们得以活命。燕铁木儿说："这就是皇帝的威灵，我没有什么贡献。"进见，皇帝非常高兴，赐宴于兴圣殿，尽兴才罢。赐燕铁木儿黄金铸造的太平王印，同时颁发封爵的文书，以及赏赐玉盘、龙衣、珠衣、宝珠、金腰带等物品。

这一天，撒敦派人报告说，秃满迭儿的军队又进入古北口，燕铁木儿便带着军队前往，在檀州以南旷野上交战，击败对方。东路蒙古万户哈剌那怀率领部属万人投降，其余士兵向东溃逃，秃满迭儿逃回辽东。活捉忽剌台、阿剌帖木儿、安童、朵罗台、塔海等人，处死。

在此以前，齐王月鲁帖木儿、东路蒙古元帅不花帖木儿听说文宗登上帝位，便起兵将上都包围起来。这时上都屡次失败势力衰弱。壬寅，倒剌沙脱去上衣赤膊拿着皇帝印玺出来投降，自称死罪。齐王调兵护送到京师。庚戌，文宗在兴圣殿就座，接受皇帝印玺，将倒剌沙关在狱中。两都平定。丁巳，加封燕铁木儿以答剌罕的称号，并让他的子孙世代相袭。又赐珠衣二件、七宝束带一条、白金瓮一尊、黄金瓶两个、海东白鹘一只、青鹘三只、白鹰一只、豹二十头。十二月，设置龙翊怀，皇帝命燕铁木儿负责该卫事务。

在先，英宗至治二年，因为钦察卫士兵人数多，有三十五千户所，所以分成左、右二卫，到此时又分出龙翊卫。天历二年，设都督府，管理左、右钦察和龙翊三卫，以及哈剌鲁东路蒙古二万户府、东路蒙古元帅府，而由燕铁木儿兼管。接着升为大都督府。燕铁木儿请求解除丞相职务回到宿卫任职，皇帝安慰他说："你已经在中书省、枢密院担任职务，还没有入御史台，暂且等待以后的任命。"二月，迁御史大夫，依旧和过去一样的开府仪同三司、上柱国、录军国重事、太平王。没有多久，又授他为中书右丞相、监修国史、知枢密院事、领都督府龙翊侍卫亲军都指挥使司事，佩带原来授予的虎符，依旧享有开府仪同三司、上柱国、录军国重事、答剌罕、太平王的头衔。

原先，文宗以为天下已经安定，可以实现原来的想法，派遣治书侍御史撒敦到漠北去迎接长兄明宗。三月辛酉，有诏命燕铁木儿护送皇帝的印玺北上。明宗为了嘉奖他的功劳，在五月特授他为开府仪同三司、上柱国、录军国重事、中书右丞相、监修国史、大都督、领龙翊亲军都指挥使事、答剌罕、太平王。六月，加授太师，其余和原来一样。跟随明宗回向南方。八月初一，明宗到王忽察都，文宗以皇太子的身份来见。庚寅，明宗突然死亡，燕铁木儿以皇后的名义将皇帝的印玺授予文宗，急忙赶回，白天率领宿卫士兵随从，晚上亲自披铠甲绕着文宗住宿的营帐巡视守卫。癸巳，到上都。便和诸王、大臣们劝说文宗重新登帝位。己亥，文宗在上都再次登上帝位。

十二月丁亥，文宗因为燕铁木儿对于王室有特别的功勋，封他的曾祖父班都察为溧阳王，曾祖母玉龙彻为溧阳王夫人，祖父土土哈为升王，祖母太塔你为升王夫人，父床兀儿为扬王，母也先帖你、察吉儿公主并为扬王夫人。天历三年二月，文宗要表彰燕铁木儿的功勋，下诏命礼部尚书马祖常撰文，在北郊立碑。至顺元年五月乙丑，皇帝又以为虽然屡次给予宠遇仍不足以报答他的勋劳，便下诏燕铁木儿一人任宰相以表示特殊尊重之意。诏书中说："燕铁木儿过去有勋劳，忠勇多谋，倡导正义的事业能够成功，一个月时间便实现了太平。应由他一人来主持国政，以示尊重。因此授以开府仪同三司、上柱国、太师、太平王、答剌罕、中书右丞相、录军国重事、监修国史、提调燕王宫相府事、大都督、领龙翊亲军都指挥使司事。凡号令、刑名、选法、钱粮、造作，一切中书政务，都听他总裁。诸王、公主、驸马、近侍人员，大小衙门官员人等，敢于越过燕铁木儿上奏，以违反皇帝命令论处。"

六月，知枢密院事阔彻伯、脱脱木儿等十人对燕铁木儿权势之重感到厌恶，企图加以谋害。也的迷失、脱迷将他们的密谋向燕铁木儿告发，立即率领钦察军加以逮捕审问，全都处死。二年二月，为燕铁木儿在兴圣宫以南营造住宅。三月，赐养鹰人百人。十一月癸未，皇帝下诏养燕铁木儿之子塔剌海为自己的儿子。辛酉，以燕铁木儿兼奎章阁大学士，领奎章阁学士院事。赐龙庆州流杯园池的水磨土田。又赐平江、松江、江阴等处的芦场、山荡、沙涂、沙田等土地。燕铁木儿因此提出，平江、松江有圩田五百余顷，应纳税粮七千七百石，愿意向政府每年交税粮万石，从圩田所得收入纳税后剩下的部分接济弟弟撒敦。皇帝下诏同意。

四年，文宗病危，立遗诏立兄长明宗之子为太子。接着文宗病死，明宗的次子懿璘质班即位，在位四十三天而死。文宗皇后临朝摄政。燕铁木儿与大臣们商议立文宗之子燕帖古思为帝。文宗皇后说："皇位至关重要，我的儿子年纪太小，哪里能胜任!"明宗有个儿子妥欢贴睦尔住在广西,现在十三岁,可以继承皇位。"于是奉太后之命,召还京师,到良乡时,安排皇帝的仪仗前往迎接。燕铁木儿和妥欢贴睦尔骑马并行,在马上举起鞭子指指画画,告诉他国家多难以及遣使迎他为帝的原因。但妥欢贴睦尔没有说一句话来回答。燕铁木儿怀疑他的心意难测,而且明宗之死实际上自己参与密谋,害怕他即位以后会算旧账,因此延迟几个月没有决定,自己的思想愈来愈混乱。

在先,燕铁木儿自从掌握大权以来,挟震主之威,肆无忌惮。有时一次宴会就宰马十三匹,取泰定帝的皇后做自己的夫人,前后娶皇族的女子四十人为妻。有的结婚三天遣送回家,妻妾成群甚至有的不认识。一天,在赵世延家举行宴会,男女坐在一起,称为鸳鸯会。燕铁木儿看见酒席边上有一位妇女很美丽,问道:"这是何人?"意思是要带回家去。侍从说:"这是太师您家中的人啊。"一日比一日荒淫,终于身体衰弱溺血而死。

燕铁木儿既死,妥欢贴睦尔才能登上帝位,这就是顺帝。便以撒敦为左丞相,唐其势为御史大夫。元统二年四月,顺帝授唐其势为总管高丽、女直、汉军万户府达鲁花赤;授撒敦为开府仪同三司、上柱国、录军国重事、答剌罕、荣王、太傅、中书左丞相,赐庐州路为食邑,后代子孙可免死九次。赠燕铁木儿太师为公忠开济弘谟同德协运佐命功臣、开府仪同三司、太师、中书右丞相、上柱国,追封德王,谥忠武。

至元元年三月,顺帝立燕铁木儿的女儿伯牙吾氏为皇后。这时撒敦已死,唐其势为中书左丞相,而伯颜掌握大权。唐其势愤怒说:"天下本来是我家的天下,伯颜是什么人,居然位居我的上面。"便和撒敦的兄弟答里暗地里策划阴谋,和他所亲近的诸王晃火帖木儿互相联系,企图立晃火帖木儿为帝,危害国家。皇帝几次召见答里，都不来。郯王彻彻秃便揭发他们的阴谋。六月三十日，唐其势将军队埋伏在东郊，自己带着勇士突然闯入宫中。伯颜和完者帖木儿、定住、阔里吉思等乘其不备将他们捉住。唐其势和兄弟塔剌海都处死。他的党羽向北逃到答里那里，答里立即出动军队响应，杀害使者哈儿哈伦、阿鲁灰，用来祭旗。皇帝派阿弼前去传达圣旨，答里又杀死阿弼，带领党羽和尚、剌剌迎战，被搠思监、火儿灰、哈剌那海等打败，于是便逃走去投奔晃火帖木儿。皇帝命孛罗、晃火儿不花追击，由于形势所迫，力量微弱，阿鲁浑察将答里等抓起来送到上都杀死，晃火帖木儿自杀。怯薛官阿察赤也曾参与唐其势的阴谋，企图杀害伯颜，后来捉住交给有关部门审理，服罪之后处死。

唐其势失败被擒时，攀住宫殿的栏杆不肯走。塔剌海藏在皇后座位下面，皇后用衣服将他遮蔽起来，侍从们将塔剌海拉出杀死，血溅到皇后的衣服上。伯颜上奏说："哪有兄弟造反而皇后庇护他的道理！"将皇后同时抓起来。皇后呼叫皇帝说："陛下救我！"皇帝说："你的兄弟造反，怎么能相救呢！"便将皇后从宫中迁出，接着在开平的百姓家中将她毒死。于是没收唐其势家财产。

脱　脱

脱脱字大用，生而岐嶷，异于常儿。及就学，请于其师浦江吴直方曰："使脱脱终日危坐读书，不若日记古人嘉言善行服之终身耳。"稍长，膂力过人，能挽弓一石。年十五，为皇太子怯怜口怯薛官。天历元年，袭授成制提举司达鲁花赤。二年，入觐，文宗见之，悦曰："此子后必可大用。"迁内宰司丞，兼前职。五月，命为府正司丞。至顺二年，授虎符、忠翊侍卫亲军都指挥使。元统二年，同知宣政院事，兼前职。五月，迁中政使。六月，迁同知枢密院事。

至元元年，唐其势阴谋不轨，事觉伏诛，其党答里及剌剌等称兵外应。脱脱选精锐与之战，尽禽以献。历太禧宗禋院使，拜御史中丞、虎符亲军都指挥使，提调左阿速卫。四年，进御史大夫，仍提调前职，大振纲纪，中外肃然。扈从上都还，至鸡鸣山之浑河，帝将畋于保安州，马蹶。脱脱谏曰："古者帝王端居九重之上，日与大臣宿儒讲求治道，至于飞鹰走狗，非其事也。"帝纳其言，授金紫光禄大夫，兼绍熙宣抚使。

是时，其伯父伯颜为中书右丞相，既诛唐其势，益无所忌，擅爵人，赦死罪，任邪佞，杀无辜，诸卫精兵收为己用，府库钱帛听其出纳。帝积不能平。脱脱虽幼养于伯颜，常忧其败，私请于其父曰："伯父骄纵已甚，万一天子震怒，则吾族赤矣。曷若于未败图之。"其父以为然，复怀疑久未决。质之直方，直方曰："《传》有之，'大义灭亲'。大夫但知忠于国家耳，余复何顾焉。"当是时，帝之左右前后皆伯颜所树亲党，独世杰班、阿鲁为帝腹心，日与之处。脱脱遂与二人深相结纳。而钱唐杨瑀尝事帝潜邸，为奎章阁广成局副使，得出入禁中，帝知其可用，每三人论事，使瑀参焉。

五年秋，车驾留上都，伯颜时出赴应昌。脱脱与世杰班、阿鲁谋欲御之东门外，惧弗胜而止。会河南范孟矫杀省臣，事连廉访使段辅，伯颜风台臣言汉人不可为廉访使。时别儿怯不花亦为御史大夫，畏人之议己，辞疾不出，故其章未上。伯颜促之急，监察御史以告脱脱。脱脱曰："别儿怯不花位吾上，且掌印，我安敢专邪？"别儿怯不花闻之惧，且将出。脱脱度不能遏，谋于直方。直方曰："此祖宗法度，决不可废，盍先为上言之。"脱脱入告于帝，及章上，帝如脱脱言。伯颜知出于脱脱，大怒，言于帝曰："脱脱虽臣之子，其心专佑汉人，必当治之。"帝曰："此皆朕意，非脱脱罪也。"及伯颜擅贬宣让、威顺二王，帝不胜其忿，决意逐之。一日，泣语脱脱，脱脱亦泣下，归与直方谋。直方曰："此宗社安危所系，不可不密。议论之际，左右为谁？"曰："阿鲁及脱脱木儿。"直方曰："子之伯父，挟震主之威，此辈苟利富贵，其语一泄，则主危身戮矣。"脱脱乃延二人于家，置酒张乐，昼夜不令出。遂与世杰班、阿鲁议，候伯颜入朝禽之。戒卫士严宫门出入，螭坳悉为置兵。伯颜见之大惊，召脱脱责之。对曰："天子所居，防御不得不尔。"伯颜遂疑脱脱，益增兵自卫。

六年二月，伯颜请太子燕帖古思猎于柳林。脱脱与世杰班、阿鲁合谋以所掌兵及宿卫士拒伯颜。戊戌，遂拘京城门钥，命所亲信列布城门下。是夜，奉帝御玉德殿，召近臣汪家奴、沙剌班及省院大臣先后入见，出五门听命。又召瑀及江西范汇入草诏，数伯颜罪状。诏成，夜已四鼓，命中书平章政事只儿瓦列赍赴柳林。己亥，脱脱坐城门上，而伯颜亦遣骑士至城下问故。脱脱曰："有旨逐丞相。"伯颜所领诸卫兵皆散，而伯颜遂南行。详见《伯颜传》中。事定，诏以马扎儿台为中书右丞相；脱脱知枢密院事，虎符，忠翊卫亲军都指挥使，提调武备寺、阿速卫千户所，兼绍熙等处军民宣抚都总使、宣忠兀罗思护卫亲军都指挥使司达鲁花赤、昭功万户府都总使。十月，马扎儿台移疾辞相位，诏以太师就第。

至正元年，遂命脱脱为中书右丞相、录军国重事，诏天下。脱脱乃悉更伯颜旧政，复科举取士法，复行太庙四时祭，雪郯王彻彻秃之冤，召还宣让、威顺二王，使居旧藩，以阿鲁图正亲王之位，开马禁，减盐额，蠲负逋，又开经筵，遴选儒臣以劝讲，而脱脱实领经筵事。中外翕然称为贤相。二年五月，用参议李罗〔帖木儿〕等言，于都城外开河置闸，放金口水，欲引通州船至丽正门，役丁夫数万，讫无成功。事见《河渠志》。

三年，诏修辽、金、宋三史，命脱脱为都总裁官。又请修《至正条格》颁天下。帝尝御宣文阁，脱脱前奏曰："陛下临御以来，天下无事，宜留心圣学。颇闻左右多阻挠者，设使经史不足观，世祖岂以是教裕皇哉？"即秘书监取裕宗所授书以进，帝大悦。皇太子爱猷识理达腊尝保育于脱脱家，每有疾饮药，必尝之而进。帝尝驻跸云州，遇烈风暴雨，山水大至，车马人畜皆漂溺，脱脱抱皇太子单骑登山，乃免。至六岁还，帝尉抚之曰："汝之勤劳，朕不忘也。"脱脱乃以私财造大寿元忠国寺于健德门外，为皇太子祝厘，其费为钞十二万二千锭。

四年闰月，领宣政院事。诸山主僧请复僧司，且曰："郡县所苦，如坐地狱。"脱脱曰："若复僧司，何异地狱中复置地狱邪？"时有疾渐羸，且术者亦言年月不利，乃上表辞位，帝不允，表凡十七上始从之。有旨封郑王，食邑安丰，赏赉巨万，俱辞不受。乃赐松江田，为立稻田提领所以领之。

七年，别儿怯不花为右丞相，以宿憾潜其父马扎儿台。诏徙甘肃。脱脱力请俱行，在道则阅骑乘庐帐，食则视其品之精粗，及至其地，马扎儿台安之。复移西域撒思之地，至河，召还甘州就养。十一月，马扎儿台薨。帝念脱脱勋劳，召还京师。

八年，命脱脱为太傅，提调宫傅，综理东宫之事。九年，朵儿只、太平皆罢相，遂诏脱脱复为中书右丞相，赐上尊、名马、袭衣、玉带。脱脱既复入中书，恩怨无不报。时开端本堂，皇太子学于其中，命脱脱领端本堂事。又提调阿速、钦察二卫、内史府、宣政院、太医院事。

十年五月，居母苏国夫人忧。帝遣近臣喻之，俾出理庶务。于是脱脱用乌古孙良桢、龚伯遂、汝中柏、伯帖木儿等为僚属，皆委以腹心之寄，小大之事悉与之谋，事行而群臣不知也。吏部尚书偰哲笃建言更造至正交钞，脱脱信之，诏集枢密院、御史台、翰林、集贤院诸臣议之，皆唯唯而已，独祭酒吕思诚言其不可，脱脱不悦。既而终变钞法，而钞竟不行。事见《思诚传》。

河决白茅堤，又决金堤，方数千里，民被其患，五年不能塞。脱脱用贾鲁计请塞之，以身任其事。出告群臣曰："皇帝方忧下民，为大臣者职当分忧。然事有难为，犹疾有难治，自古河患即难治之疾也，今我必欲去其疾。"而人人异论，皆不听。乃奏以贾鲁为工部尚事，总治河防，使发河南北兵民十七万役之，筑决堤成，使复故道。凡八月功成。事见《河渠志》。于是天子嘉其功，赐世袭答剌罕之号。又敕儒臣欧阳玄制《河平碑》以载其功。仍赐淮安路为其食邑，郡邑长吏听其自用。

已而汝、颍之间妖寇聚众反，以红巾为号，襄、樊、唐、邓皆起而应之。十一年，脱脱乃奏以弟御史大夫也先帖木儿为知枢密院事，将诸卫兵十余万讨之。克上蔡。既而驻兵沙河，军中夜惊。也先帖木儿尽弃军资器械，北奔汴梁，收散卒，屯朱仙镇。朝廷以也先帖木儿不习兵，诏别将代之。也先帖木儿径归，昏夜入城，仍为御史大夫。陕西行台监察御史十二人劾其丧师辱国之罪，脱脱怒，乃迁西行台御史大夫朵儿直班为湖广行省平章政事，而御史皆除各府添设判官，由是人皆莫敢言事。

十二年，红巾有号芝麻李者，据徐州。脱脱请自行讨之，以逯鲁曾为淮南宣慰使，募盐丁及城邑趫捷，通二万人，与所统兵俱发。九月，师次徐州，攻其西门。贼出战，以铁翎箭射马首，脱脱不为动，麾军奋击之，大破其众，入其外郭。明日，大兵四集，亟攻之，贼不能支，城破，芝麻李遁去。获其黄繖旗鼓，烧其积聚，追擒其伪千户数十人，遂屠其城。帝遣中书平章政事普化等即军中命脱脱为太师，依前右丞相，趣还朝，而以枢密院同知秃赤等进师平颍、亳。师还，赐上尊、珠衣、白金、宝鞍。皇太子锡燕于私第。诏改徐州为武安州，而立碑以著其绩。

十三年三月，脱脱用左丞乌古孙良桢、右丞悟良哈台议，屯田京畿，以二人兼大司农卿，而脱脱领大司农事。西至西山，东至迁民镇，南至保定、河间，北至檀、顺州，皆引水利，立法佃种，岁乃大稔。

十四年，张士诚据高邮，屡据谕之不降。诏脱脱总制诸王诸省军讨之。黜陟予夺一切庶政，悉听便宜行事；省台院部诸司听选官属；从行禀受节制。西域、西番皆发兵来助。旌旗累千里，金鼓震野，出师之盛，未有过之者。师次济宁，遣官诣阙里祀孔子，过邹县祀孟子。十一月，至高邮。辛未至乙酉，连战皆捷。分遣兵平六合，贼势大蹙。俄有诏罪其老师费财，以河南行省左丞相太不花、中书平章政事月阔察儿、知枢密院事雪雪代将其兵，削其官爵，安置淮安。

先是，脱脱之西行也，别儿怯不花欲陷之死。哈麻屡言于帝，召还近地，脱脱深德之，至是引为中书右丞。而是时脱脱信用汝中柏，由左司郎中参议中书省事，平章以下见其议事莫敢异同，惟哈麻不为之下。汝中柏因谮之脱脱，改为宣政院使，位居第三，于是哈麻深衔之。哈麻尝与脱脱议授皇太子册宝礼，脱脱每言："中宫有子将置之何所？"以故久不行。脱脱将出师也，以汝中柏为治书侍御史，使辅也先帖木儿居中。汝中柏恐哈麻必为后患，欲去之。脱脱犹豫未决，令与也先帖木儿谋。也先帖木儿以其有功于己，不从。哈麻知之，遂潜脱脱于皇太子及皇后奇氏。会也先帖木儿方移疾家居，监察御史袁赛因不花等承哈麻风旨，上章劾之，三奏乃允；夺御史台印，出都门外听旨，以汪家奴为御史大夫；而脱脱亦有淮安之命。

十二月辛亥，诏至军中，参议龚伯遂曰："将在军，君命有所不受。且丞相出师时，尝被密旨，今奉密旨一意进讨可也。诏书且勿开，开则大事去矣。"脱脱曰："天子诏我而我不从，是与天子抗也，君臣之义何在？"弗从。既听诏，脱脱顿首谢曰："臣至愚，荷天子宠灵，委以军国重事，夙夜战兢，惧弗能胜。一旦释此重负，上恩所及者深矣。"即出兵甲及名马三千，分赐诸将，俾各帅所部以听月阔察儿、雪雪节制。客省副使哈剌答曰："丞相此行，我辈必死他人之手，今日宁死丞相前。"拔刀刎颈而死。初命脱脱安置淮安，俄有旨移置亦集乃路。

十五年三月，台臣犹以谪轻，列疏其兄弟之罪，于是诏流脱脱于云南大理宣慰司镇西路，流也先帖木儿于四川碉门。脱脱长子哈剌章，肃州安置；次子三宝奴，兰州安置。家产簿录入官。脱脱行至大理腾冲，知府高惠见脱脱，欲以女事之，许筑室一程外以居，虽有加害者可以无虞。脱脱曰："吾罪人也，安敢念及此！"巽辞以绝之。九月，遣官移置阿轻乞之地，高惠以脱脱前不受其女，故首发铁甲军围之。十二月己未，哈麻矫诏遣使鸩之，死，年四十二。讣闻中书，遣尚舍卿七十六至其地，易棺衣以殓。

脱脱仪状雄伟，颀然出于千百人中，而器宏识远，莫测其蕴。功施社稷而不伐，位极人臣而不骄，轻货财，远声色，好贤礼士，皆出于天性。至于事君之际，始终不失臣节，虽古之有道大臣，何以过之。惟其惑于群小，急复私仇，君子讥焉。

二十二年，监察御史张冲等上章雪其冤，于是诏复脱脱官爵，并给复其家产。召哈剌章、三宝奴还朝。而也先帖木儿先是赤已死，乃授哈剌章中书平章政事，封申国公，分省大同；三宝奴知枢密院事。二十六年，监察御史圣奴、也先、撒都失里等复言："奸邪构害大臣，以致临敌易将，我国家兵机不振从此始，钱粮之耗众此始，盗贼纵横从此始，生民之涂炭从此始。设使脱脱不死，安得天下有今日之乱哉！乞封一字王爵，定谥及加功臣之号。"朝廷皆是其言。然以国家多故，未及报而国亡。

译文：

脱脱字大用，幼年聪明智慧，和普通孩子不一样。读书时，向他的老师浦江吴直方请教说："让脱脱一天到晚读书，不如每天记古人的名言善行，一生照着去做。"逐渐长大，气力超过常人，能挽一石硬弓。十五岁任皇太子怯怜口怯薛官。天历元年，袭职任成制提举司达鲁花赤。二年，朝见，文宗看见他，高兴地说："此人以后必可大用。"迁内宰司丞，兼任前职。五月，任府正司丞。至顺二年，授虎符，任忠翊侍卫亲军都指挥使。元统二年，同知宣政院事，兼前职。五月，迁中政使。六月，迁同知枢密院事。

至元元年，唐其势阴谋造反，事情被揭发处死，其党羽答里和剌剌等在外举兵响应。脱脱挑选精锐部队与他们交战，全都捉住献给皇帝。任太禧宗禋院使，授御史中丞、虎符、亲军都指挥使，提调左阿速卫。四年，升御史大夫，依旧提调以前职务。任职以后，大振纲纪，内外恭敬。随从皇帝从上都回来，到鸡鸣山的浑河，皇帝准备在保安州打猎，马颠仆在地。脱脱规劝说："古代皇帝端端正正坐在最尊贵的位子上，每天和大臣、有学问的学者讲求治理天下的道理，至于飞鹰走狗，不是皇帝做的事情。"皇帝接受他的意见，授他为金紫光禄大夫，兼绍熙宣抚使。

当时，脱脱的伯父任中书右宰相，杀唐其势以后，更加毫无顾忌，随意授人官爵，赦免死罪；任用奸邪之徒，杀害无辜之人，侍卫亲军各卫的精兵都收归己用，国家府库的钱帛由他随便支用。皇帝心中愤愤不平。脱脱虽然幼年时是伯颜抚养的，但常常担心伯颜会失败，私下对自己的父亲说："伯父骄傲放纵已到极点，万一天子发怒，我们家族都要被杀光了，不如在没有败落时设法解决。"他的父亲同意，但又心存疑虑，久而不决。脱脱去问吴直方，直方说："《左传》有'大义灭亲'之说。大夫你只知道忠于国家，其他不应考虑。"这个时候，皇帝的前后左右都是伯颜安排的亲信党羽，只有世杰班、阿鲁是皇帝的心腹，每日与皇帝在一起，脱脱便与这二人建立了密切的联系。钱塘杨瑀当皇帝还是潘王时曾为之服务，此时任奎章阁广成局副使，能够在宫中出入。皇帝知道他可以信赖，每遇三人商议，让杨瑀参加讨论。

至元五年秋天，皇帝留在上都，伯颜外出前往应昌。脱脱与世杰班、阿鲁商议，准备将他阻止在东门外，但怕不能取胜便中止了。河南范孟假借皇帝的名义杀死行省负责官员，此事牵连到廉访使段辅，伯颜暗示要御史台负责人提出汉人不可任廉访使。这时别儿怯不花也任御史大夫，怕人议论自己，称病在家不出，因而这件奏章没有上呈。伯颜催促很急，监察御史将此事告诉脱脱。脱脱说："别儿怯不花的位置在我之上，而且掌印，我怎敢决定呢！"别儿怯不花听说以后心中害怕，准备出来。脱脱估计阻挡不住，便与吴直方商量。直方说："这是祖宗定下的制度，决不可废，不如先跟皇帝说。"脱脱入宫告诉皇帝，等到奏章送上，皇帝按照脱脱的意见处理。伯颜知道此事处理是脱脱的主意，大怒，对皇帝说："脱脱虽然是臣的儿子，但他心中专门偏向汉人，臣一定要处罚他。"皇帝说："这都是我的主意，不是脱脱的罪过。"等到伯颜自行做主贬逐宣让、威顺二王，皇帝愤怒到了顶点，决定驱逐他。有一天，哭着和脱脱说，脱脱也哭了，回家与吴直方商议。直方说："这是关系国家安危的大事，不可不保守秘密。议论此事时旁边有谁在？"脱脱说："阿鲁和脱脱木儿。"直方说："你的伯父威势之重连皇帝都心怀恐惧，这些人如果贪图富贵，将听到的话泄露出去，那么皇帝地位危险你的命也保不住。"脱脱便请二人来到家中，置办酒宴演奏音乐，白日黑夜都不让他们回家。于是和世杰班、阿鲁商议，准备在伯颜入朝时将他捉住。告诫卫士对宫门出入严加管理，宫殿前螭首旁低洼地方，都安设兵士。伯颜看见大为吃惊，召见脱脱责问。回答说："天子居住的地方，不得不采取这些防御措施。"伯颜因此怀疑脱脱，增加了保卫自己的士兵。

至元六年二月，伯颜请太子燕帖古思到柳林打猎。脱脱和世杰班、阿鲁一起策划，以手中掌握的军队和宿卫军来对付伯颜。戊戌，便将京城各门的钥匙收起来，命令自己的亲信在城门下布防。当天夜里，侍奉皇帝登玉德殿，先后召见近臣汪家奴、沙剌班和中书省、枢密院的大臣，命他们在五门外听候命令。又召杨瑀和江西范汇入朝，草拟诏书，历举伯颜的罪状。诏书写成，已是四更，命中书平章政事只儿瓦歹拿着前往柳林。己亥，脱脱坐在城门上，而伯颜也派遣骑士到城下询问原因。脱脱说："皇帝有旨驱逐丞相。"伯颜率领的各卫士兵都散去，伯颜自己则前往南方。经过详见《伯颜传》。事定以后，皇帝下诏以马扎儿台为中书右丞相,以脱脱知枢密院事,虎符、忠翊卫亲军都指挥使,提调武备寺、阿速卫千户所,兼绍熙等处军民宣抚都总使、宣忠兀罗思护卫亲军都指挥使司达鲁花赤、昭功万户府都总使。十月,马扎儿台称病辞去丞相职务,皇帝下令给他太师的头衔退休回家。

至正元年,任脱脱为中书左丞相、录军国重事,为此向全国发布诏书。于是,脱脱将伯颜不合时宜的政令全部加以变更,恢复科举取士之法,重新实行太庙四时祭典,昭雪郯王彻彻秃的冤案,召还宣让、威顺二王,让他们仍旧在原来分封的地方居住。使阿鲁图正式袭封亲王。开放马禁,减盐额,蠲免民间拖欠的税款。又开经筵,选择儒臣进讲,脱脱实际上负责经筵事务,中外同声都称赞他是贤明的丞相。二年五月,他接受参议孛罗帖木儿等人的建议,在都城外开河置闸,放上游金口水,想将通州的船只引到都门丽正门。这项工程动用民夫数万人,未能成功。事情经过见《河渠志》。

至正三年,皇帝下令修辽、金、元三史,命脱脱为都总裁官。他又请求修《至正条格》,颁行天下。皇帝曾到宣文阁,脱脱上前说:"陛下即位以来,天下无事,应该留心学问。听说您的左右有一些人反对读书,如果经、史不值得看,世祖为什么要用来教导裕宗呢!"立即从秘书监取裕宗学过的书送上,皇帝很高兴。皇太子爱猷识理达腊曾放在脱脱家抚养,每遇有病需要吃药,脱脱总是先尝过再送上。皇帝曾驻营在云州,遇到狂风暴雨,山水大至,车马人畜都被淹没,脱脱一人抱着皇太子骑马登上山,得免于难。皇太子六岁还宫,皇帝慰劳脱脱说:"你的勤劳,我是不会忘记的。"脱脱便以自己的钱在健德门外建造大寿元忠国寺,为皇太子祈福,花费钞十二万二千定。

四年闰月，脱脱领宣政院事。各佛寺的主僧请求恢复僧司衙门，说："地方政府造成的痛苦，如同坐在地狱中。"脱脱说："如果恢复僧司衙门，岂不是地狱中又设地狱吗！"这时脱脱患病身体逐渐瘦弱，而且术士也说年月对他不利，于是上表辞职，皇帝不允，先后上表十七次才同意。皇帝有旨封他为郑王，以安丰为食邑，赏赐巨万，都辞谢不肯接受。因而赐松江田，为此专门成立稻田提领所来管理。

至正七年，别儿怯不花任右丞相，因与脱脱的父亲马扎儿台过去有仇怨，加以中伤。皇帝下诏将马扎儿台迁徙到甘肃安置。脱脱坚决要求同行，行路时检查骑用的马和住宿的房屋营帐，吃饭时察看食品的粗糙精细。到指定地点后，马扎儿台能安然处之。又有诏迁往西域撒思地方。到河州，召回甘州居住。十一月，马扎儿台死。皇帝想到脱脱有功勋而且勤劳，召还京师。

至正八年，任脱脱为太傅，提调宫傅，总管东宫的事务。九年，朵儿只、太平都免去丞相职务，于是皇帝下令，脱脱重新任中书右丞相，赐酒杯、名马、成套衣服、玉带。脱脱再入中书省，恩仇必报。当时开端本堂，皇太子在其中学习，皇帝命脱脱领端本堂事，又命他提调阿速、钦察二卫，以及内史府、宣政院、太医院事。

十年五月，母蓟国夫人去世，守丧不出。皇帝派侍从去劝说，让他出来处理各种事务。于是脱脱任用乌古孙良桢、龚柏遂、汝中柏、伯帖木儿等为自己的幕僚、下属，当作心腹，事无大小都与他们商议，事情办了而其他官员还不知道。吏部尚书翶哲笃建议另造至正交钞，脱脱相信他的话，皇帝下令召集枢密院、御史台、翰林、集贤院的官员们讨论，全都唯唯诺诺，只在国子监祭酒吕思诚说此法不可，脱脱很不高兴。接着改变钞法，但至正钞并没有流通开来。事情见《吕思诚传》。

黄河在白茅堤决口，又在金堤决口，周围几千里，百姓遭水灾，五年时间过去决口仍未堵住。脱脱采纳贾鲁的计划，请求堵塞决口，自己负责此事。对群臣说："皇帝关心百姓疾苦，作为政府大臣应为皇帝分忧。但有些事难办，就像有些病不好治一样，自古以来黄河的河患就是不好治的疾病。现在我一定要治好它的病。"这时人人说法不同，都不听。于是上奏，任命贾鲁为工部尚书，总管河防之事，命他征调河南北兵、民十七万人服役，修筑决口的堤防，使黄河回到故道。历时八个月工程完工。事情经过见《河渠志》。皇帝嘉奖他的功劳，赐他世袭答剌罕的称号。又命文臣欧阳玄制作《河平碑》，记录他的功劳。还赐淮安路为他的食邑，这个地方的官员由他任用。

这时汝、颖一带的妖贼集合起来造反，以红巾为标志，襄、樊、唐、邓都有人起来响应。至正十一年，脱脱便上奏，以自己的兄弟御史大夫也先帖木儿任知枢密院事，统率侍卫亲军各卫兵十余万前去讨伐。攻克上蔡。接着驻兵沙河，夜间军中发生骚乱，也先帖木儿将军队的粮食器械全部抛弃，向北逃到汴梁，收集溃散的士兵，屯驻在朱仙镇。朝廷认为也先帖木儿不懂军事，下诏派别的将领代替。也先帖木儿直接回家，晚上进城，依旧当御史大夫。陕西行御史台的监察御史十二人揭发他丧师辱国的罪行，脱脱发怒，将陕西台御史大夫朵儿直班调去当湖广行省平章政事，御史们都改任各府添设的判官，自此以后没有人敢于提意见。

至正十二年，红巾军中有号称芝麻李的人，占据徐州。脱脱请求亲自前去讨伐，他任命逯鲁曾为淮南宣慰使，招募盐丁和城市中的勇敢善走之人，总共二万人，和统领的军队一起出发。九月，来到徐州，攻西门。贼兵出战，用铁翎箭射马头，脱脱不动，指挥军队奋勇进击，大破贼军，进入外城。明天，大兵从四面集中，发动进攻，贼军支持不住，城被攻破，芝麻李逃走。缴获黄伞、旗鼓，将贼军的物资烧掉，追上活捉伪千户几十人，将全城居民杀光。皇帝派中书平章政事普化等到军中宣布脱脱为太师，和以前一样任右丞相，催他还朝，而以枢密院同知秃赤等进军讨平颍、亳。军还，赏赐贵重的酒杯、珠衣、白金、宝鞍。皇太子在自己住宅中宴请。下诏改徐州为武安州，立碑表彰他的功绩。

至正十三年三月，脱脱接受左丞乌古孙良桢、右丞悟良哈台的建议，在京师郊区屯田。任命二人兼任大司农卿，而脱脱则领大司农事。西到西山，东到迁民镇，南到保定、河间，北到檀州、顺州，都兴修水利，制定佃种之法，得到很好的收成。

至正十四年，张士诚占据高邮，屡次劝说他投降，不从。皇帝下令，派脱脱总制诸王和各省军队前去讨伐，升贬予夺一切事务，都许他根据情况自行处理，不用上报；允许他从中书省、御史台、枢密院各衙门选用自己的属官；从行的官员都受他的节制。西域、西番都发兵前来相助。军队行进旌旗千里相连，锣鼓的声音使原野为之震动，出师规模的盛大，没有能超过这一次的。军队到济宁，派遣官员到阙里去祭祀孔子，经过邹县祭祀孟子。十一月，到高邮。从辛未到乙酉，接连作战都取得胜利。分出军队攻克六合，贼兵的声势大减。突然皇帝下诏，宣布脱脱犯下了劳师费财的罪行，指定河南行省左丞相太不花、中书平章政事月阔察儿、知枢密院事雪雪代替他统率军队，消除他的官爵，在淮安安置。

在先，脱脱西行时，别儿怯不花想置之于死地。哈麻屡次劝说皇帝将脱脱召回，脱脱深深感激，拉哈麻进中书任为右丞。此时脱脱信任重用汝中柏，以左司郎中身份参议中书省事，平章以下官员见他议事没有人敢不同意，只有哈麻不肯低声下气。汝中柏因此在脱脱面前加以中伤，改为宣政院使，排列第三，于是哈麻非常怨恨。哈麻曾与脱脱商议，要举行授予皇太子册宝的仪式，脱脱总是说："中宫有子的话，将怎么安排？"因此久久未曾举行。脱脱准备出师，任汝中柏为治书侍御史，让他在朝中协助也先帖木儿。汝中柏担心哈麻必为后患，想除掉，脱脱犹豫不决，要他和也先帖木儿商议。也先帖木儿因为哈麻对己有功，不肯照汝中柏意见办。哈麻知道了此事，便在皇太子和皇后奇氏面前攻击脱脱。正好也先帖木儿称病在家中居住，监察御史袁赛因不花等在哈麻指使下上奏揭发，三奏才允，撤去也先帖木儿的御史大夫职务，出都门外听旨，以汪家奴为御史大夫，而脱脱也便有安置淮安的命令。

十二月辛亥，诏书到军中，参议龚伯遂说："将在军中，君命有所不受。丞相出师时，皇帝有密旨，现在遵奉密旨专心讨伐便是。诏书暂且不要开读，一开读就不可收拾了。"脱脱说："皇帝下诏我不听，这是与皇帝对抗，还谈得上君臣的关系吗！"不接受这一建议。听完诏书，脱脱叩头感谢说："臣非常愚笨，承蒙皇帝的宠遇，负责军国重事，日夜担心自己难以胜任。现在能放下这副重担，皇上的恩惠太深了。"立即拿出武器、甲胄和三千匹好马，分赐给诸将，要他们各自带领部队听从月阔察儿、雪雪节制。客省副使哈剌答说："丞相一走，我等必死他人之手，今日宁可死在丞相面前。"拔刀刎颈而死。起初命令脱脱在淮安安置，不久有旨移到亦集乃路。

至正十五年三月，御史台官员还认为处罚太轻，列举脱脱兄弟的罪行，于是皇帝下诏将脱脱流放于云南大理宣慰司属下的镇西路，流放也先帖木儿于四川碉门。脱脱的长子哈剌章安置在肃州，次子三宝奴安置在兰州。家产全都由政府清点没收。脱脱来到大理腾冲，知府高惠见到后，想把女儿嫁给他，提出在一段路程以外修建房屋供他居住，这样虽然有人想要谋害也能保证安全。脱脱说："我是有罪之人，怎么敢考虑这件事呢！"用谦逊和婉的言语谢绝。九月，朝廷遣官将脱脱移到阿轻乞的地方安置，高惠因为他以前不接受自己的女儿，首先派铁甲军将他包围起来。十二月己未，哈麻假传圣旨派遣使者将脱脱毒死，年四十二。死亡的消息上报中书省，派遣尚舍卿七十六到那里，换过棺材、衣服埋葬。

脱脱的仪表雄伟，在千百人中很突出，度量见识都很远大，旁人难以了解。有功于国家而不夸耀，位极人臣而不骄傲，轻财而远离声色之好，礼贤下士，都出于天性。至于侍奉皇帝，始终不失作为臣子的身份，虽然是古代有道的大臣，也比不上他。但是受一群小人的蒙蔽，急于报私仇，君子对此是谴责的。

至正二十二年，监察御史张冲等上奏章为脱脱鸣冤，于是皇帝下诏恢复他的官爵，并给还家产，召哈剌章、三宝奴还朝，而也先帖木儿在此以前亦已死去。便授哈剌章为中书平章政事，封申国公，负责大同分省，三宝奴为知枢密院事。二十六年，监察御史圣奴、也先、撒都失里等又说："奸邪之徒谋害大臣，以致在临敌之际改换统帅，我国家兵威不振从此开始，钱粮消耗从此开始，盗贼纵横从此开始，百姓遭难从此开始。如果脱脱不死，天下怎么会乱到这个样子，请求封脱脱一字王爵，定谥号和加以功臣的称号。"朝廷全都同意这些意见，但因为国家多事，来不及采取措施便已亡国了。

元史卷一百四十一

列传二十八

察罕帖木儿

察罕帖木儿字廷瑞，系出北庭。曾祖阔阔台，元初随大军收河南。至祖乃蛮台、父阿鲁温，皆家河南，为颍州沈丘人。察罕帖木儿幼笃学，尝应进士举，有时名。身长七尺，修眉覆目，左颊有三毫，或怒则毫皆直指。居常慨然有当世之志。

至正十一年，盗发汝、颍，焚城邑，杀长吏，所过残破，不数月，江淮诸郡皆陷。朝廷征兵致讨，卒无成功。十二年，察罕帖木儿乃奋义起兵，沈丘之子弟从者数百人。与信阳之罗山人李思齐合兵，同设奇计袭破罗山。事闻，朝廷授察罕帖木儿中顺大夫、汝宁府达鲁花赤。于是所在义士俱将兵来会，得万人，自成一军，屯沈丘，数与贼战，辄克捷。

十五年，贼势滋蔓，由汴以南陷邓、许、嵩、洛。察罕帖木儿兵日益盛，转战而北，遂戍虎牢，以遏贼锋。贼乃北渡盟津，焚掠至覃怀，河北震动。察罕帖木儿进战，大败之，余党栅河洲，歼之无遗类，河北遂定。朝廷奇其功，除中书刑部侍郎，阶中议大夫。苗军以荥阳叛，察罕帖木儿夜袭之，虏其众几尽，乃结营屯中牟。已而淮右贼众三十万，掠汴以西，来捣中牟营。察罕帖木儿结陈待之，以死生利害谕士卒。士卒贾勇决死战，无不一当百。会大风扬沙，自率猛士鼓譟从中起，奋击贼中坚，（城）〔贼〕势遂披靡不能支，弃旗鼓遁走，追杀十余里，斩首无算。军声益大振。

十六年，升中书兵部尚书，阶嘉议大夫。继而贼西陷陕州，断殽、函，势欲趋秦、晋。知枢密院事答失八都鲁方节制河南军，调察罕帖木儿与李思齐往攻之。察罕帖木儿即鼓行而西，夜拔殽陵，立栅交口。陕为城，阻山带河，险且固，而贼转南山粟给食以坚守，攻之猝不可拔。察罕帖木儿乃焚马矢营中，如炊烟状以疑贼，而夜提兵拔灵宝城。守既备，贼始觉，不敢动，即渡河陷平陆，掠安邑，蹂晋南鄙。察罕帖木儿追袭之，蹙之以铁骑。贼回扼下阳津，赴水死者甚众。相持数月，贼势穷，皆遁溃。以功加中奉大夫、佥河北行枢密院事。

十七年，贼寻出襄樊，陷商州，攻武关，官军败走，遂直趋长安，至灞上，分道掠同、华诸州，三辅震恐。陕西省台来告急。察罕帖木儿即领大众入潼关，长驱而前，与贼遇，战辄胜，杀获以亿万计。贼余党皆散溃，走南山，入兴元。朝廷嘉其复关陕有大功，授资善大夫、陕西行省左丞。未几，贼出自巴蜀，陷秦、陇，据巩昌，遂窥凤翔。察罕帖木儿即先分兵入守凤翔城，而遣谍者诱贼围凤翔。贼果来围之，厚凡数十重。察罕帖木儿自将铁骑，昼夜驰二百里往赴，比去城里所，分军张左右翼掩击之。城中军亦开门鼓噪而出，内外合击，呼声动天地。贼大溃，自相践蹂，斩首数万级，伏尸百余里，余党皆遁还。关中悉定。

十八年，山东贼分道犯京畿。朝廷征四方兵入卫，诏察罕帖木儿以兵屯涿州。察罕帖木儿即留兵戍清湫、义谷，屯潼关，塞南山口，以备他盗。而自将锐卒往赴召。而曹、濮贼方分道逾太行，焚上党，掠晋、冀，陷云中、雁门、代郡，烽火数千里，复大掠南且还。察罕帖木儿先遣兵伏南山阻隘，而自勒重兵屯闻喜、绛阳。贼果走南山，纵伏兵横击之，贼皆弃辎重走山谷，其得南还者无几。乃分兵屯泽州，塞碗子城，屯上党，塞吾儿谷，屯并州，塞井陉口，以杜太行诸道。贼屡至，守将数血战击却之，河东悉定。进陕西行省右丞，兼陕西行台侍御史、同知河南行枢密院事。于是天子乃诏察罕帖木儿守御关陕、晋、冀，抚镇汉、沔、荆、襄，便宜行阃外事。察罕帖木儿益务练兵训农，以平定四方为己责。

是年，安丰贼刘福通等陷汴梁，造宫阙，易正朔，号召群盗。巴蜀、荆楚、江淮、齐鲁、辽海、西至甘肃，所在兵起，势相联结。察罕帖木儿乃北塞太行，南守巩、洛，而自将中军军沔池。会叛将周全弃覃怀，入汴城，合兵攻洛阳。察罕帖木儿下令严守备，别以奇兵出宜阳，而自将精骑发新安来援。贼至城下，见坚壁不可犯，退引去，因追至虎牢，塞成皋诸险而还。拜陕西行省平章政事，仍兼同知行枢密院事，便宜行事。

十九年，察罕帖木儿图复汴梁。五月，以大军次虎牢。先发游骑，南道出汴南，略归、亳、陈、蔡，北道出汴东，战船浮于河，水陆并下，略曹南，据黄陵渡。乃大发秦兵，出函关，过虎牢；晋兵出太行，窨黄河，俱会汴城下，首夺其外城。察罕帖木儿自将铁骑，屯杏花营。诸将环城而垒。贼屡出战，战辄败，遂婴城以守。乃夜伏兵城南，旦日，遣苗军跳梁者略城而东。贼倾城出追，伏兵鼓噪起，邀击败之。又令弱卒立栅外城以饵贼。贼出争之，弱卒佯走，薄城西，因突铁骑纵击，悉擒其众。贼自是益不敢出。八月，谍知城中计穷，食且尽，乃与诸将阎思孝、李克彝、虎林赤、赛因赤、答忽、脱因不花、吕文、完哲、贺宗哲、安童、张守礼、伯颜、孙翥、姚守德、魏赛因不花、杨履信、关关等议，各分门而攻。至夜，将士鼓勇登城，斩关而入，遂拔之。刘福通奉其伪主从数百骑出东门遁走。获伪后及贼妻子数万、伪官五千、符玺印章宝货无算。全居民二十万。军不敢私，市不易肆，不旬日河南悉定。献捷京师，欢声动中外，以功拜河南行省平章政事，兼知河南行枢密院事、陕西行台御史中丞，仍便宜行事。诏告天下。

先是，中原乱，江南海漕不复通，京师屡苦饥。至是，河南既定，檄书达江浙，海漕乃复至。察罕帖木儿既定河南，乃以兵分镇关陕、荆襄、河洛、江淮，而重兵屯太行，营垒旌旗相望数千里。乃日修车船，缮兵甲，务农积谷，训练士卒，谋大举以复山东。

先是，山西晋、冀之地皆察罕帖木儿所平定。而答失八都鲁之子曰孛罗帖木儿，以兵驻大同，因欲并据晋、冀，遂至兵争，天子屡下诏和解之，终不听，事见《本纪》及《答失八都鲁传》中。

二十一年，谍知山东群贼自相攻杀，而济宁田丰降于贼。六月，察罕帖木儿乃舆疾自陕抵洛，大会诸将，与议师期。发并州军出井陉，辽、沁军出邯郸，泽、潞军出磁州，怀、卫军出白马，及汴、洛军，水陆俱下，分道并进。而自率铁骑，建大将旗鼓，渡孟津，逾覃怀，鼓行而东，复冠州、东昌。八月，师至盐河。遣其子扩廓帖木儿及诸将等，以精卒五万捣东平。与东平贼兵遇，两战皆败之，斩首万余级，直抵其城下。察罕帖木儿以田丰据山东久，军民服之，乃遣书谕以逆顺之理。丰及王士诚皆降。遂复东平、济宁。时大军犹未渡，群贼皆聚于济南，而出兵齐河、禹城以相抗。察罕帖木儿分遣奇兵，取间道出贼后，南略泰安，逼益都，北徇济阳、章丘，中循濒海郡邑。乃自将大军渡河，与贼将战于分齐，大败之，进逼济南城，而齐河、禹城俱来降，南道诸将亦报捷。再败益都兵于好石桥，东至海滨，郡邑闻风皆送款。攻围济南三月，城乃下。诏拜中书平章政事、知河南山东行枢密院事，陕西行台中丞如故。察罕帖木儿遂移兵围益都，环城列营凡数十，大治攻具，百道并进。贼悉力拒守。复掘重堑，筑长围，遏南洋河以灌城中。仍分守要害，收辑流亡，郡县户口再归职方，号令焕然矣。

二十二年，时山东俱平，独益都孤城犹未下。六月，田丰、王士诚阴结贼，复图叛。田丰之降也，察罕帖木儿推诚待之不疑，数独入其帐中。及丰既谋变，乃请察罕帖木儿行观营垒。众以为不可往，察罕帖木儿曰："吾推心待人，安得人人而防之。"左右请以力士从，又不许，乃从轻骑十有一人行。至王信营，又至丰营，遂为王士诚所刺。讣闻，帝震悼，朝廷公卿及京师四方之人，不问男女老幼，无不恸哭者。

先是，有白气如索，长五百余丈，起危宿，扫太微垣。太史奏山东当大水。帝曰："不然，山东必失一良将。"即驰诏戒察罕帖木儿勿轻举，未至而已及于难。诏赠推诚定远宣忠亮节功臣、开府仪同三司、上柱国、河南行省左丞相，追封忠襄王，谥献武。及葬，赐赙有加，改赠宣忠兴运弘仁效节功臣，追封颍川王，改谥忠襄，食邑沈丘县，所在立祠，岁时致祭。封其父阿鲁温汝阳王，后又进封梁王。

于是复起扩廓帖木儿，拜银青荣禄大夫、太尉、中书平章政事、知枢密院事、皇太子詹事，仍便宜行事，袭总其父兵。

扩廓帖木儿既领兵柄，衔哀以讨贼，攻城益急，而城守益固，乃穴地通道以入。十一月，拔其城，执其渠魁陈猱头二百余人献阙下，而取田丰、王士诚之心以祭其父，余党皆就诛。即遣关保以兵取莒州，于是山东悉平。扩廓帖木儿本察罕帖木儿之甥，自幼养以为子。当是时，东至淄、沂，西逾关陕，皆晏然无事。扩廓帖木儿乃驻兵于汴、洛。朝廷方倚之以为安。孛罗帖木儿自察罕帖木儿既没，复数以兵争晋、冀。帝虽屡解谕之，而仇隙日深。

二十三年，御史大夫老的沙与知枢密院事秃坚帖木儿得罪于皇太子，皇太子欲诛之，皆奔于大同，为孛罗帖木儿所匿。老的沙者，帝母舅，以故帝数为皇太子寝其事，而皇太子不从，帝无如之何，则传旨密令孛罗帖木儿隐其迹。而丞相搠思监、宦者朴不花皆附皇太子，必穷竟其事。皇太子又方倚重于扩廓帖木儿。时扩廓帖木儿驻太原与孛罗帖木儿机兵，势相持不可解。

二十四年，搠思监、朴不花因诬孛罗帖木儿、老的沙谋为不轨，而皇太子亦怒不已。三月，天子以故下诏数孛罗帖木儿罪，削其官职而夺其兵。孛罗帖木儿不受诏，遂遣兵逼京师，必欲得搠思监、朴不花乃已。天子不得已，缚两人与之。语在《搠思监》《孛罗帖木儿传》。七月，孛罗帖木儿又与老的沙合秃坚帖木儿兵同犯阙。时扩廓帖木儿遣部将白锁住以万骑卫京师，驻于龙虎台，与战不利，遂奉皇太子奔于太原。孛罗帖木儿既入朝，据相位。白锁住又将二万骑屯渔阳，为朝廷声援。

二十五年，扩廓帖木儿以兵捣大同取之。皇太子乃趣扩廓帖木儿大举以讨逆，发丞相也速兵屯东鄙，魏、辽、齐、吴、豫、豳诸王兵驻西边，而自率扩廓帖木儿兵取中道，抵京师。亡何，孛罗帖木儿既伏诛，帝诏白锁住兵守京城，遂诏皇太子还京，而扩廓帖木儿亦扈从入朝。九月，诏拜伯撒里右丞相，扩廓帖木儿左丞相。伯撒里累朝旧臣，而扩廓帖木儿以后生晚出，乃与并相。居两月，即请南还视师。

是时，中原虽无事，而江淮、川蜀皆非我所有。皇太子累请出督师而帝难之，乃诏封扩廓帖木儿河南王，俾总天下兵而代之行。扩廓帖木儿于是分省以自随，官属之盛，几与朝廷等，而用孙翥、赵恒等为谋主。二十六年二月，自京师还河南，欲庐墓以终丧。左右咸以谓受命出师不可中止，乃复北渡，居怀庆，又移居彰德。

初，李思齐与察罕帖木儿同起义师，齿位相等。及是扩廓帖木儿总其兵，思齐心不能平。而张良弼首拒命，孔兴、脱列伯等亦皆以功自恃，各怀异见，请别为一军，莫肯统属。衅隙既开，遂成仇敌。扩廓帖木儿乃遣关保、虎林赤以兵西攻良弼于鹿台，而思齐亦与良弼合，兵连不能罢。扩廓帖木儿始受命南征，而顾乃退居彰德，又惟务用兵陕西，天子之命置而不问，朝廷因疑其有异志。皇太子之奔太原也，欲用唐肃宗灵武故事，因而自立。扩廓帖木儿与孛兰奚等不从。及还京师，皇后奇氏传旨，令扩廓帖木儿以重兵拥太子入城，欲胁帝禅之位。扩廓帖木儿知其意，比至京城三十里，即散遣其军。由是皇太子心衔之。及是，屡趣其出师江淮，扩廓帖木儿第遣弟脱因帖木儿及部将貊哲、貊高以兵往山东。而西兵互相胜负，终不解。帝又下诏和解之，顾乃戕杀诏使天下奴等，而跋扈之迹成矣。

二十七年八月，帝乃下诏命皇太子亲出总天下兵马，而分命扩廓帖木儿以其兵自潼关以东，肃清江淮；李思齐以其兵自凤翔以西，进取川蜀；秃鲁以其兵与张良弼、孔兴、脱列伯等取襄樊；王信以其兵固守山东信地。然诏书虽下，皇太子亦竟止不行，而分兵之命，扩廓帖木儿终扞拒不肯受。于是貊高、关保等皆叛扩廓帖木儿。

关保自察罕帖木儿起兵以来即为将，勇冠诸军，功最高。而貊高善论兵，尤为察罕帖木儿所信任。及是，两人见扩廓帖木儿有不臣之心，故皆叛之，列其罪状闻于朝，举兵共攻之。而皇太子用沙蓝答儿、帖林沙、伯颜帖木儿、李国凤等计，立抚军院，总制天下军马，专备扩廓帖木儿。以貊高等能倡大义，赐号忠义功臣。

十月，诏落扩廓帖木儿太傅、中书左丞相，依前河南王，以汝州为食邑，与弟脱因帖木儿同居河南府，而以河南府为梁王食邑，从行官属悉令还朝。凡扩廓帖木儿所总诸军，在帐前者白锁住、虎林赤领之，在河南者李克彝领之，在山东者也速领之，在山西者沙蓝答儿领之，在河北者貊高领之。扩廓帖木儿既受诏，即退军屯泽州。诏又命秃鲁与李思齐、张良弼、孔兴、脱列伯率兵东向，以正天讨。

二十八年，朝廷命左丞孙景益分省太原，关保以兵为之守。扩廓帖木儿即遣兵据太原，而尽杀朝廷所置官。皇太子乃命魏赛因不花及关保皆以兵与思齐、良弼诸军夹攻泽州，而天子又下诏削夺扩廓帖木儿爵邑，令诸军共诛之，其将士官吏效顺者与免本罪，惟孙翥、赵恒罪在所不赦。二月，扩廓帖木儿退守于平阳，而关保遂据泽、潞二州以与貊高合。时李思齐、张良弼、孔兴、脱列伯与扩廓帖木儿相持既久，大明兵时已及河南，思齐、良弼皆遣使诣扩廓帖木儿告以出师非本心，乃解兵大掠西归。七月，貊高、关保进攻平阳。当是时，扩廓帖木儿气稍沮，而关保、貊高势甚振，数请战，扩廓帖木儿不应，或师出即复退。一日，谍知貊高分军掠祁县，即夜出师薄其营掩击之，大败其众，貊高、关保皆就擒。朝廷闻之，遽罢抚军院，而帖林沙、伯颜帖木儿、李国凤等以误国皆受黜。既而扩廓帖木儿上疏自陈其情悃，帝寻亦悔悟，下诏涤其前非。

于是大明兵已定山东及河、洛，中原俱不守。闰七月，帝乃下诏，复命扩廓帖木儿仍前河南王、太傅、中书左丞相，孙翥、赵恒并复旧职，以兵从河北南讨，也速以兵趋山东，秃鲁兵出潼关，李思齐兵出七盘、金、商，以图复汴、洛。未几，也速兵遂溃，秃鲁、思齐兵亦未尝出，而扩廓帖木儿又自平阳退守太原，不复敢南向，事已不可为矣。已而大明兵迫京城，帝北奔，国遂以亡。及大明兵至太原，扩廓帖木儿即弃城遁，领其余众西奔于甘肃。

译文：

察罕帖木儿字延瑞，北庭人氏。曾祖阔阔台，元朝初年跟随大军征服河南。祖乃蛮台，父阿鲁温，都在河南落户，成为颍州沈丘人。察罕帖木儿幼年用心读书，曾参加进士考试，有名于时。身长七尺，长长的眉毛盖住眼睛，左脸颊上有三根毛，发怒时三根毛都直起来。平日慷慨激昂，有出仕的志愿。

至正十一年，盗贼在汝、颍地区发生，焚烧城郭，杀死官吏，所过之处都遭到破环。没有几个月，江、淮的郡县都已陷落。朝廷征发军队讨伐，始终未能成功。十二年，察罕帖木儿便奋然起兵，沈丘子弟跟随他的有数百人。和信阳罗山县的李思齐会合，一起设计发起突然袭击，攻破罗山。此事上报，朝廷授察罕帖木儿为中顺大夫、汝宁府达鲁花赤。于是各处义士都带兵前来会合，有一万人，自成一军，屯驻在沈丘。与贼人作战数次，每次都取得胜利。

至正十五年，盗贼的势力到处蔓延，从汴梁以南连陷邓、许、嵩、洛等地。察罕帖木儿的军队日益壮大，转战到北方，戍守虎牢，阻遏贼军的攻势。于是，贼军由盟津北渡，一路焚掠，直至覃怀，河北为之震动。察罕帖木儿前进作战，贼军大败。残余的贼军在河中的小岛上立栅自保，察罕帖木儿将他们全部消灭，河北因而得到安定。朝廷为他所立的功劳感到惊奇，授他为中书刑部侍郎，官阶中议大夫。荥阳的苗军叛乱，察罕帖木儿在夜间发起袭击，几乎将他们全部俘虏，于是集结军队屯营于中牟。接着淮右的贼军三十万，抢夺汴梁以西地区，前来进攻中牟军营。察罕帖木儿排好阵势等待敌军来攻，对士兵讲明这次战斗的生死利害关系。士兵们鼓起勇气拼死作战，无不一以当百。这时大风扬沙，察罕帖木儿便亲自率领勇士叫喊着从营中突出，猛攻贼军中坚，贼军因而溃散无法抵挡，丢下旗鼓纷纷逃跑。追杀十余里，斩首不计其数。从此这支军队的名声更大。

至正十六年，升中书兵部尚书，官阶嘉议大夫。接着贼军向西攻陷陕州，隔断殽、函，企图前往秦、晋。知枢密院事答失八都鲁正调度管束河南军队，便调察罕帖木儿和李思齐前去进攻。察罕帖木儿立即向西进军，夜间攻克殽陵，在交口竖立木栅。陕州城依山旁河，险要又坚固，贼军为了坚守从南山运粮来供应，一时难以攻下。察罕帖木儿便在军营中烧马粪，如同做饭冒烟的样子，使贼军迷惑，自己在夜间带兵攻克灵宝。当他在灵宝做好防御工作之后，贼军才发觉，不敢有所动作，立即渡过黄河攻陷平陆，掳掠安邑，蹂躏山西的南部。察罕帖木儿追击，用铁骑进逼。贼军回头扼守下阳津，落入水中淹死的很多，双方相持数月，贼军势穷，全都溃散逃走。因功升为中奉大夫、佥河北行枢密院事。

至正十七年，贼军又出襄樊，攻陷商州，又攻武关，官军败逃。于是贼军直指长安，到灞上以后，分兵掠取同、华各州，三辅为之震动。陕西行省、行台都来告急。察罕帖木儿立即率领大军进入潼关，长驱而前。与贼军相遇，每战必胜，杀死和俘获的难以数计。贼军残余都溃散，进入南山，到兴元。朝廷因为他有收复关陕的大功，加以嘉奖，升资善大夫、陕西行省左丞。没有多久，贼军从巴蜀出来，攻陷秦、陇，占据巩昌，企图进占凤翔。察罕帖木儿先分兵进入凤翔城据守，同时派遣间谍前去引诱贼军包围凤翔。贼军果然前来，围城数十层。察罕帖木儿自己率领铁甲骑兵一昼夜奔驰二百里，到达离城还有一里多的地方，分成左、右翼乘其不备突然袭击。城中守军也开门叫喊着冲出来，内外夹攻，呼声震天动地。贼军大败，自相踩踏。斩首数万级。一百余里的土地上到处是尸体，残余的贼军都逃回去了。关中全部平定。

至正十八年，山东贼军分路进攻京都地区，朝廷征调四方的军队到京都防御，有诏命令察罕帖木儿将军队屯驻在涿州。察罕帖木儿立即留下部队戍守清湫、义谷，屯驻潼关，封锁南山口，防备其他盗贼，自己率领精锐部队响应朝廷的召唤。这时曹、濮的贼军正分路越过太行山，焚烧上党，掠取晋、冀，攻陷云中、雁门、代郡，战火蔓延数千里。又到南方掳掠，将要回还。察罕帖木儿先派兵埋伏在南山的险要之地，自己则统率重兵屯驻在闻喜、绛阳。贼军果然从南山经过，伏兵起来当中截断，贼军都丢下辎重从山谷中逃走，能够回到南方的没有多少。于是分兵屯驻泽州，堵住碗子城；屯驻上党，堵住吾儿谷；屯驻并州，堵住井陉口，从而封锁了太行山的各条通道。贼军屡次前来，守将浴血苦战将他们打退，河东全部平定。升为陕西行省右丞，兼陕西行台侍御史、同知河南行枢密院事。皇帝下诏，命察罕帖木儿守御关陕、晋、冀,抚镇汉、沔、荆、襄,统军在外可以见机行事。察罕帖木儿进一步训练兵士和农民,以平定四方为自己的责任。

这一年,安丰贼刘福通等攻陷汴梁,建造官殿,改换正朔,以此号召群盗都来归附。巴蜀、荆楚、江淮、齐鲁、辽海,西到甘肃,到处起兵,互相联络。察罕帖木儿便封锁北边的太行山,南边则守住巩、洛,自己统率中军驻守沔池。这时叛将周全放弃覃怀,进入汴梁,合兵来攻洛阳。察罕帖木儿下令严密防备,另外派出一支突击部队出宜阳,自己统率精锐骑兵从新安出发前来援救。贼军来到洛阳城下,看见防守坚固难以进攻便退回。察罕帖木儿追到虎牢,封锁成皋各处险要之地然后回还。皇帝封他为陕西行省平章政事,仍兼同知行枢密院事,允许他可以见机行事。

至正十九年,察罕帖木儿想要收复汴梁。五月,统领大军到虎牢。先派出流动的骑兵,南路出汴梁之南,掠取归、亳、陈、蔡,北路出汴梁之东,战船行驶在黄河上,水陆并进,掠取曹州以南,占领黄陵渡。然后大规模征调陕西的军队出函关,过虎牢,山西的军队出太行,过黄河,都在汴梁城下会合。首先夺取了汴梁的外城。察罕帖木儿自己统率铁甲骑兵在杏花营屯驻,将领们环绕汴梁城筑起工事。贼军屡次出城作战,每战必败,因而环城固守。察罕帖木儿夜间在城南埋伏军队,天明以后派遣强横的苗军沿城向东,贼军倾城而出追击,伏兵叫喊着冲出来截击,贼军大败。又派衰弱的士兵在城外竖立木栅,引诱贼军。贼军出城争夺,衰弱的士兵假装逃走,接近城的西面,突然出动铁骑冲击,将贼军全都捉住。自此以后贼军再也不敢出城。八月,侦察到城中已无计可施,粮食也快没有了,便与将领阎思孝、李克彝、虎林赤、赛因赤、答忽、脱因有花、吕文、完哲、贺宗哲、安童、张守礼、伯颜、孙翥、姚守德、魏赛因不花、杨履信、关关等商议，分门进攻。到夜间，将士们鼓起勇气夺关而入，攻克了汴梁城。刘福通和他的伪主带着几百骑出东门逃走。俘虏了伪皇后和贼军的妻子几万人，伪官五千，符玺、印章、宝物不计其数。保全城中居民二十万，士兵不敢私自行动，商业活动照常进行。不到十天河南全部平定。向京师呈送捷报，朝廷内外一片欢呼声。察罕帖木儿因功授河南行省平章政事，兼知河南行枢密院事、陕西行台御史中丞，仍许他见机行事。皇帝为此下诏通告天下。

在此以前，中原动乱，江南的海道漕运不再通航，京师经常苦于粮食不足。到此时，河南平定，檄文送到江浙，于是海漕粮食又到京师。察罕帖木儿既已平定河南，又分兵镇守关陕、荆襄、河洛、江淮，主力部队则屯驻与太行，军队的营垒旌旗遍布数千里。日日整修车船，修理兵器铠甲，经营农业贮藏粮食，训练士兵，准备采取大规模行动来收复山东。

在先，山西晋、冀地区都是察罕帖木儿平定的。答失八都鲁的儿子孛罗帖木儿驻军大同，想要占据晋、冀，导致双方军事冲突，皇帝屡次下诏调解，都不听，事情经过见《本纪》和《答失八都鲁传》。

至正二十一年，侦察到山东的贼人们自相残杀，而济宁田丰向贼人投降，六月六日，察罕帖木儿抱病乘车从陕到洛，大会诸将，商议出师的日期。派并州军出井陉，辽、沁军出邯郸，泽、潞军出磁州，怀、卫军出白马，以及汴、洛军，水陆同时出动，分道并进。自己则率领铁甲骑兵，建立统帅的仪仗，渡过孟津，越过覃怀，向东行军，收复冠州、东昌。八月，军队来到盐河。派儿子扩廓帖木儿和其他将领带着精兵五万直指东平。和东平的贼兵相遇，交战两次都打败对方，斩首万余级，直抵东平城下。察罕帖木儿因为田丰占据山东为时很久，军民都服他，便送信前去告诉他逆顺的道理。田丰和王士诚都投降，这样使收复了东平和济宁。这时大军还没有渡黄河，群贼都在济南集结，出兵齐河、禹城相对抗。察罕帖木儿分别派遣突击部队，从小道绕到贼兵后面，南取泰安，逼近益都，北占济阳、章丘，中间顺着沿海城市前进。自己带领大军渡过黄河，和贼将在分齐交战，将对方打得大败。进逼济南，齐河、禹河都来投降，南路的将领们也来报捷。再次打败益都贼兵于好石桥。东到海滨，州县闻风都来归附。围攻济南三月，城才攻下来。皇帝下诏授中书平章政事、知河南山东行枢密院事，照旧为陕西行台中丞。察罕帖木儿便移兵围攻益都，围绕益都城建立军营几千座，大规模制造攻城器具，分百路前进。贼军全力守卫。又挖掘层层壕沟，建造长长的土围，阻塞南洋河使河水灌到城中，分兵镇守要害之地，收集流亡人口，地方政府的户口再次归于国家管理，号令焕然一新。

至正二十二年，山东全都平定，只有益都孤城尚未攻下。六月，田丰、王士诚暗地与贼军勾结，又想叛变。田丰投降后，察罕帖木儿诚心待他从不怀疑，几次单独进入他的营帐。等到田丰准备叛变，便请察罕帖木儿前去视察营垒。众人都以为不可前去，察罕帖木儿说："我对人推心置腹，怎么能对人人都加提防呢！"身边的人请他带勇士前去，也不同意，只带十一名轻装的骑兵。到王信营中，又到田丰的军营，便被王士诚刺死。去世的消息上报，皇帝震惊哀悼，朝廷中的贵族官员以及京师、四方的人，不问男女老少，无不为之痛哭。

在此之前，空中出现一条如绳索一样的白气，长五百余丈，从危宿发生，扫太微垣。太史上奏：这种天象意味山东将会有大水。皇帝说："不对，山东必会失去一员良将。"立即派人急速送诏书告诫察罕帖木儿不要轻举妄动。诏书未到灾难已发生。下诏赠推诚定远宣忠亮节功臣、开府仪同三司、上柱国、河南行省左丞相，追封忠襄王，谥献武。举行丧礼时，赏赐的钱物更为丰厚。改赠宣忠兴运弘仁效节功臣，追封颍川王，改谥忠襄，以沈丘县为食邑。在沈丘建立祠堂，每年四时上祭。封其父阿鲁温为汝阳王，后来又进封为梁王。

于是皇帝又起用扩廓帖木儿，授银青荣禄大夫、太尉、中书平章政事、知枢密院事、皇太子詹事，依旧允许见机行事。命他继承掌管他父亲的军队。

扩廓帖木儿既已掌握兵权，怀着哀痛讨伐贼人，攻城更急，而城中的防守也愈加坚固。便开凿地下通道打进去。十一月，攻克益都，俘获贼军头目陈猱头等二百余人送到京师宫前，挖取田丰、王士诚的心祭父，其余党羽都杀掉。又派关保带兵取莒州。于是山东全部平定。扩廓帖木儿本是察罕帖木儿的外甥，自幼作为儿子抚养。这个时候，东到淄、沂，西越关、陕，都平安无事。扩廓帖木儿驻兵于汴梁、洛阳，朝廷把国家安定的希望寄托在他身上。孛罗帖木儿自从察罕帖木儿死后，又几次出兵争夺晋、冀。皇帝虽然屡次劝说调解，但双方仇怨愈来愈深。

至正二十三年，御史大夫老的沙和知枢密院事秃坚帖木儿得罪了皇太子，皇太子想杀死他们，两人都逃到大同，孛罗帖木儿将他们藏了起来。老的沙是皇帝的舅父，因为这个原因皇帝好几次要让皇太子中止这件事，皇太子不听，皇帝无法，只好秘密传旨，令孛罗帖木儿将他们两人的踪迹隐匿起来。但丞相搠思监、宦官朴不花都依附皇太子，一定要彻底追究这件事。皇太子这时又特别看重扩廓帖木儿。扩廓帖木儿驻兵太原，与孛罗帖木儿兵戎相见，相持不下，难解难分。

至正二十四年，搠思监、朴不花诬告孛罗木儿、老的沙谋反，皇太子也怒气不止。三月，皇帝为此下诏历举孛罗帖木儿的罪行，削除他的官职，剥夺他的兵权。孛罗帖木儿不接受诏书，派兵进逼京师，一定要得到搠思监、朴不花才肯作罢，皇帝无法，只好捆绑两人送去。详见《搠思监传》《孛罗帖木儿传》。七月，孛罗帖木儿又和老的沙一起，联合秃坚帖木儿的军队，进犯宫城。这时扩廓帖木儿派部将白锁住带一万骑兵保卫京师，驻守在龙虎台，迎战失利，便奉皇太子逃往太原。孛罗帖木儿入朝后，自己做了丞相。白锁住又带二万骑兵屯驻在渔阳，声援朝廷。

至正二十五年，扩廓帖木儿发兵直攻大同，占领了它。皇太子便催促扩廓帖木儿大规模起兵讨伐叛逆，命丞相也速的军队屯驻于东边，魏、辽、齐、吴、豫、豳诸王的军队屯驻于西边，自己率领扩廓帖木儿的军队从中路前往京师。没有多久，孛罗帖木儿被处死，皇帝下诏要白锁住的军队守卫京师，又下诏要皇太子回京，扩廓帖木儿便随从皇太子入京。九月，有诏任伯撒里为右丞相，扩廓帖木儿为左丞相。伯撒里是几朝元老，扩廓帖木儿是个晚出的后生，与他并列相位。在任两周，便请求南还处理军务。

这时，中原虽然无事，而江淮、川蜀都已非朝廷所有。皇太子屡次请求外出督师，皇帝很为难，便下诏封扩廓帖木儿为河南王，使他总督天下兵马，代皇太子行事。于是，扩廓帖木儿设立中书分省随同自己，属官之多，几乎与朝廷相等，主要依靠孙翥、赵恒等为自己出谋划策。二十六年二月，从京师回到河南，准备在察罕帖木儿墓旁居住，实行居丧三年之礼。亲随都认为受命出师不可中止，于是又北渡黄河，住在怀庆，又移到彰德居住。

原来，李思齐和察罕帖木儿一同组织义兵，年纪和地位都相等。等到扩廓帖木儿统率军队，李思齐心中不平。张良弼首先拒绝命令，孔兴、脱列伯等也都居功自傲，各自怀有不同的看法，请求另外编制，不肯归属。矛盾积成仇恨，彼此成为敌人。扩廓帖木儿便派遣关保、虎林赤带兵向西，进攻在鹿台的张良弼，而李思齐则与张良弼联合，战争接连不能停止。扩廓帖木儿起初受命南征，却退到彰德居住，又只热衷于对陕西用兵，将皇帝的命令置之不理，朝廷因而怀疑他有异心。皇太子逃奔太原时，本想仿效唐肃宗在灵宝的例子，乘机自立为帝，但扩廓帖木儿和孛兰奚等都不同意。等到回京师，皇后奇氏传下命令，要扩廓帖木儿带着重兵拥护太子进城，想以此威胁皇帝禅位。扩廓帖木儿知道她的想法，到达离京城三十里的地方，就将军队遣散，因此皇太子心中对他不满。这时屡次催他出师江淮，扩廓帖木儿派遣兄弟脱因帖木儿和部将完哲、貊高带兵到山东。而西边的战斗互有胜负，难分难解。皇帝又下诏进行调解，反而将诏使天下奴等杀害，骄横不服从命令的迹象已经很明显。

至正二十七年八月，皇帝下诏命皇太子亲自出马总管天下军队，分别命令扩廓帖木儿带领军队从潼关以东出发，肃清江淮；李思齐带领军队从凤翔以西，进取川蜀；秃鲁带领军队与张良弼、孔兴、脱列伯等，进取襄樊，王信带兵固守山东等地。但诏书虽已颁发，皇太子并未成行，分兵的命令，扩廓帖木儿拒不接受。于是貊高、关保等都背叛了扩廓帖木儿。

关保从察罕帖木儿起兵便是将领，在军中最勇敢，功劳也最高。貊高善于议论军事，特别得到察罕帖木儿的信任。这时他们两人见到扩廓帖木儿有不服从皇帝的思想，便背叛了他，列举他的罪状上报朝廷,发兵进攻。皇太子采用沙蓝答儿、帖林沙、伯颜帖木儿、李国凤等人的计策,设立抚军院,总制天下军马,专门防备扩廓帖木儿。因为貊高等能提倡正道,赐号忠义功臣。

十月,皇帝下诏,免去扩廓帖木儿的太傅、中书左丞相职务,和以前一样保持河南王称号,以汝州为食邑,和兄弟脱因帖木儿一起在河南府居住,而以河南府为梁王的食邑,跟随扩廓帖木儿的属官都下令回朝。凡是扩廓帖木儿总领的各军,在他帐前的由白锁住、虎林赤率领,在河南的由李克彝率领,在山东的由也速率领,在山西的由沙蓝答儿率领,在河北的由貊高率领。扩廓帖木儿接受诏书,立即退军屯驻泽州。皇帝又下诏命秃鲁与李思齐、张良弼、孔兴、脱列伯率兵向东,使朝廷的讨伐能够实现。

至正二十八年,朝廷命左丞孙景益到太原建立分中书省,关保出兵守卫太原。扩廓帖木儿立即派兵占据太原,将朝廷设置的官员全都杀光。于是,皇太子命令魏赛因不花和关保出兵,联合李思齐、张良弼各支军队夹攻泽州,皇帝又下诏削夺扩廓帖木儿的官爵、食邑,令各军一起将他杀掉,扩廓帖木儿手下的将士、官史只要归顺都可免罪,只有孙翥、赵恒不赦。二月扩廓帖木儿退守平阳,关保便占有泽、潞二州与貊高会合。李思齐、孙良弼、孙兴、脱列伯与扩廓帖木儿久久相持不下,大明军队已来到河南,思齐、良弼都派遣使者对扩廓帖木儿说出兵不是他们的本意,于是大大掳掠了一番撤军西还。七月,貊高、关保进攻平阳,这时扩廓帖木儿有些气馁,而关保、貊高声势很大,几次请战,扩廓帖木儿不应战,有时军队出来立即又退回。有一天,侦察到貊高分军到祁县掳掠,扩廓帖木儿立即于夜间出兵逼近对方营盘，突然袭击，取得胜利，貊高、关保都被擒。朝廷听说此事，立即撤销抚军院，帖林沙、伯颜帖木儿、李国凤等都以耽误国事的罪名被罢免。接着扩廓帖木儿上疏说明自己的心情，皇帝也后悔了，下诏洗刷以前加在他身上的罪名。

这时大明军队已经平定山东和河、洛，中原已经失守。闰七月，皇帝又下诏，又任命扩廓帖木儿和以前一样为河南王、太傅、中书左丞相，孙翥、赵恒都官复原职，带着军队从河北往南讨伐，也速带军队到山东，秃鲁的军队出潼关，李思齐的军队出七盘、金、商，企图收复汴、洛。没有多久，也速的军队溃散，秃鲁、思齐没有出兵，而扩廓帖木儿又从平阳退守太原，不再敢南下，事情已无法挽救了。接着大明军队迫近京城，皇帝向北逃走，国家就此灭亡了。大明兵来到太原，扩廓帖木儿立即弃城逃走，率领他的残余部队向西退往甘肃。

元史卷一百四十三

列传第三十

马祖常

马祖常字伯庸，世为雍古部，居（靖）〔净〕州天山。有锡里吉思者，于祖常为高祖，金季为凤翔兵马判官，以节死赠恒州刺史，子孙因其官，以马为氏。曾祖月合乃，从世祖征宋，留汴，掌馈饷，累官礼部尚书。父润，同知漳州路总管府事，家于光州。

祖常七岁知学，得钱即以市书。十岁时，见烛欹烧屋，解衣沃水以灭火，咸嗟异之。既长，益笃于学。蜀儒张㧑讲道仪真，往受业其门，质以疑义数十，㧑甚器之。延祐初，科举法行，乡贡、会试皆中第一，廷试为第二人。授应奉翰林文字。拜监察御史。

是时，仁宗在御已久，犹居东宫，饮酒常过度。祖常上书请"御王卫，立朝仪，御史执简，太史执笔，则虽有怀奸利己乞官求赏者，不敢出诸口。天子承天地祖宗之重，当极调摄；至于酒醴，近侍进御，当思一献百拜之义"。英宗为皇太子，又上书请慎简师傅。于是奸臣铁木迭儿为丞相，威权自恣。祖常知其盗观国史，率同列劾奏其十罪，仁宗震怒黜罢之。秦州山移，祖常言："山不动之物，今而动焉，由在野有当用不用之贤，在官有当言不言之佞，故致然尔。"疏闻，大臣皆家居待罪。祖常荐贤拔滞，知无不言。俄改宣政院经历，月余辞归，起为社稷署令。亡何，奸臣复相，左迁开平县尹，因欲中伤之，遂退居光州。久之，奸臣既死，乃除翰林待制。泰定建储，擢典宝少监、太子左赞善。寻兼翰林直学士，除礼部尚书。丁祖母忧，起为右赞善，复除礼部尚书，寻辞归。

天历元年，召为燕王内尉，仍入礼部，两知贡举，一为读卷官，时称得人。升参议中书省事，参定亲郊礼仪，充读册祝官，拜治书侍御史，历徽政副使，迁江南行台中丞。

元统元年，召议新政，赐白金二百两、钞万贯。又历同知徽政院事，遂拜御史中丞。帝以其有疾，诏特免朝礼，光禄日给上尊。祖常持宪务存大体。西台御史劾其僚禁酤时面有酒容，以苛细黜之。山东廉访司言孔氏讼事，以事关名教不行，按者亦引去。除枢密副使，顷之，辞职归光州。复除江南行台中丞，又迁陕西行台中丞，皆以疾不赴。至元四年卒，年六十，赠摅忠宣宪协正功臣、河南行省右丞、上护军、魏郡公，谥文贞。

祖常立朝既久，多所建明。尝议：今国族及诸部既诵圣贤之书，当知尊诸母以厚彝伦。又议：将家子弟骄脆有孤任使，而庶民有挽强蹶张老死草野者，当建武学、武举，储材以备非常。时虽弗用，识者韪之。祖常工于文章，宏赡而精核，务去陈言，专以先秦两汉为法，而自成一家之言。尤致力于诗，圆密清丽，大篇短章无不可传者。有文集行于世。尝预修《英宗实录》，又译润《皇图大训》《承华事略》，又编集《列后金鉴》《千秋记略》以进，受赐优渥。文宗尝驻跸龙虎台，祖常应制赋诗，尤被叹赏，谓中原硕儒唯祖常云。

译文：

　　马祖常字伯庸，先世属雍古部，居住在净州天山。有个叫锡里吉思的人，是祖常的高祖，金朝末年的任凤翔兵马判官，因死得有气节追赠为恒州刺史，子孙因为有兵马判官这一官职，便以马为姓。曾祖月合乃，跟随世祖征伐宋朝，留在汴京，掌管供应粮草，官做到礼部尚书。父亲马润，任同知漳州路总管府事，把家安在光州。

　　祖常七岁便知道读书，有了钱便去买书。十岁那年，见蜡烛倾倒烧着了房屋，便脱下衣服沾水灭火，人们都惊奇赞叹不已。长成之后，更加喜欢钻研学问。四川大儒张㒓在仪真讲学，马祖常前往受业于他们下，几十次去张㒓那里请教不懂的问题，张㒓很器重他。延祐初年，实行科举考试，祖常乡贡、会试都是第一名，廷试第二名。被任命为应奉翰林文字，封为监察御史。

　　当时，仁宗即位已有很长时间，仍然居住在东宫，饮酒常常过度。祖常上书请求"天子应在与天子身份名副其实的地方处理朝政，建立朝廷上应该有的礼仪，御史拿着竹简准备进谏，太史拿着笔准备记天子的言行，这样，虽有怀着奸邪之心，为了自己的利益而乞求官职和赏赐的人，也不敢提出要求了。天子承受着天地和祖宗的重托，应当非常善于保养爱护自己的身体；至于酒类，如果身边大臣献上来了，应当考虑献得再多也要少喝的道理。"英宗当皇太子时，又上书请求慎重挑选师傅。那时奸臣铁木迭儿任丞相，作威作福，专权跋扈，祖常打听到他常常偷看国史，便率领同事弹劾他有十条罪状，仁宗非常恼火，将铁木迭儿罢职。秦州的山脉发生移动现象，祖常上书说："山是不会移动的东西,现在却移动了,是因为在朝外有应当任用而没有任用的贤才,有当官应当提建议而不提建议的奸臣,山脉才发生了移动。"奏疏递上去后,所有的大臣都在家等候处理。祖常推荐贤才,提拔埋没的人才,毫不隐瞒地提出自己的看法和建议。不久,改任宣政院经历,一月多之后辞官归家,朝廷又起用他为社稷署令。又过了不久,奸臣铁木迭儿重新担任宰相,把马祖常降职为开平县尹,又打算进一步迫害他,祖常便逃往光州居住去了。过了很久,奸臣铁木迭儿死去,马祖常被任命为翰林待制。泰定帝建立皇储,马祖常升任典宝少监、太子左赞善。不久又兼任翰林直学士,被授为礼部尚书。因祖母去世归家守丧,朝廷夺情起复为右赞善,再任礼部尚书,不久辞官归家。

天历元年,被召入朝任燕王内尉,仍旧进入礼部任职,两次担任知贡举,一次担任读卷官,当时的人都说朝廷找到了合适的人选。升任参议中书省事,参与制订天子亲自到城郊祭祀的礼仪,充当读册祝官,任治书侍御史,历任徽政副使,升为江南行台中丞。

元统元年,被召入朝议论新政,赏赐白金二百两、钞万贯。又担任过同知徽政院事,被任命为御史中丞。天子知道他有疾病,下诏特别免掉他朝拜之礼,掌管天子膳食的光禄寺每次在赐宴时都是第一个给他敬酒。祖常执行法令很能顾全大局。西台御史弹劾他的同僚在禁酒时脸上带有酒色,祖常认为这人提的问题太苛刻琐碎,就把他免职了。山东廉访司扬言要与孔氏打官司,因为事情关系着孔氏的名声和教化,不准打官司,调查审问此案的人也退出来了。被任命为枢密副使,不久,辞职回到光州。再次任命他为江南行台中丞,又改任为陕西行台中丞,都推说有病不肯任职。至元四年去世,享年六十岁,追赠为摅忠宣宪协正功臣、河南行省右丞、上护军、魏郡公，谥号文贞。

祖常在朝中任职时间很长，有很多建树。曾经议论说：如今国族和其他部族既然读圣贤的书，应当知道尊重母亲以敦厚人伦。又议论说：大将家的子弟骄纵脆弱往往完不成使命，而庶民百姓中有能挽强弓并能以脚踏弩，使之张开的武艺但老死于草野之间的人，应当建立武学，设立武举科，储备人才以备非常之用。这个建议虽未被马上采纳，但有见识的人都认为他的话是对的。祖常善于写文章，宏富详尽精确完备，文中没有陈词滥调，专门效法先秦两汉，而自成一家之言。尤其致力于写诗，他的诗圆润缜密清新流丽，无论是长篇大论，或者是小文短札均可传世。有文集传世。曾经预修《英宗实录》，又翻译润色了《皇图大训》《承华事略》，又编纂收集《列后金鉴》《千秋记略》等书献给天子，受到了非常优厚的赏赐。文宗车驾曾驻在龙虎台，祖常遵天子之命赋诗，尤其受到称赞，文宗曾说中原地区的大儒只有马祖常一人。

元史卷一百四十六

列传第三十三

耶律楚材

耶律楚材字晋卿，辽东丹王突欲八世孙。父履，以学行事金世宗，特见亲任，终尚书右丞。

楚材生三岁而孤，母杨氏教之学。及长，博极群书，旁通天文、地理、律历、术数及释老、医卜之说，下笔为文，若宿构者。金制，宰相子例试补省掾。楚材欲试进士科，章宗诏如旧制。问以疑狱数事，时同试者十七人，楚材所对独优，遂辟为掾。后仕为开州同知。

贞祐二年，宣宗迁汴，完颜（复）〔福〕兴行（中）〔尚〕书事，留守燕，辟为左右司员外郎。太祖定燕，闻其名，召见之。楚材身长八尺，美髯宏声。帝伟之，曰："辽、金世仇，朕为汝雪之。"对曰："臣父祖尝委质事之，既为之臣，敢仇君耶！"帝重其言，处之左右，遂呼楚材曰吾图撒合里而不名。吾图撒合里，盖国语长髯人也。

己卯夏六月，帝西讨回回国。祃旗之日，雨雪三尺，帝疑之，楚材曰："玄冥之气，见于盛夏，克敌之征也。"庚辰冬，大雷，复问之，对曰："回回国主当死于野。"后皆验。夏人常八斤，以善造弓见知于帝，因每自矜曰："国家方用武，耶律儒者何用。"楚材曰："治弓尚须用弓匠，为天下者岂可不用治天下匠耶？"帝闻之甚喜，日见亲用。西域历人奏五月望夜月当蚀。楚材曰："否。"卒不蚀。明年十月，楚材言月当蚀，西域人曰不蚀，至期果蚀八分。壬午八月，长星见西方，楚材曰："女直将易主矣。"明年，金宣宗果死。帝每征讨，必命楚材卜，帝亦自灼羊胛，以相符应。指楚材谓太宗曰："此人，天赐我家。尔后军国庶政，当悉委之。"甲申，帝至东印度，驻铁门关，有一角兽，形如鹿而马尾，其色绿，作人言，谓侍卫者曰："汝主宜早还。"帝以问楚材，对曰："此瑞兽也，其名角端，能言四方语，好生恶杀，此天降符以告陛下。陛下天之元子，天下之人，皆陛下之子，愿承天心，以全民命。"帝即日班师。

丙戌冬，从下灵武，诸将争取子女金帛，楚材独收遗书及大黄药材。既而士卒病疫，得大黄辄愈。帝自经营西土，未暇定制，州郡长吏，生杀任情，至孥人妻女，取货财，兼土田。燕蓟留后长官石抹咸得卜尤贪暴，杀人盈市。楚材闻之泣下，即入奏，请禁州郡，非奉玺书，不得擅征发，囚当大辟者必待报，违者罪死，于是贪暴之风稍戢。燕多剧贼，未夕，辄曳牛车指富家，取其财物，不与则杀之。时睿宗以皇子监国，事闻，遣中使偕楚材往穷治之。楚材询察得其姓名，皆留后亲属及势家子，尽捕下狱。其家赂中使，将缓之，楚材示以祸福，中使惧，从其言，狱具，戮十六人于市，燕民始安。

己丑秋，太宗将即位，宗亲咸会，议犹未决。时睿宗为太宗亲弟，故楚材言于睿宗曰："此宗社大计，宜早定。"睿宗曰："事犹未集，别择日可乎？"楚材曰："过是无吉日矣。"遂定策，立仪制，乃告亲王察合台曰："王虽兄，位则臣也，礼当拜。王拜，则莫敢不拜。"王深然之。及即位，王率皇族及臣僚拜帐下，既退，王抚楚材曰："真社稷臣也。"国朝尊属有拜礼自此始。时朝集后期应死者众，楚材奏曰："陛下新即位，宜宥之。"太宗从之。

中原甫定，民多误触禁纲，而国法无赦令。楚材议请肆宥，众以云迂，楚材独从容为帝言。诏自庚寅正月朔日前事勿治。且条便宜一十八事颁天下，其略言："郡宜置长吏牧民，设万户总军，使势均力敌，以遏骄横。中原之地，财用所出，宜存恤其民，州县非奉上命，敢擅行科差者罪之。贸易借贷官物者罪之。蒙古、回鹘、河西诸人，种地不纳税者死。监主自盗官物者死。应犯死罪者，具由申奏待报，然后行刑。贡献礼物，为害非轻，深宜禁断。"帝悉从之，唯贡献一事不允，曰："彼自愿馈献者，宜听之。"楚材曰："蠹害之端，必由于此。"帝曰："凡卿所奏，无不从者，卿不能从朕一事耶？"

太祖之世，岁有事西域，未暇经理中原，官吏多聚敛自私，赀至巨万，而官无储偫。近臣别迭等言："汉人无补于国，可悉空其人以为牧地。"楚材曰："陛下将南伐，军需宜有所资，诚均定中原地税、商税、盐、酒、铁冶、山泽之利，岁可得银五十万两、帛八万匹、粟四十余万石，足以供给，何谓无补哉？"帝曰："卿试为朕行之。"乃奏立燕京等十路征收课税使，凡长贰悉用士人，如陈时可、赵昉等皆宽厚长者，极天下之选，参佐皆用省部旧人。辛卯秋，帝至云中，十路咸进廪籍及金帛陈于廷中，帝笑谓楚材曰："汝不去朕左右，而能使国用充足，南国之臣，复有如卿者乎？"对曰："在彼者皆贤于臣，臣不才，故留燕，为陛下用。"帝嘉其谦，赐之酒。即日拜中书令,事无巨细,皆先白之。

楚材奏:"凡州郡宜令长吏专理民事,万户总军政,凡所掌课税,权贵不得侵之。"又举镇海、粘合,均与之同事,权贵不能平。咸得卜以旧怨,尤疾之,潜于宗王曰:"耶律中书令率用亲旧,必有二心,宜奏杀之。"宗王遣使以闻,帝察其诬,责使者,罢遣之。属有讼咸得卜不法者,帝命楚材鞫之,奏曰:"此人倨傲,故易招谤。今将有事南方,他日治之未晚也。"帝私谓侍臣曰:"楚材不较私仇,真宽厚长者,汝曹当效之。"中贵可思不花奏采金银役夫及种田西域与栽蒲萄户,帝令于西京宣德徙万余户充之。楚材曰:"先帝遗诏,山后民质朴,无异国人,缓急可用,不宜轻动。今将征河南,请无残民以给此役。"帝可其奏。

壬辰春,帝南征,将涉河,诏逃难之民,来降者免死。或曰:"此辈急则降,缓则走,徒以资敌,不可宥。"楚材请制旗数百,以给降民,使归田里,全活甚众。旧制,凡攻城邑,敌以矢石相加者,即为拒命,即克,必杀之。汴梁将下,大将速不台遣使来言:"金人抗拒持久,师多死伤,城下之日,宜屠之。"楚材驰入奏曰:"将士暴露数十年,所欲者土地人民耳。得地无民,将焉用之!"帝犹豫未决,楚材曰:"奇巧之工,厚藏之家,皆萃于此,若尽杀之,将无所获。"帝然之,诏罪止完颜氏,余皆勿问。时避兵居汴者得百四十七万人。

楚材又请遣人入城,求孔子后,得五十一代孙元措,奏袭封衍圣公,付以林庙地。命收太常礼乐生,及召名儒梁陟、王万庆、赵著等,使直释《九经》,进讲东宫。又率大臣子孙,执经解义,俾知圣人之道。置编修所于燕京、经籍所于平阳,由是文治兴焉。

时河南初破,俘获甚众,军还,逃者十七八。有旨:"居停逃民及资给者,灭其家,乡社亦连坐。"由是逃者莫敢舍,多殍死道路。楚材从容进曰:"河南既平,民皆陛下赤子,走复何之!奈何因一俘囚,连死数十百人乎?"帝悟,命除其禁。金之亡也,唯秦、巩二十余州久未下,楚材奏曰:"往年吾民逃罪,或萃于此,故以死拒战,若许以不杀,将不攻自下矣。"诏下,诸城皆降。

甲午,议籍中原民,大臣忽都虎等议,以丁为户。楚材曰:"不可。丁逃,则赋无所出,当以户定之。"争之再三,卒以户定。时将相大臣有所驱获,往往寄留诸郡,楚材因括户口,并令为民,匿占者死。

乙未,朝议将四征不廷,若遣回回人征江南,汉人征西域,深得制御之术,楚材曰:"不可。中原、西域,相去辽远,未至敌境,人马疲乏,兼水土异宜,疾疫将生,宜各从其便。"从之。

丙申春,诸王大集,帝亲执觞赐楚材曰:"朕之所以推诚任卿者,先帝之命也。非卿,则中原无今日。朕所以得安枕者,卿之力也。"西域诸国及宋、高丽使者来朝,语多不实,帝指楚材示之曰:"汝国有如此人乎?"皆谢曰:"无有。殆神人也!"帝曰:"汝等唯此言不妄,朕亦度必无此人。"有于元者,奏行交钞,楚材曰:"金章宗时初行交钞,与钱通行,有司以出钞为利,收钞为讳,谓之老钞,至以万贯唯易一饼。民力困竭,国用匮乏,当为鉴戒。今印造交钞,宜不过万锭。"从之。

秋七月,忽都虎以民籍至,帝议裂州县赐亲王功臣。楚材曰:"裂土分民,易生嫌隙。不如多以金帛与之。"帝曰:"已许奈何?"楚材曰:"若朝廷置吏,收其贡赋,岁终颁之，使毋擅科征，可也。"帝然其计，遂定天下赋税，每二户出丝一斤，以给国用；五户出丝一斤，以给诸王功臣汤沐之资。地税，中田每亩二升又半，上田三升，下田二升，水田每亩五升；商税，三十分而一；盐价，银一两四十斤。既定常赋，朝议以为太轻，楚材曰："作法于凉，其弊犹贪，后将有以利进者，则今已重矣。"

时工匠制造，糜费官物，十私八九，楚材请皆考核之，以为定制。时侍臣脱欢奏简天下室女，诏下，楚材尼之不行，帝怒。楚材进曰："向择美女二十有八人，足备使令。今复选拔，臣恐扰民，欲覆奏耳。"帝良久曰："可罢之。"又欲收民牝马，楚材曰："田蚕之地，非马所产，今若行之，后必为人害。"又从之。

丁酉，楚材奏曰："制器者必用良工，守成者必用儒臣。儒臣之事业，非积数十年，殆未易成也。"帝曰："果尔，可官其人。"楚材曰："请校试之。"乃命宣德州宣课使刘中随郡考试，以经义、词赋、论分为三科，儒人被俘为奴者，亦令就试，其主匿弗遣者死。得士凡四千三十人，免为奴者四之一。

先是，州郡长吏，多借贾人银以偿官，息累数倍，曰羊羔儿利，至奴其妻子，犹不足偿。楚材奏令本利相侔而止，永为定制，民间所负者，官为代偿之。至一衡量，给符印，立钞法，定均输，布递传，明驿券，庶政略备，民稍苏息焉。

有二道士争长，互立党与，其一诬其仇之党二人为逃军，结中贵及通事杨惟忠，执而虐杀之。楚材按收惟忠。中贵复诉楚材违制，帝怒，系楚材；既而自悔，命释之。楚材不肯解缚，进曰："臣备位公辅，国政所属。陛下初令系臣，以有罪也，当明示百官，罪在不赦。今释臣，是无罪也，岂宜轻易反覆，如戏小儿。国有大事，何以行焉！"众皆失色。帝曰："朕虽为帝，宁无过举耶？"乃温言以慰之。楚材因陈时务十策，曰：信赏罚，正名分，给俸禄，官功臣，考殿最，均科差，选工匠，务农桑，定土贡，制漕运。皆切于时务，悉施行之。

太原路转运使吕振、副使刘子振，以赃抵罪。帝责楚材曰："卿言孔子之教可行，儒者为好人，何故乃有此辈？"对曰："君父教臣子，亦不欲令陷不义。三纲五常，圣人之名教，有国家者莫不由之，如天之有日月也。岂得缘一夫之失，使万世常行之道独见废于我朝乎！"帝意乃解。

富人刘忽笃马、涉猎发丁、刘廷玉等以银一百四十万两扑买天下课税，楚材曰："此贪利之徒，罔上虐下，为害甚大。"奏罢之。常曰："兴一利不如除一害，生一事不如省一事。任尚以班超之言为平平耳，千古之下，自有定论。后之负遣者，方知吾言之不妄也。"帝素嗜酒，日与大臣酣饮，楚材屡谏，不听，乃持酒槽铁口进曰："曲糵能腐物，铁尚如此，况五脏乎！"帝悟，语近臣曰："汝曹爱君忧国之心，岂有如吾图撒合里者耶？"赏以金帛，敕近臣日进酒三锺而止。

自庚寅定课税格，至甲午平河南，岁有增羡，至戊戌课银增至一百一十万两。译史安天合者，谄事镇海，首引奥都剌合蛮扑买课税，又增至二百二十万两。楚材极力辨谏，至声色俱厉，言与涕俱。帝曰："尔欲搏斗耶？"又曰："尔欲为百姓哭耶？姑令试行之。"楚材力不能止，乃叹息曰："民之困穷，将自此始矣！"

楚材尝与诸王宴，醉卧车中，帝临平野见之，直幸其营，登车手撼之。楚材熟睡未醒，方怒其扰己，忽开目视，始知帝至，惊起谢，帝曰："有酒独醉，不与朕同乐耶？"笑而去。楚材不及冠带，驰诣行宫，帝为置酒，极欢而罢。

楚材当国日久，得禄分其亲族，未尝私以官。行省刘敏从容言之，楚材曰："睦视之义，但当资以金帛。若使从政而违法，吾不能徇私恩也。"

岁辛丑二月三日，帝疾笃，医言脉已绝。皇后不知所为，召楚材问之，对曰："今任使非人，卖官鬻狱，囚系非辜者多。古人一言而善，荧惑退舍，请赦天下囚徒。"后即欲行之，楚材曰："非君命不可。"俄顷，帝少苏，因入奏，请肆赦，帝已不能言，首肯之。是夜，医者候脉复生，适宣读赦书时也，翌日而瘳。冬十一月四日，帝将出猎，楚材以太乙数推之，亟言其不可，左右皆曰："不骑射，无以为乐。"猎五日，帝崩于行在所。皇后乃马真氏称制，崇信奸回，庶政多紊。奥鲁剌合蛮以贷得政柄，廷中悉畏附之。楚材面折廷争，言人所难言，人皆危之。

癸卯五月，荧惑犯房，楚材奏曰："当有惊扰，然讫无事。"居无何，朝廷用兵，事起仓卒，后遂令授甲选腹心，至欲西迁以避之。楚材进曰："朝廷天下根本，根本一摇，天下将乱。臣观天道，必无患也。"后数日乃定。后以御宝空纸，付奥都剌合蛮，使自书填行之。楚材曰："天下者，先帝之天下。朝廷自有宪章，今欲紊之，臣不敢奉诏。"事遂止。又有旨："凡奥都剌合蛮所建白，令史不为书者，断其手。"楚材曰："国之典故，先帝悉委老臣，令史何与焉。事若合理，自当奉行，如不可行，死且不避，况截手乎！"后不悦。楚材辨论不已，因大声曰："老臣事太祖、太宗三十余年，无负于国，皇后亦岂能无罪杀臣也。"后虽憾之，亦以先朝旧勋，深敬惮焉。

甲辰夏五月，薨于位，年五十五。皇后哀悼，赙赠甚厚。后有谮楚材者，言其在相位日久，天下贡赋，半入其家。后命近臣麻里扎覆视之，唯琴阮十余，及古今书画、金石、遗文数千卷。至顺元年，赠经国议制寅亮佐运功臣、太师、上柱国，追封广宁王，谥文正。子铉、铸。

译文：

耶律楚材字晋卿，是辽朝东丹王突欲的八世孙。父亲耶律履，因为学问操行出众得以为金世宗服务，受到特殊的信任，官至尚书右丞。

楚材三岁时便成为孤儿，母亲杨氏教他读书。长大以后，博览群书，甚至连天文、地理、律历、术数以及佛、道、医、卜的学问，无不精通，写作文章，就像是事先做好的那样。金朝制度，丞相之子经考试合格可以任尚书省的掾史属官。楚材想参加进士科的考试，章宗下令按原有制度办。当时一同参试的有十七人，考试时询问他们对几个疑难的案件的看法，楚材的回答特别好，因而被征召为尚书省属官。后来升到开州同知。

贞祐二年，宣宗迁都到汴，完颜福兴被留燕京，行尚书省事，他便征召楚材为左右司员外郎。太祖成吉思汗取燕京，听说楚材的名字，加以召见。楚材身长八尺，有很漂亮的胡子，声音洪亮。太祖很看重他。对他说："辽、金是世世代代的仇敌，我为你报仇雪恨。"楚材回答说："我的父亲和祖父都曾委身归附金朝，既为金朝的臣属，怎敢以君主为仇敌呢！"太祖很重视他这番话，让他在自己身边办事，于是便称呼楚材为"吾图撒合里"而不叫他的名字，"召图撒合里"在蒙语中意思是胡子很长的人。

己卯年夏季六月，太祖到西方去讨伐回回国。祭旗那一天，下雪有三尺深，太祖心中疑虑，楚材说："炎热的夏天有水气，这是克敌的好征兆。"庚辰年冬天，雷声很大，太祖又问他，楚材回答说："回回国王应死于野外。"他的这些话后来都应验了。西夏人常八斤善于造弓，得到太祖的赏识，他常常自我吹嘘说："国家正在用武，耶律楚材这种书生有什么用。"楚材说："造弓尚且要用弓匠，取天下的人难道能不用治理天下的工匠吗！"太祖听他这样说很高兴，愈来愈信任他。西域的历法学家上奏说五月十五晚会发生月食，楚材说："不对。"果然没有发生。明年 1 月，楚材说会发生月食，西域人说不会，到时果然月食八分。壬午年八月，彗星出现在西方，楚材说："女真将会改换皇帝。"第二年，金宣宗果然去世。太祖每次出师征讨各地，都要命楚材占卜吉凶，太祖自己也炙烧羊胛骨，判断天意与人事是否一致。太祖指着楚材对太宗说："这个人是上天赐给我们家族的。以后军国大事都要交给他处理。"甲申年，太祖至东印度，在铁门关停留，有一只头上长角的野兽，形状像鹿却长着马的尾巴，绿色，能说人话，对侍卫说："你的主人应早点回去。"太祖将这件事来询问楚材，回答说："这是吉祥的动物，名叫角端，能说四面八方的语言，它好生而反对杀戮，这是上天向您显示的吉祥征兆。您是上天的嫡长子，天下之人都是您的子女，您应该顺承天心，保全百姓的生命。"太祖不久就班师。

丙戌年冬天，跟着太祖攻克灵武。将领们都争着掠取子女金帛，唯独楚材专门收藏失落的书籍和大黄等药材。接着士兵们发生传染病，用大黄一治就好了。太祖经营西方的疆土，来不及制定有关的制度，地方州郡的长官，任意生杀，把百姓的妻女强迫变为奴隶，夺取财产，兼并土地，燕蓟留后长官石抹咸得卜特别贪婪而且残暴，杀人满市。楚材听说流下眼泪，立即向太祖上奏,请求下达禁令州郡长官如果没有皇帝的圣旨,不许随便向百姓征税,犯人当杀的必须上报,违反者处以死罪,这样一来贪婪残暴的风气有所收敛。燕京有许多厉害的强盗,还没有到晚上,便拉着牛车前往富人家中,索取财物,不给就杀人。这时睿宗拖雷管理国事,听说这些情况,便派遣亲近大臣和楚材一起前去调查处理。楚材查到盗贼的姓名,都是留后长官的亲属和有势力人家的子弟,将他们全都拘捕入狱。盗贼的家庭向使臣行贿,使臣企图推迟处理,楚材告诉他这样做将会带来的后果,使臣惧怕,听从他的意见,定案后,公开处死十六人,燕京百姓才安定下来。

己丑年秋天,太宗将要称帝,皇帝国戚都来聚会,讨论还没有做出决定。睿宗拖雷是太宗窝阔台的亲兄弟,因而楚材对睿宗说:"这是国家的大事,应该早点定下来。"睿宗说:"事情还没有完结,另选个吉日怎么样?"楚材说:"过了这一天便没有吉日了。"于是便决定了下来。楚材设计登位的仪式制度,告诉亲王察合台说:"大王您虽是兄长,但从地位来说是臣子,从礼节上说应当拜见皇帝。您拜了,没有人敢不拜。"察合台完全同意。到皇帝即位时,察合台率领皇族和大臣们在帐下跪拜。礼毕退下,察合台安慰楚材说:"你真是安邦定国的大臣啊。"蒙古国对尊上行跪拜礼从此开始。按当时的惯例,聚集朝拜来晚了要处死刑,触犯的人不少,楚材上奏说:"陛下刚登帝位,应该对他们加以赦免。"太宗听从了他的意见。

中原刚平定,很多百姓因不了解情况而触犯禁令,而国家的法规没有赦免的办法。楚材请求加以宽大,众人都以为不切实际,楚材单独平心静气地向皇帝建议。皇帝发布诏令,规定在庚寅年正月一日以前的案件都不追究。还拟订了十八项官民遵行的规定,建议向全国颁布,大概是说:"地方郡县要设长官教导百姓,设立万户管理军队,使军、政双方势均力敌,可以防止骄傲专横。中原地区是国家财赋的来源,应该照顾当地百姓,州、县没有奉上司的命令而敢于决定科征赋税的,有罪。借贷官府的财物做买卖,要判罪。蒙古、回鹘、河西几种人,种地不交税的,处以死刑。负责管理的官员自己盗窃官物,处死刑。应该判处死刑的,要将理由上奏等待批复,然后再执行。贡献礼物,危害很大,必须禁止。"太宗全部同意,只有禁止贡献一件事不允,说:"凡是自愿贡献的,听其自便。"楚材说:"腐败的开端,就是这件事。"太宗说:"凡是你的建议,我无不同意,你就不能听从我一件事吗!"

太祖在世的时候,每年都要经营西域,没有空来管理中原的事务,很多官吏都贪污受贿为自己打算,家中财物多得不得了,但是官府却没有什么储备。皇帝身边的官员别迭等说:"汉人对国家没有什么用,不如将土地空出来改为牧场。"楚材说:"皇帝您准备讨伐南方,军需物资要有来源。如果合理制定中原地区的地税、商税以及盐、酒、铁冶和山林河泊等项上交国家的赋税,每年可以得到五十万两白银,丝织品八万匹,四十余万石粟,足以满足军队的需要,怎么能说没有用呢?"太宗说:"你为我试着办吧。"于是楚材建议设立燕京等十路征收课税使,长官和次官都用读书人,如陈时可、赵窴等都是宽厚的长者,全国第一流的人物,下面的属官都用金朝尚书省六部的旧人。辛卯年秋天,太宗到云中,十路都送来储存粮食的簿册和黄金、丝织品,陈列在庭院之中,太宗笑着对楚材说:"你没有离开我的身边,便能使国家的经费充裕,南方金国有像你这样的大臣吗?"楚材回答说:"在那里的人都比我强,我没有能力,所以留在燕，为皇帝您所用。"太宗欣赏他的谦虚态度，赐酒给他。不久就任命他为中书令，事无大小，都要先向他申报。

楚材上奏："凡是地方州郡，应令行政长官专门管理民事，万户负责军政，凡是地方所管赋役征收方面的事情，权贵都不能干预。"又推举镇海与粘合二人，与自己共同工作，权贵都愤愤不平，石抹咸得卜因为过去有仇，特别恨他，在宗王面前诬陷楚材说："耶律中书令专门任用自己的亲信和旧官员，必然是怀有二心，应该向皇帝建议杀死他。"宗王派遣使者来说，太宗觉察到这是诬陷，便责备了使者一番，让使者回去。接着有人举报咸得卜有犯法的行为，太宗命楚材审问，楚材说："此人骄傲自大，因此容易招来别人的攻击。现在将要对南方采取行动，以后再处理他的问题也不晚。"太宗私下对身边的侍从说："楚材不计较私仇，真是宽厚的长者，你们都要以他为榜样。"侍从可思不花上奏要求选拔百姓充当采金银的役夫、到西域种田，以及栽葡萄户，太宗下令在西京宣德迁万余户来充当。楚材说："过世的太祖皇帝遗诏中说，山后的百姓质朴，和蒙古人没有区别，遇到困难时可以信赖使用，不宜轻易动用他们。现在将要出征河南，请求不要分散山后百姓，以便在这次军事行动中使用他们。"太宗批准了他的建议。

壬辰年春天，太宗南下征讨，快要渡过黄河的时候，下诏说，凡是逃难的百姓，只要来投降，可以免死。有人说："这种人情况紧急时便投降，一等到形势缓和便逃走，只对敌人有好处，不可宽大。"楚材请求制作几百面旗子，分给前来投降的百姓，使他们回家居住，这样保全了许多人的性命。蒙古传统的制度，在进攻城市时，对方有发射弓箭或投掷石块者，就认为是抗拒不服，一旦攻克之后，必定全部加以屠杀。汴梁快要攻下的时候，统兵大将速不台派遣使者来说："金人抗拒了很长时间，我们的军队死伤很多，汴梁城攻克之日，应该全加屠杀。"楚材赶紧前去对太宗说："将士们辛苦了数十年，想要得到的是土地和百姓。得到土地而没有百姓，又有什么用！"太宗犹豫不决，楚材说："能工巧匠，富实的人家，都集中在汴梁，如果都杀死了，将会一无所获。"太宗接受了他的意见，下诏只处罚完颜一族，其余都不问。当时躲避战争在汴梁的有一百四十七万人。

楚材又请求派人进入汴梁城，寻求孔子的后代，找到孔子的五十一代孙孔元措，奏请由孔元措袭封衍圣公，将孔林、孔庙的土地交付给他管理，命令他收集太常寺管辖的礼乐生。征召著名的儒生梁陟、王万庆、赵著等人，让他们将《九经》释成口头语，讲给太子听，又带领大臣们的子孙，拿着经书讲解其中的意义，使他们知道圣人的学说。在燕京设立编修所，在平阳设立经籍所。这样，文化事业兴盛起来。

当时河南地区刚攻下，俘虏很多，军队回来路上，逃走的达十分之七八。皇帝下令："凡是收留逃亡者以及给予帮助的，全家处死，同村邻里也要连坐。"因此，逃亡者没有人敢收留，大多在道路上饿死。楚材心平气和地对太宗说："河南既已平定，百姓都是皇帝您的子女，还会走到哪里去！何必因为一个俘虏，使几十人上百人一起死呢！"皇帝醒悟，下诏撤销这道禁令。金朝灭亡，还有秦州、巩州等二十余处久久不投降，楚材上奏说："过去我们的百姓逃亡，可能集中在这些地方，所以拚死抵抗。如果答应不杀他们，将会不攻自下。"不杀的诏令一下，这些城市都投降了。

甲午年，讨论对中原百姓进行调查登记。大臣忽都虎等建议，以成年男子为征税对象。楚材说："不行。成年男子逃走，赋税就征收不到了,应当以户为征税对象。"再三争论,终于以户为对象。当时将相大臣的俘虏往往寄存在地方州郡,楚材利用登记户口的机会,下令将俘虏都登记为平民,敢于隐瞒不报的处以死刑。

乙未年,朝廷中讨论,以为讨伐没有归附的各处地方,如果派回回人去征江南,派汉人去打西域,这是控制他们的最佳方法。楚材说:"不行。中原和西域相隔很远,没有抵达敌人的境界,已经人马疲乏,而且水土不服,容易生传染病,应该各从其便。"接受了他的意见。

丙申年春天,宗王们大聚会,太宗亲自拿起酒杯赐给楚材说:"我之所以特别信任你,是因为去世了的成吉思汗皇帝的命令。没有你,中原地区没有今天。我能够高枕无忧,都是你努力的结果。"西域各国以及宋朝、高丽的使者前来朝见,说的话大多不可信,太宗指着楚材对他们说:"你们国家有这样的人才吗?"都谦让说:"没有。简直是天上的神仙。"太宗说:"你们只有这句话不假,我也觉得你们国中必然没有这样的人才。"有个叫于元的人建议推行交钞。楚材说:"金章宗时开始推行交钞,与铜钱同时使用,有关部门以发行交钞来谋利,忌讳回收交钞,当时称为老钞,结果弄得万贯交钞只能换一张饼。百姓穷困,国家经费困难,应该引以为戒。现在印造交钞,不要超过一万定。"接受了他的意见。

秋季七月,忽都虎送来了户口籍册,太宗打算分割州县赐给亲王、功臣作为封地。楚材说:"分割土地和百姓,容易发生纠纷和冲突,不如多给黄金和丝织物。"太宗说:"已经答应了,怎么办呢?"楚材说:"如果朝廷设置官吏,在各地征收上交诸王功臣的赋税,到年底分给他们,不许他们自己征收,这样便行得通了。"太宗同意他的主意。于是制定全国的赋税：每二户合出丝一斤，作为国家的经费；五户合出丝一斤，作为诸王、功臣分封土地的收入。地税的标准是中等田每亩二升半，上等田三升，下等田二升，水田每亩五升；商税三十税一；盐价白银一两四十斤。正常的赋税额制定以后，朝廷中讨论时以为太轻，楚材说："赋税从轻，仍然会产生贪污的弊端，以后将会有人以增加国家收入为进身之途径，这样的话现在的赋税额就够重的了。"

当时工匠制造物品，随便浪费官府的东西，十之八九都落入了私囊。楚材请求全都加以考核，建立固定的制度。皇帝的侍从脱欢上奏要在天下未出嫁的女子中进行挑选，诏书已发下，楚材拦住不执行，太宗发怒，楚材对他说："过去已挑选了二十八名美女，足够使唤之用。现在又要挑选，我怕会骚扰百姓，正想再向皇帝您报告。"皇帝过了一会才说："可以取消这件事。"又准备征收民间的母马，楚材说："耕种养蚕的地方，不出产马，现在如果推行收马之法，以后一定会成为百姓的祸害。"皇帝又接受了他的意见。

丁酉年，楚材上奏说："制造器具必须用优秀的工匠，要保持已取得的成就必须用儒臣。儒臣的事业，没有几十年的积累，是难以成功的。"太宗说："果真是这样的话，可以让这些人做官。"楚材说："请加以考试选拔。"于是便命宣德州课使刘中到各地去主持考试，分为经义、词赋、论三个科目，还下令让那些被俘为奴的读书人参加考试，主人故意隐藏不让他们应试的处以死刑。总共选中四千三十人，其中因此得脱去奴隶身份的占四分之一。

在先地方州县的长官和吏员中有许多人借商人的钱来偿还欠政府的债务，利息累计为本钱的好几倍，称为羊羔儿利，甚至老婆、孩子都被变卖为奴，还不能抵偿。楚材上奏，下令利息与本钱相等后不许再增加，永远成为固定的制度，民间所欠的债务，由政府来偿还。他还推行统一度量衡、颁发符印、建立钞法、制定统一的征集和买卖货物的办法、布置公文传递信件的系统、确立驿站的使用凭据，各种政务大致完备，百姓多少得到休息。

有两个道士争当头头，彼此都拉拢一批党羽，一个道士诬陷自己对头的党羽中有两个人是逃军，勾结皇帝的侍从和翻译杨惟忠，将对方抓起来施加酷刑杀掉。楚材将杨惟忠拘留审查。侍从上诉，说楚材违反制度，太宗发怒，逮捕楚材，过了一会便后悔了，下令释放。楚材不肯解开捆绑的绳子，对太宗说："我任宰相之职，关系国家的大政。皇帝您开始下令将我捆绑起来，是以为我有罪，应该明白在百官中宣布我的罪行是无法赦免的。现在释放我，是因为我没有罪，这怎么能随便翻来覆去，像戏弄孩子一样呢？如果国家有大事，能这样办吗！"众人都脸上变了颜色。太宗说："我虽然是皇帝，难道就没有错误的举动吗？"于是便用好话来安慰他。楚材乘机献上十条处理当前时务的措施，这十条是：信赏罚，正名分，给俸禄，官功臣，考殿最，均科差，选工匠，务农桑，定土贡，制漕运。都很适合于当前事务，皇帝全都同意施行。

太原路转运使吕振和副使刘子振因为贪污犯罪。太宗责备楚材说："你说过孔子的教导可行，读书人是好人，为什么有这种人？"回答道："国君、父亲教导属臣、子女，不希望使他们去做不应做的事。三纲五常是圣人的教导，管理国家的人没有不遵循的，就像天上有太阳和月亮一样。怎么能因一个人的错误，使得千秋万代经常奉行的学说单单在我们这个朝代废止不行呢！"于是，太宗的恼怒消除了。

富人刘忽笃马、涉猎发丁、刘延玉等用银一百四十万两承包天下的赋税,楚材说:"这些贪图财利的家伙,欺瞒皇帝侵害百姓,危害很大。"上奏皇帝加以取消。经常说:"兴办一件有利的事不如除去一件有害的事,增加一件事不如减省一件事。任尚以为班超的话平淡无奇,但是千年之后,自有定论。以后遭到责难的人,才知道我的话不是胡说。"太宗一贯喜欢喝酒,日日与大臣们开怀痛饮,楚材多次劝说,不听,于是便拿着酒槽的铁口对皇帝:"酒能够使东西朽烂,铁尚且如此,何况是人的五脏呢!"太宗醒悟,对左右侍从说:"你们这些人爱护皇帝和为国忧虑的思想感情,能比得上吾图撒合里吗?"赏给黄金和丝织品,下令侍从以后每天进酒以三种为限。

自从庚寅年制定赋税的规则,到甲午平定河南,每年都有增加。到戊戌年征收的白银增加到一百一十万两。有个翻译名叫安天合,奉承镇海,引进奥都剌合蛮包买赋税,增加为白银二百二十万两。楚材极力争辩,直言规劝,声色俱厉,一面说话一面哭泣。太宗说:"你想打架吗?"又说:"你想为百姓哭泣吗?姑且下令试着做做再说。"楚材不能阻止,于是便叹息说:"百姓的穷困,将从这件事开始了!"

楚材曾与宗王一起吃饭,喝醉了躺在车中。太宗到平坦的野地上看见了,便直接到他的营盘中,登上车用手推他。楚材还在熟睡,正为有人打扰自己而恼怒,突然睁开眼睛,才知道皇帝到来,惊慌着起来道歉,太宗说:"有酒独自喝醉,不愿和我一起高兴吗?"笑着走了。楚材来不及穿齐衣服,赶紧骑马前往皇帝的行宫。太宗为他置办酒席,尽兴才结束。

楚材管理国家政务时间很久,将得到的俸禄分给自己的亲族,从来没有徇私情让他们做官。行省刘敏不慌不忙地向他提及此事，楚材说："使亲族和睦的道理，只应该资助他们以财物。我不能为了照顾私人关系而让他们去做官犯法。"

辛丑年二月三日，太宗皇帝病重，医生说脉搏已不跳动了。皇后不知道做什么才好，将楚材召来询问。楚材回答说："现在任用的官员不合适，出卖官职，打官司要贿赂，囚禁没有罪过的人很多。古人一句好话能使火星退回原来的地方，我请求赦免天下的囚徒。"皇后想马上去做，楚材说："没有皇帝的命令不行。"过了一会，太宗多少有一点苏醒过来，于是便上奏请求宽赦囚犯，皇帝已不能说话，点头同意。当天晚上，医生测到脉搏重新跳动，这正是宣读赦书的时刻，第二天病就好了。冬季十一月四日，太宗将要出去打猎，楚材用太乙数来推算，马上说不能打猎，左右侍从都说："不骑马射箭，就谈不上快乐。"打猎五天，太宗在行营中病死。皇后乃马真氏行施皇帝的权力。特别相信邪恶的回回人，一切政务产生很多混乱。奥都剌合蛮因为包买赋税而掌政府中的大权，朝廷中都怕他，跟着他走。楚材有时当面斥责，有时在朝廷中争辩，说别人不敢说的话，人们都替他担心。

癸卯年五月，火星运行到房星的区域，楚材上奏说："会有惊扰之事发生，但最后会平安度过。"没有多久，朝廷动用军队，事情突然发生，皇后就下令将靠得住的人武装起来，甚至准备向西迁移来躲避面临的危机。楚材说："朝廷是天下的根本，根本一动摇，天下将会动乱。我观察天上星辰的运行，肯定没有灾难。"过了几天就安定下来。皇后将盖在皇帝大印的空白纸张交给奥都剌合蛮，让他自己填写办事。楚材说："天下是先皇帝的天下。朝廷自有法律规章，现在要搅乱，我不敢遵从命令。"这件事因而中止。又有懿旨说："凡是奥都剌合蛮提出的建议，令史如果不记录下来，就切断他的手。"楚材说："国家的典章制度，先皇帝都托付于老臣我维护，令史与此没有关系。事情如果是合理，自然应该照办。如果不能照办的，死都不怕，何况是断手呢！"皇后很不高兴。楚材没完没了的辩论，大声说："老臣我为太祖、太宗服务三十多年，没有对不起国家的地方，皇后也不能没有罪名便将我处死。"皇后虽然对他很不满意，也因为是先朝的有功旧臣，对他既尊敬又畏惧。

甲辰年夏五月，病死，时年五十五岁。皇后哀悼，赠送供丧事用的财物很多。后来有人诬陷楚材，说他担任宰相时间很长，天下进贡的赋税有一半都到了他的家中。皇后派遣侍从麻里扎前去查看，只有琴、阮十余张，以及古今书画、金石、遗文数千卷。至顺元年，赠他以经国议制寅亮佐运功臣、太师、上柱国的头衔，追封为广宁王，谥文正。儿子耶律铉、耶律铸。

元史卷一百四十七

列传第三十四

张　柔

张柔字德刚，易州定兴人，世力农。柔少慷慨，尚气节，善骑射，以豪侠称。金贞祐间，河北盗起，柔聚族党保西山东流寨，选壮士，结队伍以自卫，盗不敢犯。郡人张信，假柔声势，纳流人女为妻，柔鞭信百，而还其女。信憾之，谋结党害柔。未几，信有罪当诛，柔救之得免，于是骁勇之士，多慕义从之。

中都经略使苗道润承制授柔定兴令，累迁（青）〔清〕州防御使。道润表其才，加昭毅大将军，遥领永（宁）〔定〕军节度使，兼雄州管内观察使，权元帅左都监，行元帅府事。继而道润为其副贾瑀所杀，瑀遣使以好辞来告曰："吾得除道润者，以君不助兵故也。"柔怒叱使者曰："瑀杀吾所事，吾食瑀肉且未足快意，反以此言相戏耶！"遂移檄道润部曲，会易州军市川，誓众为之复仇，众皆感泣。适道润麾下何伯祥，得道润所佩金虎符以献，因推柔行经略使事。事闻，加骠骑将军、中都留守，兼大兴府尹、本路经略使，行元帅事。

戊寅，国兵出紫荆口，柔率所部逆战于狼牙岭，马蹶被执，遂以众降，太祖还其旧职，得以便宜行事。柔招集部曲，下雄、易、安、保诸州，攻破贾瑀于孔山，诛瑀，剖其心祭道润。瑀党郭收亦降，尽有其众，徙治满城。

金真定帅武仙，会兵数万来攻，柔以兵数百，出奇迎战，大破之。乘胜攻完州，下之，获州佐甄（仝）〔全〕。（仝）〔全〕慷慨就戮，柔义而释之，且升为守，使将部曲以从。己卯，仙复来攻，败走之，进拔郎山、（祁）〔祁〕阳、曲阳，诸城寨闻之，皆降。既而中山叛，柔引兵围之，与仙将葛铁枪战于新乐，流矢中柔颔，折其二齿，拔矢以战，斩首数千级，擒藁城令刘成，遂拔中山。仙复会兵攻满城，柔登城拒战，复为流矢所中，仙兵大呼曰："中张柔矣。"柔不为动，开门突战，皆败走。略地至鼓城，单骑入城，喻以祸福，城遂降。又败仙于（祈）〔祁〕阳，进攻深、泽、宁、晋、安、平，克之。分遣别将攻下平棘、藁城、无极、栾城诸县，辟地千余里。由是深、冀以北，（镇）〔真〕定以东三十余城，缘山反侧鹿儿、野貍等寨，相继降附。一月之间，与仙遇者凡十有七，每战辄胜。

方献捷于行在所，行次宣德，而易州军叛，逐其守卢应妻子，据西山马头寨。柔闻之，即弃辎重还，出奇计破其寨，而诛叛者，归其妻子。加荣禄大夫、河北东西等路都元帅，号拔都鲁，置官属，将士迁授有差。

燕帅孱赤台数凌柔，柔不为下，乃谮柔于中都行台曰："张柔骁勇无敌，向被执而降，今委以兵柄，战胜攻取，威震河朔，失今不图，后必难制。常欲杀我，我不敢南也。"行台召柔，幽之土室，孱赤台施帐寝其上，环以甲骑，明日将杀之，孱赤台一夕暴死，柔乃得免。金经略使固安王子昌，善战知名，与信安张进连兵，阻水为固，远近惮之。柔出其不意，率兵径渡，生擒以还。

乙酉，真定武仙杀其帅史天倪，其弟天泽使来求援。柔遣骁将乔惟忠等率千余骑赴之，与仙战，败之。遂分遣惟忠、宋演略彰德，徇齐鲁；聂福坚略青、魏、山东。玺书授柔行军千户、保州等处都元帅。丙戌，遣将以兵从国王孛鲁，攻李全于益都，降之。丁亥，移镇保州。保自兵火之余，荒废者十五年，盗出没其间。柔为之画市井，定民居，置官廨，引泉入城，疏沟渠以泻卑湿，通商惠工，遂致殷富；迁庙学于城东南，增其旧制。

壬辰，从睿宗伐金，语其众曰："吾用兵，杀人多矣，宁无冤者。自今以往，非与敌战，誓不杀也。"围汴京，柔军于城西北，金兵屡出拒战，柔单骑陷阵，出入数四，金人莫能支。金主自黄陵冈渡河，次沤麻冈，欲取卫州，柔以兵合击，金主败走睢阳。其臣崔立以汴京降，柔于金帛一无所取，独入史馆，取《金实录》并秘府图书；访求耆德及燕赵故族十余家，卫送北归。遂围睢阳，金主走汝南。汝南恃柴潭为阻，会宋孟珙以兵粮来会，珙决其南，潭水涸。金人惧，启南门求死战，柔以步卒二十余突其阵，促聂福坚先登，擒二校以归。又遣张信据其内隍，诸军齐进，金主自杀。汝南既破，下令屠城，一小校缚十人以待，一人貌独异，柔问之，状元王鹗也，解其缚，宾礼之。入朝，太宗历数其战功，班诸帅上，赐金虎符，升军民万户。

乙未，从皇子阔出拔枣阳，继从大帅太赤攻徐、邳。丁酉，诏屯兵曹武以逼宋。道出九里关，柔欲率所部径往，或言关甚险，宋必设伏，不若与大军俱进。不听，与二十骑直前据关，方解甲而食，宋兵出两山间，围数重，骑皆失色，柔单骑驰突溃围。大军继至，遂达曹武，悉下缘山诸堡，攻洪山寨，破之，遂营山下。柔率众出略地他处，宋兵乘虚来袭，柔还，与之遇，自旦至暮，凡十余战，大败宋师，斩其将校十有三人。遂会诸军取光州，又进趣黄州，破三山寨，至大湖中，得战舰，沿江接战，壁于黄州西北隅。有乘舟出者，柔曰："此侦伺我隙者也，夜必袭吾不备。"乃分军为三以待之。二鼓时，宋师果至，柔遮击之，俘数百人，溺死者不可计。攻其东门，矢石雨注，军少却，柔率死士十余，奋戈大呼，所向仆踣，执俘而还。宋师惧，请和，乃还军。

大帅察罕攻滁州，柔以二百骑往。时庐、泗、盱眙、安丰间，宋屯戍相望，斥候甚严，或劝柔勿行，不听，且战且前，凡二十余战。比至滁，察罕以滁久不拔，欲解去，柔请决战，从之。既阵，宋骁将出挑战，柔佯却，宋将骄，柔驰及之，槌击坠地，宋将执柔辔曳入其阵，飞石中柔鼻，两军哄，柔得还，裹疮复战。夜遣巩彦晖劫其营，焚城东南隅，柔〔率〕锐卒五十七人先登，拔之。己亥，以本官节制河南诸翼兵马征行事，河南三十余城皆属焉。

庚子，诏柔等八万户伐宋。辛丑，升保州为顺天府，赐御衣数袭、名马二、尚厩马百。柔率师自五河口济淮，略和州诸城，师还，分遣部下将千人屯田于襄城。察罕奏柔总诸军镇杞。初，河决于汴，西南入陈留，分而为三，杞居其中潬。宋兵恃舟楫之利，驻亳、泗、犯汴、洛，以扰河南。柔乃即故杞之东西中三山夹河，顺杀水势，筑连城，结浮梁，为进战退耕之计，敌不敢至。会诸军攻破寿州，柔欲留兵守之，察罕不从。又败宋师于泗州，还杞上。帐下吏夹谷显祖得罪亡走，上变诬柔，执柔以北。大臣多以阖门保柔者，卒辨其诬，显祖伏诛。

辛亥，宪宗即位，换授金虎符，仍军民万户。甲寅，移镇亳州。环亳皆水，非舟楫不达，柔甃城壁为桥梁属汴堤，以通商贾之利；复建孔子庙，设校官弟子员。入奏，帝悦，赐衣一袭、翎根甲一、金符九、银符十九，颁将校之有功者。

己未，分裨将张果、王仲仁，从宪宗征蜀；王安国、胡进、田伯荣、宋演，从宗王塔察儿攻荆山；柔从世祖攻鄂。世祖由大胜关，柔由虎头关，与宋兵遇于沙窝，柔子弘彦击破之，进与守关兵战，败之。世祖自阳罗渡江，促柔会兵攻鄂，百余日不能下。世祖谕之曰："吾犹猎者，不能擒圈中豕，野猎以供汝食，汝可破圈而取之。"柔乃令何伯祥作鹅车，洞掘其城，别遣勇士先登，攻其西南陬，屡破之。会宪宗凶问至，宋亦行成，世祖北还，命柔统领蒙古、汉军，以俟后命，城白鹿矶，为久驻计。

中统元年，世祖即位，诏班师。阿里不哥反，世祖北征，诏柔入卫，至庐朐河，有诏止之。分其兵三千五百卫京师，以子弘庆为质。二年，以《金实录》献诸朝，且请致仕，封安肃公，命第八子弘略袭职。

至元三年，加荣禄大夫，判行工部事，城大都。四年，进封蔡国公。五年六月卒，年七十九。赠推忠宣力翊运功臣、太师、开府仪同三司、上柱国，谥武康。延祐五年，加封汝南王，谥忠武。子十有一人，弘略、弘范最显，弘范自有传。

译文：

张柔字德刚，易州定兴人，祖祖辈辈以农为业。张柔小时候就为人慷慨，崇尚气节，善于骑马射箭，以豪爽侠义闻名。金朝贞祐年间，河北出现了许多盗贼，张柔聚集本族人众到西山东流寨自保，他们选拔壮勇之人结成队伍自卫，强盗不敢来犯。同郡人张信，假借张柔的声势，强娶流亡百姓的女子为妻，张柔鞭打张信一百鞭子，把女子退回其家。张信对此非常怨恨，阴谋纠合党羽害死张柔。不久，张信犯罪应当杀头，张柔出面营救，张信才免遭杀头之苦,于是骁勇之士,很多人都仰慕张柔的义气而跟随他。

金国中都经略使苗道润根据天子的授意封张柔为定兴县县令,多次升迁为清州防御使。道润上书称赞张柔的才能,被加封为昭毅大将军,担任名义上的永定节度使,兼任雄州管内观察使,代理元帅左都监,实际行使元帅府权力。不久苗道润被他的副手贾瑀杀死,贾瑀派人用好听的话相告说:"我之所以能够除掉苗道润,原因就在于你没有出兵帮助他。"张柔非常生气地斥责使者说:"贾瑀杀死我所侍奉的人,我吃贾瑀的肉也不足解恨,反拿这话来戏弄我吗?"于是便发公文给道润的旧部,在易州军市川集会,率领众人誓死要为苗道润复仇,众人都被感动得流下了眼泪。适逢道润部下何伯祥得到了苗道润所佩带的金虎符,拿来献给张柔,大家推举张柔行使经略使的权力。天子知道了这件事,加封张柔为骠骑将军、中都留守,兼任大兴府尹、本路经略使,行使元帅权力。

戊寅年,蒙古兵来到紫荆口,张柔率领部下迎战于狼牙岭,因战马跌倒被蒙古人捉住,便率众投降了,太祖成吉思汗允许他担任原来的所有职务,可以根据情况处理事情。张柔召集部下攻克雄、易、安、保几个州,在孔山打败并捉住了贾瑀,将他杀死,挖出心肝来祭祀苗道润。贾瑀的党羽郭收也来投降,苗道润原来的人马都归张柔所有,他把指挥机构迁到了满城。

金朝真定元帅武仙,聚集了数万人马前来进攻,张柔只以数百名士兵迎战,他出奇制胜,大败武仙。乘胜进攻完州,将其攻陷,捉住了州佐甄全,甄全慷慨激昂,引颈受戮,张柔出于义气而释放了他,提拔他为完州守将,命他率领部下跟随自己。己卯年,武仙又来进攻,张柔把他打败,攻克郎山、祁阳、曲阳、其他寨堡得知后,都来投降。不久中山县有人叛变,张柔率军围剿,与武仙部下将领葛铁枪战于新乐,流矢射中张柔的下颏,碰断了他两颗牙齿,张柔拔掉箭头再战,杀死敌兵数千,活捉藁城县令刘成,于是攻克中山县。武仙又集聚士兵攻打满城,张柔登上城墙指挥作战,又一次被流矢射中,武仙的士兵大声呼叫说:"射中张柔了。"张柔不为所动,打开城门左冲右突,武仙所部大败而走。转战到鼓城,张柔单人独骑入城,以祸福晓谕城中百姓,鼓城举城投降。又打败武仙于祁阳,进攻深、泽、宁、晋、安、平诸州,都占领了。又分派大将攻克平棘、藁城、无极、栾城诸县,开辟疆土千余里。从此深、冀二州以北,真定以东三十余城,因沿着大山反复无常的鹿儿、野狸等寨,相继投降。一月之间,与武仙交手十七次,每次战斗都得到了胜利。

张柔正打算到天子处去献捷,走到宣德,便发生了易州军人叛变的事件,守城将领卢应逃走,妻、子都被叛军俘去,叛军占据了西山马头寨。张柔得知消息,便抛弃了粮草车辆,迅速返回,出奇计攻破马头寨,杀死叛军首领,归还了卢应的妻、子。加授荣禄大夫、河北东路、河北西路等路都元帅,赐号为拔都鲁,设置官属,将士依次升迁官职。

燕京元帅屠赤台几次凌辱张柔,张柔不肯屈服,便在中都行台散布张柔的坏话说:"张柔勇敢,没有敌手,过去是被俘之后投降的,现在交给他兵权,打仗能胜,攻城能取,威名震动河朔一带,如果今天不把他搞掉,将来就难以制服他了。他多次想杀掉我,我不敢南下作战了。"行台召见张柔,把他囚禁在一个地下室中,屠赤台在地下室上面摆设了床铺,周围又用军队看守,打算第二天杀死张柔,屠赤台头天晚上突然得病死去,张柔才幸免于难。金国经略使固安人王子昌,以善战闻名,他和信安人张进的部队联合在一起，利用水来巩固自己的地盘，远近都害怕他。张柔出其不意，率兵渡过水区，活捉了王子昌。

乙酉年，真定守将武仙杀死了他的上司——元帅史天倪，天倪的弟弟天泽派人来求援，张柔派部下骁勇将领乔惟忠等人率千余人前往，与武仙作战，并将其打败。于是又分别派乔惟忠、宋演攻彰德，占领齐鲁，聂福坚进攻青州、魏川、山东。天子下诏书封张柔为行军千户、保州等处都元帅。丙戌年，张柔派将领带兵跟随国王孛鲁，在益都进攻李全，迫使他投降。丁亥年，张柔移镇保州。保州自从遭受兵灾、火灾之后，荒废了十五年，强盗出没其间。张柔为保州规划城区，确定百姓居住之地，设置官府，引泉水入城，疏浚沟渠以排泄地势低下之处的流水，招徕商贾，于是保州便富庶起来了。张柔把学校迁往城东南角，扩充原来的规模。

壬辰年，张柔跟随睿宗攻打金国，对部下说："我自用兵以来，杀人很多，其中岂能没有冤枉的？自今以后，不是和敌人作战，发誓不再杀人了。"包围汴京，张柔所率的部队驻扎在城西北。金兵屡次出兵挑战，张柔单枪匹马攻入敌阵，出入好几次，金人支持不住。金国皇帝从黄陵冈渡过黄河，驻扎在沤麻冈，打算占领卫州，张柔率兵进击，金国皇帝失败后逃往睢阳。金国大臣崔立以汴京投降，张柔对于金银布匹一无所取，一个人跑到史馆，取走《金实录》和秘府图书，访求德高望重及燕、赵迁汴的大族十余家，用士兵保护着送往北方。又围睢阳，金哀宗逃往汝南。汝南依仗柴潭天险阻止蒙古人进攻，适逢宋将孟珙带着兵马粮草来与蒙古军会师，孟珙在柴潭南面掘开一个口，潭水很快流干了。金人害怕了，打开南城门决一死战，张柔率步卒二十余人迎战金军，督促聂福坚首先登城，活捉了两个带兵的低级将领。

又派张信占领汝南内城，诸军一齐进攻，金国天子自杀。汝南既被攻破，蒙军统帅下令屠城，一个低级军官捆了十个人等处决，其中一人相貌不凡，张柔讯问，得知是金朝状元王鹗，解开捆绑他的绳子，以宾客之礼对待他。入朝后，太宗（窝阔台）一一叙述他的战功，位在诸将之上，赐给金虎符，升他为军民万户。

乙未年，张柔跟随皇子阔出攻克枣阳，接着跟随大帅太赤攻克徐州、邳州。丁酉年，天子下诏让张柔屯兵曹武以威胁南宋。前往路上必须经过九里关，张柔打算率兵直接通过，有人说九里关地理险要，宋方肯定设立埋伏，不如和大部队一起进发。张柔不听，率领二十九名骑兵直接占领了九里关，正在解甲吃饭时，宋兵从两山间冲出，把张柔等包围了好几层，骑兵们都大惊失色，张柔单枪匹马冲出了重围，接着蒙军大部队相继到来，都到了曹武，[张柔和大军会合]，完全攻占缘山修筑的那些城堡，进攻洪山寨，大破宋军，便在山下安营扎寨。张柔率兵进攻他处，宋兵乘虚偷袭，张柔返回途中，与宋军遭遇，从早到晚，大战十余次，大败宋兵，杀死宋军将领十三人。于是会合诸军攻克光州，又向黄州进发，攻克三山寨，来到大湖中，获得战舰，沿着长江与宋人战斗，设壁垒于黄州西北角。宋兵有乘船而出者，张柔说："这是来侦察我军有没有漏洞的，夜晚必然乘我不防备时发动突然袭击。"于是，便把军队分为三支严阵以待。二更时分，宋兵果然前来袭营，张柔率兵拦击，俘虏数百人，淹死在水中的不计其数。进攻黄州东门，弓箭像雨点般射来，军队稍稍退却，张柔率敢死队十多人，手执兵器，大声呼叫着向前冲，所到之处，宋兵纷纷倒毙，俘虏宋兵多人而回。宋军害怕，请求讲和，张柔才撤回军队。

大元帅察罕进攻滁州，张柔率领二百名骑兵前往。当时庐州、泗州、盱眙、安丰之间，宋朝屯戍之兵接连不断，守卫很严，有人劝张柔不要前往，张柔不听，一边作战，一边前进，共作战二十余次。等他到滁州时，察罕因为滁州久攻不下，打算解围而去，张柔请求决一死战，察罕答应了。两军既摆开阵势，宋军一员骁将出来挑战，张柔假装退却，宋将产生了骄傲情绪，张柔飞赶上了他，把他打翻在地，宋将拉着张柔马匹的辔头拽入宋军阵中，飞石打中了张柔的鼻子，两军瞵闹之际，张柔趁机逃脱，包扎好创伤返身再战。夜晚派巩彦晖偷袭宋营，在城东南角放火，张柔率精锐士兵五十七人登上城墙，攻占了滁州。己亥年，张柔以原有的官职节制河南诸翼兵马征行事，河南有三十多个城池都归他管辖。

庚子年，天子下诏让张柔等八个万户伐宋。辛丑年，保州升为顺天府，赏赐天子穿的衣服数套、名马两匹、上等马棚里的马一百匹。张柔率兵从五河口渡过淮河，进攻和州等城，返回时，又派遣部下率兵千人在襄城屯田。察罕上奏天子，让张柔率领诸军镇守杞州。起初，黄河在汴京决口、水流往西南进入陈留，再分为三支，杞州位于中流的沙滩下。宋军仗着有舟船的便利，驻扎亳州、泗州，进犯汴、洛，骚扰河南。张柔便凭借着杞县故城的东、西、中三座山夹住黄河，减弱水势，筑成一座连在一起的城，架设桥梁，作为进可攻敌退可耕田的堡垒，敌兵不敢来犯。适逢诸军攻破寿州，张柔打算分兵固守，察罕不答应。张柔再次在泗州打败宋兵，还军杞州境内。他手下官吏夹谷显祖犯罪逃走，上书天子诬告张柔叛变，并拘留了张柔到北方去。朝中大臣许多人以全家性命担保张柔无罪，最后洗清了对张柔的诬陷，显祖被杀。

辛亥年，宪宗即天子位，更换了张柔所佩带的金虎符，仍为军民万户。甲寅年，张柔换防驻扎亳州。亳州周围都是水，非船不能进城，张柔用砖把城墙甃为桥梁连接汴堤，以便利通商船只往来；又建孔子庙，设置学官，招收学生。张柔把这些上奏给天子，天子非常高兴，赏给衣服一套、翎根甲一件、金符九枚、银符十九枚，颁发给立有战功的将领。

己未年，张柔派部下将领张果、王仲仁跟宪宗征伐四川；王安国、胡进、田伯荣、宋演跟随宗王塔察儿进攻荆山；张柔跟随世祖进攻鄂州。世祖由大胜关进军，张柔由虎头关进军，与宋兵在沙窝这个地方遭遇，张柔之子弘彦击败宋兵，又前进与守关宋兵作战，把他们打败。世祖从阳罗堡渡过长江，催促张柔和他联合进攻鄂州，攻了一百余日也未攻下。世祖晓谕张柔说："我好比打猎的人，不能够捉到圈中的猪，野味供你食用，你可破圈捉拿。"张柔便命何伯祥制造鹅车，在鄂州城下挖洞，另外派遣勇敢之士先登上城墙，攻打鄂州的西南角，再次打败宋军。适逢宪宗死去的消息传来，宋朝也和蒙军达成了和议，世祖还军北方，命张柔统率蒙古军和汉军，等待命令，建筑白鹿矶城，作长久驻扎的打算。

中统元年，世祖即皇帝位，下诏张柔班师。阿里不哥反叛，世祖北征，下诏让张柔保卫自己安全，张柔走到庐朐河，世祖又下诏制止他北上，分出他的士兵三千五百人保卫京师，以他的儿子弘庆作为人质。中统二年，张柔把《金实录》献给朝廷，并请求告老退休，被封为安肃公，命令他的第八个儿子弘略承袭张柔的职务。

至元三年，天子加封张柔为荣禄大夫，以高官兼任行工部事，修建大都城。四年，进封为蔡国公。五年六月去世，享年七十九岁。追赠为推忠宣力翊运功臣、太师、开府仪同三司、上柱国，谥号武康。延祐五年，加封为汝南王，谥号忠武。有儿子十一人，弘略、弘范最著名，弘范自有传。

史天倪

史天倪字和甫，燕之永清人。曾祖伦，少好侠，因筑室发土得金，始饶于财。金末，中原涂炭，乃建家塾，招徕学者，所藏活豪士甚众，以侠称于河朔，士族陷为奴虏者，辄出金赎之。甲子，岁大侵，发粟八万石赈饥者，士皆争附之。祖成珪，倜傥有父风。遭乱，盗贼四起，乃悉散其家财，唯存廪粟而已。

父秉直，读书尚气义。癸酉，太师、国王木华黎统兵南伐，所向残破，秉直聚族谋曰："方今国家丧乱，吾家百口，何以自保！"既而知降者皆得免，乃率里中老稚数千人，诣涿州军门降。木华黎欲用秉直，秉直辞而荐其子，乃以天倪为万户，而命秉直管领降人家属，屯霸州。秉直拊循有方，远近闻而附者，十余万家。寻迁之漠北，降人道饥，秉直得所赐牛羊，悉分食之，多所全活。甲戌，从木华黎攻北京，乙亥，北京降，木华黎承制，以乌野儿为北京路都元帅，秉直行尚书六部事，主馈饷，军中未尝乏绝。庚寅，以老谢事，归乡里。卒，年七十一。三子：长天倪，次天安，次天泽。天泽自有传。

天倪始生之夕，白气贯庭。成童，姿貌魁杰。有道士见而异之曰："封侯相也。"及长，好学，日诵千言。大安末，举进士不第，乃叹曰："大丈夫立身，独以文乎哉！使吾遇荒鸡夜鸣，拥百万之众，功名可唾手取也。"木华黎见而奇之。既以万户统诸降卒，从木华黎略地三关已南，至于东海，所过城邑皆下。因进言于木华黎曰："金弃幽燕，迁都于汴，已失策矣。辽水东西诸郡，金之腹心也。我若得大宁以扼其喉襟，则金虽有辽阳，终不能保矣。"木华黎善之。

先，伦卒时，河朔诸郡结清乐社四十余，社近千人，岁时像伦而祠之。至是，天倪选其壮勇万人为义兵，号清乐军，以从兄天祥为先锋，所向无敌，分兵略三河、蓟州，诸寨望风款服。甲戌，朝太祖于燕之崆殿，所陈皆奇谋至计，大称旨，赐金符，授马步军都统，管领二十四万户。从木华黎攻高州，又从攻北京，皆不战而克。

乙亥，授右副都元帅，改赐金虎符。奉诏南征，围平州，金经略使乞住降。进兵真定，所属部邑无不款附。而真定帅武仙，固守不下，遂移军围大名，众谓城坚不可击，天倪使攻其西南角，劲卒屡上屡却，天倪先登，守者辟易，遂破其城。丙子，会木华黎兵于燕南，清州监军王守约、平州推官合达，俱以城叛，连谋越海归金，天倪追袭至乐安，合达以益都行省忙古兵来拒，败之，杀守约，擒忙古，斩首万级。

丁丑，徇山东诸郡，部卒有杀民豕者，立斩以徇，军中肃然；远近响应，知中山李明、赵州李瑀、邢州武贵、威州武振、磁州李平、洺州张立等，望风皆下。己卯，从木华黎徇河东，至绛州，其团楼瓮以石，牢不可破，天倪命穴其旁，地虚，楼陷，遂拔之。木华黎喜，赏以绣衣、金鞍、名马。庚辰，还军真定，武仙降。木华黎承制以天倪为金紫光禄大夫、河北西路兵马都元帅，行府事；仙副之。天倪乃言于木华黎曰："今中原粗定，而所过犹纵钞掠，非王者吊民伐罪意也。且王奉天子命，为天下除暴，岂复效其所为乎！"王曰"善。"下令：敢有剽虏者，以军法从事。辛巳，金怀州元帅王荣、潞州元帅裴守谦、泽州太守王珍皆以城降。壬午，攻济南水寨，破之。

癸未，徇山西，遂克三关，不浃旬，定四十余寨。兵至河卫，喜曰："河卫者，夷门之限也。河卫既破，则夷门不能守矣。"严实以兵来会，请自攻河卫，天倪曰："合达、蒲瓦，亦勍敌也。"实曰："易与耳，保为公破之。"明日，实与蒲瓦兵遇于南门，合达兵自北奄至，实兵败，竟为所执。天倪曰："合达以实归汴，必以今夕。"急命冯存、杜必贵，率壮士一千三百，伏延津柳渡。果夜缚实过延津，遇存等，与战，败之，实得脱归，必贵战死。未几，帝命天倪回军真定。

甲申夏，大名总管彭义斌以宋兵犯河朔，天倪逆战于恩州，义斌败，入保大名。乙酉，师还，闻武仙之党据西山腰水、铁壁二寨以叛，天倪直捣其巢穴，尽掩杀之。仙怒，谋作乱，乃设宴邀天倪，有知其谋者，止天倪毋往，天倪不从，遂为仙所杀。

天倪之赴真定也，秉直密戒之曰："观武仙之辞气，终不为我用，宜备之。"天倪曰："我以赤心待人，人或相负，天必不容，愿无虑。"秉直乃携其孙楫、权还北京。至是，人服其先识。先是，天倪击鞠夜归，有大星陨马前，有声，心恶之，果及祸。天倪死时，年三十九。妻程氏，闻乱，恐污于贼，乃自杀。子五人，其三人尚幼，俱死于难，惟楫、权在。

译文：

　　史天倪字和甫，燕京属县永清人。曾祖史伦，年轻时喜爱行侠仗义，因建造房屋挖土得到黄金，家中才开始富有。金朝末年，中原地区混乱不堪，史伦便建立家塾，招揽学者任教，赈济了很多豪杰侠士，以侠义闻名于河朔，读书人被俘虏为奴隶的，常出金帛赎出。甲子年，河朔发生了大饥荒，史伦拿出八万石粮食赈济挨饿的人，读书人都争先恐后归附他。天倪的祖父叫成珪，风流倜傥，有父亲的风度。因值战乱年代，盗贼四起，成珪便全部散出自己的家财，仅保留了仓库中的粮食。

天倪的父亲秉直，读书崇尚义气。癸酉年，太师、国王木华黎率兵南伐，所过之处，一片荒凉残破，秉直聚集族众商议说："如今国家失去宁静，一片混乱，我们家有一百多口人，怎样才能保全！"不久知道凡是投降蒙古人的，都可以得到保全，便率领村中老人、小孩数千口，到涿州蒙军大营投降。木华黎打算重用秉直，秉直推辞而推荐自己的儿子，木华黎便任命天倪为万户，任命秉直管领投降人的家属，屯驻霸州。秉直抚恤有方，远近慕名来归附者，先后有十余万家。不久，有旨把这些降人迁往漠北，行至中途，发生了饥荒，秉直把上司赏赐给自己的牛羊全部分给降人吃，很多人才得以活下来。甲戌年，秉直跟随木华黎进攻北京，乙亥年，北京投降，木华黎根据天子的授意，以乌野儿为北京路都元帅，秉直主管尚书六部事务，负责军队的粮饷，军中从来没有匮乏过。庚寅年，因年老不再担任行政职务，回到故乡，死时年七十一岁。三个儿子：长子天倪，次子天安，再次天泽。天泽另外有传。

天倪诞生的那天晚上，有白气一道从他家庭院中穿过。童年时，相貌魁伟，与众不同。有位道士见了他，很惊奇地说："这个孩子是封侯的相貌。"长大以后，喜爱读书，每日朗诵一千页书。大安末年，应考进士不中，叹息说："大丈夫立身处世，难道只能凭文章吗？如果我遇到荒鸡夜鸣，群雄相争的时代，我带上百万人马，功名富贵可以唾手而得了。"木华黎见到天倪后，暗暗称奇。天倪既以万户身份统领投降士兵，跟随木华黎进攻三关以南，直到东海，所经过的城池都被攻下。于是便向木华黎献计说："金国的放弃幽燕之地，迁都于汴梁，已经是很失策了。辽水东面和西面的几个郡，是金朝的腹心地区，我军如果得到大宁，扼住金国的喉襟，那么，金国就是占有辽阳，最后也难以保全了。"木华黎认为他说得很对。

起初，史伦逝世时，河朔几个郡聚结起来的清乐社有四十多个，每社接近千人，每年都挂史伦的像祭祀他。这时，天倪便挑选社中强壮勇敢的人一万人作为义兵，号称清乐军，以叔伯兄弟天祥为先锋，所过之处，没有敌手，分手进攻三河、蓟州，诸寨望风投降。甲戌年，天倪在燕京的幄殿朝见太祖成吉思汗，所说的都是奇谋妙计，很得太祖的欢心，赏赐他金符，封他为马步军都统，管领二十四万户。跟随木华黎进攻高州，又跟随他攻北京，都不战而下。

乙亥年，被授予右副都元帅之职，改赐金虎符。奉天子之命南征，围困平州，金国经略使乞住投降。进兵真定，真定所属城池没有不投降的，只有真定帅武仙固守，一时攻不下来，便转移军队围攻大名，众人都说大名城池坚固不可攻击，天倪派人攻击城墙的西南角，精锐士兵多次攻上城头但都又退了下来，天倪抢先登上城墙，守城者逃跑，于是便攻破了真定城。丙子年，与木华黎会师于燕京之南，青州监军王守约、平州推官合达，都占据城池叛变，他们商议渡海降金，天倪尾追袭击，一直追到乐安，合达派益都行省忙古率兵抵御，被天倪打败，杀死守约，捉获忙古，斩首一万余颗。

丁丑年，天倪进攻山东各郡，部下士兵中有人杀死百姓家的猪，天倪马上斩首示众，军中安静了下来；远近响应，中山县知县李明、赵州李瑀、邢州武贵、威州武振、磁州李平、洺州张立等，望风投降。己卯年，天倪跟随木华黎攻河东，行至绛州，州城的团楼是用石头垒成的，坚不可破，天倪命人在团楼旁挖坑，土地空虚，团楼陷落土中，终于夺取了绛州。木华黎大喜，赏赐他绣衣、金鞍、名马。庚辰年，天倪率军回到真定，武仙投降。木华黎根据天子授意封天倪为金紫光禄大夫、河北西路兵马都元帅，行使元帅府权力，武仙为副手。天倪对木华黎说："如今中原已经粗略地安定了，但大军所过之外，仍然纵容他们抢掠，这不是王者之师吊民伐罪的本意。况且大王您奉天子之命，为天下人除去强暴之人，怎能仿效他们去干那些事呢？"木华黎说："你说得好。"下命令说：敢有剽劫抢掠的，以军法从事。辛巳年，金国怀州元帅王荣、潞州元帅裴守谦、泽州太守王珍都以城投降。壬午年，天倪攻打济南水寨，攻破并加以占领。

癸未年，天倪攻打山西，占领三关，不到十天，平定四十余寨。大兵到达河卫，高兴地说："河卫这个地方，是夷门的门槛，河卫既被攻下，夷门就守不住了。"严实引兵来会师，请求自己去攻打河卫，天倪说："合达、蒲瓦，也是劲敌啊！"严实说："这容易对付，我保证为你击败他们。"第二天，严实与蒲瓦在河卫的南城门相遇，合达率兵从北边突然杀来，严实兵败，竟被金兵捉住。天倪说："合达把严实押往汴京，必然在今天晚上行动。"马上命令冯存、杜必贵率领精兵一千三百名，埋伏在延津柳渡这个地方。合达果然在夜间绑着严实通过延津，和冯存等遭遇，双方开战，打败金兵，严实得以逃脱，杜必贵战死。不久，天子命天倪率军返回真定。

甲申年夏天，大名总管彭义斌率宋兵进犯河朔，天倪迎战于恩州，义斌战败，跑入大名城中固守。乙酉年，天倪率军返回，听说武仙的党羽占据西山的腰水、铁壁两寨叛变，天倪进军直捣他们的巢穴，全部把他们杀死。武仙十分恼怒，阴谋作乱，便设宴邀请天倪，有知道他阴谋的人，劝阻天倪不要前往，天倪不听，于是被武仙杀害。

天倪去真定时，秉直秘密告诫他说："我观察武仙的言辞和气色，最后也不会为我所用，应该防备他。"天倪说："我用真心对待别人，别人如果做对不起我的事，上天必然不会宽容他，请你不要多虑。"秉直便携带着他的孙子楫、权回北京。到这时，人们才佩服他有先见之明。起初，天倪击鞠晚上归来，有一颗大星坠落马前，带着声音，心里很厌恶，果然遭到了灾难。天倪死时，年三十九岁。妻子程氏，听说叛乱，恐被贼寇玷污，便自杀身死。有子五人，其中三人还年幼，都死于这次灾难中了，只有楫、权二人还活着。

元史卷一百五十六

列传第四十三

董文炳

董文炳字彦明，俊之长子也。父殁时年始十六，率诸幼弟事母李夫人。夫人有贤行，治家严，笃于教子。文炳师侍其先生，警敏善记诵，自幼俨如成人。

岁乙未，以父任为藁城令。同列皆父时人，轻文炳年少，吏亦不之惮。文炳明于听断，以恩济威。未几，同列束手下之，吏抱案求署字，不敢仰视，里人亦大化服。县贫，重以旱蝗，而征敛日暴，民不聊生。文炳以私谷数千石与县，县得以宽民。前令因军兴乏用，称贷于人，而贷家取息岁倍，县以民蚕麦偿之。文炳曰："民困矣，吾为令，义不忍视也，吾当为代偿。"乃以田庐若干亩计直与贷家，复籍县闲田与贫民为业，使耕之。于是流离渐还，数年间民食以足。朝廷初料民，令敢隐实者诛，籍其家。文炳使民聚口而居，少为户数。众以为不可，文炳曰："为民获罪，吾所甘心。"民亦有不乐为者，文炳曰："后当德我。"由是赋敛大减，民皆富完。旁县民有讼不得直者，皆诣文炳求决。文炳尝上谒大府，旁县人聚观之，曰："吾亟闻董令，董令顾亦人耳,何其明若神也!"时府索无厌,文炳抑不予。或谗(知)〔之〕府,府欲中害之,文炳曰:"吾终不能剥民求利也。"即弃官去。

世祖在潜藩,癸丑秋,受命宪宗征南诏。文炳率义士四十六骑从行,人马道死殆尽。及至吐番,止两人能从,两人者挟文炳徒行,踯躅道路,取死马肉续食,日行不能三二十里,然志益厉,期必至军。会使者过,遇文炳,还言其状。时文炳弟文忠先从世祖军,世祖即命文忠解尚厩五马载糇粮迎文炳。既至,世祖壮其忠,且闵其劳,赐赉甚厚。有任使皆称旨,由是日亲贵用事。

己未秋,世祖伐宋,至淮西台山寨,命文炳往取之。文炳驰至寨下,谕以祸福,不应,文炳脱胄呼曰:"吾所以不极兵威者,欲活汝众也,不速下,今屠寨矣。"守者惧,遂降。九月,师次阳罗堡。宋兵筑堡于岸,陈船江中,军容甚盛。文炳请于世祖曰:"长江天险,宋所恃以为国,势必死守,不夺其气不可,臣请尝之。"即与敢死士数十百人当其前,率弟文用、文忠,载艨艟鼓櫂疾趋,叫呼毕奋。锋既交,文炳麾众趋岸搏之,宋师大败。命文用轻舟报捷,世祖方驻香炉峰,因策马下山问战胜状,则扶鞍起立,竖鞭仰指曰:"天也!"且命他师毋解甲,明日将围城。既渡江,会宪宗崩。闰十一月,班师。

庚申,世祖即位于上都,是为中统元年,命文炳宣慰燕南诸道。还奏曰:"人久弛纵,一旦遽束以法,不可。危疑者尚多,宜赦天下,与之更始。"世祖从之,反侧者遂安。二年,擢山东东路宣抚使。方就道,会立侍卫亲军,帝曰:"亲军非文炳难任。"即遥授侍卫亲军都指挥使,佩金虎符。

三年,李璮反济南。璮剧贼,善用兵。文炳会诸军围之,瑄不得遁。久之，贼势日蹙，文炳曰："穷寇可以计擒。"乃抵城下，呼瑄将田都帅者曰："反者瑄耳，余来即吾人，毋自取死也。"田缒城降。田，瑄之爱将，既降，众遂乱，禽瑄以献。瑄兵有浙、涟两军二万余人，勇而善战，主将怒其与贼，配诸军，使阴杀之。文炳当杀二千人，言于主将曰："彼为瑄所胁耳，杀之恐乖天子仁圣之意。向天子伐南诏，或妄杀人，虽大将亦罪之，是不宜杀也。"主将从之。然他杀之者已众，皆大悔。

瑄伏诛，山东犹未靖，乃以文炳为山东东路经略使，率亲军以行。出金银符五十，有功者听与之。闰九月，文炳至益都，留兵于外，从数骑衣冠而入。居府，不设警卫，召瑄故将吏立之庭，曰："瑄狂贼，诖误汝等。瑄已诛死，汝皆为王民，天子至仁圣，遣经略使抚汝，当相安毋惧。经略使得便宜除拟将吏，汝等勉取金银符，经略使不敢格上命不予有功者。"所部大悦，山东以安。

至元三年，帝惩李瑄之乱，欲潜销方镇之横，以文炳代史氏两万户为邓州光化行军万户、河南等路统军副使。到官，造战舰五百艘，习水战，预谋取宋方略，凡陉塞要害皆列栅筑堡，为备御计。帝尝召文炳密谋，欲大发河北民丁。文炳曰："河南密迩宋境，人习江淮地利，宜使河北耕以供军，河南战以辟地。俟宋平，则河北长隶兵籍，河南削籍为民。如是为便。又将校素无俸给，连年用兵，至有身为大校出无马乘者。臣即所部千户私役兵士四人，百户二人，听其雇役，稍食其力。"帝皆从之，始颁将校俸钱，以秩为差。

七年，改山东路统军副使，治沂州。沂与宋接境，镇兵仰内郡饷运。有诏和籴本部，文炳命收州县所移文。众谏以违诏，文炳曰："但止之。"乃遣使入奏，略曰："敌人接壤，知吾虚实,一不可;边民供顿甚劳,重苦此役,二不可;困吾民以惧来者,三不可。"帝大悟,罢之。九年,迁枢密院判官,行院事于淮西。筑正阳两城,两城夹淮相望,以缀襄阳及捣宋腹心。

十年,拜参知政事。夏,霖雨,水涨,宋淮西制置使夏贵帅舟师十万来攻,矢石雨下,文炳登城御之。一夕,贵去复来,飞矢贯文炳左臂,着胁。文炳拔矢授左右,发四十余矢。箙中矢尽,顾左右索矢,又十余发,矢不继,力亦困,不能张满,遂闷绝几殆。明日,水入外郭,文炳麾士卒却避,贵乘之,压军而阵。文炳病创甚,子士选请代战,文炳壮而遣之,复自起束创,手剑督战。士选以戈击贵将仆,不死,获之以献。贵遂去,不敢复来。

是岁,大举兵伐宋,丞相伯颜自襄阳东下,与宋人战阳罗堡。文炳以九月发正阳,十一年正月会伯颜于安庆。安庆守将范文虎以城降。文炳请于伯颜曰:"大军既疲于阳罗堡,吾兵当前行。"伯颜许之。宋都督贾似道来御,师陈于芜湖,似道弃师走。次当涂,文炳复言于伯颜曰:"采石当江之南,和州对峙,不取,必有后顾。"遂进攻之,降知州事王喜。

三月,有诏以时向暑热,命伯颜军驻建康,文炳军驻镇江。时扬州、真州坚守不下,常州、苏州既降复叛。张世杰、孙虎臣约真、扬兵誓死战,真、扬兵战每败,不敢出。世杰等陈大舰万艘,碇焦山下江中,劲卒居前。文炳身犯之,载士选别船。弟之子士表请从,文炳顾曰:"吾弟仅汝一子,脱吾与士选不返,士元、士秀犹足杀敌,吾不忍汝往也。"士表固请,乃许。文炳乘轮船,建大将旗鼓,士选、士表船翼之,大呼突阵,诸将继进,飞矢蔽日。战酣,短兵相接,宋兵亦殊死战,声震天地,横尸委仗,江水为之不流。自寅至午,宋师大败,世杰走,文炳追及于夹滩。世杰收溃卒复战，又破之，遂东走于海。文炳船小，不可入海，夜乃还。俘甲士万余人，悉纵不杀，获战船七百艘，宋力自此遂穷。

十月，请军分三道而进，文炳居左，由江并海趋临安。先是，江阴军佥判李世修欲降不果，文炳檄谕之，世修以城来附，令权本军安抚使。所过民不知兵，凡获生口，悉纵遣之，无敢匿者，威信前布，皆望旗而服。张瑄有众数千，负海为横，文炳命招讨使王世强及士选往降之。士选单舸至瑄所，谕以威德，瑄降，得海舶五百。

十三年春正月，次盐官。盐官，临安剧县，俟救至，招之再返不下。将佐请屠之，文炳曰："县去临安不百里，声势相及，临安约降已有成言，吾轻杀一人，则害大计，况屠一县耶？"于是遣人入城谕意，县降。遂会伯颜于临安城北。张世杰欲以其主逃之海，文炳绕出临安城南，戍浙江亭。世杰计不行，乃窃宋主弟吉王昰、广王昺南走，而宋主显遂降。

伯颜命文炳入城，罢宋官府，散其诸军，封库藏，收礼乐器及诸图籍。文炳取宋主诸玺符上于伯颜。伯颜以宋主入觐，有诏留事一委文炳。禁戢豪猾，抚慰士女，宋民不知易主。时翰林学士李槃奉诏招宋士至临安，文炳谓之曰："国可灭，史不可没。宋十六主，有天下三百余年，其太史所记具在史馆，宜悉收以备典礼。"乃得宋史及诸注记五千余册，归之国史院。宋宗室福王与芮赴京师，遍以重宝致诸贵人，文炳独却不受。及官录与芮家，具籍受宝者，惟文炳无名。伯颜入朝奏曰："臣等奉天威平宋，宋既已平，怀徕安集之功，董文炳居多。"帝曰："文炳吾旧臣，忠勤朕所素知。"乃拜资德大夫、中书左丞。

时张世杰奉吉王昰据台州，而闽中亦为宋守。敕文炳进兵，所过禁士马无敢履践田麦,曰:"在仓者吾既食之,在野者汝又践之,新邑之民何以续命。"是以南人感之,不忍以兵相向。次台州,世杰遁。诸将先俘州民,文炳下令曰:"台人首效顺于我,我不暇有,故世杰据之,其民何罪。敢有不纵所俘者,以军法论。"得免者数万口。至温州,温州未下,令曰:"毋取子女,毋掠民有。"众曰:"诺。"其守将火城中逃,文炳亟命灭火,追擒其将,数其残民之罪,斩以徇。逾岭,闽人扶老来迎,漳、泉、建宁、邵武诸郡皆送款来附。凡得州若干、县若干、户口若干。闽人感文炳德最深,庙而祀之。

十四年,帝在上都,适北边有警,欲亲将北伐。正月,急召文炳。四月,文炳至自临安。比至,帝日问来期。及至,即召入。文炳拜稽首曰:"今南方已平,臣无所效力,请事北边。"帝曰:"朕召卿,意不在是也。竖子盗兵,朕自抚定。山以南,国之根本也,尽以托卿。卒有不虞,便宜处置以闻。中书省、枢密院事无大小,咨卿而行,已敕主者,卿其勉之。"文炳避谢,不许,因奏曰:"臣在临安时,阿里伯奉诏检括宋诸藏货宝,追索没匿甚细,人实苦之。宋人未洽吾德,遽苦之以财,恐非安怀之道。"即诏罢之。又曰:"昔者泉州蒲寿庚以城降,寿庚素主市舶,谓宜重其事权,使为我扞海寇,诱诸蛮臣服,因解所佩金虎符佩寿庚矣,惟陛下恕其专擅之罪。"帝大嘉之,更赐金虎符。燕劳毕,即听陛辞。文炳求见皇太子,帝许之,复敕太子曰:"董文炳所任甚重,见毕即遣行。"既见,慰谕恳至。文炳留士选宿卫,即日就道,凡在上都三日。

至大都,更日至中书、枢密,不署中书案。平章政事阿合马方恃宠用事,生杀任情,惟畏文炳,奸状为之少敛。尝执笔请曰:"相公官为左丞,当署省案。"请至再四,不肯署。皇太子闻之，谓宫臣竹忽纳曰："董文炳深虑，非尔曹所知。"后或私问其故，文炳曰："主上所付托者，在根本之重，非文移之细。且吾少徇则济奸，不徇则致谗。谗行则身危，而深失付托本意。吾是以预其大政，而略其细务也。"

十五年夏，文炳有疾，奏请解机务，诏曰："大都暑炽，非病者宜，卿可来此，固当愈。"文炳至上都，奏曰："臣病不足领机务，西北高寒，筋骸舒畅，当复自愈，请尽力北边。"帝曰："卿固忠孝，是不足行也。枢密事重，以卿佥书枢密院事，中书左丞如故。"文炳辞，不许，遂拜。八月天寿节，礼成赐宴，帝命坐文炳上坐，谕宗室大臣曰："董文炳，功臣也，理当坐是。"每尚食，上食辄辍赐文炳。是夜，文炳疾复作，敕赐御医日来诊视。九月十三日，疾笃，洗沐而坐，召文忠等曰："吾以先人死王事，恨不为国死边，今至此，命也。愿董氏世有男能骑马者，勉力报国，则吾死瞑目矣。"言毕，就枕卒。帝闻，悼痛良久，命文忠护丧葬藁城，令所过有司以礼吊祭，赠金紫光禄大夫、平章政事，谥忠献。子士元、士选。

译文：

董文炳字彦明，董俊的长子。父亲死时年仅十六岁，文炳便率领几个年幼的弟弟伏侍母亲李夫人。夫人很贤德，治家很严，教子认真。文炳拜侍其先生为师，机警敏捷善于记诵，自小便像成人一样。

乙未年，因为父亲的缘故任藁城令。他的同事都是父亲那一代人，因文炳年轻而看不起他，手下官吏也不怕他。文炳善于判断处理事情，往往用恩惠去成就威严。不久，他的同僚束手听命，自己承认才干不如文炳。官吏抱着案牍请他审批，不敢抬头看他，藁城的百姓都遵从他的教化。藁城是个穷县，又加上旱灾蝗灾，而横征暴敛日甚一日，弄得百姓无法生活。文炳拿出自己私人的数千石稻谷交给县里，县里这笔稻谷使百姓生活稍有改善。前任县令因为军队兴起缺乏费用，向别人借钱，而借钱的人每年取一倍的利息，县里拿百姓的蚕麦抵偿债务。文炳说："百姓实在是困乏，我作为县令，不忍心看着百姓这样，应当替百姓还债。"便把田地若干亩作成价给予贷款的人，又登记县中闲田给穷人为产业，让他们耕种。于是流亡的百姓逐渐归来，几年之间百姓吃饭问题解决了。朝廷起初统计人口，下令敢有隐瞒不实者，没收其家财产。文炳让百姓把人口聚集在一起居住，尽量减少户数。众人认为这样做不妥当，文炳说："为百姓得罪，我心甘情愿。"百姓有不乐意这样做的，文炳说："以后他会感谢我。"从此赋税大大减少，百姓都很富足殷实。其他县的百姓有打官司得不到公平处理的，都找文炳请求帮助解决。文炳曾经去拜见上级官府的官员，其他县的人都聚集在一起观看，说："我多次听人家说过董县令，他看来也是人呀，为什么像神灵那样圣明呢！"当时上级官府索要财物没有满足的时候，文炳都不肯给。有人在上级官府说文炳的坏话，上级官府的官员打算伤害文炳，文炳说："我无论如何也不会剥削百姓为自己谋私利。"便弃官而去。

世祖还是一名普通藩王时，癸丑年秋天，奉宪宗的命令征伐南诏。文炳率领义士四十六人骑马从行，人马在半路上差不多都死光了。等到吐番时，只有两人能够跟着行走，这两个人扶持着文炳步行，在道路上缓慢行走，用死马肉当作干粮，每天行走不到三十里，但是志向越发坚定，期望一定到达军中。适逢使者经过，遇到了文炳，回来向世祖报告了情况。当时文炳的弟弟文忠已经先跟随世祖在军中,世祖就命令文忠牵出上等马棚里的五匹马,带着干粮去迎接文炳。文炳到大营后,世祖很是赞赏他的勇敢,并且怜惜他的功劳,赏赐东西很多。凡世祖叫他办的事,都很圆满地完成任务,从此一天比一天得到信任。

己未年秋天,世祖伐宋,到来淮西台山寨,命文炳前去拿下寨子。文炳驰马来到寨下,以祸福晓谕寨中人,他们不答应,文炳脱掉甲胄大声呼叫说:"我之所以没有用重兵攻打,是想让你们大家活命,不赶快投降,马上就要屠寨了。"守寨的人害怕了,便投降了。九月间,军队驻扎在阳逻堡。宋兵在岸上筑有堡垒,长江里陈设有船只,军容非常强壮。文炳向世祖请求说:"长江是天险,宋朝依仗着长江才能够立国,势必死守,不挫败他们的锐气,就无法打败他们,为臣请求作一次渡江的尝试。"便率领敢死士兵数千人一马当先,率领弟弟文用、文忠乘着艨艟战舰,挥动船桨疾速前进,高呼号叫,以鼓励士气。两军交火之后,文炳指挥士兵跑到岸边和宋兵搏斗,宋兵被打得大败。文炳命令文用用小船向世祖报告胜利消息,世祖正驻扎在香炉峰,于是骑马下山询问战胜的情况,并扶着马鞍站起来,竖起鞭子往上指着说:"这是天意呀!"随即命令其他军队不要脱掉盔甲,明天准备围攻鄂州城。蒙兵渡过长江后,适逢宪宗崩逝,闰十一月,世祖班师回朝。

庚申年,世祖在上都即位,这年是中统元年,命令文炳担任燕南几个道的宣慰使。他回来后上奏说:"人们都放松惯了,猛然之间用法律来约束,是不妥当的。对我朝不信任者还有很多人,应该大赦天下,与百姓重新开始生活。"世祖答应了,对新王朝不信任的人也安定下来了。中统二年,文炳升任山东东路宣抚使。正当他赶路时,适逢朝廷建立侍卫亲军,世祖说:"亲军除了文炳,别人难以担任。"便遥授他为侍卫亲军都指挥使,佩带金虎符。

中统三年,李璮反于济南,他是大叛乱头目,善于用兵。文炳会合诸道之兵包围他,使他无法逃遁。时间长了,贼寇的势力一天天削弱下去,文炳说:"穷途末路的贼寇可以用计擒获。"便抵达城下,招呼李璮的部下将领田都帅这个人说:"反叛的只李璮一人,其余的都是自己人,不要自取灭亡。"田都帅便从城墙上爬下来,到文炳处投降。田都师是李璮的心腹将领,他既投降,军队一片混乱,活捉了李璮献给蒙军主帅。李璮的军队中有浙军、涟军两万余人,勇敢善战,蒙军主帅恼恨他们跟随贼寇,便分配这些人到各支蒙军中,命令把这些人暗中杀掉。文炳应当杀死二千人,他对主帅说:"他们是被李璮裹挟的人,杀掉他们恐怕违背朝廷仁圣的本意。从前天子征伐南诏,有人随便杀人,就是大将也要治他的罪,这些人不应该杀呀。"主帅接受了这个意见,但是其将领杀死了很多降兵,都非常后悔。

李璮被处死,山东仍未平静,天子便任命董文炳为山东东路经略使,让他亲自率军前往。朝廷出金、银符节五十枚,听任文炳奖给立功的人。闰九月,文炳到达益都,把兵留在城外,只带几名随从,骑着马,衣冠整齐地进入城中。居住在官府中,不设警卫,召集李璮过去的官吏立在庭下,对他们说:"李璮是个发疯的贼寇,牵累了你们。如今李璮已被处死,你们都是天子的臣民,天子非常仁圣,派经略使安抚你们,你们可以平安过活,不要害怕。经略使将根据情况任命官吏,你们要勉励自己取得金银符命。经略使不敢阻挠天子的命令,不奖赏那些有功的人。"李璮原来的部下非常高兴,山东安定了下来。

至元三年,世祖苦于李璮叛乱带来的后果,打算暗中削除藩镇的专横跋扈，以文炳代替史家万户为邓州光化行军万户，河南等路统军副使。文炳到任后，造战舰五百艘，演习水战，预先筹划进攻南宋的方略，凡是险要去处都设置栅栏，修筑堡垒，作为防备之计。世祖曾召见文炳密谋，打算大规模征发河北民丁，文炳说："河南紧密连着宋朝国境，人人都熟悉江淮地理环境，应该让河北人耕种，以供应部队粮食，河南人作战，以开辟土地。等到宋朝平定后，让河北人长期隶属于军籍，河南人削军籍当百姓，这样才方便。还有，部队军官向来没有俸禄，甚至有身为大将出去还没有马匹乘坐。为臣部下千户私自让士兵四人服劳役，百户让两个士兵服劳役，应该让他们出钱雇用夫役，使夫役用力气换钱。"世祖都采纳了，开始发给将校俸禄，按官阶的高低分出等级。

至元七年，文炳改任山东路统军副使，治所设在沂州。沂州与南宋接壤，镇守的士兵仰赖内地郡县运送粮饷。天子下诏在本部实行和籴，文炳命令收回州县所发的文件。众人劝阻他说，这样做便违背了诏令，文炳说："你们尽管停止执行吧。"于是就派人上奏天子，大意是说："敌人和我方接壤，知道我方虚实，一不可；边境百姓张罗供应军队非常辛苦，再困于和籴，二不可；边境百姓穷困，外边人便不敢来了，三不可。"天子马上省悟，下诏停止和籴。九年，文炳升为枢密院判官，在淮西处理公务。修筑正阳县两座城，两城隔着淮河相望，以连接襄阳，直捣宋朝腹心之地。

至元十年，文炳升任参知政事。这年夏天，淫雨连绵，江水陡涨，宋朝淮西制置使夏贵率领水军十万前来进攻，箭和石头像雨点一般落下，文炳登城防御。一天晚上，夏贵去而复来，流矢穿过文炳左臂，伤着上胸部左侧。文炳拔出箭交给部下，连发四十余箭，箭袋里的箭用完了，向部下要来箭，又发了十余支，箭接续不上，他也没劲了，拉不满弓，胸部感到气闷，差一点丧生。第二天，大水进入外城，文炳指挥士兵躲避，夏贵乘机前来，逼近蒙军布下阵势。文炳病得厉害，他的儿子士选请求代父出战，文炳认为他很有勇气便派他前往，自己裹好创伤，手持宝剑督战。士选用戈击打夏贵的部将，把他击倒，没有死，活捉后献给文炳。夏贵撤兵而去，不敢再来。

这一年，天子大举出兵伐宋，丞相伯颜从襄阳东下，与宋军战于阳逻堡。文炳自九月份从正阳出发，至元十一年正月与伯颜相会于安庆，安庆宋朝守将范文虎献城投降。文炳向伯颜请求说："大部队在阳逻堡作战疲劳，我应率兵打头阵。"伯颜答应了。南宋都督贾似道率军来抵御，军队在芜湖摆开阵势，似道却丢下军队逃走。元军驻扎在当涂，文炳又向伯颜献计说："采石在长江南岸，与和州隔江对峙，如不占领，必有后顾之忧。"于是便发动进攻，知州王喜投降。

三月间，天子下诏，因天气趋向炎热，命令伯颜驻军建康，文炳率军驻扎镇江。当时扬州、真州由宋军坚守，屡攻不克，常州、苏州投降之后又反叛。宋朝大臣张世杰、孙虎臣约真州、扬州之兵誓死作战，但真、扬之兵每次打仗都以失败告终，不敢出城。张世杰等陈列大型战舰一万艘，停泊在焦山下的长江中，强劲精锐的士兵摆在前面。文炳挺身前往进攻，士选在另一艘船上。他弟弟的儿子士表请求参战，文炳看着他说："我弟弟只有你这一个儿子，如果我和士选一去不回，士元、士秀仍可杀敌，我不忍心你前去。"士表一再请求，才得到允许。文炳乘坐轮船，船上摆出大将所用的旗鼓，士选、士表的船在他两侧，大声呼叫着攻入宋军阵中，诸将接着前进，箭头乱飞，把太阳都遮住了。战斗最激烈时,双方短兵相接,宋朝士兵也拼死战斗,杀声震动天地,尸体横三竖四,兵器扔得到处都是,江水为之不流。自寅时一直战到午时,宋兵大败,世杰退走,文炳追到夹滩,赶上世杰,世杰收集溃散的士兵再战,又被打败,便东走到大海里去了。文炳乘坐的船小,不能驶入海中,在夜晚返回。俘虏带着盔甲的宋兵万余人,全部释放,一个不杀,缴获战船七百艘,宋朝从此一蹶不振了。

十月间,元朝诸军分三道前进,文炳率左路军沿长江走水路奔临安。起初,宋朝江阴军佥判李世修打算投降而没有结果,文炳发出檄文晓谕他,世修献城投降,文炳命他暂任本军安抚使。所过之处,百姓不知大军到来,凡是捉拿到的百姓,全部放还,无人敢藏匿,威信先前已经传布开了,因此南宋人都望着元兵的旗帜降服。张瑄有人马数千,背靠大海,横行霸道,文炳命招讨使王世强和士选前往招降,士选乘坐小船到达张瑄处,以元朝的威力和恩德晓谕他,张瑄投降,文炳得到海船五百艘。

至元十三年春天正月,文炳率部临时驻扎在盐官。盐官是临安府所属的大县,一直等待救兵到来,招降的人往返两次均无结果。部下请求屠城,文炳说:"盐官县离临安不到百里,这里情况如何,都会影响到临安,临安按约投降已有协议,我若轻易地杀掉一个人,就会妨碍整个计划的完成,何况是屠一个县呢!"于是派人入城晓谕,盐官县投降。文炳与伯颜相会在临安城北。张世杰打算带着宋朝幼主逃往海上,文炳绕到临安城南,把守住浙江亭。世杰的计策没有成功,便偷偷带着宋朝幼主的弟弟吉王昰、广王昺南逃,而宋朝幼主赵㬎便投降了。

伯颜命令文炳入城,撤去宋朝官府,解散其军队,封存仓库,收缴礼器乐器及各种图籍。文炳取走宋朝皇帝的各种印鉴献给伯颜。伯颜因带宋朝天子到大都觐见世祖,有诏书让文炳处理一切未尽事宜。文炳禁止和收缴豪强士绅拥有的兵器,抚恤安慰士子妇女,宋朝百姓不知道自己已经更换了主子。当时翰林学士李槃奉天子之命到临安招纳宋朝的读书人,文炳对他说:"国家可以灭亡,但历史不可埋没,宋朝一共有十六个帝王,享受天下三百余年,他们太史所记载的史实都在史馆,应该全部收藏起来作为典籍。"得到宋朝历史及诸朝起居注、记录等五千余册,归入元朝国史院。宋朝宗室福王与芮到京城大都,用重金分别送给朝中显贵的人,只有文炳退还不接受。等到后来官府登记与芮家的财产时,所有接受金银财宝者都册上有名,就是没有文炳的名字。伯颜入朝上奏说:"臣等奉上天的威力平定宋朝,如今宋朝已经平定,招徕流亡,安集百姓,董文炳功劳最多。"世祖说:"文炳是我的旧时臣子,忠贞勤勉,朕平常就知道。"便封他为资德大夫、中书左丞。

当时张世杰侍奉吉王昰占据台州,而福建中部也仍然在为宋坚守。天子下诏让文炳进兵,文炳禁止士兵和马匹践踏田中禾麦,他说:"在仓库里的粮食我们已经吃了,在野外的禾苗你们又践踏了,新归附地区的百姓拿什么延续生命。"因此南方的汉人很感激他,不忍心举兵反抗。文炳率军临时驻扎台州,世杰逃跑。文炳的部下将领抢先俘虏台州平民,文炳下令说:"台州人首先效顺我,我尚未来得及占领,因此才被世杰占据了,那里的百姓有什么罪?敢有不放回俘虏者,以军法从事。"得免于难者数万口。军队来到温州,温州还未攻下,文炳下令说:"不准强娶百姓女子,不准抢掠百姓财产。"众人说:"愿意。"温州守将在城中放火后逃走,文炳马上下令灭火,追赶并捉住了放火的那位将领,——清算他残害百姓的罪行,斩首示众。翻过高山峻岭，福建人搀扶着老人前来迎接，漳州、泉州、建宁、邵武等郡都来款附。共得州若干个、县若干个、户口若干人。福建人感戴文炳的恩德最深，便立庙祭祀他。

至元十四年，天子在上都，适逢北方边境传来叛乱的警报，打算亲自率军北伐。正月间，急忙召见文炳，四月间，文炳从临安来到大都。他快要到时，天子天天询问来到的日期，他到大都后，便马上召见。文炳跪下叩拜说："如今南方已经平定，为臣我无处效力，请求陛下让我到北方边疆效力。"天子说："朕召见爱卿，用意不在这里。家中的坏小子盗弄兵权，朕躬自会平定。大山以南，是国家的根本所在，全部委托给爱卿，如有不测事件发生，可以根据情况处置，报告我就行了。中书省、枢密院的事无论大小，先禀告爱卿以后再实行，朕已命令过中书省、枢密院的主管官员了，爱卿你要多加勉励啊！"文炳避位相谢，表示不愿担任，天子不许。文炳趁机上奏说："臣在临安时，阿里伯奉陛下之命检查搜括宋朝收藏起来的宝货，追查索要亡失、藏匿的财物非常细致，弄得人人叫苦。宋朝百姓还未享受到我朝的恩德，马上受到了威逼财产的痛苦，恐怕这不是安抚怀柔之道。"天子马上下诏停止搜括宝货。文炳又说："过去泉州蒲寿庚献城投降，蒲寿庚平常就主管来往贸易的船只，臣认为应该加重他的权力，使他为我抵御海上贼寇，诱使诸方蛮夷臣服我朝，因此我就解下佩带的金虎符给寿庚佩带上了，请求陛下宽恕我超越权限，擅自做主之罪。"天子大为嘉奖，再次赏赐给他金虎符。慰劳既毕，便准他辞朝回去。文炳求见皇太子，世祖答应了，给太子下令说："董文炳担负任务很重，接见完毕就放他回去。"太子见到文炳后，慰勉晓谕，非常恳切。文炳留下士选作为宿卫，当天就走上了返程的道路，在上都共停留了三天。

到大都后，交替到中书省、枢密院巡视，但不署理中书省的文书案卷。平章政事阿合马正凭仗着天子的宠幸意气用事，处理生杀之事完全凭自己的兴趣，只怕文炳一人，奸邪之状稍稍收敛了一些。阿合马曾经拿着笔请求文炳说："相公的官职是左丞，应当署理中书省的文书案卷。"请求再四，文炳还是不肯署。皇太子听说这件事后，对宦官竹忽纳说："董文炳深谋远虑，不是你们这些人所能知晓的。"后来有私下里询问董文炳不肯署文案的原因，文炳说："主上所托付给我的，是国家的根本，不在于文书案卷这些细微的事情。况且我稍微顺从便是帮助他们干坏事，不顺从他们就说我的坏话，主上听信了这些坏话，我本身就危险了，而且也深深失去了主上托付我的本意。因此我只是参与他们的大政方针，而不考虑其中的细枝末节。"

至元十五年夏天，文炳患病，上奏天子请求解除自己的职务，天子下诏说："大都炎热得火烤一样，有病的人不宜居住在那里，爱卿可来这里，一定会痊愈。"文炳到达上都，上奏说："臣有病不能再管理中书省和枢密院的机务，西北地区地势高，气候寒冷，筋骨舒畅，臣到了那里，病自然会痊愈，请求陛下允许我在北边为国家尽力。"天子说："爱卿固然对国家忠孝两全，但是不应当到北方去。枢密院事务重要，以卿任佥书枢密院事，中书左丞照常担任。"文炳推辞，未被批准，只好接受天子的安排。八月是世祖的生日——天寿节，行礼已毕天子赏赐诸臣赴宴，特地命令文炳坐在上座，并晓谕宗室说："董文炳，是大功臣，理所当然地应该坐在这里。"每次饮用御膳，世祖吃饭时往往停下来赏赐文炳。这天夜晚，文炳疾病发作，世祖命御医每天来诊断。九月十三日，文炳病重，洗浴后坐在那里，召集文忠等说："我因先人为国而死，恨我自己不能为国家死于边疆，今天病成这个样子，真是命该如此呀。愿董家世世代代有会骑马的儿男，尽力报效国家，那么我死后也闭上眼睛了。"说完，伏在枕头上死去。天子知道后，沉痛悼念了很长时间，命文忠护理丧车葬于藁城，灵车经过地方的官员要举行吊祭活动，追赠金紫光禄大夫、平章政事，谥号忠献。儿子士元、士选。

张弘范

张弘范字仲畴，柔第九子也。善马矟，颇能为歌诗。年二十时，兄顺天路总管弘略上计寿阳行都，留弘范摄府事，吏民服其明决。蒙古军所过肆暴，弘范杖遣之，入其境无敢犯者。

中统初，授御用局总管。三年，改行军总管，从亲王合必赤讨李璮于济南。柔戒之曰："汝围城勿避险地。汝无怠心，则兵必致死。主者虑其险，苟有来犯，必赴救，可因以立功，勉之。"弘范营城西，璮出军突诸将营，独不向弘范。弘范曰："我营险地，璮乃示弱于我，必以奇兵来袭，谓我弗悟也。"遂筑长垒，内伏甲士，而外为壕，开东门以待之，夜令士卒浚壕益深广，璮不知也。明日，果拥飞桥来攻，未及岸，军陷壕中，得跨壕而上者，突入垒门，遇伏皆死，降两贼将。柔闻之曰："真吾子也。"璮既诛，朝廷惩璮尽专兵民之权，故能为乱，议罢大藩子弟之在官者，弘范例罢。

至元元年，弘略既入宿卫，帝召见，意其兄弟有可代守顺天者，且念弘范有济南之功，授顺天路管民总管，佩金虎符。二年，移守大名。岁大水，漂没庐舍，租税无从出，弘范辄免之。朝廷罪其专擅，弘范请入见，进曰："臣以为朝廷储小仓，不若储之大仓。"帝曰："何说也？"对曰："今岁水潦不收，而必责民输，仓库虽实，而民死亡殆尽，明年租将安出？曷若活其民，使不致逃亡，则岁有恒收，非陛下大仓库乎！"帝曰："知体，其勿问。"

六年，括诸道兵围宋襄阳，授益都淄莱等路行军万户，复佩金虎符。朝廷以益都兵乃李璮所教练之卒，勇悍难制，故命领之。戍鹿门堡，以断宋饷道，且绝郢之救兵。弘范建言曰："国家取襄阳，为延久之计者，所以重人命而欲其自毙也。曩者，夏贵乘江涨送衣粮入城，我师坐视，无御之者。而其境南接江陵、归、峡，商贩行旅士卒络绎不绝，宁有自毙之时乎！宜城万山以断其西，栅灌子滩以绝其东，则庶几速毙之道也。"帅府奏用其言，移弘范兵千人戍万山。

既城，与将士较射出东门，宋师奄至。将佐皆谓众寡不敌，宜入城自守。弘范曰："吾与诸君在此何事，敌至将不战乎？敢言退者死。"即擐甲上马，立遣偏将李庭当其前，他将攻其后，亲率二百骑为长阵，令曰："闻吾鼓则进，未鼓勿动。"宋军步骑相间突阵，弘范军不动，再进再却，弘范曰："彼气衰矣。"鼓之，前后奋击，宋师奔溃。

八年，筑一字城逼襄阳。破樊城外郭。九年，攻樊城，流矢中其肘，裹疮见主帅曰："襄、樊相为唇齿，故不可破。若截江道，断其援兵，水陆夹攻，樊必破矣。樊破则襄阳何所恃。"从之。明日，复出锐卒先登，遂拔之。襄阳既下，偕宋将吕文焕入觐，赐锦衣、白金、宝鞍，将校行赏有差。

十一年，丞相伯颜伐宋，弘范率左部诸军循汉江，东略郢西，南攻武矶堡，取之。北兵渡江，弘范为前锋。宋相贾似道督兵阻芜湖，殿帅孙虎臣据丁家洲。弘范转战而前，诸军继之，宋师溃，弘范长驱至建康。十二年五月，帝遣使谕丞相毋轻敌贪进，方暑，其少驻以待。弘范进曰："圣恩待士卒诚厚，然缓急之宜,非可遥度。今敌已夺气,正当乘破竹之势,取之无遗策矣。岂宜迂缓,使敌得为计耶?"丞相然之,驰驿至阙,面论形势,得旨进师。

十二年,次瓜洲,分兵立栅,据其要害。扬州都统姜才所统兵劲悍善战,至是以二万人出扬子桥。弘范佐都元帅阿术御之,与宋兵夹水阵。弘范以十三骑径度冲之,阵坚不动,弘范引却。一骑跃马挥刀,直趣弘范,弘范旋辔反迎刺之,应手顿毙马下,其众溃乱,追至城门,斩首万余级,自相蹂藉溺死者过半。宋将张世杰、孙虎臣等率水军于焦山决战,弘范以一军从旁横冲之,宋师遂败。追至圌山之东,夺战舰八十艘,俘馘千数。上其功,改亳州万户,后赐名拔都。

从中书左丞董文炳,由海道会丞相伯颜,进次近郊。宋主上降表,以伯侄为称,往返未决。弘范将命入城,数其大臣之罪,皆屈服,竟取称臣降表来上。十三年,台州叛,讨平之,诛其为首者而已。十四年,师还,授镇国上将军、江东道宣慰使。

十五年,宋张世杰立广王昺于海上,闽、广响应,俾弘范往平之,授蒙古汉军都元帅。陛辞奏曰:"汉人无统蒙古军者,乞以蒙古信臣为首帅。"帝曰:"汝知而父与察罕之事乎?其破安丰也,汝父欲留兵守之,察罕不从。师既南,安丰复为宋有,进退几失据,汝父深悔恨,良由委任不专故也,岂可使汝复有汝父之悔乎?今付汝大事,能以汝父之心为心,则予汝嘉。"而赐锦衣、玉带,弘范不受,以剑甲为请。帝出武库剑甲,听其自择,且谕之曰:"剑,汝之副也,不用令者,以此处之。"将行,荐李恒为己贰,从之。

至扬州,选将校水陆二万,分道南征,以弟弘正为先锋,戒之曰:"选汝骁勇,非私汝也。军法重,我不敢以私挠公,勉之。"弘正所向克捷。进攻三江寨，寨据隘乘高，不可近，因连兵向之，寨中持满以待。弘范下令下马治朝食，若将持久者。持满者疑不敢动，而他寨不虞也。忽麾军连拔数寨，回捣三江，尽拔之。至漳州，军其东门，命别将攻南门、西门，乃乘虚破其北门，拔之。攻鲍浦寨，又拔之。由是濒海郡邑皆望风降附。获宋丞相文天祥于五坡岭，使之拜，不屈，弘范义之，待以宾礼，送至京师。获宋礼部侍郎邓光荐，命子珪师事之。

十六年正月庚戌，由潮阳港发舶入海，至甲子门，获宋斥候将刘青、顾凯，乃知广王所在。辛酉，次崖山。宋军千余艘碇海中，建楼橹其上，隐然坚壁也，弘范引舟师赴之。崖山东西对峙，其北水浅，舟胶，非潮来不可进，乃由山之东转南入大洋，始得逼其舟，又出奇兵断其汲路，烧其宫室。世杰有甥在弘范军中，三使招之，世杰不从。甲戌，李恒自广州至，授以战舰二，使守北面。

二月癸未，将战，或请先用炮。弘范曰："火起则舟散，不如战也。"明日，四分其军，军其东南北三面，弘范自将一军相去里余，下令曰："宋舟潮至必东遁，急攻之，勿令得去，闻吾乐作乃战，违令者斩。"先麾北面一军乘潮而战，不克，李恒等顺潮而退。乐作，宋将以为且宴，少懈，弘范舟师犯其前，众继之。豫构战楼于舟尾，以布幕障之，命将士负盾而伏，令之曰："闻金声起战，先金而妄动者死。"飞矢集如猬，伏盾者不动。舟将接，鸣金撤障，弓弩火石交作，顷刻并破七舟，宋师大溃。宋臣抱其主昺赴水死。获其符玺印章。世杰先遁，李恒追至大洋不及。世杰走交趾，风坏舟，死海陵港。其余将吏皆降。岭海悉平，磨崖山之阳，勒石纪功而还。

十月，入朝，赐宴内殿，慰劳甚厚。未几，瘴疠疾作，帝命尚医诊视，遣近臣临议用药，敕卫士监门，止杂人毋扰其病。病甚，沐浴易衣冠，扶掖至中庭，面阙而拜。退坐，命酒作乐，与亲故言别。出所赐剑甲，命付嗣子珪曰："汝父以是立功，汝佩服勿忘也。"语竟，端坐而卒。年四十三。赠银青荣禄大夫、平章政事，谥武（略）〔烈〕。至大四年，加赠推忠效节翊运功臣、太师、开府仪同三司、上柱国、齐国公，改谥忠武。延祐六年，加保大功臣，加封淮阳王，谥献武。子珪，自有传。

译文：

张弘范字促畴，张柔第九子。善于骑马舞槊，能歌能诗。年二十岁时，兄长顺天路总管弘略到行都寿阳报本路人口、钱、粮、盗贼诉讼等事，留弘范代理府中事务，官吏、百姓都佩服他明智果断。蒙古军每次经过这里，肆无忌惮，凶狠残暴，弘范用杖刑惩罚他们，凡进入弘范管辖地面的蒙古兵，没人敢违犯纪律。

中统初年，弘范被任命为御用局总管，三年，改为行军总管，跟随亲王合必赤去济南讨伐李璮。张柔告诫他说："你在围攻城池时不要从危险的地方逃避。只要你没有懈怠之心，士兵就会拼死战斗。领兵人要考虑到打仗的危险，如果敌人来侵犯，一定要去救援危险的地方，可以借此立功，你要以此自勉啊！"弘范扎营于济南城西侧，李璮派出军队冲击诸将营垒，但不去进攻弘范。弘范说："我扎营于危险之地，李璮却向我示弱，必然会发动奇兵袭击，以为我料不到这一点。"于是修筑了一道长堡垒，里边埋伏全副武装的士兵，外边掘为城壕，大开东门等待敌军进攻，夜里派士兵把城壕挖得更深更阔，李璮一点也不知道。次日，李璮的士兵果然驾着飞桥前来进攻，还没走到岸边，士兵便陷入了壕中,能够跨壕而上的,奔入堡垒门内,遇到埋伏的蒙古士兵,都被杀死了,迫使两名将领投降。张柔听到后说:"这才真正是我的儿子呀。"李璮被处死后,朝廷苦于李璮完全把持了军政大权,因此才能兴兵作乱,商议罢免藩镇子弟做官的人,弘范依照规定被免职。

至元元年,弘范进入大都作宿卫人员,世祖召见他,想起弘范兄弟中有可以代守顺天的人,同时也考虑弘范在济南立下的战功,封他为顺天路管民总管,佩带金虎符。至元二年,迁移到大名镇守。这里年年发大水,房屋都被漂没了,百姓没办法交租税,弘范往往把租税免去。朝廷要惩治他擅作主张之罪,弘范请求觐天见子,[见到天子后]进言说:"臣认为朝廷把粮食贮藏在小仓库里,不如储藏在大仓库里。"天子说:"你这话何意?"弘范回答说:"今年因水灾没有收成,如果一定要强迫老百姓缴纳粮食,仓库虽然满了,但百姓死得差不多了,明年租税从哪里出?何如让百姓活下来,使他们不致逃亡,那么百姓每年都有粮食上交,这不是陛下的大仓库吗?"天子说:"你算是识大局顾大体的人,免租税那件事就不要再追问了。"

至元六年,天子调集诸道兵力围攻宋朝的襄阳,任命弘范为益都、淄、莱等路行军万户,再次佩带金虎符。朝廷因为益都的士兵是李璮训练出来的,勇猛强悍,难于制服,因此才让弘范率领。戍守鹿门堡,以便断绝宋兵的运饷之路,并且堵绝郢州来的救兵。弘范建议说:"国家围攻襄阳,之所以拖延这么久而不攻取,是怕引起百姓伤亡而希望敌人自行灭亡。过去,夏贵乘江水上涨时运送衣服粮草入城,我们的部队看着不管,没有人上前抵御。襄阳南边连接江陵、归州、陕州,商贩、旅客、士兵出入往来不绝,哪里有自己灭亡的时机呢?应该修建万山城以截断襄阳与西边的联系,在灌子滩设栅以断绝襄阳与东边的联系,这样才能加速襄阳宋军的灭亡。"帅府把他的话上奏给天子,得到了采纳,把张弘范部下千余人调到万山戍守。

修筑万山城以后,弘范与部下将士出东门比武射箭,宋军忽然来到,部下将士都认为寡不敌众,应该入城防守。弘范说:"我与诸位在此干什么呢?敌人到来能不作战吗?再有人敢说退兵者处死。"说罢便戴上盔甲跨上战马,马上派偏将李庭挡住宋兵的前面,其他将领攻击宋的后面,自己率领二百名骑兵摆成长阵,下令说:"听到我的鼓声就前进,我不击鼓,不要轻举妄动。"宋军步兵、骑兵混杂着向元军进攻,弘范所部军队肖然不动,宋军再次进攻,再次后退,弘范说:"他的士气已经衰落了。"便奋力击鼓,前后夹击,宋军溃败逃跑。

至元八年,弘荡修筑一字城逼近襄阳,攻破襄阳外城。九年,进攻樊城,流矢射中他的肘部,他包扎了创伤去见主帅说:"襄阳、樊城唇齿相依,因此不能攻破。如果截断长江的道路,断绝来援的部队,水陆夹攻,樊城必然被攻破,樊城既破,那襄阳还依靠什么守城呢?"主帅采纳了这个意见。第二天,派出精锐士兵抢先登城,终于攻陷了樊城。襄阳也落入元军手中后,弘范偕同宋将吕文焕入朝觐见天子,天子赏赐他锦衣、白金、宝鞍,手下将领也都按等级赏赐了财物。

至元十一年,丞相伯颜伐宋,弘范率领左部诸军沿着汉江,东边进攻郢州西部,向南进攻武矶堡,都占领了。元兵渡长江,弘范任先锋。宋朝丞相贾似道率兵在芜湖拦击,殿帅孙虎臣占据丁家洲。弘范转战而前,其他部队断续跟上,宋军崩溃,弘范长驱直入来到建康。十二年五月,天子派遣使臣晓谕丞相不要轻敌贪进,天气正热,应驻扎下来等待时机。弘范进言说:"圣恩对待士卒的确深厚，但是作战之事，哪些该缓，哪些该急，应该选择时机，不能预料。如今敌人已经丧气，正该乘这破竹之势，除了进攻，便没有其他合适的计策了。怎能够动作缓慢，使敌人的计策得逞呢？"丞相伯颜认为他说的有理，借助驿道跑到京师，向天子面陈形势，天子有旨继续进兵。

至元十二年，弘范驻兵瓜州，分出军队设立栅栏，占据战略要害之地。宋朝扬州都统姜才所部之兵英勇强悍，善于战斗，这时率二万人从扬子桥攻击元军。弘范帮助都元帅阿术抵御宋军，与宋军隔水摆开阵势。弘范率领十三名骑兵直接冲向宋军，宋军阵势坚固，岿然不动，弘范率兵退去。宋朝一名骑兵跃马挥刀，直向弘范刺来，弘范拔转马头迎上去，抽刀刺杀宋军，宋军马上倒毙马下，宋兵溃败散乱，元军一直追到城门，斩首级一万余，宋军自相践踏溺水而死者有一半以上。宋将张世杰、孙虎臣等率领水军在焦山展开决战，弘范率领一支军队从旁边横冲直撞，宋军吃了败仗。元军追到圌山以东，夺得战舰八十艘，俘虏千余人。主帅把弘范的战功呈报上去，改任亳州万户，后来天子赐名叫拔都。

弘范跟随中书左丞董文炳，由海路与丞相伯颜会师，逼近临安近郊。宋朝天子献了投降表章，称元朝为伯父，自己称侄，使臣往来频繁，但一直未做出决定。弘范奉命进入临安城，一一指出宋朝大臣的过错，他们都屈服了，最后取出称臣投降的表章献上。至元十三年，台州发生叛乱，弘范前往讨伐平定，仅诛杀为首的人。至元十四年，弘范率军返回，被封为镇国上将军、江东道宣慰使。

至元十五年，宋朝大臣张世杰在海上立广王昺为帝，闽、广响应世杰，世祖派弘范前往平定，被授为蒙古、汉军元帅，弘范向天子辞行时说："汉人没有统率蒙古军的,请求以值得信任的蒙古人当首帅。"天子说:"你知道你父亲和察罕的事吗?当他们攻破安丰时,你父亲打算留兵守御,察罕不同意。大军向南方开拔之后,安丰又被宋朝占领,使我军进退几乎没有根据地,你父亲为此深为后悔怨恨,这是因为委任将领不专一的缘故,怎能使你再有你父亲那样的怨恨呢?如令托付给你大事,能照着你父亲的所作所为去做,我会嘉勉你的。"当面赏赐锦衣、玉带,弘范不肯接受,请求给予宝剑、盔甲。天子拿出武器库中的宝剑盔甲,让他随意挑选,并且晓谕地说:"宝剑,就是你的副手,不努力执行命令的人,就用宝剑惩罚他。"将要启程时,推荐李恒当自己的副手,天子答应了。

弘范到达扬州,挑选将校和水陆士兵两万人,分路南征,任命弟弟弘政为先锋官,告诫他说:"我选我作先锋是因为你作战勇敢,并非因为我偏向你。军法严厉,我不敢因私情废弃国家法律,多勉励啊!"弘正所到之处,都打了胜仗。进攻三江寨时,寨子建筑在一个险要的高坡上,不可接近,于是便连接士兵对着寨子,寨中守兵都拉满弓等待进犯之敌。弘范下令,士兵都下马做早饭,好像要打持久战的样子。拉满弓的守城士兵疑惑不定,不敢放箭,而其他寨子却未加防备。弘范忽然指挥军队接连拿下了几个寨子,返回时进攻三江寨,全部占领了。来到漳州,驻扎在城池的东门,命令其他将领进攻南门、西门,并乘城内守御空虚攻破漳州的北门,把城攻了下来。攻打包浦寨,又得手了。从此沿海郡县都望风降附。擒获宋朝丞相文天祥于五坡岭,让他下拜,他不肯屈膝,弘范为他的义气所感动,以宾客礼对待他,把他送往大都。捉到宋朝礼部侍郎邓光荐,让儿子张珪拜他为师。

至元十六年正月庚戌这天,弘范由潮阳港发船入海,到甲子门，捉住宋朝的侦察将领刘青、顾凯，才知道广王在哪里。辛酉这一天，弘范驻军于崖山，宋军船只千余艘停泊于海中，上面建立了楼橹，俨然就像一座坚固的壁垒，弘范率领着水军前往对垒。崖山东西相对峙，它的北边水浅，船往往陷在泥里，不是潮水来时不能前进，便由山的东面转入南面进入大洋，才得以逼近宋军的船只，又出动奇兵断绝宋兵汲水之路，烧掉宋朝的宫室。世杰有外甥在弘范军队中，三次派他招降世杰，世杰都不答应。甲戌年，李恒从广州至弘范处，弘范给他战舰两艘，让他防守北面。

二月癸未这一天，宋元双方将要交战，有人给弘范建议先用炮击。弘范说："火起船就散了，不如双方交战。"次日，把军队分成四支，用三支军队包围宋军东、南、北三面，弘范自己率一支军队与其他三支军队相距一里余，下令说："宋朝船只潮水到时必向东边逃跑，要加紧进攻，不让他们逃跑，听到我所乘船上的音乐声起再作战，违背命令者杀头。"先指挥北面的一支部队乘着潮水上来的时候作战，没有得手，李恒等人顺着潮水退却。弘范船上传出了音乐声，宋将以为元军正举行宴会，稍微松懈一些，弘范所率水军直冲到了宋军前面，其他部队继续开来。弘范事先在船的尾部建造了战楼，用布遮盖起来，命令将士背着盾牌埋伏起来，下令说："听到锣鼓声起来战斗，锣鼓声未响便擅自行动者处死。"飞来的箭聚集在一起，像刺猬一样，埋伏在盾牌下的士兵一动也不动。双方的战船快要连接时，锣鼓大作，撤掉布障，弓箭火石交加，顷刻之间连破宋军七只船，宋军大败溃退。宋朝大臣抱着他们的幼主赵昺跳水身亡，缴获了宋方的符节、天子印信和其他印章。世杰先逃跑，李恒追赶到大洋里，没有追上。世杰逃往交趾，船被大风吹坏，淹死在海陵港，其余的将领和官吏都投降了。岭南和大海全部平定，弘范在崖山的南面磨崖刻字，把平宋的功劳记载在石头上，然后班师回朝。

十月，弘范回到朝中，天子在内殿赐宴，慰劳弘范非常丰厚。不久，弘范身上瘴疠疾病发作，天子命令御医前往诊治，派亲近大臣到床前商议如何用药，命卫士把守门口，禁止杂乱人等不要打扰他养病。病重时，洗澡要换衣服帽子，让人搀扶到庭院中，对准皇宫的方向再拜。退入屋中坐下，命人饮酒作乐，与亲人故旧告别。他拿出天子赏赐的宝剑、盔甲，命人交给他的继承人、儿子张珪说："你的父亲靠着这些立下战功，你佩带着宝剑盔甲，可不要忘记这些啊！"说完，端端正正地坐在那里死去，年龄四十三岁。天子追赠为银青荣禄大夫、平章政事，谥号武烈。至大四年，加赠推忠效节翊运功臣、太师、开府仪同三司、上柱国、齐国公，改谥号为忠武。延祐六年，加封为保大功臣、淮阳王，谥号为献武。儿子张珪，自己有传。